江川年鉴

JIANG CHUAN YEARBOOK

2014

中共江川县委
江川县人民政府 主办
江川县史志办公室 编

德宏民族出版社

江川年鉴编辑部

地　　址　云南省江川县史志办公室
邮　　编　652600
电　　话　（0877）8018536
E－mail　jcszb@163.com

县委书记马文龙作工作报告

县委副书记、代理县长钱兴主持会议

分组讨论

分组讨论

2013年12月30日，中共江川县委十二届四次全委（扩大）会议召开　（县信息中心　供稿）

县委副书记、代理县长钱兴作政府工作报告

县人大常委会主任李东林作工作报告

分组讨论

依法选举县人民政府县长

2014年1月17日，江川县第十五届人民代表大会第二次会议召开　（县人大办　供稿）

县政协主席罗跃岗作工作报告

文史组讨论

分组讨论

分组讨论

2014年1月13日，政协江川县第八届委员会第二次会议召开　（曲雪琼　摄）

2013年10月16日，省政协主席罗正富（中）到江川调研政协工作　（县政协办　供稿）

2013年9月10日，省人大常委会原副主任、省政府九湖督导组组长牛绍尧（中）率省政府九湖督导组成员到江川县调研湖泊污染综合防治工作　（县信息中心　供稿）

2013年5月21日，省委督查专员王瑛（左一）率省督查组一行到江川县前卫镇周官河调研湿地运行情况

（前卫镇　供稿）

2013年2月13日，省文化厅厅长黄峻（中）陪同来自上海、澳大利亚等地客人到云南李家山青铜器博物馆参观考察　（县文旅广体局　供稿）

2013年3月13日，市委书记张祖林（左三）视察抚仙湖缓冲带建设　（县抚仙湖管理局　供稿）

2013年9月30日，市委书记张祖林（中）到江川参加东风水库九溪河综合治理项目开工仪式　（县信息中心　供稿）

2013年7月5日，市委副书记、市长饶南湖（右二）到江川公路管理段进行调研　（江川公路管理段　供稿）

2013年8月22日，市委副书记、市长饶南湖（中）到江川县对红砖企业情况进行调研　（县信息中心　供稿）

2013年5月30日，市委副书记夏立洪（前左）一行到江川调研九溪大河治理工作　（县信息中心　供稿）

2013年12月10日，市人大常委会党组书记、市“三湖”水污染综合防治督导组组长张玲（左三）对安化乡董炳河入库河道进行实地督查　（安化乡　供稿）

2013年8月13日，市人大常委会主任谢兴荣到江川县调研2013年上半年经济社会发展情况

2013年5月27日，市政协主席、东西大河河长黄宪庭到江川县实地查看东西大河情况　（县信息中心　供稿）

2013年7月14日，市委常委、常务副市长陈勇（右四）率市环保、住建、水利、国土等部门领导到江川，对大街河综合治理工作进行专题调研　（县信息中心　供稿）

2013年6月5日，副市长杨洋（中）到安化乡董炳河调研指导董炳河河道整治工作　（安化乡　供稿）

2013年8月22日，副市长解仕清（前右二）率市高新区、工信、国土、住建等部门领导到江川县龙泉山工业园区进行调研

2013年6月24月，副市长左广（中）到江川对晋江高速公路建设情况及地质灾害防治情况进行调研

（县信息中心　供稿）

县委书记马文龙汇报江川工作并作表态发言

省委巡视组组长毛义强作动员讲话

（县信息中心　供稿）

2013年9月4日，省委巡视组到雄关乡白石岩村委会调研新农村建设工作

（雄关乡　供稿）

2013年8月28日，省委巡视江川县工作动员会召开　（县信息中心　供稿）

2013年2月26日，江川县美丽乡村建设暨第七批新农村建设指导员下派动员会召开

表彰先进

村民自拆大棚

美丽乡村行动

美丽乡村行动
（县信息中心 供稿）

拆临拆违

拆临拆违后栽种的树木

检查验收拆临拆违工作

路域环境整治

2013年8月23日，江川县路域环境专项整治动员会召开 （县信息中心 供稿）

资助残疾学生

残疾人创业培训

（县残联　供稿）

低保调查

农村低保规范管理工作动员培训

（县信息中心　供稿）

敬老院老人业余文化生活

（冯孝忠　摄）

城镇保障性安居工程建设

（县信息中心　供稿）

2013年5月3日，九溪镇村级组织换届选举工作动员暨培训会召开

周官村委会选举大会

发放选票

投票选举

2013年6月27日，江川县纪念建党92周年暨党建及村级组织换届选举工作总结表彰会召开

2013年4~6月，江川县开展村级组织换届选举工作 （县信息中心 供稿）

2013年10月22日，江川县殡葬改革工作推进会召开
（县信息中心　供稿）

公墓建设开工仪式　（冯孝忠　摄）

县四套班子调研公墓选址
（县信息中心　供稿）

江川县前卫镇农村公益性公墓效果图
（冯孝忠　摄）

市委书记张祖林（左四）调研联塑企业

市委副书记、市长饶南湖（右二）到江川县龙泉山工业园区进行调研 （县工业园区管委会 供稿）

2013年3月15日，江川龙泉山工业园区腾达机械项目签约仪式举行 （县工信局 供稿）

2013年8月2日，玉溪高新区与江川县合作开发龙泉山工业园区签约仪式举行 （县工业园区管委会 供稿）

县委书记马文龙（右二）到联塑企业调研

县委副书记、代理县长钱兴（右二）到龙泉山工业园区进行调研 （县工业园区管委会 供稿）

腾达机械制造工地工业园区施工现场 （冯孝忠 摄）

2013年3月12日，中国联塑云南江川生产基地奠基典礼举行 （县工业园区管委会 供稿）

省九湖督导组调研三湖污染

2013年9月30日，东风水库九溪河综合治理项目开工

九溪镇污水处理厂及配套管网工程开工建设

退田还湖土地丈量登记
（县信息中心　供稿）

澄川路两边绿化种植的黑杨蔚然成林　（李林澳　摄）

地质灾害演练

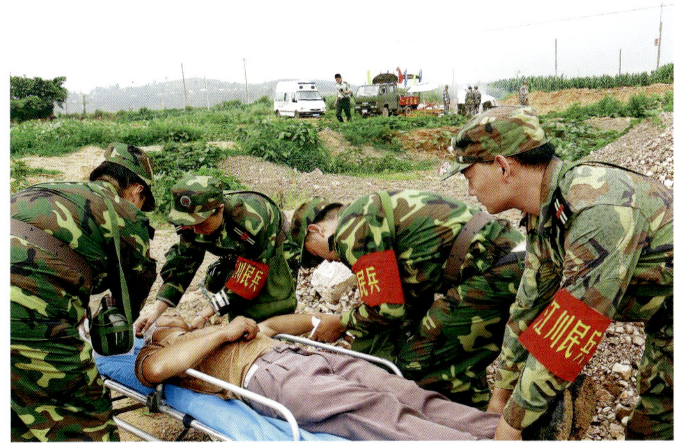

伤员救治

搭建帐篷　（李　祥　摄）

地质灾害应急演练

协助群众撤离

县委书记马文龙（前右二）调研地质灾害防治工作　（县信息中心　供稿）

第九届开渔节暨高原湖泊水产品交易会

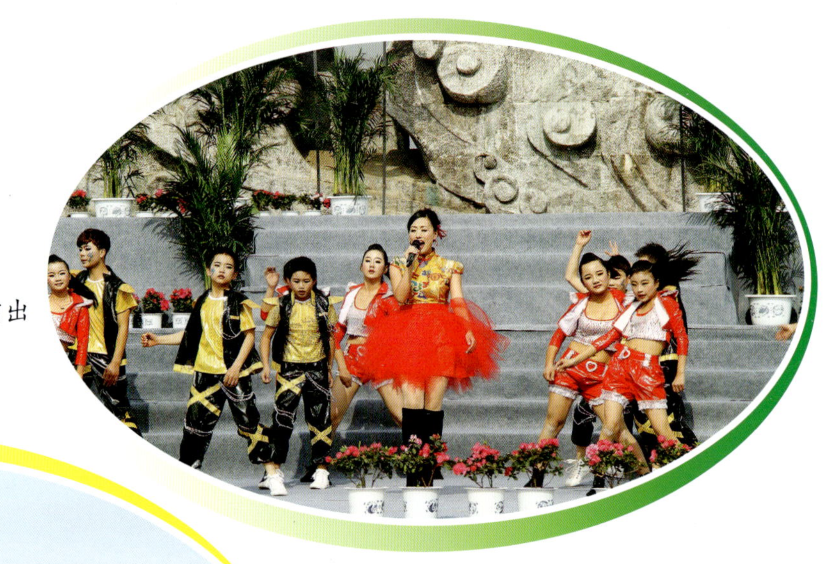

文艺演出

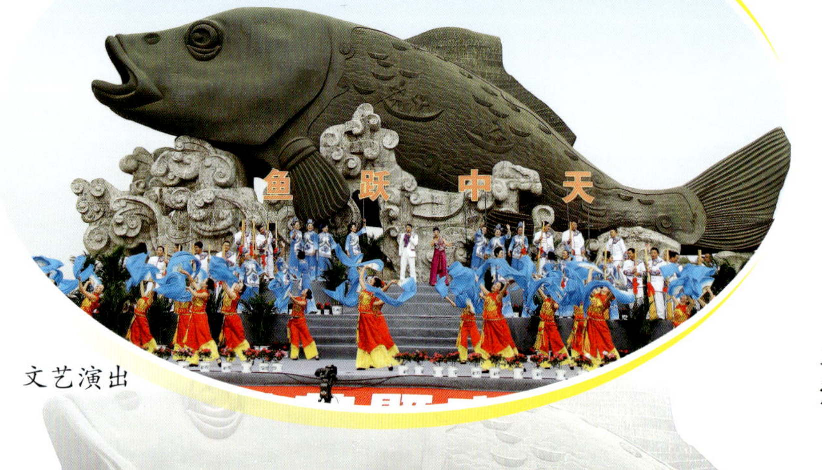

文艺演出

2013年12月24日，中国云南江川第九届开渔节暨高原湖泊水产品交易会在江川渔文化广场隆重开幕

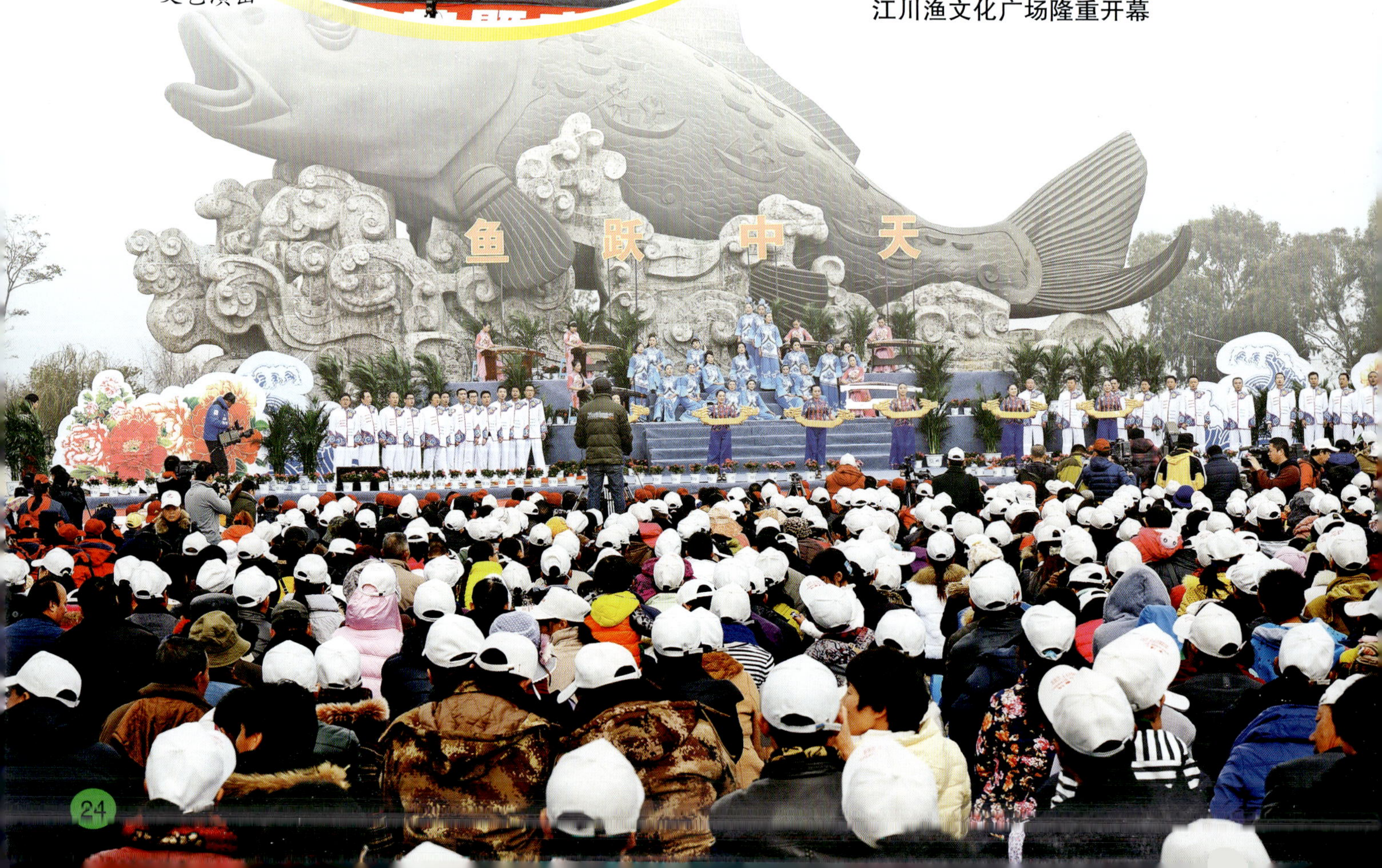

第九届开渔节暨高原湖泊水产品交易会

鸣枪开湖

欢乐鱼市

星云湖上捕鱼忙 （县信息中心 供稿）

叶晓霞国画作品在玉溪聂耳大剧院展出

（县文联　供稿）

三街村委会魏官村农家书屋建成

（县文旅广体局　供稿）

县委书记马文龙（右）为江川籍获奖作者颁奖

2013年玉溪市五县区文学联展在江川举行　（马孝忠　摄）

2013年11月3日，玉溪市古滇国文化研究会第八次学术讨论会在江川召开　（冯孝忠　摄）

书赠春联　（县文旅广体局　供稿）

省文化厅副厅长黄玲（前右）到九溪六十亩村委会调研　（九溪镇　供稿）

乡村青年文化节文艺演出　（县信息中心　供稿）

2013年7月12日，江川县解决民办代课教师问题工作推进会召开

2013年7月4日，江川县教育系统加强师德师风建设工作会召开　（代志伟　摄）

“孩子安全，你我之责”主题系列活动

文体活动课　（县信息中心　供稿）

2013年10月15日，江川县举行中小学校舍安全工程暨美丽100校园行动计划开工仪式　（代志伟　摄）

第三次全国经济普查

普查培训　（县信息中心　供稿）

普查宣传　（县统计局　供稿）

入户普查　（县统计局　供稿）

入户普查　（县信息中心　供稿）

2013年3～12月，江川县开展第三次全国经济普查　（冯孝忠　摄）

2013年5月10日，江川县2013年民兵组织整顿暨征兵准备工作会召开

退役士兵安置　（县信息中心　供稿）

节日安保　（县公安局　供稿）

应急救援演练　（县信息中心　供稿）

抗旱送水　（雄关乡　供稿）

消防演练　（冯孝忠　摄）

2013年6月24日，江川县领导干部学习讲坛第一期开讲

2013年11月26日，澜沧县党政代表团到江川县参观考察　（县信息中心　供稿）

2013年12月11日，江川县铜器工艺商会成立大会召开

2013年12月5日，江川县青年志愿者协会成立及第一次会员代表大会召开　（县信息中心　供稿）

编辑说明

一、《江川年鉴》是具有政府公报性质的地方综合性年鉴。由中共江川县委、江川县人民政府主办，江川县史志办公室承编。《江川年鉴》全面、系统、准确、翔实地记载江川县社会主义物质文明、政治文明和精神文明建设的历史进程，记述上一年度内的新发展、新成就、新情况和新问题。它具有资料、信息、史料等诸多功能，旨在为海内外有关机关、团体、学校、研究部门、企事业单位和社会各界人士研究及促进江川建设提供现实服务。

二、《江川年鉴》采用条目体，分类编辑法。2014年版全书设部类19个，即《特载》、《大事记》、《概况》、《政治》、《军事》、《法制》、《经济管理》、《建设·环保》、《工商企业》、《农林·水利》、《交通·邮电》、《财政·税务》、《金融·保险》、《教育·气象·防震减灾》、《文化·旅游·广电·体育·卫生》、《社会》、《人物》、《统计资料》、《附录》，信息量大，图文并茂，可读性强。

三、本年鉴所用稿件均由主办单位、县属各单位和中央、省、市驻江单位专人撰写，单位领导审核签章，编辑人员反复核对。本年鉴内容真实，体例规范，具有较高的使用价值。

四、本年鉴所用统计数据由各供稿单位主管业务部门提供并审核，但由于统计时间、口径不同等原因，反映国民经济和社会发展情况的个别数据在不同稿件中不尽一致，使用时请以江川县统计局提供的《统计年鉴》为准。

五、本年鉴的编辑出版得到江川有关部门和驻县的省、市各有关单位的热情支持和积极协助，得到省、市以及各县区党史、地方志部门的指导帮助，在此表示诚挚谢意。殷切希望各界人士提出改进意见，使《江川年鉴》常办常新，更好地为建设生态文明美丽新江川服务。

撰稿人员名录

郝　彬	李立群	秦红丽	马吉云	岳　春	黄思思	高　芳
靳　娜	周彦坤	史　璨	杨冬丽	范　羽	黄明艳	周宝在
张润斌	叶　斌	吴桂萍	郑文明	盛文芬	陈小艳	马　蓉
汪丽娟	朱学高	矣树芬	赵连江	李拥军	李明芬	鲁　熊
张文丽	杨智强	晏　春	周留明	宋伟华	高　洁	侯国芬
李春伟	赵忙车	施江艳	赵运宇	王青青	罗连辉	陈海莺
张树良	吴冬丽	孙润波	李新玉	王汐羽	廖江平	黄　迪
普永梅	王玲芬	李雪莹	杨清明	赵维新	李华英	覃智凡
范　珍	储　晶	李明利	李伟宏	邓文辉	刘　波	郭　松
杨　筠	赵　薇	浦仕凯	张秀珍	王牙明	李世文	张雨曦
陈金芬	张　维	史岩松	金永康	刘　芳	范燕爽	陈花艳
罗留芝	周　愚	张金糯	邓　琼	张小倩	冯　梅	戚　东
吕玉红	张　薇	陈　飞	徐　楷	普明珍	戴吉寿	王　贞
周　兰	伏跃华	郑云江	路建明	史春丽	代志伟	黄　毅
张本林	杨　明	何　媛	李清明	赵发春	李阳春	李林润
李　祥	杨绍龙	李　平	赵红英	张文聪	石从江	李丽芬
马萍焕	朱文燕	周艳萍	杨　虎	刘春丽	李佳秀	李明川
蒋　丽	李建娇	张兴红	侯彦坤	刘雪莲	徐凡清	申明民

目　录

特　载

大事记

概　况

政　治

军　事

法　制

经济管理

建设·环保

工商企业

农林·水利

交通·邮电

财政·税务

金融·保险

教育·气象·防震减灾

食品药品监督管理 ……………………………（266）

卫生监督 ……………………………………（270）

爱国卫生 ……………………………………（273）

社　　会

人力资源和社会保障 ………………………（276）

人口和计划生育

人 物

统计资料

附 录

特　　载

解放思想　深化改革
奋力建设富裕和谐美丽新江川

——在中共江川县委十二届四次全委（扩大）会上的报告

马文龙

（2013年12月30日）

各位委员、同志们：

现在，我受县委常委会委托，向全委会作工作报告。

这次全会的主要任务是：全面贯彻落实党的十八大、十八届三中全会和省委九届七次全会精神，深入学习贯彻习近平总书记系列重要讲话精神，回顾总结今年工作，安排部署明年任务，动员全县各级党组织和广大党员干部群众，解放思想、坚定信心，团结奋斗、锐意进取，在全面深化改革中加快推进富裕和谐美丽新江川建设。

一、2013年工作的主要成就

今年以来，面对全县改革发展稳定的艰巨任务，县委坚持总揽全局、协调各方、科学决策、真抓实干，全面落实市委市政府重大决策部署，团结带领全县广大党员干部群众，紧扣建设富裕和谐美丽新江川的奋斗目标，集中精力攻坚重点工作重大项目，坚定不移推动龙泉山、棋盘山、东山“三大核心区”产业发展，全力以赴兴园强工、建设新城、做美生态，基本完成了年初确定的各项目标任务，全县经济社会保持了稳中有进、稳中有好、稳中有快的良好态势，为同步实现“翻两番、增三倍、促跨越、奔小康”的目标奠定了坚实基础。

综合实力实现新提升。以中低产田地改造和水利工程建设为重点的农业基础设施不断完善，粮食、蔬菜、畜牧、渔业等农业产业稳步发展，核桃等林果产业种植初具规模，烤烟生产实现减量增效，上等烟比例、均价居全市第一位，烟农总收入3.59亿元，高原特色农业建设成效明显。龙泉山生态工业园区基础设施不断完善，特固电气建成投产，联塑科技、腾达机械、万利包装等项目全力推进；造纸等传统产业改造升级步伐加快，烟花爆竹、红砖企业整合初见成效，清水沟磷矿北采区实现复工生产。工业总产值、增加值分别增长19.3%和24.3%，工业经济快速增长。仙湖锦绣、九龙晟景项目取得新进展，以重大高端旅游产业为重点的第三产业稳中有进，全年接待游客223.4万人次，实现旅游总收入9.8亿元。引进实施市外国内项目68项，到位资金42.5亿元，增长205.4%。预计全年完成县内生产总值56.2亿元，同比增长14%；地方财政收入4.74亿元，增长17%；规模以上固定资产投资28亿元，增长9.8%；社会消费品零售总额15.15亿元，增长13%；城镇居民人均可支配收入24030元，增长13.9%；农民人均纯收入8296元，增长14.3%。

城乡建设展示新风貌。立足融入玉溪“三湖”生态城市群和滇中经济区发展，统筹谋划县域空间布局，县城总体规划获市政府批准实施，县城绿地系统、综合交通等9个专项规划完成初稿编制。山水新城、星云铭城、古滇国城、龙旺湖城、景华苑等城市建设项目加快推进。晋江公路、江中路、环城北路启动建设。街区整治效果凸显，翠大线大街至江城段道路亮化工程全面实施，城市品位不断提升。美丽家园行动、拆临拆违成效显著，道路沿线绿化、农村违法占地清理、农村环境卫生和路域环境综合整治等工作深入推进，农村面貌持续改观。

生态建设迈出新步伐。编制完成了《江川县生态环境保护规划》，生态建设方向和措施更加明确具体。全力落实“四退三还”战略，大鲫鱼河综合治理、南片区污水处理厂配套管网等工程完成建设，“两湖”退田还湖、农业面源污染治理、沿湖村落治理、石漠化治理、植树造林及星云湖蓝藻打捞、紫根水葫芦圈养等工程进展顺利，入湖河道河（段）长责任制有效落实，抚仙湖继续保持Ⅰ类水质，星云湖水质有所改善。东风水库径流区综合治理项目如期推进。生态文明创建活动成效明显，节能减排任务圆满完成，万元生产总值能耗下降3%。

民生建设获得新改善。义务教育实现初步均衡发展，学生营养改善计划、美丽100校园行动计划惠及广大师生，民办代课教师遗留问题得到妥善化解。县医院晋升二级甲等综合医院，新农合参合率达97.79%。农家书屋建设工程延伸到自然村。档案、科技、体育、人口计生等工作全面加强，老年人、残疾人和关心下一代工作等各项事业全面进步。城乡低保、五保养老补助标准逐步提高，社会保障体系不断健全。城镇登记失业率3.39%。“农转城”任务超额完成。保障性住房建设稳步推进，新农村重点村、“一事一议”财政奖补、整村推进和易地搬迁扶贫工程等项目全部完工。县殡仪馆、农村公益性公墓启动建设。全年财政累计投入民生支出9.8亿元，占财政支出的70.5%，全县广大群众得到了更多的实惠。

民主法治建设取得新进步。切实加强民主政治建设，人大、政协围绕县域经济发展履行职能卓有成效，统战、民族、宗教、工商联等爱国统一战线不断发展，工青妇等群团组织作用发挥明显，军政军民共建共享局面持续巩固。切实加强社会管理，创新建立了项目一线信访工作机制，完成了社管综治网格化建设，综治信访维稳网络不断完善，一批信访突出问题得到及时有效处理。强化社会治安综合治理，深入开展禁毒防艾人民战争，严厉打击各类违法犯罪行为，安全生产、防灾减灾、食品药品安全监管力度加大，群众安全感、满意度在平安江川创建中持续提高。

党的建设开创新局面。学习型党组织建设全面推进，开办了领导干部学习讲坛，举办了首届青干班。民主生活会、理论学习中心组制度在思想政治建设中的基础作用更加突出。县委常委会自身建设不断加强，制定了《县委工作规则》等20个制度文件，县委议事决策更加科学合理、民主公开。深化干部人事制度改革，干部交流力度加大，各级领导班子和干部队伍建设进一步加强。县乡人大、政府和县政协及村级组织换届选举工作圆满完成。建立了离任村组干部补偿制度，年内两次提高村组干部待遇。常务书记、大学生村官、新农村建设指导员作用充分发挥，党员积分制管理、基层党组织晋位升级工作扎实开展，“两类”组织党工委、县卫生局党委组建成立，基层组织建设水平稳步提高。坚决落实中央转作风各项规定，狠刹“四风”，党员干部作风明显好转。创新制定领导干部挂钩联系乡镇（街道）、部门挂钩联系村（社区）工作制度，仙湖锦绣、晋江公路项目建设中的群众工作成为“四群教育”典范，获得上级肯定。制定出台了《江川县领导干部问责办法（试行）》等制度，查处了一些违法违纪案件，党风廉政建设责任制有效落实。

回顾一年来的工作，成绩来之不易。这是市委、市政府正确领导的结果，是各级班子精诚团结、务实奋斗的结果，是全县干部群众苦干实干、奋力拼搏的结果，凝聚了社会各界的真切关心和大力支持。在此，我谨代表县委常委会，向全县广大党员和干部群众，向各人民团体、企事业单位、驻江军警部队和所有关心支持江川建设发展的同志们、朋友们，致以崇高的敬意和衷心的感谢！

在看到成绩的同时，我们也清醒地认识到存在的问题和不足：一是经济总量不大、结构不优，发展不够快、不充分、不协调、不平衡的县情仍然没有得到彻底转变；二是以“两湖一库”为重点的生态环境保护与治理压力大、任务艰巨；三是制约江川跨越发展的基础设施瓶颈还没有完全打破；四是支撑江川发展的重大项目建设周期长，仍处在大规模建设的初期，短期难以见到成效；五是一些干部思想还不够解放，改革发展和服务意识还不强，执行力和落实力还不到位，精神状态和工作作风与新形势新要求还不相适应。这些问题，必须在今后的工作中认真加以解决。

二、深入贯彻落实党的十八届三中全会精神，奋力建设富裕和谐美丽新江川

党的十八届三中全会站在新的历史起点上，发出了打好全面深化改革攻坚战的动员号令。我们一定要把学习贯彻好十八届三中全会精神作为当前和今后一段时期首要的政治任务，把思想和行动统一到中央的决策部署上，把智慧和力量凝聚到深化改革的各项任务上，把改革创新贯穿于经济社会发展的各个环节上，进一步强化进取意识、机遇意识、责任意识，以改革促调整转型、以改革促生态建设、以改革促民生改善、以改革促跨越赶超，加力提速全面建成小康社会步伐。

2014年是我县全面深化改革的起步之年，是加快转型跨越的关键之年，是实施“十二五”规划的攻坚之年，经济社会发展在充满挑战中蕴含着前所未有的机遇：党的十八届三中全会、中央经济工作会议、中央城镇化工作会议、中央农村工作会议和省委九届七次全会做出的决策部署，为我们深化改革、扩大开放，统筹推进经济、政治、文化、社会、生态文明建设和党的建设指明了方向、提供了动力；滇中经济区、昆玉旅游文化产业经济带、旅游改革与发展综合试验区、撤县设区等各种利好政策叠加、效应活力释放，为我们全面转方式、调结构、兴产业提供了机遇、搭建了舞台；龙泉山、棋盘山、东山“三大核心区”产业项目陆续落地，晋江、红江通高速公路等影响江川长远发展的重大基础建设项目的实施，为我们加快经济发展奠定了基础、增添了活力。全县各级各部门一定要科学判断当前发展形势，抢改革之机、激后发之势、创跨越之举，以更加饱满的热情、更加高昂的斗志、更加务实的作风投入到江川改革发展的各项事业中，努力在抢抓机遇中谋求科学发展、在统筹兼顾中保持和谐发展、在改革开放中实现跨越发展，全力推动江川驶入加快发展的快车道。

明年全县工作的总体要求是：坚持以邓小平理论、“三个代表”重要思想、科学发展观为指导，深入贯彻落实党的十八大、十八届三中全会精神，坚持稳中求进的总基调，以全面深化改革为动力，以提高经济发展质量和效益为中心，按照“环境优先、兴园强工、建设新城、做美生态”的工作思路，把以“两湖一库”为重点的生态环境保护治理作为突出任务，把以“三大核心区”为重点的产业发展作为主攻方向，把以“山水新城”项目为重点的生态城镇建设作为有力支撑，把以保障和改善民生为重点的社会建设作为根本目的，统筹推进经济、政治、文化、社会、生态文明建设和党的建设，推动生态文明建设与经济社会发展同步争先进位，为建设富裕和谐美丽新江川做出新贡献。明年经济社会发展的主要预期目标是：县内生产总值增长12%以上，地方财政收入增长12%以上，规模以上固定资产投资增长20%以上，社会消费品零售总额增长14%以上，城镇居民人均可支配收入增长12%以上，农民人均纯收入增长14%以上，城镇登记失业率控制在3.5%以内，万元生产总值能耗下降3%。

实现以上目标，必须突出抓好五个方面的工作：

（一）更大力度深化改革创新，全力增强跨越发展新活力。发展最根本的动力在改革。经过35年的努力，我们的改革已经进入了激流涌动、暗礁密

布的深水区。在新一轮的改革航程中，各种“硬骨头”和“险滩”躲不开也绕不过，我们必须以“明知山有虎、偏向虎山行”的勇气、“壮士断腕、舍我其谁”的豪气、“夙夜在公、时不我待”的责任感，才能冲破思想观念的障碍，突破利益固化的藩篱，破解发展中的难题，化解各方面的风险和挑战，确保改革的顺利推进。我们必须按照省委的要求，解放思想、勇于担当、勇闯难关，坚决打好啃“硬骨头”的改革攻坚战，啃掉思想解放不足、市场化不足、发展条件不足、体制机制不足、进取精神不足等方面的“硬骨头”，真正把思想认识从那些不符合十八届三中全会精神的观念、做法和体制中解放出来。

改革不能一蹴而就，必须立足江川县情，坚持以问题为导向，从最有条件、最迫切需要改革的地方改起，正确、有序、协调推进改革。以重点工作重大项目建设为改革着力点，严格落实项目推进责任制和县级领导挂钩联系企业制度，创新思路推进项目建设，确保洽谈项目快签约、签约项目快落地、落地项目快开工、开工项目快建设、建设项目快见效。以招商引资为改革突破点，抓住央企、民企、外企、科技入滇机遇，加大产业、园区、资源招商和以商招商力度，力争招商引资52亿元以上。以重点领域和重点环节为改革关键点，深化行政审批制度改革，推进事业单位分类改革。创新投融资体制机制，搭建好各类融资平台，加大向上争取力度，破解建设资金瓶颈。全县各级各部门要继续加快职能转变，推进简政放权，进一步厘清与市场的边界，把该管的事情管好，把不该管的事项坚决放给市场、交给社会，逐步做到越位的归位、缺位的到位、错位的正位。

（二）更大力度加强生态文明建设，提高江川的美丽指数。必须牢固树立保护生态环境就是保护生产力、改善生态环境就是发展生产力的理念，把建设生态文明、保护生态环境放在突出位置，以生态修复为基础、控源截污为抓手、河道治理为重点、产业调整为根本，采取切实可行的措施，使江川的天更蓝、地更绿、水更清、人与自然更加和谐，争当全市生态文明建设排头兵。全力推进“四退三还”措施的落实，加快抚仙湖一级保护区至环湖公路外侧50米范围内的村庄和人口搬迁、小马沟—冯家湾片区退房还湖旧村改造、星云湖一级保护区退田还湖、东风水库径流区综合治理等工程建设，继续抓好拆临拆违、小流域水环境综合治理等工作，确保抚仙湖继续保持Ⅰ类水质、星云湖水质持续好转。全力推进“森林江川”建设，大力实施生态公益林、天然林保护和石漠化治理等生态工程，加快县城面山、重要交通沿线、村庄周边、荒山荒坡和“两湖”周边、入湖河道绿化造林步伐，构建绿色生态屏障。全力推进生态文明体制机制建设，加快实施主体功能区战略，稳步构建生态保护、经济发展和民生改善的协调联动机制，生态补偿的长效机制和多元投入的投融资机制，切实用制度保护生态环境。全力推进生态建设产业化、产业发展生态化，致力于在发展中保护、在保护中发展，加快淘汰落后产能，大力发展生态环保产业，更加自觉做到在保护生态的前提下发展经济，决不要牺牲环境的政绩，努力走出一条“生产发展、生活富裕、生态文明”的新型发展道路。

（三）更大力度推进产业建设年活动，推动产业转型升级。必须坚持产业兴县、产业强县、产业富县，把发展产业作为全县经济工作的重中之重，作为转方式调结构的重要内容，围绕“三大核心区”产业建设，启动实施产业建设年行动计划，确保产业转型跨越取得突破。以发展高原特色农业为突破口，调优调特一产。围绕发展现代农业园区、庄园经济，加快推进云南农业科技园等农业庄园建设，打造一批生态优质农产品品牌，推动烤烟、蔬菜、畜牧、林产、渔业等传统优势产业向园区化、庄园化、生态化、品牌化、产业化转变，实现高原特色农业提质增效。科学发展农产品生产基地和农业龙头企业，加快发展农民专业合作社、家庭农场、专业大户等新型经营主体，鼓励和引导工商资本投资现代农业园区、农业庄园和农业产业化经营，努力构建新型农业经营体系。以龙泉山生态工业园区建设为突破口，调快调强二产。继续强化园区基础设施建设，力保腾达机械等入园项目建成投产，力促红塔集团复烤厂等意向性项目入园发展，力争引进培育一批装备制造业、生物制药、新能源新材料、现代服务业等重点产业和龙头企业，逐步实现工业集聚、集群、集约发展。鼓励引导磷化工、纸制品、农产品加工等传统产业加快技改扩建和提档升级，全面促进烟花爆竹、红砖企业实现集团化发展，构建传统产业与新兴产业互动发展的工业体系，努力实现工业经济跨越发展。以发展生态文化旅游产业为突破口，调实调精三产。加大协调力度，强化责任意识，确保仙湖锦绣、天湖湾、奥宸、药王谷、远洋国际等一批获准项目开工，确保九龙晟景项目明年上半年投入使用。力促以湿地公园为重点的星云湖4A级旅游风景区建设取得突破，以庄园经济为引领的乡村旅游业积极发展，全面促进文化旅游产业转型升级。扶持青铜文化产业聚集发展。加强对外宣传，打响叫亮“滇国故里、高原水乡”品牌。积极发展金融保险、房地产、餐饮、信息、中介等生产生活性服务业，大力培育现代物流产业。

（四）更大力度统筹城乡发展，建设现代生态宜居城市。必须坚持以强烈的生态意识、文化意识和求新求变的理念，科学定位江川的城市发展，进一步完善城市总体规划、控制性详细规划、城镇体系规划和村庄规划，融江川历史文化于现代城市建设中，着力打造“山水相映、城湖交融”的现代生态宜居城市。用足用活低丘缓坡政策，牢固树立“产城融合、建园即建城”的理念，强势推进以山水新城项目为引领的县城新区建设，统筹推进以龙泉山生态工业园区为支撑的城市新片区建设，逐步实现城市与园区的对接融合[illegible]玉溪中心城区的同城发展。[illegible]推进江中路片区和龙旺湖[illegible]建设项目，抓好环城北路[illegible]红江通、晋江公路等城[illegible]加大街区整治、绿化亮化[illegible]服务，努力使江川的城[illegible]交通更加便捷、功能设[illegible]优美。着力统筹城乡发展[illegible]溪省级特色小镇建设取得实效，引导[illegible]鼓励农业人口向城镇有序转移，不断提高城镇化水平。以建设美丽乡村为抓手，持续抓好美丽家园行动、农村环境卫生和路域环境综合整治等工作，努力实现城镇化与新农村建设良性互动、互促并进。

（五）更大力度促进社会建设，提升人民群众的幸福感。必须坚持以人为本、民生优先，认真解决好群众最关心、最直接、最现实的利益问题，让群众共享改革发展成果。继续推进美丽100校园行动计划、学生营养改善计划，逐步健全困难学生资助体系，增加优质学前教育资源，均衡办好教育事业。继续深化医药卫生体制改革，巩固提升新农合保障水平，稳步健全全民医保体系，促进基本公共卫生服务均等化。继续推进文化惠民工程，有效整合基层宣传文化、党员教育、科学普及、体育健身等设施，试点建设综合性文化服务中心。继续扩大社会保障覆盖面，稳妥推进城乡保障一体化，建立更加公平可持续的社会保障制度。继续深入落实强农惠农富农政策，扎实推进农村饮水安全、“爱心水窖”、中低产田地改造、病险水库除险加固等农业农村基础设施建设。继续抓好保障性住房建设，努力解决好城乡居民住房问题。继续深化殡葬改革，倡树文明新风。继续完善扶持创业的优惠政策，实施城乡居民收入倍增计划，促进群众收入普遍较快增长。继续推进平安江川、法治江川建设，健全社会治安综合治理体系，持久打好禁毒防艾战争。加强安全生产监管，创建“省级药品安全县”和“省食品安全县”。继续加强民主法制建设，创新党委执政、人大督政、政府行政、政协参政、群众评政方式，做好双拥、统战、民族、宗教等工作，发挥好工青妇等群团组织作用，形成群策群力干事业、同心同德促发展的强大合力。

三、突出作风抓党建，为建设富裕和谐美丽新江川提供坚强保证

事业发展，关键在党，关键在人。必须坚持党要管党、从严治党，以改革创新精神全面加强党的建设，以开展党的群众路线教育实践活动加强作风建设，不断提高领导和推动改革发展的能力，不断提高拒腐防变和抵御风险的能力，不断增强各级党组织的凝聚力和战斗力，不断提高党的领导水平和执政能力，以党建工作的新成效确保江川改革发展稳定的各项目标任务落到实处、抓出成效。

（一）加强思想政治建设，始终保持党员干部队伍的蓬勃生机。坚持把思想政治建设放在首位，认真学习习近平总书记系列重要讲话精神，补好“精神钙”，在全县形成用新思想、新观点、新论断武装头脑、指导实践、推动工作的生动局面。

引导全县广大党员干部强化党性修养，坚定理想信念，增强学习贯彻党的基本理论、基本路线、基本纲领、基本经验的自觉性和坚定性，树立自我革新的勇气和胸怀；强化政治修养，坚定政治信念、坚持道路自信、坚守原则立场，决不允许公开发表同中央决定相违背的言论，决不允许上有政策、下有对策，绝不允许有令不行、有禁不止，确保政令畅通；强化宗旨意识，搞清楚“我是谁”、“为了谁”、“依靠谁”，顺应民意、符合民情、解决民需，让全县群众有一种当家感、归宿感。

（二）加强干部队伍建设，培养引领发展的骨干力量。要着力打造执行力强、创新力强、感召力强、凝聚力强的领导班子。要突出以发展论英雄、凭实绩用干部、比贡献定位次的用人导向，及时把那些信念坚定、为民服务、勤政务实、敢于担当、清正廉洁的好干部选拔到领导岗位，坚决调整不适宜、不胜任现任职务的干部，在全县形成“能者上、平者让、庸者下”的良好局面。继续深化干部人事制度改革，健全从严管理干部队伍制度体系和干部考核评价体系，形成促进科学发展和鼓励改革的导向，不简单以GDP评价干部。切实抓好教育培训、岗位锻炼、基层历练、干部交流四个环节，继续开办好领导干部学习讲坛，适时组织干部到发达地区学习培训，继续选派年轻干部到乡镇（街道）挂职锻炼，继续推动干部交流和岗位轮换工作，让想干事、能干事、会干事、干成事的干部看到希望、充满激情、焕发活力。完善人才工作机制，统筹抓好各类人才队伍建设。扎实做好老干部工作，积极为老干部发挥作用搭建平台。

（三）加强基层组织建设，筑牢推动发展的战斗堡垒。以创建基层服务型党组织为重点，创新基层党组织的领导方式、工作方式、活动方式，引导基层党组织把工作重心转到服务发展、服务群众、服务民生、服务党员上来，帮助解决群众关心的切身利益问题。推动基层党建制度建设，试点推进乡镇党代会年会制和党代表任期制。健全党的基层组织体系，加大非公经济组织、社会组织党建工作力度，确保党的组织和党的工作全覆盖。强化基层党组织带头人队伍建设，重视发挥好常务书记、大学生村官、新农村建设指导员三支队伍的作用。继续提高村组干部待遇。加强党员队伍建设，大力推进党员积分制管理，发挥好党员的先锋模范作用。

（四）加强作风建设，增强党员干部的群众感情和工作激情。扎实开展好以“为民、务实、清廉”为主要内容的党的群众路线教育实践活动，牢牢把握“照镜子、正衣冠、洗洗澡、治治病”的总要求，聚焦作风建设，强化正风肃纪，边学边改、立行立改，着力整治形式主义、官僚主义、享乐主义和奢靡之风，切实以教育实践活动的成效改进和推动工作。深入实施“三深入”、“四联户”直接联系群众制度，落实好领导干部挂钩联系乡镇（街道）、部门挂钩联系村（社区）制度，大兴调查研究之风，大兴求真务实之风，大兴艰苦奋斗之风，引导全县广大党员干部主动到矛盾多的地方去解决问题、主动到群众最需要的地方去开展工作、主动到情况复杂的地方去打开局面。全县广大党员干部特别是领导干部都要切实改进工作作风，做到工作标准不降低、自我要求不放松，敢于担当、敢于负责、敢于碰硬，认真干事、用心干事、把事干成，努力把中央、省委、市委和县委明确要求做和自己应该做、必须做、能够做的各项工作做实做好。

（五）加强反腐倡廉建设，提高拒腐防变和抵御风险的能力。坚持把反腐倡廉建设摆在更加突出的位置，严格落实《廉政准则》、中央八项规定等各项制度，引导广大领导干部勤政为民、公道为政、廉洁为官，决不用党和人民赋予的权力谋一己之私、决不在各种考验面前打败仗、决不放任和纵容任何消极腐败现象。加强制度建设和创新，进一步健全拒腐防变教育长效机制、反腐倡廉制度体系、权力运行监控机制和对重点领域、重点对象、重点环节的监督机制，编牢促进权力正确行使的制度笼子。严格执行党风廉政建设责任制，防控廉政风险，坚决纠正损害群众利益的不正之风，加大惩治和预防腐败及督查问责力度，做到有案必查、有错必纠、有腐必惩，确保干部清正、政府清廉、政治清明。

各位委员、同志们，全面深化改革的号角已经吹响，明年发展的任务已经明确。让我们在市委、市政府的正确领导下，进一步解放思想、开拓创新，求实进取、攻坚克难，为建设富裕和谐美丽新江川而努力奋斗！

政府工作报告

——2014年1月18日在江川县第十五届人民代表大会第二次会议上

代理县长 钱 兴

各位代表：

我代表县人民政府向大会报告工作，请予审议。

一、2013年工作回顾

过去一年，县人民政府在市委、市政府和县委的坚强领导下，深入贯彻落实党的十八大和十八届三中全会精神，紧紧围绕“翻两番、增三倍、促跨越、奔小康”和“建设生态文明美丽江川”的目标任务，团结带领全县广大干部群众齐心协力，开拓进取，扎实苦干，不断化解发展中遇到的矛盾和困难，经济社会保持平稳较快发展，圆满完成了县十五届人大一次会议确定的目标任务。全年预计完成地方生产总值56.2亿元，增长14%；地方公共财政预算收入4.61亿元，增长30.2%；规模以上固定资产投资28亿元，增长9.8%；社会消费品零售总额15.15亿元，增长13%；城镇居民人均可支配收入24030元，增长13.9%；农民人均纯收入8296元，增长14.3%。

以促进农民增收为核心，农业经济稳步提升。完成农业总产值21.5亿元，增长7.7%。烤烟生产实现控量提质增效，上等烟比例、均价居全市第一位，烟农总收入和烟叶税分别达35966万元和7272万元。粮食、蔬菜、畜牧业、渔业产值稳步增长，分别达2.5亿元、5.2亿元、7亿元、0.8亿元。规范经济果木种植标准，强化植后管理，示范种植蓝莓780亩，种植核桃15060亩。农业产业化、现代化程度进一步提高，有机、绿色、无公害食品认证达8个，农业专业合作社达39个，新增各类农机（具）1186台（套），在华联超市建成首个“平价农副产品商店”。落实各项强农惠农富农政策，发放各类农业补贴及贴息贷款4200余万元。启动农村信用体系建设，成功将安化乡创建为信用乡，评定信用农户2281户。

以园区建设为重点，工业经济快速增长。完成工业总产值55亿元，增长19.3%；工业增加值12.8亿元，增长24.3%。龙泉山工业园区效益初步显现，特固电气年产1万件智能电网控制设备生产线投入试生产，腾达机械厂房主体工程完工，联塑集团厂房建设完成总投资的95%。入园企业全年累计完成投资5.1亿元，实现总产值4500万元，增加值1150万元，利税682万元。帮助中小企业落实各类补贴1.1亿元，新增规模以上企业4户、省级成长型中小企业11户，固定资产投资千万元以上企业达10户，工业企业规模不断扩大。传统特色产业改造升级步伐进一步加快，烟花爆竹、红砖企业整合工作有序推进，清水沟磷矿北采区恢复生产，南采区开采工作稳步推进，卓一食品有限公司建成玉溪首家院士专家工作站。

以提升旅游文化业为突破，第三产业加快发展。完成第三产业增加值25亿元，增长12.5%。重大旅游项目建设取得新进展，仙湖锦绣项目建成湖滨湿地公园，九龙晟景五星级酒店主体工程完工，累计完成投资15.4亿元，带动周边400余名群众就业。稳步实施景区提档升级，明星鱼洞2A级旅游景区改造完成投资1000万元。加快推进文化产业与旅游产业融合发展，成功举办了第九届“开渔节”，完成青铜器博物馆提档升级改造，成立了青铜工艺商会，启动了青铜文化产业规划编制。着力规范抚仙湖周边旅游行业经营行为，旅游环境明显改善，全年接待游客223.4万人次，增长18%；实现旅游总收入9.8亿元，增长20.4%。商贸流通体系进一步完善，启动了玉溪医药集团大型物流仓储项目和日用工业品配送中心建设，87个“万村千乡”农家店建设成果得到巩固。完成外贸出口总额7000万美元，增长11.2%。

以基础设施建设为支撑，发展后劲不断增强。强化招商引资工作，引进各类项目68项，开工建设各类项目30项，到位资金42.5亿元，增长205.4%。全年累计投资1.97亿元，征收龙泉山工业园区土地220亩，建成龙泉大道、早街110千伏变电站、供排水管网等设施，完成仙水大道路基工程建设。投资2941万元的白河水库骨干水源点工程完工，投资1.4亿元完成三岔河水库除险加固、茶尔山水库引水渠防渗等各类水利工程1300余件。改造中低产田（地）、低效林4.6万亩，完成土地整治4326亩，新增和改善灌溉面积1.9万亩。解决3.9万人的饮水困难问题。完成九溪河流域2个农业综合开发项目建设，安化双坝和九溪响水坝项目区烟水工程全面完工。投资4000余万元，完成五岔路口至小白坡段路面大修，全面实施境内高等级公路破损路面修复。晋江高速公路建设全面启动，完成江川境内23公里1555亩土地征收。投资1964.4万元，硬化了岳家营至唐家山、龙街至陈家湾等5条乡村道路，全县行政村道路硬化率达100%。

以环境保护为抓手，生态文明建设深入开展。全面实施“四退三还”，投入“两湖一库”保护治理资金3.1亿元，退出抚仙湖一级保护区农田2370亩、星云湖一级保护区农田3055亩，建成湖滨缓冲带1700亩，种植各类植物近20万株（丛）。完成大鲫鱼河流域环境综合治理工程建设和星云湖1000亩紫根水葫芦圈养。总投资1亿元的九溪河、董炳河水污染综合治理工程全面启动，九溪污水处理厂和安化集镇生活污染控制等14项工程进展顺利。入湖河道河（段）长责任制有效落实，组建了“两湖”保护治理督导组和124人的河道保洁队伍。投资436万元，对全县19条主要入湖入库河道实施了综合整治，完成河道清淤142千米2万余立方米。加大农业面源污染治理力度，拆除塑料大棚2209.7亩，实施测土配方施肥25万亩次，完成植树造林9500亩，治理水土流失面积12.6平方公里。依托仙湖锦绣项目，实施棋盘山石漠化治理350亩。对全县6户企业进行污染整治，关停21户红砖生产企业，重点项目环评率和环保“三同时”执行率达100%。环境监测水平不断提高，县城PM2.5空气质量监测项目投入运行，九溪大河、董炳河纳入水质监测范围。万元生产总值综合能耗下降3%，节能减排任务圆满完成。

以改善面貌为主线，城乡建设取得成效。县城总体规划获市政府批准实施，县城绿地系统、综合交通等7个专项规划完成初稿编制。完成山地城镇建设控制性详细规划编制，收储土地2000亩，启动了城镇上山规划范围内2条道路建设。龙旺湖城城市综合体、星云铭城、古滇国城、景华苑等房地产项目累计完成投资11亿元。街区整治工作成效明显，投资2300余万元完成县城五岔路口环岛、兴江路、浪广路改造和五岔路口至大寨段美化亮化。江中路建设完成投资4493万元。路域环境整治深入开展，完成道路沿线绿化植树3.5万株，建成翠大线中心隔离带24公里，渔村至江城段实现亮化。拆临拆违有序实施，拆除临时违章建筑8.1万平方米，清理整治非法占地3.9万平方米。新农村建设扎实推进，启动路居小凹、大街伏家营等5个美丽家园试点村建设，改造沿湖沿路村庄建筑物外墙面63万余平方米。投资3665.3万元实施新农村建设和“一事一议”财政奖补项目82个，江城陈家湾、九溪六十亩等20个整村推进扶贫项目和江城风吹口、前卫大石河2个易地搬迁扶贫工程全部完工，江城庄科旧村改造初见成效。

以增强保障能力为目标，财税金融稳健运行。充分发挥投融资平台作用，努力拓宽融资渠道，完成融资5.67亿元。出台了《江川县2013年度争取上级资金工作考核办法（试行）》，各级各部门争取上级支持力度进一步加大，财政转移支付资金不断增加，累计争取上级专款9.43亿元，增长13%，有效缓解了县级财政压力。全年完成财政总收入6.14亿元，增长20%，地方财政支出14.59亿元，增长

22.8%，确保县级财政在及时足额保民生、保社会稳定、保重大项目等刚性支出的基础上，实现收支平衡。坚持依法治税，加强税收征管，国税收入在全市排名上升1位，“营改增”试点工作顺利实施。全县金融机构各项存款余额84.57亿元，增长20.2%；贷款余额51.11亿元，增长14.9%；存贷比达60.4%。

以保障和改善民生为根本，社会各项事业协调发展。累计民生支出9.8亿元，占财政支出的70.5%。

社会保障体系日益完善。发放“贷免扶补”资金8401万元，新增城镇就业2002人，实现失业、特殊困难群体再就业1062人，城镇登记失业率3.39%。规范农村低保工作，发放城乡最低生活保障、医疗救助等各类救助金2838.4万元。发放各类社会保障资金6116万元。强化老龄工作，率先在全市实施百岁老人发放1万元长寿奖励资金制度。2011、2012年保障性住房主体工程完工，2013年保障性住房完成总投资的65%，1950户农村危房改造工程全面开工建设。

教育优先发展地位继续巩固。投入教育专项资金2.1亿元，义务教育阶段33191名学生享受到“三免一补”政策，31269名学生享受到免费营养早餐。高考上线和高分段人数连续九年居全市县级第一，职业教育毕业生就业率连续六年保持96%以上。启动学校危房三年清零计划，拆除D级危房1.6万平方米，新建、加固校舍17万平方米，江川一中一期扩建工程基本完工，江川二中标准化运动场建成投入使用，江川职中扩建工程全面启动。稳妥解决民办代课教师遗留问题，兑付3535名原民办代课教师一次性经济补偿1399.8万元，在代课教师中公开择优招聘教师22名。

卫生文化等事业不断发展。公立医院改革深入实施，县人民医院实现药品零差率销售，成功创建为二级甲等综合医院。县卫生监督局业务用房和120急救中心建成投入使用，九溪、安化卫生院完成升级改造，医疗服务基础设施不断完善。新型农村合作医疗保险报销金额达8774万元，78.1万人次受益。文化事业持续发展，修缮改造了县影剧院，成功举办了江川县首届春节联欢晚会，农家书屋建设工程延伸到自然村。配合中央电视台完成了《彩云之恋》、《国家宝藏——江川牛虎铜案》等专题片拍摄。成立了乡镇广播电视站，完成900户直播卫星“户户通”工程建设，自然村实现广播电视全覆盖。县殡仪馆和10个农村公益性公墓全面开工建设。人口和计划生育工作得到加强，人口自然增长率控制在4.44‰。妇女儿童、残疾人、红十字、慈善、体育等事业不断发展，统计、科技、气象、防震减灾、人防、档案、外事、侨台等工作取得新成绩。

社会管理综合治理扎实推进。“六五”普法深入实施，“四五”依法治县工作全面启动。接访下访和矛盾纠纷“大调解”机制不断完善，各类社会矛盾化解力度进一步加大。“平安先进县”创建、禁毒防艾工作不断深入，安全生产形势总体趋好。启动平安城市视频监控系统建设，严厉打击各类违法犯罪，社会保持和谐稳定。

以提高为民服务水平为落脚点，政府自身建设不断加强。坚持科学理政、依法行政、从严治政，法治政府、责任政府、阳光政府和效能政府建设成果进一步巩固。修改完善政府工作规则，政府科学决策、执行责任、考核监督体系不断完善。自觉接受人大、政协监督，办理人大代表建议110件、政协委员提案84件，办结率100%。严格执行《江川县领导干部问责办法》，问责领导干部33人次。加大审计力度，审计政府性投资项目104项，核减投资1603万元。完成公共资源交易项目65个，交易总额3.5亿元，节约资金230万元。稳步推进行政审批制度改革，承接上级下放行政审批事项20项，实行集中并联审批64项。实施重大决策听证12项、重要事项公示1156项、重点工作通报1529项，有效保障了人民群众的知情权、参与权和监督权。落实党风廉政建设“一岗双责”制度，梳理关键岗位892个，制定权力风险防范措施4420条，权力运行监督机制不断完善。

各位代表，过去一年的成绩来之不易，这是市委、市政府和县委坚强领导的结果，是县人大、县政协及社会各界监督支持的结果，是全县广大干部群众共同努力的结果。在此，我代表县人民政府，向各位代表、全县广大干部群众、驻江部队指战员，向工商联、无党派人士、各人民团体以及所有关心支持我县发展的老领导、同志们，致以最衷心的感谢和最崇高的敬意！

在看到成绩的同时，我们也清醒地认识到，我县经济社会发展还存在不少困难和问题。一是经济总量不足，产业结构不优，增长方式单一，调结构、转方式、促发展难度大。二是由于我县95%的国土面积处在“两湖一库”径流区范围内，生态建设任务繁重，环境保护与经济社会发展矛盾突出。三是工业企业总体实力较弱，规模以上企业较少，生产性项目投入不足，工业经济增长后劲乏力。四是城镇建设严重滞后，县城规模小，城市功能不配套，公共基础设施建设和城市管理相对滞后。五是财政收支矛盾依然突出，财源不广、结构单一，保持财政收入持续快速增长任务艰巨。这些困难和问题，我们将在今后的工作中认真研究，切实加以解决。

二、2014年工作安排

2014年，是深入贯彻落实党的十八大、十八届三中全会精神，全面深化改革，加快经济社会转型跨越的关键一年，也是我县完成“十二五”规划任务，实现“翻两番、增三倍”目标的攻坚之年。新的一年，在面临诸多困难的同时，我们也迎来了更多的机遇。党的十八届三中全会作出的全面深化改革重大决策部署，中央坚持稳中求进、稳中有为、稳中提质，密集出台的稳增长、调结构、惠民生等一系列政策，将进一步激发发展的内生动力和活力；全省深入推进西部大开发、桥头堡战略和滇中城市经济圈建设，为我们融入大都市、参与区域合作、争取项目和资金支持，创造了更为有利的条件和环境；我们必须把思想和行动统一到中央、省、市和县委的决策部署上来，增强进取意识、机遇意识、责任意识，以改革统领全局，以改革促发展创新，高起点谋划、高标准推进，努力开创我县经济社会跨越发展新局面。

今年政府工作的总体思路是：坚持以邓小平理论、“三个代表”重要思想、科学发展观为指导，深入贯彻落实党的十八大、十八届三中全会精神，坚持稳中求进的总基调，以全面深化改革为动力，以提高经济发展质量和效益为中心，按照“环境优先、兴园强工、建设新城、做美生态”的工作思路，把以“两湖一库”为重点的生态环境保护治理作为突出任务，把以“三大核心区”为重点的产业发展作为主攻方向，把以“山水新城”项目为重点的生态城镇建设作为有力支撑，把以保障和改善民生为重点的社会建设作为根本目的，统筹推进经济、政治、文化、社会、生态文明建设，推动生态文明建设与经济社会发展同步争先进位，为建设富裕和谐美丽新江川做出新贡献。

建议2014年全县经济社会发展主要预期目标为：完成县内生产总值64亿元，增长12%以上；规模以上固定资产投资33.6亿元，增长20%以上；社会消费品零售总额17.28亿元，增长14%以上；地方公共财政预算收入5.16亿元，增长12%以上；城镇居民人均可支配收入26500元，增长12%以上；农民人均纯收入9350元，增长14%以上；人口自然增长率控制在5.5‰以内；城镇登记失业率控制在3.5%以下；万元生产总值综合能耗与省市同步下降。

围绕上述目标，我们重点要抓好以下八个方面工作。

（一）稳步发展农业经济

围绕农业增效、农民增收，认真落实强农惠农富农政策，加大金融支持“三农”力度，强化农业基础设施建设，加快推进农业产业化、生态化、庄园化发展，实现农业总产值22.8亿元，增长6%。

夯实农田水利基础。稳步推进“五小”水利、水毁修复、抗旱水源加固维修、农村饮水安全等工程建设，完成三道沟和底亩坝2座病险水库除险加固，完成350口“爱心水窖”、800口小水窖及1500口“彩虹水窖”建设任务。抓好农业综合开发工作，在九溪、前卫建成8700亩高标准农田，启动大街、安化、雄关7200亩高标准农田建设。完成柏池古4611亩基本烟田建设，实施1.7万亩中低产田（地）改造。

着力抓好农业生产。稳定粮食种植面积，确保实现烤烟种植面积9.3万亩、收购烟叶1165万公斤。大力发展高原特色农业，加快发展蔬菜、油料、林果等特色产业，推广核桃、竹子规模化种植，强化管护措施，实现种植业总产值增长7%。加强重大动物疫病防控，规范发展养殖小区，促使养殖业向规模化方向转变，确保畜牧业总产值增长10%以上。增加星云湖鱼苗投放量，实现渔业总产值增长5%。实施好农业科技入户、农业装备更新工程，完成农

业技能培训3000人次，新增各类农机（具）2600台（套）以上。加强农产品质量安全体系建设，年内新增“三品一标”农产品1个。

加快农业产业化步伐。大力发展农业庄园经济，打造江城牛摩蓝莓庄园，启动雄关水箐生态庄园建设，力争火焰山土著鱼庄园建设取得实质性进展。加大对农产品加工企业的扶持力度，建成丫眯绿色休闲食品100亩配套玫瑰园，打造一体化无公害生产加工示范点。鼓励种养殖大户与企业领办农民专业合作组织，新发展农业专业合作社3个以上。继续推进农村信用体系建设，完成1.5万户信用农户评定工作。

（二）推动工业经济快速发展

坚持“扩大总量、提升增量、优化存量”原则，引进培育新兴产业和龙头企业，整合提升传统产业。继续推行县级领导联系重点企业、重点项目责任制，落实乡镇（街道）工业经济发展目标考核责任制，调动一切积极因素加快工业经济发展，实现规模以上工业增加值15.6亿元，增长20%。

加快工业园区建设。深化与玉溪高新区合作，理顺工业园区管理体制。依托玉溪高新区的资金优势，加大投入力度，完成龙泉山工业园区仙水大道路面硬化及5条市政道路建设，加快推进低丘缓坡1089亩土地收储工作，做好排水排污、电力供应中长期规划，不断夯实园区发展基础。用好玉溪高新区招商引资政策优势，进一步拓宽园区招商引资渠道，完成5个以上项目包装策划，新增3个以上生态环保新兴产业项目入驻园区。加快已引进项目的推进速度，确保联塑集团、腾达机械项目建成投产，力促万利包装、新天力机械制造、绿竹烟花等项目完成年度投资计划，争取玉溪卷烟厂复烤二车间、北京德兆西南高端环保设备制造项目尽快开工建设。实现园区企业固定资产投资4.5亿元，总产值3.5亿元，增加值8000万元。

巩固提升传统产业。完善小白坡工业产业区环评手续，尽快启动基础设施建设，为传统工业项目发展创造空间。围绕技术创新，鼓励现有的磷化工、纸制品、建筑建材等传统产业加快技改扩建和提档升级，增强企业市场竞争力。按照“规模化、品牌化、效益化”的要求，完成烟花爆竹和红砖企业整合工作，确保新型墙体材料生产线建成投产，烟花爆竹企业形成产业集群。抓好清水沟磷矿南采区开采工作，严格控制开采量，实现磷化工产业可持续发展。加大对困难企业的帮扶力度，帮助翠峰纸业、翠峰水泥恢复生产，确保天锋彩印包装有限公司年产1500万只三层彩箱生产线投产。

（三）加快发展第三产业

抓住加快推进昆玉红旅游文化产业经济带建设的重大机遇，以旅游文化产业为重点，促进服务业发展，实现第三产业增加值28.5亿元，增长12%以上。

加大旅游产业发展力度。充分利用好省委、省政府每年预留1万亩用地指标推进重大旅游项目建设的政策，积极争取用地指标，督促、帮助企业加快工作进度，全力推动已引进的重大高端旅游项目建设，确保九龙晟景项目五星级酒店4月底前投入试营业，力争仙湖锦绣项目完成一期主体工程，加快推进天湖湾、药王谷等项目建设。推进旅游与文化产业融合发展，完成青铜文化产业规划编制，扶持青铜制品企业发展，开发具有地方特色的旅游产品，延伸旅游消费产业链，力争青铜产业产值达到2亿元。启动小马沟—冯家湾退房还湖旧村改造，加快推进路居张营、东西海边特色村建设步伐，打造乡村旅游和“退一进三”试点。继续搞好宣传促销，规范旅游市场秩序，实现旅游总收入11.3亿元，增长15.3%。

加快服务业发展步伐。以晋江、红江通高速公路建设为契机，充分发挥江川区位优势，完成玉溪市医药集团大型物流仓储项目建设，推动现代物流业发展。积极引导企业争创“云南餐饮名店”和“中华餐饮名店”，促进餐饮业健康发展。健全完善市场体系，改善消费环境，抓好农产品交易市场和城镇商业网点规划建设，推进便民利民市场向居民小区、社区延伸，加快县城日用工业品配送中心建设步伐，促进商贸流通业发展。

（四）扎实抓好招商引资工作

抓住央企入滇、民企入滇、外企入滇、科技入滇机遇，积极参与泛珠会、昆交会、南博会等区域合作交流，把环保、低碳、高效的实体经济项目作为招商引资重点，充分利用资本市场加快产业发展。加大招商引资力度，严格兑现乡镇（街道）、部门招商引资考核奖惩，围绕重点产业链、重点企业、重大示范带动项目和重点园区，采取外出招商、蹲点招商、上门招商、委托招商等方式，开展与港澳台商会、证券公司、园区等结队招商，提高招商引资实效。强化重大签约项目全程跟踪服务，全力推动招商引资项目落地，努力提高项目履约率和资金到位率，力争引进投资建设项目20个，落实到位资金52亿元，实际利用市外国内资金、外资分别增长10%以上。

（五）加大生态建设和环境保护力度

加强“两湖一库”保护治理。采取重点流域综合治理、湖滨生态恢复、沿湖农村环境综合整治等工程措施，强化公众宣传教育、产业结构调整等非工程措施，形成以防为主的污染防治体系。加快“两湖”十二五水污染防治规划项目的推进落实，抓好抚仙湖“四退三还”二期工程，完成湖滨带低污染水净化、村落污染控制和3片湿地优化等后续工程建设。抓紧实施抚仙湖西岸（江川段）生活污水收集工程，逐步实施临湖村庄搬迁工作。建成星云湖一级保护区缓冲带2000亩，完成大石咀、大凹、上西河、大摆和路居片区15个农村环境综合整治工程。继续落实好河（段）长责任制，抓好19条主要入湖入库河道截污、绿化、保洁等治理工作。完成九溪河小流域农村污染综合治理、水土流失防治和安化集镇区生活污染控制、董炳河小流域生活污染综合整治、畜禽养殖污染治理工程，启动东西大河、渔村大河、大街河、螺蛳铺河4条河道小流域水环境综合治理。

加快推进生态建设。进一步加强农业面源污染治理，抓好塑料大棚拆除工作，推广测土配方施肥、绿色防控技术42.7万亩次。加快推进“森林江川”建设，积极整合资金，实施主干道沿线、“两湖”周边、入湖河道等重点区域绿化造林10.6万株。做好护林防火和林业有害生物防治，完成封山育林2.6万亩、低效林改造1万亩，治理水土流失12平方公里。建立国土空间开发保护制度，科学确定优化开发区、重点开发区、限制开发区和禁止开发区等生态功能区的功能定位和发展方向。加快推进大街、江城国家级生态乡镇和路居、九溪、前卫、安化、雄关省级生态乡镇创建步伐。

加强节能减排工作。健全绿色消费激励措施，落实水、电阶梯价格制度，推行环境标志认证、政府绿色采购等制度。启动老污水处理厂提标改造工作，加快生活垃圾仿生处理项目建设，确保翠峰水泥6兆瓦余热发电和江磷集团黄磷尾气综合利用项目投入运行，完成节能减排目标任务。深入开展环保专项行动，启动环境监测站标准化建设，做好危险废弃物、重金属污染防治，确保重点项目环评率和“三同时”执行率达100%。

（六）大力推进城乡一体化建设

按照“以人为本、优化布局、生态文明、传承文化”原则，做优县城、做特集镇、做美乡村，推动城乡一体化发展，增强县城、集镇的辐射带动作用。

强化规划管理。严格执行城乡规划法和县城总体规划，完善县城防洪、给排水工程等专项规划，完成江川区规划和“两湖”风景名胜区控规编制工作，启动县城控制性详细规划编制。进一步强化规划的批前批后管理，维护规划的严肃性和法定性。

大力推进城乡建设。加快推进城镇上山规划范围内道路等基础设施建设，加大招商引资力度，力争新城区建设取得突破。突出产城融合，完成龙泉山工业园区20平方公里新拓展区域规划编制，努力打造设施配套、功能完备的现代城市新区。继续加大老城区改造建设力度，完成星云铭城、景华苑等房地产项目建设。按照规划引领、市场运作的模式，加快推进仔猪批发市场片区和龙旺湖城2个城市综合体建设，完善商业、商务、餐饮、休闲、娱乐等城市功能。以兴江路、宝凤路、景新路等县城门户道路为重点，继续开展街区整治及低效利用房屋拆除工作，拆墙见绿、见缝插绿，提高县城绿化率。逐步改善县城交通条件，实施星云路和明珠路南段改造，完成江中路建设和浪广路南段改扩建工程，做好晋江、红江通高速公路江川境内征地拆迁工作，组织开展好环城快速通道的可研编制、施工图设计等前期工作。完成老玉江线路面修复和大铁线、麦雄线大修，有计划组织实施玉江、江通、江华等高等级公路路面修复。严格执行《江川县城市管理办法》，加强综合执法，严肃查处未批先建、不按规划建设等违法行为，整顿规范户外广告，强化机动车停放管理，健全长效机制，提高城市综合管理水平。统筹城乡发展，加快推进江城、九溪省级农业型特色小镇建设，构建以县城为中心、乡镇为节点的城镇体系。

努力改善农村生活条件。继续实施“美丽家园”建设，以沿湖沿路村庄为重点，加大村庄美化、绿化、亮化力度，推进江城温泉、前卫渔村等26个试点项目建设。继续做好扶贫开发工作，启动大街水箐沟和九溪马家庄103户群众的易地搬迁，争取实施20个整村推进扶贫项目和2个村容村貌整治工程，抓好新农村重点村和民族特色村寨建设。除城郊结合部外，按照“一户一宅、建新交旧”的原则，稳步实施“空心村”改造和农村绿化工程，持续做好拆临拆违工作。认真执行“一事一议”财政奖补政策，加强农村公益设施建设，使新农村建设真正成为惠及群众的“民心工程”。

（七）加强财税金融工作

用好用活财税金融政策，加快支柱产业发展和优势产业培育，稳固基础财源，壮大支柱财源，培育新兴财源，挖掘潜在财源。做好“营改增”工作，强化重点税源监控和跟踪问效管理，坚持依法治税，加强税收征管，做到应收尽收。强化争取上级资金支持考核力度，充分调动各方面积极性，努力争取中央、省、市的政策、资金、项目支持。严格执行预算法，优化财政资金支出结构，从严控制一般性支出，提高财政资金使用效益。加强银政、银企合作，引导金融机构用好信贷规模，优化信贷结构，加大对中小企业、“三农”、重大项目建设等领域的支持力度，促进县域经济发展。加强金融创新，丰富农村金融市场层次和产品，鼓励民间资本发起设立中小型银行等金融机构。

（八）推动各项社会事业协调发展

认真落实“三免一补”政策，继续实施农村义务教育阶段学生营养改善计划。深入实施中小学校舍安全工程暨美丽100校园行动计划，拆除D级危房5万平方米，新建、加固校舍7.4万平方米，建成4所“美丽100校园”。完成江川二中扩建征地和晋升一级高中等前期准备工作，加快推进江川职中扩建。调整学校布局，逐步消除九年一贯制学校。做好第二轮县级人民政府教育督导评估工作，确保通过省级验收。继续抓好保障性住房建设和农村困难群众危房改造工程，完成2012、2013年保障性住房建设，确保2011年保障性住房分配入住，启动2014年600套保障性住房建设，完成1700户农村危房改造。继续做好“贷免扶补”工作，新增就业岗位2000个，完成城镇下岗失业人员再就业500人，开发公益性岗位300个，特殊困难群体再就业400人。引导农村富余劳动力向非农产业转移，实现转移就业700人。深化医疗卫生体制改革，做好县乡村一体化管理试点工作，完成前卫卫生院和14所村级卫生室建设，巩固提高新型农村合作医疗保障水平，促进基本公共卫生服务均等化。全力推进殡葬改革工作，完成县殡仪馆和10个农村公益性公墓建设，力争火化率提高到40%。实施江川电视台无线覆盖工程。认真做好人口与计划生育工作，严格执行计划生育政策，促进人口长期均衡发展。巩固“省级餐饮服务食品安全示范县”成果，推进“省级药品安全县”和“省级食品安全县”创建。继续实施农民体育健身工程。积极推进老龄、妇女儿童、残疾人事业发展，抓好统计、科技、气象预警、防灾减灾、民族宗教、第三次全国经济普查等工作。

深入开展“六五”普法、“法治江川”和“四五”依法治县工作。坚持领导干部大接访大下访，完善群众利益诉求表达、矛盾纠纷调解和权益保障机制。积极推进平安江川建设，加强社会管理综合治理，整治社会治安突出问题，打好第三轮“禁毒防艾人民战争”，依法严厉打击各类违法犯罪行为，确保社会和谐稳定。按照“全覆盖、零容忍、严执法、重实效”的要求，加强烟花爆竹、危险化学品、矿山、道路交通、消防、食品药品等重点领域的安全隐患排查治理，防范重特大安全事故发生。

三、进一步加强政府自身建设

加快转变政府职能，创新管理方式，加强作风建设，着力提高政府公信力和执行力，努力建设法治政府和服务型政府。

（一）转变政府职能。强化公共服务、市场监管、社会管理、环境保护职责，全面履行政府职能。深入推进政企、政资、政事、政社分开，落实好“控、调、改”三项措施，加快事业单位分类改革，理顺公办事业单位与主管部门关系，严格控制机构编制，确保财政供养人员总量“只减不增”。深化行政审批制度改革，抓好“接、放、管”三项工作，进一步加强政府的管理服务职能，促进政府高效协调运转，着力构建统一开放、公平竞争的市场环境。不断创新政府服务方式，继续推行县级领导挂钩乡镇（街道）和部门包村责任制，全面落实干部挂钩服务企业和项目制度，努力提供各类公共服务，积极主动为基层、企业提供帮助、解决困难。加快电子政务信息化，完成电子政务协同办公系统建设，大力推进政务公开和各领域办事公开，提高政府服务水平。

（二）切实转变作风。深入开展党的群众路线教育实践活动，着力解决“四风”问题。坚持领导干部随机调研，完善直接联系和服务群众制度，为群众解难题、办实事。严格执行会议审批和分类管理制度，精简会议文件，全面清理、规范和严格控制各类检查考核、评比表彰，坚决解决“三难”、“四多”问题。对政府确定的各项目标任务，实施目标倒逼管理，推行工作目标项目化、项目推进责任化、落实任务时序化，建立健全一级对一级负责、层层抓落实的工作机制，确保各项工作一抓到底，抓出成效。完善发展成果考核评价体系，强化督查问责，确保各项目标任务落到实处、取得实效。

（三）加强廉政建设。健全惩治和预防腐败体系，落实党风廉政建设责任制和责任追究制，坚决执行中央“八项规定”，严格遵守领导干部工作生活保障制度“六个不准”，做到干部清正、政府清廉、政治清明。严格执行《党政机关厉行节约反对浪费条例》和《党政机关国内公务接待管理规定》，确保会议经费和“三公”经费零增长。加强行政监察和审计监督，加大领导干部任期经济责任审计力度，严肃查处违纪违法案件。强化政风行风建设，坚决纠正损害群众利益的不正之风。

（四）坚持依法行政。坚持重大事项请示报告制度，认真贯彻落实好县委的各项决策部署。坚持向人大报告工作和向政协通报工作制度，主动接受人大法律监督、工作监督和政协民主监督，及时办理人大建议和政协提案，认真听取工商联、各人民团体的意见建议，支持法院、检察院依法独立公正行使权力，充分发挥工青妇等群团组织的作用。深入推进依法行政，推动交通、环保、林业、水利等部门综合执法，规范行政执法行为。认真执行“三重一大”集体决策制度，落实会前听证、风险评估、专家咨询、合法性审查和集体讨论决定等制度，提高科学民主依法决策水平。加强制度创新，推行政府及工作部门权力清单制度，健全完善审批考核、财政支付、公共服务等方面的制度，推进决策、管理、服务、结果“四公开”，让人民监督权力，让权力在阳光下运行。

各位代表，抢抓新机遇，实现新跨越，是时代赋予我们的光荣使命，是全县人民的热切期盼。让我们在县委的领导下，进一步解放思想，凝心聚力，开拓创新，埋头苦干，奋力开创全县经济社会发展新局面，为建设富裕和谐美丽新江川而努力奋斗！

名词解释

1.“翻两番、增三倍、促跨越、奔小康”：指根据党的十八大关于全面建成小康社会的战略部署，省委九届四次全会明确提出我省的发展目标，即到2020年，全省生产总值在2010年的基础上翻两番，城乡居民收入在2010年的基础上增三倍。

2.“晋江高速公路”：起于晋宁县上蒜镇小寨村，止于江川县大街街道大寨村，全长约55公里。

3.“四退三还”：指退塘、退田、退房、退人及还湖、还林、还湿地。

4.“PM2.5”：指大气中直径小于或等于2.5微米的颗粒物。

5.“三同时”：指建设项目中防治污染的措施，必须与主体工程同时设计、同时施工、同时投产使用。

6.“城市综合体”：指将商业、办公、居住、展览、餐饮、会议、文娱和交通等城市生活空间的三项以上进行组合，并在各部分间建立一种相互依存、相互助益的能动关系，从而形成的一个多功能、高效益综合体。

7.“营改增”：指将缴纳营业税的应税项目改成缴纳增值税。

8.“三大核心区”：指棋盘山片区、东山片区和龙泉山片区。

9.“三品一标”：指无公害农产品、绿色食品、有机农产品和农产品地理标志。

10.“红江通高速公路”：起于红塔区，经江川县后止于通海县，江川段起点为九溪镇，止点为雄关乡，全长约34千米。

11.“中小学校舍安全工程暨美丽100校园行动计划”：指用三年时间全面排除现存校园D级危房，完成B、C级危房加固改造，完成上百所美丽校园建设任务。

12.“控、调、改”：控，就是严格控制机构编制总量；调，就是调整优化机构编制结构；改，就是通过深化改革推动机构编制释放潜力。

13.“接、放、管”。接，就是把中央下放给地方的职能接好管好；放，就是把本级该放的权力切实放下去、放到位；管，就是把地方该管的事情管起来、管到位。

14.“四风”：指形式主义、官僚主义、享乐主义和奢靡之风。

15.“三难”：指办事难、审批难、落地难。

16.“四多”：指会议多、文件多、活动多、评比多。

大 事 记

编辑 徐凡清

江川县2013年大事记

1月

4日 江川县开展第三届道德模范评选活动。

6日 江川县各乡镇完成人代会会议各项议程，选举产生新一届人大主席、乡（镇）长和副乡（镇）长。

6日 江川县召开“除火患、保平安”专项行动工作动员部署会议。

7日 江川县第十四届人民政府召开第九次全体会议。

7日 江川县召开2012年度惩防体系建设暨党风廉政建设责任制考核动员会。

9日 中国人民政治协商会议江川县第八届委员会第一次会议召开。

13日至17日 江川县召开第十五届人民代表大会第一次会议。大会选举李东林为县人大常委会主任，杨本忠、刘跃宁、史云德、陆富仙为县人大常委会副主任；葛勇为县人民政府县长，石伟、张文斌、牛旺林、王波、杨军苹、普朝鹏为县人民政府副县长；郑子云为县人民法院院长。

15日 省总工会主席张百如率队到江川县调研工会工作，市总工会主席范志华、副主席柏劲松陪同调研。

17日 省委组织部常务副部长刘蔚萍到江川县大街街道大庄社区驻村开展随机调研。

18日 市政府第四考核督查组对江川县人民政府2012年度落实安全生产工作目标完成情况及2013年春节前安全生产工作开展情况进行考核督查。

23日 江川县召开安全生产工作会议。

24日 市委宣传部副部长赵丽萍与市文明办负责人一行到江川对文明示范村和文化示范村创建工作进行检查验收。

2月

2日 省安全生产监督管理局副局长白光福、蔡继发等组成调研组，对江川县烟花爆竹生产企业和零售市场进行调研。

4日 市委副书记谢兴荣、市人大常委会副主任吴建森、市政协副主席张炜等一行到江川慰问驻江部队官兵。县委书记马文龙，县委副书记、县长葛勇，县委副书记、新农村工作队总队长吕元海等陪同慰问。

8日 江川本土大型春节联欢晚会在影剧院举办。

13日 省文化厅党组书记、厅长黄峻陪同来自上海、澳大利亚等地客人到云南李家山青铜器博物馆参观考察。

18日 市委、市政府召开抚仙湖水污染综合防治工作现场会。市委书记张祖林，市委副书记、代市长饶南湖一行在县委书记马文龙，县委副书记、县长葛勇陪同下，到江川县查看玉带河流域周边环境综合治理情况和大鲫鱼河流域环境综合治理情况。

19日 江川县召开清理和拆除临时违规建筑动员大会。

21日 省招商合作局局长杜勇一行到江川调研“仙湖锦绣”项目，县委书记马文龙，县委副书记、县长葛勇陪同调研。

22日 第六届玉溪（江川）乡村青年文化节在江川县九溪镇开幕。

26日 江川县召开江川县美丽乡村建设暨全县第七批新农村建设指导员下派动员会议。

26日 县委书记马文龙，县委副书记、县长葛勇，县委常委、常务副县长石伟等领导深入江城镇海门、孤山、牛

摩村委会，实地查看抚仙湖沿湖拆临拆违工作进展情况。

26日　江川县召开2013年度建设工程质量安全工作会议。

27日　江川县召开2013年政法信访工作会议。

28日　省环保厅湖泊处副处长余辉一行到江川调研星云湖治理项目实施情况。

3月

1日　江川县公安局召开2013年公安工作大会。

4日　县委副书记、县长葛勇，县委副书记张金翔，副县长王波率领相关部门负责人对江川县龙泉山生态工业园区项目推进情况进行调研。

5日　江川县召开村组干部任期和离任经济责任审计工作会议。

5日　县委常委、常务副县长石伟率领相关部门负责人，对江川县城拆临拆违工作和街区整治情况进行专题调研。

6日　县委书记马文龙，县委副书记、县长葛勇，县人大常委会主任李东林，县政协主席罗跃岗，县委常委、纪委书记郭永生，县委常委、组织部长林清，县委常委、副县长张文彬等领导到九溪镇调研大棚拆除工作。

6日　江川县召开2013年关心下一代工作会议。

7日　江川县召开“庆三八”女领导干部座谈会。

7日　江川县召开5亿元以上重大项目推进工作会议。

8日　县委常委、政法委书记陈班寿到路居镇下坝社区开展社管创新专题调研活动。

12日　江川县第十五届人大常委会召开第一次会议。

12日　中国联塑云南江川生产基地在江川县龙泉山生态工业园区举行奠基仪式。

15日　江川县人民政府与云南腾达机械制造项目签约仪式在江川宾馆举行。

20日　江川县召开2013年党建暨党风廉政建设大会

20日　省委组织部检查组到江川县国税局检查“四群”教育和党建工作。

22日　江川县委政法委召开综治维稳培训工作会。

26日　江川县召开2013年卫生工作会议。

26日　江川县组织干部收听收看国务院第一次廉政工作电视电话会议。

28日　江川县召开县总工会十一届二次全委（扩大）会议。

29日　江川县召开基本农田划定工作会。

29日　江川县直属机关工委举办党组织书记培训班。

31日　县委副书记、县长葛勇专题调研江川县大街河治理工程项目。

4月

2日　江川县召开2013年人大代表建议交办会。

2日　省国土厅财务处长车学文、土地整理中心主任杨明全一行到江川调研龙泉山城市工业区低丘缓坡土地综合开发利用试点项目进展情况。

3日　江川县召开星云湖一级保护区退田还湖工作会。

3日　江川县召开“玉溪杯”全国公路自行车冠军赛工作安排会。

3日　江川县四套班子成员及各界人士到江川县革命烈士陵园，开展祭扫烈士墓活动。

3日　县委书记马文龙对九溪大河治理情况进行调研。

7日　江川县十五届人民政府召开第一次全体（扩大）会议。

8日　江川县召开县城街区整治工作会议，对县城翠大线、兴江路两条街区整治工作作安排部署。

9日　江川县召开统战、民族宗教工作会议。

11日　江川县召开转作风促跨越动员大会。

12日　江川县召开2013年烤烟预整地暨烤烟移栽现场会。

11日　中共江川县委举行县委理论学习中心组学习会。

15日　县委常委、纪委书记郭永生，县委常委、组织部长林清，县委常委、常务副县长石伟一行对江川县抚仙湖、星云湖一级保护区拆临拆违工作进行督查。

16日至18日　玉溪市拆临拆违检查验收组到江川对抚仙湖沿岸及玉带河岸拆临拆违工作进行检查验收。

18日　国家教育部副部长李卫红在玉溪市副市长杨洋，县委书记马文龙，县委副书记、县长葛勇，副县长普朝鹏等陪同下到云南李家山青铜器博物馆调研。

22日　市防震减灾局到江城镇龙街中心小学检查学校创建“玉溪市防震减灾科普示范学校”情况。

23日　市人大常委会主任谢兴荣、省九湖督导组成员普朝和一行在县人大常委会主任李东林，县委常委、常务副县长石伟，副县长普朝鹏陪同下，到路居镇下坝村委会和小凹村委会查看抚仙湖退田还湖和拆临拆违工作开展情况。

26日　江川县召开传达贯彻市委、市政府拆临拆违督查调研工作通报会。

26日至27日　省环保厅副厅长高正文率环保厅湖泊处人员一行在副市长孙云鹏陪同下，到江川调研星云湖水污染综合防治工作。

28日　市政府督察组到江川县建国包装有限公司、宇丰加油站等企业进行安全生产情况视察。

29日　江川县组织召开全县村级组织换届选举工作动员暨培训会。

30日　江川县召开解放思想推动工作专题会议。

5月

6日 江川县召开2013年度防汛抗旱工作会。

7日 县委副书记、代理县长钱兴率政府办、住建局、大街街道负责人一行到县城兴江路、翠大线大街段对江川县街区整治工作进行实地查看。

7日 江川县组织收听收看全省村“两委”换届选举工作汇报视频会。

9日 中共江川县委召开常委（扩大）会议，专题研究村级组织换届选举工作。

9日 江川县江城镇龙街中心小学举行防震减灾科普示范学校揭牌仪式。

16日 晋江高速公路建设工程江川指挥部揭牌仪式在江城镇政府举行，晋江高速公路建设各项工作全面启动。

16日 江川县召开2013年工业商贸和招商引资工作会议。

21日 县委书记马文龙主持召开县级四套班子专题会议，研究部署江川县推进特色民居建设工作。

21日 省委督察专员王瑛率省督查组一行到前卫镇调研前卫镇湿地运行情况。

23日 凌晨强降雨造成江川县路居镇和九溪镇等多地发生洪灾。

27日 市政协主席、东西大河河长黄宪庭在县委副书记、代理县长钱兴陪同下，深入西河二库及东西大河各个河段查看河道现状，了解河道污染及日常管护和治理情况。

28日 江川县召开2013年加大城乡统筹力度促进农业转移人口转变为城镇居民工作会议。

30日 市委副书记、江川九溪大河河长夏立洪率队巡河，就东风水库水源保护区九溪大河片区整治进行调研。

30日 江川县召开县级四套班子联席会，听取项目方和规划编制单位关于《江川明星美丽乡村建设项目一期概念性规划方案》、《星云湖4A级景区配套商服项目规划（暂定名）》、《星云湖退田还湖及生态修复项目规划》汇报。

6月

3日 省卫生厅副厅长张宽寿一行在县委副书记、代理县长钱兴，副县长王波陪同下，深入县人民医院、县妇幼保健院、县卫生监督局、九溪六十亩村卫生所、九溪卫生院，就基本公共卫生服务项目、妇幼健康计划、新农合等工作进行实地调研指导。

4日 县委书记马文龙，县委常委、常务副县长石伟到地质灾害隐患突出村组查看预防及搬迁等情况。

5日 江川县召开2013年防震减灾工作联席会。

5日 省发改委专家服务团一行到江川，就昆玉旅游文化经济带江川建设推进情况、旅游产业发展规划布局等进行调研。

5日 江川县召开2012年度农村环境卫生整治工作总结表彰暨2013年度动员大会。

5日 副市长、董炳河河长杨洋到江川视察董炳河径流区治理情况。

5日 江川县召开2013年财税工作座谈会。

6日 江川县举行星云湖大头鱼人工增殖放流活动，将两吨大规格大头鱼鱼种及100万尾鱼苗投放星云湖。

7日 省地震局副局长解辉一行在市防震减灾局长金志林、副局长黄家富陪同下到江川县调研。

7日 江川县非公有制经济人士理想信念教育实践活动领导小组召开工作会议。

7日 中央电视台记录频道到江川拍摄以牛虎铜案为主线的纪录片《国家宝藏》。

8日 市委、市政府在江川召开抚仙湖旅游项目建设现场整改工作会。

15日 江川县召开市委工作会议江川筹备会。

16日 江川县完成村级组织换届选举工作。

17日 市政协党组书记冷明德带领市政协副主席陈志芬、汪燕平、马良昌、郭亚钢、贺光明、李少华及红塔区、江川县、澄江县、华宁县政协主席组成的视察组，到江城镇隔河村实地视察拆临拆违工作情况。

17日 江川县举办第五届村（社区）干部培训班。

18日 晋江高速公路征用地补偿协议签订。

18日 市政协副主席、周官河河长汪燕平在江川县政协主席罗跃岗陪同下，深入前卫镇对周官河各河段情况进行实地查看，并召开座谈会。

19日 江川县第十五届人民政府召开第4次常务会议，专题研究安全生产大检查相关问题。

20日 省人大常委会研究室主任单文、市人大常委会秘书长海之鹤等组成调研组到江川县调研人大工作。

20日 江川县召开2013年安全生产大检查工作动员部署会。

24日 副市长左广到江川对晋江高速公路建设情况及地质灾害防治情况进行调研。

24日 江川县举办第一期领导干部学习讲坛。

24日 江川县举办2013年青年马克思主义者培养工程暨村（社区）团总支书记培训班。

26日 县委常委，县政府、县人大、县政协主要领导，县国土、住建、农业、财政等部门主要负责人，以及涉及到的乡镇（街道）书记、乡镇长（主任）参加全县重点工作推进情况调研。

27日 江川县召开庆祝建党92周年暨党建、村级组织换届选举工作总结表彰会。

29日 省政府金融办主任刘光溪在副市长李平及市金融部门主要负责人陪同下到江川县进行调研。

7月

3日　中共江川县委召开常委（扩大）会议，传达学习贯彻中央政治局专门会议和习近平总书记重要讲话精神，结合江川实际对全县的学习贯彻工作进行安排部署。

5日　市政府督查组到江川县对安全生产工作进行督查。

9日　江川县召开清理整治非法占用土地工作会。

10日　省政府城镇保障性安居工程建设和管理工作第八督导组到江川县保障性住房统建项目区，对江川县2011年、2012年、2013年城镇保障性住房建设及管理情况进行实地查看，对江川县保障性安居工程建设和管理工作进行督促检查。

11日　县委宣传部在江城镇举行江川县环湖文明走廊工程启动仪式。

11日　省政协调研组一行到路居镇大白石头河调研江川退田还湖和抚仙湖保护治理工作。

10日至11日　省总工会办公室副主席雷鸣，省财贸集团工会主席陈玉琼，玉溪市总工会副主席柏劲松、李树华一行到江川督查调研上半年工会“云岭职工跨越先锋活动”、“云岭职工人才工程”等工作。

12日　江川县召开2013年度征兵工作会议。

13日　第七届“云南·玉溪抚仙湖公开水域游泳邀请赛”启动仪式在江川举行。

14日　市委常委、常务副市长陈勇率市环保局、规划局等部门负责人巡查江川县大街河。

15日　江川县召开关心下一代工作先进集体和先进个人表彰会。

17日　江川县召开2013年全县新农村建设工作队第二次会议。

19日　玉溪市江川县翠大线K8+700M处发生一起特大道路交通事故，致4人死亡，4人受伤。

22日　江川县召开2013年环境保护工作推进会。

24日　县委书记马文龙，县委副书记、代理县长钱兴，县委常委、宣传部长龚桂存一行对路居镇老高坟农村公益性、示范性公墓建设情况进行调研。

25日　由县委宣传部、县文明办、共青团江川县委联合举办的江川县第九届“红土地之歌”暨首届“中国梦·我的梦”演讲大赛在江川影剧院举行。

25日　省宗教局副局长杜吉在市民宗局副局长周光文陪同下到江川北山寺、孤山瀛海寺等调研江川宗教工作。

8月

1日　江川县组织收听收看全省城乡统筹转户工作电视电话会。

1日　省公安厅副厅长胡水旺深入江川县公安局开展党的群众路线教育实践活动工作调研。

2日　江川县召开第三次全国经济普查第一次领导小组会议，启动江川县第三次全国经济普查单位清查工作。

2日　玉溪高新区与江川县举行合作开发龙泉山工业园区框架协议签约仪式。

5日　江川县召开2013年烟叶收购工作会。

7日　玉溪市三湖水污染综合防治督导组副组长、原市政协副主席张炜率督导组一行到江川调研星云湖水污染综合防治工作开展情况。

12日　江川县青年干部培训班开班。

13日　江川县举办学习十八大精神专题讲座。

13日　市人大常委会主任谢兴荣率队到江川县调研上半年经济社会发展情况。

14日　省煤监局督察组代表省督查组到江川县督查安全生产工作。

14日　中共江川县委举行中心组理论学习活动。

15日　中共江川县委召开工作会议。

20日　县委书记马文龙，县委副书记、代理县长钱兴率领江川县党政考察团一行45人到地处澄江县的玉溪庄园考察学习庄园经济建设和发展情况。

21日　市委副书记、代理市长饶南湖到江川县九溪镇调研东方水库水源地保护工作。

22日　云南陆军预备役步兵师政委王恩富对云南陆军预备役步兵师二营营部进行检查。

22日　江川县十五届人民政府召开第二次全体会议。

22日　副市长解仕清率市高新区、工信、国土、住建等部门领导在县委副书记、代理县长钱兴陪同下到江川县龙泉山工业园区进行调研。

23日　江川县举行中小学校安工程暨美丽100校园行动计划建设项目合作协议签字仪式。

28日　县委、政府召开重点项目、重点工作通报会。

28日　省委巡视江川县工作动员会召开。

29日　县委书记马文龙，县委副书记、代理县长钱兴到大街、雄关、路居、前卫等烟叶收购站点随机调研烤烟收购工作。

30日　江川县召开金融工作座谈会。

30日　全国文化市场综合执法大练兵大比武及综合行政执法工作检查组到江川进行检查。

9月

2日　市委宣传部副部长、市文产办主任龚紫山，县委常委、宣传部长龚桂存等调研江川铜艺文化产业发展情况。

2日至3日　省安监局危化处副处长徐安勤、调研员刘文江，市安监局副局长李之泽等一行到江川县督查烟花爆竹生产企业整合改建期间安全生产工作。

3日至4日　省老龄委专职副主任、省民政厅副厅长王建新等检查组一行到江川对江川县贯彻落实省老龄事业发展“十二五”规划情况和老龄法规政策落实情况进行检查。

4日　省委巡视组到雄关乡白石岩村委会调研社会主义新农村建设。

4日　由省民委、省财政厅、省旅游局组成的调研组到江川县九溪镇罗合白村调研2013年度民族特色旅游村寨建设项目。

10日　江川县召开2013年固定资产投资暨招商引资工作推进会。

10日　县委副书记石伟、副县长王波到各烟站调研烤烟收购工作推进情况。

10日　省人大常委会原副主任、省政府九湖督导组组长牛绍尧率省政府九湖督导组成员到江川县调研湖泊水污染综合防治工作。副市长孙云鹏，县委常委、副县长李志刚及相关部门领导陪同调研。

10日　省委巡视组到大街街道调研。

10日　县委书记马文龙，县委副书记、代理县长钱兴，县人大常委会主任李东林，县政协主席罗跃岗，县委常委、宣传部长龚桂存，县委常委、县委办主任邓春元，副县长普朝鹏及相关部门负责人一行到江川县第二中学，研究解决制约江二中教育教学发展的措施及办法。

12日　全国13个省、市关工委领导到九溪镇六十亩村委会参观指导工作。

12日　市人大教工委主任周葵、市卫生局局长马跃武一行到江川督查基层医疗机构基本建设情况。

18日　县委副书记、代理县长钱兴，副县长、县公安局长牛旺林等到江川县公安局交警大队查看交警业务基础设施建设情况，就如何改善道路通行条件建设等提出要求。

23日　县委书记马文龙主持召开2013年第四季度工作推进会。

23日　江川县召开2013年美丽家园行动建设项目推进会。

24日　市委副书记、九溪大河河长夏立洪率队巡河，就东风水库水源保护区九溪大河片区整治进行调研。

27日　江川县召开安全生产工作紧急会议。

30日　东风水库九溪河综合治理项目开工建设。

10月

8日　市委副书记、市长饶南湖，市委常委、宣传部长杨兴荣，市人大常委会副主任雷庆丽等在县委书记马文龙，县委副书记、代理县长钱兴，县委常委、宣传部长龚桂存，县委常委、县委办主任邓春元，副县长、县公安局长牛旺林陪同下，到江川县走访慰问百岁老人、优抚对象及困难老人。

9日　县委书记马文龙，县委副书记、代理县长钱兴对推进殡葬改革工作进行现场办公。

10日　中共江川县非公有制经济组织和社会组织工作委员会挂牌成立。

15日　江川县举行校安工程及美丽100校园行动计划开工仪式。

15日　市委常委、副市长鹿辉阳率市招商合作局、市抚投公司、福建世纪集团、云南普尔顿集团一行到江川龙泉山工业园区考察。

16日　省政协主席罗正富一行在市政协主席黄宪庭，市政协党组书记冷明德，市政协副主席汪燕平、郭亚钢、李少华等陪同下到江川实地调研江川县政协办公环境和条件。

16日　江川县召开第四个五年依法治县工作会议。

18日　玉溪市2013年突发环境事件应急演练动员会在江川县召开。

22日　江川县召开殡葬改革工作推进会。

23日　昆明市东川区区委书记陆平率考察团一行在县委书记马文龙、副县长李启红陪同下，实地查看江川李家山青铜器工艺制品厂、前卫镇新河咀铜器工艺品加工点、江川铜器工艺制品厂。

29日　江川县召开2013年农村环境卫生整治工作推进会。

31日　江川县举办非公经济代表人士培训会。

11月

4日　CCTV美丽中国音乐电影欣赏《彩云之恋》摄制组赴江川，对江川的水文化、渔文化和青铜文化作专题拍摄。

5日　江川县召开2013年行政效能建设工作会议。

6日　玉溪市农村综合改革领导小组办公室主任会议在江川召开。

12日　省政府第三督查组一行对星云湖截污治污工程（一期）北片区污水处理厂和南片区污水处理厂进行现场督促检查。

14日　省工商联兼职副主席伍滨、秘书长苏桃平到江川县调研非公有制经济组织情况。

21日　江川县召开第九届“开渔节”工作领导小组会议。

21日至22日　受国家安监总局委托，钱自强、范军政、罗爱民三位专家对江川礼花弹生产安全条件进行实地考察。县委书记马文龙，县委副书记、县长钱兴陪同调研。

25日　江川县召开2014年森林防火工作会议。

26日　澜沧县县委副书记、县长李正昌，县委副书记年华友，县委常委、组织部长朱成光率党政代表团到江川县

考察。

26日　江川县组织收听收看中央宣讲团党的十八届三中全会精神报告会。

27日　玉溪市政协副主席、周官河河长汪燕平到江川实地查看周官河综合治理工作进展情况。

29日　江川县青年企业家协会和江川县青年创业者协会成立。

29日　江川县召开公路路域环境专项整治暨绿化造林工作推进会。

12月

1日　以津巴布韦中央政治局委员鲁加雷·博为团长的非洲民族联盟——爱国阵线代表团一行4人到江川县侯家沟村委会察基层党组织建设和新农村建设工作。

2日　省政协调研组一行在市政协副主席贺光明，县政协主席罗跃岗、副主席郭开明陪同下，深入江城镇东山雄胜工艺石材厂、江川县宏基石材厂进行实地调研。

3日　江川县组织收听收看“玉溪大课堂”第一期专题学习视频会。

10日　市“三湖”保护治理督导组对安化乡董炳河入库河道进行实地督查。

18日　市委常委、政法委书记刘宁笙一行在县委常委、政法委书记陈琎寿陪同下，就江川县创新社会管理工作进行调研。

23日　中共江川县卫生局党委成立大会召开。

27日　江川县举行玉溪市委宣讲团党的十八届三中全会精神报告会。

28日　江川县殡仪馆开工建设。

30日　江川县召开中共江川县委十二届四次全委（扩大）会议，马文龙受县委常委会委托，向全委会作题为《解放思想　深化改革　奋力建设富裕和谐美丽新江川》的工作报告。

（郝　彬）

概　　况

编辑　余立言

江川县

【自然概貌】　江川县地处滇中，位于东经102° 34～102° 55′，北纬24° 12′～24° 32′之间。县城驻地大街距省会昆明102千米。东南与华宁、通海县交界，西南与红塔区接壤，西北和晋宁、澄江县相邻。县境由湖泊、盆地、中低山组成。县城南北最大纵距33.7千米，东西最大横距31.9千米，总面积850平方千米，其中山区、半山区占71.67%，坝区占15.69%，湖泊水面占12.37%。整个地势为四周高、中部低，西部九溪略向玉溪倾斜。境内最高峰谷堆山海拔2648米，最低点九溪河口村海拔1690米。境内主要河流有16条，河道总长184.8千米，属珠江流域西江水系，最大洪水流量315立方米/秒，多数为季节性河流。县境中部有高原断陷湖泊星云湖，辖有抚仙湖三分之一水面。星云湖总面积34.7平方千米，最大水深10米，平均水深7米，容水量1.84亿立方米，正常水位海拔1722米，属富营养型湖泊，十分适合鱼类生长，被誉为“天然养鱼塘”。抚仙湖总面积212平方千米，其中江川辖水面68.94平方千米，占水面总面积的32.5%。

2013年，境内平均气温17.0℃，比上年同期偏低0.5℃。极端最高气温为31.3℃（6月14日及16日）；极端最低气温为-3.7℃（12月17日）。全年日照时数为2269.6小时，比2012年同期偏少272.1小时。初霜期为2012年12月11日，终霜期为2013年2月6日，初终日数共58天。全年降水量761.0毫米，比2012年同期偏多152.3毫米。

【行政区划】　2013年末，全县辖大街1个街道办事处及江城、前卫、九溪、路居、安化（彝族乡）、雄关4个镇2个乡；设72个村民委员会（社区），村（居）民小组462个。

【人口、民族】　2013年末，全县户籍总人口27.7万人，比上年增长0.3%，其中：农业人口21.8万人、非农业人口5.8万人。全年出生人数2640人，死亡人口1771人，人口自然增长率3.15‰。总人口中，少数民族人口1.9万人，占总人口的6.9%。年末常住人口28.4万人，比上年末增加0.1万人，城镇人口10.6万人，城镇化率37.2%。

（盛文芬）

【综合经济指标】　2013年，全县经济总量增加，经济运行平稳增长。全年全县完成地方生产总值（GDP）555292万元，比上年增长12.1%。其中：第一产业增加值完成139226万元，增长7.3%，占GDP的比重为25.1%，对GDP增长的贡献率为15.8%；第二产业增加值176122万元，增长20.7%，占GDP的比重为31.7%，对GDP增长的贡献率为52.7%；第三产业增加值239944万元，增长8.9%，占GDP的比重为43.2%，对GDP增长的贡献率为31.5%。人均地方生产总值19594元，比上年增长11.8%。全年工农业总产值完成819972万元，比2012年增加159558万元，增长24.16%。2013年产业结构发生明显改变，第一、三产业比重下降，第二产业比重明显上升。三次产业结构由上年的25.5：30.4：44.1发展变化为25.1：31.7：43.2，其中：第一产业比重比上年下降0.4个百分点；第二产业比重比上年提高1.3个百分点，第三产业比重比上年下降0.9个百分点。2013年全县非公经济增加值达到299690万元，比上年增加37556万元，增长13.4%；非公经济增加值占GDP的比重为54.0%，比上年提高0.2个百分点。

【工业和建筑业】　全年全县完成工业总产值591621万元，比上年增加130788万元，增长28.4%。其中：规模以上工业产值322378万元，增长25.2%；规模以下工业产值269243万元，增加58803万元，增长27.9%。在全部工业总产值中，轻工业产值

268717万元，比上年增长41.8%，占全部工业总产值比重为45.4%；重工业产值322904万元，比上年增长19.0%，占全部工业总产值比重为54.6%。2013年完成工业增加值125447万元，其中：规模以上工业增加值112485万元，比上年增加23441万元，增长24.1%。2013年全县全社会完成建筑业增加值50675万元，比上年增加8305万元，增长18.2%。资质以上建筑业14户，完成建筑业总产值48435万元，增长49.7%。

主要工业产品产量：磷矿石（折含五氧化二磷30%）469747吨，比上年的926417吨同比减49.3%；黄磷28872吨，比上年的30222吨同比减4.5%；机制纸及纸板38681吨，比上年的26145吨同比增47.9%；纸制品67346吨，比上年的49122吨同比增37.1%；水泥933309吨，比上年的903568吨同比增3.3%。

【农　业】 农业生产平稳发展，农业经济持续增长。2013年全县农林牧渔业总产值完成228351万元，比上年增长14.4%。其中：农业总产值135809万元，比上年增长12.6%；林业总产值3360万元，比上年增长7.6%；牧业总产值76370万元，比上年增长19.0%；渔业产值7189万元，比上年增长9.3%；农林牧渔服务业产值5623万元，比上年增长9.7%。

全年农作物总播种面积367803亩，比上年增加12265亩，增长3.4%。其中：粮食播种面积84255亩，比上年增加4837亩，增长6.1%；油料种植面积为38491亩，比上年增加608亩，同比增长1.6%；烤烟种植面积为104165亩，比上年减少510亩，同比下降0.5%；蔬菜种植面积为132587亩，比上年增加7212亩，同比增长5.75%；花卉面积7771亩，比上年增加74亩，同比增长0.01%。全年粮食总产4159万千克，比上年增201万千克，增5.1%；油料总产745万千克，比上年增加14万千克，同比增长1.9%；蔬菜总产27870万千克，比上年增加2443万千克，同比增长9.6%。全县收购烟叶1245万千克，上等烟比率72.59%，比上年上升0.84个百分点；收购单价为26.55元/千克，比上年提高2.95元/千克；收购金额为33053万元，比上年减少821万元，下降2.4%。

全年完成人工造林面积22000亩，特色经济林12800亩，核桃移植12800亩，防护林9100亩（旱冬瓜、杉木），封山育林20900亩，森林抚育10000亩。共育种木苗13亩，可供苗木145万株，义务植树60.96万株，零星植树60.96万株。全县森林覆盖率40.66%。

畜牧业生产规模扩大，畜禽产品产量增加。2013年全县肉蛋奶总产量41723吨，比上年增长6.6%。其中肉类总产量30498吨，增长2.7%。年内出栏肥猪286785头，增加14789头，增长5.4%；全年出售营销仔猪1062677头，增加10096头，增长1.0%；年末生猪存栏259765头，增加6058头，增长2.4%。其中：能繁殖母猪46418头，增加1409头，增长3.1%。

全年全县水产品产量达3998吨，其中：星云湖2030吨，抚仙湖511吨。

【交通运输和邮电业】 交通运输、仓储及邮电业进一步发展。交通运输、仓储及邮政业增加值35177万元，比上年增加2563万元，增长6.5%，增速比上年下降0.1个百分点。公路建设成效明显，客货运输发展平稳。年末全县公路总里程达881.237千米，其中：一级公路15.07千米，二级公路54.156千米，三级公路196.542千米，四级公路575.474千米，等外公路23.995千米。年末全县拥有载货汽车8772辆，载客汽车134辆。

全年邮电业务总量22982万元，其中：邮政业务总量586万元，增加88万元，增长13.06%；电信业务总量2567万元，增加622万元，增长31.98%；移动业务总量18222万元；联通业务总量1607万元。年末电话用户229325户，其中：固定电话用户14712户，移动电话214613户。互联网用户22585户。

【固定资产投资】 2013年全县固定资产投资持续增长，生产性投入增加，基础设施建设加强，发展后劲增强。全年规模以上固定资产投资完成285103万元，比上年增加29684万元，增长11.6%；工业投资完成81332万元，比上年增加19498万元，增长31.5%，其中：房地产开发投资完成106362万元，比上年减少9292万元，下降8.0%；城镇固定资产投资完成173011万元，增加39715万元，增长29.8%；农村非农户固定资产投资5730万元，减少739万元，下降11.4%。

【贸易和消费物价】 消费品市场平稳增长。2013年全县社会消费品零售总额152132万元，比上年增长13.5%。按经营地统计，城镇消费品零售额84274万元，增长10.6%；乡村消费品零售额67858万元，增长17.2%。按行业统计，批发贸易业消费品零售额9472万元，增长13.9%；零售贸易业消费品零售额105045万元，增长14.1%；住宿业消费品零售额9509万元，增长5.9%；餐饮业消费品零售额28106万元，增长10.6%。按经济类型统计，公有经济消费品零售额31494万元，增长1.4%；非公有经济消费品零售额120638万元，增长17.1%。销售额营业额合计212287万元，增长17.9%，其中：批发业销售额26900万元，增长10.2%，零售业销售额126254万元，增长20.0%；住宿业营业额15818万元，增长13.6%，餐饮业营业额43315万元，增长18.6%。

2013年居民消费价格比上年上涨2.4%，商品零售价格比上年上涨1.7%，农业生产资料价格比上年上涨3.3%。

【财政、金融】 2013年完成全县财政总收入61378万元，比上年增收

10245万元，增长20.0%。地方财政收入完成50925万元，增收10396万元，增长25.7%。地方财政支出145873万元，增支27100万元，增长22.8%。

金融机构各项存贷款余额继续保持快速增长。年末，全县金融机构各项存款余额848176万元，比上年增长16.1%，其中居民储蓄存款余额535968万元，增长15.4%。各项贷款余额513765万元，增长15.4%，存贷比为60.6%，比上年降低0.4个百分点。

【教育、科技、文化、体育和卫生】 2013年末全县共有公立学校78所，其中：乡镇中心完小12所，村完小42所，一贯制学校5所，教学点3个，乡镇中学11所，普通高中2所，职中1所，进修学校1所，县幼儿园1所。有教学班1153个，其中：幼儿学前班214个，小学574个，初中258个，普通高中72个，职业高中35个。在校生46908人，其中：在园（班）幼儿数6814人，小学20088人，初中13103人，普通高中5581人，职业高中1322人。小学毛入学率111.49%，小学学龄儿童入学率99.97%，辍学率0.23%，毕业率99.84%，小学毕业生升学率98.94%，年巩固率99.8%，新招一年级新生受过一年学前教育率99.88%，学前幼儿毛入园（班）率85.19%，15周岁初等教育完成率99.85%。初中毛入学率125.07%，初中毕业率99.68%，初中辍学率1.09%，年巩固率99.15%，17周岁初级中等教育完成率98.91%。有教职工2680人，其中正式教职工2418人，临时教职工202人，保安60人；专任教师合格率高中达99.65%、初中达99.53%、小学达97.58%。

全年共向国家、省、市推荐申报科技项目和科普专项共25个，其中：国家级科技项目3个，省级科技项目8个，市级科技项目4个；国家级科普项目1个，省级科普项目4个，市级科普项目5个。申报成功的国家、省、市各类科技项目12项，其中：国家级2个，省级6个，市级4个。申报成功的国家、省、市各类科普专项6项，其中：国家级1个，省级2个，市级3个。全年申请专利32件，专利授权量9件，专利拥有量193件。

群众文化事业进一步繁荣，文学艺术创作成绩突出，专项活动亮点频现，文化市场秩序井然，文物保护和交流成效明显，非物质文化遗产保护扎实推进，文化产业持续发展，继续保持了"全国文化先进县"的称号。科技、广播电视、体育等事业全面发展，平安江川建设稳步推进。年末全县共有大小文艺队321个，全年举行文艺比赛13次；组织文艺活动127次；有文化厅室105个，全年共举办展览40期，举办各种培训班68期。

各协会体育活动蓬勃开展，营造出全民参与体育活动的积极氛围。全县六个乡镇、一个街道均成立了全民健身领导小组，挂牌成立了"全民健身指导站"，拥有晨晚训练点41个。拥有社会体育指导员258人，其中：国家级4人，一级4人，二级112人，三级138人。2013年承办市级以上体育比赛活动5次，举办县级体育比赛活动12次，组织基层体育比赛活动8次，全县体育人口达37%。举办全民健身活动10次，人数1.3万人次；年末全县拥有体育场地319个，体育局拥有体育场地5个，年内开放使用6万人次；举办培训班3期，参加培训180人次。竞训体育有省布传统游泳项目1个点，在训运动员28人；市布传统训练项目（田径、柔道、自行车）3个点，在训运动员45人；县布训练项目（篮球、武术）2个点，在训运动员35人。全年参加体育达标学校26所。

年末共有卫生机构12个，其中医院2个、卫生院7个，妇幼保健院1个，疾病预防控制中心1个，卫生监督检验机构1个。卫生技术人员489人，其中执业医师和执业助理医师234人，注册护士146人。医院和卫生院床位712张。乡镇卫生院7个，床位267张，卫生技术人员153人。村级卫生室75个，乡村医生264人。全县有236793人参加了新型农村合作医疗，参合率97.8%。

【外经和旅游】 全年招商引资项目共实施68个，其中：结转项目15个，新建项目53个。年内实际利用县外国内资金425748万元，比上年增加280048万元，增长192.0%，其中：市外国内资金425748万元，增加286688万元，增长206.0%；省外资金349558万元，增加229048万元，增长190.1%。利用外资2843万元人民币，为外资企业境内人民币投资458.6万美元。

2013年全县共接待游客223.4万人次，比上年增加34万人次，增长18.0%。旅游总收入达到98142万元，增加25084万元，增长34.3%。

【人口和人民生活】 2013年末常住人口预计28.4万人，其中：城镇人口10.6万人，城镇化率37.2%。按公安户籍人口统计的年末总人口为27.7万人，比上年增长0.3%。其中：农业人口21.8万人，非农业人口5.8万人。本年出生人口2640人，死亡人口1771人，人口自然增长率为3.15‰。在总人口中，汉族人口25.7万人，占总人口的92.8%；少数民族人口1.9万人，占总人口的6.9%。

全县在岗职工15351人，比上年末增加1159人，其中：国有单位在岗职工6365人，增加180人；城镇集体单位在岗职工356人，减少6人；其他单位在岗职工8630人，增加1345人。全年在岗职工平均工资35528元，增加2804元，增长8.6%，其中：企业单位51474元，增加4469元，增长9.5%；事业单位47615元，增加4958元，增长11.6%；机关单位50389元，增加6074元，增长13.7%。

城镇居民家庭人均可支配收入23967元，比上年增加2869元，增长13.6%。农民人均纯收入8499元，增加1241元，增长17.1%。

【就业和社会保障】 全面实施积极的就业政策，就业规模稳步扩大。2013年共开发就业岗位416个，新增就业2058人，下岗失业人员再就业571人，城镇登记失业率3.4%，有序组织劳务输出703人。

社会保障体系逐步完善，社会保险覆盖率进一步提高，城镇居民基本医疗保险启动实施，农村养老保险工作积极推进。年末全县共有391户企业9410人参加养老保险统筹，全年共发放养老金3091万元；有280户7092人参加失业保险统筹，发放失业救济金146.48万元；有30245人参加医疗保险统筹，支付医疗保险金3613.81万元；参加农村养老保险178537人，支付农村养老保险金3028.9万元；参加工伤保险统筹企业374户8545人；参加生育保险统筹企业218户3488人。

全年对城市低保受益户3769户5670人发放低保金1504.94万元。对农村低保受益户8994户9732人发放定期生活救助1465.06万元，对农村五保户681户721人发放定期生活救助301.77万元。年末共有优抚对象10021人，全年共对3206人发放各类补助金1104.15万元；兑现义务兵家属优待金273人123.18万元。

【能源消耗和安全生产】 2013年单位GDP能耗1.3803吨标准煤（可比价，下同），上年同期1.4262吨标准煤，万元GDP能耗下降3.2%。规模以上工业单位增加值能耗2.5543吨标准煤，上年同期3.1104吨标准煤，下降19.26%。

全年发生各类安全生产事故24起，比上年增加5起，增长26.3%；死亡人数6人，比上年减少1人，下降14.3%。其中工矿商贸企业事故1起，死亡人数1人；生产经营性道路交通事故3起，死亡3人；火灾事故20起，增加6起，死亡2人。道路交通事故1150起，增加112起，增长10.7%；死亡人数13人，增加1人，上升8.3%。

（统计局）

大街街道

【行政区划·人口】 大街街道办事处位于江川县境南部，是江川县城所在地，东与路居镇、雄关乡相邻，南与通海县纳古镇、四街镇接壤，西南与九溪镇毗连，西北接前卫镇，北濒临星云湖。境内最高海拔老尖山2277米，最低海拔星云湖湖面1722米，街道办事处位于上营西街5号，海拔1730米。

大街街道办事处辖上营、下营、大街、三街、早街、上头营、大庄、河咀、朱家庄、伏家营、海浒、大营、浪广13个社区居民委员会，小白坡、土官田2个村民委员会、124个村（居）民小组（116个社区居民小组，8个村民小组），68个自然村。总国土面积97.074平方千米。

2013年末，实有耕地19136亩，属高稳产基本农田。其中：田13278亩、地5858亩，农业人口人均占有耕地0.38亩。

2013年末，全街道辖区内总户数30059户，总人口80158人，其中：男40257人，占总人口的50.22%；女39901人，占总人口的49.78%。农业人口50166人，占总人口的62.58%；非农业人口29992人，占总人口的37.42%。大街街道15个村（社区居）委会总户数22302户，总人口65466人，其中：男31860人，占总人口的48.67%；女33606人，占总人口的51.33%；农业人口50166人，占总人口76.63%，非农业人口15300人，占总人口的23.37%；农村从业人员38609人，从事第一产业19874人，占农村从业人员的51.48%。人口自然增长率3.73‰，比上年减0.49‰。辖区内人口密度为825人/平方千米。

【领导干部名录】

党工委书记　张文彬（2013.3离任）
　　　　　　靳永春（2013.3任）
副 书 记　蒋　文（2013.8离任）
　　　　　　胡正鸿（2013.8任）
　　　　　　何小春（2013.11离任）
　　　　　　谭　波（2013.11任）
　　　　　　张新荣
纪委书记　付　纲
人大工委主任　李忠兴
办事处主任　蒋　文（2013.8离任）
　　　　　　胡正鸿（2013.8任）
副 主 任　李竹贵
　　　　　　杨　媛
　　　　　　宁　伟（挂职）
　　　　　　张正鸿（2013.3任）
　　　　　　李正春（2013.8离任）
　　　　　　陈国华（2013.8任）

【经　济】 2013年农村社会总产值（现价）478044万元，比上年增10.65%。工农业总产值（现价）367037万元，比上年增21.28%，其中：工业总产值329061万元，比上年增22.56%；农、林、牧、渔、服务业总产值37976万元，比上年增11.15%。农村经济总收入315941万元，比上年增41248万元，增15.02%。其中：农业收入31473万元，比上年增3932万元，占总收入的9.96%；林业收入417万元，比上年增66万元，占总收入的0.13%，牧业收入15271万元，比上年增2912万元，占总收入的4.83%；渔业收入2766万元，比上年增69万元，占总收入的0.88%；工业收入105924万元，比上年增11381万元，占总收入的33.53%；建筑业收入78802万元，比上年增9567万元，占总收入的24.94%，运输业收入52166万元，比上年增7790万元，占总收入的16.51%；商业服务业收入25314万元，比上年增4994万元，占总收入的8.01%；其他收入3808万元，比上年增537万元，占总收入的1.21%。农民人均纯收入8510元，比上年增1110元，增15%。二三产业从业人数18735人，占农村从业人数的48.52%，比上年增4.26%。

【农　业】 农作物播种面积51150亩，复种指数267%。粮食播种面积

14594亩，粮食总产量728.43万千克，比上年减8%。其中：水稻栽种面积6124亩，单产713千克/亩；包谷播种面积2705亩，单产593千克/亩；小麦播种面积2935亩，单产247千克/亩；蚕豆播种面积1892亩，单产145千克/亩；农民人均产粮145千克；油料播种面积8924亩，总产143.38万千克，比上年减2%；烤烟种植面积10300亩，总产147.53万千克；交售量130万千克，交售收入3576.685万元，平均单价27.51元/千克；中、上等烟占96.13%，其中：上等烟占76.2%，比上年增0.63个百分点。农业人口人均烤烟收入713元，比上年增6.1%。

年末，生猪存栏53026头，比上年减0.86%；出栏肥猪76235头，比上年增2.48%；大牲畜存栏769头，比上年增减16.5%，其中：黄牛存栏627头，水牛存栏79头，马存栏40匹，驴存栏11匹，山羊存栏2445只，出栏1673只；生产营销商品仔猪21.9万头，比上年减1.27%；全年肉产量达892.8万千克。家禽出栏78.57万只，比上年增3.3%；湖泊面积3平方千米，水产品产量239.4吨，比上年增3.46%。

年内全街道森林总占地面积7.54万亩，森林覆盖率41.96%。果园面积2638亩，水果产量71.89万千克，比上年增21.83%；全年投入农田水利建设资金3362.01万元，其中：国家投资3342.31万元，地方投资19.7万元。新建108件，其中水池工程8件，容积1600立方米；小水窖建设87口，总容积1305立方米；沟渠9件，沟渠总长2167米；水库除险加固工程1件，总库容19万立方米；新建水库1座，即白河水库，总库容103万立方米；泵站工程1件，总装机容量90千瓦；人饮工程1件。完成水毁修复工程1件。

年内，农、林、牧、渔、服务业实现总产值（现价）37976万元，其中：农业13575万元，占35.75%；林业528万元，占1.39%；牧业21861万元，占57.56%，渔业411万元，占1.08%；农林牧渔服务业1601万元，占4.22%。

【企　业】　年末，全街道有企业和个体工商户4161户，比上年增0.14%；从业人员26816人，比上年增30.1%；企业营业收入496632万元，比上年增10.8%。利税38034万元，比上年增8.4%。其中：私营企业162户16516人，收入370662万元，比上年增20.95%；利税33484万元，比上年增8.72%。个体企业3999户10300人，收入125870万元，比上年减11.27%；利税4550万元，比上年增6.11%；规模以上工业企业12户，上亿元的企业有4户。

年内完成工业投资项目14个，其中：技改项目10个，新建项目4个。其中：投资500～999万元以上的项目2个，投资1000万元以上的项目12个。

主要产品产量：水泥14万吨、机制纸9万吨、红砖2.1亿块、农副产品加工蔬菜制品7万吨。

【村镇建设·环境保护】　2013年全街道有524户农户建盖新房，建房间数7084间，竣工面积156054平方米，竣工房屋价值17909万元。购买生产性固定资产投资1297万元。完成农村居民危房改造439户。

积极推进生态环保工程建设和生态文明建设，以“3·5”学雷锋活动日、“6·5”世界环境日和重大节假日等为契机，积极组织安排各村（社区）党员、干部、广大群众、学生等进行集中清理和环境卫生大扫除，一年来各村（社区）均组织集中整治12次，共发动24225人次参加，清理上山道路及卫生死角和陈年积存垃圾3600多吨。通过会议、广播、板报、张贴标语、悬挂横幅、进村入户等有效方式进行全方位的宣传发动。一年来共召开社区、居民小组会议396次，广播宣传248次，出板报372期，张贴标语210次，悬挂横幅124幅。通过各种有效宣传方式，大大提高村民对开展整治工作的认知率和认可率。强化日常清扫保洁和垃圾清运，为清扫保洁员配发环卫工作服和环卫车辆，并督促保洁员、清运员充分发挥好作用，一年来，全街道共打扫道路112642米，河道沟渠77710米，清运垃圾36456吨，打扫公厕183个。为做好路域环境综合整治工作，大街街道共拆除五条公路建筑控制区临时、违章建筑37处，清运各类垃圾16168立方米。对街道辖区内的所有乡村公路的环境卫生进行了一次清理整治，共清运各类垃圾400余吨。

【社会事业】　科　技　2013年，全街道有农村专业技术协会8个，会员326人。其中：养猪协会5个，种烟协会3个。年内刊出黑板报、科普宣传栏14期。街道科协自办“农函大”实用技术培训班3期，培训人数200人；联办各种科技培训班35期12377人。发放各种科技资料2000余份，赠送科普书籍500册。农技围绕农业生产确定的目标和任务，不断举办蔬菜种植、农药安全使用知识、测土配方、平衡施肥技术、养猪知识和烤烟栽培、烘烤等一系列技术的培训，发放测土配方施肥技术问答资料300份；发放施肥建议卡29000张。每村配有一名科普宣传员。

教　育　年末，街道辖区村级有幼儿园10个，教职工76人，适龄儿童入园1222人，学前班25个，学生976人。小学11所，教职工297人，在校学生6347人，入学率、毕业率、升学率均为100%；中学3所，教职工273人，在校学生4151人，毕业率100%，升学率81.81%。小学教师文化程度，大专以上262人，中专17人，高中10人，高中以下3人，共计292人，初中教师文化程度大专以上261人。

文化·体育　全街道有社区电影院1个，观众席970个座位；戏台2个，其中露天戏台1个；街道文化站1个，藏书7100册；农家书屋14个。每年做好县城春节街头传统文艺活动表演。街道文化站组织了书画作品17件参加“江川县第二届书画展”。文化站检查文化经营场所113家，确保大街街道

辖区内文化市场无安全事故发生。全年党职校共举办各种培训班27期，培训人员4273人次，培训入党积极分子88人。2013年申报“七彩云南全民健身基础设施建设工程”，完成伏家营社区、伏家营旧州一组、朱家庄社区的体育广场建设。

卫 生 2013年末，全街道有中心卫生院1所，医务人员35人，其中：主治医师10人（中医师3人、西医师7人），其他25人，病床50张。村、社区卫生所14所，医务人员65人，病床64张。2013年内出生734人，出生率9.18‰；死亡436人，死亡率5.45‰；人口自然增长率3.73‰，计划生育率91.1%。加强和改进流动人口计划生育管理与服务体系建设，推进流动人口全员信息统计，建立完善统计台账，掌握流动人口婚、孕、育情况，进行跟踪管理。农村新型合作医疗参合率98.1%，年补偿118440人次，补偿金额2109.57万元（其中门诊补偿111880人，补偿金额189.87万元，住院补偿6560人，补偿金额1919.70万元）。

民 政 年内，街道纳入农村居民最低生活保障2531户，2669人发放低保金3114810元，城镇居民最低生活保障1094户，1430人，发放低保金3877863元。全年81位五保老人发放五保户生活费157798.08元。春节慰问18400元。更换被子、毛毯、垫子、床单、枕头、枕巾等床上用品23套。补助入新农合医保81户，81人，4860元。一年来共计发放救济粮食855户，2243人，45075千克，救济衣物240套，被子183床，垫子11个。居民困难补助43户，36460元；贫困户临时救济105户，100000元；医疗救助114户125000元，建国前老党员补贴2户，1200元；春节慰问特困户250户，55000元；伤残民工补助金58户，41760元；遗嘱定救1户，1182元；小乡干部48户，110912元；精减定救70户，142350元。孤儿生活补助金38250元。农村低保户入新农合、医保2172户，2181人，130860元。全年共对894名优抚对象发放优待抚恤金3991339元。其中：三属抚恤金9人，63373元；在职伤残金58人，686538元；在乡伤残金12人，157323元；复退军人补助金86人，268324元；义务兵家属优待金89人，293700元；春节慰问复退军人，烈军属124人，22100元。两参人员及出国民工补助584人，2067870元。优抚对象补助放新农合、医保745户，745人，45980元。农村籍退役士兵60岁补助140人，142560元。“八一”慰问金116人，6960元。全年办理结婚登记853对，离婚234对，登记合格率100%。补发《结婚证》562对，补领《结婚证》15人，出具《无婚姻登记记录证明》1230人。大力宣传殡葬改革，积极倡导绿色墓葬，一年来共为8人申请火化人员困难补助。

劳动保障 办理灵活就业补贴证明452人，办理《失业证》证明人数382人。进行“小额担保贷款政策”、《就业失业登记证》的宣传活动，发放社会保险宣传资料240份。对940名报名申请小额担保贷款的创业人员进行为期7天的培训。办理被征地农民养老保险，共计7个组，112人，金额28万元。新参保新型农村养老保险和城镇居民养老保险222人，续保31476人。办理城镇居民基本医疗保险新参保67人，续保2272人。

贯彻落实《中华人民共和国劳动保障监察条例》《云南省劳动监察条例》、《中华人民共和国劳动合同法》的有关规定，进一步规范用人单位用工管理行为，切实履行劳动保障监察职责。劳动保障所对全街道10家红砖厂、纸制品厂15家、彩印包装厂5家、非煤矿山5家进行不定期日常巡察。对全街道235家事业单位、企业、个体经济组织进行执法年审、对年审合格的用人单位发放劳动保障执法年审审验证。

老龄工作 年末，全街道有老年协会14个，分会75个，会员8990人，村（居）委会老年活动室13个，村民小组活动中心75个，建立家庭道德评议委员会14个，有60岁以上老年人9310人，占全街道总人口14%，其中：60到79岁有8005人，80到89岁老人有1163人，90到99岁以上的老人138人，100岁以上老人4人。全年发放80岁以上无退休金老年人健康补助849550元。春节期间选拔12支文艺队到老戏台上公演，从老历正月初一到初六演出文艺节目200余个，组建老年门球队12支200人，地掷球对11支50人，泰迪球队11支130人，初七、初八、初九进行比赛，老年学校14所。“九九”重阳节表彰32名新时期“孝男孝女”先进家庭和个人。

全街道15个村（社区）有关工委15个，组成人员116人，其中在职35人，离退休45人。关工小组109个，组成人员326人。全街道有离退休干部178人，职工221人。

【法制建设】 围绕社会和谐稳定抓普法，围绕中心保增长、保民生、保发展、保稳定、保生态，深入开展法制宣传教育与法治实践相结合，在促进学法、用法上求实效。全街道有司法所1个，15个人民调解委员会（1个街道人民调解委员会，14个村社区人民调解委员会）。年内组织村级调解员和街道调解中心下属各单位部门负责人进行11次培训，共计参训333余人次。开展法制宣传活动29次，展出图片3期47幅，印发材料38期10799份，接待群众咨询94余人，法制宣讲29次，听众共计2348人，广播宣传137次，听共计众140450人，学校上课2次248人，骨干培训11期333人，帮教违法青少年7次11人，发放宣传资料36期10300余份，张贴宣传资料2300余份，出墙报、橱窗专栏206余期，演出节目53个11场，黑板报18块189期，张贴普法大标语176份，小标语2123份。在全街道范围内开展纠纷矛盾排查工作72次，防止民间纠纷转化为刑事案件5件21人，防止群体性上访11件79人，防止群体性械斗3件50人。年内接待各类法律咨询400人次，受理并调处各类纠纷401件，涉及当事人1355人，调解成功383起，疑难复杂案件33起，协议涉及金额193.8万元，调解率100%，调解成功率95.5%。一年来街道接受社区矫正人员43名和刑释解教人员35名，开展安置帮教73人，帮教率达100%。年初有社区矫正人员70人，同期相比增加20人，解矫38人，重新犯罪1人，2013年以来除了对在矫社区矫正人员坚持每两个月每家走访一次，并做好日常档案记录和管理教育工作外，还组织社区矫正人员进行集中教育一次，参加公益劳动一次，并新增云南省社区矫正管理系统，加强对重点矫正对象的监控管理。

进一步巩固和扩大“平安大街”建设成果，创建省级“平安先进街道”。把综治维稳工作纳入街道综合目标考核范围，将责任层层分解到村（社区），使村（社区）干部和相关责任人有压力、有责任，并与14个村（社区）和各企业学校及相关综治维稳成员单位签订了年度社会治安综合治理维护稳定目标责任书。全年完成市、县、街道领导接待日、热线电话、电子邮件各类交办件41件，已办结41件，其中检举1件，反映资金分配5件，反映生活困难、申请低保11件，土地、宅基地、房屋纠纷16件，其它8件，办结率达100%。接待干部、群众来信来访50件、290人次，基本做到件件有记录，事事有结果，件件有答复。

【国土管理】 2013年，大街街道坚持依法管地，节约用地，构建经济社会和谐发展的方针，建立耕地保护共同责任制度，全面履行保护资源、保障发展、维护权益、服务社会职能，加强农村集体土地管理。加大土地执法监察力度，全年辖区内土地巡查42次，严肃查处土地违法案件648宗，面积24927.24平方米，已按各村（居）委会村规民约拆除159宗，面积5340.4平方米，处理489宗，面积19586.84平方米。出动10次40余人次巡查督促检查了8个石场，1个砂场，9个砖厂依法开采，安全生产，对非法开采进行查处，发现安全事故隐患及时整改。年内办理临时用地延期手续4宗，面积1.8978公顷。办理发放农村集体土地使用证18本，其中变更登记3本，发证总面积1847.42平方米。

【财经管理】 根据农村财务管理的实际情况，从各个方面加大监控力度，克服人为的乱支乱花现象，对村组财务收支情况及时公布，让群众及时了解集体财务状况，减少农村财务热难点问题，促进农村社会的和谐稳定。一年来，大街街道农经中心对村组财务收支结对帐791次，财务处理791次。全街道村组民主理财小组对村组集体收支情况进行791次民主监督理财。对村组财务收支公开936次，其中张榜公开791次，会议公开175次。开启村组意见箱504次，收集群众意见24条，经梳理无财务管理意见，向村组反馈意见0次。

严格按照《大街街道建设工程管理办法》，凡村组建设项目工程按照公平、公正、公开的原则进行招投标；年内招投标委员会招投标工程项目93个。

【村级组织换届选举】 大街街道坚持“四个到位”推进村级组织换届选举工作顺利开展。调研工作到位。党工委成立调研组深入14个村（社区）与社区主要负责人、两委班子成员、小组干部等300人进行民主测评和座谈，基本摸清各村（社区）组织的思想动态。宣传动员到位。大街街道在5月1日召开动员会，街道、村（社区）、小组负责人和县上指导组共200多人参加会议。组织指导到位。在成立领导小组的基础上，抽调3名干部专职负责换届办公室日常事务。两个指导组经常深入各村（社区）指导，14个工作组由街道科级领导挂钩联系，街道100余名干部分别安排到村（社区）并具体到组，县上包村部门领导、新农村指导员和常务书记下村指导工作。统筹兼顾到位。明确各村（居）委会正式选举日，各村（社区）按照时间倒排制定工作日程，把握时间节点有序推进换届工作。

至5月12日止，党总支换届选举工作全面完成。共选举产生新一届党总支委员72人，其中：书记14人，副书记11人，共有2名大学生村官当选为副书记，35岁以下的11名，女委员14名，新进班子23名。

村民委员会换届正式选举工作于5月27日全面完成，依法选举产生村委会主任14名，副主任14名，委员38名。

【左广查看水箐沟地质灾害点】 6月24日，玉溪市副市长左广率队到大街街道小白坡村委会水箐沟地质灾害点查看预防及搬迁等情况。当天下午左广分别到2户村民家中查看墙体破裂和场地下陷等情况，询问村民的生产生活和建房投资等方面的问题。左广要求大街街道要与国土等相关部门协作，继续做好地质灾害防治监测工作，并聘请地质专业人士作出全面科学的地质调查，依据调查数据科学规划，做好受地质灾害威胁搬迁的相关工作，发挥该村的交通生态等优势，克服潜在的地质灾害，通过规划建设，让群众过上更加美好的生活。

【推动晋江高速项目建设】 在晋江高速建设项目征地拆迁工作中，大街街道创新采用以被征用土地作价入股的方式，保障被征用土地集体和群众的利益，让农民“失地不失保障”。采用以被征用土地作价入股的方式使得该路段征地拆迁工作得以圆满完成。晋江高速建设项目征地签订补偿协议的范围为晋江高速公路大寨水库坝尾至江川机械厂出水龙潭口段，全长1.725千米，共涉及伏家营社区居委会大寨村、大营社区居委会郭家营、龙泉3个村（居）民小组，征用土地总面积约398.71公顷。

【省委巡视组到大街街道调研】 9月10日，省委巡视组到大街街道进行调研。街道办事处对巡视组作了大街经济社会发展的情况汇报。

巡视组充分肯定街道经济社会发展取得的成绩，指出：大街的发展是立足街情谋发展的结果，党政班子工作思路、发展思路清晰。并要求街道在今后的工作中要突出抓好五方面工作。更加重视三农工作，三农工作是最大的民生工程；更加重视环境整治和生态建设，街道要坚持生态立街，进一步健全和完善生态补偿机制、生态保护机制；更加重视第三产业发展，进一步优化产业结构，进一步转变发展方式，大力发展与生态、与农业结合的庄园经济等生态经济；更加重视城市管理水平的提升，要结合城市化推进步伐，进一步创新社会管理，提升城市管理水平；更加重视村级政权建设，要着力推进乡村民主政治建设、乡村文明建设、乡村法制建设。

【第三次全国经济普查单位清查工作】 大街街道召开第三次全国经济普查单位清查培训会，组织普查指导员和普查员全面启动清查工作。街道主要采取"以块为主、条块结合"的方式，对辖区内的全部法人单位、产业活动单位和从事第二产业、第三产业的个体经营户，进行"地毯式"逐一清查。摸清全部法人单位、产业活动单位和个体经营户的数量、规模、经营活动类别和基础资料管理及联系方式，落实普查登记责任，确保普查单位的不重不漏，为普查培训、有针对性地开展宣传动员等各项经济普查工作奠定基础。

自8月20日开始到9月10日，共清查到个体工商户8012户，单位846户，其中法人单位654户，产业活动单位192户。大街街道全国第三次经济普查清查工作按时按质完成。

【推进美丽家园项目建设】 2013年，大街街道推动美丽家园项目建设，改善农村生产生活环境，提升群众生活质量，打造一村一景、一村一品的美丽乡村。

大街街道申报市级美丽家园项目4个，办事处主任胡正鸿对美丽家园项目建设提出四点要求：统一思想，提高认识。街道干部、各村社区居委会要高度统一思想，充分认识美丽家园建设的重要意义。选择项目定位要准，建设内容要规范。各村、社区要结合实际，严格按要求选定项目，严把规划管理关。时间要抓紧，质量要保证。各村、社区严格按照街道美丽家园建设实施方案做好预算，由街道进行审核。加强领导，明确责任。街道党工委、办事处高度重视此项工作，成立以街道主要领导为组长的领导小组。要求各村、社区也要成立以党总支书记为组长的领导小组，各下村组配合、协调好各村社区，确保此项工作有人抓、具体抓。此项目正在建设当中。

【市县参与整治入湖河道】 10月11日，市政协副主席郭亚钢带队，市政协、市"九三学社"、县政协、县林业局、县卫生局、大街街道等部门人员及当地村组干部共同参与，对辖区内5条入湖河道进行综合清淤整治，以实际行动保护星云湖。

在旧州河清淤整治现场，郭亚钢、县政协副主席杨生明及大街街道主要领导与120多名干部群众一道下河清淤。在入湖河道清淤整治活动中，大街街道组织600多人，出动机械3台，车辆23辆，共清理河道及支流沟渠16130米，清运垃圾251吨。确保每条河道"河堤整洁、河面清洁、河床畅通"。

【推广农村住房保险】 自政策性农村住房保险推行以来，大街街道根据辖区内农户住房的实际现状，在农户自主自愿的前提下，按照"低保障，低保费，广覆盖"的思路，在街道各行政村中全面推广实施，使农户真正得到实惠。截至9月12日，大街街道14个行政村共15366户参加农村住房保险，自交保费97380元。

【公益性公墓建设】 大街街道公益性公墓建于福德山，经过多方努力，公墓建设已进入详规阶段。街道领导到公墓建设现场查看和了解情况后认为，福德山公墓总占地197亩，上下山仅有一条路，山势陡峻，并且老百姓对风水习俗有要求，要将整个地块改造成合适的墓地，一次性投资过大，采取分期投资建设比较适合街道情况。第一期先投资改造20亩，划分镇、村级墓地地块。同时，街道积极采取措施，加强殡葬改革管理体系建设，规范公墓的审批管理；加大宣传力度，倡导科学、文明、节俭的丧葬新风尚。

【塑料大棚拆除】 2013年大街街道计划拆除"玉江、澄川"高等级公路沿线两侧各200米、"星云湖"法定水位线外延300米和城镇主干道沿线两侧各200米范围内塑料薄膜大棚面积550.4亩（含烤烟、蔬菜育苗大棚89.89亩），全年完成拆除塑料薄膜大棚业主83户566.416亩，占2013年应拆除塑料薄膜大棚460.51亩的123%，兑现大棚业主补偿款433.67万元。

【"山水新城"一期项目】 城镇上山"山水新城"一期项目地点位于三街仙水大道以西，一期项目征地共涉及大街街道三街和早街两个社区11个村居民小组，分别为三街社区及五、六、七、八、九、十、十一、十二组；早街二、三组。项目征地面积为897.93亩，其中，三街社区征地面积为884.27亩，早街社区征地面积为13.66亩。8月25日签订征地协议。

（李立群）

江城镇

【行政区划·人口】 江城镇地处江川北部，位于东经102°48′、北纬24°25′之间。东临全国第二大深水湖抚仙湖，南临星云湖、距县城18千米，西与玉溪市红塔区、昆明市晋宁县六街乡、晋城镇接壤，北距省会昆明市80千米。辖区面积222.67平方千米，全境地势西北高、东南低，最高海拔2648米，最低海拔1720米，东西最大横距19千米，南北最大纵距15千米。境内主要河流有牛摩河、东西大河、学河、周德营大河、大龙潭河、玉带河等，有西河一库、西河二库、茶尔山水库、大龙潭水库等水库8座，坝塘103座，矿藏主要有磷矿、白云岩、石灰石、石英砂及少量铁、锰、硅矿。镇政府所在地振兴街13号，驻地海拔1733米。

全镇辖江城1个社区居民委员会和左卫、大地、孤山、黄营、陈家湾、白家营、云岩、温泉、侯家沟、龙街、西河、海门、三百亩、明星、牛摩、尹旗、翠峰、桐关、祁家营19个村民委员会，6个居民小组、126个村民小组，119个自然村。

2013年末，总耕地面积36946亩，其中田25622亩，地11324亩（其中水浇地2757亩），农业人口人均耕地面积0.52亩。总人口71326人，其中男35819人，女35507人；农业人口59596人，非农业人口11730人。总户数24644户。少数民族人口1175人，占总人口的1.65%，其中彝族683人，占总人口的0.95%；哈尼族223人，占总人口的0.31%；白族51人，占总人口的0.07%。农村劳动力47626人，其中从事第二、三产业的11092人，占总劳动力的23.29%。人口自然增长率2.38‰。人口密度320人/平方千米。

【领导干部名录】

党委书记 邓春元（2013.8离任）
李忠海（2013.8任）
副书记 胡正鸿（2013.8离任）
郭峰（2013.8任）
李志高
周宏斌
李建军（2013.3离任）
贾志庚（2013.3任，挂职）
纪委书记 李自平（2013.8离任）
李任民（2013.8任）
人大主席 李江润（2013.1任）
镇长 胡正鸿（2013.8离任）
郭峰（2013.8任，代理）
副镇长 刘世培
洪家彬
马江艳
侯小青（挂职）
张平（2013.8离任）

【经济】 工农业总产值完成12.84亿元，比上年增5.9%，其中工业总产值6.99亿元，比上年增1.8%；农业总产值5.8亿元，比上年增11.2%。农村经济总收入319025万元，比上年增11.4%，其中种植业收入45306万元，林业收入347万元，牧业收入21518万元，渔业收入10899万元，工业收入93008万元，建筑业收入35758万元，交通运输业收入53409万元，商业饮食业收入37351万元，社会服务业收入16350万元，其他收入5079万元。农民人均纯收入8659元，比上年增17.05%。地方生产总值10.69亿元，比上年增8.3%，其中第一产业3.57亿元，增长8.7%；第二产业2.87亿元，增长0.3%；第三产业4.25亿元，增长14.1%。全镇财政收入9279.98万元，比上年增153.37%；财政支出5722.41万元，比上年增97.38%。年末，各项存款余额114797.84万元，比上年增6.84%；人均储蓄存款余额16095元，比上年增6.2%。

【农业】 全年农作物播种面积89469亩，复种指数242.2%。粮食播种面积30643亩，总产1505.2万千克，比上年增8.3%，其中：水稻种植面积11346亩，单产665千克/亩；玉米种植面积6124亩，单产604千克/亩；小麦种植面积3291亩，单产237千克/亩；蚕豆种植面积3474亩，单产170千克/亩；农民人均产粮252.6千克。油料播种面积10140亩，总产195.1万千克，比上年增1.52%。烤烟种植面积17400亩，其中田烟7500亩，地烟9900亩；总产270.64万千克，比上年减36.05万千克；交售烟叶209万千克，上等烟比例达70.87%，均价26.13元，烟农直接收入5462万元，比上年减少1127万元。蔬菜种植面积26687亩，总产5145.24万千克，比上年增6.12%，产值达0.86亿元，增长10.67%。花卉种植面积4599亩，生产兰花48.33万盆；鲜切花61647万枝，花卉产值1.24亿元，增长22.55%。种植蓝莓674亩，种植补植核桃5000亩，中幼林抚育5400亩。

年末，生猪存栏6.92万头，比上年减0.35%；肥猪出栏8.86万头，比上年增5.8%；大牲畜存栏2960头，比上年增0.85%，其中牛存栏2329头，出栏7088头；羊存栏3989只，出栏4328只。全年肉产量957.8万千克，禽蛋产量356.8万千克，家禽出栏86.19万只；水产品产量34.22万千克。

全年农田水利建设投入资金1648万元，其中：陈家湾农业综合开发工程投资480万元，新建200立方米水池4个、机耕路3500米、15立方米水窖300口、水站更新改造1座；江城、侯家沟、牛摩3个村（居）委会农业综合整治工程投资413万元，新修沟渠11条5266.3米、机耕路5条2773.2米；民生坝除险加固工程投资240万元；春晓农业合作社蔬菜基地建设工程完成投资435万元，建设沤肥池383口、机耕路5800米、沟渠5650米；爱心水窖工程完成投资80万元，建成水窖267口。

2013年，预计完成农林牧渔业总产值（现价）58735.43万元，其中：农业34921万元，占59.46%；林业477万元，占0.81%；牧业21323万元，占36.3%；渔业1033万元，占1.76%；农林牧渔服务业981万元，占1.67%。

【企 业】 2013年，有个体经营户、私营企业2772户，比上年增605户，其中私营企业61户（内资企业59户，港、澳、台商投资企业2户），从业人员10438人；企业营业总收入131988万元，比上年增15.5%；利润总额13127万元，比上年增12.1%；上交税金5106万元，比上年增6.4%。其中：私营企业从业人员2948人，收入72115万元，利润总额7484万元，上交税金4531万元；个体经营户从业人员7490人，收入59873万元，利润总额5643万元，上交税金575万元。全年实现现价总产值138041万元，其中农林牧业4709万元，工业82339万元，建筑业9356万元，交通运输仓储业8279万元，批发零售业20768万元，住宿及餐饮业11252万元。

全年工业固定资产投资14890万元，比上年增长194%。实施双招制药有限公司年产1000吨中药饮片生产线、鸿湖塑料彩印包装有限公司年产2000吨塑料彩印包装生产线、秋庆种业公司年产1000吨玉米制种生产线主体工程建设基本完工。

引进外资59458万元，比上年增长47.7%，其中：省外资金43250万元。

【旅游业】 2013年，接待游客140.93万人次，实现旅游总收入6.18亿元，增长10.4%。投资2.25亿元，完成金色抚仙湖九龙国际会议中心项目完成海景B楼、五星级酒店主体工程建设、酒店外立面装修及二、三期详规；抚仙湖药王谷国际养生度假村项目、奥宸·抚仙湖国际文化旅游小镇项目等项目通过市级准入。明星鱼洞3A级旅游景区改造项目投资1000万元，提档升级工作初见成效。

【村镇建设】 全年农村基础设施投入1739万元，实施“一事一议”财政奖补项目15件，村组基础设施建设项目44件，茶尔山水库库区和移民安置区项目7件，陈家湾村陈家湾小组、西河下直河小组、侯家沟张家头小组、龙街土主庙小组整村扶贫推进项目4件，江城文化活动广场和海门文体活动中心新农村重点村建设。晋江高速完成项目测设等相关工作，正进行公路建设征地工作。实施农村危房改造工程，拆除重建380户。

城镇建设投资9075万元，完成投资460万元的江城老年活动中心二期建设工程，投资23万元的江城集镇东门大井至东大街路面硬化工程；投资6000万元的江城文星阁周边开发项目和投资3045万元的华怡雅苑建设项目基本完工。

【社会事业】 科 技 全年在10个村委会开办新型农民科技培训班10个，集中培训33次，培训农民骨干500名，巡回指导2750余次，共发放培训书籍2750余本、培训资料600余份，播放广播1550余次、光盘15次。培训烤烟中耕管理技术20期（次），培训人数1800人。开展蓝莓种植培训1期，培训人员181名。培训病虫害预防和栽培技术62次、3100人，发放培训材料3100份。培训测土配方施肥技术12500多人次，发放《施肥建议卡》73994份。

教 育 全年投资1745万元，实施龙街中学综合楼、翠峰中学廉租房建设和侯家沟、云岩小学校安工程，教学条件、育人环境不断改善。年末，有小学18所，教职工320人，在校学生4887人，入学率100%，毕业率100%，升学率100%；中学3所，教职工231人，在校学生3262人，江城中学毕业升学率93%，龙街中学毕业升学率85%，翠峰中学毕业升学率80%。

文 化 全面贯彻“二为”方向和“双百”方针，积极组织开展节庆日和文化、科技、卫生三下乡系列文化活动，丰富群众文化生活，春节期间组织20个村（社区）文艺队及江城文艺协会，共组成21支文艺队和6个龙灯、10个狮灯、6只腰鼓队、10个方阵队举行街头游园活动，在城镇主要街道展演长龙、威风锣鼓、民族腰鼓、狮灯、秧歌、舞蹈等，繁荣乡村节日文化，丰富群众业余文化生活。管好用活农家书屋、文化信息资源共享惠民工程等文化载体，推动农村文化大发展、大繁荣。

老龄工作 全年发放80周岁以上无退休金老年人保健（长寿）补助金942450元、享受老人5765人次。年末，全镇有老年协会20个，老协小组131个。

卫 生 年末，有卫生院1个，全院职工76人，其中：卫生技术人员69人，其他专业技术人员1人，工人6人；本科21人，大专42人，中专11人；中级资格34人，初级26人，无职称10人，高级技工6人。居民健康档案累计建档67241份，新增60份，建档率94.5%，其中：城镇居民建档6272份。年内出生615人，出生率8.62‰；死亡445人，死亡率6.24‰；各种节育措施落实率88.34%，及时率75.78%。全年组织群众65193人参加新型农村合作医疗，参合率达98.04%；门诊减免250632人次，减免3961726.6元；住院补偿7462人次，补偿费用20899048.84元。

民 政 全年向3890户、17076人发放各种优抚、救济金796.63万元，落实五保供养经费30.6万元，发放救济粮52.85吨。2460户、2752人纳入低保救济范围。办理婚姻登记558对，其中补发结婚证265对，离婚登记125对。年末，有敬老院3所，收养老人39人。年末，启动镇级公益性公墓和陈家湾村村级公益性公墓建设。

残疾人工作 全年走访慰问125户特困重度精神残疾病人家庭，慰问资金75880元，1570名家庭困难的残疾人纳入农村低保范围。补助6户残疾人家庭资金7000元。开展CBR盲人定向行走，5名康复对象在康复员具体指导下，活动范围明显增大。开展白内障手术58人，发放轮椅10辆。举行“春雨助学”行动，发放残疾学生、残疾父母子女慰问金1000元/人。

妇联工作　新一届村（社区）妇代会委员共有155人，妇代会主任19人，社区妇联主席1人，村（社区）妇代会主任连选连任16人，新一届的村（社区）妇代会委员体现出“年轻化、知识化”的特点。村妇女主任大专学历1人，占5%，高中（中专）以上文化程度4名，占22.5%。

劳动保障　年内参加新型城乡居民养老保险34467人，537人被征地农民纳入社会养老保险参保范围，1054人参加城镇居民医疗保险。10289名60岁以上人员领取基础养老金740万元。发放“贷免扶补”20人、100万元，小额担保贷款1258万元。办理“农转城”3453人，其中：翠峰村委会1595人，明星村委会1818人，其他村40人。

生态环境保护　全镇聘请环卫人员156人，垃圾清运人员84人，环境监督人员76人，对辖区内农村环境卫生实施常态化管理。开展迎“新春”爱国卫生、“6·5”世界环境日、“8·26”抚仙湖保护活动，清扫街道157500米，清理沟道59500米，清运各种垃圾19505吨。加强治污工程管理，组织人员对处理设备和治理设施进行巡查检查，打捞湿地和河道拦污栅垃圾108吨。拆除“两湖”法定水位外延300米和澄川路、景观大道两侧200米范围内塑料大棚1363亩。投资950万元，完成沿湖缓冲带生态建设工程，建成巡护路6100米，支砌挡墙5800米，种植树木406722株，麻竹2600丛，金竹13860株，灌木18404平方米、4461株。预审新建项目2个，沿湖建房户56户，调查处理污染纠纷3起，项目建设“环评”执行率、“三同时”执行率达100%。

法制建设　全年开展培训4期，培训各类普法骨干126人次。开展法制宣讲活动12次，市场、街头法制宣传活动3次，发放各类普法材料4000余份、宣传手册400余册，展出展板70余块。板报宣传136期，广播宣传425次，开展法律咨询268人次，张贴普法标语3500多条幅。全年调解纠纷573起，其中化解重点矛盾纠纷10件。

【江城镇第三届人民代表大会第一次会议】　1月4日至6日，召开江城镇第三届人民代表大会第一次会议，审议通过政府工作报告、人大主席团工作报告，选举产生江城镇第三届人民代表大会主席团主席，江城镇第三届人民政府镇长、副镇长。

【庆祝建党92周年大会】　6月28日，举行庆祝中国共产党成立92周年大会，回顾党的光辉历程，纪念中国共产党成立92周年，表彰奖励近年来在江城建设、改革和发展中做出突出成绩的先进党总支6个，先进党支部21个，先进党务工作者5名，优秀共产党员68名。

【拆临拆违】　按照市、县的部署，自2月18日以来，江城镇制定清理拆除临时违规建筑工作实施方案，并建立严格的目标管理责任制，将任务层层分解，责任逐级明确，倒逼目标，倒排计划，有计划、有组织地开展拆临拆违工作。至4月15日，全镇共拆除627宗、38474.96平方米，其中：抚仙湖沿岸及玉带河岸387宗、22591.91平方米；集镇区42宗2348.4平方米；澄川二级公路沿线红线控制范围及农村198宗13534.65平方米。出动2465人次516车次，清运拆临拆违垃圾1740.51吨。

【主要入湖河道整治】　采取工程性措施和非工程性措施，加强主要入湖河道管理，削减入湖污染物。投资100余万元，实施东西大河、牛摩大河环境综合整治工程，共清除淤泥14292立方米，河帮支砌1040立方米，土方开挖2018.72立方米，栽种小叶榕380棵、柳树1100株、美人蕉3500丛。聘请管护人员30名，组织4560人次开展河道专项整治活动15次，清理河道42000米，出动垃圾车326辆，清运河道垃圾1410吨。

【网格化信息录入工作】　按照省、市、县关于建立社会矛盾纠纷排查化解网格化管理机制的要求，江城镇将131个村（居）民小组划分为131个网格，自11月开始，开展网格化信息录入工作，详细录入农民的房屋、楼栋、人口等信息，全镇共录入21479户，为开展社会矛盾纠纷排查化解工作奠定了基础。

【村级组织换届选举工作】　5月2日至6月9日，江城镇开展村级组织换届选举工作。村级组织换届后，共选举产生新一届村“三委”班子人员215人，其中：交叉任职31人，书记、主任“一肩挑”10人。村（社区）党总支委员会委员102名，其中：书记20名，副书记15名（含专职专选大学生村官2名）。村（居）民委员会委员84名，其中主任20名，副主任20名，委员44名。监督委员会委员60名，其中主任20名。新进“三委”班子人员34名，占16%。推选产生小组党支部书记131名，小组长132名，副组长104名，村（居）民代表1410名。

【基层组织晋位升级活动】　围绕“巩固先进、推动一般、转化后进”的目标，按照“创先进、整后进，抓两头、带中间”的要求，根据党组织带头人、工作思路、工作制度、活动阵地、保障机制、工作业绩、群众反映等7项内容标准，对全镇186个党组织（21个党总支和165个党支部）进行分类定级，有60个“先进”等次（含6个党总支），占32%；108个“一般”等次（含14个党总支），占58%；17个“后进”等次（含1个党总支），占10%。针对分类定级中存在的问题，按照有什么问题解决什么问题，什么问题突出首先解决什么问题的原则，对症下药，抓实抓好基层党组织整改提高晋位升级工作。年末，已有54个“一般”党组织、12个“后进“党组织完成提档升级。

【先进集体】 2013年8月，江城镇人民政府被市委、市政府表彰为“依法治市先进单位”；2013年12月，江城镇孤山、海门2个村委会被市委表彰为“第七届市级文明村”，海门村委会被市爱卫会表彰为“市级卫生村”，候家沟村委会被市计划生育协会表彰为“玉溪市计划生育协会工作先进集体”。

（秦红丽）

前卫镇

【行政区划·人口】 前卫镇位于江川县境腹地，东临星云湖，西与九溪镇、安化乡接壤，南与江川县城大街镇为邻，北与江城镇相连。全镇辖杨家咀、业家山、渔村、庄子、石河、后卫、周官、赵官、小街、柏池古10个村民委员会和前卫社区居民委员会，51个自然村，69个村民小组。镇域总面积88.9平方千米，东西最大横距14.25千米，南北最大纵距12.75千米。最高海拔2139.4米，最低1724米，镇政府驻地海拔1730米。人口密度每平方千米548人。境内主要河流有前卫大河、周官河、小街河等，有石河水库等水库14座，坝塘68座。风光秀丽、具有民间传奇色彩的台山书院、七星塔、回头山坐落于星云湖西岸，镇政府的东、北面。

2013年末，全镇总户数18377户，总人口48731人，其中：男24346人，女24385人。农业人口41278人，占总人口的84.7%。农村从业人员29704人，其中从事二、三产业9027人，占从业人员的30.4%。年内出生人口449人，出生率为9.41‰；死亡314人，死亡率为6.97‰；人口自然增长率为2.45‰。

【领导干部名录】

党委书记 刘绍宏
副书记 莽嘉慧
　　龚雪刚（2013.11离任）
　　陈宝林
　　花德财（2013.11任）
　　张海龙（挂职）
纪委书记 郭 伟
人大主席 李江辉（2013.1任）
镇长 莽嘉慧
副镇长 李万雄
　　花云芬
　　张 曦（2013.7离任）
　　宋泽彦（2013.9离任）
　　朱 俊（2013.9任）
　　花德财（挂职，2013.11离任）
　　孟 斌（2013.12任）

【经 济】 2013年，完成地方生产总值81604万元，比上年增加17114万元，可比价增幅为26.5%，完成年初确定目标达73000万元的111.79%。其中：第一产业增加值26157万元，同比增加3053万元，增长13.2%，占GDP的32.9%，完成年初确定目标达24537万元的106.6%；第二产业增加值33270万元，同比增加11934万元，增长55.9%，占GDP的40.8%，完成年初确定目标达26778万元的124.2%（其中：工业增加值2.12亿元，增加1.0335亿元，增长94.9%；招商引资完成2.04亿元，同比增长182.94%，完成县下达考核指标任务1亿元的204%）；第三产业增加值22177万元，同比增加2127万元，增长10.6%，占GDP的27.2%，完成年初确定目标达21713万元的102.1%。农民人均纯收入达8582元，比上年同期增加1252元，增长17.1%。

农 业 围绕农民增收，着力推进结构调整，巩固提升优势产业和特色产业，实现丰产丰收。全镇农、林、牧、渔业总产值42602万元，增加5714万元，增长15.5%，农业总产值完成27866万元，增加3137万元，增长12.7%，其中：完成烤烟收购180万千克，均价达到27.06元/千克，中上等烟比例达到95.72%，烟农烤烟收入达4870万元；蔬菜产值15255万元，增加2117万元，增长16.1%；花卉产值3381万元，增加599万元，增长21%。林业总产值490万元，增加10万元，增长2.1%。畜牧业总产值12613万元，增加2376万元，增长23.2%。渔业总产值621万元，增加101万元，增长19.4%。农林牧渔服务业产值1012万元，增加90万元，增长9.8%。

2013年，农民人均纯收入呈现出持续、稳定和较大幅度增长，农民人均纯收入达8582元，比上年同期增加1252元，增长17.1%。

工 业 2013年，全镇非公经济总户数1370户，从业人员达5730人。实现现价总产值10.2亿元，同比增12.34%，其中工业生产总值7.4亿元，同比增长69.41%；营业收入完成10.1亿元，同比增长10.69%；实现利润总额3500万元，同比增长4.16%；上交税金860万元，同比增长7.5%；劳动者报酬达5100万元，同比增长6.25%。规模以上工业实现产值6.68亿元，同比增长108.35%；增加值完成2.08亿元，同比增长108%，完成县下达考核指标任务2.58亿元的80.62%；规模以上企业产品销售收入完成6.27亿元，同比增长111.82%，完成项目3.59亿元的174.65%；税利总额完成0.33亿元，同比增长10.0%，完成任务0.4亿元的82.5%；利润总额完成0.23亿元，同比增长130%，完成任务0.16亿元的143.75%。工业固定资产投资额达1.662亿元，同比增加125.2%，完成县下达考核指标任务2.5亿元的66.48%，共涉及投资项目6个。加强协调服务，改善发展环境，扩大招商引资范围，引进县域外资金增强镇企业的发展。招商引资完成2.04亿元，同比增长182.94%，完成县下达考核指标任务（引进省外国内资金）1亿元的204%。

第三产业 充分发挥自然禀赋、历史和人文资源优势，对旅游发展进行科学规划，引领旅游业持续健康快速发展，全力打造“白药故里，水乡前卫”品牌。完善基础设施，注重提升回头山、七星塔等传统节日的节庆效应。挖掘整理传统民间铜器工艺文化内涵，传承发扬铜器工业手艺，借助外力推动独具特色的工艺制品产业发展。依托出流改道工程、退田还湖湖滨带和“十里长堤”建设，打造沿湖生态湿地旅游景观。提升乡村特色饮食文化，支持渔村小肚、鲜鱼庄、浪广人家等餐饮企业发展壮大，多家餐饮企业齐头并进。

第三产业增加值22177万元，同比增加2127万元，增长10.6%。其中：交通运输业、仓储和邮政业增加值完成4588万元，同比增加339万元，增长8%；批零业1949万元，同比增加267万元，增长15.9%；餐饮业939万元，同比增加113万元，增长13.7%；金融业增加值完成7527万元，同比增加807万元，增长12%；居民自有住房服务业2580万元，同比增加55万元，增长2.2%。

【招商引资】 坚持“生态立镇、工业强镇、农业稳镇、招商活镇、文化兴镇”的发展战略，明确目标任务、层层落实。2013年前卫镇引进省外国内资金2.04亿元，分别是：云南特固电气有限公司引资6400万元、云南腾达机械制造有限公司引资10420万元、云南江川卓一食品有限公司引资2180万元、江川博远水玻璃有限公司引资600万元。其中：新引进到位资金7000万元，分别是特固公司6400万元、博远公司600万元；提交新果园艺场、万利包装和复烤二车间3个储备项目。圆满完成县政府下达前卫镇的招商引资目标任务。

【基础设施建设】 投资250万元，完成3件抗旱应急安全饮水管网改造工程建设；投资198万元完成周官、赵官饮水管网改造；抗旱应急底坝站修复11座，抽水站改造1座；建设人畜饮水抽水站3座；投资107.83万元，建设彩虹水窖、爱心水窖303口，为水源枯竭村和部分农户配送抗旱水袋180只；投资15万元，新建信合桥；投资30万元，完成小街邢家营村的卧式密集型烤房建设；投资565万元，完成三岔河、百花山除险加固工程，木凹田、新民坝水库除险加固工程稳步推进；投资97万元，完成5个一事一议项目建设工程；认真开展新农村、生态文明村、整村推进、美丽家园行动建设项目等农村综合配套项目工程，完成投资75万元；计划投资700万元的石河水库北灌区高标准农业综合开发项目已完成规划设计并开工建设；总投资400万元的巩固退耕还林成果基本口粮田建设项目及前卫蔬菜产业基地建设全面实施；将前卫法庭提供给敬老院使用，原敬老院用房划拨给卫生院用于解决扩建用地问题，位于镇政府大院北边的卫生院业务用房划归镇政府管理使用，有效整合、盘活存量资源，提高了资源利用率。

【生态建设】 紧紧围绕建设“湖滨生态镇”的目标，深入实施“生态立镇”战略，继续开展环湖党建、清洁家园等多种形式的环保宣传教育，全年组织400多名村、组干部进行新一轮的环保知识培训，学习相关环境保护法律、法规、制度以及本镇有关环保方面的措施办法；积极开展“清洁农村”综合整治行动；配备农村保洁队伍，专业治理农村脏、乱、差现象，有效改善人居生态环境；加强对渔村河、周官河和大街河末端人工湿地的管理，对前卫文化广场、澄川二级路旁、老晋思路及各村路旁的冬樱花、小月榕树等进行日常管护；5月16日在全县率先顺利完成涉及群众2189户、7800余人退田还湖工作，共计退田651.19亩，兑付租金214万元，为湖滨缓冲带建设、保护星云湖夯实了基础；开展好道路两旁植树绿化工作，已完成澄川路两旁20米范围内的租地工作，所租278.93亩田地已确权到户，并由农户签字认定，已在翠大线二级路旁共栽种810棵美洲黑杨和300棵香樟树，共计10亩；加强对企业的排污管理，在开展环保百日整治行动中，对卓一食品厂、兄弟绿色食品厂、金山橡胶厂、同力橡胶厂、前卫电镀厂等进行了全面检查，共下达整改通知书2份，整改要求5条，通过整治行动，强化企业的生态环保意识。

【社会事业】 民　政　一年共办理结婚登记318对，婚前检查率达100%，办理离婚登记88对，补办224对，开未婚证明197人；对受灾的困难户贫困户578户、1821人，发放救灾救济粮43840千克；临时救济困难群众366户，发放救济金213000元；全年共发放民政经费7141303.90元，其中发放农村低保资金2559116元，发放城镇低保金1457526元；供养五保人数79人，敬老院2所，床位48张，入住对象26人，工作人员4人，其中未成年人1人；院外五保供养对象44人，按国家标准每月204发放，按国家规定每月每人按时发给生活费204元，共发生活费92412元；开具“一站式”医疗服务救助卡457张，有效解决部分农村特困群众看病难的实际困难和问题。

劳动保障　2013年，全镇新农保参保人数为32278人，缴费率达97.26%，新参保人数为243人，其中五保人数43人，残疾人员546人；发放中央基础养老金补助600多万元，其中，245人领取147000元丧葬补助费；完成失地农民养老保险新参保2人，政府补助5000元，共计投保10000元；补助重度60岁以上残疾人五保户43人，按人均55元标准，共计补助159960元；在就业工作方面，首次开办SIYB创业培训班，培训49人；全年完成了450人次创业培训，完成6户创业贷款补助30万元，小额信贷40户共计200万元，更好的鼓励支持了个体工商户的发展，2013年共计全镇劳动力转移1200人次。

卫　生　全力推进新型农村合作医疗工作健康、稳步、持续发展。设立新农合公示栏，将参合农民住院医疗费用的补偿情况以及新农合有关政策、监督举报电话、群众意见与反

馈等内容进行严格公示，每月公示一次。2014年新农合参合率达97.84%，参合农业人口总数达44750人，参合金额2685000元；门诊诊疗人次为122909人次，补偿金额为2044855.77元；住院人次为686人次，补偿金额为5070969.06元。严格执行补偿方案，进一步提高报销比例，严格控制镇村医疗机构新农合自付药品比例，新增慢性病报销病种，提高基金使用率，使参合农民“看病难，看病贵”的问题得到进一步缓解。

教　育　加大教育投入，共投入2116万元改善办学条件和育人环境。积极开展“金秋助学”活动，对部分考入重点院校的贫困生给予困难补助；“两基”成果得到巩固，辍学率控制在0.7%以内；中考成绩喜人，中考上线率为58.2%，上市属中学人数达64人，均位居全县前列。

文化旅游　完成投资25万元的文化站业务用房扩建工程项目招标工作。协调多方力量，狠抓各村民间文艺团体和业余文艺队伍建设，进一步促进文化事业发展，不断丰富群众业余文化生活。免费开放图书室、电子阅览室等基础设施，文化服务和推动发展的功能逐步显现。开展第一期农村文艺骨干培训班，培训文艺骨干46名。组织文艺演出活动27场次，为群众表演文艺节目337个，观众累计达14700多人次。

经多方努力，以回头山、出流改道入水口景观、星云湖岸十里长堤、七星塔、曲焕章故居、新河咀至渔村传统民间铜器工艺区、渔村小肚、文化路、石河彝族生态村为规划轴线的前卫镇“两横一纵”的乡村文化旅游规划已准备就绪，为充分发挥前卫镇自然、历史、人文资源优势，繁荣文化旅游产业打下坚实基础。

国土资源　加强执法监察工作，严肃查处国土资源违法案件。2013年来清查拆除多处违法临时违章建筑占地74户，面积5027.51平方米；开展对各村土地违法占地进行清理整治工作，共查处清理违法占地150宗、面积9.084亩（其中共拆除127宗，面积6.621亩，收取农村宅基地使用费23宗，面积2.463亩），有力遏制违法案件上升势头，进一步规范农村土地市场秩序。

计划生育　认真落实“奖优免补”政策，强化计生政策宣传和行政执法，完善计生信息系统建设，开展出生缺陷干预，推进流动人口基本公共服务均等化工作。加强对育龄妇女的监管，计划生育率达90.07%，人口自然增长率为3.86‰，切实提高生育质量，稳定低生育水平。

社会治安综合治理　一年来，共受理矛盾纠纷211件，调解成功209件，调解率达99.1%，共涉及当事人962人、金额134.7万元；化解赵官村民小组六大历史遗留问题，收回资金20余万元，涉及500多户、1500多人，有效化解赵官工业园区征地过程中的矛盾纠纷，完成赵官龙泉山工业园区征地补偿款的兑付工作，有效促进社会和谐稳定。

全年接待来信来访10件次，回复信访件10件。开展“家庭拒绝邪教”承诺活动，共签订承诺卡8000多张，成立了12支“反邪教宣讲员队伍”。对114名社区矫正人员按工作流程进行管理，其中解矫57名，重新犯罪8名，转大街司法所1人，移交县司法局矫正办1名，移交前卫派出所1人（剥夺政治权利），年底正接受社区矫正人员46人。对141名在册吸毒人员进行动态跟踪管理，其中纳入社区康复管理9人，社区戒毒24人，强制隔离戒毒人员51人；同时对24名社区戒毒（康复）人员进行跟踪管理、深入家中帮教，并建立台账，随时进行监控并掌握动态。做好刑释解教人员安置帮教工作。对36名刑释解教人员定人定责进行帮教，及时摸清底数，建立档案，规范台账，并认真研究制定帮教措施，定人定责进行帮教。

惠民政策　切实落实国家的各项惠民政策，及时兑付家电和汽车摩托车下乡补贴、油菜补贴、综合直补、粮食补贴等资金152.47万元。其中：家电下乡补贴626台，兑付金额22.80万元；汽车摩托车下乡补贴132辆，兑付金额8.1万元，补贴兑付率达100%；农资综合直补97.92万元，惠及农户1.39万户，农作物良种补贴23.65万元，切实维护种粮农民利益，奠定粮食生产安全基础。

【拆临拆违】　制定下发《前卫镇清理拆除临时违章建筑工作实施方案》，成立以镇长为组长的拆临拆违工作领导小组，明确职责任务，对集镇规划区、星云湖片区和澄川公路两侧（杨家咀至小街）红线控制范围以内及未经县级以上人民政府审批，农村居民私自占用集体土地建盖的临时建筑、违章建筑依法实施拆除。充分利用会议、广播、标语等媒体，广泛宣传开展普查和拆临拆违的目的、意义和要求，营造良好的舆论氛围。同时对拆临拆违工作细化工作措施，倒逼目标，倒排计划，确保拆临拆违工作按期完成。4月13日，在全县率先完成涉及87户农户、6966.83平方米（含杨家咀退房还湖面积）的违章建筑拆除工作。

【农业面源污染治理】　在工作中实行领导联村、干部包户制度，将81名镇干部进行联村包组，包户工作，确保14户大棚业主有专人负责。围绕“保耕地、调结构、建生态、美家园”的要求，各工作组利用会议、广播、入户等形式做好宣传动员工作，共发放宣传单800份、召开工作会议14次、出宣传栏4期、张贴宣传标语200张、上门宣传600余户。各项工作的落实，确保农业面源污染治理工作于5月31日按时完成，顺利拆除全部应拆大棚35.426亩，兑付资金350150元。

【美丽家园建设】　特色民居建设。成立专项工作领导小组，由镇长莽嘉慧任组长，人大主席李江辉任副组长，具体负责该项工作。各联系领导和各村主要负责人做到亲自参与，亲自督查，遇到重点难点问题亲自上阵，深入一线，靠前指挥，倒逼目标，倒排计划，确保各项措施落到实处。顺利完成全镇四个村委会12个自然村14个村民小组697户103294.49平方米的特色民居建设工作，已经过县级有关部门验收，预计投入资金480余万元。

下大石咀美丽家园建设。抽调精干人员为主，充分发挥杨家咀村“两委”贴近群众、了解群众、善做群众工作的优势，将行政力量、法制手段和基层参与、社会动员有机结合，建立“镇—村—组”三级高效联动的运作模式，深入村组，深入农户，与拆迁户、征地户面对面交流，倾听群众呼声，切实做好政策宣传和思想工作。仅26天就超额完成市县领导下达的拆除目标和任务，顺利拆除下大石咀村星云湖一级保护区范围内的3幢违章建筑物。

【汪燕平到前卫镇调研周官河治理工作】 5月30日，市政协副主席汪燕平一行到前卫镇周官河调研指导河道整治工作。在对周官河全程实地查看和听取前卫镇关于开展整治工作的情况汇报后，汪燕平对周官河整治的方法措施和取得的成效给予肯定，并与参会人员对周官河下一步治理工作一起进行分析研究。

汪燕平指出，河道整治工作迫在眉睫，是一个长期性的工作，整治过程中计划要周详，把时间细化、分段。要从高标准来严格要求。要本着花小钱办大事的原则，着力在提高保洁员待遇上想办法。希望通过各级各部门的努力把周官河打造成河岸干净、河堤绿荫、河水清澈的美丽河流。

【全国文化市场综合执法检查组到前卫检查】 8月30日，全国文化市场综合行政执法工作检查组到前卫镇进行检查。检查组一行实地察看镇农村文化市场管理及扫黄打非“六个一”宣传专栏、文化站“青少年优秀读物”宣传专柜和文化信息资源共享工程电子阅览室等建设情况，查阅镇“六个一”建设完成情况的相关资料，对前卫镇的文化市场监管工作和农村文化市场管理、扫黄打非“六个一”建设工作给予肯定，并对前卫镇今后群众文化工作的发展提出意见和建议。

【财政所标准化建设通过市级验收】

9月6日，由市级和县级财政相关部门人员组成的验收工作组一行8人来到镇财政所，开展乡镇财政所标准化建设验收考评工作。

验收工作组以实地查验的形式，对照涉及验收的五大类50多项标准，从财政所基础设施、信息化建设、服务能力建设、内部管理和队伍建设等方面对镇财政所进行检查指导，依照《云南省乡镇财政所标准化建设考评表》通过现场询问、查阅报表、数据、文件、图片资料后对镇财政所标准化建设进行评分，镇财政所标准化建设顺利通过市级财政部门验收。

（马吉云）

安化彝族乡

【行政区划·人口】 安化彝族乡地处县境西北部，距县城24千米，东接前卫镇、南连九溪镇，西与红塔区小石桥乡接壤，北与江城镇毗邻。全境地势西北高，东南低，地形北窄南宽呈“人”字形，东西最长距离17.2千米，南北最宽距离12千米，最高海拔2294.2米，最低海拔1782米。属中亚热带半湿润高原季风气候，四季温暖，冬无严寒，夏无酷暑，干湿季节分明，年平均气温14.9℃，有“天然温室”美称。乡政府所在地安化彝族乡安化大营一组8号。

乡域面积95.6平方千米，共辖安化、新庄、早谷田、董炳、光山5个村（居）委会，26个自然村，28个村民小组。2013年末耕地总面积9280亩，其中田4992亩，地4288亩（水浇地1628亩）。农业人均耕地面积1.01亩。

2013年末，全乡辖区内人口总户数3136户，总人口9392人，其中：男4847人，女4545人；农业户2184户，农业人口6774人；少数民族人口9012人（其中彝族8929人、哈尼族62人、壮族1人、拉祜族4人、苗族5人、傣族3人、藏族3人、傈僳族1人、其他族4人），少数民族人口占总人口的96%，是江川县唯一的一个山区民族乡。农村从业人员5902人。人口自然增长率为2.13‰。人口密度98人/平方千米。

【领导干部名录】

党委书记　赵　琦
副书记　李永华
　　王艳兰
　　徐志伟（2013.7离任）
人大主席　雷永彪（2013.1任）
纪委书记　李江辉
乡长　李永华
副乡长　邓树芬（2013.9离任）
　　王彬生（2013.11任）
　　段雄伟
　　李伟明（挂职）
　　沈晓帆（2013.8离任）

【经　济】 2013年完成乡内生产总值16058万元，同比增加2293万元，增长10.9%。其中：第一产业完成11667万元，同比增加1886万元，增长11.5%；第二产业完成1183万元，同比增加183万元，增长20.9%；第三产业完成3208万元，同比增加224万元，增长5.5%。年末，农村社会总产值（现价）17082万元，比上年增20%，其中：工业总产值5343万元，比上年增长45.5%；农业总产值14010万元，比上年增长19%。农村经济总收入15920万元，比上年增加5220万

元。其中：农业收入13064万元，比上年增长50%，占总收入的82%；林业收入34万元，比上年增长10万元，占总收入的0.2%；牧业收入557万元，比上年增长54万元，占总收入的3.5%；渔业收入36万元，比上年减少12万元，占总收入的0.2%；工业收入1162万元，比上年增加530万元，占总收入的7.3%；建筑业收入275万元，比上年增加101万元，占总收入的1.7%；交通运输业收入388万元，比上年增加106万元，占总收入的2.4%；商业服务业收入138万元，比上年增加19万元，占总收入的0.9%；社会服务业收入10万元，占总收入的0.06%；其他收入256万元，比上年增加50万元，占总收入的1.6%。农民人均纯收入7308元，比上年增加977元，增15.4%。二三产业从业人数941人，占农村从业人数的15.7%，比上年增0.9个百分点。地方财政收入完成1203万元，同比增加37万元，增3.2%。年末，农村信用社各项存款余额5923万元，比上年增加37万元，增长3.2%。

农 业 2013年，农作物播种面积3167公顷。复种指数350%。粮食播种面积9300亩，粮食总产量419.1万千克。其中：玉米播种面积5400亩，单产590千克/亩；小麦播种面积1500亩，单产235千克/亩；农民人均产粮450千克。蔬菜种植面积13900亩，总产2135.8万千克，实现产值6621万元。油料播种面积4600亩，单产235千克/亩。烤烟种植面积19700亩，总产205万千克，交售量205万千克，均价为26.68元，实现交售收入5470.1万元，比上年增加168.6万元，增长3.2%，上等烟比例达72.7%。

年末，生猪存栏7055头；肥猪出栏7391头。大牲畜存栏1634头，其中，牛存栏1209头，出栏338头；羊存栏1670只，出栏221只。家禽出栏40050只，禽蛋产量41吨。全年肉产量862吨。实现畜牧业产值1941万元，比上年增加508万元，增长35%。水产品产量130吨。

企 业 2013年，有个体私营企业2户，其中：私营企业2户，企业营业总收入5050万元；税利237万元；营业收入上百万元的企业有2户。企业固定资产投资600万元，投资项目1个。

村镇建设 2013年全乡有108户农户建盖新房，建盖648间，竣工面积71280平方米，竣工房屋价值5702万元。拨款70.83万元完成农村危房改造63户（拆旧建新63户）。

【社会事业】 科 技 坚持科技为经济建设服务的指导思想，狠抓科技知识的普及和科技成果的转化。2013年举办各种培训班15期，培训人数达4000人次。

教 育 优先发展教育，狠抓教育各项政策的落实。2013年，进一步优化教育教学资源，抓好教育设施建设工作，完成安化中心幼儿园建设规划。投资70万元建设安化中心小学教学办公楼、学生食堂，改善学校教学条件，实现教育理念从“好上学”到“上好学”的转变，为安化学子提供一个更好的教育平台。年末，有中心小学1所，村完小2所，教学班24个，教职工54人，在校学生687人，毕业率达100%，升学率达100%；

文 化 有文化站1个，藏书1137余册，业余文艺宣传队23个。增加5个村（居）委会的农家书屋的物资配备，平均每个书屋拥有藏书1613册。积极开展群众性文化活动，推进安化乡文化发展。

卫 生 扎实开展新型农村合作医疗工作，切实解决群众“看病难、看病贵”问题。2013年全乡参合人数8927人，参合金额53.56万元，参合率98.34%，住院、正常分娩及门诊减免补助8688人，报销金额76.9万元。全乡有卫生院1个，村卫生所5个，卫生室1个，卫生院卫生技术人员11人（其中执业医师6人、注册护士2人，其他人员3名），卫生所医务人员11人，病床总数3张。坚持以人为本，紧紧围绕“控制人口增长，提高出生人口素质，优化人口结构”这一主要任务，坚持贯彻落实农村人口独生子女“奖、优、免、补”政策，继续抓好“一法二条例三规定”的落实，全面推行计划生育工作依法管理，深化综合改革，建立和完善计划生育村民自治工作机制，认真开展健康检查，搞好优质服务，全面提升工作水平，2013年全乡人口自然增长率为2.13‰。

民 政 以帮助困难群众、弱势群体为主，全年共发放救济大米12吨，救助300户，发放民政救济金84200元，救济困难群众133户，发放10名复员军人补助费56816元，43名两参人员生活补助费14.7万元，发放334名农村低保保障金48.7万元，发放高龄老人保健费580人91000元。加强民政、残联和老龄工作，切实落实惠民政策。资助残疾人大米172袋，现金0.8万元，危房改造2户1.4万元。发放惠民扶持贷款565万元，补助创业能手50人。兑付粮种补贴2490户10.3万元。

劳动保障 大力宣传《劳动合同法》，安化59人参加职工医疗互助，参合率100%。高度重视养老保险工作，圆满完成县下达的目标任务。全面启动新型农村养老保险工作，圆满完成县下达目标任务。发放60岁以上农村居民基础养老金857200元，享受人员1240人，16岁至59岁新参保37人，参保率达98%，收取养老保险金0.74万元，基本实现新型农村和城镇居民社会养老保险全覆盖。

法制建设 以“打造平安安化、构建和谐社会”为目标，认真实施“六五”普法教育、“依法治乡”战略，强化社会治安综合治理，深入推进“社会矛盾化解、社会管理创新、公正廉洁执法”三项重点工作；建立和完善群防群治网络，不断完善社会防控体系，严厉打击各种违法犯罪活动，进一步健全矛盾纠纷“大调解”机制，强化行政调解、人民调解、司法调解网络建设；落实领导干部大接访大下访责任制，规范综治维稳信访中心建设。全年共接待群众来信来访167余件，办结167件。刑事案件发案36件，破19件；受理治安案件71件。一年来共调解各类社会矛盾纠纷69起，成功68起，调处率100%，成功率98.5%，未发生一起群体性事件；开展“平安先进安化”创建活动；深入推进禁毒防艾工作，巩固“无毒乡”成果；开展安全大检查，及时发现和消除安全隐患，全年未发生一起安全事故，实现社会和谐稳定。

基础设施建设　以建设“绿色安化”、“富裕安化”为目标，稳步推进基础设施建设，进一步加大协调力度，积极争取项目和资金，在改善民生上取得显著成效。投资120万元完成乡廉租房建设；投资40万元，完成乡农科组、水管组办公用房，其中农科组投资40万元、水管组35万元；投资30万元进行安化乡农贸市场建设；投资56万元进行董炳河小流域水污染综合治理农村水污染治理；投资62万元进行董炳河小流域水污染综合治理集镇生活污染控制；投资395万元进行安化乡路域环境整治项目建设；投资1406万元进行安化乡双坝水库建设区（新建）；投资220万元进行围埂小河坝出险加固；投资45万元进行塔冲道路硬化；投资150万元进行香柏甸土地开发治理；投资30万元用于李家营重点村建设；投资75万元用于光山村委会办公楼建设；投资40万元用于光山村团结示范村建设；投资266万元进行安化乡“美丽家园”项目建设。

生态建设　推动工程性和非工程性措施落实，动员引导广大干部群众投身“绿色安化”、“生态彝乡”、“和谐安化”建设实际行动，干部群众环保意识不断增强，卫生文明程度不断提高；抓住市、县政府对董炳河流域治理保护的重大机遇，结合东风水库径流区发展规划，在一年基础上，稳步实施董炳河流域生态修复工程，投入资金118万元进行董炳河流域环境整治，同时加大农村环境卫生整治的力度，建立长效管理机制，做到人员到位、措施有力、责任明确、制度健全。全乡共组建5支农村环境保洁队伍，负责日常环境卫生保洁工作，统一建设垃圾池，集中处理垃圾，农村脏、乱、差状况得到有效改善。

【核桃产业】　全乡有森林面积7445.2亩，森林覆盖率61.9%。抓住中央扩大内需的重大机遇，按照“换届不换机构，换人不换目标”的要求，继续保留发展核桃产业工作机构，增配了相应的人员及经费，继续推进核桃产业发展，全年新栽核桃3100亩，至年底，累计种植核桃12000亩，建立核桃示范基地1个。

（岳　春　黄思思）

九溪镇

【行政区划·人口】　九溪镇位于县境西南部，东与大街街道相连，南与通海县毗邻，西与红塔区接壤，北与前卫镇交界，镇政府距玉溪市政府所在地10千米，距县城12千米。镇政府驻地海拔1705米。

全镇辖马家庄、六十亩、阳山庄、大村、大营、中营、鸡窝、喜乐庄、矣文9个村（社区）（其中阳山庄、矣文为彝族村委会），26个自然村，28个村（居）民小组。镇域总面积113.6平方千米。

2013年末，实有耕地面积15666亩，其中田9453亩，地6213亩，稳产高效基本农田14245亩，农业人口人均占有耕地0.64亩。主要以生产水稻、烤烟、蔬菜、油菜、花卉、小麦等为主。

2013年末，总户数9859户，其中农业户7932户，非农业户1927户；总人口数26899人，其中男13447人，女13452人；农业人口24334人，占总人口的90.4%，非农业人口2565人，占总人口的9.5%。共有少数民族人口3207人，占总人口的12%。乡村劳动力人口数19397人，从业人员数16574人。人口自然增长率4.71‰。人口密度为人233人/平方千米。

【领导干部名录】

党委书记	李志刚（2013.8离任）
	蒋　文（2013.8任）
副书记	何　眉
	刘海洪（2013.8任）
	徐　强（2013.3任）
	吕真连（2013.3任，挂职）
人大主席	杨　辉（2013.9离任）
纪委书记	张　鑫
镇　长	何　眉
副镇长	刘　勇
	龚艳美
	陈江伟（挂职）
	王智国（2013.3任，挂职）

【经　济】　2013年，完成镇内生产总值38082万元，比上年增长10.9%。其中：第一产业完成16566万元，同比增5.5%；第二产业完成10565万元，同比增21.4%；第三产业完成10951万元，同比增9.9%。一、二、三产业占GDP的比重调整为44：27：29。全社会规模以上固定资产投资完成15537万元。农村经济总收入完成66733万元，同比增17%。农民人均纯收入8280元，增长17.2%。金融机构存贷款余额36954万元、7555万元。

大力推广农业科技，合理引导产业结构调整，巩固提升烤烟、蔬菜、油料、花卉、畜牧五大优势产业，农业综合生产能力不断提高，全年预计完成农业总产值14928万元，同比增13.5%。

着力抓好烤烟生产，落实烤烟种植面积10300亩，推广科技措施，突出品种纯度，狠抓育苗、移栽、中后期管理等关键环节，完成烟叶收购总量130万千克，实现烟农收入3379万元。积极推广白花、青花、芫荽、菜豌豆等品种，实施农作物高产创建和间套种，大力推广蔬菜绿色防控技术，土地产出效益不断提高，全镇蔬菜种植面积达13032亩，预计实现产值4696万

元，同比增26.7%。以百合花为主的花卉种植业，种植面积达1518亩，预计实现产值4420万元，同比增8.9%。有效防治动物疫病，稳步推进畜牧业专业化、产业化、标准化建设，全年畜牧业产值预计实现7298万元，同比增10%。充分挖掘林业资源增收潜力，落实核桃种植面积1000亩，预计实现林业产值1460万元，同比增9.6%。积极协调云南农业科技园，利用园区优势，试验示范种植700亩蓝莓。加大土地流转力度，集中连片进行苗木、生态草莓种植，产业结构不断优化。

年末，生猪存栏31902头（其中在当年存栏中的能繁母猪5927头），比上年增7.3%，出栏肥猪25299头，比上年增7.3%，销售仔猪173257头，比上年增4.7%，其中，销售到市外有42967头，销售到县外130290头；大牲畜存栏790头，出栏220头；山绵羊存栏3350只，出栏2368只。全年肉产量达357.36万千克，家禽出栏66.9万只。禽蛋产量138.3吨，水产品产量19.2万千克。

2013年，农、林、牧、渔业实现总产值24886.2万元，其中农业实现产值14589.7万元，占58.6%；林业实现产值1542.2万元，占6.2%；牧业实现产值7676.6万元，占30.8%；渔业实现产值318.7万元，占1.3%；农林牧渔服务业759万元，占3%。

【城乡建设】　小集镇建设　2013年，以九溪小集镇被省政府列为全省210个农业型特色小城镇为契机，投资40余万元完成城镇主干道路灯亮化改造工程。卫生院业务用房、市政法警察培训学校主体工程建成。加强集镇管理力度，推进拆临拆违工作，共拆除临违建筑50宗，面积3939.06平方米。实施市场经营秩序、道路交通安全整顿，营造良好的城镇环境，省级农业型特色小镇建设初见成效。

专项整治　通过“美丽家园”建设项目，对玉江高速公路两侧的河口、前营、马家庄、龙泉、太和、东村、下村7个村庄617户的房屋外立面进行改造，共投入资金333.67万元，改造面积8万余平方米；开展路域环境整治，对辖区内玉江高速公路和老玉江公路两侧的鸡窝、大营、六十亩3个村（居）委会涉及的132宗、7484平方米临违建筑进行清理拆除；积极推进玉江高速公路两侧20米范围内的植树绿化工作，已租地98.824亩，种植美洲黑杨2000棵；组织开展清理和整治非法占用土地工作，对24宗、1480.3平方米违法占地建筑进行清理拆除。

农村基础设施建设　认真组织实施大营、矣文等5个村组的财政“一事一议”奖补项目和马家庄、古城等3个村组的整村推进项目及鸡窝生态公厕、喜乐庄农贸市场改造新农村重点村项目，完成农村危房改造和扶贫安居工程项目310户。投资1216万元的响水坝项目区烟叶生产水利基础设施建设项目现完成机耕路、水渠、水池、泵站、响水坝和臭冲坝主体建设，三道沟水库灌区中低产田改造项目正在抓紧实施。全镇共有300户农户建盖和修缮新房，建筑面积达36000平方米，房屋3300间，竣工房屋价值7800万元。

【重大项目重点工作】　2013年，云南农业科技园完成投资5000万元，完成3200平方米组培大楼建设和周边服务稳定工作；着力抓好烤烟生产，落实烤烟种植面积10300亩，推广科技措施，突出品种纯度，狠抓育苗、移栽、中后期管理等关键环节，圆满完成烤烟收购工作。玉溪比格力富康实木门厂完成投资2300万元，建成二期产房和办公楼；玉溪丫眯绿色食品有限公司投资800万元，完成技改升级项目；九川食品厂投资600万元，引进1000吨/年豆制品生产线，完成技改升级；九溪镇“两污”治理项目及配套管网、垃圾收集转运设施工程全面开工建设，完成投资1500万元；建立健全九溪河河道管护长效机制，严格落实河道管理规定和奖惩措施，河道保护工作取得新实效；清洁农村和小集镇环境卫生整治工作有序推进，健全完善“户保洁、组收集、镇转运”机制，辖区内环境卫生有了较大改观；玉溪医药集团大型物流仓储项目顺利完成，投资3550万元建成现代医药物流中心主体工程；第五届村（社区）“两委”及村民监督委员会换届选举工作圆满顺利完成；进一步规范城镇建设管理，推进拆临拆违工作，促进城镇及农村土地科学合理利用；完成农村违法占地清理工作，有效遏制九溪镇农村居民未批先建、乱围乱占、私搭乱建等违法违规行为；着力转变生产方式、调整产业结构，按期拆除玉江高速公路沿线各200米范围内的塑料大棚，引导土地有序流转。

【生态文明建设】　以东风水库径流区水污染综合整治为契机，实施东风水库径流区九溪河小流域水污染综合治理项目为主的工程性治理措施，目前污水处理厂已全面开工建设，管网铺设正在抓紧施工，年内完成“两污”项目投资1900余万元；总投资1.02亿元的九溪河小流域水污染综合整治工程按照明确任务、倒逼时间的工作要求，正有序推进。严格落实河道管理责任制，切实加强日常管护工作，年内完成九溪大河9500米河道清理，河道整形5800余米，河埂栽种杨柳10120株。健全完善村规民约、保洁员制度、垃圾清运制度、门前三包制度、农村环境卫生检查评比制度等，农村环境卫生综合整治取得明显成效。着力开展治理农业面源污染，提高耕地可持续生产能力工作，拆除玉江高速公路沿线两侧200米范围内的塑料大棚225.13亩，并将105亩土地重新流转进行生态草莓和园林苗木种植。坚决淘汰落后产能，关停9个红砖厂。六十亩、阳山庄、小营、放马沟4个村民小组生态文明建设试点实施方案通过评审。

【社会事业】　教　育　全镇有小学9

所，在校学生2044人，教职工124人；中学1所，在校学生1134人，教职工80人。义务教育均衡发展，“三免一补”政策落实到位，农村小学教育布局有效优化，教育资源有效整合。

文化·体育　全镇有文化站1个，群众性文化活动蓬勃开展，群众精神文化生活不断丰富。文化资源信息共享工程顺利推进，农家书屋运行良好。全年图书馆借阅达3700册次，读者达2500人次，观展、读报人次达3800人。全民健身活动蓬勃发展。早晨练操人数达19000人次，晚上广场舞参与人数24250人次，街天自娱自乐演出达180场次，参与人员达3400人次。中营小学舞蹈教室，每周一、二、三组织学生开展舞蹈培训，共计培训学生76人次。

医疗·卫生　全镇有卫生院1所，卫生技术人员19人，病床30张；村级卫生所10个，医务人员43人，观察床20张。新型农村、城镇居民养老保险参保18304人，参保率达96.41%；新农合参合人数达24717人，筹资148.3020万元，参合户数7710户，参合率达98.05%，新农合门诊减免12.08万人次，减免报销资金198.39万元；新农合住院减免2827人，减免报销资金868.18万元。

民　政　年内，发放各类民政事业经费384.44万元，涉及1744户、1905人；发放大米10950公斤，涉及535户、540人；核准纳入城镇低保户456人，农村低保934户1032人。组织慰问特困户18户、5400元，特困残疾人25户、7500元。发放轮椅6辆，完成3户特困残疾人家庭危房改建，将家庭困难的171人残疾人纳入农村低保。有敬老院1所，供养老人20人。

惠农补助　完成水稻、玉米、小麦、油菜良种补贴9.2万元；推广微耕机186台；落实家电下乡补贴1106户、47.68万元；汽车摩托车下乡补贴70户、4.09万元；农资综合直补资金64.39万元；生态移民补助75.82万元；能繁母猪补贴48.64万元；民居地震安全工程补助80户、83.28万元。

防灾救灾体系　加强灾害预防宣传，制定灾害应急预案，开展应急演练，逐步健全完善地质灾害、火灾、山洪灾害群测群防及预警预报、灾害应急体系。

社会稳定　高度重视社会稳定工作，层层签订并落实目标责任，强化社会治安综合治理，做好民族宗教工作，大力推进依法治镇进程，广泛开展“六五”普法工作。全面推进“三项重点工作”，不断创新社会管理，积极争创平安先进镇。加强社会矛盾纠纷调处，坚持领导开门接访，将矛盾纠纷调解在基层，全年全镇共排查各类矛盾纠纷95件，调解成功94件，调解率98.9%。接待群众来信来访141件176人次。2013年围绕建设“平安九溪”，在九溪镇进一步加强民主法制建设，推进依法治镇，积极开展“以案释法”、“送法下村”、“送法进企”、“送法入校”等活动，群众法制观念进一步增强，认真开展反邪教警示教育宣传，完善群防群治网络，严厉打击各种违法犯罪，全年受理刑事案件98件，破获33件，破案率为33.67%，受理治安案件231起，查处169起，查处率为73.16%。

【村级组织换届选举】　认真贯彻落实中纪委和中组部提出的“五个严禁”、“十七个不准”、“五个一律”和省委提出的“十个严禁”、“五个一律”及“零差错、零违纪、零举报”的纪律要求，切实抓好村（社区）“两委”及村民监督委员会换届选举工作，选举产生新一届村“三委”班子成员，共选出村组干部176人、村民代表553人，为党组织夯实了基层发展阵地，为镇村发展注入了新活力和新思路。

【农村劳动力技能培训】　玉溪市工业财贸学校、县扶贫办联合镇党委、政府开展为期10天的江川县2013年贫困地区农村劳动力转移培训，为80名农村劳动力就业提供帮助。为提高九溪养羊技术水平，九溪镇举办阳山庄养羊示范村科技培训。云南省种羊厂高级兽医师陈松为养羊户详细讲解了羊的饲养管理、羊舍的建设、羊病的防治措施等方面的知识，为各乡镇兽医站工作人员和九溪养羊户提供了优质的学习资源和实用的技术措施。

（高　芳　刘于榕　靳　娜）

路居镇

【行政区划·人口】　路居镇位于江川县城东北部，距县城15千米，东西最大横距12.86千米，南北最大纵距15.78千米，全境地形从东南至西北狭长，北接抚仙湖，西连星云湖，地势南部高，北部低，境内最高点海拔2636.2米，最低为抚仙湖，海拔1721米，平坝地区海拔在1723～1786米之间，相对高差63米。辖区面积108平方千米，辖兰田、螺蛳铺、石岩哨、上坝、小凹、红石岩6个村委会和中坝、下坝两个社区居委会，42个自然村，39个村民小组17个居民小组。镇政府所在地路居镇中坝社区居委会甸心村70号附13号。

2013年末耕地面积16726亩（其中水田9434亩，地7292亩），按农业人口人均耕地0.64亩，稳定高产基本农田14880亩。

2013年，全镇年末9698户29142人，其中：男14705人，占总人口50.5%；女14437人，占总人口的49.5%；农业人口26130人，非农业人口3012人。劳动力人口19408人，占总人口的67%，其中：从事第一产业的有14962人，占劳动力人口的77%，从事第二、三产业的有4446人，占劳动力人口的23%。2013年出生296人，死亡182人。人口自然增长率4‰。

【领导干部名录】

党委书记　李　菊（2013.8离任）

普学化（2013.8任）

副 书 记　杨兴华（2013.8离任）

张培龙（2013.8任）
杨 诚
杨绍波（2013.3离任）
业红卫（2013.3任）
王剑波（2013.1任，挂职）
纪委书记 刘锦红（2013.11离任）
龚雪刚（2013.11任）
人大主席 李江华（2013.9离任）
镇 长 杨兴华（2013.9离任）
张培龙（2013.9任，代理）
副镇长 李 岩
呈 全
尹江文（2013.9离任）
王 波（2013.9任）
王 睿（挂职）

【经 济】 全年完成生产总值36687万元，增长7.8%。其中：第一产业增加值完成15699万元，增长15%；第二产业增加值完成10597万元，减少4.3%；第三产业增加值完成10391万元，增长11.7%。完成社会固定资产投资35353万元，增长66%。实现农民人均纯收入7792元，同比增982元，增长14.4%。年末，全镇各项存款余额26700万元，比上年增9.9%；人均储蓄存款余额9162元，比上年增9.4%。

农 业 全年完成农业生产总值17890万元，同比增1626万元，增长10%。全年农作物播种面积45374亩，其中：大春农作物播种面积24464亩，小春农作物播种面积20910亩。全镇大春粮食面积3073亩，单产627千克，总产177.97万千克；小春粮食播种面积1970亩，单产240千克，小春粮食总产47.37万千克；小春油料播种面积629亩，单产277千克，总产5.52万千克。全镇种植蔬菜18311亩，总产2550.66万千克。

烤 烟 2013年，路居镇移栽烤烟15400亩，其中：田烟8700亩，地烟6700亩；烤烟品种统一移栽K326，纯度达100%。完成了196万千克的烤烟收购工作，上等烟139.07088万千克，上等烟比例70.95%，中上等烟比例96.72%，金额51157512.83元，产生税收1023.2万元，平均单价26.1元/千克。

养殖业 完成生猪存栏30251头，肥猪出栏19232头，能繁母猪存栏9242头，出售仔猪130684头；大牲畜存栏1253头，出栏389头；山羊存栏3355只，出栏1139只；家禽存栏200109只，出栏91159只。

工 业 2013年有个私企业29个，与上年同期持平，从业人员930人，比上年减10%。企业总收入19665万元，比上年减29.3%；实现税利585万元，比上年减42%。上交税金165万元，劳动者报酬865万元，资产总额18360万元，固定资产净值11847万元，负债总额8410万元，所有者权益9950万元。

新农村建设 发挥新农村建设指导员作用，积极争取项目和资金。市委政法委给予新农村建设5万元的工作经费，解决张营村群众务工难问题。投入45382元帮助下坝社区张营三组修复“6·2山洪”冲毁挡墙，投入69541元帮助中坝社区甸心村建盖农村文化活动中心，投入21000元开展“四群”教育慰问，投入3万元帮助螺蛳铺大营北头小组建盖活动公房。路居镇新农队争取项目12个，争取到位资金349.8万元。其中：小凹村常务书记和新农村建设指导员就争取项目4个，争取及整合资金213.5万元；上坝村新农村建设指导员向县农开办协调争取到投资规模达500万的3000亩中低产田改造项目。

【社会事业】 科 技 进一步加强科技合作与科技推广，培训指导科技示范户80户，培训转移农村富余劳动力1585人。

教 育 全镇有学校9所，其中：初中2所，中心小学1所、完小6所，学龄儿童入学率100%。初中、小学毕业率100%。

文 化 2013年末，有文化站1个，藏书4126册；村级文化活动室3个，农村文艺队62支，开展各类文化活动，坚持重大节庆日举行文艺巡演，发挥8个农家书屋和农村信息资源工程作用，丰富群众文化生活。

卫 生 2013年末，全镇有卫生机构9个，即卫生院1个，卫生所8个。路居镇卫生院有病床18张，医务技术人员12人（其中主治医师3人，其他初级人员7人，专业技术人员1个，工人1人）。全镇新型农村合作医疗参合率为99.1%，全年门诊补偿87419人次133万元、住院补偿403人次260.9万元。

民 政 全年救助救济困难群众1400户，发放大米12吨、专项救济款340万元；发放低保保障金905户945人150万元；做好“五保”老人、老党员、离任村（社区）组干部、贫困户、残疾人的节日慰问工作；为25名患者免费实施白内障手术，发放重度肢体残疾人轮椅7台；“阳光家园”项目使19名精神、智力及重度残疾人家庭获得居家托养补助费1.5万元。做好优抚安置工作，全年发放优待金145万元。

人口和计划生育 积极做好计生优质服务、出生缺陷干预和流动人口管理工作，计划生育率达92%。

社会保障 新型农村社会养老保险增保303人，新型农村合作医疗参合率99.1%。发放60岁以上老人养老金3929人289.13万元；发放80岁以上高龄老人补贴1556人33.9万元。及时办理“仙湖锦绣”项目、杨柳坝矿山被征地农民养老保险，为失地农民提供有效保障；

惠民政策 年内兑付各项惠农补贴13108户次385.42万元，其中退耕还林补贴2075户77.8万元，第一批农资综合补贴8695户72.1万元，2012年农村危房改造补助资金170户182.08万元，能繁母猪补贴2168户53.42万元。2013年400户农村危房改造拆除重建基本完工。用足用活信贷政策，鼓励群众自主创业，全年共办理发放“贷免扶补”贷款135人818万元。

国土管理 加大国土资源巡查力

度，强化执法监察。全年共依法清理违法占地151宗22085平方米，集中拆除抚仙湖一级保护区和环湖公路外侧50米范围内临时违章建筑59宗11743.1平方米，开展路域环境综合治理，拆除公路两侧违章建筑224宗5108平方米，清理违法占用林地183.7亩。8个村（社区）永久性基本农田划定外业工作顺利完成，设立永久性基本农田保护标志碑一块。

法制建设　深入开展新一轮平安创建活动，破获刑事案件28起、积案17件；受理查处行政案件149件，查处违法人员66人；受理调解民事纠纷31件，调解成功率达100%；受理群众来信来访258件，调解回复238件；社区矫正人员无脱管、漏管和重新犯罪；刑释解教人员帮教面为100%；完成社管综治网格化管理的网格划分及基础数据采集录入，加强安全生产宣传教育和监督管理，进一步维护社会稳定和安全形势。

精神文明建设　坚持重大节庆日举行文艺巡演，上坝文艺队代表全县参加了市级演出，文化站“农家书屋”免费开放，在三个村委会安装体育健身设施，农村信息资源共享工程建设顺利完工，丰富了群众的文化生活和精神生活。

【第五届村级组织换届】　2013年1月1日党总支换届工作正式启动，2013年5月15日结束。按照《中国共产党章程》、《中国共产党基层组织工作暂行条例》、《中国共产党农村基层组织工作条例》等党内有关规定和有关文件要求，采用“两推一选”的办法选出党总支委员会委员、书记、副书记。选举产生8个农村（社区）党总支委员42人，书记8人，副书记8人，平均年龄46岁。其中：选举产生6个农村党总支委员31名，6人书记（均实现连选连任），5名副书记（4名实现连选连任），其中：女干部6人，致富带头人1人，退伍军人4人，农村大学生村官专职专选进副书记1人。从年龄构成来看：35岁以下的2人；55岁以上4人，平均年龄47岁。选举产生39名党支部书记。选举产生2个社区党总支委员11人，2名书记，3名副书记（2名副书记实现了连任），其中：致富带头人1人，退伍军人1人，大学生村官通过专职专选担任副书记1人。从年龄构成看：35岁以下的21人，平均年龄46岁。2名村党总支书记兼任村党总支书记，一肩挑比例达25%。总支委员12名分别任主任、副主任、委员，村（居）委会主任、副主任、委员28名，交叉任职率达43%。

2013年1月1日全镇村委会换届工作正式启动，2013年6月10日结束。根据《中华人民共和国村民委员会组织法》、《云南省村民委员会选举办法》《中华人民共和城市居民委员会组织法》规定，推选产生8个村（社区居）民选举委员会。在村（社区居）民选举委员会的主持下，由村民直接选出村（社区）居委会，6个村民委员会选出村委会主任6人（连任5人）、副主任6人（连任6人），专职女委员6人，推选产生村民小组组长39名，副组长23名，推选村民代表155人。2个社区居委会选举社区居民委员会主任2人（连任1人），副主任2人（连任2人），委员10人（2名女性），居民代表49人，推选居民小组组长17人，副组长15人。

2013年6月，路居镇兰田、螺蛳铺、石岩哨、上坝、中坝社区、红石岩、小凹、下坝8个村（居）民监督委员会选举工作。8个村（居）民监督委员会委员候选人经过党总支提名、镇党委组织考察、审核同意、5天公示，在村（居）民选举委员会主持下，村（居）民代表投票选举产生24名委员。村（居）民监督委员会召开第一次会议，选举产生8名主任。

【基础设施建设】　2013年，实施沿湖24座堤坝站建设，提升农业抗灾害能力；投资90.8万元建设“彩虹水窖”233口；编制上报云南省小农水重点县路居镇项目建设三年规划；投资1170万元的张营、东西海边、小凹美丽家园和美丽乡村试点项目开工，年内完成投资330万元，小凹美丽家园新貌初显雏形。实施美丽家园亮光工程，投资187万元在全镇8个村（社区）的主要道路、主要场所安装太阳能路灯220盏。

【生态建设】　2013年12月，路居镇生态镇建设规划通过专家评审。投资5887万元建设大鲫鱼河综合整治工程，完成水源涵养、人工造林、河道清淤、防护与修复、河口湿地及湖滨带建设、燃灯寺水库与席草田水库清淤加固等工程。完成抚仙湖一级保护区内784.52亩、星云湖703.16亩退田还湖工作。组建路居镇路锦保洁有限公司，完善并启动实施全镇卫生保洁和垃圾清运方案，进一步强化主要道路、入湖河道和集镇保洁工作，促进镇域环境卫生状况逐步好转。开展名木古树和古建筑调查，将1100棵名木古树和15幢古建筑统一录入系统管理。完成小凹、上坝5000亩低效林改造。

【重大项目重点工作】　2013年，“仙湖锦绣”项目顺利复工，张营村剩余土地重新分配承包到户，清理集体预留土地并完成植树绿化，机耕路土方工程完工；老高坟农村公益性公墓完成投资258万元，提档升级后续建设准备就绪；晋江高速公路路居段完成征地231亩，搬迁坟墓445塚；集中拆除抚仙湖一级保护区和环湖公路外侧50米范围内临时违章建筑59宗，面积11743.1平方米。依法清理违法占地151宗22085平方米；开展路域环境综合整治，清理拆除公路两侧违章建筑224宗5108平方米，投入资金10.5万元实施施红路、老中路应急抢修；启动螺蛳铺蔬菜交易市场建设；治理农业面源污染，拆除大棚22座35.5亩；清理违法占用林地183.7亩，有效保护了林地资源；投资308.2万元完成特色民居外墙改造5.34万平方米。

【“三资”管理工作】 2013年年末，路居镇村级会计委托代理服务中心代理资产总额9733.05万元。

【“5·23”防汛救灾工作】 2013年5月23日零晨1：40时至中午11：00时，路居镇辖区普降暴雨，总降雨量达108毫米，强降雨集中时间在零晨2：30时至3：30时，降雨量达60毫米。因雨量较大，路居镇8个村（社区）受到不同程度灾害，中坝社区和下坝社区受灾情况较重，特别是中坝社区辖区内东大河无法满足排水需求，致使洪水冲垮河堤，大量洪水从甸尾村内排出（甸尾村辖区内东大河河床高于居民区），大量的垃圾石块泥沙冲入群众家中和村内，特别是下坝中心小学门前及院内被垃圾、泥沙阻塞，人民群众生命财产受到威胁，学生暂时停课。5月23日上午11：00时，受大暴雨的影响各种农作物受灾面积达5605亩，其中烤烟受灾面积（含田烟、地烟）5250亩；农房倒塌26户，75间，其中烤房倒塌7户；农房进水479户；牲畜死亡54头；冲毁摩托车14辆，微型车4辆；围墙倒塌213米；沟渠倒塌损坏1243米，共造成12000人受灾，农作物经济损失达1200万元，无人员伤亡。在降雨过程中，镇党委、政府和中坝社区接到群众反映洪水冲入家中情况，中坝社区书记、主任于凌晨2：45时到现场查看了解情况，同时路居镇值班领导赶到现场，并迅速组织镇上值班的40名干部和中坝社区、组干部开展抢险救灾工作。

【路居镇群众诉求中心建设】 2013年8月，路居镇纪委监察室成立群众诉求中心，办理群众诉求。群众诉求中心主任由镇纪委书记担任，办公室成员由镇纪委委员、镇纪检专干组成，将相关群众工作的职能部门整合在诉求中心；镇纪委按照“六有”标准（有机构、有场所、有值班、有制度、有经费、有信箱）搭建群众诉求中心平台，镇纪委书记、村（社区）监委会主任每月10日接待群众，镇纪检专干、监委会委员单双日轮流值班。镇纪委争取镇党委、政府对群众诉求中心建设的支持，统一为镇、村（社区）制作群众诉求中心牌子、统一设置民情意见箱、统一制作接待办理群众诉求的规章制度；镇、村分别共设置9个民情意见箱。镇建设监督平台1个，村（社区）监督平台8个，配备信息处理员9名，出台《转发镇纪委监察室进一步畅通群众诉求渠道实施意见》、《路居镇纪委监察室下访和约访工作办法》、《路居镇纪委监察室领导包案工作办法》、《路居镇纪委监察室领导接待日工作办法》等制度，及时解决群众的合理诉求，镇群众诉求中心切实发挥统领8个村（社区）群众诉求中心作用，加强值班，受理群众诉求，2013年受理群众来访27件，办理27件。

【党风廉政建设责任制和惩防体系建设工作】 2013年，路居镇党委坚持把贯彻落实党风廉政建设责任制作为加强党风廉政建设和反腐败工作的重中之重，以构建责任体系为核心，通过制定目标、明确责任、强化落实、严格考核、责任追究，建立一把手负总责、分管领导具体负责的齐抓共管的责任体系，形成“横向到边、纵向到底”，层层抓落实的良好格局。一是层层落实责任制。按照集体领导与个人分工负责相结合，谁主管谁负责，一级抓一级，层层抓落实的原则，明确在抓党风廉政建设中的各项责任目标、责任范围，认真落实“一岗双责”制，抓好检查督促、责任考核、责任追究三个环节，促使各部门切实担负起反腐倡廉建设的政治责任，真正做到反腐倡廉与各项业务工作同安排、同部署、同检查、同考核、同落实。2013年7月2日，镇党委书记同班子成员、村（社区）党总支书记、镇直单位签订《2013年路居镇党风廉政建设责任书》。二是狠抓学习，特别是抓好党委班子学习，将《中国共产党章程》、《廉政准则》、《中国共产党纪律处分条例》、中央“八项规定”等列入学习内容，通过学习，使班子成员切实增强廉洁从政意识，讲党性、重品行、作表率，永葆先进性。三是加强制度建设。制定《路居镇村（社区）组干部问责办法》等规章制度，加强干部管理考核，使促进干部作风转变有章可依。四是全面推进廉政风险防范管理工作。由镇纪委牵头具体落实廉政风险防范工作，制定了《中共路居镇委员会关于全面推进廉政风险防范管理工作的意见》，登记出部门权力69条，查找出部门廉政风险点20个，共制定部门廉政风险防范措施43条。五是认真接受班子成员的监督，严格执行民主集中制、“三重一大”集体决策制度，末位表态，认真开展好批评和自我批评。六是转变班子成员作风，提高执行力。镇党委书记、镇长提前谋划，靠前指挥，班子成员发挥先锋模范作用，主动放弃休息日，工作在一线，为实现最广大群众利益努力工作。七是令行禁止，做好表率工作，模范遵守单位规章制度，接受班子成员和干部职工的监督。八是镇党委、镇纪委在大院内新设立党务、政务公开固定栏。同时，为了提高干部廉洁自律意识，做到警钟长鸣、常抓不懈，在镇楼道墙壁悬挂20块廉政警示彩图。九是以周一、周五学习例会为契机，组织班子成员、中层干部、村（居）主要负责人共同学习各项党风党纪的规定，增强教育活动的针对性和时效性，提高其廉洁从政的政策法律水平，增强其廉洁自律的自觉性和坚定性。十是认真落实中央“5个严禁17个不准5个一律”和省委“5不准”纪律规定，严肃组织人事纪律特别是村级组织换届纪律，营造风清气正的选人用人环境，正党风政风、转民风、带社风。

（周彦坤）

雄关乡

【行政区划·人口】 雄关乡位于江川县东部，东与华宁县接壤，南与通海县毗邻，西连江川县大街镇，北接江川县路居镇。乡政府驻地雄关社区上营村12号，距江川县城14千米。

全乡辖雄关、窑房、上营、下营、白石岩5个村（居）委会，23个自然村，26个村民小组，是典型的山区乡，总面积63.7平方千米，江华高等级公路由西向东穿境而过，甸雄公路横贯南北。全乡最大纵距15.4千米，东西最大横距8.2千米。海拔最高点2509.8米，最低点1832.8米，乡政府驻地为1844米。

2013年末，全乡共有耕地面积8677亩，其中：田4586亩，地4091亩，稳定高产基本农田8677亩，人均占有耕地0.78亩。年末总户数3541户，总人口11080人，其中：男5661人，女5419人，农业人口10046人，非农业人口1034人；少数民族人口349人，主要有彝、哈尼、傣族等，占总人口的3.1%。年内出生人口为96人，人口自然增长率2.89‰，人口密度为174人/平方千米。

【领导干部名录】

党委书记 周　瑜（2013.3离任）
　　　　 李德坤（2013.3任）
副 书 记 解若云（2013.11离任）
　　　　 龚瑞中（2013.11任）
　　　　 王志伟
纪委书记 赵子良（2013.7离任）
　　　　 龚美玲（2013.8任）
人大主席 杨志伟（2013.9离任）
乡　　长 岳东芬（2013.1任）
副 乡 长 李彦华
　　　　 李文鹏
　　　　 白东红（2013.8离任）
　　　　 王丕娅（挂职）

【经济指标】 2013年，全乡地方生产总值预计完成20352万元，比2012年增长15.5%。其中：第一产业10727万元，增长17%；第二产业6934万元，增长16.3%；第三产业2691万元，增长8.2%。农民人均纯收入预计8156元，增长12.5%。固定资产投资预计完成5500万元，增长44.7%；年末，信用社各项存款余额达11031万元，增长17.3%，各项贷款余额达4115万元，增长3.8%。

【农　业】 种植业　2013年全乡农作物总播种面积38077亩。种植粮食作物4020亩；总产量达1397.8吨，其中：包谷1239亩，单产664千克/亩；小麦847亩，单产200千克/亩；豌豆1140亩，单产208千克/亩；油料播种2820亩，单产222千克/亩；农民人均产粮126千克。

烤　烟　2013年，雄关乡继续突出烤烟产业优势和支柱地位，抓好政策宣传、育苗、预整地、移栽、中耕管理、烘烤和收购各个环节，完成烤烟生产工作。2013年烤烟生产严格统一育苗品种100%为K326，移栽烤烟16200亩，其中田烟6300亩，地烟9900亩，应用膜下小苗抗旱移栽技术移栽面积13200亩，占总移栽面积的81.48%。2013年全乡烤烟收购总量195万公斤，其中上等烟比例77.14%，共计兑付烟农资金5179.2万元。

牧　业　2013年年末全乡生猪存栏数14856头，出栏数14685头，同比增长13.2%，能繁母猪存栏2458头，营销仔猪4.89万头，全年肉产量1368吨。大牲畜存栏884头，出栏344头，其中：牛存栏数806头，出栏数265头；羊存栏数1466头，出栏数943头。家禽出栏数154863只，禽肉产量386吨，禽蛋产量1530吨。

产业结构调整　2013年推广核桃种植1450亩，成立江川盛果核桃种植专业合作社和雄关乡上营村核桃产业协会，实施窑房千亩核桃连片示范基地建设；启动爬地土杂鸡示范村建设项目，花菜、豆、萝卜、蒜等蔬菜交易量增加。5个农业合作社继续发挥带头、示范、互助作用。投入资金30万元完成3000亩中低产林改造项目。

水　利　2013年完成人畜饮水、抗旱供水、坝塘蓄水、水库维护，防汛清淤、堤坝建设、抽水供电技术改造以及线路架设等14件农田水利工程，共投入建设改造资金97.02万元，保证8393人、1150头大牲畜的饮水安全。玉溪市东片区暨“三湖”生态保护水资源配置应急工程雄关段工作启动实施。

【工　业】 全乡共11个企业，其中工业企业9个。2013年工业总产值预计完成15200万元，同比增长25.2%。玉溪天丽食品有限公司计划投资2820万元新建4200平方米冷库，2013年末已完成项目计划建设内容和相关生产设备的采购安装。2013年全乡预计完成投资4490万元，利税总额1524万元，同比增长63.5%，利润总额完成1433万元，增长75%。

【新农村建设】 2013年投资152万完成下营村委会中营村、雷居头村、新房子3个“一事一议”项目建设，受益农户600多户，受益村民2300余人；投资100万元启动梅子铺美丽乡村建设，完成2012年140户农村危房改造户的资金兑付151.2万元和2013年71户农村危房改造；积极申报2014年小田、高坡、雄关上营、毡帽村的美丽家园建设及雄关社区、窑房村、白石岩村农村环境卫生整治项目，申报资金800余万元。

【社会事业】 科　技　2013年全乡有科普协会6个，会员299人；有农村科技示范户50户。2013年完成33个土样取样工作，在雄关社区完成400平方米玉米测土配方施肥试验，发放玉米施肥建议卡1000份，完成科技培训6期300余人次；完成3组1000平方米萝卜测土配方施肥试验。良种推广率100%，发放各种农作物补贴7.5万元；推广各类农机（具）118台（套），补

助金额60.96万元。抓好春、秋两季动物疫病防控工作，发放疫苗和消毒药水376582份；组织757户1268人养殖户进行技术培训。

教　育　2013年全乡有初级中学1所，在校中学生516人，教职工45人；小学4所，在校学生1108人，教职工58人；幼儿园（学前班）4个。学龄前儿童、小学、中学入学率100%；小学、中学毕业率100%，2013年参加中考人数为119人，升学人数达75人，其中玉溪一中1人，普通高中生学率达63.03%。

医疗·卫生　2013年有乡属卫生院1个，医务人员10人，其中正式职工7人，临时工3人。门诊诊治病人17489人次，医疗收入56.3万元；村级卫生所5个，乡村医生17人；个体药房4个。2013年雄关乡免疫规划建卡建证率达100%；基础免疫单项接种率达100%；加强免疫1.5岁、2岁、4岁、6岁组接种率达100%；慢性病建档率达100%。参加新型农村合作医疗人数10504人，参合率达97.86%，门诊补偿27895人次，补偿金额491270.18元；住院补偿1170人次，补偿金额3047500.93元。

社会保障　2013年发放残疾人新农合补助、危房改造补助、机动车燃油补助、阳光家园托养、省市春节慰问费等共计53240元，惠及15户352人。严格落实优抚政策，发放复退军人补助、“两参”人员补助、义务兵优待金、60岁以上农村籍退役士兵补助、烈士遗属补助等共计652772元，惠及110户111人。发放“五保”补助、农村低保、城镇低保、民工补助、孤残儿童生活补助、临时救助等共计709390元，惠及576户651人；发放春节慰问费、烈士家属慰问费、新农合补助、优抚对象医疗救助等共计33860元，惠及501人。

劳动保障　开展再就业工作，组织25名青年举办创业培训班，聘请专业教师进行授课辅导，联系农村信用社为2户办理贷勉扶补创业贷款；开展劳动保障日常巡查工作30次，宣传劳动保障相关法律法规，督促企业与职工签订劳动合同并进行劳动合同的鉴定。开展社会保险工作，2013年发放养老金79.9万元，惠及1375人；接待咨询群众200多人，办理2013年新参加新型农村养老保险人员35人，及时上报并办理丧葬补助42人。

惠民政策　2013年发放小额贷款42人279万元；发放“贷免扶补”贷款500万元，其中：妇联30人240万元，共青团16人80万元，工商联36人180万元。2013年共兑付汽车摩托车下乡补贴13491.4元，受益农户26户；共发放能繁母猪补贴195000元，受益农户704户；发放农村危房改造补助1512000.00元，受益农户140户；发放农资综合直补394376.51元，受益农户2957户；发放退耕还林补贴499391.25，受益农户1169户；发放农作物良种补贴50000元，受益农户2950户；发放各类慰问、补助、保障、救济经费148.66万元，惠及群众1223户1353人。

文化·体育　2013年免费开放乡属综合文化站，提供资源共享服务1800人次，图书室免费借阅800册次书籍。2013年组织3期文艺培训班，培育4支广场舞健身队；开展4期禁毒防艾、森林防火等警示教育培训。邀请通海县四街镇文艺队到上营村委会进行交流慰问演出，演出节目13个。春节期间，各村文艺队以村为单位进行交流慰问汇演5场，观众达5300人次；乡骨干文艺队在各村（居）委会及文化站进行演出6场次，观众达4000多人；在雄关书院举行书画展览，展出近30幅作品，观众达800余人；在文化站广场组织柔力球、泰迪球、健身操、地掷球、象棋、牌艺等文体活动，共有300多名群众参与；播放露天电影4场次，观众达2000人次。在文化站内举行庆“三八”趣味运动项目盲人击鼓、三人篮球赛、拔河3个，组织全体乡干部及乡中学女教师66人参与。2013年共为各村配送了价值近3万元的图书、音像制品800册。完成广播电视“户户通”工程36户；在雄关社区中营三组建盖占地面积1200平方米的文化活动小广场，安装价值4.8万元的体育健身器材14件；上报乡文化站、雄关社区高坡村、窑房村委会麻栗湾村“七彩云南全民健身基础设施工程”建设项目申请。

环境保护　按照《雄关乡农村环境卫生整治实施方案》的规定，在各村（居）委会日常保洁的基础上，于每月25号“清洁日”定期坚持开展农村环境卫生整治活动。2013年，全乡张贴标语270条，召开乡村组会议193次，黑板报19期，广播宣传162次，出动人员7689人次，清扫街道199000米，清理沟渠28100米，清理进村公路27800米，清理垃圾池堆放点48处，打扫公厕47个，出动车辆535辆次，清运垃圾8854吨。2013年全面推广白石岩村委会经验，实行“零户桶管”机制，全乡共有保洁车33辆，购买320只垃圾桶配发给观音寺、螺蛳山、下营村每户。2013年“6·5”世界环境日组织环保知识宣传咨询活动，发放100份环保宣传小册子和150份“珍惜水资源保护扶仙湖”倡议书，悬挂3幅横标，张贴169条标语和18张宣传海报，组织397人参加以劳代宣环境卫生整治活动，清扫街道长18000余米，清理排水沟道长6900余米，出动车辆22辆，清运垃圾62吨。

精神文明建设　实施文化惠民工程，修缮改造朝阳苑；白石岩村开展十星级文明户评选活动，带动示范作用显现；管好学习型党组织建设捐赠书籍，组织全乡干部职工积极参与借阅，提升干部职工文化素质水平，开展一系列读书学习、撰写心得活动，巩固雄关乡市级学习型党组织建设示范点成果，2013年开辟读书学习专栏，连载刊登权威观点文章、学习时事政治和国家政策，包括刊登党员干部职工的读书心得和领悟文章，已完成11期学习材料更新，共刊登各类文章32篇，其中有心得体会4篇；做好农村精神文明建设工作，2013年，雄关乡已有市级文明村白石岩和观音寺2个，县级文明村雷居头和新房子2个，同时白石岩村作为唯一一个山区村通过申报评选获得“省级文明村”称号。

国土管理　2013年组织清理土地乱占乱围78宗，4639.7平方米。落实《云南省人民政府关于贯彻落实国务院加强地质灾害防治工作决定的实施意见》，贯彻地质灾害防治制度，学习《地质灾害防治条例》，建立和完善重点地质灾害群测群防预警预报体系，发放工作明白卡3份，避险卡41份，地灾防治通知书2份，地灾防治基本知识宣传页52份。第43个世界“地球日”及第23个全国“土地日”进行国土宣传，张贴标语共计165条，出黑板报16期，广播宣传15次，发放宣传材料160份。

武装·计生·妇女　2013年完成征兵任务，向部队输送合格军人6名；对全乡1315名民兵进行训练、整组，组织民兵参加蔬菜种植、核桃嫁接、烤烟烘烤、养殖业等技术技能的培训；完成4个村委会、1个社区青年民兵之家标准化建设。2013年雄关乡被列为玉溪市“和美家庭”示范乡镇试点单位，确定上营村委会、下营村委会、白石岩村委会为2013年雄关乡“和美家庭”创建示范村试点，全乡计划生育家庭户2206户，“和美家庭”建成率2013年达20%。落实“奖优免补”政策，2013年农村部分计划生育奖励扶助对象符合条件新申报9人，退出1人，当年符合奖励扶助的对象共25人；享受义务教育奖学金41人，其中小学阶段22人，初中阶段19人，2013年新申报4人，小学升初中6人；申报升学一次性奖学金5人，其中考入高中4人，考入大学1人；符合条件申报新型农村合作医疗补助393人，共计23580元；符合条件申报独生子女保健费的家庭43户，共计4510元。2013年全乡共有1171人参保计生家庭意外伤害保险。开展优质服务工作，孕前培训114人，发放宣传资料350份，叶酸发放138人，合计780瓶，孕前优生健康检查80对夫妇；组织开展二查、四查及妇科病免费普查普治等服务，共服务943人；共施行各种计划生育手术36例，无医疗事故发生。

安全生产　2013年组织安全、环境、派出所等人员对本辖区内1个磷酸厂、3个采石厂、2个石灰厂和1个火炮厂、2个塑料厂、1个食品加工厂等容易引发安全事故的企业和各个小企业进行检查整治工作，对发现的问题要求当场整改，不能当场整改的责令限期整改。2013年，共开展安全日常检查7次，安全生产大检查7次，排查整治安全隐患5处，开展防灾减灾应急演练，全乡未发生重特大安全事故。

综治维稳　开展社区矫正及安置帮教工作，刑释解教人员重新犯案率控制在0.5%以内，帮教率达100%，安置率100%。2013年完成白石岩村级司法调解室建设，全年共受理各类矛盾纠纷51件，调解51件，调解成功51件，涉及金额50.5万元，并及时全额兑清，调处成功率100%。组织全乡6个调解会的调解员、调解主任进行业务知识培训，每季度集中培训不少于1次，培训内容为《人民调解法》、《民法通则》、《土地管理法》、《婚姻法》、《物权法》等与农村工作紧密相关的法律法规及政策，共培训8期280人次。

法制建设　开展普法与法制宣传工作，2013年共开展法制宣讲26次，听众达5425人次；广播宣传43次，听众达26000人次；学校上课2次240人次，法律咨询62次62人，黑板宣传6块51期，印发宣传资料14期5000余份，张贴普法大标语54条，小标语307条。

【森林防火】　完善各项措施，从严查禁火源，消除森林火灾隐患，与各村组、涉林单位签订责任书，制定考核办法，组建30人的乡防火半专业队和5支村级义务扑火应急分队，配备防火服、吹风机等各种防火装备，开展防火演练，提高应急扑火能力。发放防火宣传资料116份，《森林防火告农户通知书》3200份，召开三级干部会议3次，召开护林员培训会1次，召开村民小组森林防火会议5次。清明节期间，在防火重点地域、重点路段、重点林区的进山口设置防火卡点20个，对进山人员进行防火宣传，收缴进山火种，对前来祭祀的群众宣传文明祭祀理念。在中学、小学组织开展“五个一”宣传教育活动，增强全民防火意识，全乡年内未发生重大森林火灾。

【路域环境整治】　2013年完成21条40.062公里的乡村公路维护和整治，拆除公路沿线临违建筑98处，清理垃圾、杂物1.21万吨。投资8.6万元，对辖区内9千米道路进行绿化，栽种美洲黑杨、榕树、叶子花等4390棵。

【美丽家园建设】　拆除临违建筑48宗，2785.9平方米，完成雄关高坡村及窑房大坝塘村“美丽家园”建设暨特色民居美化工程墙面粉饰99户，16103.9平方米。

【雄关乡第十届人民代表大会第一次会议】　2013年1月3日，雄关乡第十届人民代表大会第一次会议召开，会议由乡党委书记周瑜主持，全乡48名代表参加会议，43名乡机关干部、村组干部、政协委员、企业负责人列席会议，县人大常委会副主任史云德出席会议并讲话。1月5日上午，雄关乡第十届人民代表大会第一次会议闭幕。县委常委、组织部长林清，县人大常委会副主任杨本忠，县政协副主席李绍华出席闭幕式，全乡48名代表和43名机关村组企业代表参加会议，闭幕式会议由周瑜主持。会议选举杨志伟担任新一届人大主席团主席，岳东芬担任第十届乡人民政府乡长，李彦华、李文鹏、白东红担任第十届乡人民政府副乡长。会议审议通过乡人民政府工作报告和乡人大主席团工作

报告，并通过大会各项决议。

【村“三委”换届选举】 2013年5月2日至6月6日，完成村“三委”换届选举工作。全乡5个村（社区）党总支共选举产生26名委员，连选连任人数22人，占总人数的85%；新当选副书记、委员4名，占总数的15%；女副书记3名，占副书记总职数的75%。其中5名党总支书记全部实现连选连任，4名副书记职数有1名连任，另有3名新当选的大学生村官。17名委员中有16名连任，妇女干部5名，占总数的19%。总支班子成员中26～35岁的有6人，36～45岁的有12人，46～55岁的有7人，56岁以上的有1人，平均年龄41岁；初中及其以下文化12人，高中及中专11人，大专以上3人。选举产生村（居）委会成员15人，其中主任5人，副主任5人，妇女委员5人，5名村委会主任全部实现连选连任，4名副主任连选连任，5名妇女委员全部实现连选连任；村（居）委会班子成员中26～35岁的有1人，36～45岁的有10人，46～55岁的有4人，平均年龄43岁；初中及其以下文化5人，高中及中专文化10人。选举产生村（居）监督委员会15人，其中主任5人，委员10人，4名村（居）监督委员会主任实现连选连任，10名委员全部实现连选连任；村（居）委会班子成员中26–35岁的有2人，36～45岁的有7人，46～55岁的有4人，56岁以上的有1人，平均年龄42岁；初中及其以下文化11人，高中及中专文化4人。

【省委巡视组到白石岩调研】 2013年9月4日下午，省委巡视组一行在县委常委、组织部长林清陪同下，到雄关乡白石岩村委会调研社会主义新农村建设。巡视组由白石岩村委会党总支书记邱名贵带路，实地走访白石岩村，查看村庄规划与建设、产业发展、村容村貌和环境卫生整治情况。

（史 璨）

政　治

编辑　余立言

中共江川县委

【中共江川县委第十二届委员会常委、书记、副书记、助理调研员名录】

县委常委　马文龙
葛　勇（2013.5离任）
钱　兴（2013.5任）
张金翔（2013.5离任）
吕元海（2013.3离任，挂职）
付　伟（2013.3任，挂职）
罗跃岗（2013.1离任）
李东林（2013.1离任）
郭永生（2013.10离任）
张永华（2013.5离任）
陈琎寿
林　清
龚桂存（女）
石　伟（2013.1任）
张文彬（2013.1任）
曾宪涛（2013.5任）
邓春元（2013.7任）
李志刚（2013.7任）

县委书记　马文龙

县委副书记　葛　勇（2013.5离任）
钱　兴（2013.5任）
张金翔（2013.5离任）
石　伟（2013.7任）
吕元海（2013.3离任，挂职）
付　伟（2013.3任，挂职）

县委副调研员　戴正华

县副调研员　张卫东
杨剑伟
郭正发

【中共江川县委各部、委、办、局正副职名录】

县委办公室

主　任　李忠海（2013.8离任）
邓春元（2013.8任）

副主任　张润斌（2013.11离任）
陈乔华
赵　鹏（2013.11任）

县委组织部

部　长　林　清

副部长　李德坤（2013.3离任）
唐光华
李保平（2013.3离任）
吴正顶
袁万德（2012.11兼任）

县委正科级组织员　李德坤（2013.3离任）
唐光华

县委副科级组织员　马　蓉（女）
邢小刚（2013.8任）

县委宣传部

部　长　龚桂存（女）

副部长　刘　鸿
杨春文（2013.8任）

文产办

主　任　杨春文（2013.8任）

县精神文明建设指导委员会办公室

主　任　王熙虹（女）

对外宣传办公室

主　任　李红有

县委统一战线工作部

部　长　刘跃宁（2013.1离任）
石　伟（2013.11任）

副部长　徐丽华（女）
宋家有
王忠明
杨存兴（2013.3任，2013.11离任）
罗汉江（2013.11任）

民宗局

局　长　杨存兴（2013.3任，2013.11离任）
罗汉江（2013.11任）

副局长　刘开华

县工商业联合会（商会）

党组书记　徐丽华（女）

会　　长　王　秀（女）

县委政法委员会

书　记　陈琎寿

副书记　祁宝川
王彦东
何小春（2013.11任）

县委党校

校　长　张金翔（2013.5离任）
石　伟（2013.11任）

常务副校长　李卫东（2013.7任）

副校长　黄志伟

江川县行政学校

校　长　普朝鹏（2013.8任）

副校长　黄志伟

　　　　业居敏（女）

县委保密委员会

主　任　李忠海（2013.8离任）

　　　　邓春元（2013.8任）

副主任　杨志伟

　　　　陈乔华

　　　　龚　钲

　　　　叶　斌

县保密局

局　长　叶　斌

县委政策研究室

主　任　张润斌（2013.11任）

县委机要局

局　长　郭绍昆（2013.3离任）

　　　　李成祥（2013.7任）

副局长　何旭升（2013.8任）

县国家密码管理局

局　长　郭绍昆（2013.3离任）

　　　　李成祥（2013.7任）

副局长　何旭升（2013.8任）

县委督查室

主　任　史　伟

县史志办

主　任　余立言

县档案局

局　长　普万云（2013.3离任）

　　　　郭绍昆（2013.3任）

副局长　罗粉香（女）

　　　　王晶文（2013.3任）

县委老干部局

局　长　袁万德

副局长　史冬华（2013.3离任）

　　　　龚绍辉（2013.3任）

共青团江川县委

书　记　戴吉国（2013.7任）

副书记　王　坤

县妇女联合会

主　席　王学梅（女）

副主席　张丽梅（女）

　　　　谢粉玲（女）

县总工会

主　　席　陆富仙（女）

常务副主席　李梅琼（女,2013.3离任）

副主席　龚瑞中（2013.11离任）

　　　　李　芬（女，2013.3任）

　　　　李春伟（2013.11任）

县总工会女工委员会

主　任　李梅琼（女，2013.3离任）

县科学技术协会

主　席　韩振华

副主席　张彦龙

县关心下一代工作委员会办公室

主　任　王荣华

副主任　汤江平

县红十字会

专职副会长　曾　春（女）

县文联

主　席　叶自林

副主席　郭小平（2013.3离任）

　　　　王忠平

【中共江川县委直属基层党委正副书记名录】

中共江川县人民武装部委员会

第一书记　马文龙

书　　记　曾宪涛

副 书 记　何　麟

中共江川县直属机关工作委员会

书　记　杜正宁

副书记　罗培珍（女）

中共江川县工业商贸和科技信息委员会

书　记　韩　良

副书记　杨宏蕾（女）

中共江川县教育局委员会

书　记　郭自壮（2013.3离任）

　　　　李梅琼（女，2013.3任）

副书记　李文平

中共江川县公安局委员会

书　记　牛旺林

中共江川工业园区工作委员会

书　记　钟　镖

副书记　张乘风（女）

中共江川县委老干部局委员会

书　记　郑吉来

中共江川县委非公有制经济组织党的工作委员会

书　记　赵子良（2013.7任）

副书记　梁艳梅（女，2013.8任）

中共卫生局委员会

书　记　朱弘如（女，2013.11任）

副书记　范江应（2013.11任）

　　　　王　亮（2013.11任）

【县委发出的主要文件】

中共江川县委关于印发《中共江川县委工作规则（试行）》等系列制度文件的通知

中共江川县委关于表彰2012年度作风述职述廉评议先进领导班子和领导干部的决定

关于进一步完善县委中心组学习工作的意见

中共江川县委江川县人民政府关于对张盛国等237名同志予以嘉奖的决定

中共江川县委江川县人民政府关于表彰2012年度流动人口基本公共服务均等化工作先进集体和先进个人的决定

中共江川县委关于落实玉纪通〔2012〕5号文件的报告

关于成立江川县村级组织换届选举工作领导小组的通知

中共江川县委江川县人民政府关于印发《江川县领导干部问责办法（试行）》的通知

中共江川县委江川县人民政府关于实行2013年重点工作重大项目推进责任制的通知

中共江川县委江川县人民政府关于对2012年度科技进步与创新单位及个人进行奖励的决定

中共江川县委江川县人民政府关于加强法治建设创建平安江川的实施意见

中共江川县委江川县人民政府关于成立江川县招商引资绩效考核办公室的通知

中共江川县委江川县人民政府关于表彰江川县关心下一代工作先进集体和先进个人的决定

中共江川县委江川县人民政府关于表彰江川县2012年度新农村建设工作队优秀指导员优秀乡镇工作队长先

进派出单位和优秀常务书记的决定

中共江川县委关于表彰2011—2012年度党建工作先进单位的决定

中共江川县委江川县人民政府关于表彰江川县村级组织换届选举工作先进单位和优秀个人的决定

中共江川县委江川县人民政府关于表彰奖励2012—2013年优秀教师和先进教育工作者的决定

中共江川县委江川县人民政府关于表彰江川县2008—2012年依法治县工作先进集体和先进个人的决定

中共江川县委江川县人民政府关于印发《江川县第四个五年依法治县规划（2013-2017年）》的通知

中共江川县委江川县人民政府关于推进民族团结进步边疆繁荣稳定示范区建设的实施意见

中共江川县委关于认真学习宣传贯彻党的十八届三中全会精神的通知

中共江川县委关于加强和改进党委督促检查工作的实施意见

关于印发中共江川县委十二届四次全委（扩大）会议报告的通知

【县委办发出的主要文件】

中共江川县委办公室江川县人民政府办公室关于县级领导干部挂钩联系乡镇（街道）工作的通知

中共江川县委办公室江川县人民政府办公室关于做好各级“两会”和春节期间信访稳定工作的通知

中共江川县委办公室关于印发《江川县学习宣传贯彻党的十八大精神宣传报道方案》的通知

关于做好2013年度新农村建设工作队及指导员选派工作的通知

中共江川县委办公室江川县人民政府办公室关于印发《江川县村组干部离任补偿发放办法（试行）》的通知

中共江川县委办公室江川县人民政府办公室关于组织开展2013年春节系列活动的通知

中共江川县委办公室江川县人民政府办公室关于表彰2012年度社会管理综合治理工作先进集体的决定

中共江川县委办公室江川县人民政府办公室关于成立江川县晋江公路工程建设工作领导小组的通知

中共江川县委办公室关于下派第七批社会主义新农村建设工作队的通知

关于组织召开县级领导班子专题民主生活会的意见

中共江川县委办公室江川县人民政府办公室关于成立江川县村组干部任期和离任经济责任审计工作领导小组的通知

中共江川县委办公室江川县人民政府办公室关于印发江川县深入开展抚仙湖星云湖沿岸村组普法宣传实施方案的通知

中共江川县委办公室江川县人民政府办公室关于印发《关于对治边突出问题开展专项整治行动的工作方案》的通知

中共江川县委办公室江川县人民政府办公室关于做好玉溪市“两会”期间有关工作的通知

中共江川县委办公室江川县人民政府办公室关于印发《江川县2013年度争取上级资金工作考核办法（试行）》的通知

中共江川县委办公室江川县人民政府办公室关于成立治理农业面源污染提高耕地持续生产能力工作领导小组的通知

中共江川县委办公室江川县人民政府办公室关于印发《领导干部挂钩联系乡镇（街道）工作实施办法（试行）》的通知

中共江川县委办公室江川县人民政府办公室关于表彰江川县2012年重点工作重大项目推进先进指挥部（领导小组）的决定

关于成立江川县村级组织换届选举工作指导组、督查组和工作组的通知

中共江川县委办公室江川县人民政府办公室关于印发《江川县“十二五”保密事业发展规划》的通知

中共江川县委办公室江川县人民政府办公室关于认真做好全县村级组织换届选举工作的通知

中共江川县委办公室关于加强和改进党委信息工作的意见

中共江川县委办公室江川县人民政府办公室关于部门挂钩联系村（社区）工作的通知

中共江川县委办公室江川县人民政府办公室关于进一步加强村（社区）组干部问责工作的实施意见

中共江川县委办公室江川县人民政府办公室关于印发《江川县2013年度招商引资工作目标任务分解表》的通知

中共江川县委办公室江川县人民政府办公室关于表彰奖励完成2012年度招商引资责任目标单位的决定

中共江川县委办公室江川县人民政府办公室关于表彰奖励完成2012年度工业经济发展责任目标单位和个人的决定

中共江川县委办公室江川县人民政府办公室关于印发开展特色民居建设第一阶段实施方案的通知

中共江川县委办公室江川县人民政府办公室关于成立云岭职工跨越发展先锋活动和云岭职工才人才工程领导小组的通知

中共江川县委办公室江川县人民政府办公室关于印发《江川县新农村建设工作队及指导员管理办法》的通知

中共江川县委办公室江川县人民政府办公室关于印发《江川县2013年重点工作重大项目推进责任制考核办法（暂行）》的通知

中共江川县委办公室江川县人民政府办公室关于开展2013年“六·五”世界环境日系列活动的通知

中共江川县委办公室江川县人民政府办公室关于表彰2012年度农村环境卫生整治工作先进单位的决定

中共江川县委办公室江川县人民政府办公室关于印发《江川县2013年度创建省级先进平安县实施方案》的

通知

中共江川县委办公室江川县人民政府办公室关于实行网格化社会管理服务的实施意见

中共江川县委办公室江川县人民政府办公室关于成立江川县网格化社会管理服务工作领导小组的通知

中共江川县委办公室江川县人民政府办公室关于成立江川县解决中小学代课教师和原民办教师遗留问题工作领导小组的通知

中共江川县委办公室关于开展“庆祝建党92周年建设美丽江川”系列活动的通知

中共江川县委办公室江川县人民政府办公室关于印发江川县2013年重点矛盾纠纷化解任务分解方案的通知

中共江川县委办公室江川县人民政府办公室关于印发《江川县2013年反腐倡廉工作任务分工意见》的通知

中共江川县委办公室江川县人民政府办公室关于成立江川县招商引资工作委员会的通知

中共江川县委办公室江川县人民政府办公室关于开展第九个“8·26”抚仙湖保护活动日系列活动的实施方案

中共江川县委办公室江川县人民政府办公室关于印发《江川县文化事业发展扶持奖励办法》的通知

中共江川县委办公室江川县人民政府办公室关于印发《江川县新闻宣传工作奖励办法》的通知

中共江川县委办公室关于进一步推进全县随机调研工作的通知

中共江川县委办公室江川县人民政府办公室关于印发《江川县社会管理综合治理维护稳定责任制考核办法（试行）》的通知

中共江川县委办公室江川县人民政府办公室关于印发《江川县社会管理创新奖励暂行办法》的通知

中共江川县委办公室江川县人民政府办公室关于印发《江川县领导干部学习讲坛实施方案》的通知

中共江川县委办公室江川县人民政府办公室关于印发《江川县事业单位分类方案》的通知

中共江川县委办公室江川县人民政府办公室关于成立加强法治建设创建平安江川工作领导小组的通知

中共江川县委办公室江川县人民政府办公室关于印发《江川县招商引资工作考核实施方案》的通知

中共江川县委办公室江川县人民政府办公室关于印发《县委宣传部县委政法委县“扫黄打非”领导小组办公室关于2013年“扫黄打非”行动方案》的通知

中共江川县委办公室江川县人民政府办公室关于印发《加强法治建设创建平安江川主要任务分工方案》的通知

关于组织召开2013年度县级领导班子民主生活会的意见

中共江川县委办公室江川县人民政府办公室关于开展县级领导联系规模以上企业工作的通知

中共江川县委办公室江川县人民政府办公室关于在全县党政群机关和事业单位开展中文域名注册工作的通知

中共江川县委办公室江川县人民政府办公室关于进一步规范领导干部外出考察学习的通知

中共江川县委办公室江川县人民政府办公室关于成立江川县《文化玉溪·江川卷》编委会的通知

中共江川县委办公室江川县人民政府办公室关于进一步加快推进2013年重点工作重大项目建设的通知

中共江川县委办公室关于印发《江川县2013年度惩治和预防腐败体系建设暨党风廉政建设责任制考核内容及评分标准》的通知

中共江川县委办公室关于开展2013年度惩治和预防腐败体系建设暨党建党风廉政建设责任制工作考核的通知

中共江川县委办公室关于开展江川县领导班子和领导干部述职述廉和作风建设评议的通知

中共江川县委办公室江川县人民政府办公室关于成立江川县筹建老科技工作者协会工作领导小组的通知

中共江川县委办公室江川县人民政府办公室关于印发《江川县2013年工业经济发展目标考核奖励办法》的通知

中共江川县委办公室江川县人民政府办公室关于印发推进民族边疆繁荣稳定示范区建设实施意见主要任务分工方案的通知

中共江川县委办公室江川县人民政府办公室关于成立江川县民族团结边疆繁荣稳定示范区建设领导小组的通知

中共江川县委办公室关于成立党的十八届三中全会精神宣讲团的通知

中共江川县委办公室关于做好试行乡镇党代会年会制工作的通知

中共江川县委办公室江川县人民政府办公室关于在全县党政群机关和事业单位开展第二批中文域名注册工作的通知

中共江川县委办公室江川县人民政府办公室关于成立江川县目标任务综合考评协调领导小组的通知

中共江川县委办公室江川县人民政府办公室关于成立中共江川县委督查工作领导小组的通知

中共江川县委办公室江川县人民政府办公室关于认真做好中国云南江川第九届“开渔节”（高原湖泊水产品交易会）各项工作的通知

中共江川县委办公室关于成立中共江川县委党的群众路线教育实践活动领导小组的通知

中共江川县委办公室关于在全县党员干部中开展“读党报、强素质”活动的通知

中共江川县委办公室江川县人民政府办公室关于成立江川县青铜文化产业发展工作领导小组的通知

中共江川县委办公室江川县人民政府办公室关于进一步加强信息报送工作的通知

（杨冬丽）

【重要会议】 2013年1月12日，江川县召开2013年烤烟生产工作会，总结2012年烤烟生产工作，安排部署2013年工作任务。县委书记马文龙要求全县各级各部门要围绕既定目标，强化措施、强化保障、强化服务、强化责任，全力以赴推进烤烟生产目标任务落实，推动全县烤烟生产再上台阶、再创新高。县委副书记、县长葛勇主持会议并提出要求，全县各级各部门要充分认识烤烟产业在江川县经济社会发展中的重要性，进一步增强抓好烤烟生产工作的责任感、紧迫感；要加强规划布局，严格控制种植面积，抓好品种纯度落实；要切实转变工作作风，加大对烤烟生产各项工作的落实力度，及时传达此次会议精神，确保2013年的烤烟生产目标任务圆满完成。县委常委、常务副县长李东林代表县政府与大街街道、各乡镇人民政府签订2013年烤烟生产收购目标责任状。1月18日，江川县召开传达学习市委工作会议精神领导干部大会。县委书记马文龙要求全县各级各部门要认真贯彻落实好市委工作会议精神，解放思想、开拓创新，凝心聚力、干事创业，为实现“翻两番、增三倍、促跨越、奔小康”的奋斗目标，建设生态文明美丽江川作出新的更大的贡献！县委副书记、县长葛勇主持会议，并对贯彻会议精神提出要求。县委副书记张金翔传达市委工作会议精神；县委常委、纪委书记郭永生传达省纪委、省监察厅关于2013年元旦春节期间切实改进作风严格自律的有关通知。

2月26日，江川县召开江川县美丽乡村建设暨全县第七批新农村建设指导员下派动员会议。县委书记马文龙要求，全县各级党委、政府要切实加强对“三农”工作的组织领导和协调服务，县新农办要充分发挥综合协调和牵头作用，有关部门要各司其职、各负其责，抓好衔接、搞好协调，宣传部门要及时总结宣传美丽乡村建设试点成功经验和先进典型，县纪委、督查等部门要加强督促检查。广大指导员要认真履行好村情民意调研员、政策法规宣传员、富民强村服务员、矛盾纠纷调解员、生态建设组织员、制度建设督导员、组织建设指导员等“七大员”职责。各级派出单位要支持指导员做好驻村工作，想方设法在物力、财力、项目上给予指导员必要的支持，落实好经费和生活补贴，积极帮助解决工作、生活和家庭等方面的困难，保证指导员正常开展驻村指导工作。并就当前农业农村工作提出三点要求：做好抗旱保民生、保春耕工作；高度重视森林防火安全，进一步强化火源管理，健全完善联防联控机制，增加基层巡山、守卡、护林力量，做到火患早排除、火险早预报、火情早发现、火灾早处置，最大限度遏制森林火灾发生和减少灾害损失，坚决防止发生重特大森林火灾和重大人员伤亡；抓好春耕备耕工作；认真谋划好村“两委”换届工作。县委副书记、县长葛勇主持会议并就贯彻落实好会议精神提出要求：切实抓好美丽乡村建设工作；围绕“七大员”要求，认真做好新农村建设工作队和常务书记各项工作；抓好当前各项农业农村工作。县委副书记吕元海宣读县委、县政府的表彰决定。县委常委、副县长张文彬宣布第七批新农村建设指导员和常务书记名单。新任新农村建设工作队总队长付伟作表态发言。2月27日，江川县召开2013年政法信访工作会议。县委书记马文龙要求，全县各级各部门和政法机关要在四个方面下工夫：在服务全县中心工作上下功夫；在推进平安法治江川建设上下功夫；在深入排查化解矛盾纠纷上下功夫；在加强和创新社会管理上下功夫。会议对受表彰的先进集体给予奖励，马文龙和县委副书记、县长葛勇分别与各乡镇（街道）党委书记、社管综治成员单位、内部单位主要负责人签订2013年社会管理综合治理维护稳定目标管理责任书，县委常委、政法委书记陈琎寿与部分乡镇（街道）分管领导签订2013年信访工作目标管理责任书。陈琎寿全面总结全县2012年政法工作，对2013政法工作提出工作意见。

3月7日，江川县召开5亿元以上重大项目推进工作会议。县委书记马文龙强调，项目建设是推动全县经济社会持续健康发展的重要抓手，全县上下要统一思想、振奋精神，加大服务力度，加速5亿元以上重大项目的推进。县委副书记、县长葛勇要求各级各部门要进一步完善政策保障措施，提升服务保障能力，针对项目推进中存在的困难和问题，研究建立一套科学高效的推进重大项目建设的机制。项目涉及的部门要积极与项目投资方加强协调，发挥职能作用，直接参与到项目的推进中，想办法帮助企业解决问题，提供良好的服务，使企业加大投资，加快建设速度。3月7日，江川县召开领导干部大会，县委书记马文龙强调，要认清当前发展的形势，进一步解放思想，加压紧逼，负重前行，扎实工作，以超常的思维、超常的举措、超常的付出，在更高的起点上推动江川经济社会发展实现新跨越。县委副书记、县长葛勇主持会议，要求全县各级各部门要以超常规的气魄和胆识，合力攻坚破难，使各项工作在更高的起点实现新突破；要进一步统一思想，正视差距，牢固树立忧患意识和责任意识，切实转变干部作风，统筹兼顾，突出重点，大力推进龙泉山生态工业园区建设，认真抓好仙湖锦绣、晋江公路等重点项目建设，着力抓好拆临拆违、森林防火和抗旱保民生等当前重点工作，为推动江川经济社会发展实现新跨越作出积极贡献。县委副书记张金翔传达学习市委四届三次全会精神。县委常委、纪委书记郭永生传达学习全市党风廉政建设大会精神。3月20日，江川县召开2013年党建暨党风廉政建设大会。县委书记马文龙强调：要高度重视，扎实工作，锐意进取，以更加坚定的决心、更加有力的举措，不断开创全县党建和党风廉政建设工作的新局面，为实现跨越发展，建设生态文明美丽江川提供坚强的组织、纪律和作风保障。要着眼于加强作风建设，积极营造风清气正的发展环境，为推动江川跨越发展提供坚强的作风保证。做到在执行效果上动真格，在转变作风上见实效，在发展环境上用实劲，在维护群众利益上做实功，在促进县委、县政府决策部署落实特别是重大项目推进上谋实策。马文龙与各责任单位签订了2013年度党建和党风廉政建设目标责任书。县委副书记、县长葛勇主持会议，并就贯彻落实会议精神提出要求。县委常委、县纪委书记郭永生传达市党风廉政建设大会和市纪委四届三次全会精神。县委常委、组织部部长林清通报2012年党建考核情况和2012年度党风廉政建设责任制考评情况，并宣读关于表彰2012年度作风述职述廉评议先进领导班子和先进领导干部的决定。

4月11日，江川县召开转作风促跨越动员大会。县委书记马文龙强调，要切实转变作风，使全县的各项工作变被动应对为主动作为，真抓实干、不等不靠，积极应对、主动服务，奋力推动江川跨越发展，努力实现美丽江川梦。马文龙要求，在作风建设中，县委班子、县级班子要带头转变领导作风和工作作风，带头深入基层深入群众，带头求实务实狠抓落实，当好作风建设的排头兵，争做实干家，为全县各级和广大干部树立榜样。各级各部门主要领导干部要发挥好作风建设的风向标作用，按照“上级带着下级干，上级做给下级看”的要求，在作风建设中走在前、当表率、做示范。县委副书记、县长葛勇主持会议，并就贯彻落实好会议精神提出要求。县委常委、纪委书记郭永生就领导干部挂钩联系乡镇（街道）相关督查工作提出要求。县委常委、组织部部长林清宣读《关于县级领导干部挂钩联系乡镇（街道）工作的通知》和《关于印发〈领导干部挂钩联系乡镇（街道）工作实施办法（试行）〉的通知。4月11日，中共江川县委举行县委理论学习中心组学习会，深入学习党的十八大、习近平同志重要讲话和中央、省、市会议精神。县委书记马文龙强调，江川首要的任务是发展，首要责任是发展，首要的工作是推动发展，各级领导干部要切实增强危机感、紧迫感和责任感，加快江川跨越发展，努力实现美丽江川梦。县委副书记、县长葛勇对相关重点项目作具体安排。明确仙湖锦绣、晋江公路、抚仙湖湖滨缓冲带“退田、退塘、退房”环湖一期工程、烟花爆竹产业整合、小马沟退田还湖旧村改造、城镇上山“山水新城”、工业园区、抚仙湖、星云湖一级保护区退田还湖工作8个项目的责任人。并就如何明确职责，落实责任，抓好项目的落实，使项目尽快产生效益提出要求。县委副书记张金翔，县人大常委会主任李东林，县政协主席罗跃岗，县委常委、宣传部部长龚桂存，县委常委、副县长张文彬，副县长王波分别发言，结合各自分工，分析当前经济形势，围绕如何实现江川跨越发展有针对性地提出对策和建议。4月30日，江川县召开解放思想推动工作专题会议，县委书记马文龙传达学习市委书记张祖林在市县处级以上领导干部解放思想专题培训班开班动员会上的讲话精神，结合江川实际，强调在推进全县重点工作重大项目建设中，要通过思想解放来推动江川各项工作实现新的突破。马文龙要求，要紧紧抓住项目建设这个重点，继续严格落实重点工作重大项目推进责任制，加快推进全县重点工作和重大项目建设，克期完成拆临拆违、农业面源污染治理、街区整治和环境卫生综合整治等工作。

5月21日，江川县召开推进特色民居建设工作大会。县委书记马文龙传达全市推进特色民居建设工作专题会议精神，并对江川县特色民居建设工作进行安排部署。马文龙要求，各级各有关部门要进一步强化组织领导，切实把特色民居建设工作列入重要议事日程，成立领导小组，由一把手负总责，负责研究特色民居建设中的重大问题，制定相关的工作计划和实施方案。要形成工作合力，做到既各司其职、各负其责，又齐心协力、密切配合，确保按要求完成，把实事办实，把好事办好。要强化资金保证，加强对专项扶持资金和政策性扶持资金的监督、管理，严格资金的使用途径，坚持公开、透明运行，广泛接受纪检监察等部门和群众的监督，保证资金的安全、有效使用。要营造良好氛围，引导和动员广大群众自觉投身到农村特色民居建设中，着力营造全社会支持特色民居建设的良好局面。要切实转变作风，切实做到接受任务不讲条件，遇到困难不讲客观，完成任务拒绝理由，以过人的本领、过硬的作风、过细的工作推动全县特色民居建设工作扎实有序开展。要加强督促考核，建立和健全跟踪督查机制，采取现场督查、专项督查、明查暗访等多种方式，督进度、促落实，推进工作开展。县委常委、纪委书记郭永生主持会议，并就贯彻落实会议精神提要求。县委常委、常务副县长石伟介绍赴临沧考察学习新农村建设的情况，并结合实际对江川的特色民居建设工作提出安排意见；县委常委、副县长张文彬通报江川县农业面源污染治理工作情况，并就下步工作进行安排部署。

6月15日，江川县召开市委工作会议江川筹备会。县委书记马文龙要求各级各部门领导干部要正视存在的困难和问题，转变作风，狠抓落实，言出必行，以优越的成绩迎接市委工作会议的召开。县委副书记、代县长钱兴对当前街区整治、拆临拆违、农业面源污染治理、美丽乡村建设等工作作具体安排，并就提高工作效率，抓好工作落实提出要求。6月27日，江川县召开纪念建党92周年暨党建及村级组织换届选举工作总结表彰会。县委书记马文龙强调，要进一步增强责任感、紧迫感和使命感，勇立潮头、艰苦奋斗、团结奋进，为实现美丽江川梦贡献智慧和力量。县委副书记、代理县长钱兴主持会议，并要求认真学习传达本次会议精神、认真抓好落实；认真学习先进典型，树立争先进位意识；紧密联系当前工作实际，推进各项工作落实。县委常委、组织部部长林清宣读《中共江川县委关于表彰2011——2012年度党建工作先进单位的决定》、《中共江川县委、江川县人民政府关于表彰江川县村级组织换届选举工作先进单位和优秀个人的决定》。

8月5日，江川县召开2013年烟叶收购工作会，贯彻落实全市烟叶收购工作会议精神，分析烤烟生产收购形势，安排部署江川县烤烟中后期管理和烟叶收购工作。县委书记马文龙强调要用更加扎实的作风抓好收购工作，苦战40天，确保完成烟叶收购任务。县委副书记、代理县长钱兴主持会议，要求全县各级各部要进一步统一思想，提高认识，加强领导，转变作风，统筹协调，紧紧围绕“控制总量、提升质量、优化结构、突出特色、稳中求进”的工作要求，扎扎实实抓好每个收购环节的工作，以保总量保质量保增收为目标，充分调动广大烟农的交烟积极性，严肃收购纪律，始终平稳和谐收购，力求做到烟农、红塔集团、烟草公司、政府“四满意”，推进江川烟草产业可持续发展。县委常委、常务副县长张文彬对全县烤烟中后期管理和烟叶收购工作作安排部署。县烟草公司负责人对2013年的烟叶收购政策、收购流程、收购目标任务等进行说明。8月14日，中共江川县委举行中心组理论学习活动。县委书记马文龙强调，一定要看到自身的优势，切实把思想统一到市委的决策部署上来，统一到县委提出的争先进位目标任务上来，增强自信，坚定加快跨越发展的信心和决心。县委副书记、代理县长钱兴传达省委全委（扩大）会议和市工作会议精神，并就如何准确把握上半年经济发展形势，客观认识当前经济存在问题，真抓实干，转变作风，破解难题，全面推进全县经济快速发展作专题发言。县委常委、纪委书记郭永生，县委常委、政法委书记陈琎寿，县委常委、组织部部长林清，县委常委、人武部政委曾宪涛，副县长、公安局局长牛旺林分别围绕学习主题进行发言。县委常委、宣传部部长龚桂存对宣传工作提出要求。会议通报2013年上半年干部问责情况。8月15日，江川县召开县委工作会议。县委书记马文龙强调，全县上下要进一步解放思想，更新观念，奋力拼搏，争创一流，确保完成全年的目标任务，为实现江川跨越发展、全面建成小康社会奠定坚实基础。县委副书记、代理县长钱兴对省委全委扩大会议和市委工作会议精神作传达；县委常委、纪委书记郭永生通报干部问责情况。

10月12日，中共江川县委举行中心组理论学习活动。县委书记马文龙主持中心组理论学习活动并强调，必须紧紧围绕全县经济社会发展的难点和薄弱环节，抓牢重大项目建设，攻坚克难，决战四季度，确保全年各项目标任务圆满完成。马文龙要求全县各级各部门必须强化责任意识、发展意识，立即行动、进入状态、决战四季度，迅速形成立说立行抓落实、全力全速求突破的攻坚战格局，确保圆满完成今年的各项工作目标任务。要形成重点突破的强大合力，增强抓执行、抓落实的责任意识，要提升能干会干的工作能，强化重点工作的督查考，切实在全县形成重实绩、干实事、求实效的新风正气，树立起以发展论英雄、凭实绩用干部的鲜明导向。县委副书记、代理县长钱兴就近期重点工作推进，如何准确把握全县经济社会发展形势，客观认识当前存在的困难和问题，围绕“生态文明建设”，按照“做强经济，做美环境”的目标要求，真抓实干，转变作风，破解难题，鼓足干劲，苦干、实干加巧干，全面推进全县经济社会快速发展作专题发言。县委常委、县委办公室主任邓春元，县委常委、副县长李志刚，副县长杨军苹，普朝鹏等领导分别围绕“打出组合拳，建设生态县，推动美丽江川跨越发展”学习主题进行交流发言。10月15日，江川县召开传达学习习近平总书记重要讲话精神会议，县委书记马文龙要求全县各级党组织广大党员干部要切实把思想和认识统一到习近平总书记讲话精神上来，自觉用讲话精神统一思想、武装头脑、指导实践、推进工作。马文龙要求，各级各部门要以讲话精神为遵循，精心准备，组织召开一次高质量的民主生活会，广泛听取党员、群众对机关、领导班子和领导干部在作风方面存在问题的意见建议。要认真开展交心谈心活动，沟通思想、增进共识，认真撰写对照检查材料，深入查摆“四风”方面存在的突出问题，并提出改进的具体措施，扎实抓好整改落实。特别要以讲话精神为指导，认真研究，为明年即将开展的教育实践活动做好准备，让党员干部深刻剖析在贯彻群众路线中存在的问题，摆正同人民群众的关系，让党员干部下基层转作风，始终与群众在站在一起，进一步加强制度建设、作风建设，将深入基层、联系群众固化为党员干部的常态行为，确保学习实践活动取得实效。县委副书记、代理县长钱兴主持会议，要求全县各级各部门要把传达学习习近平总书记重要讲话精神作为当前及今后一个时期的一项重要政治任务，以传达学习习近平总书记重要讲话精神为契机，把学习贯彻讲话精神同推动当前工作紧密结合起来，抓牢重大项目建设，统筹做好各项工作，全力冲刺四季度，确保全年各项目标任务圆满完成。要以贯彻落实中央、省市关于改进工作作风、密切联系群众的各项规定为切入点，精心准备，认真开好县级领导班子民主生活会，为明年即将启动的以为民务实清廉为主题的群众路线教育实践活动做好准备，确保全县教育实践活动取得实实在在的成效。县委常委、宣传部长龚桂存对《中共云南省委办公厅、中共云南省委党的群众路线教育实践活动领导小组关于认真学习贯彻习近平总书记在指导河北省委常委班子专题民主生活会时重要讲话精神的通知》和《习近平总书记在参加河北省委常委班子专题民主生活会时的讲话》以及《中共云南省委关于深入学习贯彻习近平总书记一系列重要讲话精神的通知》进行传达学习。

10月22日，江川县召开殡葬改革工作推进会，县委书记马文龙要求全县各级各部门一定要从战略的高度、全新的角度看待和重新认识殡葬改革工作，要以重于泰山的责任感、干事创业的使命感、时不我待的紧迫感，切实负起责任，勇于担当、攻坚克难全力推进江川县殡葬改革工作。马文龙要求，推进殡葬改革工作，重点要坚持科学发展，切实解决观念转变的问题；要着力夯实基础，加快推进公墓等配套设施建设；要强化政策支撑，积极构建殡葬改革的长效机制；要突出工作重点，在提高火化率上下功夫；要强化执法监管，不断提高殡葬管理水平。要强化组织领导、强化督促检查、理顺体制机制、统筹推进各项改革。全县各级各部门要坚决克服畏难情绪，积极主动作为，着力破除等靠要的思想，勇于担当，攻坚克难，确保公墓等配套设施建设快速推进并取得实效；要大力开展殡葬改革宣传教育活动，使殡葬改革政策、法规深入人心，营造浓厚的殡葬改革氛围；要将公墓建设作为殡葬改革的突破口，根据各地城乡规划布局，因地制宜，科学选址，高标准建设好殡葬配套基础设施，要大力倡导和推广绿色生态葬法，力争用3年时间，在全县建成一批公益性生态墓地，彻底解决乱埋乱葬、装棺再葬、青山白化现象，从源头上解决葬有去处的问题；要大力提倡厚养薄葬、文明节俭办丧事，抵制丧事活动中的封建迷信、大操大办等陋俗，积极倡导文明祭祀，形成科学健康、文明节俭的丧葬新风尚。全县党员干部、机关工作人员必须带头执行殡葬改革的有关政策，积极影响和带动周边群众移风易俗，共同做好殡葬改革工作。副县长、公安局局长牛旺林主持会议，并就如何落实好会议精神，推进全县殡葬改革工作做具体要求。

11月20日，江川县召开领导干部大会，县委书记马文龙传达学习党的十八届三中全会精神和省市领导干部大会精神，并就学习宣传、贯彻落实中央、省、市会议精神作安排部署。马文龙要求，全县各级领导干部要进一步解放思想、改革创新，始终保持自我革新的勇气和胸怀；要进一步抓住机遇、用足政策，为加快跨越发展提供制度保障；要进一步转变作风、真抓实干，形成和巩固全县上下思发展、谋发展、抓发展的浓厚氛围；要进一步坚定信心、不辱使命，全力以赴攻坚冲刺年度目标任务，谋划好明年的工作；要进一步公平公正、崇尚实干，千方百计走活干部这盘棋；要进一步勤政廉政、廉洁自律，营造风清气正的发展环境，为推动跨越发展，加快建设富裕和谐美丽新江川，与全国全省全市同步全面建成小康社会而努力奋斗！马文龙要求全县广大党员干部尤其是各级领导，要真正静下心来、扑下身子，认真地研究思考江川经济社会发展中存在的问题，切实把心思用在工作上，把本领体现在推动跨越发展上。县委副书记、代理县长钱兴主持会议并要求，全县各级各部门要严格按照中央和省市县的统一部署，加强组织领导，确保全会精神宣传取得实效；要以全会精神指导推动当前各项工作；要深入调查研究，尽快制定符合江川实际的方案措施，争取上级大的发展政策在江川落实得更好，好的产业对接在江川率先落地，将政策优势转化为经济优势、发展优势，助推江川跨越发展。

12月30日上午，中共江川县委十二届四次全委（扩大）会议召开。县委书记马文龙受常委会委托向全委会作题为《解放思想　深化改革　奋力建设富裕和谐美丽新江川》的工作报告。报告提出明年全县工作的总体要求是：坚持以邓小平理论、“三个代表”重要思想、科学发展观为指导，深入贯彻落实党的十八大、十八届三中全会精神，坚持稳中求进的总基调，以全面深化改革为动力，以提高经济发展质量和效益为中心，按照“环境优先、兴园强工、建设新城、做美生态”的工作思路，把以“两湖一库”为重点的生态环境保护治理作为突出任务，把以“三大核心区”为重点的产业发展作为主攻方向，把以“山水新城”项目为重点的生态城镇建设作为有力支撑，把以保障和改善民生为重点的社会建设作为根本目的，统筹推进经济、政治、文化、社会、生态文明建设和党的建设，推动生态文明建设与经济社会发展同步争先进位，为建设富裕和谐美丽新江川做出新贡献。马文龙强调，要实现2014年的目标，要重点要抓好五个方面的工作：更大力度深化改革创新，全力增强跨越发展新活力；更大力度加强生态文明建设，提高江川的美丽指数；更大力度推进产业建设年活动，推动产业转型升级；更大力度统筹城乡发展，建设现代生态宜居城市；更大力度促进社会建设，提升人民群众的幸福感。

（范　羽）

【县委常委会议】　2013年1月30日，县委书记马文龙主持召开县委常委会议。会议议题：研究干部问题；研究2013年春节系列文体活动相关事宜；研究县委领导班子内部制度建设相关事宜；传达学习习近平总书记关于厉行勤俭节约、反对铺张浪费重要批示精神和省委、市委相关工作要求，研究全县贯彻落实措施。

会议听取并原则同意县委常委、

宣传部部长龚桂存，县文旅广体局副局长何俊关于2013年春节系列文体活动相关事宜的汇报。听取并原则同意县委办主任李忠海关于《县委领导班子内部制度建设20项工作制度（送审稿）》的汇报。县委常委、纪委书记郭永生传达学习习近平总书记关于厉行勤俭节约、反对铺张浪费重要批示精神和省委、市委相关工作要求，会议研究了全县贯彻落实措施。

3月15日，县委书记马文龙主持召开县委常委会议。会议共十七项议题：研究干部问题；传达市委领导赴江川调研座谈会精神；通报县人大2013年工作要点和工作议题；通报政协玉溪市第四届委员会委员协商情况；通报党风廉政建设责任制考核结果，研究召开党建暨党风廉政建设大会相关事宜；通报县城市规划建设委员会调整有关事宜；通报全县5亿元以上建设项目责任分解方案；通报江川县2012年度县域经济发展争先进位评价体系考核结果；通报当前抗旱促春耕、森林防火和拆除塑料薄膜大棚工作情况；研究县城市管理综合执法局、规划局单设有关事宜；研究拆临拆违工作和《翠大线、兴江路街区整治实施办法（送审稿）》；研究龙泉山城市低丘缓坡开发利用项目相关事宜；研究《“仙湖锦绣”项目推进工作考核奖励办法（暂行）（送审稿）》；研究2012年重点工作重大项目考核奖励相关事宜；研究《江川县2013年度争取上级资金工作考核办法（试行）（送审稿）》；研究《县级领导干部挂钩联系乡镇（街道）工作的通知（送审稿）》；研究《关于进一步完善县委中心组学习工作的意见（送审稿）》。

马文龙传达学习市委领导赴江川调研工作座谈会精神；会议听取县人大常委会主任李东林关于县人大2013年工作要点和工作议题的汇报；听取并同意县委统战部副部长、县工商联党组书记徐丽华关于政协玉溪市第四届委员会委员协商情况的汇报；听取县委常委、纪委书记郭永生关于江川县2012年度党风廉政建设责任制考核和作风述职述廉评议工作及召开全县党建暨党风廉政建设大会有关事宜的汇报；听取县政府党组成员、县教育局局长李卫东关于县城市规划建设委员会调整有关事宜的汇报；听取并原则同意县政府党组成员、县教育局局长李卫东关于全县2013年5亿元以上建设项目责任分解方案的汇报；听取了县政府党组成员、县教育局长李卫东关于江川县2012年度县域经济发展争先进位评价体系考核结果的汇报；听取县委常委、县政府副县长张文彬关于当前抗旱促春耕、森林防火和拆除塑料薄膜大棚工作情况的汇报；听取并原则同意县委常委、县政府常务副县长石伟关于县城市管理综合执法局、规划局单设有关事宜的汇报；听取并原则同意县委常委、县政府常务副县长石伟关于拆临拆违工作和《翠大线、兴江路街区整治实施办法（送审稿）》的汇报；听取县委常委、县政府常务副县长石伟关于龙泉山城市低丘缓坡开发利用项目相关事宜的汇报；听取县委常委、县政府常务副县长石伟关于《“仙湖锦绣”项目推进工作考核奖励办法（暂行）（送审稿）》的汇报；听取县委常委、纪委书记郭永生关于2012年重点工作重大项目考核奖励相关事宜的汇报；听取并原则同意县委办主任李忠海关于《县级领导干部挂钩联系乡镇（街道）工作的通知（送审稿）》的汇报；听取并原则同意县委常委、宣传部部长龚桂存关于《进一步完善县委中心组学习工作的意见（送审稿）》的汇报。马文龙对近期工作提出明确要求。马文龙强调，各级各部门要切实转变作风，进一步精简和压缩会议，提高会议效率，县级和县属部门工作会议要在3月底前召开完毕；要加强和改进督查工作，实行点对点、一条线跟踪督查，哪个环节发现问题就在哪个环节解决，发现问题要及时纠正处理；村“三委”换届工作要及时开展培训，扎实做好基础工作，确保与全市同步完成换届。

4月11日，县委书记马文龙主持召开县委常委会议。会议议题：研究公务员登记有关问题的处理意见；研究全县村级组织换届相关工作；传达学习全市宣传思想文化工作会议精神，研究江川县贯彻落实措施；研究《江川县领导干部问责办法（试行）》（送审稿）和《关于进一步加强村（社区）组干部问责工作的实施意见》（送审稿）。

会议研究了公务员登记有关问题的处理意见；听取并原则同意县委常委、组织部部长林清关于全县村级组织换届工作的汇报；县委常委、宣传部部长龚桂存传达学习全市宣传思想文化工作会议精神，提出江川县贯彻落实措施；听取并原则同意县纪委副书记、县监察局局长张盛国关于《江川县领导干部问责办法（试行）》（送审稿）和《关于进一步加强村（社区）组干部问责工作的实施意见》（送审稿）的汇报。

5月9日，县委书记马文龙主持召开县委常委（扩大）会议，专题研究全县村级组织换届选举工作。

会议听取县委常委关于所挂钩联系乡镇（街道）村级组织换届选举工作情况的汇报；县委常委、组织部部长林清传达省委、市委村级组织换届选举工作汇报视频会精神，通报全县村级组织换届选举工作进展情况；县委常委、纪委书记郭永生通报换届选举工作督查情况；县委副书记、代理县长钱兴就村级组织换届选举工作提出要求。

6月20日，县委书记马文龙主持召开县委常委会议。会议议题：研究纪念建党92周年系列庆祝活动有关事宜；通报全市安全生产大检查动员部署会议精神，研究部署江川县贯彻落实措施；通报九龙晟景和仙湖锦绣项目有关情况。

会议听取并原则同意县委常委、宣传部部长龚桂存关于纪念建党92周

年系列庆祝活动方案的汇报；通报全市安全生产大检查动员部署会议精神，研究部署江川县贯彻落实措施；通报九龙晟景和仙湖锦绣项目有关情况。

7月3日，县委书记马文龙主持召开县委常委（扩大）会议，专题传达学习贯彻中央政治局专门会议和习近平总书记重要讲话精神。

县委副书记、代理县长钱兴作传达学习，马文龙结合江川实际对全县的学习贯彻工作作安排部署。马文龙强调，全县各级各部门要从全局和战略的高度，把学习好、领会好、宣传好中央专门会议和习总书记重要讲话精神作为当前的重要政治任务来抓，把思想和行动统一到中央的重大决策部署上来，要用会议和讲话精神统领和指导好即将开展的以为民务实清廉为主要内容的党的群众路线教育实践活动，将会议和讲话精神贯穿于全县经济社会发展工作中。切实抓好拆临拆违、拆大棚工作，继续推进街区整治、“美丽家园行动”和农村环境卫生综合整治工作，继续抓好晋江公路、城镇上山、工业园区基础设施等重大项目建设，确保全年各项目标任务圆满完成，确保争先进位。

7月16日，县委书记马文龙主持召开县委常委会议。会议议题：研究县非公有制经济组织和社会组织党的工作委员会设立相关事宜；研究干部问题；研究抚仙湖沿岸新增违规建筑有关责任人问责事宜；研究其他事宜，安排部署当前工作。

8月14日，县委书记马文龙主持召开县委常委会议。会议议题：研究干部问题；研究召开江川县投资工作会议有关事宜；研究《江川县文化事业发展扶持奖励办法》、《江川县新闻宣传工作奖励办法》；通报江川县重大项目融资资金使用管理暂行规定有关事宜、江川县上半年大额度资金使用情况；通报江川县平安城市视频监控系统有关事宜；通报江川县校安工程建设实施方案、江川县解决中小学代课老师和原民办教师遗留问题实施方案有关事宜；通报县委中心组理论学习活动筹备，贯彻落实省委九届五次全体（扩大）会议、市委工作会议精神相关事宜，研究县委常委分工事宜。

会议研究干部问题；听取并原则同意县委党校常务副校长、县政府办主任李卫东关于召开江川县投资工作会议有关事宜的汇报；听取并原则同意县文旅广体局局长周瑜关于《江川县文化事业发展扶持奖励办法》和《江川县新闻宣传工作奖励办法》的汇报；听取并原则同意县政府副县长、县公安局局长牛旺林关于建设江川县平安城市视频监控系统有关事宜的汇报；听取并原则同意县政府副县长普朝鹏关于江川县校安工程建设实施方案和江川县解决中小学代课老师、原民办教师遗留问题实施方案有关事宜的汇报；听取并原则同意县委办主任李忠海关于县委中心组理论学习活动筹备，贯彻落实省委九届五次全体（扩大）会议、市委工作会议精神及县委常委分工相关事宜的汇报。

11月8日，县委书记马文龙主持召开县委常委会议。会议共二十四项议题：研究县非公经济组织和社会组织工作委员会职能配置、内设机构和人员编制方案；研究成立县卫生局党委及党委“三定”方案；研究县委常委班子民主生活会相关事宜和即将开展的党的群众路线教育实践活动准备工作情况；研究干部问题；研究增补县人大代表相关事宜；研究《江川县2013年工业经济考核办法》；研究江川县公安局新建业务办公用房资金缺口有关问题；研究县殡仪馆选址有关问题；研究江川县抚仙湖沿岸及东风水库径流区蓝莓种植实施方案、公路沿线油菜花种植有关问题；研究烟花爆竹整合项目总部建设用地有关问题；研究城镇上山“山水新城”项目土地开发方式有关问题；研究江川县机关事业单位人员和离退休人员调整津补贴有关问题；研究统战工作和推进民族团结进步边疆繁荣稳定示范区建设相关事宜；研究2013年星云湖开湖捕鱼相关问题；研究“开渔节”筹备相关工作；研究文化工作；研究垃圾仿生无害化处理有关问题；研究江川县城市总体规划有关事宜；研究大铁线、麦雄线大修工程有关问题；传达学习全省宣传思想工作会议精神并研究安排江川县贯彻落实意见；研究县委十二届四次全会报告提纲；通报干部违纪违法情况并传达学习中纪委《关于违反中央八项规定精神典型问题的通报》；传达学习习近平总书记、李纪恒省长、饶南湖市长关于安全生产工作的重要讲话精神；传达通报薄熙来违法案及其教训。

会议听取并原则同意县委组织部副部长唐光华关于江川县非公经济组织和社会组织工作委员会职能配备、内设机构和人员编制方案；听取并原则同意县委组织部副部长唐光华、县卫生局局长范江应关于成立中共江川县卫生局委员会及“三定”方案的汇报；听取县委常委、组织部长林清关于县委常委领导班子民主生活会和江川县即将开展的第二批群众路线教育实践活动相关情况汇报；研究干部问题；听取并原则同意县人大主任李东林关于增补县人大代表的意见；听取并原则同意县工信局局长李保平关于《江川县2013年工业经济考核办法》的汇报；听取县政府副县长、公安局局长牛旺林关于新建县公安局业务办公用房资金缺口有关问题的情况汇报；听取县政府副县长、公安局局长牛旺林关于县殡仪馆选址的情况汇报；听取县政府副县长王波、县农业局局长杨杰关于蓝莓种植、油菜花种植有关问题的情况汇报；听取县委常委、县政府常务副县长张文彬，大街街道党工委书记靳永春关于烟花爆竹整合项目总部建设用地有关问题的情况汇报；听取县委常委、县政府常务副县长张文彬，大街街道党工委书记靳永春关于城镇上山土地开发方式有关问题的情况汇报；听取县委组织部副部长、县人力资源和社会保障局局长吴正顶关于调整江川县机关事业单位工作人员和离退休人员津补贴有关问题的情况汇报；听取县委统战部副部长徐丽华关于统战工作的情况汇报和县民宗局副局长刘开华关于民族团结进步边疆繁荣稳定示范区建设有关问题的情况汇报；听取县星云湖管理局局长业东华关于星云湖2013年开湖捕鱼有关问题的情况汇报；听取县委常委、宣传部部长龚桂存，县文旅广体局副局长何俊关于2013年“开渔节”筹备情况的汇报；听取县委常委、宣传部长龚桂存，县人民政府副县长李启红，县文旅广体局局长周瑜，县文旅广体局副局长何俊关于文化建设情况的汇报；听取县人民政府副县长普朝鹏关于与北京德兆环保工程公司签订垃圾仿生无害化处理设备建设合作协议有关问题的情况汇报；听取县人民政府副县长普朝鹏关于江川县城市总体规划有关事宜的情况汇报；听取了县人民政府副县长普朝鹏、县交通运输局局长胡禄金关于大铁线、麦雄线大修工程有关事宜的情况汇报；听取县委常委、宣传部长龚桂存关于全省宣传思想工作会议精神的汇报，研究安排江川县贯彻落实措施；听取县委常委、县委办主任邓春元关于县委十二届四次全会报告提纲的情况汇报；县纪委副书记、县监察局局长张盛国通报干部违纪违法情况，传达学习中纪委《关于违反中央八项规定精神典型问题的通报》；县委常委、县政府常务副县长张文彬传达学习习近平总书记、李纪恒省长、饶南湖市长关于安全生产工作的重要讲话精神；听取县委常委、县委办主任邓春元关于薄熙来违法案及其教训的通报。

12月20日，县委书记马文龙主持召开县委常委会议。会议议题：听取关于近期党建工作基层组织建设相关经费的报告（全县村组干部待遇提高的报告、县委下属行业系统党委党建工作经费的报告、开展党代表大会年会制试点工作的报告）；听取关于江川县开展党的群众路线教育实践活动前期工作的报告；研究县检察院法警大队机构升格有关问题；研究《中共江川县关于加强和改进党委督促检查工作的实施意见》；听取县委十二届四次全会筹备工作情况汇报；听取县十五届人大二次会议和县八届政协二次会议筹备工作情况汇报；研究政府工作报告；听取县纪委十二届四次全会筹备工作情况汇报；听取《江川县实施产业建设年三年行动计划实施方案（送审稿）》通报；听取《江川县国民经济和社会发展“十二五”规划〈纲要〉中期评估报告（草案）》汇报；听取渔村至江城道路照明工程有关问题通报；听取江川县第九届开渔节及2014年春节节庆活动实施方案的汇报。

会议听取并原则同意县委常委、组织部长林清关于近期党建工作基层组织建设相关经费的汇报；听取并原则同意县委常委、组织部长林清关于江川县开展党的群众路线教育实践活动前期工作的汇报；听取县委常委、组织部长林清关于县检察院司法警察大队机构有关问题的汇报；听取并原则同意县委常委、县委办主任邓春元关于《中共江川县委关于加强和改进党委督促检查工作的实施意见（讨论稿）》有关问题的汇报；听取县委常委、县委办主任邓春元关于县委十二届四次全会筹备工作情况的汇报；听取县人大办主任潘兴发关于县十五届人大二次会议和县政协办主任张江景关于县八届政协二次会议筹备工作情况的汇报；听取县纪委副书记、县监察局局长张盛国关于纪委十二届四次全会筹备工作情况的汇报；听取并原则同意县政府办副主任、县政府督查室主任杨志伟关于《县政府工作报告（送审稿）》的汇报；听取县政府党组成员、县发展和改革局局长曲绍庭关于《江川县实施产业建设年三年行动计划实施方案（送审稿）》的通报；听取并原则同意县政府党组成员、县发展和改革局局长曲绍庭关于《江川县国民经济和社会发展“十二五”规划〈纲要〉中期评估报告（草案）》的汇报；听取县交通运输局局长胡禄金关于渔村至江城道路照明工程有关问题的通报；听取并原则同意县委常委、宣传部长龚桂存关于江川县第九届开渔节及2014年春节节庆活动实施方案的汇报。

（范　羽）

【重要通知、指示和决定】 2013年1月7日，县委办、县政府办下发《关于做好各级“两会”和春节期间信访稳定工作的通知》。《通知》从要充分认识做好各级“两会”和春节期间信访稳定工作的重要性，强化“两会”和春节期间信访稳定工作措施，妥善解决好信访问题，确保信息畅通等三方面进行安排部署。

1月17日，县委办下发《关于印发〈江川县学习宣传贯彻党的十八大精神宣传报道方案〉的通知》。《方案》从工作要求、宣传重点、报道安排和指导思想四方面进行安排部署。各乡镇（街道）、各部门党组织和县内新闻媒体要认真贯彻中央、省委、市委和县委关于认真学习宣传贯彻十八大精神的要求，把宣传党的十八大精神作为当前和今后一个时期的首要政治任务，加强组织领导，精心组织实施，在全县迅速掀起学习宣传贯彻党的十八大精神的热潮，努力营造学习宣传贯彻党的十八大精神的浓厚氛围。

1月18日，县委办下发《关于做好2013年度新农村建设工作队及指导员选派工作的通知》。《通知》就做好2013年度全县新农村建设工作队及新农村建设指导员选派工作从选派任务、条件及方式、选派时间安排和相关要求三方面进行安排部署。2013年新农村建设指导员重点从中共党员、预备党员和入党积极分子、50岁以下的领导干部（含非领导职务）、后备干部、年轻干部、无基层工作经历和

未担任过新农村建设指导员的干部中选派。2013年，全县共选派新农村建设指导员123名：选派县工作队总队长1名，选派乡镇（街道）工作队队长7名，其中省级选派3名，市级选派2名，县级选派2名；驻村（社区）工作队队员115名，其中省级部门6名，市级部门16名，县级部门93名。

1月18日，县委办、县政府办下发《关于印发〈江川县村组干部离任补偿发放办法（试行）〉的通知》。《办法》从补助对象、补助办法、审批程序、发放办法、资金来源等五个方面进行安排部署。

2月1日，县委办、县政府办转发《中共玉溪市委办公室玉溪市人民政府办公室关于贯彻习近平同志关于厉行勤俭节约反对铺张浪费重要批示的通知》的通知。《通知》从深刻认识习近平重要批示的重大意义，切实抓好厉行勤俭节约、反对铺张浪费各项工作，狠抓落实，确保习近平同志重要批示要求落到实处等三方面进行安排部署。

2月20日，县委办、县政府办《关于表彰2012年度社会管理综合治理工作先进集体的决定》。决定对以下乡镇（街道）和单位给予表彰：先进乡镇（街道）：一等奖为路居镇、大街街道、江城镇；二等奖为安化乡、九溪镇、雄关乡、前卫镇。先进单位：县社管综治委成员单位31家，县社管综治委内部单位4家。

2月26日，县委、县政府下发《关于表彰江川县2012年度新农村建设工作队优秀指导员优秀乡镇工作队长先进派出单位和优秀常务书记的决定》。根据省委、市委的决策部署，江川县于2012年2月向全县72个村（社区）下派第六批新农村建设工作队及指导员，为总结经验、宣传典型、激励先进、推进工作，营造全社会关心支持下派工作队及指导员工作的良好氛围，县委、县政府决定对李绍江等29名“优秀指导员”、潘兴发等2名“优秀乡镇工作队长”、云南省高级人民法院等8家“先进派出单位”和杨玉刚等3名“优秀常务书记”进行表彰。

3月1日，县委下发《关于组织召开县级领导班子专题民主生活会的意见》。《意见》从召开民主生活会的时间、民主生活会主题、民主生活会主要内容、相关要求等四方面进行安排部署。

3月11日，县委办、县政府办下发《关于印发江川县深入开展抚仙湖星云湖沿岸村组普法宣传实施方案的通知》。《方案》从指导思想、组织领导、普法宣传范围及重点普法对象、普法内容及任务分解、工作要求和方法步骤等六个方面进行安排部署。

3月18日，县委办转发《2013年江川县宣传思想文化工作要点》。《要点》围绕江川县宣传思想文化工作的总体这一要求，2013年要重点抓好以下七个方面的工作：把握时代旋律，把学习宣传贯彻党的十八大精神引向深入；深入学习，推进党的创新理论大众化；发挥舆论优势，营造健康向上的主流思想氛围；深化精神文明创建活动，大力倡导文明新风；保障和改善文化民生，推动文化大发展大繁荣；展示良好形象，不断提升江川知名度和美誉度；强化建设，努力提高干部队伍素质。

3月19日，县委办、县政府办印发《关于对治安突出问题开展专项整治行动的工作方案》。《方案》从目标任务、工作重点、工作步骤、工作要求等四个方面进行安排部署。要求各乡镇（街道）综治维稳单位要充分发挥基础性作用，做实做好各项整治工作；各级各部门要结合实际，有针对性地制定工作方案，认真开展排查整治行动，不得把本单位应处理的问题和矛盾纠纷推向社会而引发其他治安问题，不得把本级应处理的问题和矛盾纠纷推给上级。

3月19日，县委下发《关于表彰2012年度作风述职述廉评议先进领导班子和领导干部的决定》。决定对30个先进领导班子和60名先进领导干部进行表彰奖励。

3月28日，县委下发《关于进一步完善县委中心组学习工作的意见》。《意见》从指导思想、切实加强对中心组学习工作的领导、进一步明确职责分工、不断完善中心组学习制度和管理等4个方面进行安排部署。县委中心组每季度集中学习1次，每次2到3天，时间安排在每季度的第3个月，全年集中学习研讨时间不少于12天。

3月28日，县委、县政府下发《关于对张盛国等237名同志予以嘉奖的决定》。决定对2012年度公务员考核确定为优秀等次的张盛国等237人予以嘉奖。

4月9日，县委下发关于印发《中共江川县委工作规则（试行）》等系列制度文件的通知。十二届县委第24次常委会审议通过《中共江川县委工作规则（试行）》等20个制度文件。各乡镇（街道）、各部门结合各自实际，参照本次印发的县委系列制度文件规定，于2013年内完成相关工作制度的制定工作，并报县委办审核、备案。文件自印发之日起实施，过去下发的同类制度文件同时废止。

4月10日，县委办、县政府办《关于印发〈领导干部挂钩联系乡镇（街道）工作实施办法（试行）〉的通知》。《办法》分总则、工作职责、群众工作内容、责任划分、督查考核、要求和附则6个章节，22个条目领导干部挂钩联系乡镇（街道）工作。

4月27日，县委办、县政府办《关于认真做好全县村级组织换届选举工作的意见》。《意见》从充分认识换届选举工作的重要意义、明确换届选举工作的总体要求、严格规范职数设置和人选条件、依法依规做好换届选举有关工作、切实加强组织领导等五个方面进行安排部署。

5月7日，县委办、县政府办下发《关于进一步加强村（社区）组干部问责工作的实施意见》。《意见》就进一步加强村（社区）组干部问责工作从正确把握问责工作方向、问责工作的任务和重点、实行严格的责任追究推动工作落实，各乡镇（街道）要依据本意见制定具体的问责办法，并于7个工作日内报县纪委、县委组织部、县民政局等七个方面进行安排部署。

5月7日，县委、县政府下发《江川县领导干部问责办法（试行）》。《办法》从总则、问责内容、问责方式、问责程序、附则5个章节，34个条目确保江川县领导干部问责办法（试行）落到实处。

5月14日，县委、县政府下发《关于实行2013年重点工作重大项目推进责任制的通知》。县委、县政府决定实行2013年重点工作重大项目推进责任制，《通知》明确协调指挥机构、组成人员、主要职责、年度目标和分阶段目标，对29个重点工作重大项目进行安排部署。

5月16日，县委办、县政府办下发《关于表彰奖励完成2012年工业经济发展责任目标单位和个人的决定》。决定对完成2012年工业经济发展责任目标的单位和个人给予表彰奖励。

5月16日，县委、县政府下发《关于对2012年度科技进步与创新单位及个人进行奖励的决定》。2012年，江川县科技进步与创新工作取得较好成绩，7个集体和3个人获得研究中心、科技创新、专利等23项表彰奖励，其中：科技进步奖1项，科技创新奖8项，专利14项。决定对云南卓一食品等20个单位和郭逢春等3人获得的科技进步与创新成果给予奖励。

5月23日，县委办、县政府办下发《江川县新农村建设工作队及指导员管理办法》。《办法》从总则、选派工作、职责任务、管理制度、纪律要求、考核表彰、组织领导和附则八章，42个条目确保江川县新农村建设工作队及指导员管理办法落到实处。

5月23日，县委办、县政府办下发《关于印发江川县开展特色民居建设第一阶段实施方案的通知》。《方案》从重要性和必要性、整治范围、整治内容、时间要求、措施办法、职责分工、组织领导和工作要求等八个方面进行安排部署。

5月31日，县委办、县政府办印发《江川县2013年重点工作重大项目推进责任制考核办法（暂行）》。《办法》从考核原则、考核对象及奖励资金的使用、考核办法、奖金兑付方式、考核要求及有关处置问题等方面进行安排部署。

6月5日，县委办、县政府办下发《关于表彰2012年度农村环境卫生整治工作先进单位的决定》。决定对4个先进乡镇（街道）、30个先进自然村予以表彰。

6月5日，县委办、县政府办下发《江川县2013年度创建省级先进平安县实施方案》。决定继续在全县开展争创省级先进平安县活动，并把此项工作纳入2013年度推进全县经济社会发展的重点工作重大项目之一。《方案》从指导思想、工作目标、工作重点、主要工作指标、主要工作措施、工作机制等方面进行安排部署。

6月5日，县委办、县政府办下发《关于实行网格化社会管理服务的实施意见》。就全面实行网格化社会管理服务，从指导思想、目标任务、工作内容、经费保障、工作步骤、工作要求等六方面提出实施意见。

6月8日，县委办、县政府办下发《关于调整完善两湖一库主要入湖河道河段长责任制的通知》。《通知》从指导思想、目标任务、实施范围、主要职责和工作要求等五个方面进行安排部署。

6月26日，县委办、县政府办下发《关于印发江川县2013年重点矛盾纠纷化解任务分解方案的通知》。一是加强领导，明确责任。二是严格督查，推动落实。三是建立重点矛盾纠纷化解月报制度。自7月起实行一月一报制度，各责任单位于每月25日前将重点矛盾纠纷化解情况书面材料报县委处理信访突出问题及群体性事件联席会议办公室。

6月27日，县委办、县政府办下发《江川县2013年反腐倡廉工作任务分工意见》。《意见》从加强监督检查，确保中央和省市县委重大决策部署的贯彻落实，改进工作作风，着力优化发展环境，强化监督制约，提高领导干部廉洁履职能力，维护群众利益，深入推进基层党风廉政建设，严肃查办案件，保持惩治腐败的高压态势，深化改革创新，拓展源头防治腐败工作领域等六个方面进行安排部署。

6月27日，县委、县政府下发《关于表彰江川县村级组织换届选举工作先进单位和优秀个人的决定》。决定对县政协办等25个先进单位、刘开华等99名优秀个人进行表彰。

6月27日，县委下发《关于表彰2011—2012年度党建工作先进单位的决定》。决定对大街街道党工委等11个党建工作先进单位给予表彰。

7月22日，县委办、县政府办转发《中共玉溪市委玉溪市人民政府关于进一步畅通群众诉求渠道工作的意见》。为切实转变干部作风，密切党同人民群众的血肉联系，进一步做好新形势下群众工作，加快推进富民强市进程，着力构建畅通群众诉求工作体系和相关配套工作制度，建立健全工作长效机制，实现好、维护好、发展好最广大人民群众的根本利益，就进一步畅通群众诉求渠道工作提出以下四个方面的意见：一是统一思想，充分认识进一步畅通群众诉求渠道的重要意义。二是精心组织，准确把握畅通群众诉求渠道的总体要求、工作目标和工作重点。三是加强领导，扎实推进畅通群众诉求渠道工作。四是健全机制，为畅通群众诉求渠道工作提供有力保障。

7月22日，县委办转发《中共玉溪市委办公室关于在全市推行随机调

研制度的通知》。《通知》从把随机调研作为推动工作落实的重要抓手，把握随机调研的方法步骤，随机调研要保持常态、注重实效等三个方面进行安排部署。

8月19日，县委、县政府下发《关于表彰江川县关心下一代工作先进集体和先进个人的决定》。决定对江川县关工委等24个先进集体和郭家义等64位先进个人进行表彰。

8月30日，县委办下发《关于进一步推进全县随机调研工作的通知》。《通知》从制定随机调研工作方案、开展随机调研工作要求、相关材料报送等方面进行安排部署。

8月30日，县委办、县政府办印发《江川县文化事业发展扶持奖励办法》。《办法》从扶持奖励的范围、扶持奖励经费、扶持奖励考核办法及标准，由县委宣传部牵头，成立评审委员会，每年申报、评选一次，作品性质、内容、受表彰的级别由评审委员会进行认定等方面进行安排部署。

9月5日，县委办、县政府办印发《江川县招商引资工作考核实施方案》。《方案》从考核组织机构、考核对象、考核范围、考核办法、考核保障措施、考核认定依据、工作奖惩等方面进行安排部署。

9月6日，县委办、县政府办下发《江川县社会管理综合治理维护稳定责任制考核办法（试行）》。《办法》从总则、考核对象及内容、考核方法、考核评价、考核结果的运用、附则6个章节，26个条目，确保江川县社会管理综合治理维护稳定责任制考核办法落到实处。

9月6日，县委办、县政府办印发《江川县社会管理创新奖励暂行办法》。《办法》从总则、评选对象和标准、评选程序、批准和奖励附则5个章节，16个条目，确保江川县社会管理创新奖励暂行办法落到实处。

9月6日，县委办、县政府办印发《江川县领导干部学习讲坛实施方案》。《方案》从指导思想及目标、讲坛内容、活动安排和要求、活动方式、相关事宜等五方面进行安排部署。

9月9日，县委、县政府下发《关于表彰奖励2012—2013年优秀教师和先进教育工作者的决定》。决定对2012～2013年涌现出来的80名优秀教师、20名先进教育工作者给予表彰奖励。

9月16日，县委办、县政府办印发《江川县事业单位分类工作方案》。《方案》从总体要求、分类范围和主要任务、类别划分标准和方法、实施步骤、工作要求进行安排部署。

9月26日，县委、县政府下发《关于加强法治建设创建平安江川的实施意见》。《意见》从加强法治建设创建平安江川的重要意义和总体目标；全面实施“提升行动”，努力提高依法治县水平；坚持“四大治理”，在更高起点上全面推进平安江川建设；加强组织领导，统筹各方资源，提供政策支撑，形成整体合力等四方面进行安排部署。

10月12日，县委下发《关于组织召开2013年度县级领导班子民主生活会的意见》。《意见》从召开民主生活会的时间、民主生活会的主题、民主生活会阶段安排、民主生活会具体要求等四个方面进行安排部署。

10月14日，县委、县政府下发《江川县第四个五年依法治县规划（2013—2017年）》。从指导思想、基本原则、总体目标、主要任务、实施步骤、保障措施等6方面进行安排部署。

10月16日，县委、县政府下发《关于表彰江川县2008—2012年依法治县工作先进集体和先进个人的决定》。决定对九溪镇人民政府等13个依法治县工作先进集体和宋瑞等35名依法治县工作先进个人予以表彰。

10月25日，县委办、县政府办下发《关于开展县级领导联系规模以上企业工作的通知》。决定建立县级领导联系规模以上企业制度，将联系帮扶责任分解到县级领导和具体部门，实行面对面、点对点的帮扶支持，努力推动全县工业经济健康快速发展。《通知》从联系帮扶企业工作重点、具体办法等方面进行安排部署。

10月25日，县委办、县政府办下发《关于在全县党政群机关和事业单位开展中文域名注册工作的通知》。《通知》从开展中文域名注册工作是国家发展和管理的需要，切实规范网上名称，维护党政群机关和事业单位的合法权益，建立使用中文便捷地访问政务部门和公益机构的绿色通道，中文域名注册工作要求等四方面进行安排部署。

10月28日，县委办、县政府办《关于进一步规范领导干部外出考察学习的通知》。《通知》从严格考察学习报告制度、严肃考察学习纪律、实行销假报告制度，增强考察学习实效等方面进行安排部署。

11月5日，县委办、县政府办下发《关于进一步加快推进2013年重点工作重大项目建设的通知》。《通知》从进一步强化重点工作重大项目建设工作责任，进一步加大重点工作重大项目建设督查力度等方面进行安排部署。

11月6日，县委办下发《关于开展江川县领导班子和领导干部述职述廉和作风建设评议的通知》。决定于2013年11月12日开始对全县各级领导班子和领导干部进行述职述廉和作风建设评议。《通知》从述职述廉和作风建设评议对象、述职述廉和作风建设评议重点、述职述廉和作风建设评议方法、步骤、评议结果运用、述职述廉和作风建设评议组织领导和时间安排等方面安排部署相关事宜。

11月13日，县委、县政府下发《关于推进民族团结进步边疆繁荣稳定示范区建设的实施意见》。《意见》从重大意义、总体要求、主要任务、主要措施、组织保障等五方面进行安排部署。

11月15日，县委办、县政府办印发《江川县2013年工业经济发展目标考核奖励办法》。《办法》从考评项目、考评对象及内容、考评办法、奖励办法等方面进行安排部署。

11月18日，县委办、县政府办下发《关于印发推进民族团结进步边疆繁荣稳定示范区建设实施意见主要任务分工方案的通知》。《方案》从加强领导落实责任、细化措施狠抓落实、密切协作合力推进、强化督查确保实效等进行安排部署。

12月2日，县委下发《关于认真学习宣传贯彻党的十八届三中全会精神的通知》。要求从充分认识党的十八届三中全会的重大意义，深刻领会精神实质，迅速掀起学习贯彻党的十八届三中全会精神的热潮，提高学习贯彻党的十八届三中全会精神的实效，加强对学习宣传贯彻工作的组织领导等4个方面对贯彻学习宣传党的十八届三中全会精神工作做了安排部署。各级各部门要及时将学习贯彻党的十八届三中全会精神的情况报告县委宣传部。

（黄明艳）

【文秘工作】 2013年，县委办文秘工作以认真贯彻中央、省、市《机关公文处理条例》为重点，进一步规范程序，严格落实行文审批制度，严把内容关、文字关、格式关、校对关，确保公文格式规范、用词准确、逻辑严谨，提高办公室公文的规范性、权威性。同时，按照严谨、准确、精炼的方针，牢牢把握全县经济社会发展和改革大局，深刻领会领导意图，紧密结合实际，认真做好办文工作（特别是县委重要文件、重要会议材料起草）始终坚持班子集中讨论，广泛征求各方面意见建议，力求使文稿成为领导和各级各部门认可的精品力作。2013年，共下发县委、县委办公室文件及会议纪要等各类文件200余份，共起草各类文稿100余篇，编发江情通报20余期，进一步规范公文传阅，保证公文运转安全、高效。

（周宝在）

【信息工作】 2013年，县委办信息工作围绕全县改革、发展、稳定大局，切实加强与全县各乡镇（街道）和部门的协调，畅通党委信息报送渠道，及时、准确、全面地收集、选编各类信息，向县委领导和市委第一时间全面了解掌握江川县各项工作开展情况报送了大量信息，为各级各部门决策提供资讯服务。同时，改革创新党委信息上报制度，落实信息报送责任到人、全员全面参与的工作要求，调动干部职工编报信息的积极性，干部撰写信息的视角广度和思维深度得到不断拓展。全年共刊发《江川重要信息》12期，累计上报省市重要信息700余条，其中市委办采用近60条，市主要领导批示2条。

（周宝在）

政　研

【概　述】 2013年，县委政研室围绕省市农村工作会议的精神和要求，按照省市委农办的相关要求，紧紧围绕县委政府的中心工作，切实履行调查研究、新农村建设及农村环境卫生整治等工作职责，较好地完成县委领导及办公室交办的工作任务。

【专题调研】 县委政研室切实履行工作职责，以推进县域经济发展为目标，紧紧围绕县委中心工作和工作部署，就县委关注的农业产业结构调整、工业经济发展、党建等方面的重大问题，通过集合型调研、专题调研或协同相关部门开展调查研究工作，为县委决策提供可靠的依据和有参考价值的意见和建议，其中部分调研成果引起县委领导的重视，促进和推动了工作。开展农业农村工作的综合性调研，对领导干部交流、县级领导挂钩联系乡镇及部门包村等情况进行调研，形成调研报告报相关领导。

【新农村建设】 县新农办（县委政研室）严格按照省、市的相关要求，以项目建设为载体，统筹规划，强化工程项目管理，注重督促检查落实，实行项目资金专户管理，将资金转化为实实在在的项目，农村基础设施、村容村貌得到有效改善。2012年度全县14个重点建设村共计投入资金772.49万元（其中：省级财政补助120万元，市级财政补助110万元，县级财政配套110万元），建设成效显著。硬化道路4条2.4千米，修建档墙2件168立方米；配套建设环卫设施，建公厕3个、垃圾池5个；美化村庄环境，绿化3000平方米，植树300棵；兴建公共活动场地9个3928平方米、农村文化活动室10个1138平方米，建戏台1个110平方米，建成商铺6间116平方米，有效改善农村基础设施，使得村容村貌大为改观。工程质量符合相关要求，2013年7月通过村（社区）、乡镇（街道）和县级验收。按程序完成2013年度的8个省级重点建设村的项目审报，在市委农办、市财政2013年9月底下达批复和资金后，由乡镇组织招标实施，年底工程完成90%，预计8个村完成投资近420万元（省级补助资金240万元），建成农村活动场所、活动室7个，道路硬化2.6千米。根据市委的工作部署及市委农办的相关要求，申报实施2013年美丽家园行动建设项目5个，涉及大街街道、江城、路居3个乡镇（街道）5个自然村，共投入资金1536.25万元，已全部拨付到乡镇及相关部门，工程项目正在紧张实施中。2013年通过新农村建设项目的实施，惠及5154户16568人，有效改善乡村面貌，为建设环境优美、特色鲜明、服务优良的美丽家园提供了蓝本，示范带动性地推进美丽江川建设。

【农村环境卫生整治】 2013年县委、县政府继续在全县推进农村环境卫生整治工作，分别召开2012年总结表彰暨2013年动员会、2013年江川县农村环境卫生整治工作推进会，按照会议精神和要求，扎扎实实强领导、抓宣传、建机制、聚合力、促转变，

全县农村环境卫生整治工作长效机制更加健全，保洁员队伍建设更加到位，农村人居环境明显改观。一年来，县农村环境卫生整治工作领导小组办公室（县委政研室）牵头县委督查室、县纪委、县环保、住建、卫生等部门，对全县345个自然村进行2次专项督查考核，累计督查304个自然村，并采取抽查和不定期督查方式对各乡镇整治工作情况进行多次督查。全年7个乡镇（街道）全面清理积存多年的垃圾死角，参与人员9万人次，出动车辆8581辆次，清理垃圾近5万吨。2013年7月，市农村环境整治领导小组对江川农村环境卫生整治工作进行工作督查，并给予高度评价。

【新农村建设工作队及指导员工作】 2013年全县共选派各级新农村建设指导员83名（其中：省级派出11名，市级派出22名，县级派出50名），组成7支乡镇（街道）工作队，进驻全县72个村（社区）开展新农村建设指导工作。按照省委“五个一”要求，进一步加强了组织领导，健全完善了管理机构和管理制度，及时足额划拨省、市财政安排的工作经费115万元，并在全县财政十分困难的情况下，县委、政府安排每支工作队工作经费3万元，共计21万元，保障工作经费，明确工作职责，把农业农村工作与新农村建设工作队和指导员管理工作同部署、同安排，并一起督促、检查、落实，使新农村建设工作队及指导员时时有工作任务、处处有工作压力。

全县新农村建设工作队及指导员驻村后，认真遵守各项规章制度，牢记新农村建设指导员“六大任务”和“六大员”职责，紧紧依靠当地党组织和干部群众，坚持因地制宜、实事求是的原则，发扬不怕吃苦、不怕劳累的精神，卓有成效地开展各项工作。据统计，2013年全县共召开指导员工作会议38次，其中县级4次，乡镇（街道）34次，累计培训指导员400多人次；完成驻村调查报告61篇，制定驻村工作计划43个，撰写民情日记389篇，提出合理化建议172条，其中128条被采纳；走访农户3010户，宣传党的方针政策4000人次，召开群众培训会、座谈会、交流会106次，发放宣传材料1000余份；参与调解矛盾纠纷273起，有效解决矛盾纠纷255起；协助驻村抓好农村党员队伍建设工作，为农村党员上党课71次6562人，指导党建工作100余次。

（张润斌）

督　查

【决策部署督查】 为推动县委十二届四次全会精神的落实，全面实现江川县2013年经济社会发展目标，按照《关于对县委十二届四次全会主要精神进行立项督查的通知》的要求，对全年各责任单位的25项重点工作的落实情况进行督查通报。在督查中，县委督查室深入基层认真了解听取意见，检查工作进度，注意发现典型，总结经验，及时向县委领导反馈存在的问题和困难。

【重大项目督查】 县委督查室继续服务和参与县重大项目和重点工作专项督查工作组各项督查活动，紧紧围绕仙湖锦绣、抚仙湖湖滨缓冲带退田退房退塘还湖一期工程等全县25个事关江川发展大局的重点工作重大项目，按照《中共江川县委、江川县人民政府关于实行2013年重点工作重大项目推进责任制的通知》要求和县委领导有关指示精神，分别于6月、12月底对25个重点工作重大项目的推进情况进行督查，对未能在规定时间段完成倒排工作任务的予以全县通报，同时向指挥部提出工作建议，并积极向县委领导反馈工作中存在的困难和问题，并帮助协调解决，对推动项目建设作出积极努力。

【重要工作督查】 围绕农村环境卫生整治、抚仙湖一级保护区退田还湖工作、保障性住房建设、烟花爆竹企业整合工作等重点工作，县委督查室积极会同有关部门，把督办工作着力点放在未落实的关键环节上，认真开展督查，并形成《督查工作》进行通报。县委领导根据通报情况，对一些重要工作作出指示，并亲自参与督促检查，有效推动重点工作的落实。

【领导批示督办】 高度重视市委领导、市委督查室转发江川县进行调查处理和县委领导批示的各类信访件的办理工作，下发《督促检查办理通知单（回头看）》明确办理要求和办结时限，敦促各级各部门对群众所反映的问题和困难进行认真地调查核实、公平公正地处理，向信访当事人耐心细致地做好解释、说服和疏导工作，并及时向市、县领导汇报查办情况，确保各级各类批示件的办理件件有回音，事事有落实。2013年11月底，江川县接收的市级级批示件共有63件，其中市委书记张祖林的有53件，其他市级领导批示的有10件。其中市委书记张祖林批阅的28件，批办的25件；其他市级领导批阅的有5件，批办的有5件。

（黄明艳）

保　密

【概　述】 2013年，江川县保密工作紧紧围绕县委、县政府中心工作，求真务实，切实抓好保密教育、保密管理、技防能力、服务水平、队伍素质等五方面重点工作，积极发挥保密工作“保安全、保发展、保稳定、促和谐”的职能作用，为建设富裕和谐美丽新江川做出积极贡献。

【强化基础抓教育】 采取多种形式，认真抓好《保密法》及其配套法规的学习贯彻。按照上级部门有关要求和通知，结合江川县实际，于5月、9月、10月分别组织多部门的相关领导和工作人员学习《保密法》、《保密技术防范常识》等内容。累计参加学习人数达1414人，其中：县处级领导干部39人、科级领导干部725人、涉密工作人员582人、其他人员68人。通过多形式、多内容的学习教育，进一步巩固保密法制宣传教育成果。

突出重点，切实抓好领导干部、涉密人员保密“三项”教育。按照市保密委（局）的安排部署，江川县及时印发《江川县保密普查工作实施方案》，对做好全县保密普查工作进行部署和安排，并于2013年9月17日在江川县委党校组织召开江川县保密“三项”教育暨保密普查工作培训会议。参加培训人数156人，参加此次保密普查工作单位78个，各单位各部门严格按照《方案》提出的工作目标、普查内容、普查范围、工作方法、时间要求认真完成工作任务，为及时抓好整改奠定基础，推动全县保密工作事业、保密工作整体水平提升。

加强与县委党校的沟通协调，认真抓好党校学员的保密教育。全年办班5期，508人，上保密教育课时5节。其中全县村委会主任、副主任、书记、监委会主任培训2期、325人，青干班1期100人，入党积极分子培训1期33人，党支部书记培训1期50人。

搞好《保密工作》培训资料征订。根据上级保密业务部门对《保密工作》征订要求，县保密局坚持一个“早”字，对全县各单位发出《关于征订2014年“保密工作”的通知》，并突出重点，深入到各有关单位开展《保密工作》征订宣传，2014年共征订《保密工作》150份，超额完成上级业务部门下达的工作任务。

【围绕核心抓管理】 按照《云南省保密承诺制度管理办法》，强化对已签订《在岗保密承诺书》和《离岗保密承诺书》人员的管理，督促做好因人事变动应签补签“两书”人员的应签补签上报工作。2013年保密工作首年纳入市、县党委、政府综合目标考核。

按照《云南省党政机关和涉密单位计算机及其网络保密自检自查规定》，对照检查内容，利用检查工具，认真做好每个季度的自检自查工作，建立检查台账和按季上报制度，切实加强对计算机及其网络的保密管理。

按照分类管理、分级保护的要求，认真做好各单位保密要害部门部位、涉密网络、涉密单机、涉密移动存储设备的确定、登记、备案、上报工作，重点加强对保密要害部门部位、涉密网络、涉密单机、涉密移动存储设备的分级保护工作和涉密文件、红头文件、内部资料、报废计算机及移动存储介质的收、发、清退、监督销毁工作。切实加强政府信息公开的保密审查、管理、月报，确保涉密信息不上网，上网信息不涉密。真正做到从源头上堵塞泄密漏洞。

【突出重点抓技防】 根据中保委和省、市关于“加强配备”精神，认真抓好各成员单位确定的涉密计算机保密技术设备安装配备工作。切实加强对党政机关、涉密单位涉密计算机及其网络的保密检查，排查泄密隐患和漏洞，有针对性地加强保密技术防范措施。

【围绕中心抓服务】 江川县保密委、保密局始终把保密工作“围绕中心、服务大局”的切入点放在为企业健康发展上，把保密工作落实到为企业优质发展服务上。县保密局利用3天时间深入到阳光食品厂、宏斌酱菜厂、江川工艺制品厂3个企业进行商业秘密保护培训，参加培训的有企业负责人和企业管理人员共135人。通过学习有关商业秘密保护知识、观看企业商业秘密保护案例警示教育片，进一步增强企业的商业秘密保护意识和企业保密管理。

（叶 斌 吴桂萍）

档 案

【概 述】 2013年，全县档案管理工作服务县委、县政府工作大局，服务全县经济社会发展、服务社会民生需要的能力不断增强，档案资源体系建设、综合档案馆建设、档案规范化管理工作有序。

【档案宣传】 2013年6月9日是国际档案日。县档案局围绕全国性“国际档案日”档案宣传活动主题“档案在你身边”，在全县开展“档案在你身边”征文活动；征订《开放的档案馆欢迎你》宣传挂图；制作标语纪念“国际档案日”；请移动、电信、联通3家电信运营商发送短信，宣传“国际档案日”，传递档案就在百姓身边、档案与百姓息息相关的信息。

【业务指导】 2013年，局领导与业务指导人员一道，深入档案工作一线，分类、整理、归档文件材料。先后整理乡镇文书档案229盒、婚姻档案57盒、土地管理档案66盒、科技档案26盒、现行文件汇编15盒；村（社区）档案96盒。

业务指导人员先后指导县地方税务局、县国土局等单位的会计档案进行整理，建立会计档案台账，整理会计档案794盒，明确鉴定销毁期限。指导县水利局等8个单位整理文书档案181盒、科技档案73盒、现行文件汇编66盒；县农保局业务档案876盒。帮助九溪镇、大街街道财政所整理文书档案89盒、会计档案1207盒、科技档案22盒。

为解决企业档案管理工作滞后问题，业务指导人员深入到景湖酒店等4家企业指导档案工作。共整理企业管理文书档案114盒、科技档案109盒、会计档案275盒、现行文件汇编2盒。

【规范认定】 2013年初，按上级部署开展档案规范化管理认定工作。10

月22日，市档案局开会统一机关、企业档案规范化管理认定标准。县档案局随即着手整改县教育局、国税局的机关档案规范化管理认定工作以及县烟草公司、县供电公司的企业档案规范化管理认定工作。

【行政执法】 2013年10月8～16日，县档案局开展档案行政执法检查工作，抽查县委办、县政府办、纪委、总工会、妇联、共青团、地税局、民政局、烟草公司等9个单位、7个乡镇14个村委会的档案管理情况。档案行政执法检查组针对发现的问题提出整改意见，要求单位限期整改，并将整改情况上报。

【安全管理】 2013年3月，县档案局为加强全县馆、室藏档案的监督管理工作，要求全县各单位按照“八防”（防盗、防火、防潮、防尘、防虫、防鼠、防高温、防强光）要求，开展自检自查，搞好安全配套措施，做好库房温、湿度调控工作，以确保档案安全。

【队伍建设】 2013年6月4日，县档案局结合实际，到江川供电公司培训公司办公室人员及部门档案管理员。6月17～23日，为提高档案人员的档案业务知识，组织卫生、公安系统及其他单位的32名档案人员参加玉溪市档案局举办的档案基础知识培训班。8月12～18日，组织县委宣传部、住建局、电信公司等3家单位的档案人员参加云南省档案局举办2013年第二期档案专业基础知识培训班学习。9月29日，县档案局录用3名公务员，充实到档案队伍。

【综合档案馆建设】 2013年7月3日，综合档案馆建设项目防护栏安装工程验收合格。12月13日，高压细水雾灭火系统安装工程通过消防验收。19日，监控系统的招标采购安装工程通过验收。24日，县住房和城乡建设局组织综合档案馆建设项目规划验收，符合规划要求。25日，云南省档案局组织“江川县综合档案馆建设项目验收组”，对江川县综合档案馆建设项目进行验收。验收组一致认为江川县综合档案馆建设项目符合规范要求，功能齐全，财务清楚，同意验收。

【领导视察】 2013年9月25日，云南省档案局副局长张云芝在市档案局局长马增福陪同下，到江川视察综合档案馆建设项目情况。

【征订工作】 2013年10～12月，县档案局组织订阅《云南档案》69份。县卫生局和教育局一如既往给予支持，江城镇订阅到20个社区。

【信息化建设】 2013年，为确保室藏档案的安全，便于提供利用，在全县继续开展室藏档案的数字化工作。县档案馆馆藏档案数字化工作在此基础上继续开展，1至7月完成662条案卷目录、10325条卷内文件目录的录入工作，为今后方便快捷提供利用档案继续奠定基础。

【保管利用】 2013年，县档案馆坚持“四好”要求（即文明讲好每一句话，热情接待好每一个人，认真调阅好每一份档案，准确解答好每一个问题）为利用者排忧解难，尽最大努力满足利用者需求。全年共接待利用者606人次，提供利用档案1522卷，摘抄复制档案630页，移出复退军人档案3卷。

江川县档案馆的爱国主义教育基地由县文明委授予，并赋予爱国主义教育功能。所展览的档案史料有革命先驱汤建荣、爱国学生秦式儒、抗日名将唐淮源、民主人士金汉鼎等人事迹；有社会主义建设初期人民公社、大跃进等农田水利建设事业情况简介；王字街旧城改造前的原貌图片。为响应“国际档案日”，县档案局与县精神文明建设指导委员会办公室联合发文，通知县属各单位组织人员参观县档案馆的爱国主义教育基地。先后接待县公安局、总工会、老干局、药监局、抚仙湖管理局、教育局等6家单位63人参观。

（郑文明）

史 志

【概 述】 2013年，江川县史志办公室坚持“广征、博采、精编、严审”和“求实、创新、协作、奉献”工作方针，充分发挥史志工作“存史、资政、教化、育人”功能，全体人员团结协作，积极争取领导支持，克服人少事多等重重困难，党史研究专项工作与地方志编修工作均取得新进展：年内，按时按质完成《江川年鉴（2013）》、《中共江川县委执政纪要（2012）》的稿件征集及编纂出版发行工作；完成《江川县志（1978～2005）》（送审稿）召开审稿会后的稿件修改工作，11月，《江川县志（1978～2005）》通过了玉溪市地方志办公室的审查验收；12月底，完成全县8个革命遗址的立碑保护工作。

【《江川年鉴（2013）》编辑出版】

2013年3月，完成《江川年鉴（2013）》资料征集工作；7月，编辑部人员完成征集稿件的改稿、组稿工作并交付印刷出版；12月，《江川年鉴（2013）》由德宏民族出版社出版发行。《江川年鉴（2013）》由中共江川县委、江川县人民政府主办，江川县史志办承编。本年鉴主要反映江川县2012年各方面的信息，全书分特载、大事记、概况、政治、军事、法制、经济管理、建设环保、工商企业、农林·水利、交通·邮电、财政·税务、金融·保险、教育·气象·防震减灾、文化·旅游·广电·体育·卫生、社会、人物、统计资料、附录等共19个部类，各部类下设分目，分目下设条目记述，全书约75万字。

【《中共江川县委执政纪要（2012）》编辑出书】 2013年1月，完成2012年《中共江川县委执政纪要》涉及部门稿件收集工作；4月，完成收集稿件的改稿、组稿工作并交付印刷出书；10月，经云南省新闻出版局批准，《中共江川县委执政纪要（2012）》正式出书发行。本书主要反映2012年中共江川县委在执政实践中形成的新思路、新成就、新经验，全书分领导关注、重要活动、重要决策、重要会议、重要文件、执政大事、执政综述、执政论坛、纪委工作、县委部门工作、群团工作、党委（党组）工作、乡镇党委（街道党工委）工作、县局党总支工作、先进典型、附录等16个部类，各部类下设具体篇目记述，全书约50万字。

【地方志工作】 贯彻落实《地方志工作条例》和《云南省地方志工作规定》，依法续修地方志，同时加强对全县地方志工作的指导和管理。10月，完成《江川县志（1978～2005）》送审稿召开审稿会后的稿件修改工作并再次报送市地方志部门及相关领导审阅；11月，《江川县志（1978～2005）》通过玉溪市地方志办公室的审查验收。指导全县各级各部门、乡镇、村依法修志，对县内编修志书的各部门、乡镇、村进行业务指导，严把政治观、史实观、文字观，确保出版志书质量。年内，共依法审批县统计局1家地方志鉴类书籍出版单位，出版刊物为《2013年统计年鉴》。

【材料撰写报送】 年内，按照省市地方志部门要求按时按质完成2013年《云南年鉴》、《云南小康年鉴》、《玉溪年鉴》江川部分资料的撰写报送工作，同时，按照市委党史研究室要求按时按质完成《中共玉溪市委执政纪要（2012）》江川部分资料的撰写上报。

【革命遗址立碑保护】 规范使用2013年玉溪市革命遗址保护专项资金，严格按照玉溪市党史研究室对革命遗址保护项目立碑要求，2013年年底，顺利完成全县8个首批革命遗址保护的立碑工作。此次立碑材质均为青石，碑身（主体部分）规格为：高120厘米、宽70厘米、厚10厘米；碑座规格为：高60厘米、宽90厘米、厚50厘米。此次立碑保护的8个革命遗址分别为：中国人民解放军滇桂黔边区纵队滇中护乡第十二团（江川县护乡团）团部旧址、龙街小学革命据点、云岩乡小学革命据点、潘翼天被关押地遗址、武装解放九溪旧址（九溪镇公所）、台桥事件旧址、中共江川县工委旧址、中国人民解放军滇桂黔边区纵队滇中护乡第十一团团部旧址。

（盛文芬）

纪检监察

【县纪委、监察局负责人名录】

纪委常委 郭永生（2013.10离任）
张盛国
陆云波
郭 华（2013.9任）
胡 莎（女）
邢长伟
龚美伶（女，2013.8离任）
徐志伟（2013.9任）
韩丽华（女，2013.9离任）

纪委书记 郭永生（2013.10离任）

副书记 张盛国
陆云波
郭 华（2013.9任）

监察局局长 张盛国

副局长 胡 莎（女）
陶文红

【各室负责人名录】

办公室主任 徐志伟（2013.7任）
干部室主任 龚美伶（女，2013.8离任）
案管室主任 龚美伶（女，2013.8离任）
信访室主任 韩丽华（女）
案检室主任 杨智然（2013.8任）
案审室主任 邢长伟
法监室主任 史岩松（2013.1离任）
郭飞波（2013.8任）
宣教室主任 王书艳（女，2013.9离任）
党风室主任 李 芬（女，2013.3离任）
周 丽（女，2013.8任）

【各派出机构负责人名录】

派出第一纪工委
书 记 张竹会（女）
副书记 周 丽（女，2013.8离任）

派出第二纪工委（第一监察分局）
书 记 付兴瑞
副书记、监察分局局长 陆春光

派出第三纪工委（第二监察分局）
书 记 范文慧（女）
副书记、监察分局局长 杨汝俊（2013.3离任）

派出第四纪工委（第三监察分局）
书 记 王书艳（女，2013.9任）
副书记、监察分局局长 向俊臣

派出第五纪工委（第四监察分局）
书 记 华忠楷
副书记、监察分局局长 刘 雪（女）

【概 述】 2013年，在市纪委监察局、县委、县政府的领导下，江川县纪委、监察局坚持以构建惩防体系为重点推进反腐倡廉建设，认真执行党风廉政建设责任制，着力加强对中央、省、市、县委重大决策部署落实情况的监督检查，扎实推进党员干部作风建设，继续保持惩治腐败的强劲势头，切实解决损害群众利益的突出问题，不断深化重点领域突出问题专项治理，深入开展反腐倡廉宣传教育和廉政文化建设，全面加强纪检监察干部队伍和乡镇（街道）纪检组织建设，一些反腐倡廉创新举措走在全省全市前列，党风廉政建设和反腐败工作取得较好成效。

【监督检查】 严格按照科学发展观的要求，紧紧围绕县委、政府中心工作和重点任务，全面履职，确保政令畅通。实行“一对一”督查机制，强化对仙湖锦绣、晋江高速公路、抚仙湖天湖湾一期、龙泉山生态工业园区、“山水新城”等29项重点工作和重大项目推进情况的监督检查。加强人大、政府、政协、村级组织换届选举中四项监督制度落实情况的监督检查，严格按照“五个严禁”、“十七个不准”、“五个一律”的要求，坚决防止和整治换届选举中的不正之风，营造风清气正的换届环境。切实加强对党员干部遵守党的政治纪律情况的监督检查，及时纠正和制止违反党的政治纪律的各种苗头性问题，严肃查处违反党的政治纪律的各种行为。

【廉政教育】 坚持把《廉政准则》学习贯穿于反腐倡廉教育和廉洁自律各项工作中。通过专题学习、知识竞赛、集中宣讲、警示教育和监督检查等多种形式，教育引导广大党员和领导干部带头增强学习意识，筑牢遵纪守法思想防线。领导班子中心组理论学习、民主生活会、节假日廉政短信提醒等制度执行到位。深入推行党政主要领导讲廉政党课制度，抓好示范教育、警示教育和岗位廉政教育。召开全县“转作风、促跨越”发展动员大会。加强网络舆情信息收集、研判，加大反腐倡廉建设调研、宣传，发表稿件179篇。扎实开展党风廉政建设宣传教育月活动，以学习违反中央八项规定典型问题为重点开展警示教育。深入开展廉政文化“六进”、家庭助廉“八个一”活动，巡回演出“廉政文化进万家”文艺节目，77所中小学师生开展廉政文化书法创作比赛，廉政文化更加深入机关、走进农村、贴进民心。不断完善廉政文化示范点规范化建设，在巩固前两批廉政文化示范点的基础上，2013年江川县人民检察院、江川县第二中学又获市级廉政文化示范点命名表彰。各单位利用重大节日发送廉政短信、建立廉政文化墙、举办廉政书画展，营造浓厚的廉政文化氛围。

【廉洁自律】 加强对权力运行的制约和监督，逐步形成权力正确行使的有效机制。积极推进党务公开、政务公开、村务公开和公用企事业单位办事公开，切实提高权力运行透明度。贯彻落实《江川县加强党政“一把手”权力运行监督制约暂行办法》，明确“一把手”不直接分管财务、人事、物资采购、工程建设和项目管理，实行“一把手”末位发言制。严格执行廉政谈话制度，县委书记与常委班子成员廉政谈话10人，县纪委书记同下级党政主要负责人廉政谈话27人，新任干部廉政谈话68人。单位“一把手”任期经济责任审计6人，提供廉政鉴定110个单位、584人，离任领导干部监交107人。全县87个单位、457名科级干部和72个村（社区）、674名村组干部进行作风述职述廉。

【作风建设】 认真落实中央《八项规定》，狠刹“四风”，有效遏制“舌尖上的浪费”和“车轮上的腐败”。从严压缩公务接待、年度经费支出，严查公车私用及违规悬挂、套用军警号牌，统一公车险种、标识、停放场所，落实领导干部婚丧嫁娶宴请备案制，有效整治节假日公款乱发奖金、吃年饭和送礼品等突出问题，县级领导及纪检监察干部会员卡“零持有”，严肃文风会纪，责令违反会纪人员作出说明并进行通报。继续推进“四群”教育活动，创新县级领导带头挂钩联系乡镇、部门包村和党员干部联户制度，全县党员干部发扬尊重群众、依靠群众、服务群众的优良作风，深入基层、农户，广泛听取民声，真心采纳民意，主动帮助群众解决实际困难。加大对乱作为、慢作为、不作为的查处，问责党员干部33人次，通报批评单位3个。

【案件查处】 坚持有案必查、有错必纠、有腐必惩。加强信访举报管理，建立“群众诉求中心”、“民情意见箱”，实现省市县乡村五级群众诉求联动，推动民诉民访的解决。严格依纪依法、安全文明办案，积极为举报失实的党员干部澄清事实。落实重大案件督导督办制，整合办案力量，严查领导干部玩忽职守、贪污受贿、权钱交易等案件，保持惩治腐败的强劲势头。全年接到信访65件，初核9件，转立案8件；查处违纪案件20件20人，其中科级干部3人，党员干部17人。对情节严重的，开除党籍10人，行政开除3人。

【纠风治乱】 完善农民负担监测网络体系建设，加强城乡低保、退耕还林、抗震安居工程、农机购置补贴等支农、惠农资金使用专项督查，确保公平兑现、及时到位。进一步加强医德医风建设，强化“新农合”基金监管，有效纠正医药购销和医疗服务中的不正之风。加强教育经费投入使用情况的监督检查，教育惠民政策落实到位。做好人事录用、招生、征兵等执法监察，切实维护社会公平正义。严格政府招标采购程序，采购57次，节约资金317万元，节约率9.55%。开展工程建设领域突出问题专项治理，交易项目75个，交易资金3.9亿元，节约323万元。

【源头治腐】 全面推进廉政风险防控管理，深化对关键岗位和重点环节行政行为的监督。继续深化干部人事制度、行政审批和财政管理体制改革，认真落实法治政府、责任政府、阳光政府、效能政府建设各项制度。完善国有土地使用权招标、拍卖、挂牌出让制度。深入推进“小金库”和规范公务员津补贴专项治理，努力构建防范长效机制。制定江川县《建立健全惩治和预防腐败体系2013-2017年工作规划实施意见》，抓好责任分解并纳入年终考核，保证惩治和预防腐败体系任务的落实，整体推进教育、制度、监督、改革、纠风、惩治工作。全面落实《廉政准则》和《实行党风廉政建设责任制规定》等党纪条规，层层签订责任书，建立起“一把手”抓班子成员，班子成员抓分管部门，分管领导抓下属系统，一级抓一级，一级对一级负责的责任机制。针对容易产生腐败现象的关键部位和薄弱环节，从“权、钱、人”三个重点入手，强化对制度落实情况的廉洁性审查，坚决防止用公权谋取个人或少数人的利益，有效推进行政审批和电子监察系统建设，提高行政审批效率。全县81个单位梳理权力892项，绘制权力运行流程图228个，查找风险点769个，制定防范措施1352条。注重发挥农村集体“三资”委托代理服务、村（居）民监督委员会的职能作用，有效规范和监督村“两委”权力运行。

【自身建设】 着力建设为民务实清廉干部队伍，深入开展“五严守、五禁止”教育，大力弘扬杨善洲精神。制定《江川县纪委工作规则》、《江川县纪委监察局派出机构工作规则》，促进科学高效履职。扎实开展服务基层年项目落地年作风转变年活动，引导教育纪检监察干部对党和国家无限忠诚、对腐败分子和消极腐败现象坚决斗争、对广大干部和群众关心爱护、对自己和亲属严格要求。加大干部培养和培训力度，提拔3人，交流4人，17人参加上级业务培训，123人次参加十八大及《党章》知识竞赛。选强配齐基层纪委书记、纪检专干，整合派出机构力量，着力加强信息化建设，更新办公设施设备，为深入推进反腐倡廉建设提供了有力保障。

（陈小艳）

组织工作

【概　述】 2013年，中共江川县委组织部按照全省、全市组织工作会议的部署，紧紧围绕县委中心工作，突出抓好党的十八大及十八届三中全会精神学习贯彻、各级领导班子换届、走活干部这盘棋、深化“四群”教育全面推行随机调研制度四项重点工作，统筹推进干部队伍、人才队伍、党的基层组织和党员队伍建设，为推进江川科学发展新跨越提供了组织保证和干部人才支持。

【调整党建工作思路】 牢固树立“围绕发展抓党建，抓好党建促发展”的工作理念，主动把党建工作放到全县经济社会发展大局中来谋划，在重点工作、重大项目中开展党建工作，为发展选干部配班子，建队伍聚人才，抓基层打基础。围绕“翻两番、增三倍、促跨越、奔小康”的目标任务，认真贯彻落实好市委、县委、县政府的决策部署和重大决定，积极引导全县各级党组织和广大党员参与到重大项目推进、拆临拆违、美丽乡村建设、路域环境综合整治等各项中心工作和重点工作中。全县28名县级领导干部率先垂范，带领40多个部门主要责任人，深入项目一线，全面联系指导工作，有条不紊地推进各项工作任务落实。年初，在“仙湖锦绣”项目推进中，全县390名副科级以上领导干部与群众联系对接，深入细致做好群众工作，把“仙湖锦绣”项目打造成“四群”教育的典范、社会管理的示范、警民共建和谐社会的楷模。

【“四群”教育活动】 深入开展干部直接联系群众工作，按照“定向联系、全面服务”的要求，建立由22名县级领导挂钩联系乡镇（街道）牵头负责，91个部门联系村（社区）齐抓共管，乡镇（街道）、村（社区）具体实施的三级挂钩联系工作长效机制，扎实推进各项重点工作的贯彻落实。同时，把提前做好党的群众路线教育实践活动准备工作与“四群”教育有效对接，围绕“联系群众体察民情、宣传群众凝聚民心、服务群众解决民忧”重点，积极开展蹲点调研、驻村联户、民情走访、民情体验等活动，切实为基层和群众排忧解难，使深入基层、走进群众固化为全县党员干部的常态行为。同时，深化“作风建设年”活动，强力执行解“三难”、推“四法”、抓“五办”、刹“六风”工作新标准，强力推行一线工作法、一抓到底法、一把手工作法和一日工作法，自觉在实践中转变作风、推进工作。

【村级组织换届选举】 提前谋划，认真组织开展村组干部任期和离任经济责任审计，及时成立换届工作领导小组，抽调精干力量组成指导组深入各村（社区）指导换届，下拨工作经费176万元，顺利完成72个村（社区）“三委”及共青团、妇代会、462个村（居）民小组的换届选举工作，整个换届选举工作程序严格，平稳有序，实现预期目标，顺利选举产生72个村（社区）“两委”成员、村（居）民监督委员会成员874名，小组干部1320名。村级领导班子的性别、年龄、文化程度、交叉任职比例等均取得突破，人员结构进一步优化，班子的凝聚力、战斗力进一步增强。做好村级组织换届后续工作，按照分级培训原则，举办新一届村（社区）干部培训班，由县委组织部对320名“三委”班子主要领导进行为期一周的脱产集中培训，由各乡镇（街道）对1800多名村组干部进行培训，并对换届选举工作中涌现出来的25个先进单位和99名优秀个人进行集中表彰。

【随机调研】 出台《江川县进一步推进随机调研工作的通知》，四套班子领导率先垂范，轻车简从、不打招呼、不要陪同，自定时间、自定线路、自选地点，带着问题多次深入基层面对面听民意、查实情、办实事，促进随机调研工作在全县全面开展。建立《江川县委组织部随机调研制度

（试行）》，下发《江川县委组织部关于抓好随机调研有关工作的通知》，引导组工干部在随机调研中当先锋作示范。健全随机调研制度，建立全县副科级以上领导干部随机调研情况月报制度及存在问题分析制度，确保随机调研工作规范化、长效化。

【县委领导班子自身建设】 对县委内部制度进行全面梳理，废止一批不适应的制度，修订完善和新建一批新制度，进一步规范党委工作职责、决策运行、内部建设和工作保障等机制。采取专项检查、随机调研等形式，加大对制度贯彻执行情况的督促检查，保证制度落实，用制度管人管事。认真落实“三重一大”集体决策制度，凡涉及全局、长远的战略性问题和重大事项都由班子集体讨论决定，切实加强对权利的监督与制约，真正做到反映民主、集思广益、科学决策。全面推行“一把手”不直接分管人财物制度，加强对党政“一把手”的监管，进一步规范权利运行。

【学习型领导班子和干部队伍建设】 掀起学习党的十八大、十八届三中全会及习近平总书记系列讲话精神热潮，打造领导干部学习讲坛，举办“江川县首届青年干部培训班”，组织76名领导干部赴苏南学习考察，民主生活会、理论学习中心组制度在思想政治建设中的基础作用更加突出。认真落实干部调训任务，全年共选派44人参加省市举办的各类学习培训班。抓好干部在线学习管理，对2012年未完成规定学分的3名领导干部进行全县通报，并取消全年评先评优资格。制定《中共江川县委干部教育培训工作制度（试行）》，实行教育培训计划申报审核制度，规范干部教育培训工作。

【走活干部棋】 坚持“德才兼备、以德为先”、“注重实绩”、“群众公认”的选人用人标准，树立注重实绩、崇尚实干的用人导向，更加关注长期默默坚守在基层、在一线急难险重工作任务中有所作为的干部和在重大项目、重点工作推进中勇挑重担、勇于担当、克期完成工作的干部。一年来，33名在重点工作、重大项目推进中实绩突出的干部得到提拔任用，占提拔的48.5%。积极深化干部人事制度改革，制定下发《江川县选拔任用科级领导干部初始提名办法（试行）》、《县管干部任免职宣布办法（试行）》、《江川县新任县管领导干部回访考察制度（试行）》。加大干部交流力度，坚持落实《江川县领导干部交流工作实施办法（试行）》，一年来，共调整4个批次共183名干部，其中：提拔正科31人，提拔副科37人；轮岗交流93人，免职及其他22人。圆满完成县乡人大、政府和县政协换届选举工作，大学生村官选聘管理及后备干部、“四类”干部的培养等工作稳步推进。

【实施人才发展规划】 按照《江川县2009-2020年人才队伍规划纲要》各项目标任务，统筹抓好各类人才建设，加大人才投入力度，积极引进水利、卫生、环保等紧缺人才133人。制定出台《江川县事业单位人才引进暂行办法》，进一步规范人才引进程序。加大文化产业专业技术人才和农村实用人才培养，推进企业经营管理人才队伍建设，成立江川县青年企业家协会和青年创业者协会，组织全县各行业130名优秀青年创业者加入协会。依托人才培训基地，举办村干部、工青妇等各类培训班。

【干部监督管理】 注重强化干部的日常监管，建立江川县干部监督联系会议制度，出台《江川县领导干部问责办法》、《江川县村（社区）组干部问责工作实施意见》，全年共问责干部19人（次），其中正科8人，副科3人，一般干部7人；免职3人，调整岗位1人。认真落实领导干部个人有关事项报告、干部实绩登记、经济责任审计等日常监督管理制度。做好2013年领导干部个人有关事项报告工作，全县38名县级领导报告了个人重要事项。对工作岗位发生变动的139名领导干部出具离任交接通知书，组织相关单位人员对31名正科级领导干部的工作交接进行监交，督促108名单位副职进行离任交接；委托县审计局对6名领导干部进行经济责任审计；办理24名领导干部外出请示事项。认真实行“三书一表”，做好干部选拔任用的全程监督。加大县乡人大、政府、县政协和村级组织换届选举期间的纪律宣传教育，通过日常信访受理和12380举报电话适时处理换届期间的信访举报16件。严格把握政策，做好“两案”、“四清”等重点信访稳控工作，认真接待、办理各类信访件，2013年以来共办理干部群众来信来访84件154人，完成县级领导接访交办件6件。

【服务型党组织建设】 围绕创建服务型党组织，开展“扩面强基”行动，成立非公有制经济组织和社会组织党工委、卫生局党委，进一步扩大党的组织和工作覆盖。深入实施“党支部示范建设”工程，下发《党支部工作手册》，以“抓两头带中间”的办法，通过实行动态考核管理，完善工作制度，严格支部活动、优化活动阵地，促进基层党支部建设规范化。并在巩固提升原有示范点基础上，挖掘打造白石岩村、六十亩村、侯家沟村、县国税局等一批新的示范点，以点带面推进基层党建工作。同时，抓好“一般”和“后进”党组织的晋位升级工作，通过县级领导联系、选派常务书记、组工干部联系等措施，帮助找问题、促整改，实现90%的党组织达到“先进”目标。

【服务型队伍建设】 注重加强基层党组织书记队伍建设，特别是突出村（社区）党组织书记队伍建设，通过村级组织换届选举，选优配强基层党组织书记。加强新农村建设指导员、常务书记的选派和管理，共选派指导员82名、常务书记89名驻村（社区）开展工作，充分发挥他们在指导基层党建、联系和服务群众、促进当地经济社会发展中的作用，帮助村组分析问题，提出改进工作的意见，形成调研报告80余篇，收集到各种意见、建议120余条。注重加强党员队伍建设，深入实施“党员先锋活力工程”，下发《党员先锋行为手册》，制定党员发展规划，严格发展党员工作，认真执行不合格党员处置办法，疏通党员“出入口”。全面推行党员分层量化积分制考核管理，完善党员管理考核体系，以积分规范党员行为，并积极搭建平台，通过实施“三培养三带动”、农村党员创业致富贷款工程、“环湖党建”工程、无职党员设岗定责、党员责任区、党员党性定期分析评议等活动，促进党员作用发挥。

【基层基础建设】 一是坚持把党建创新作为激发基层党建工作活力的有效抓手，确定县委书记、组织部长、党（工）委书记抓基层党建工作创新项目，实行项目化管理，推进创新工作取得实效。2013年，重点落实村组干部离任补偿制度，按照任职一年补助相应岗位当年一个月岗位补贴的标准，分两批对1999年撤村建委后至2013年村级组织换届期间正常离任的2717名村组干部发放离任补偿金1614908.5元。二是实施“基础保障”工程，加大党建经费投入力度，落实每年乡镇（街道）党（工）委10万元、村（社区）党总支2万元、村（居）民小组党支部不少于2000元的党建经费。进一步健全村组干部激励保障机制，按照市委要求，全年两次调整提高村组干部待遇，调整后，县委每年用于村组干部岗位补贴、考核奖励的资金达到1475万元。三是强化基层党组织阵地建设，加快推进目前在建的7个社区组织活动场所建设和村（居）民小组党员活动室延伸建设及远程教育“六进”、终端站点分类定级等工作，完成322个村（居）民小组党员活动室和105个村（居）民小组远程教育站点的建设任务。四是健全困难党员救助帮扶机制，继续开展“农村困难党员关爱行动”，对2752名60周岁以上农村困难党员发放关爱资金95.937万元。

【部门自身建设】 按照建设“和谐机关”以及打造一支“团结、紧张、严肃、活泼”的组工干部队伍的要求，加强部门自身建设。一是在提高能力素质上下功夫。加强学习型机关建设，完善“四个一”学习活动，加强组工干部理论知识武装；开设组工讲坛，开展党课宣讲，积极向书本学习、向实践学习、向群众学习，进一步拓宽组工干部知识视野，切实把组织部门建设成为学习型部门，把组工干部建设成为学习型干部。二是在提升服务水平上下功夫。实行“开门评部”的联系党员群众工作机制，扎实开展“三深入四联户”、随机调研等活动，组织开展抗旱先锋行动、组工干部助学帮困献爱心、寒冬送温暖等活动，实现组工干部直接联系服务群众的机制创新，有效搭建起组工干部转变作风的平台。三是在加强制度建设上下功夫。修订完善部门内部制度建设及部机关业务工作流程，用制度规范组工干部高效履职。坚持组织部门“三必谈”心理关怀制度，开展部领导与股室负责人、股室负责人与组工干部定期谈心谈话活动，对新进人员、新提拔的组工干部由部领导进行廉政谈话，对有困惑的干部及时疏导情绪、激励鼓劲，抓实组工干部人本关爱。

（马　蓉）

老干部工作

【概　述】 2013年，县委老干部局认真落实《2013年玉溪市委老干部工作目标管理责任制》的各项要求，以全面落实老干部政治、生活待遇为重点，以让县委政府放心和老干部满意为标准，认真做实、做细管理服务中的各项工作，切实加强老干部党支部建设及老年大学和老干部活动中心建设，确保老干部队伍的绝对稳定，较好地完成各项工作任务。

2013年，县委老干部局共管理离退休干部1673人。其中离休干部40人，退休干部1633人，享受副县以上待遇的107人（其中担任过县委、人大、政府、政协领导职务的21人）。建立老干部学习大组8个，学习小组79个。成立老干局党委1个，党支部75个，负责管理1453名老党员（其中老干局党委所属33个党支部有党员581名，农村42个党支部有党员872名）。有副县级以上老干部阅文组4个。

【召开座谈会听取老领导意见】 12月19日，县委召开老领导座谈会，专题听取县委十二届四次全委（扩大）会议《报告（征求意见稿）》的意见和建议。县委常委班子成员和县人大、县政协主要领导出席座谈会。

【参观考察重点项目建设】 6月19日，县委组织部和老干部局组织实职副县级以上离退休老领导、老干部学习大组长和老干局党委成员及所属全体老干党支部书记共70余人参观考察江川今年的重点工作和重大项目推进情况。县委老干部局局长袁万德向老同志们通报2013年县委、县政府确定的27项重点工作、重大项目的总体建设内容和规模及2013年要完成的目标任务。

【“九九”敬老节经济形势通报会】 10月11日，在江川宾馆召开副县级以上老干部和老干部党支部书记、学习大组长等240多人参加的江川县“九九”敬老节经济形势通报会。马文龙、李东林、罗跃岗、张文彬、林清、陈琎寿、龚桂存、曾宪涛、邓春

元、刘跃宁、陆富仙等党政领导参加会议。县委常委、县委组织部长、县老干部工作领导小组组长林清主持通报会，县委书记马文龙在会上作重要讲话。

马文龙代表县委、县人大、县政府、县政协向参加会议的各位老领导、老同志及全县老年朋友们致以节日的问侯，向全县老龄工作者及关心支持老龄事业发展的社会各界人士致以亲切问候。并指出各级党委、政府和相关部门要认真贯彻“党政主导、社会参与、全民关怀”的老龄工作方针，围绕“老有所养、老有所医、老有所教、老有所学、老有所为、老有所乐”的目标，不断完善惠老政策，继续努力做好以下几个方面的工作。一要高度重视，大力营造敬老、爱老、助老的浓厚氛围。要大力加强老年人社会保障，不断提高老年人的养老保障水平、社会福利水平、医疗保健水平和对困难老人的社会救助水平，使他们延年益寿、生活得更好、更舒心。二是要创造条件，积极发挥好老年人的优势。各级各部门要进一步提高思想认识，积极探索新形势下发展老龄事业的新思路、新机制，不断把老有所为工作引向深入。三要全力以赴，认真落实好老干部政策。

马文龙还针对老同志们如何发挥作用提出四点殷切希望：发挥好参谋作用；发挥好纽带作用；发挥好示范带动作用；发挥好监督作用。

县委常委、常务副县长张文彬向老干部们通报江川2013年1–8月份的经济社会发展情况和下一步要努力做好的各项主要工作。

县委组织部副部长、老干部局局长袁万德对全县近期老干部工作作具体安排。

【春节慰问】 1月7日和8日，县委老干部局分别召开局务会议和老干部大组长会议，专题研究和安排部署元旦春节慰问老干部工作。对相对集中的分10个片区召开情况通报会、座谈会或慰问会，向老干部通报社会经济发展情况、老干部各项待遇的落实等情况；对居住在外县、零星分散、瘫痪在床、生病住院以及因天灾人祸、长期生病等原因造成特殊困难情况的老干部逐人走访看望，亲自送去慰问金和慰问品；对40位离休干部进行入户走访看望，给他们送去慰问品；县委、人大、政府、政协等主要领导对所联系的原副县级以上老领导进行走访慰问。整个慰问活动历时30多天，做到一人不漏，一户不少，共慰问1774人次，开支经费348000元。

【春节慰问老干部大会】 2013年1月29日，在江川宾馆召开春节慰问老干部大会。县委书记马文龙，县委副书记、县长葛勇，县委副书记张金翔、吕元海等党政主要领导参加慰问大会。县委常委、县委组织部长林清主持慰问会。张金翔向老领导们通报2012年所做的主要工作及取得的成效。县属机关的793名离退休干部参加慰问大会。

【市委老干部局慰问江川老领导及特困老干部】 1月24日，中共玉溪市委老干部局副局长杨丽萍一行5人代表市委、市政府到江川慰问离退休老领导及特困老干部。在县委老干部局局长袁万德陪同下，深入到正县级以上老领导及困难老干部家中进行一一看望慰问。杨丽萍与老领导们亲切交谈，仔细询问他们的身体状况、家庭情况及有何困难和要求，并把慰问金亲自递到老干部手中。

【老干部工作调研】 县委老干部局积极开展工作调研。一是集中3月至6月，分6个调研组深入到老干部学习组（党支部）及老干部家中，围绕了解老干部中党组织建设和学习活动的基本现状、在贯彻落实《江川县离退休干部服务管理办法》中存在的困难和问题、老干部政治和生活两项待遇的落实情况、对老年大学和老干部活动中心在办学和开展活动中的期望和需求以及各级党政组织对老干部工作的意见和建议等方面进行深入调研；二是积极研究探索新形势下管理服务好老干部的新思路、新途径，找准工作中的热难点问题，切实解决了老干部工作中的新情况和新问题；三是积极撰写调研报告，共写专题调研报告2篇。

【王建新到江川调研老年服务设施建设】 2013年9月4日，省民政厅副厅长王建新在中共玉溪市委组织部副部长、市委老干部局局长周俊及江川县人民政府副县长牛旺林等陪同下到江川老干部局随机调研老年服务设施建设。王建新一行实地查看了解江川老干部活动中心和老年大学的场所建设情况，对如何加强老年服务设施的建设和管理工作提出具体要求。

【老干部党组织建设】 一是结合实际科学设置党支部，全县共成立老干部党支部75个，负责管理1453名老党员；二是根据老干部的健康等条件适时调整老干部党支部负责人4人；三是健全完善活动记录、考勤等各种规章制度，使老干党支部规范化、制度化；四是做好基层党组织“整改提高晋位升级”工作；五是采取多种形式对老干部党支部书记进行培训学习，丰富提高理论知识和工作能力；六是因人因事制宜，在老党员中开展互勉、互励、互敬、互帮的以老帮老活动；七是认真做好随机调研、党员积分制考核管理以及支部工作手册、党员先锋行为手册的管理和使用工作；八是切实抓好中心理论组学习；九是切实做好老干部党员党费的收缴和返还工作，保证活动的正常开展。

【表彰先进单位和个人】 1月7日，江川县委老干部局召开大小组长和先进代表会议，对在2012年老干部工作中涌现出来的江城镇老干部学习大组等6个先进单位和王平道等10个先进个人给予表彰。县委老干部局党委书记郑吉来、局长袁万德、县纪委第一纪工委书记张竹会及县老年大学校长陈金才等领导参加表彰会，并为先进单位和先进个人颁奖。

【敬老月活动】 承办好县委政府于10月11日在江川宾馆召开的经济形势通报暨敬老节慰问大会，县委书记马文龙作重要讲话。各级各部门结合自己的实际，以通报情况、召开座谈会、走访看望慰问和开展文体活动等形式组织广大离退休干部欢度敬老节，用实际行动关爱老干部。由局长、副局长亲自带队，组成慰问小组，看望慰问2013年满70、80、90、100周岁的老干部102人和瘫痪、身患癌症等特殊情况的老干部54人。做实做细老干部平时生病住院看望和病故老干部遗属的看望慰问工作。共开支经费2.41万元。

【贯彻执行老干部政策】 按照玉组通〔2008〕12号文件，为9位瘫痪或其他原因生活不能自理的离休干部办理固定陪护费。

【为老干部订阅学习资料】 为保证老干部学习内容丰富、活动形式多样，不断提高老干部的政策、理论水平县委老干部局给学习大组、支部及每个老干部党员分别订阅《云南日报》、《云南老年报》、《党的生活》报刊杂志，保证老干部组织和每个老干部有一份学习资料，开支经费12.7万元。

【老干部来信来访】 县委老干部局对老干部的来信来访严格执行行政问责制度，坚持以政策和法律法规为依据，耐心、认真、细致对待每一件来信来访案件，决不推诿。做到件件有落实，事事有回音，不能落实的，及时请示汇报，给予明确、清晰的答复，让老干部高兴而来，满意而归。2013年共接待老干部来信来访4件，主要涉及退休金、高龄补贴、住房补贴、医疗费统筹标准和家庭纠纷等，均按政策给予满意答复，未出现越级上访现象。

【老干部日常管理】 县委老干部局注重抓好老干部平时活动。一是强化管理，优化服务，自觉当好老干部的“勤务兵”。二是对老干部做到热心、耐心和细心，把他们当作自己的长辈和亲人，让他们充分感受到“家”的温暖。三是积极开展有益身心健康的各种文体活动，最大限度的满足老同志的精神文化需求。在正常开展象棋、扑克、桥牌、麻将、乒乓球、台球、健身等活动的同时，利用元旦、“五一”、“七一”、“十一”及重阳等节日组织老干部开展丰富多彩的文体娱乐比赛活动。全年共举办各项比赛4次，出板报4期。五是投资20万元，历时1个月完成对活动中心维修，改善和优化老干部的学习活动环境，排除安全隐患，确保老同志们的安全。老干部活动中心充分发挥了阵地功能，拓宽了活动领域，使更多老同志从家中走出来、玩起来、乐起来。

【办好老年大学】 老年大学紧紧围绕“接受终身教育、陶冶精神情操、提高生命质量、欢度晚年生活”的办学宗旨，造就有自尊、自立、自强精神的新一代老年群体开展教育教学工作。2013年开设舞蹈、胡琴、声乐、书法、太极拳·剑5专业10个班，在校人数797人。在抓好正常办班的同时，注重组织开展各种丰富多彩的文体活动，展示老年大学学员风采，宣传老年大学，取得较好的社会效益。一是办学中注重加强教职工的管理，增强责任意识、服务意识；二是召开教学工作会，集思广益，不断探索学校管理和发展思路，共同研究和探讨办学的新路子；三是组织500多名学员参加庆祝中国共产党92岁生日和第九届开渔节文艺演出；四是办好老年大学校刊，2013年出版校刊1期。

【队伍建设】 以“创建老干部满意之家”为目标，围绕创建“五个好”党支部和“五带头”优秀党员的基本要求，不断提升自身综合素质，增强全心全意为老干部服务的思想意识。一是坚持每周一次政治业务学习，每月一次党员学习，提高工作人员的思想素质和业务工作能力。二是认真搞好工作的调研、宣传和信息报道。全年编发《老干部工作简讯》27期，加强对江川县老干部工作及再作奉献的老干部先进事迹的宣传报道。上报调研报告《建立完善离退休干部共享改革发展成果机制探析》和江川老干部积极为社会作奉献材料《岗位无位人有为》。三是召开专题会议研究干部作风转变问题，提出七条整改措施。四是以会代训组织大小组长和支部书记进行学习培训6期，参训人员490余人次。五是组织5人参与省市老干部局举办的老干部党支部书记读书班。六是对年龄偏大，身体较差，不能胜任老干部工作的14位老干部党支部书记、学习小组组长进行调整；七是各老干部学习组、党支部统一建立老干部名册、考勤表、学习活动记录本，做到制度健全、管理规范。

（汪丽娟）

宣　传

【概　述】 2013年，宣传思想文化工作在县委的坚强领导下，坚持围绕中心、服务大局，积极唱响“环境优先、兴园强工、建设新城、做美生态”的主旋律，全面推进理论武装，加强舆论引导，全方位、多领域、大视角展示全县经济社会发展的丰硕成果；深入开展精神文明建设，扬正气、树新风的文明风尚加快形成；加大渔文化、水乡文化、青铜文化等系列文化旅游、文化产业品牌宣传力度，赢得了各界广泛赞誉，对内凝聚

发展合力，对外展示良好形象，为建设富裕和谐美丽新江川提供了强大的思想保障、精神动力、舆论支持和文化条件。

【理论武装工作】　为促进中心组理论学习制度化、规范化管理，于2013年1月修改完善《进一步完善县委中心组学习工作的意见》、《县委中心组理论学习制度》等规定。结合江川经济社会发展形势和特点，采取统一计划、集中学习、专题研讨、参观见学等方式，认真组织形势政策、经济建设、环境建设、作风建设等4个方面9个主题的系统学习，使大家就如何在新形势下抓住机遇，努力赶超，实现跨越发展，如何转变经济发展方式，建设生态文明美丽江川等工作有了进一步的理解。认真抓好各党（工）委（党组）和7个村级党总支中心组学习试点督导；持续抓好理论武装大众化工作，以学习宣传贯彻十八大精神为主题，深入学习贯彻省委九届四次全会、市委四届三次全会，县委十二届三次全会及"两会"精神，成立宣讲团，深入基层宣讲14场次，参与听众4000多人次；组织开展"中国梦·劳动美"宣讲活动24场，6000余人次参与教育；构建基层学习平台和教育阵地，组织34名大学生村官兼任村级文化指导员；办好领导干部学习讲坛，全年共举办专题讲座9期，讲授15个专题，受训科级以上干部3300人次；围绕"生态文明美丽江川"建设，组织宣传思想文化系统就理论武装、舆论引导、推进文化兴县和旅游活县、提高工作科学化水平等内容开展系统征文活动和专题调研，撰写各类研讨文章90篇，为促进江川跨越发展提供有力的理论支撑。

【宣传舆论引导】　围绕县委十二届三次全会、县人大十五届一次会议、县政协八届一次会议精神，进行全方位、多角度报道，为全县人民提供强有力的思想动力和精神支柱。围绕江川县经济社会发展重点，紧扣抚仙湖退田还湖、烤烟生产、拆临拆违、美丽乡村建设、农村环境卫生综合整治等重、难点工作开展系列宣传报道。组织新闻媒体集中推出"落实县委工作会精神，推动美丽江川建设"专栏，对各乡镇、街道和部分县属部门进行专访，制播专访节目11期。围绕仙湖锦绣、九龙晟景、工业园区、古滇国商贸城等重点项目建设，开办《关注重点项目》专栏，进行适时跟踪报道，为项目顺利推进创造良好的舆论环境。江川电视台、江川人民广播电台、玉溪日报江川专版、江川新闻网等媒体共制作播出各类新闻稿件9185篇，专栏节目739期，公益广告5000余条（次）。

【精神文明建设工作】　以社会主义核心价值体系建设为核心，以公民思想道德建设为主体，广泛开展"讲文明树新风"活动，积极组织"三八"维权、春节困难职工慰问，营造文明祥和的节日氛围。认真组织干部、职工、青少年参观青铜器博物馆、烈士陵园、档案馆等爱国主义教育基地，进一步激发全县人民爱国主义热情。2013年12月5日，由县文明办组织并成立志愿者服务协会，积极组织开展"学雷锋"、"保护母亲湖"等志愿服务活动。以未成年人思想道德建设为重点，深入开展普法教育，购买法律知识读本1390册发放到农村青年和厂矿职工，邀请省第三劳教所领导和劳教人员到江川二中、江城中学、路居中学和上头营学校进行"现身学法"，使5047名师生受到教育。注重农村青少年文体科技活动场所建设，成功申报前卫中心小学乡村少年宫建设项目。继续开展"红歌进校园、童心永向党"歌咏活动，组织全县中小学校在"我们的节日"传唱爱国歌曲、优秀童谣和本地特色歌曲。成功举办第九届"红土地之歌"暨首届"中国梦·我的梦"演讲大赛，1名选手荣获省演讲大赛2等奖。广泛开展群众性精神文明创建活动，大力推进社区、村镇、家庭、校园文化建设，持续抓好"生态文明之家"和文明单位创建活动，2013年确定的8家企业、单位通过创建，申报省级文明单位10家、省级文明村4家。积极推进农村精神文明建设示范村创建，九溪六十亩村和雄关乡白石岩村通过文明示范村验收，在环湖4个乡镇（街道）7个自然村（隔河、胡家湾、秦家山、大沙咀、小凹、下河咀、河咀）开展环湖文明走廊创建工作。

【文化建设工作】　以改善基础设施建设为抓手，投资360万元对江川影剧院进行修缮改造，投资150余万元对博物馆进行提升改造，确定文化馆修缮方案；开展"三下乡"（文化、科技、卫生）活动，组织春之声协会、星火文艺协会、江城文艺协会为当地百姓送上精彩的文艺演出；利用春节等重大节日，在县城、乡镇分别组织地方特色文艺、民俗文化、军营文化街头巡演，邀请玉溪滇剧团、云南花灯剧院送戏下乡，让广大观众享受到节日丰盛的文化大餐；组织参加玉溪市第三届聂耳音乐合唱比赛，并荣获一等奖、最佳指挥奖；大力发展文化产业，2013年12月11日，由县文产办组织承办并成立江川县铜器工艺商会，在第九届深圳文博会上与龙湖地产云南分公司签订《中国·云南·江川"仙湖锦绣"一期项目建设合同》，签约金额100亿元，金色抚仙湖九龙国际会议中心进展顺利，累计完成投资6.40亿元；推荐江川泥塑、彝族撒弦2个项目为市第三批非物质文化遗产；完成云南省少数民族传统文化抢救保护项目"月琴演奏"上报工作；组织4家企业参加省文博会，陆培兴以作品《阴阳壶》获省级金属工艺大师称号。县委、县政府下发《江川县文化事业发展扶持奖励办法》，办法明确从2013年开始每年县财政安排100万元，专项用于扶持文化事业发展。

【对外宣传工作】 创新推介渠道，把新闻外宣、旅游外宣、文化外宣、经贸外宣、典型外宣、节庆外宣有机结合起来，不断拓展江川县外宣工作的广度和深度。精心策划，周密实施，出色完成云南首部大型高清剧情纪录片《消失的古滇王国》的摄制工作，并于2013年2月18日至21日在央视9套纪录频道、央视中文国际频道《国宝档案》栏目连续4天播出，首次向观众复原展示2000年前古滇王国的历史、生活场景；配合湖南电视台成功制作了反映江川渔文化和人文文化的电视专题片《嗑瓜子的神鱼》（2013年1月22日播出）、《神秘药方》（2013年2月6日播出）；围绕服务江川经济建设，制作发行《滇国故里，水乡江川》宣传片；2013年8月25日在《光明日报》刊载反映江川古滇文化及铜器制造工艺的稿件《江川铜艺》，不断提高江川的知名度和美誉度。进一步完善外宣工作机制，出台《江川县新闻宣传工作奖励办法》，从奖励对象、奖励范围、奖励设置及标准、奖励实施等九个方面作明确规定，使奖励办法更具科学性、合理性和可操作性；新闻宣传应急和处置机制进一步完善，较好地处置西部法制报对江川采石场污染环境、经营证照不全，中国青年报对抚仙湖周边旅游、房产项目污染抚仙湖，农贸市场改建后商户罢市、网曝抚仙湖管理局粗暴执法等新闻事件，形成多部门参与、联动的预警机制和处置机制。

（朱学高）

统　战

【概　述】 2013年，县委统战部以贯彻落实省、市统战部长会议精神为主线，紧紧围绕县委、县政府中心工作，认真履行统战工作职能，突出民族工作两个“共同”主题和宗教工作“四句话”基本方针，进一步拓展服务领域，整合人才资源优势，广聚人心，汇集众力，为实施江川县“五大”战略和实现“翻两番、增三倍、促跨越、奔小康”目标提供广泛力量支持。在全省信息直报点工作中获三等奖、全市统战工作目标管理考核中获一等奖。

【春节慰问】 在春节来临之际，县委统战部于2013年1月15～27日，到大街、雄关、路居、江城、安化、前卫等乡镇对1名定居台胞、1户归侨、4名困难起义投诚人员、4户困难台属、2户困难侨眷、4名黄埔同学会员及遗孀、1名黄埔同学会员联络员、7名退休人员开展春节走访慰问活动，为他们送上慰问金、慰问品和大米等，把党和政府的关怀送到他们家中。

【市委统战部、市侨联领导到江川慰问困难侨眷】 2013年1月28日，市委统战部副部长、市侨联党组书记龙兰，市侨联副主席谭风等，在县政协副主席、县委统战部部长刘跃宁等陪同下到大街、路居等乡镇（街道）走访慰问江川县困难侨眷。走访慰问困难侨眷10户，每户发给慰问金500元。

【玉溪市第四届政协委员提名协商工作】 2013年2月，政协玉溪市第三届委员会届满，按照《中国人民政治协商会议章程》相关规定，将按期进行换届。按照界别设置、名额分配等，江川县共提名协商玉溪市第四届政协委员13名，其中：科学技术界2名、经济界3名、农业界2名、教育界2名、医药卫生界1名、宗教界1名、特邀界2名。13名委员中，中共党员4名，非中共党员9名，妇女4名。

【全县统战、民宗工作会议】 2013年4月9日，江川县召开全县统战、民宗工作会议。县级相关部门负责人、乡镇党委（街道党工委）分管领导及统战委员、党外干部活动组及党外知识分子联络点负责人、宗教团体以及宗教活动场所负责人等70余人参加会议。市民宗局副局长董存志，县委副书记张金翔，副县长、县公安局长牛旺林出席会议并讲话。县委统战部副部长、县工商联党组书记徐丽华作工作报告。报告指出，2012年在县委、县政府的领导下，江川县统一战线工作高举爱国主义和社会主义旗帜，牢牢把握大团结、大联合主题，认真贯彻党的统一战线方针政策，紧紧围绕全县改革、发展、稳定大局，凝聚人心，汇聚力量，开拓创新，扎实工作，实现了工作思路有创新，难点工作有突破，重点工作有亮点，自身建设有加强，民族宗教工作取得新突破，海外联络工作取得新成效，非公经济工作得到新发展，党外代表人士工作取得新成绩，统战信息宣传工作上台阶。报告提出，2013年全县统一战线工作要立足新起点、谋划新发展；要认真学习贯彻党的十八大精神，准确把握十八大对统一战线工作新要求，深刻领会统一战线重要法宝的新阐述，深刻领会一致性和多样性关系的新思想；进一步抓好经济领域统战工作、新形势下的民族工作、宗教领域的重点难点工作、党外代表人士工作、海外统战工作、宣传调研工作；要强化保障，不断强化组织领导、完善大统战格局、改进工作作风、加强自身建设，提高统一战线工作科学化水平，为推动江川经济社会科学发展和谐发展跨越发展作出新的更大的贡献。会上，对2011年统战、民族宗教工作成绩突出的大街街道等乡镇进行表彰。张金翔、牛旺林分别代表县委、县政府与七个乡镇（街道）签定《江川县统战、民族宗教系统2013年工作目标管理责任书》。

【杜吉到江川调研宗教工作】 2013年7月25日，省宗教局副局长杜吉在市民宗局副局长周光文陪同下到江川北山寺、孤山瀛海寺等宗教场所调研江川宗教工作。通过与活动场所管理人员进行座谈、交流，详细了解活动场所的安全管理、财务管理、教职人员情况等，杜吉对江川宗教工作给予肯

定，并对下一步工作提出要求：勉励北山寺继续发扬艰苦创业精神，争取崇林寺庙建设目标早日实现；认真开展以"教风"为主题的和谐寺观教堂创建活动，并加强组织领导，规范教规教仪，正信正行，树立佛教界社会形象；加强寺院的安全管理，落实安全主体责任，开展安全生产大检查，确保财产安全；规范财务管理，不出现因财务问题引发的矛盾纠纷，确保社会稳定。

【黄埔军校建校89周年纪念活动】 2013年6月16日是黄埔军校建校89周年纪念日。为弘扬黄埔精神，县委统战部根据江川县黄埔同学会员年龄大、行动不便等实际，组成以副部长宋家有为组长的慰问小组深入尚健在的3名黄埔同学会员家中开展走访慰问活动，向他们送上节日慰问和祝贺。

【县政协委员届中调整】 由于人员变动等原因，江川县第八届政协委员进行界中调整，免去3名政协江川县第八届委员资格，新增补6人，其中中共界4人、经济界1人、特邀界1人。

【党外代表人士工作】 为全面贯彻落实《玉溪市关于加强和改进新形势下党外代表人士队伍建设的实施意见》，切实做好江川县党外人士的培养、举荐和使用工作，县委统战部以抓党外代表人士的学习、抓党外代表人士的使用为关键，着力加强党外代表人士队伍建设。一是加强学习，提升党外代表人士的理论素养。以党外干部活动组和党外知识分子联络点为平台，组织党外干部、党外知识分子深入学习党的十八大精神，全面领会十八大精神实质和重大理论观点、重大战略思想、重大工作部署，不断提高党外代表人士的政治理论素养。二是制定党外人才年度培训计划，加强对党外人士的政治理论教育。三是抓住政府、人大、政协换届契机，深入贯彻落实中共中央《关于加强新形势下党外代表人士队伍建设的意见》及省、市相关会议精神，认真履行职责，牢牢把握换届中党外人士安排相关政策及要求，切实做好党外代表人士的政治安排工作，确保党外人士政治安排比例、党外干部实职安排及党外后备人才队伍梯次结构有新的突破。全县173名县人大代表中，有党外人大代表44名；23名人大常委会组成人员中有党外人士4名，比上届增加2名；有党外人大副主任1名；县政府党外副县长1名。全县165名政协委员中，非党政协委员107名，占委员总数的64.85%，比上届的106名增加1名；29名政协常委中，党外20名，占常委总数的68.96%，比上届的18名增加2名；4名县政协副主席中，党外2名，占副主席总数的50%。四是抓好党外干部的跟踪、考察和提名推荐工作，党外干部的提拔使用有了新突破。截至2013年11月底，全县有副科实职以上党外干部47名，比上年增加5名，其中：副县级4名，正科级9名、副科级34名。五是抓调研，做好人才储备工作。县委统战部按照"动态管理、按需选配"的原则，积极做好党外人才储备工作。通过摸底调查、单位推荐、党组织审核把关，统战部根据政策性和代表性要求等环节，建立36名党外后备干部、47名科级党外干部、170名党外知识分子基础信息库，实现党外人才动态、长效和规范化管理。

【非公经济领域统战工作】 一是以非公经济代表人士综合评价为载体，进一步拓宽非公经济代表人士的政治参与渠道。县委统战部积极牵头，组织税务、工商、公安、安监、纪检监察、金融、劳动保障等部门，严格按照综合评价标准，开展非公有制经济代表人士综合评价工作，并将综合评价结果有效地运用到党外代表人士的政治安排中。在2013年换届中，共对30名政协委员中的非公有制经济代表人士进行综合评价，且综合评价均达B级（合格）以上。二是抓培训，进一步提高非公经济代表人士综合素质。为进一步提高江川县非公经济代表人士综合素质，县委统战部联合县工商联，于10月31日举办一期300余人参加的全县非公经济代表人士培训会，培训聘请成功国际教育集团专家毛鹏宇围绕非公经济人士如何做人、做事、做企业进行讲解和实例解析。三是配合工商联开展小微型企业情况摸底调查，帮助小微型企业解决资金困难问题。2013年，积极配合县工商联做好劳动密集型企业贷款和贷免扶补工作，帮助12户小微型企业实现劳密贷款，每户金额200万元，共计2400万元；做好创业资金的管理、发放工作，共对500名首次创业人员发放创业贷款2500万元。四是抓好非公有制经济人士理想信念教育实践活动，进一步加强和改进非公有制经济人士思想政治工作。按照省、市非公有制经济人士理想信念教育实践活动动员会议精神，根据玉非教〔2013〕1号《关于在全市非公有制经济人士中深入开展理想信念教育实践活动实施意见》，制定出台江川县《关于在全县非公有制经济人士中深入开展理想信念教育实践活动实施方案》，成立江川县非公有制经济人士理想信念教育实践活动领导小组及办公室，并于6月8日召开动员会，部署安排教育实践活动工作。活动中，县委统战部主要抓好宣传引导、专题学习教育、调研指导、同心创建等活动。通过召开座谈会、发放宣传资料等，全方位营造活动氛围；通过开展形势报告会、政策宣讲，引导广大非公有制经济人士坚定中国特色社会主义共同理想，进一步激发非公经济人士创业热情和创业精神，着力培养一支高素质非公有制经济代表人士；通过开展非公企业尤其是小微型企业发展现状、政策落实情况专题调研，注重帮助解决影响和制约非公企业特别是小微型企业发展中的困难和问题，引导非公企业科技创新、转型升级、科学发展；组织非公企业参与人才招聘周活动，为12家非公企业解决企业用工51名；组织铜器工艺制品企业代表负责人到通海、华宁等地参观考察，进一步提升江川县铜器工艺制品品质和质量；动员非公经济人士积极参与感恩行动、金秋助学等活动，引导非公经济人士自觉履行社会职责。活动开展以来，云南宏斌绿色食品有限公司、云南红塔包装实业有限责任公司、江川县瑞星化工有限公司、江川县永丰活性钙业有限公司、玉溪天丽食品有限公司等捐资6.5万元，用于山区村组希望水窖建设，解决山区抗旱及生产用水；江川县工商业联合会昆明江川商会组织相关人士为安化乡文化站捐赠图书10000余册；玉泉融资担保公司向“聂耳文化周”组委会捐款60万元；组织非公经济人士开展爱心捐助活动，共收到捐助资金8万元，用于光彩助学、助残等活动，现已资助7名大学生圆大学梦。五是建立统战系统领导干部联系非公有制经济代表人士制度，共确定重点非公经济代表人士13人，明确联系领导、联系职责、工作任务等。六是指导非公企业党组织抓好制度建设，使非公经济党组织工作经常化、制度化、规范化。

【民族宗教工作】 一是加强民族团结教育，促进民族关系和谐。根据省教育厅、省民委的安排和要求，与县教育局共同制定下发2013～2014学年民族团结教育工作方案，在全县中小学有序开展民族团结教育活动，按照“三有五落实”的要求，把民族团结教育贯穿整个教育教学过程中。二是加强协调，努力争取项目资金解决少数民族和民族地区经济社会发展中的困难和问题。通过调研，认真制定项目规划，建立项目库等，完成2013年省、市少数民族补助资金项目规划、申报、立项等工作。完成安化彝族乡光山村委会“民族团结示范村”综合用房、文化活动室等6个规划建设项目。争取九溪镇罗合白村为2014年民族特色旅游村寨建设项目。三是继续做好民族文化传承与保护工作，推进民族文化发展。历时半年，聘请8位民间文学创作者，耗资7.8万元，与县文联联合编印的《江川彝族口传文学集》刊印出书；收集上报少数民族非物质文化遗产中的安化彝族“月琴演奏与制作”保护项目。四是积极稳妥化解民族宗教领域各类矛盾纠纷。一年来，县委统战部坚持“团结、教育、疏导、化解”的方针，认真开展经常性的矛盾纠纷排查调处工作，及时发现、调处各种隐患。全年在少数民族地区和宗教活动场所开展生产、消防安全大检查3次，及时排查消除隐患22起。五是以活动为抓手，促进宗教和谐。继续抓实在宗教活动场所开展爱国主义、法制宣传和科普知识进宗教活动场所活动。活动主要以现场宣讲、座谈、发放宣传资料为主，全年共开展宣讲3场，举办座谈4次。启动在宗教界开展以学习贯彻党的十八大精神为主题的“宗教政策法规学习月”活动和以“教风”为主题的“和谐寺观教堂”创建活动，编印下发十八大精神、宗教政策法规等综合学习材料25份。在“和谐寺观教堂”创建活动中，江川县北山寺被中央统战部、国家宗教事务局表彰为第二届全国创建和谐寺观教堂先进集体。组织活动场所教职人员和管理人员进行知识问答考试1次，不断提高广大教职人员和信众的政策水平和法律意识。与政法委、统计局联合组织民间宗教信仰调查问卷，共对3个乡镇按人口1%的比例发放问卷1198份，为宣传党的宗教政策、了解掌握群众对宗教和邪教的认知情况起到积极作用。完成江川县宗教教职人员认定备案工作。举办一期以宣传党的宗教政策法规和财务管理为主要内容的宗教团体、宗教活动场所负责人培训会，进一步学习贯彻党的宗教方针以及国务院《宗教事务条例》，抓好《宗教活动场所财务监督管理办法》的贯彻落实，规范宗教团体、宗教活动场所财务管理，不断提高宗教教职人员的政策法律水平和依法行政能力。继续在宗教界开展“宗教慈善周”活动，制定下发活动方案，对活动开展的时间、内容等提出相关要求。六是切实帮助宗教界解决实际困难。针对3个临时活动点没有自己的活动场所的实际情况，积极组织项目上报，筹措资金，并加强与当地镇、村组织协调，争取在建设用地等方面的支持。至2013年底，左卫基督教活动点、前卫牌坊活动点用地正在协调中。积极参与指导宗教活动点活动，确保活动安全有序开展。七是加强教育管理，引导宗教团体发挥积极作用。帮助指导宗教团体和宗教活动场所结合各自实际，制定完善《宗教活动场所学习制度》、《宗教活动场所财务管理制度》、《宗教活动场所管理人员职责》、《宗教教职人员职责》等制度规定，使宗教团体和宗教活动场所真正实现机构健全、制度完善、职责明确、管理民主、活动规范。八是建立统战（民宗）干部联系民族、宗教界代表人士制度。共确定民族宗教重点联系对象5人，主要采取走访、专题调研、电话交谈、个别约谈、会议座谈等形式开展联系。

【侨务对台工作】 县委统战部按照上级部门的要求，结合江川县实际，将广交朋友、联络感情、增进友谊、扩大影响作为工作的出发点，认真做好侨务及对台工作。一是扶持2户困难侨眷开展侨务扶贫工作，共扶持资金1万元。二是开展涉台和侨务政策宣传活动。为帮助全县广大干部、学生及时了解两岸关系发展和对台工作开展情况及海外统战工作情况，增强广大干部、学生对祖国统一大业的责任感和使命感，增强江川县涉台和侨务政策宣传教育的针对性和实效性，积极营造全社会关心支持和参与对台和侨务工作的良好氛围，县委统战部于2013年6～9月在全县机关、乡镇（街道）、学校开展涉台和侨务政策宣传教育活动。成立以统战部副部长、县工商联党组书记徐丽华为组长，副部长、侨台办主任宋家有为副组长，相关人员为组员的宣传教育活动领导小组；制定活动实施方案下发到县属机关、乡镇（街道），明确开展宣传活动的指导思想，宣传教育内容、方法、时间安排、具体要求等。整个活动以墙报、板报、专栏、印制分发宣传册（宣传单）、悬挂张贴标语、召开座谈会等形式开展活动。此次活动共召开座谈会7次、出墙报板报34期（次）、印发宣传资料1万余份、张贴标语70余条。三是实行统战干部联系港澳侨台代表人士制度。为切实做好江川县港澳侨台代表人士统战工作，及时了解全县港澳侨台代表人士的思想动态，帮助港澳侨台代表人士解决工作、生产和生活中的实际困难和问题，县委统战部实行部领导联系港澳侨台代表人士制度。共确定港澳侨台代表人士重点联系对象12人，其中：侨眷5人、港属1人、定居台胞1人、台属5人。要求联系领导适时对联系对象开展走访、慰问、座谈等，加强联络和沟通，同时向他们宣传政策、法律，倾听他们的意见和呼声，做到“三个必访”（即：台胞、港澳同胞、国外侨胞回乡探亲必访，重大节日必访，联系对象家中有重大事项必访）。五是创造条件争取人心回归，制定具体工作举措，开展走访慰问、解决矛盾纠纷等工作。六是通过走访、调查，认真办理台胞信函1件，协调解决归侨房屋纠纷1件。七是协助市委统战部接待60余名台湾企业家及知名人士到江川参观考察，向他们介绍江川渔文化以及江川经济、地理、人文等情况，得到参观团成员的一致好评。

【统战宣传】 一是成立统战宣传工作领导小组，负责指导、协调、组织统战宣传各项工作，确保全年统战宣传工作的有序开展。二是结合江川县统战工作实际，制定全年统战宣传工作计划、统战宣传月活动方案等，明确全年统战宣传工作的指导思想、基本任务、宣传内容和工作要求，形成江统发〔2013〕13号《江川县委统战部2013年统战宣传工作计划》下发到乡镇（街道）和县属相关部门，为全年统战宣传工作扎实有效开展奠定基础。三是按照计划和方案开展形式多样的宣传活动。主要开展以学习贯彻党的十八大精神为主题的“宗教政策法规学习月”活动和以“教风”为主题的“和谐寺观教堂”创建活动、宗教活动场所教职人员和管理人员知识问答考试，民间宗教信仰问卷调查，法制宣传和安全宣传教育活动，涉台和侨务政策宣传活动，综治维稳宣传活动，统战宣传月活动，全国法制日宣传活动等；举办非公经济代表人士培训会、宗教团体和宗教活动场所负责人培训会等，通过发放宣传资料、宣讲、现场咨询等多形式的宣传活动，扩大统一战线工作宣传面，统一战线工作的影响力不断得到提升。

【信息及调研工作】 县委统战部把信息工作纳入部门工作目标考核，制定完善《江川县委统战部部门内部工作考核办法》、《江川县委统战部关于加强统战宣传和信息工作的实施意见》等，把全年信息工作目标任务细化、量化，明确到人，考核到人。截至2013年11月，共形成各类信息112条上报省委统战部，市委统战部，市民宗局，县委办、政府办等相关部门，其中：省委统战部《统战信息》采用2条、市委统战部《统战动态》采用35条、市民宗局《民族宗教信息》采用36条、《玉溪日报》采用7条。全年完成《江川县民间信仰情况调研报告》、《江川县民营经济发展思考》、《抓住换届契机全力推进党外代表人士政治安排有突破》、《加强宗教事务管理提高自身综合能力促进社会和谐》、《多措施助推我县统战信息工作上台阶》等调研报告和实践创新成果材料上报上级相关部门。

【省调研组到江川开展民族特色旅游村寨项目筛选调研工作】 2013年9月4日，由省民委、省财政厅、省旅游局组成的调研组到江川县九溪镇罗合白村调研2013年度民族特色旅游村寨建设项目。通过实地查看罗合白村古老传统的彝族民宅建筑，听取镇、村、组相关情况和项目实施进展情况汇报，观看当地彝族舞蹈表演和手工刺绣等，调研组对罗合白村深厚的民族文化底蕴和良好的生态环境给以高度评价，对项目选址、规划等准备工作给予肯定。

【半年工作调研督查】 为全面了解江川县2013年上半年统战（民宗）工作目标任务落实情况，及时发现和解决工作中存在的困难和问题，确保全年统战、民宗工作目标任务顺利完成，县委统战部（民宗局）组成督查小组，于2013年6月25～27日对7个乡镇（街道）开展以“促落实、增实效”为主题的基层统战、民宗工作调研督查活动。通过座谈、听取汇报、查阅资料台帐等，督查组针对各乡镇目标管理任务完成情况、工作进展情况以及存在的问题进行认真分析研究，提出加强薄弱环节的意见和措施。

【《江川县彝族口传文学集》编撰出版】 为保护和传承民族文化，在市民族宗教事务局的大力支持下，由江川县民宗局和县文联共同编撰的《江川彝族口传文学集》于2013年7月出版。《江川彝族口传文学集》包括民间故事、歌谣、谚语三大部分，其中：民间故事27篇，包括《造天造地造人》等神话2篇、《周公、桃花女和鬼谷子先生》等传说15篇、《大鼻子》等故事10篇；歌谣71篇，包括《管你百姓苦不苦》等时政歌3篇，《哭妻调》等人事歌5篇，《彝族闹房歌》等仪式、习俗歌6篇，《彝族敬酒歌》等情歌57篇；谚语26条，包括“爬惯的山坡不嫌陡，在惯的家乡不嫌丑”等。全书共143页。

【统战、民宗工作目标管理考核会议】 2013年10月22日，江川县召开乡镇党委副书记（副镇长）、统战委员、统战部（民宗局）全体人员参加的2013年度统战（民宗）工作目标管理考核会议，对全县7个乡镇的统战、民族宗教工作目标管理进行年度综合考核。会上，各乡镇（街道）对照年初签订的目标管理责任书进行总结自评，统战部（民宗局）各块分管领导进行点评，相关人员查阅台账资料进行打分。通过考核，评出一等奖1名、二等奖3名、三等奖3名。

【民族成份变更】 2013年共办理民族成份变更审查、收件、报批70人，其中：汉族变更为彝族44人、拉祜族7人、哈尼族18人、回族1人。

（矣树芬）

机关工委

【概　述】 2013年，机关工委按照县委党建工作会议的安排部署，牢牢把握“服务中心、建设队伍”两大任务，以党员分层量化积分制管理考核和党组织晋位升级为重点，认真落实党建工作责任制，着力推进县直机关党的思想、组织、作风和制度建设，为完成县委的中心工作提供组织保证。

【举办第23期入党积极分子培训】 机关工委于2013年2月21～22日在县委党校举办第23期入党积极分子培训，县直机关30名入党积极分子参加培训。开班典礼上，县委组织部副部长李德坤作动员讲话。

培训主要围绕党的十八大报告、新党章、党的性质和宗旨、党员基本条件及党的纪律等内容进行，采取集中听辅导课、测试、撰写学习心得等方式进行，授课教师结合国际国内形式进行讲解。

【深入基层党组织督促指导工作】 2013年3月19日机关工委、县委组织部对国税局、地税局、工商局、财政局等单位党组织进行党建工作的督促指导。重点检查“四群”教育工作、基层组织建设的相关资料、台账等。

通过督促检查，了解掌握基层组织建设的工作情况，同时发现台账管理不够规范、活动开展缺乏创新、抓党建与抓行政工作统筹协调不够好等存在的问题。机关工委书记杜正宁作要求：重视党建工作，党建工作开展不好会影响到行政管理服务的质量；要加大对党员思想的教育，在工作岗位上当好先锋、做好表率；要在抓党建工作中要与单位的工作职责相结合，进一步加强和改进机关党员的工作作风，力争党建工作取得更好成绩。

【举办党组织书记培训】 机关工委于2013年3月29日上午在县委党校举办党组织书记培训，50名县直机关党组织书记参加培训。县委党校副校长黄志伟作了《学习执政党理论，加强基层组织建设》的专题讲座。

机关工委书记杜正宁传达2013年县委党建工作会议精神，总结2012年机关党建工作，安排部署2013年机关党建工作，与47名党组织书记签订党建工作责任书。

【党员发展工作会】 按照《江川县2013年发展党员工作计划的通知》要求，机关工委于2013年4月16日上午组织召开党务工作会议，对2013年发展党员工作进行安排部署。

县委机关书记杜正宁传达《江川县2013年发展党员工作计划的通知》和关于对全县发展党员工作进行自查的文件精神，提出发展党员工作的重心在于严把质量、难点在于流程规范，科学管理党员队伍，提高党员素质修养，着力建设一支结构合理、纪律严明、作风正派和业绩突出的党员队伍。

工委副书记罗培珍就发展党员工作作具体要求：把发展党员作为党建工作的重点来抓紧抓实；注重年龄结构、性别比例、文化程度和少数民族等比列，对业务骨干、优秀青年和先进模范人物进行优先发展；发展党员流程一定要规范、合理，档案资料要齐全，入党志愿书、入党积极分子考察表要规范填写。

【开展多项活动庆祝“七一”】 “七一”建党节前夕，机关工委组织开展多项活动，庆祝党的生日。一是组织党员观看一场电影。2013年7月27日组织200名党员观看红色电影《建党伟业》，回顾党的历史，弘扬爱国主义精神。二是召开专题组织生活会。“七一”前夕，各单位党组织结合转作风提效能，开展以“联系群众服务基层”为主要内容的组织生活会，共有47个党支部按规定时间召开专题组织生活会，530名党员参加专题组织生活会。三是开展一次走访慰问活动。县直机关党组织结合“四群”教育、部门包村、“城乡互联、结对共建”等活动，组织党员干部捐款29854元，到包村联系点慰问困难党员、群众164人。四是掀起一场学习新党章热潮。机关工委采购50册新党章和50册基层党组织工作怎么做，分发到各单位党组织，使党务干部人手一册。在县直属机关掀起一场学习新党章的热潮。五是组织党员开展一次劳动。组织党员拿着笤帚、铲子、锄头等劳动工具，到包村联系点开展环境卫生整治和植树造林活动。

【发展党员工作】 根据关于发展党员总量调控的要求，机关工委研究分析发展党员的现状，规范入党程序，贯彻落实发展党员公示制、预审制、票决制、责任追究制等制度，严格把关，做好党员发展工作。2013年发展新党员10名，其中：35岁以下6名，占60%；妇女党员4名，占40%；10名均为大专以上学历。抓好预备党员的“回访”考察教育，对8名预备党员进行回访测试，审批预备党员转正16名。

【党员分层量化积分制管理】 机关工委结合机关实际，探索健全党员教育、管理的长效机制，推行党员分层量化积分制管理工作。一是加强领导，提高认识。工委成立党员积分制管理领导小组，指导督促各单位党组织党员积分制管理工作。二是征求意见，制定方案。工委在广泛征求各单位党组织和党员意见的基础上，制定下发《关于在县直属机关党组织范围内的党员积分考核实施方案和考核办法》，将党员学习、服务、参与活动的每一项工作都进行量化积分，将表现情况以累积分值的形式体现出来，量化积分考核指标。三是严格程序，做好考评。自开展党员积分制管理工作以来，工委严格按照“申报—汇总—核实—公示”四个步骤进行，要求党支部对每个党员积分情况实行一季一初评，半年一小结，年终一总评。党员积分实行量化管理，考核项目包括理想信念、学习培训、接受管理、发挥作用、自我约束等方面，分数由基础分、加奖励分、减违纪扣分构成，实行底线控制。党支部指定一名专职人员具体负责积分考评的落实工作，保管《党员先锋行为手册》，建立党员积分制管理台账，每季度对党员积分进行累计和汇总后，由考评组进行评定审核党员积的分值，并在党员大会上通报本季度党员考核情况，然后进行公示，公示后反映出来的问题，安排人员调查核实处理，确保党员积分考核工作公正、透明。四是督促指导，抓好落实。工委高度重视，狠抓落实，对所属党组织进行督促指导，指导单位党组织做好《党员积分制的卡》、《党员积分制台账》、《党员先锋行为手册》、党支部记录等工作，督促单位党组织考核领导小组成员要客观公正反映每个党员的问题，实事求是记录好党员的学习和工作情况。至2013年底已有47个单位党组织建立健全规范台账。

【召开薄熙来案件情况通报会】 2013年11月13日上午，机关工委在江川县影剧院召开薄熙来案件情况通报会，向县直机关全体党员通报中共中央关于薄熙来严重违纪违法案情况通报。杜正宁主持并向全体党员通报薄熙来严重违纪违法案件情况。县直机关共有47个党组织的党员参加，组织党员1000余名参加通报会。

【指导党组织开好民主生活会】 机关工委按照《关于开好2013年度民主生活会的通知》的要求，严把“五关”，力促民主生活会高质量完成。一是严把会前学习关。在会议召开之前，要求各单位党组织要认真组织党员干部深入系统地学习党的十八大以来中央、省、市和县委关于作风建设的有关规定，把思想和行动统一到县委的要求上来。二是严把准备工作关。会前，要求各单位党组织严格按照中央关于民主生活会制度的有关规定，采取交心谈心和发放征求意见表等方式，广泛征求领导班子及班子成员的意见、建议，认真查找领导班子及班子成员存在的突出问题，撰写好班子和成员的发言提纲。三是严把主题关。按照“照镜子、正衣冠、洗洗澡、治治病”的总体要求，以“为民、务实、清廉”为主题，以“反对‘四风’、服务群众”为重点，坚持严肃认真，实事求是，民主团结，紧密结合领导班子和领导干部思想和作风建设实际，组织召开民主生活会。四严把指导监督关。从2013年10月29日至11月30日安排人员对所属47个单位党组织进行指导监督，严格按照民主生活会议程召开会议，严防走过程。五是严把问题整改关。会后，要求各单位党组织对群众反映的突出问题、会上检查出来的和自己查找的主要问题进行分析，制定出整改方案和整改措施，明确整改任务和整改重点，强化整改措施的落实，提出整改时限，落实整改责任人。

【开展“四群”教育活动】 机关工委以切实转变机关干部工作作风，让领导干部明确到了“四群”教育应从单位领导班子做起，以身作则，彻底改变把发文件、召开会议当成抓落实的工作模式，变发动干部为发动群众，变动员机关为动员社会，促使党员干部继承和发扬党的优良传统，努力为群众分忧解难，率先垂范抓好“四群”教育活动。县直机关联户干部1180人，直接联系群众8707户，发放民情联系卡4126张，召开民情恳谈会140场次，收集意见建议452条，解决实际问题183个；组织随机调研组63个，开展随机调研120次，走访群众376人，走访基层干部420人。共为基层协调项目65个，落实项目资金1645万元，个人捐物捐资计30多万元。在开展“四群”教育活动中，共编写简报425期，上电视新闻125条、网络268条、报纸56篇。

【抓好基层组织分类定级】 机关工委把抓好基层组织分类定级，整改提高、晋位升级着为重点工作。搞好调查摸底，实事求是地对所属基层党组织进行分类定级，确定为优秀的党总支3个、一般的5个；优秀的党支部20个、一般的46个、后进的6个。针对县直机关确定为“一般”和“后进”的57个基层党组织组织，明确提出需要整改的问题，指导帮助整改提高。通过集中整改，实现无“后进”党组织，由“一般”党组织进入“先进”党组织6个，由“后进”党组织进入“一般”党组织6个，最终实现优秀的党总支4个、一般的4个；优秀的党支部25个、一般的47个。

【严格抓好组织生活】 机关工委把提高活动质量作为加强对党员教育、管理和监督的重要工作来抓。根据党和国家的路线、方针、政策和县委的中心工作，有针对性地安排好12个月的活动内容，指导基层组织过好组织生活。引导基层党支部创新党的组织生活形式。从实际出发，创新活动的内容和形式。注重督促检查。坚持督促检查每月开展的党员活动日情况，定期检查党总支、支部开展组织生活情况。

【基层党组织班子建设】 机关工委按照新《条例》的要求，加强总支、支部班子建设，根据人事变动、支部建设和党员管理状况，及时派人深入有关总支、支部指导选举、改选和新建，适时帮助选好配强党总支、支部班子成员。2013年共对3个党总支、20个党支部进行补选、改选；新建党总2个，党支部8个，撤销党支部2个，涉及班子成员71名。加强了机关基层党组织班子建设。

【组织工作创新】 机关工委为推进组织工作创新和党建示范点创建，探索党组织和党员发挥作用的新途径，申报“加强党员教育管理，提高工作效率”的党建创新项目。下发《关于在县直属机关党组织中开展“加强党员教育管理，提高工作效率”活动的实施方案》在县直机关党组织中具体抓好落实。

【党员民主评议工作】 从2013年11月下旬至12月底，工委下辖10个党总支，76个党支部，共有党员1064名，按要求开展民主评议党员。参加这次党员民主评议的党支部有76个，参加民主评议党员1033名，占全体党员总数的97.08%。有31名党员未参加评议（原因是有7名党员因事请假，有5名大中专毕业生转到父母亲单位外出打工不能参加党员评议，有16名预备党员没有作评议，有1名给予党内警告处分和被纪检机关正在查处的2名党员没有作评议）。评出合格党员1033名，优秀党员202名，已进行表彰127名。

【县直机关关工委工作】 机关工委对机关关心下一代工作很重视，对机关关心下一代工作抓好落实。针对单位人员调整、退休等原因，关工委班子成员变化较大的实际，机关工委下文对县直机关单位31个关工委班子进行全面调整充实，解决了有人办事的问题。二是下发通知安排布置2013年县直机关关工委工作，特别是对暑假“夏令营活动”和助学兴教作了要求。三是组织开展夏令营活动。从2013年7月26日至8月22日，县直机关20个单位共开支经费11.7万元，组织925名中小学生开展夏令营活动。四是组织开展捐资助学献爱心活动。工委下发《县直机关关工委2013年工作意见》，要求各单位组织开展系列助学兴教活动。县直机关22个单位共向41所中小学校学生投入助学兴教资金41万元，捐物209件，折合人民币21万元，两项合计投入助学兴教资金62万元，比上年30万元增加32万元。资助特困残疾人家庭学生、残疾学生、大中小学贫困学生583人。

（赵连江）

党校教育

【概　述】 2013年中共江川县委党校、江川行政学校、江川社会主义学校紧紧围绕中央精神、围绕县委中心工作，以邓小平理论、“三个代表”重要思想和科学发展观为指导，深入贯彻党的十八大精神，不断加强自身建设，充分发挥培训、轮训党员领导干部和学习、研究、宣传马列主义、毛泽东思想、邓小平理论、“三个代表”重要思想、科学发展观的两个阵地作用和干部增强党性锻炼的熔炉作用，完成全年的干部教育和培训任务，努力提高全县党员干部的理论素养和知识水平。

【举办直属机关工委入党积极分子培训班】 2013年2月21日至22日，中共江川县委党校与中共江川县直属机关工委联合举办江川县直属机关工委第23期入党积极分子培训班。培训班历时两天，主要对县直属机关工委的33名入党积极分子进行培训。培训班采取自学、课堂辅导和考试的方式进行，党校教师黄志伟和龚正英为培训班学员进行授课。

【举办直属机关党组织书记培训班】 为进一步加强机关党的建设，提高全县机关党建工作水平，创建“学习型、服务型、创新型”党组织，使县直属机关党组织和全体党员成为江川县经济、政治、文化、社会、生态建设的先锋，2013年3月29日，县委党校与县直属机关工委联合举办江川县第一期直属机关党组织书记培训班。培训班对隶属于县直属机关工委的党组织书记或组织委员进行培训。培训涉及执政党理论知识、加强基层党组织建设等内容，党校教师黄志伟为培训班学员进行授课。

【举办玉溪市人寿保险公司第一期入党积极分子培训班】 2013年5月3日，玉溪人寿公司第一期入党积极分子培训班在县委党校举办。培训历时一天，主要对玉溪人寿公司全市八县一区的34名入党积极分子和各县分公司经理进行培训。培训班采取自学、课堂辅导和考试的方式进行，培训内容涉及党章、党史、党的十八大精神等内容。为保证此次培训圆满完成，县委党校多次召开班子会议，研究课程设置，安排后勤服务，督促任课教师认真备课。县委党校教师担任主要讲课任务，教师黄志伟和李拥军分别为培训班学员进行授课。

【配合举办江川县2013年创业培训】 县委党校配合江川县劳动就业服务局分别于2013年4月14日至2013年4月21日、2013年4月23日至2013年5月2日，在县委党校举办两期创业培训班。共有18个班，学员近600人，分为白班和晚班。县委党校选派具有一定管理经验、有责任心、能吃苦耐劳的教师担任班主任工作，负责班级和学员的日常管理和服务工作。党校教师

放弃平时、周末和“五一”假期的休息时间，与授课教师协同配合，圆满完成培训任务。

【举办首届青年干部培训班】 2013年8月11日至16日，县委党校配合县委组织部、共青团江川县委共同举办江川县首届青年干部培训班。培训班历时6天，来自全县各条战线的100名青年干部参加培训。培训班采取集中辅导、观看影片、座谈、组织实践活动等方式进行。在集中辅导中，邀请省、市相关专家、学者和领导进行授课，内容包括《十八大精神与“中国梦”，决定党的理想信念》、《学习水平决定工作水平》、《如何做好新形势下的群众工作》、《青年干部压力管理》、《怎样有效与媒体沟通引导社会舆论》、《管理哲学与管理艺术》、《剖析违法违纪案件，提高拒腐防变能力》等9个专题。

【举办江川县村（社区）“三委”班子领导培训班】 2013年6月17日至22日，江川县村（社区）“三委”领导培训班在县委党校举办。培训班分两期进行，第一期参加培训的是全县73个村（社区）新当选的党总支书记、村（居）委会主任、监督委员会主任以及各乡镇（办事处）党委副书记，共199人。第二期参加培训的是村（社区）新当选的党总支副书记、村（居）委会副主任以及各乡镇（办事处）组织委员，共128人。

培训班采取集中辅导的方式进行，邀请省、市、县相关专家和领导到会进行授课。培训内容涉及农村经济、社会、文化、政治和生态五个方面，包括“云南跨越式发展，农村怎么办”、“农村‘三资’管理”、“土地法律法规”、“以十八大精神为指导，推进村级干部行政能力建设”、“关于推进我县农村民主法制进程的几点思考”、“加强农村精神文明建设，建设美丽乡村”、“用好权、守好廉、尽好责，倾心建设美丽乡村”、“社会管理与维稳”、“加强基层党组织建设”、“农村住房建设规划”、“农村环境卫生整治”等11个专题。县委书记马文龙和县委常委、组织部长林清到会分别对第一期和第二期培训班进行动员讲话。

【举办村（社区）妇女干部培训班】 2013年6月27日，江川县第五届村（社区）妇女干部培训班在县委党校举办。培训班历时一天，培训对象为江川县新当选的95名第五届村（社区）妇女干部。培训内容包括“如何做好新时期基层妇女工作”、“建设农村生态文明、构建幸福美好家园”、“禁毒防艾知识”等。

【举办青年马克思主义者培养工程暨村（社区）团总支书记培训班】 2013年6月24日，2013年江川县青年马克思主义者培养工程暨村（社区）团总支书记培训班在县委党校举办。培训班历时一天，邀请省、市、县相关专家和领导到会为参会的90多名基层团总支书记和青年马克思主义者进行培训。

【党课教育】 在建党92周年之际，2013年7月1日上午，县委党校副校长、高级讲师黄志伟应邀到县环保局，以“学习执政党理论知识，实现民族复兴‘中国梦’”为题，为环保局30多名干部职工进行授课。

【林业局电脑基础知识培训】 4月8日至18日，利用11天的时间，县委党校为江川县林业局干部职工举办电脑基础知识培训。培训班分两期进行，每期培训5天时间，采取边教学边操作的方式，41名林业干部和职工参加培训，培训结束后进行考试。

【举办残疾人电脑基础知识培训】 6月24日至29日，县委党校与县残联联合举办江川县2013年残疾人电脑基础知识培训班。根据残疾人的特点和需求，江川县委党校科学设置教学内容，合理安排授课时间，热情周到服务。通过5天的培训，来自全县不同乡镇的26名残疾人基本掌握使用电脑的基本知识。

【十八大精神宣讲】 2013年，由县委党校教师组成的党的十八大报告宣讲小组继续开展党的十八大精神宣讲。2013年3月8日上午，县委党校选派党校教师、县委“十八大精神宣讲团”成员黄志伟在县委党校礼堂，以“十八大精神解读”为题，为来自江川县老年大学的100多名学员进行宣讲。

【“中国梦，劳动美”宣讲】 在江川县总工会和各系统、单位工会配合下，由县委党校教师组成的江川县“中国梦，劳动美”宣讲团，自2013年7月22日开始在全县各工会组织进行“中国梦劳动美”宣讲。至9月6日止，已在全县各系统工会宣讲14场，参与听众近2000人。

【十八届三中全会精神宣讲】 自2013年12月16～26日，由县委党校教师组成的中共江川县委党的十八届三中全会精神宣讲团两个宣讲小组5名宣讲教师到全县各乡镇（街道）、部门和单位开展巡回宣讲。共为来自全县89家单位、部门、企业和7个乡镇（街道）举办报告会18场，参与听众4000多人次。

【招考服务工作】 2013年，县委党校积极与相关部门配合，完成“2013年事业单位招考”的服务工作。

【对外服务】 2013年，县委党校深入完善各种服务体制，提高服务水平，积极接待各种会议、培训、考试36期，2000多人次。

【新闻采编工作】 2013年，县委党校教师冯孝忠完成《玉溪日报·江川专版》和《江川新闻网》的采访、摄影、撰稿、编辑等工作，为江川的对外宣传工作积极贡献力量。

（李拥军）

江川县人大常委会

【江川县第十四届人大常委会主任、副主任、委员名录】

主　任　赵少春

副主任　杨生明　杨本忠　史云德　陆富仙

委　员　孙国华　汪兴明　杨学敏　周绍荣　李双全　王学梅　黄俊华　廖永富　徐丽华　史云峰　黄正刚　李玉荣　吴增福　坝有贵　李忠兴　郑吉来　钟　镖

（均于2013年1月离任）

【江川县第十五届人大常委会主任、副主任、委员名录】

主　任　李东林

副主任　杨本忠　刘跃宁　史云德　陆富仙

委　员　史云峰　坝有贵　李双全　李玉荣　李江润　李江辉　李忠兴　杨学敏　吴绍良　汪兴明　张江瑞　张春丽　周红艳　周绍荣　洪　芬　徐丽华　龚贵生　潘兴发

（均于2013年1月当选）

【江川县人大常委会各委、室负责人名录】

办公室

主　任　潘兴发

副主任　杨花润　李明芬

法制和民族外事华侨工作委员会

主　任　周绍荣

副主任　张吉福

财政经济工作委员会

主　任　汪兴明

副主任　李绍德

教科文卫工作委员会

主　任　杨学敏

副主任　李仕彬　葛茂蓉

选举联络工作委员会

主　任　张江瑞

副主任　雷启明

农业工作委员会

主　任　李双全

副主任　施文光

城建环保资源工作委员会

主　任　坝有贵

副主任　张文辉

【概　述】　2013年，是新一届人大常委会依法履职的第一年，也是各项工作取得重要进展的一年。在中共江川县委的领导下，县人大常委会紧紧围绕县委十二届三次全会的决策部署，按照县十五届人大一次会议的总体要求，忠实履行宪法和法律赋予的各项职权，强化监督职能，增强监督实效，依法履职，规范程序，强化服务保障，发挥代表主体作用，服从服务大局，强化学习，提升素质，努力推进依法治县进程，为建设富裕和谐美丽新江川做出积极贡献。一年来，共召开县人大常委会会议9次，听取和审议“一府两院”专项工作报告19项，开展执法检查2次，组织代表视察3次，组织重点调研9次，召开工作座谈会2次，作出决议决定5份，形成审议意见8份，依法任免干部74人次。有力地促进江川经济社会平稳健康发展。

【县第十五届人民代表大会第一次会议】　江川县第十五届人民代表大会第一次会议于2013年1月12～17日在江川县城召开。来自全县各条战线的173名县十五届人民代表大会代表，认真履行宪法和法律赋予的职责，圆满完成会议任务。县属各部委办局负责人，县人民法院、检察院负责人，各乡镇有关领导，市直单位负责人，部分离退休老领导以及江川驻军首长等215人列席大会。

大会听取和审议县长葛勇代表县人民政府所作的《政府工作报告》；审议和批准江川县2012年国民经济和社会发展计划执行情况及2013年国民经济和社会发展计划；审议和批准江川县2012年地方财政预算执行情况和2013年地方财政预算；听取和审议县人大常委会主任赵少春代表县人大常委会所作的《江川县人大常委会工作报告》；听取和审议县人民法院院长郑子云代表县人民法院所作的《江川县人民法院工作报告》；听取和审议县人民检察院检察长资云坤代表县人民检察院所作的《江川县人民检察院工作报告》，并作出六个报告的决议。

大会选举李东林为江川县人大常委会主任，葛勇为江川县人民政府县长，郑子云为江川县人民法院院长，资云坤为江川县人民检察院检察长；选举杨本忠、刘跃宁、史云德、陆富仙为江川县人大常委会副主任，选举史云峰、坝有贵、李双全、李玉荣、李江润、李江辉、李忠兴、杨学敏、吴绍良、汪兴明、张江瑞、张春丽、周红艳、周绍荣、洪芬、徐丽华、龚贵生、潘兴发18人为江川县人大常委会委员，选举王波、牛旺林、石伟、杨军苹、张文彬、普朝鹏为江川县人民政府副县长。选举江川县出席玉溪市第四届人民代表大会代表37名。

【县十五届人大常委会各次会议】

2013年3月12日，县十五届人大常委会第一次会议举行，会议审议县人大常委会2013年工作要点，根据表决结果，会议决定任命陆富仙为江川县十五届人大常委会代表资格审查委员会主任委员，张江瑞为江川县十五届人大常委会代表资格审查委员会副主任委员，坝有贵、李江辉、周红艳为江川县十五届人大常委会代表资格审查委员会委员；补选姜山为玉溪市第四届人大代表；郭小平、李文平、龚有颖、张荣华任江川县第十五届人大常委会教科文卫工作委员会兼职委员，罗磊、杨四代、龚绍辉、李江华任江川县第十五届人大常委会农业工

作委员会兼职委员，张培龙、吴绍金、张丽琼、杨朝兴、张本发任江川县第十五届人大常委会财政经济工作委员会兼职委员，王丽艳、陈文东、周亚烜、金爱芬、杨路有任江川县第十五届人大常委会城建环保资源工作委员会兼职委员，刘开华、李任民、洪彦正、靳国磊任江川县第十五届人大常委会法制和民族外事华侨工作委员会兼职委员。

2013年3月21日，县十五届人大常委会第二次会议举行，根据表决结果，会议决定任命曲绍庭为江川县发展和改革局局长，李保平为江川县工业商贸和科技信息局局长，郭自壮为江川县教育局局长，杨存兴为江川县民族宗教事务局局长，牛旺林为江川县公安局局长，张盛国为江川县监察局局长，李佳强为江川县民政局局长，王奇志为江川县司法局局长，吴正顶为江川县人力资源和社会保障局局长，李华同为江川县环境保护局局长，普学化为江川县住房和城乡建设局局长，胡禄金为江川县交通运输局局长，杨杰为江川县农业局局长，杨涛为江川县水利局局长，范江应为江川县卫生局局长，罗玉华为江川县人口和计划生育局局长，张宁为江川县审计局局长，胡宇翔为江川县统计局局长，马常有为江川县安全生产监督管理局局长，周瑜为江川县文化理由广电和体育局局长，杨建梁为江川县食品药品监督管理局局长；免去杨剑伟江川县发展和改革局局长职务，曲绍庭江川县工业商贸和科技信息局局长职务，李卫东江川县教育局局长职务，顾绍勇江川县民政局局长职务，乐志刚江川县文化理由广电和体育局局长职务。会议听取县政府关于重点建设项目建设情况的报告，听取县政府关于畜牧业发展情况的报告，听取县政府关于网吧管理情况的报告。

2013年5月6日，县十五届人大常委会第三次会议举行，根据表决结果，会议决定任命钱兴为江川县人民政府副县长、代理县长，接受葛勇辞去江川县人民政府县长职务。

2013年5月29日，县十五届人大常委会第四次会议举行，会议听取和审议县人民政府关于落实人民陪审员制度工作情况的报告；听取和审议县人民政府关于《中华人民共和国人口与计划生育法》执行情况的报告；听取和审议县人民政府关于抚仙湖退田还湖及生态修复工作情况的报告；审议和批准县人民政府关于以证券定向资产管理方式融资城镇保障性住房建设资金的报告。

2013年7月26日，县十五届人大常委会第五次会议举行，根据表决结果，会议决定任命李启红为江川县人民政府副县长，潘兴发为江川县人大常委会办公室主任，杨花润、李明芬为江川县人大常委会办公室副主任，汪兴明为江川县人大常委会财政经济工作委员会主任，李绍德为江川县人大常委会财政经济工作委员会副主任，周绍荣为江川县人大常委会法制和民族外事华侨工作委员会主任，张吉福为江川县人大常委会法制和民族外事华侨工作委员会副主任，杨学敏为江川县人大常委会教科文卫工作委员会主任，李仕彬、葛茂蓉为江川县人大常委会教科文卫工作委员会副主任，张江瑞为江川县人大常委会选举联络工作委员会主任，雷启明为江川县人大常委会选举联络工作委员会副主任，坝有贵为江川县人大常委会城建环保资源工作委员会主任，张文辉为江川县人大常委会城建环保资源工作委员会副主任，李双全为江川县人大常委会农业工作委员会主任，施文光为江川县人大常委会农业工作委员会副主任，毕金彪、潘文保、张秋红为江川县人民法院副院长，郭永红为江川县人民法院审判委员会委员，张秀春为江川县人民法院行政审判庭庭长，汪鸿泳为江川县人民法院民事审判一庭庭长，李振华为江川县人民法院执行局副局长，龚子程为江川县人民法院环境保护审判庭庭长，郑翔、平雪刚、钱瑜为江川县人民检察院副检察长，龚劲松、洪彦正、付云秀为江川县人民检察院检察委员会委员。免去石伟江川县人民政府副县长职务，张秋红江川县人民法院行政审判庭庭长职务，郭永红江川县人民法院立案庭庭长职务，张秀春江川县人民法院审判监督庭庭长职务，汪鸿泳江川县人民法院江城法庭庭长职务，郭亚坤江川县人民法院民事审判一庭庭长职务；听取和审议县人民政府关于2013年上半年国民经济和社会发展计划执行情况的报告；听取和审议县人民政府关于2013年上半年财政预算执行情况的报告；审议和批准江川县2012年县本级财政决算；听取县人民政府关于清理拆除临时违规建筑工作情况的报告。

2013年9月30日，县十五届人大常委会第六次会议举行，根据表决结果，会议决定任命李菊为江川县林业局局长，免去普学化江川县住房和城乡建设局局长职务；听取和审议县人民检察院关于刑事诉讼监督工作情况的报告；听取县人民政府关于办理人大代表建议情况的报告；听取和审议县人民政府关于贯彻执行云南省林地管理条例情况的报告；听取和审议县人民政府生态文明创建工作情况的报告；审议和批准《江川县第四个五年依法治县规划》。

2013年10月16日，县十五届人大常委会第七次会议举行，根据表决结果，会议决定免去韩廷留江川县人民法院民事审判第二庭副庭长、杨春云江川县人民陪审员职务；审议和批准江川县人民政府关于将江川县龙泉山城市工业园区低丘缓坡土地开发利用项目（第一期）第一批次土地融资偿还资金列入县级财政预算的报告。

2013年11月29日，县十五届人大常委会第八次会议举行，根据表决结果，会议决定任命罗汉江为江川县民族宗教事务局局长，免去杨存兴江川县民族宗教事务局局长职务；听取县人民政府关于农村宅基地管理情况的报告；听取江川县2013年1～11月重点工作重大项目推进情况通报；听取和审议《江川县人民政府关于龙泉山城市工业园区低丘缓坡（第一期）第一批次土地开发利用项目贷款有关问题的报告》；通过《关于江川县第十五届人大常委会组成人员联系部分县人大代表的意见》及《关于江川县第十五届人民代表大会代表闭会期间开展活动的意见》。

2013年12月27日，县十五届人大常委会第九次会议举行，会议审议和批准县人民政府2013年地方财政预算调整方案；审议和批准江川县人大常委会代表资格审查委员会关于县十五届人大6名代表的代表资格终止的审查报告；审议和批准江川县人大常委会代表资格审查委员会关于选举、补选的县十五届人民代表大会代表的代表资格审查报告；审议和批准江川县人大常委会代表资格审查委员会关于县十五届人大代表变更情况的报告；会议审议决定县十五届人民代表大会第二次会议于2014年1月15日至18日在县城召开（接县委通知，改为2014年1月17日至20日），审议县十五届人民代表大会第二次会议议程（草案）、人大常委会工作报告及报告人、大会主席团及秘书长名单（草案）、会议日程（草案）、财政经济审查委员会名单（草案）、议案审查委员会名单（草案）、主席团常务主席名单（草案）、执行主席分组名单（草案）、列席人员名单（草案）等县十五届人大二次会议有关事项。

【监督工作】　按照县委十二届三次全会的总体安排，常委会把促进解决事关全县改革发展稳定大局和群众切身利益及社会普遍关注的重大问题作为监督重点，不断加大监督力度，切实增强监督实效，努力做到人大监督与县委工作同向、与“一府两院”工作同步、与人民群众愿望同心。

强化经济监督，主动关注全县经济运行态势，听取和审议县政府《关于江川县2013年上半年国民经济和社会发展计划执行情况的报告》、《关于江川县2013年上半年财政预算执行情况的报告》，针对经济运行中存在的困难和问题，提出加大产业结构调整力度，合理调度资金、平衡控制支出等意见和建议，促进全县经济社会持续健康发展。依法审查《江川县2012年财政决算情况的报告》和《江川县2013年财政预算调整方案》。听取县审计局《关于2012年度县本级财政预算执行情况和其他财政收支的审计监督工作报告》，确保财政资金的使用更加规范。

强化民生监督。对江川县贯彻实施《云南省林地管理条例》情况进行执法检查，听取和审议县人民政府关于贯彻实施《云南省林地管理条例》的情况报告，提出加大条例宣传力度，严格林地审批程序，增加林业投入，促进林农增收等建议。对全县2012年度中低产田改造、农村饮用水安全、扶贫开发、农副产品平价超市等项目建设情况进行督促检查，及时掌握江川县涉农项目建设的基本情况，确保中央、省、市各项强农惠农富农政策落到实处。对江川县畜牧业发展情况进行专题调研，全面了解江川县畜牧业发展现状，并建议县政府及相关部门加大对畜牧业的投入，落实各项惠农政策，强化防控体系建设，搞好畜牧业发展规划，推动全县畜牧业健康可持续发展。对农村宅基地建设管理问题认真开展专题调研，听取县政府关于农村宅基地管理情况的报告，要求县政府要把宅基地建设管理与美丽乡村建设、旧村改造有机结合起来，尽快制定江川县农村宅基地建设管理办法；针对未成年人进“网吧”的社会热点问题，在开展专项调查的基础上，督促县政府相关部门依法取缔“黑网吧”，严厉查处网吧违规经营，建立网吧长效监管机制，确保了网吧规范健康发展；对《人口与计划生育法》进行执法检查，听取和审议县人民政府关于贯彻执行《人口与计划生育法》的专项工作报告，提出县政府及相关职能部门要强化责任意识，抓好队伍建设，改进宣传教育方式，全面开展优质服务等建议，促进全县人口与计划生育工作健康发展；针对人民群众普遍关注的拆临拆违工作，县人大常委会组成调研组，对江川县开展的拆临拆违工作进行专题调研，在实地查看并听取县政府专项工作报告的基础上，要求县政府在实施过程中，既要执行政策，按法律法规办事，又要因势利导，确保拆临拆违工作赢得民心、取得实效。同时，建议县人民政府要采取措施，建立健全长效机制，从源头上解决临时违章建筑问题，切实维护广大人民群众的根本利益。

强化环保监督。始终把生态文明建设作为监督重点，努力促进江川县“生态立县”战略的落实。在调研的基础上，专题听取和审议了县人民政府关于生态文明创建情况的报告，并针对部分干部群众生态文明意识不强，建设资金不足等问题，建议县政府加大宣传力度，转变观念，创新机制，拓宽生态文明建设资金的融资渠道，全面推进生态建设，促进经济社会可持续发展。为更好地贯彻落实《云南省抚仙湖保护条例》，常委会组成专题调查组对抚仙湖退田还湖及生态修复工作情况进行专题调查，听取和审议县政府《关于抚仙湖退田还湖及生态修复工作情况的报告》，针对生态修复工作推进缓慢、后期管理不到位等问题，提出加大投入力度，建立长效机制，强化后期管理，落实目标责任等建议，促进抚仙湖的保护和治理。

强化司法监督。在听取依法治县第三个五年规划实施情况汇报的基础上，常委会认真调研，主动参与，审议批准《江川县第四个五年依法治县规划》，并积极参与江川县实施第四个五年依法治县规划的动员和安排工作。先后召开县法院人民陪审工作座谈会和县检察院监所检察工作座谈会。组成调查组对县人民法院落实人民陪审员制度工作情况进行专题调

查，听取和审议县人民法院《关于人民陪审员制度落实工作情况的报告》，提出加大宣传力度，完善管理机制，严格选任条件，提高履职能力等建议。听取和审议县人民检察院《关于刑事诉讼监督工作的情况报告》，提出了强化监督意识、创新监督机制、突出监督重点、增强监督实效、提高监督水平等建议，推动江川县刑事诉讼监督工作依法有效开展。

【信访工作】 坚持把信访工作作为联系选民，倾听群众诉求，强化监督工作的重要渠道，工作中，常委会领导主动参与，办公室积极协调、相关委室跟踪督办，做到有访必答、有信必办。2013年，人大机关信访部门共受理人民群众来信来访46件（其中，来信7件，来访39件101人次），办结44件，办结率达95.6%，为维护公民的合法权益，促进社会的和谐稳定作出了贡献。

【重大事项决定】 常委会认真行使重大事项决定权，依据法定程序，围绕全县不同阶段的工作重点，开展调查研究，按照民主集中制的原则，依法作出重大事项决议决定5项：作出批准江川县2012年县本级财政决算的决定；作出批准《江川县第四个五年依法治县规划》的决议；作出批准将龙泉山城市工业园区低丘缓坡土地开发利用项目（第一期）第一批次土地融资偿还资金列入县级财政预算的决定；作出批准县人民政府以证券定向资产管理方式融资城镇保障性住房建设资金的决定；作出批准江川县2013年地方财政预算调整方案的决定。

【人事任免】 常委会坚持党管干部与人大依法任免的有机统一，严格执行《地方组织法》等相关法律法规，完善工作机制，规范工作程序，一年来，共依法任免国家机关工作人员74人次（其中任命59人次，免职14人次，接受辞职1人次），为推动江川科学发展提供了有力的组织保障。

【代表工作】 坚持在提高履职能力、完善制度建设、增强活动实效、督办代表建议等方面下功夫，不断加强和改进代表工作。及时召开江川县第十五届人大代表培训会，增强代表的使命感，强化代表的履职意识，提高代表的履职能力。制定《关于江川县第十五届人大常委会组成人员联系部分人大代表的意见》、《江川县第十五届人民代表大会代表闭会期间开展活动的意见》相关制度，为代表依法履职提供坚强保障。积极组织代表参加人大常委会的专题调查和执法检查，对重点工作和重大项目视察，拓宽代表知情知政渠道。督办代表建议，确保取信于民，2013年，共督办代表建议110件，代表对办理结果表示满意的有97件，占88.2%，基本满意的有13件，占11.8%。继续坚持代表和公民列席常委会会议制度，一年来，共邀请县人大代表和公民列席常委会会议18人次。

【完成交办任务】 人大常委会领导在认真做好本职工作的同时，服从安排，努力完成县委交办的各项工作任务。一是在重大项目、重点工作中牵头负责。2013年，常委会领导担任重大项目、重点工作的指挥长、副指挥长或项目负责人达10多人次，在仙湖锦绣项目、星云湖退田还湖及生态建设工程、抚仙湖湖滨缓冲带建设工程、晋江高速公路建设、大鲫鱼河综合整治、雄关220千伏输变电工程、殡葬改革、星云铭城、龙旺湖城、古滇国城等重大项目重点工作的推进中尽职尽责。二是常委会领导及机关干部在新农村建设指导、农村环境卫生整治、鱼苗投放督查、中央农机购置补助检查、农业综合开发项目验收、中高考督查、水库蓄水工作检查、落实中央八项规定督查等专项工作中不缺位、不错位、重作为。

（李明芬）

江川县人民政府

【县人民政府县长、副县长名录】

县　　长　葛　勇（2013.5离任）
代理县长　钱　兴（2013.5任）
副 县 长　李东林（2013.1离任）
　　　　　罗跃岗（2013.1离任）
　　　　　石　伟（2013.7离任）
　　　　　张文彬（2013.1任）
　　　　　李志刚（2013.7任）
　　　　　牛旺林
　　　　　王　波
　　　　　杨军苹（2013.1任）
　　　　　普朝鹏（2013.1任）
　　　　　李启红（2013.7任，挂职）

【县人民政府各委、办、局，各事业单位正副职名录】

政府办公室
主　任　普朝鹏（2013.3离任）
　　　　李卫东（2013.3任，2013.8离任）
副主任　杨志伟（2013.8任）
　　　　赵　华
　　　　龚　钲
　　　　张　曦（2013.7任）
　　　　周　新（2013.8任）
　　　　郭　峰（2013.8离任）
　　　　杨春文（2013.8离任）

法制办
主　任　杨兴景
副主任　周留明（2013.11任）

人防办
主　任　杨跃辉
副主任　仵宗胜

信访局
局　长　赵　华
副局长　侯丽梅（2013.11任）

烟　办
主　任　廖永富

发展和改革局
局　长　曲绍庭（2013.3任）
　　　　杨剑伟（2013.3离任）
副局长　王九生
　　　　张丽琼

工业商贸和科技信息局

局　长　李保平（2013.3任）

曲绍庭（2013.3离任）

副局长　李天贵

傅树彬

杨有平

张亚民（2013.11任）

人力资源和社会保障局

局　长　吴正顶

副局长　朱艳林

杨梅芳

黄赛成（2013.11任）

张荣华（2013.11离任）

财政局

局　长

副局长　孔建文

李亚定

伏荣宽（2013.8任）

李光耀（2013.11任）

张培龙（2013.8离任）

张正鸿（2013.3离任）

监察局

局　长　张盛国

副局长　陶文红

胡　莎

审计局

局　长　张　宁

副局长　吴绍金

杨家祥（2013.8任）

统计局

局　长　胡宇翔

副局长　陈留仙

雷吉林

陶有贵（2013.11任）

住房和城乡建设局

局　长　普学化（2013.8离任）

副局长　周亚烜

陆　叶

周丽娟（2013.8任）

杨　岗（2013.8离任）

李继明（2013.3任，挂职）

交通运输局

局　长　胡禄金

副局长　黄太东（2013.3任）

李汝林

胡建华（2013.3任）

环境保护局

局　长　李华同

副局长　王　川

杨路有（2013.3离任）

国土资源局

局　长　顾绍勇（2013.3任）

副局长　普云平

周元明

杨国华（2013.12任）

顾学华（2013.11离任）

县土地储备中心

主　任　顾学华（2013.11任）

杨进荣（2013.11离任）

副主任　戴燕芬（2013.11任）

政务服务管理局

局　长　张存美

副局长　王晶文（2013.3离任）

钟　莉（2013.11离任）

江川县人民政府扶贫开发办公室

主　任　孙国华

防震减灾局

局　长　普秀英

副局长　郑忠党

文化旅游广电和体育局

局　长　周　瑜（2013.3任）

乐志刚（2013.3离任）

副局长　王春华

官汝运

何　俊

徐　惠

廖增华

彭春云

陈　华

郭小平（2013.3离任）

食品药品监督管理局

局　长　杨建梁

副局长　李艳华（2013.11任）

岳文宝（2013.11任）

杨智然（2013.8离任）

朱弘如（2013.11离任）

农业局

局　长　杨　杰

副局长　曹春艳

罗　磊

李彦坤

刘来华（2013.11任）

林业局

局　长　李　菊（2013.9任）

副局长　杨四代

郑光辉（2013.3任）

邓树芬（2013.8任）

森林公安局

局　长　白志德

副局长　朱彦华

赵存贵（2013.11任）

水利局

局　长　杨　涛

副局长　普绍有

李江华

杨路有（2013.3任）

抚仙湖管理局

局　长　杨　岗（2013.8任）

李佳强（2013.3离任）

副局长　金爱芬

雷红杰（2013.11任）

刘建益（2013.7离任）

星云湖管理局

局　长　业东华

副局长　陈文东

花尚荣

安全生产监督管理局

局　长　马常有

副局长　赵雄伟

宋平华

教育局

局　长　郭自壮（2013.3任）

李卫东（2013.3离任）

副局长　钱鸿润

卫生局

局　长　范江应

副局长　龚有颖

郑　霄（2013.11离任）

人口和计划生育局

局　长　罗玉华

副局长　宋良艳

郑　霄（2013.11任）

公安局

局　长　牛旺林

副局长　黄　良

李正春

胡尚辰

候　冬（2013.8任）

政　委　张文红
副政委　业富贵

司法局

局　长　王奇志
副局长　刘清华
　　　　陈继文（2013.8任）
　　　　李任民（2013.8离任）

民政局

局　长　李佳强（2013.3任）
　　　　顾绍勇（2013.3离任）
副局长　李思源
　　　　王兴堂（2013.3任）
　　　　龚绍辉（2013.3离任）

老龄委

副主任　杨霜梅（2013.11任）
　　　　侯丽梅（2013.11离任）

残疾人联合会

理 事 长　马宇飞
副理事长　王文忠

粮食局

局　长　范宝福（2013.3任）
　　　　黄太东（2013.3离任）
副局长　杨小国
　　　　张才顺

供销社

主　任　普万云（2013.3任）
　　　　范宝福（2013.3离任）
副主任　顾吉顺
　　　　张良昌

工业园区管委会

主　任　李天贵
副主任　李彦林
　　　　万　超

招商合作局

局　长　顾　秋
副局长　李　坤
　　　　李必忠

城市管理综合行政执法局

局　长　戴朝红
副局长　陈　涛（2013.7任）
　　　　陈仁贵（2013.3任）

县人民医院

院　长　李有宏
副院长　王金聪
　　　　洪美英
　　　　付林华

（鲁　熊）

【2013年县政府重要文件】

关于抓好2013年烤烟生产收购工作的通知

关于认真抓好2013年大春生产的意见

关于调整2012年烟叶收购计划指标的通知

关于做好第三次全国经济普查工作的通知

关于表彰2012年度安全生产先进集体和先进个的决定

关于明确2013年度县长副县长“一岗双责”安全生产责任的通知

关于2013年农村危房改造的实施意见

关于调整2013年烤烟种植收购计划的通知

关于印发江川县2013年度地质灾害防治方案的通知

关于印发江川县农村住房建设规划许可实施方案的通知

关于表彰2012年度消防工作先进集体和先进个人的决定

关于表彰2012年度道路交通安全工作先进单位和先进个人的决定

关于公共资源交易中心工作运行的实施意见

关于江川县龙泉山城市工业区低丘缓坡土地开发利用第一期（第二批次）项目土地出让计划的决定

关于江川县龙泉山城市工业区低丘缓坡土地开发利用第一期（第二批次）项目建设有关问题的决定

关于加强老龄工作的意见

关于实施农村公益性公墓建设审批工作的意见

关于清理整治非法占用土地的通知

关于两湖试验区核心区开发项目审查处理的意见

关于认真做好江川县第三次全国经济普查单位清查工作的通知

关于对2012年度完成全县固定资产投资目标任务乡镇（街道）和部门进行表彰奖励的决定

关于印发江川县2013年度规模以上固定资产投资责任目标任务和奖励方案的通知

关于印发江川县红砖企业整合工作实施方案的通知

关于认真抓好2014年小春生产的意见

关于表彰奖励2012年度行政效能建设先进集体的决定

关于批准实施江川县生态环境保护规划（2013-2020）的通知

关于加强法律服务切实做好项目建设推进工作的通知

关于开展城市管理综合行政执法工作的决定

关于印发江川县开展县乡村医疗卫生服务一体化管理实施方案（试行）的通知

【2013年县政府办重要文件】

关于印发江川县村级公益事业建设一事一议奖补资金管理实施细则（暂行）的通知

关于印发江川县村级公益事业建设一事一议财政奖补项目管理实施细则（暂行）的通知

关于印发江川县2012年财政补贴高效照明产品推广实施方案的通知

关于兑现2012年烤烟生产收购奖金的通知

关于印发江川县2013年春运工作实施方案的通知

关于印发江川县公立医院价格改革试点方案（试行）的通知

关于印发重大节日免收小型客车通行费用实施方案的通知

关于印发江川县重大节假日免收小型客车通行费应急预案的通知

关于印发江川县清理拆除临时违章建筑工作实施方案的通知

关于印发江川县基本农田划定工作实施方案的通知

关于印发江川县进一步加强抚仙湖水生态环境保护和水资源管理实施方案的通知

关于印发2013年政府工作报告主要任务分解方案的通知

关于切实做好2013年度农村小额信贷贴息扶持畜牧业发展工作的通知

关于进一步加强阳光政府四项制度有关工作的通知

关于印发江川县治理农业面源污染提高耕地持续生产能力工作方案的通知

关于印发江川县街区整治实施方案的通知

关于印发江川县2013年纠风工作实施方案的通知

关于统一江川县2013年社会保险缴费工资总额的通知

关于印发江川县药品安全体系评价试点工作实施方案的通知

关于印发江川县药品安全责任追究制的通知

关于印发江川县非金属矿山整顿关闭工作方案（2013—2015年）的通知

关于认真做好2013年机关事业单位养老保险工作的通知

关于做好2013年防灾减灾日有关工作的通知

关于印发江川县闲置土地清理处置工作方案的通知

关于印发江川县道路交通和环境卫生综合整治工作方案的通知

关于印发江川县行政事业单位国有资产管理办法的通知

关于印发江川县“三合一”、“多合一”等人员密集场所消防安全专项整治工作方案的通知

关于印发江川县2013年度金融考核办法的通知

关于深化2013年责任政府三项制度和行政能力提升制度相关工作安排的通知

关于加强政务值班和应急处理工作的通知

关于投资项目实行集中审批的通知

关于集中开展安全生产大检查的通知

关于印发江川县烤烟田间清除不适用烟叶考核办法的通知

关于印发江川农村居民最低生活保障规范管理工作实施方案（试行）的通知

关于印发江川县2013年节能工作指导意见的通知

关于印发江川“十二五”节能工作方案的通知

关于印发江川县医疗机构设置规划的通知

关于印发江川县消防安全大排查大整治活动工作方案的通知

关于切实做好森林资源保护禁止毁林开垦的通知

关于印发江川县2013年度国家环境保护模范城市工作实施方案的通知

关于成立打击破坏林地资源违法犯罪专项整治工作领导小组的通知

关于印发江川县2013年整治违法排污企业环保专项行动实施方案的通知

关于印发东风水库径流区江川片区水污染综合整治工作方案的通知

关于2013年度殡葬工作目标管理责任书完成指标的通知

关于印发江川县重点地方病防治“十二五”规划（2011—2015的通知

关于印发江川县2013年妇幼健康计划工作方案的通知

关于印发江川县开展清门户除垃圾保畅通还路权美家园路域环境专项整治工作方案的通知

关于切实做好江川县农村义务教育阶段学生营养改善计划工作的通知

关于认真做好2013年度农村房屋保险工作的通知

关于印发2013年防范和打击非法集资问题排查整治工作方案的通知

关于印发江川县2013年—2014年度抚仙湖开湖捕捞银鱼工作实施方案的通知

关于印发江川县2013年度行政绩效管理制度实施方案的通知

关于进一步加强全市婴幼儿配方乳粉质量安全工作的实施意见

关于进一步做好防汛和库塘蓄水工作的通知

关于印发江川县婚姻登记信息化建设工作实施方案的通知

关于印发江川县公路清门户除垃圾保畅通还路权美家园路域环境专项整治工作集中整治阶段任务分解实施方案的通知

关于印发江川县集中开展城乡环境综合整治工作方案的通知

关于印发江川县服务基层年项目落地年作风转变年活动实施方案的通知

关于印发江川县农村信用体系建设工作试点实施方案的通知

关于进一步深化殡葬改革的意见

关于进一步加强和规范抚仙湖保护范围内建设项目前置初审管理的通知

关于进一步加强森林公安工作的意见

关于印发江川县环湖东线和西线禁止载质量750千克以上货运车通行的实施方案的通知

关于做好2014年度招商引资项目开发工作的通知

关于印发江川县开展平安单位创建工作实施方案的通知

关于印发江川县农副产品平价商店建设试点方案的通知

关于印发江川县地震应急预案的通知

关于印发江川县第一次可移动文物普查工作实施方案的通知

关于印发江川县自然灾害救助应急预案的通知

关于印发江川县今冬明春火灾防控工作实施方案的通知

关于印发江川县“十二五”综合防灾减灾规划的通知

关于切实做好2014年森林防火工作的通知

（张文丽）

【2013年县政府重要会议】

江川县第十四届人民政府第九次全体会议

江川县2013年烟叶收购工作会

江川县2014年森林防火工作会

江川县人民政府第一次廉政工

作会

江川县2013年政法信访工作会

江川县2013年烤烟预整地暨移栽现场会

江川县民兵组织整顿暨业务培训会议

江川县县城道路交通和环境卫生综合整治工作动员会

江川县农村低保规范管理工作动员培训会议

江川县2013年征兵工作会议

江川县解决代课教师问题和原民办教师遗留问题工作会

江川县2013年食品安全工作会

江川县2013年固定资产投资暨招商引资工作推进会

江川县2013年工业商贸和科技大会

江川县2013年环境保护工作会

江川县整治违法排污企业环保专项行动动员会

江川县2013年水污染综合防治暨城乡环境综合整治工作会议

江川县路域环境专项整治暨绿化造林工作会

江川县2013年度公益性公墓建设推进工作会议

江川县2013年公务用车标识管理工作会议

江川县2013年行政复议委员会工作会

江川县2013年安全生产工作会议

江川县2013年行政效能建设工作会议

江川县2013年目标任务综合考评工作会议

江川县拆临拆违工作动员会

江川县清理违法占地工作动员会

（杨智强）

【2013年县政府主要工作情况】

农业 完成农业总产值21.5亿元，增长7.7%。烤烟生产实现控量提质增效，上等烟比例、均价居全市第一位，烟农总收入和烟叶税分别达35966万元和7272万元。粮食、蔬菜、畜牧业、渔业产值稳步增长，分别达2.5亿元、5.2亿元、7亿元、0.8亿元。规范经济果木种植标准，强化植后管理，示范种植蓝莓780亩，种植核桃15060亩。农业产业化、现代化程度进一步提高，有机、绿色、无公害食品认证达8个，农业专业合作社达39个，新增各类农机（具）1186台（套），在华联超市建成首个“平价农副产品商店”。落实各项强农惠农富农政策，发放各类农业补贴及贴息贷款4200余万元。启动农村信用体系建设，成功将安化乡创建为信用乡，评定信用农户2281户。

工业 完成工业总产值55亿元，增长19.3%；工业增加值12.8亿元，增长24.3%。龙泉山工业园区效益初步显现，特固电气年产1万件智能电网控制设备生产线投入试生产，腾达机械厂房主体工程完工，联塑集团厂房建设完成总投资的95%。入园企业全年累计完成投资5.1亿元，实现总产值4500万元，增加值1150万元，利税682万元。帮助中小企业落实各类补贴1.1亿元，新增规模以上企业4户、省级成长型中小企业11户，固定资产投资千万元以上企业达10户，工业企业规模不断扩大。传统特色产业改造升级步伐进一步加快，烟花爆竹、红砖企业整合工作有序推进，清水沟磷矿北采区恢复生产，南采区开采工作稳步推进，卓一食品有限公司建成玉溪首家院士专家工作站。

第三产业 完成第三产业增加值25亿元，增长12.5%。重大旅游项目建设取得新进展，仙湖锦绣项目建成湖滨湿地公园，九龙晟景五星级酒店主体工程完工，累计完成投资15.4亿元，带动周边400余名群众就业。稳步实施景区提档升级，明星鱼洞2A级旅游景区改造完成投资1000万元。加快推进文化产业与旅游产业融合发展，成功举办第九届“开渔节”，完成青铜器博物馆提档升级改造，成立青铜工艺商会，启动青铜文化产业规划编制。着力规范抚仙湖周边旅游行业经营行为，旅游环境明显改善，全年接待游客223.4万人次，增长18%；实现旅游总收入9.8亿元，增长20.4%。商贸流通体系进一步完善，启动玉溪医药集团大型物流仓储项目和日用工业品配送中心建设，87个“万村千乡”农家店建设成果得到巩固。完成外贸出口总额7000万美元，增长11.2%。

基础设施 强化招商引资工作，引进各类项目68项，开工建设各类项目30项，到位资金42.5亿元，增长205.4%。全年累计投资1.97亿元，征收龙泉山工业园区土地220亩，建成龙泉大道、早街110千伏变电站、供排水管网等设施，完成仙水大道路基工程建设。投资2941万元的白河水库骨干水源点工程完工，投资1.4亿元完成三岔河水库除险加固、茶尔山水库引水渠防渗等各类水利工程1300余件。改造中低产田（地）、低效林4.6万亩，完成土地整治4326亩，新增和改善灌溉面积1.9万亩。解决3.9万人的饮水困难问题。完成九溪河流域2个农业综合开发项目建设，安化双坝和九溪响水坝项目区烟水工程全面完工。投资4000余万元，完成五岔路口至小白坡段路面大修，全面实施境内高等级公路破损路面修复。晋江高速公路建设全面启动，完成江川境内23千米1555亩土地征收。投资1964.4万元，硬化了岳家营至唐家山、龙街至陈家湾等5条乡村道路，全县行政村道路硬化率达100%。

环境保护 全面实施“四退三还”，投入“两湖一库”保护治理资金3.1亿元，退出抚仙湖一级保护区农田2370亩、星云湖一级保护区农田3055亩，建成湖滨缓冲带1700亩，种植各类植物近20万株（丛）。完成大鲫鱼河流域环境综合治理工程建设和星云湖1000亩紫根水葫芦圈养。总投资1亿元的九溪河、董炳河水污染综合治理工程全面启动，九溪污水处理厂和安化集镇生活污染控制等14项工程进展顺利。入湖河道河（段）长责任制有效落实，组建"两湖"保护治理督导组和124人的河道保洁队伍。投资436万元，对全县19条主要入湖入库河道实施了综合整治，完成河道清淤142千米2万余立方米。加大农业面源污染治理力度，拆除塑料大棚2209.7亩，实施测土配方施肥25万亩次，完成植树造林9500亩，治理水土流失面积12.6平方公里。依托仙湖锦绣项目，实施棋盘山石漠化治理350亩。对全县6户企业进行污染整治，关停21户红砖生产企业，重点项目环评率和环保"三同时"执行率达100%。环境监测水平不断提高，县城PM2.5空气质量监测项目投入运行，九溪大河、董炳河纳入水质监测范围。万元生产总值综合能耗下降3%，节能减排任务圆满完成。

城乡建设　县城总体规划获市政府批准实施，县城绿地系统、综合交通等7个专项规划完成初稿编制。完成山地城镇建设控制性详细规划编制，收储土地2000亩，启动城镇上山规划范围内2条道路建设。龙旺湖城城市综合体、星云铭城、古滇国城、景华苑等房地产项目累计完成投资11亿元。街区整治工作成效明显，投资2300余万元完成县城五岔路口环岛、兴江路、浪广路改造和五岔路口至大寨段美化亮化。江中路建设完成投资4493万元。路域环境整治深入开展，完成道路沿线绿化植树3.5万株，建成翠大线中心隔离带24千米，渔村至江城段实现亮化。拆临拆违有序实施，拆除临时违章建筑8.1万平方米，清理整治非法占地3.9万平方米。新农村建设扎实推进，启动路居小凹、大街伏家营等5个美丽家园试点村建设，改造沿湖沿路村庄建筑物外墙面63万余平方米。投资3665.3万元实施新农村建设和"一事一议"财政奖补项目82个，江城陈家湾、九溪六十亩等20个整村推进扶贫项目和江城风吹口、前卫大石河2个易地搬迁扶贫工程全部完工，江城庄科旧村改造初见成效。

财税金融　充分发挥投融资平台作用，努力拓宽融资渠道，完成融资5.67亿元。出台《江川县2013年度争取上级资金工作考核办法（试行）》，各级各部门争取上级支持力度进一步加大，财政转移支付资金不断增加，累计争取上级专款9.43亿元，增长13%，有效缓解县级财政压力。全年完成财政总收入6.14亿元，增长20%，地方财政支出14.59亿元，增长22.8%，确保县级财政在及时足额保民生、保社会稳定、保重大项目等刚性支出的基础上，实现收支平衡。坚持依法治税，加强税收征管，国税收入在全市排名上升1位，"营改增"试点工作顺利实施。全县金融机构各项存款余额84.57亿元，增长20.2%；贷款余额51.11亿元，增长14.9%；存贷比达60.4%。

社会事业　社会保障体系日益完善。发放"贷免扶补"资金8401万元，新增城镇就业2002人，实现失业、特殊困难群体再就业1062人，城镇登记失业率3.39%。规范农村低保工作，发放城乡最低生活保障、医疗救助等各类救助金2838.4万元。发放各类社会保障资金6116万元。强化老龄工作，率先在全市实施百岁老人发放1万元长寿奖励资金制度。2011、2012年保障性住房主体工程完工，2013年保障性住房完成总投资的65%，1950户农村危房改造工程全面开工建设。

教育优先发展地位继续巩固。投入教育专项资金2.1亿元，义务教育阶段33191名学生享受到"三免一补"政策，31269名学生享受到免费营养早餐。高考上线和高分段人数连续九年居全市县级第一，职业教育毕业生就业率连续六年保持96%以上。启动学校危房三年清零计划，拆除D级危房1.6万平方米，新建、加固校舍17万平方米，江川一中一期扩建工程基本完工，江川二中标准化运动场建成投入使用，江川职中扩建工程全面启动。稳妥解决民办代课教师遗留问题，兑付3535名原民办代课教师一次性经济补偿1399.8万元，在代课教师中公开择优招聘教师22名。

卫生文化等事业不断发展。公立医院改革深入实施，县人民医院实现药品零差率销售，成功创建为二级甲等综合医院。县卫生监督局业务用房和120急救中心建成投入使用，九溪、安化卫生院完成升级改造，医疗服务基础设施不断完善。新型农村合作医疗保险报销金额达8774万元，78.1万人次受益。文化事业持续发展，修缮改造了县影剧院，成功举办江川县首届春节联欢晚会，农家书屋建设工程延伸到自然村。配合中央电视台完成《彩云之恋》、《国家宝藏—川牛虎铜案》等专题片拍摄。成立乡镇广播电视站，完成900户直播卫星"户户通"工程建设，自然村实现广播电视全覆盖。县殡仪馆和10个农村公益性公墓全面开工建设。人口和计划生育工作得到加强，人口自然增长率控制在4.44‰。妇女儿童、残疾人、红十字、慈善、体育等事业不断发展，统计、科技、气象、防震减灾、人防、档案、外事、侨台等工作取得新成绩。

社会管理综合治理扎实推进。"六五"普法深入实施，"四五"依法治县工作全面启动。接访下访和矛盾纠纷"大调解"机制不断完善，各类社会矛盾化解力度进一步加大。"平安先进县"创建、禁毒防艾工作不断深入，安全生产形势总体趋好。启动平安城市视频监控系统建设，严厉打击各类违法犯罪，社会保持和谐稳定。

【人大代表建议和政协委员提案办理情况】　2013年，共收到县人大代表建议110件，其中：财经类的建议30件，占27.3%；农业基础设施类的建议40件，占36.4%；资源环境类的建议21件，占19.1%；社会事业类的建议7件，占6.4%；党群政法类的建议11

件，占10%；其他1件，占0.9%。截至2013年7月30日，110件代表建议已按规定办理答复完毕，办复率为100%。经各承办单位征询代表对办理情况的意见，代表对办理结果表示满意的建议达97件，占建议总数的88.2%；代表对办理结果表示基本满意的13件，占建议总数的11.8%。

2013年，共收到县政协委员提案84件，其中：经济建设方面的58件，占69.1%；科教文卫体方面的20件，占23.8%；政法社会保障方面的6件，占7.1%。截至2013年9月底，84件委员提案已按规定办理答复完毕，办复率为100%。经承办单位征询委员对办理情况的意见，委员对办理结果表示满意的提案达79件，占提案总数的94%；委员对办理结果表示基本满意的5件，占提案总数的6%。

（晏 春）

【行政效能建设】 2013年，江川县人民政府在市委、市政府的坚强领导下，紧紧围绕“翻两番、增三倍、促跨越、奔小康”的目标任务，以科学发展观为统领，按照“抓效能就是促发展，提效能就是促进步”的思路，以开展作风建设年系列活动为契机，以改善行政管理、提高行政效率、优化发展环境为重点，着力转变政府职能，不断推进法治政府、责任政府、阳光政府和效能政府建设工作向纵深发展，全县行政效能建设工作取得新的成效。

政府自身建设 坚持科学理政、依法行政、从严治政，法治政府、责任政府、阳光政府和效能政府建设成果进一步巩固。修改完善政府工作规则，政府科学决策、执行责任、考核监督体系不断完善。严格执行《江川县领导干部问责办法》，问责领导干部33人次。加大审计力度，审计政府性投资项目104项，核减投资1603万元。完成公共资源交易项目65个，交易总额3.5亿元，节约资金230万元。稳步推进行政审批制度改革，承接上级下放行政审批事项20项，实行集中并联审批64项。实施重大决策听证12项、重要事项公示1156项、重点工作通报1529项，有效保障了人民群众的知情权、参与权和监督权。

政务督查 加大重点工作督查力度，将省人民政府2013年重点督查的20个重大建设项目和20项重要工作、市人民政府2013年重点督查的20项重要工作及十件实事完成情况、市委工作会政府工作任务分解、县人民政府工作报告任务分解和全县29项重点工作重大项目纳入重点督查范围，对督查发现的问题及时责令相关负责人进行整改，有效推进各项工作的落实。做好专项督查工作，采取书面督查、电话督查、现场督查等方式，重点对全市环境保护暨三湖水污染防治工作、抚仙湖—星云湖综合试验区重大项目、晋江公路推进、殡葬改革工作等33项重要决策、部署和重点项目建设进行了专项督查。强化领导批示件督查，全年共接收市政府领导批示件60件，办结58件、2件正在办理。全年共上报各类督查材料400余份，印发《江川督查专报》8期，圆满完成各项督查工作任务。

（李雪芹 黄 浩）

法制工作

【法制机构建设】 江川县于2013年10月22日调整全面推进依法行政工作领导小组，由县长任组长，切实加强对依法行政工作的领导。2013年9月1日县政府成立江川县人民政府行政复议委员会，行政复议委员会办公室设在县政府法制办，与法制办合署办公。

【执法培训和证件管理】 2013年，江川县认真组织各乡镇（街道）和部门行政执法人员参加省市组织的各类学习培训，组织安排49名行政执法人员参加市政府法制办组织的新办证执法培训，122人参加市政府组织的行政执法人员证件审验培训。

【行政执法案卷评查】 江川县政府法制办按照《江川县人民政府办公室关于进一步做好行政执法案卷评查办法等四项制度工作的通知》要求，对全县各部门一年来所办理案件中的125件行政执法案件和35件行政许可案件进行评查，两类案件评查平均分值分别为98.5分和99.5分，均达到优秀案件的档次。

【规范性文件管理】 认真贯彻执行省政府129号令，强化规范性文件的日常监督和管理，严格执行规范性文件登记和备案审查制度。继续执行《县属行政部门定期上报本部门所发文件目录制度》。各乡镇（街道）和部门于每季度末月25日向县政府法制办上报本季度所制定下发的文件名称目录，由县政府法制办对各部门所发文件进行抽查，进一步加强规范性文件的制定、登记和备案工作的平常监督检查。2013年，全县共制定规范性文件2件，并按程序及时上报市政府法制办登记和备案。

【行政复议规范化建设】 根据《玉溪市人民政府关于开展行政复议委员会试点工作的指导意见》要求，江川县实行相对集中行政复议权，组织开展了行政复议委员会工作。成立江川县行政复议委员会，设主任委员一名，由县政府分管法制副县长担任；设副主任委员一名，由县政府法制办主任兼任；设委员13名，由政府相关部门法制机构负责人、专家学者和专业人士组成。制定《江川县人民政府行政复议委员会工作方案》。召开全县行政复议委员会工作会议，组织全县行政执法部门分管领导及法制员专题学习《中华人民共和国行政复议法》及其实施条例。一年来，县政府行政复议委员会未接到行政复议申请。

（周留明）

人民防空

【概　述】　2013年，江川县人民防空办公室在县委、政府的领导和市人防办的指导下，严格执行《中华人民共和国人民防空法》和江川县人民政府2007年7号公告《江川县人民政府关于加强防空地下室建设的决定》等法律法规，走基层、进社区、到学校、查工地进行人民防空法律、法规宣传。

省市召开人防会议后，下发《关于进一步推进人民防空事业发展的实施意见》，县人防办积极汇报，纳入城市建设规划委员会，按照玉机编〔2012〕20号和江机编〔2012〕7号文件，江川县人民防空办公室于2012年7月底从县政府办公室的内设正科级机构单独设置为江川县人民政府的正科级其他机构，2013年6月8日下发江政办发〔2013〕68号文件确定江川县人民防空办公室事业编制4名。其中，设主任1名、副主任1名。内设机构2个：综合股、工程指挥信息股。2013年底实有3人。

【职能履行】　2013年，江川县人民防空办公室作为县国防动员委员会的成员单位和县人民政府防空工作的主管部门，认真履行工作职责，在上级主管部门的领导和上级业务部门的指导下，认真执行江川县人民政府2007年7号公告《江川县人民政府关于加强防空地下室建设的决定》和省发改委、省财政厅、省人防办云计价格〔2002〕635号文件《关于调整我省防空地下室易地建设收费标准的通知》，积极与建设、发改、工信、国土、财政等部门密切配合，开展人防地下室建设行政审批和易地建设费收缴等工作。

【人防工程清理整改】　2013年，按照省市安排，为确保清理整改工作落实到位，县政府及时成立以分管副县长任组长的整改落实工作领导小组，并制定印发《江川县人防工程建设管理规范行政行为整改落实工作实施方案》（江政办发〔2012〕31号），明确清理范围、清理时限及整改措施，多次召开专题研究，对清理整改落实工作进行安排部署。分三个阶段进行对2008年1月1日以来，城市规划区内结合新建民用建筑修建防空地下室建设项目和易地建设费征缴情况进行清理。

【易地建设费收取入库】　按照江川县人民政府2007年7号公告《江川县人民政府关于加强防空地下室建设的决定》和省发改委、省财政厅、省人防办云计价格〔2002〕635号文件《关于调整我省防空地下室易地建设收费标准的通知》，做好人防的前置审批，严格执行对不适宜修建防空地下室的项目进行易地建设行政审批，全年对不适宜建设人防地下室的项目按相关规定收取的费用全额缴入财政专户。

【警报器维护管理和试鸣】　对全县按布局设置的警报器和车载台进行档案、图片资料完善，并与相关单位和人员签订目标管理维护安全责任书，使管护使用更加规范化，确保2013年9月18日警报试鸣取得圆满成功。积极同分管领导、县政府争取，2013年12月县财政核拨经费对全部警报器的线路改造，对坏的警报器进行更换。

（宋伟华）

信访工作

【概　述】　一年来，江川县信访局认真贯彻落实中央、省、市关于做好信访工作的一系列重要精神，紧紧围绕发展、稳定目标这一大局，认真落实科学发展观，以解决群众的合法权益为出发点和落脚点，切实解决一大批事关群众切身利益的实际问题，许多重大疑难信访案件得到妥善处理，为全县经济社会发展创造了良好、稳定的社会环境。

【受理来信来访】　一年来，信访局共受理群众来信119件，受理来访304件1040人，与去年相比，增加117件567人次，增长62%。其中：来信119件，增加70件，上升242%；个人访300批990人次，增加119批589人次，批次和人次分别上升252%和246%；集体访45批632人次，增加23批412人次，批次和人次分别上升104%和187%；全年办结率97%；处理市领导批示的重要案件7件，办结7件，办结率100%。非正常上访3人18批次，其中14次倒流。

江川仙湖锦绣项目信访工作室全年共接待来信来访233件1185人次，其中，来信1件1人次，来访228件1120人次，个体访173件176人次，集体访56件945人次，领导接访下访229件1480人次，书记县长接访107件335人次，矛盾纠纷排查212件1098人次。

全年县乡（镇）两级（含县属有关部门）信访组织共接待人民群众来信来访2755件人次。按性质分：反映建议类299件次，申诉类151件次，求决类2071件次，其他类234件次。按层级分：县信访局共接待1931件，县属有关部门共接待307件，乡镇共接待517件。

【坚持三个制度】　坚持做好“书记、县长接待日”接访工作和约访、下访工作，全年书记县长接待日共接待来访217件，467人次，交办211件，办结209件，办结率99%。同时，乡镇党政领导随时接待群众来访，实现了接访工作常态化。结合“四群”教育、包村组工作以及新农村建设等工作，领导干部进村入户联系群众，深入开展下访工作，初步统计，县级领导和各单位领导进村入户1700余人次，进一步密切党群干群关系，得到群众的认可和肯定。

【两会、南博会、十八届三中全会和国庆、春节期间的信访工作】　江川县采取有力措施，周密部署、精心安

排，明确要求把做好两会、南博会、十八届三中全会和国庆、春节期间的信访工作作为一项重要的政治任务，工作有部署，落实有方案，实现了两会、南博会、十八届三中全会和国庆、春节期间重要时段内赴省、进京“零上访”工作目标。

【开展矛盾纠纷排查工作】 2013年，共排查出重点矛盾纠纷120件，化解117件，3件待化解。对排查出来的矛盾纠纷案件，按照“属地管理、分级负责、谁主管、谁负责”的原则，严格落实领导包案责任制，将化解责任逐级分解到县级领导、责任单位和责任人，逐一研究化解；对暂时不能化解的矛盾纠纷，按照“一对一”、“五包一”的要求，认真做好思想疏导工作，切实落实稳控措施，确保小事不出村、大事不出镇、矛盾不上交。

【信访积案化解工作】 围绕“案结事了、息诉息访”的工作目标，办结了一批信访积案，信访秩序进一步规范和好转。全年共排查梳理出106件信访积案，已成功化解完毕。对特殊疑难信访案件35件，经费补助按中央、省、市的工作要求，严格申报、严格审核、逐件上报审批。2013年县委、政府出资10.5万元，解决特殊疑难信访案件6件，并及时兑付。

【督办和督查工作】 一是在信访案件查办过程中，对已转交办信访案件实行跟踪督办，对疑难信访案件和非正常上访案件，组织召开联席会议，逐案进行研究，由责任单位最终形成处理意见，告知信访人并不定期对信访人进行回访。二是严格按照“属地管理”和“谁主管、谁负责”的工作原则，及时把信访件交由有权处理信访问题的行政机关办理，全年上级交办信件53件，市长热线交办67件，书记县长接待日交办211件，办结209件，办结率99%，严格按照办理时限回复信访人，做到件件有落实，事事有回音。三是加大督查工作力度。由“两办”牵头，信访局参与组成三个督查工作组，对各乡镇、街道和各部门的信访维稳工作进行专项督查，确保工作落实到位。

（高　洁）

政协江川县委员会

【县政协主席、副主席、常委名录】

主　席　黄文柱（2013.1离任）
　　　　罗跃岗（2013.1任）
副主席　刘跃宁（2013.1离任）
　　　　杨生明（2013.1任）
　　　　郭开明
　　　　杨吉英（女）
　　　　李绍华
常　委　（因换届分离任、任职，按姓氏笔画排列）
　　　　王　秀（女，2013.1任）
　　　　王忠明（2013.1任）
　　　　石宝富（2013.1任）
　　　　平雪刚
　　　　任洪冰（傣，2013.1离任）
　　　　伏荣宽（2013.1任）
　　　　刘云虹（女）
　　　　刘长生
　　　　李仕华（2013.1离任）
　　　　李仙凤（女，2013.1任）
　　　　李红章（2013.1任）
　　　　李佳能（2013.1离任）
　　　　李佳强（2013.1任）
　　　　李思源（2013.1离任）
　　　　李彦林（2013.1任）
　　　　李程鹏（2013.1任）
　　　　杨升东（2013.1任）
　　　　杨四代（2013.1离任）
　　　　杨军苹（女，2013.1离任）
　　　　杨宝英（女，2013.1离任）
　　　　杨晓春（2013.1任）
　　　　罗汉江（2013.1离任）
　　　　张江景（2013.1任）
　　　　张旭刚（2013.1离任）
　　　　张社华（2013.1离任）
　　　　张春茂（2013.1任）
　　　　张德厚（2013.1离任）
　　　　陈林柱（2013.1任）
　　　　周亚烜（2013.1离任）
　　　　郑　霄（2013.1离任）
　　　　赵龙日（朝鲜族,2013.1离任）
　　　　赵金会（女，2013.1任）
　　　　胡宇翔（2013.1离任）
　　　　龚贵生（2013.1离任）
　　　　顾　秋（2013.1任）
　　　　钱鸿润（2013.1任）
　　　　徐丽萍（2013.1任）
　　　　释智德
　　　　戴朝红（2013.1任）

【县政协各委室机构负责人名录】

办公室
主　任　张江景
副主任　张晓春（2013.3任）
　　　　侯国芬
　　　　郑光辉（2013.3离任）
提案联络委员会
主　任　陈林柱
副主任　潘兴江
经济委员会
主　任　杨明顺（2013.7离任）
　　　　白云波（2013.7任）
副主任　李跃东（2013.7离任）
科教文卫体委员会
主　任　白云波（2013.7离任）
　　　　杨明顺（2013.7任）
副主任　孙绍明
人口资源环境委员会
主　任　马树良
副主任　付兴德
民族宗教法制委员会
主　任　张德厚（2013.7离任）
　　　　张传礼（2013.7任）
副主任　潘兴建
　　　　普金妹
文史委员会
主　任　张传礼（2013.7离任）
　　　　张德厚（2013.7任）
副主任　郭小平（2013.3任）

【概　述】 2013年是江川县八届政协的开局之年。县政协常委会在省、市政协的指导和中共江川县委的领导下，坚持以邓小平理论、“三个代表”重要思想、科学发展观为指导，深入贯彻落实党的十八大、十八届三中全会和县委十二届三次全会精神，认真贯彻落实县委《关于支持人民政协履行职能发挥作用的意见》，牢牢把握团结民主两大主题，围绕中心、服务大局，认真履行政治协商、民主监督、参政议政职能，为促进建设美丽江川作出了应有的贡献。

【政协江川县第八届委员会第一次会议召开】 政协江川县第八届委员会第一次会议于2013年1月8日至12日在县城举行，应出席委员165人，实到164人。会议以邓小平理论、“三个代表”重要思想、科学发展观为指导，认真贯彻中共十八大和县委十二届三次全会精神，总结政协江川县第七届委员会五年来的工作，提出八届政协工作建议。会议审议通过黄文柱代表政协江川县第七届委员会常务委员会所作的工作报告和杨吉英代表政协江川县第七届委员会常务委员会所作的提案工作情况报告；听取县长葛勇代表县人民政府所作的《江川县人民政府工作报告说明》，书面协商《江川县人民政府工作报告》、《江川县2012年国民经济和社会发展计划执行情况与2013年国民经济和社会发展计划（草案）的报告》、《江川县2012年地方财政预算执行情况和2013年地方财政预算（草案）的报告》；书面协商《江川县人民法院工作报告》、《江川县人民检察院工作报告》；选举产生政协江川县第八届委员会常务委员会主席、副主席、常务委员；审议通过县政协八届一次会议提案审查情况的报告和县政协八届一次会议决议。会议期间，委员们积极协商议政，围绕经济结构调整、发展方式转变、高原特色现代农业建设、新型工业化推进、旅游文化产业发展、国家级生态县创建、城乡统筹协调发展、社会管理创新等重大问题提出许多意见和建议。

【常委会议】 2013年，政协江川县第八届委员会常务委员会举行第一次至第三次常委会议。

4月25日，召开八届第一次常委会议。会议审议通过《政协江川县委员会2013年工作要点》；修订通过《政协江川县委员会全体会议工作规则》、《政协江川县委员会常务委员会工作规则》及《政协江川县委员会主席会议工作规则》；县政协主席罗跃岗传达市政协四届一次全会、四届一次常委会精神并就县政协常委会自身建设提出工作意见和要求。

7月24日，召开八届第二次常委会议。会议审议通过《关于中学生法制宣传教育工作情况的调研报告》、《关于环湖重点环保工程建设情况的视察报告》；审议通过《政协江川县委员会建议案工作规则》和《政协江川县委员会委员管理办法（暂行）》；专题学习“委员五个一活动的开展形式和要求”；通过人事任免事项。

10月29，召开八届第三次常委会议。会议听取县政府副县长李志刚关于江川县经济社会发展情况的通报（其中县发改局、县财政局作书面通报）；听取县防震减灾局工作情况通报；听取县政协提案联络委关于重点提案办理落实情况的通报；审议通过《关于新农村建设情况的调研报告》、《关于新型农村合作医疗管理情况的调研报告》；专题学习“群众路线教育实践活动精神”。

【思想理论武装】 坚持思想理论建设，进一步巩固政协大家庭团结合作的共同思想政治基础。健全完善学习制度，引导常委、委员、政协工作者树立终身学习的理念，形成“勤学、善思、致用”的学风。利用政协常委会议专题学习、政协委员活动日学习、政协机关定期学习等平台，以中国特色社会主义理论体系、人民政协理论、党的十八大报告、十八届三中全会决定等为主要学习内容，认真抓好政协常委、委员、机关干部职工“三个层次”的学习，在推进学习型政协建设中迈出坚实的步伐。常委会认真研习十八大报告中关于“社会主义协商民主是我国人民民主的重要形式”的论述，紧扣省政协关于“推进协商民主广泛、多层、制度化发展”的意见，把社会主义协商民主制度论述，作为全体政协委员理论武装的重要内容，继承上届政协民主协商的经验，积极开展“协商民主学习践行活动”，取得一定成效。2013年10月，省政协主席罗正富到江川进行专题调研，对江川推进协商民主制度建设工作给予肯定，同时也充分肯定江川县委、县政府高度重视和支持政协工作，对社会主义协商民主制度进行了积极探索。

【政治协商】 坚持以全体会议、常委会议、主席会议为平台，精心组织委员对事关江川全局的重要事项、重大问题、重点工作进行协商讨论，建言献策，助推县委、县政府科学决策、民主决策。在县政协八届一次全会期间，组织委员专题协商了“一府两院”工作报告，在委员畅所欲言、党政领导积极反馈的民主协商氛围中，达成贯彻落实县委、政府重大决策部署的共识，提出162条意见建议。对此，县政协召开专题主席会议进行认真梳理汇总，其中对县政府工作报告的13个方面意见建议，交由各专委会对口反馈；对县法院、县检察院工作报告的15个方面意见建议，由政协领导同“两院”主要领导进行直接反馈。政府相关部门及“两院”对此作了认真听取并采纳部分意见建议。县政府及民政局悉心采纳关于“江川殡葬制度改革”的意见，研究出台《关于进一步深化殡葬制度改革的意见》，并启动殡葬基础设施建设工作；县法院领导到政协听取意见反馈后，采纳“对政协委员参加旁听的审

判案件，当场没有宣判的，可以在判决后把相关材料发给委员”等建议，不断改进法院工作，提高法院的公信力。县政协领导在列席县委常委会议以及县委、政府重要会议中，主动参与决策协商，就重大项目、重点工作、重要事项等听取情况介绍，积极建言献策，发挥了政协组织的应有作用。

【民主监督】 坚持民主监督的有效形式，发挥委员在民主监督中的主体作用，不断拓宽监督范围，推动部门工作顺利开展。继续推行“主席、副主席领衔督办重点提案，委室督办重要提案制度”，促使提案全面办理。在立案的84件提案中，确定《关于确定低保对象的建议》、《关于加强星云湖十里长堤管理的建议》、《关于清理整治农村违法违规占地的建议》作为重点提案进行视察督办，确定《关于多措并举推进江川工业园区投资环境改善的建议》、《关于加大对违法建筑的监管和查处力度的建议》等12件重要提案交由各专委会进行跟踪督办，提高了提案办理的满意率和落实率。召开常委会议听取县政府上半年工作情况通报、委员提案办理情况通报，先后5次听取政府职能部门工作情况通报，为常委知情明政、履行职能创造了条件。支持委员应邀担任检察、公安、税务、工商、质监、电力等单位特约监督员。组织委员评议检察院出庭公诉工作，县检察院认真采纳委员评议意见，制定三个方面整改措施，并向县政协作出书面反馈，请委员继续作好整改监督。组织农村委员列席乡镇人代会，参加领导班子民主测评、领导干部述职述廉评议、专项工作座谈会、民意调查会、案件审理旁听；组织机关委员参与两湖环境卫生整治监督检查、星云湖鱼苗投放、捕捞收费许可监督、中高考巡视、义务教育初步均衡督导复评、晋江公路征地拆迁监督、医疗机构设置规划听证会、烟花爆竹产业发展规划听证会、征地年产值修订听证会等，在知情明政中开展多层面的民主监督活动。

【参政议政】 坚持“在服务中参与、在参与中服务、监督参与并重”的原则，竭诚尽智，齐心协力，助推全县中心工作。按照“围绕中心、精心选题，深入调研、科学分析，民主协商、合理建议”的调研视察要求，完善“政协领导带队、专委会牵头、政协委员和相关部门领导共同参与”的调研视察工作机制，突出重点开展调研视察。积极组织委员开展新农村建设、中学生法制宣传教育、新型农村合作医疗管理等专题调研，选择环湖重点环保工程、农村中小学校营养餐管理、矛盾纠纷排查调处化解、重点提案办理等进行视察，形成7个调研视察报告，提出20项建议，报送县政府研究办理。多数建议得到县政府采纳，并复函县政协，调研视察成果转化形成良性互动机制。各专委会配合省市政协开展关于中医发展、石产业发展、现代农业园区建设、拆临拆违等调研视察工作，协助提供了所需资料及相关服务。各委员活动组在配合县政协完成调研视察课题任务的同时，结合界别特点，选择工业园区建设、农村环境卫生综合整治、电信行业发展、商业银行发展、个私经济发展、基本公共卫生服务均等化、流动人口管理、学生营养餐食品安全监管等课题进行调研视察，直接为相关部门建言献策。按照县委安排、受县政府委托，县政协领导在担任重点工作、重大项目的指挥长、副指挥长（副组长），联系指导乡镇及规模以上企业，参与“仙湖锦绣”项目推进，参加指导村（社区）“两委”换届选举等工作中，做到重大活动到场、督办工作到岗、牵头落实到位，为项目推进和工作开展献智尽力；按照市、县党委政府的安排，担任入湖河道河长、副河长，积极参与研究制定河道环境综合整治方案，指导协调绿化、贯通、保洁等工作，并从市县相关部门协调争取资金109万元用于河道治理。

【自身建设】 坚持推进政协履职的制度化、规范化、程序化建设，以常委会、委员活动组、专委会、机关为重点，进一步探索有利于发挥界别纽带作用、委员主体作用、专委会基础作用、机关保障作用的新机制、新举措，完善18项制度，新建10项制度，夯实履职基础。完善《政协常务委员会工作规则》，为常委履职提供条件，提升常委会的整体合力及履职能力。制定《委员管理办法》，以“五个一”活动为载体（即委员每年参加一次调研视察、参与活动组撰写一篇调研报告、提交一件高质量提案、反映一条有价值的社情民意、为群众办一件实事），在组织委员参加活动、发挥作用，汇集民智、建言献策，热心公益、争办实事等方面进行有益探索，并取得初步成效。制定《专委会工作细则》，进一步明确专委会工作职责，切实增强专委会的工作活力和成效。认真贯彻落实中央“八项规定”，建立健全机关公文、财务、车辆、纪律等管理制度；交流科级领导1名到政府职能部门任职，内部轮岗专委会主任4名，不断提高机关工作效率和服务保障能力，树立为民、务实、廉洁的政协形象。

【罗正富到江川调研】 10月16日，省政协主席罗正富率调研组到江川，就如何充分发挥人民政协协商民主重要渠道作用和加强新形势下的政协工作进行调研。罗正富一行在市政协主席黄宪庭，市政协党组书记冷明德，市政协副主席汪燕平、郭亚钢、李少华等领导陪同下到江川，实地查看了江川县政协办公环境和条件，并召开专题调研会。县委副书记、代理县长钱兴，县政协主席罗跃岗，政协副主席杨生明、郭开明、杨吉英、李绍华及县政协机关干部参加座谈。罗正富一行听取钱兴、罗跃岗所作的情况汇报，了解了江川县经济社会发展情况、江川县政协基本情况、县政协推进协商民主制度的落实、充分发挥人民政协协商民主重要渠道作用，努力推进社会主义民主政治建设的情况。罗正富充分肯定江川县近年来政协工作取得的成绩，认为江川县党委、政府高度重视政协工作，县政协围绕中心、服务大局，主动有为，对社会主义协商民主制度进行了积极探索，取得一些好的经验和做法，并希望江川县认真总结和发扬。罗正富还对江川县近年来经济社会发展取得成果给予充分肯定，希望江川县要继续把“两湖”保护放在首要位置，排除各种困难把抚仙湖保护好，把星云湖开发利用好，把生态环境搞好，要在循环经济、现代农业、绿色生态产品、生态文化旅游、统筹城乡、打造特色城市等方面再下功夫。

（侯国芬）

人民团体

工　会

【概　述】 2013年，江川县总工会深入学习贯彻上级会议精神，紧紧围绕县委工作目标任务，认真开展“云岭职工跨越发展先锋活动”和组织实施“云岭职工人才工程”，以协调劳动关系为主线，以解决职工群众利益问题和困难帮扶救助为工作重点，以建立健全利益协调、诉求表达、矛盾调处和权益保障机制为工作途径，团结动员全县职工开展建功立业谋发展，推进“两个普遍”建设促和谐、规范基层工会工作打基础、维护职工合法权益促稳定、密切联系职工群众转作风、落实党风建设促廉政、加强自身建设增活力，努力在组织职工、引导职工、服务职工、维护职工合法权益中体现新作为，展示新风貌，推动全县经济社会发展实现新跨越。

【组织建设】 2013年，江川县总工会设主席1人，副主席2人，工作人员2人，聘请职工2人，社会化组织员1人。截至12月31日，全县共有工会组织295个，涵盖单位635个，其中：机关事业单位工会99个，涵盖单位109个，企业工会组织196个，涵盖企业526个，会员15976人。

3月27日，江川县总工会召开第十一届二次全委会议，选举李芬为江川县工会第十一届工会委员会委员、常务委员、副主席。江川县工会女职工委员会召开第十一届二次委员会议，选举李芬为委员、女职工委员会主任。

12月12日，江川县总工会召开第十一届三次全委会议，选举李春伟为江川县工会第十一届工会委员会常务委员、副主席。江川县工会经费审查委员会召开第十一届二次委员会议，选举李春伟为委员、经费审查委员会主任。

【“两个普遍”工作】 继续开展“广普查、深组建、全覆盖”行动。按照“三同时”原则，2013年新建云南天湖旅游开发投资有限公司工会1个，发展会员24名，实现工会组织全覆盖。

普遍开展工资集体协商。按照“稳步推进、重点突破、重在建制、逐步规范”的工作思路，“党委领导、政府主抓、工会力推、各方协调、劳资互助”的工作格局，健全各级组织机构，部署具体工作，制定目标要求和实施步骤，明确成员单位职责，围绕建立和谐劳动关系，普遍开展工资集体协商。组织乡镇（系统）工会主席召开专项工作会议，安排布置2013年企业工资集体协商工作任务。全县共完成工资集体合同签订174份，覆盖企业408个，覆盖职工7517人（其中单独签订151份，覆盖企业151个，覆盖职工6445人；区域性签订23份，覆盖企业257个，覆盖职工1072人）。

【工会规范化建设】 按照《关于加强乡镇（街道）工会和基层工会规范化建设工作的意见》（江总工会〔2012〕9号），规范建设乡镇、街道（总）工会和机关事业单位工会。4月16日，举办140多人参加的工会规范化建设培训会，并组织2013年创建规范化建设示范点的16家单位49人参加现场观摩交流学习，从党政重视支持、组织网络健全、履行基本职责、活动丰富多彩、加强自身建设、服务职工群众、强化财务管理等七个方面加强规范化建设工作，不断加强工会自身建设，增强基层工会活力，激发职工参与建设的内在活力，推动基层工会作用的发挥，提升基层工会工作的整体水平。2013年10月，7个乡镇工会通过验收，被玉溪市总工会表彰为工会规范化建设达标单位。

【县总工会十一届二次全委（扩大）会议】 3月28日，江川县工会第十一届二次全委（扩大）会议在江川宾馆召开。县委常委、组织部长林清出席会议并讲话。县人大常委会副主任、县总工会主席陆富仙作题为《凝聚职工力量服务发展大局推动江川经济社会发展实现新跨越》的工作报告，县总工会副主席龚瑞中书面提交《切实履行工会经费审查审计监督职责为江川工运事业的发展提供有力保障》的经审报告，县总工会副主席李芬书面提交《解放思想创新发展推动女职工工作实现新跨越》的女职工工作报告。会议总结2012年工会工作，安排部署2013年全县工会工作，表彰2012年工会重点工作目标责任书考核一等奖3名、二等奖4名、三等7名，先进单位2个，鼓励单位11个，签订乡镇（街道）、系统和县直机关、县属企业工会《2013年工会重点工作目标责任书》。

【云岭职工跨越先锋活动】 4月16日，江川县总工会组织各乡镇、街道（总）工会主席、副主席、专职工会

干部，系统工会主席及县总工会全体干部职工共140多人参加“云岭职工跨越发展先锋活动”、“云岭职工人才工程”工作动员会。会议传达省总工会“一活动一工程”的定义，开展活动的目的和意义、工作措施，号召全县广大职工积极参与，为全面提高自身素质，构建和谐美丽江川和全面建成小康社会创造新业绩、作出新贡献。县总工会将“一活动一工程”纳入重点工作目标责任书，加强组织保障，开展专项调研探索途径，举办专题培训加强指导，按照机关、企业、窗口单位分类开展有效推进。主要抓好“四争四促”工作：一是争当建功立业先锋，促进经济社会发展；二是争当学习创新先锋，促进能力素质提高；三是争当遵规守德先锋，促进精神文明创建；四是争当维护稳定先锋，促进和谐江川建设。

【云岭职工人才工程】　2013年，开展重点行业和特殊行业、家政服务行业取证培训，圆满完成市总工会下达的“云岭职工人才工程”200个名额的培训和取证任务。与县人社局联合开展创业培训805人，配合县安监局、县质量技术监督局对特种作业人员取证及再教育418人。

11月12日，江川县总工会出资主办的家政服务培训班在路居镇上坝村委会开班，免费培训50名学员。培训主要内容为：家政服务概述与职业操守、礼仪习俗、家电养护、家庭护理、家庭保洁等。培训结束通过考试，成绩合格者颁发全国统一的家政服务员初级职业资格证书。

【百名工会干部深入千家企业联系万名职工活动】　2013年，按照市总工会深入开展“百千万”活动的要求，江川县总工会开展深入调查研究、宣传政策法规、促进企业发展、推动解决问题、推进重点工作，激发工会活力的百名工会干部深入千家企业联系万名职工活动，2013年选择6户企业，联系60名企业职工，全年深入联系企业86人次，与职工座谈6次，发放联系卡60张。

1月5日，市县工会以送温暖的方式，深入企业、深入职工、深入基层，到“百名工会干部深入千家企业联系万名职工”活动联系点的县农机厂、卓一食品公司、江磷集团3家企业，对30名联系的一线或困难职工进行慰问。6日至9日，对江川县总工会开展“百千万”活动联系点的九溪红砖厂、翠峰水泥公司、供排水公司等9家企业45名一线和困难职工进行了慰问。

8月29日，江川县总工会副主席龚瑞中、李芬一行深入翠峰纸业开展“百名工会干部深入千家企业联系万名职工”活动，与13名一线职工面对面交流、座谈，倾听群众意见，践行群众路线，做实群众工作。

【规范困难职工档案】　为全面、准确、及时掌握困难职工家庭的生活状况，切实推进新时期工会帮扶工作常态化、长效化建设，2013年，江川县总工会对建立工会组织的机关团体中的低保户、低保边缘户、意外致困户和农民工开展了困难职工档案规范化建设建立工作，共调整档案763户，通地申请、审核、公示、审批，建立和录入正式困难职工档案569户，并统一编号管理，定期调整，按照“先建档、后帮护、实名制”的帮扶救助原则，实现动态管理。

【困难帮扶】　2013年1月25日，江川县总工会在青少年活动中心举行“元旦·春节”困难职工帮扶救助金集中发放仪式。县委书记马文龙，县委常委、组织部长林清，副县长王波出席活动，活动由县人大常委会副主任、总工会主席陆富仙主持。共发放救助金228000元，救助困难职工159名，其中：农民工51人，医疗救助14人，生活救助145人。马文龙代表县委、县政府向奋战在全县各条战线上的广大职工及家属表示节日的问候和祝福。仪式结束后，马文龙、陆富仙、王波等领导到赵应德、袁大荣等大病困难职工家中看望慰问，为他们送去慰问金。

1月25日，县委书记马文龙等领导一行前往龙泉山工业园区对特固电气的20名一线职工和困难职工进行看望慰问，县人大常委会副主任、县总工会主席陆富仙，副县长王波等领导参加慰问活动，发放慰问金10000元。

1月30日，江川县人大常委会副主任、县总工会主席陆富仙，副县长王波，县总工会副主席龚瑞中深入江川县重点工程项目——星云铭城建设工地，为在冬日寒风中坚持施工的20名一线职工送去春节的祝福和10000元慰问金。

1月30日，县委副书记、县长葛勇，县人大常委会副主任、县总工会主席陆富仙，副县长普朝鹏来到患病职工王耀鹏、张丽艳家中，为他们送上医疗救助金各5000元，带去春节祝福和问候。

4月25日，江川县总工会副主席龚瑞中、李芬到江川县国税局生活区，对江城中心卫生院患大病职工张丹进行慰问，送上5000元慰问金。

9月26日，江川县总工会在青少年活动中心开展2013年“中秋·国庆”慰问救助活动。县委书记马文龙，县委常委、组织部长林清，县人大常委会副主任、县总工会主席陆富仙，县总工会副主席龚瑞中、李芬出席帮扶救助资金发放仪式。马文龙对受助职工提出殷切希望：困难职工要正确对待目前的处境、鼓起生活的勇气，继续发扬自强不息、艰苦创业、勤劳朴实的好传统、好作风、好品质，努力在勤劳致富、创新创业的实践中体现人生价值，用自己勤劳的双手创造更加幸福、更加美好的生活。发放仪式结束后，马文龙，代理县长、县委副书记钱兴深入患病职工杨绍文、陈小荣家中，送上帮扶金。受马文龙委托，县人大常委会副主任、县总工会主席陆富仙带领工会干部到玉溪市人民医院看望正在重症医学科治疗的职工张瑞，把党委政府和工会组织的关怀送到职工手中。活动对符合条件的109名困难职工家庭发放医疗救助、生活救助、金秋助学帮扶救助慰问金173000元。

10月12日，江川县总工会积极措筹资金，开展“中秋·国庆”帮扶救助延续救助活动，为12名患癌症、8名患尿毒症的大病职工发放救助金共计76000元。

12月24日，江川县总工会积极措筹资金，为因大病导致生活步入困境，迫切需要党和政府关怀的10名大病职工发放救助金共计40000元。

【劳模管理】 1月25日，江川县总工会组织慰问部分省级、市级劳模，县委书记马文龙，县人大常委会副主任、县总工会主席陆富仙，副县长王波等领导与10名劳模进行座谈，并发放春节慰问金5000元。马文龙说，一直以来县委、县政府都非常关心重视劳模工作，非常尊重劳模，希望继续发扬劳模精神，继续发挥示范作用，引领和带动更多的人在各自的岗位创出成绩，推动江川科学发展和谐发展跨越发展，为建设生态文明美丽江川作出新贡献。

4月26日，江川县总工会组织“五一”劳模健康体检活动。来自全县各行各业的46名劳模（其中：全国劳模4人，省部级劳模17人，市级劳模25人）在江川县人民医院做了血检、彩超、心电图、胸片、内外科等18项身体检查。

6月21日，县人大常委会副主任、县总工会主席陆富仙率队走访慰问张贵元、陈仕安、候道泽、伏庭国4位省部级劳模，赠送健康理疗机。

8月15日，江川县总工会上报卫生系统劳模认定材料1份，为全国卫生先进生产工作者张六一争取劳模待遇，并在广大职工中广泛宣传立足岗位，恪尽职守的职业道德，优质满意服务的工作态度，胸怀大爱、无私奉献的劳模品格。

12月13日，县委常委、组织部长林清，县人大常委会副主任、县总工会主席陆富仙入户慰问普绍清、方正华、张文华、陈仕安、卢本荣、汤秋玲、伏廷国、胡金顺8位省部级劳模，发放劳模“两金”47700元。

【金秋助学】 8月23日，江川县总工会在县委三楼视频会议室组织开展2013年“金秋助学”活动。县委常委、组织部长林清出席并讲话，县人大常委会副主任、总工会主席陆富仙主持活动仪式，为50名考取大学的困难职工子女（其中本科44名，专科6名）发放助学金144000元。救助仪式上，林清对考取大学的困难职工家庭给予鼓励和慰问，同时对受助同学提出四点希望：要珍惜来之不易的学习机会，只争朝夕，刻苦学习，奋发成才；发扬顽强拼搏的精神，自强不息，健康成长；不辜负党和政府、工会组织的关爱，刻苦钻研，学好本领；学会感恩，发扬勤俭节约、艰苦奋斗的精神，在艰苦的环境中磨练意志，做一个对人民有益、对社会有用的人，以更加优异的成绩回报父母、回报社会、回报祖国、回报家乡。

10月22日，江川县总工会副主席龚瑞中、李芬一行，为西河村小学送去价值1256元的篮球、排球、羽毛球、乒乓球、跳绳等体育用具。

【职工法律援助】 2013年，县总工会与川和律帅事务所续签“职工法律援助中心”合作合同。全年共接待职工法律咨询20起（事涉交通事故、欠薪、落实待遇、社保缴费、临时教师等），涉及职工69人（全部是农民工），涉及金额852590元，代理仲裁或诉讼案件1人次4件次（安全生产事故赔偿），涉案金额130000元。

【职工医疗互助活动】 第九期职工医疗互助活动，参加单位151家，比2012年增加4家，增长2.72%，参加人数9979人（继续参加9006人，新参加973人），比上年增加611人，增长6.52%；收取互助金817780元（其中：继续参加9006人×80元=720480元，新参加976人×100元=97300元）。第九期活动共申请补助1053人，发放补助金450955元。

9月4日，江川县总工会在教育局电教室对100余名基层工会代办员开展第十期职工医疗互助管理信息系统录入工作的相关培训，对第十期职工医疗互助系统讲解系统下载、登录、填报（新参互录入、续互转入录入、未参互录入）、校验、上传、打印、办理参互手续等内容，向参训人员发放相关的宣传材料300余份。第十期活动中的五大优惠政策：在不提高互助金交纳标准的基础上，降低补助起点，由800元降至600元；调整补助比例，由原来的30%、60%、80%调整为30%、70%、90%；提高封顶线，由15万元提高到20万元；取消大病段限制；先自付费用计入补助基数的比例由50%提高至70%。

【厂务公开】 开展厂务公开、职工代表大会建制专项活动，充分发挥厂务公开、职代会在构建和谐劳动关系中的积极作用，2013年已建工会的公有制企业厂务公开、职工代表大会建制率达到95%，已建工会的非公有制企业厂务公开、职工代表大会建制率达到85%，已建工会事业单位厂务公开、职工代表大会建制率达到100%。景湖酒店、江川供电公司、江磷集团创建为江川县厂务公开民主管理示范单位。

【劳动竞赛】 开展以企业和职工为主的节能减排立功竞赛活动，2013年全县开展劳动竞赛的企事业单位83家，参与人数4568人；非公企业单位47家，参与人数2224人。开展技能竞赛的企事业单位58家，参与人数3420人。4月22日上报宏斌绿色食品

有限公司为省、市劳动竞赛典型单位，获云南省“劳动关系和谐企业”荣誉称号。

【职工技能竞赛】 开展教育系统116人参加的“高效课堂”竞赛；卫生系统147名护士技能达标训练；供电公司接电团体技能竞赛等活动，获得安全文化宣传一等奖、女职工论坛一等奖、财务竞赛二等奖；推选19人参加市级星级饭店服务技能比赛，1人获一等奖、5人获二等奖、3人获三等奖；组队参加“第二届工业园区技能大赛”，获团体二等奖。

【“安康杯”竞赛活动】 联合安监局继续开展以“强化发全基础、推动安全发展”为主题的“安康杯”竞赛活动，布置20家单位、208个企业班的2840人参加安康杯竞赛活动，拓宽“一法三卡”活动面。

【“生态文明之家”创建】 4月19日，江川县总工会组织召开“生态文明之家”推进会。会议要求：成员单位要进一步加强生态文明建设观念，从领导做起，从自我做起；要结合职能提出生态建设实施意见，细化建家标准；要发挥职能部门作用，加大建家落实力度。

8月27日，江川县总工会副主席李芬到江川县交通局、信用联社、法院、检察院，对生态文明之家创建单位进行督促检查，指导和推进工会生态文明之家创建设工作。

【一线职工疗休养】 6月17日至22日，江川县总工会组织一线职工14人（其中：教育系统8人、卫生系统5人、粮食系统1人），到云南省工人疗养院进行康体（含棋牌、健身、桌球、乒乓球、飞镖、歌舞厅、游泳）、体检、合影等疗养，让一线职工共同分享发展成果，体现工会组织对一线职工的关爱。

【宣传教育】 大力实施职工素质提升工程。专题开展一次学习“十八大精神”征文，征文40篇，组织专家评审组征文进行匿名评审，评出一等奖2篇、二等奖3篇、三等奖5篇并进行通报表彰奖励。

扎实推进“创建学习型组织、争做知识型职工”活动。继续开展“读一本好书”征文活动和开展阅读《时代风采》读书征文活动。征集读书体会92篇，表彰19篇。

加强工会重点工作的新闻宣传工作。积极向市级以上刊物、网站及媒体上稿，上报信息95期次，被省级采用20条（时代风采17条、云南工运通讯3条），市级采用9条，县级采用53条，单条采用率为30.14%，复合采用率达到89.13%。

【“中国梦劳动美”宣讲活动】 7月22日至8月16日，江川县总工会联合县委党校骨干教师组成宣讲团，以中国梦的丰富内涵、实现中国梦的正确途径、以劳动创造托起中国梦为宣传重点，以宣讲活动、媒体宣传、文化活动为主要形式，面向基层，面向职工群众，强化舆论导向，在全县各行各业广大职工中开展15场次的主题宣讲活动，让主题宣传活动根植于基层单位、车间班组，落实到广大职工个体身上，促进能力素质提高，为江川经济社会全面发展汇聚起追梦圆梦的正能量。

【“红土地之歌”演讲大赛】 7月25日，由中共江川县委宣传部、县文明办、县总工会、共青团江川县委联合举办的江川县第九届“红土地之歌”暨首届“中国梦·我的梦”演讲大赛在江川影剧院举行。来自机关、教育、政法、金融、税务、企业、部队等部门的30名选手参加比赛，10名选手参加决赛。围绕“弘扬云南精神，奉献富民强滇”主题，结合实际，充分展示自我风采，讴歌全县广大干部群众在“弘扬云南精神，奉献富民强滇”中涌现出的感人先进事迹，深入诠释高远、开放、包容的高原情怀以及坚定、担当、务实的大山品质。通过角逐，来自国税局的张楠、江川一中的李霞2名选手获得一等奖，其余选手分获二、三等奖，（其中二等奖3名，三等奖5名）。

【职工书屋建设】 江川县纪委职工廉政书屋是2013年工会县级“职工书屋”自建点，县总工会补助经费5000元建设职工读书活动的阵地，自建工作起点高，标准严，效果好。争取上级建设经费11000元，建成为市级职工书屋并挂牌。

【交流学习】 7月12日，楚雄州总工会副主席夜成芳带队，州、县工会一行20人到江川县总工会交流指导工会经费审查审计工作，玉溪市总工会原党组书记、常务副主席黄满德，副主席柏劲松，调研员龙继荣陪同交流，江川县人大副常委会副主任、总工会主席陆富仙出席并作江川工会经审工作情况汇报交流。

7月25日，大理州总工会、德宏州总工会、保山市总工会领导一行10人到江川县总工会对工资集体协商工作进行交流，玉溪市总工会主席范志华，原党组书记、常务副主席黄满德，副主席柏劲松、李树华陪同，江川县人大副常委会副主任、县总工会主席陆富仙出席并作江川县开展企业工资集体协商工作情况汇报交流。

【调查研究】 1月15日，云南省总工会主席张百如到江川县调研工会工作，玉溪市总工会主席范志华、副主席柏劲松陪同调研，县委常委、副县长石伟和县总工会全体人员参加调研会议。张百如一行看望慰问县总工会全体工作人员，听取江川县工会工作汇报，倾听基层工作呼声和建议。对下一阶段工会工作，张百如提出三点指导意见：紧扣十八大精神，关注收入分配改革，落实“两个普遍”建设，开展好企业工资集体协商工作，注重协商质量，维护好职工话语权、表达权和经济权益；服务中心，做好维权帮扶工作，重视综治维稳问题，关注国企改革改制下岗职工的维权工作，关注劳资矛盾，要充分利用工会组织优势，发挥党和政府联系职工群众的桥梁纽带作用，开展好云岭职工跨越先锋行动，以服务企业发展、服务职工群众为工作方针，以发展和谐劳动关系为工作主线，在服务全局中组织职工、引导职工、服务职工、维护职工；加强自身建设，扩大工会宣传面，树立模范和推动典型，管好用好工会资产，彰显工会职能、扩大工会影响、提升工会地位。调研期间，张百如一行深入徐宝祥家中，看望慰问80岁高龄的退休全国劳模，送上困难劳模慰问金40000元。

5月17日，玉溪市总工会副主席柏劲松到江川县总工会对江川县2013年工会工作推进情况和上级有关规定的执行情况进行督查调研。在调研座谈会上，县人大常委会副主任、县总工会主席陆富仙对江川县总工会1月至4月以来开展的相关工作情况向督查组进行汇报。陆富仙说，2013年以来，江川县工会工作紧紧围绕市总工会三届八次全委（扩大）会议精神，以落实“云岭职工跨越发展先锋活动和云岭职工人才工程”为载体，做到“宣传与发动、谋划与培养、计划与安排、组织与保障”四个同时与四个到位。调研组一行深入云南宏斌绿色食品有限公司、云南同力橡胶有限公司落实执行情况进行查看后指出：江川县总工会维护职工切身利益要从抓企业生产、抓企业质量、抓企业效益做好引导，结合企业实际推动职工工资集体协商制度的贯彻落实。

5月20日，江川县总工会组成调研组先后深入到江川县人社局、江川县职业中学、各乡镇基层工会及江磷集团、翠峰纸业、卓一食品等8家规模以上企业工会，就“一活动一工程”工作进行专题调研。调研采取发放问卷调查表与座谈的形式征求基层工会主席、管理层和生产一线职工对“一活动一工程”工作的意见和建议。

7月10日至11日，云南省总工会办公室副主席雷鸣，省财贸集集团工会主席陈玉琼，玉溪市总工会副主席柏劲松、李树华一行到江川对2013年“云岭职工跨越先锋活动”、“云岭职工人才工程”和上半年工会重点工作进行督查调研。县人大常委会副主任、县总工会主席陆富仙，县总工会副主席龚瑞中、李芬和大街街道、前卫镇分管领导与工会主席参加调研。江川县总工会、大街街道工会和前卫镇工会分别按要求从工会贯彻落实党的十八大精神、市委四届三次全会精神和全省云岭职工跨越发展先锋活动、云岭职工人才工程落实情况以及工会组织建设、工会经审、企业工资集体协商、企业民主管理和厂务公开、“四群教育”和“百千万”活动、困难职工帮扶、财务和资产管理、职工医疗互助活动开展情况等工会重点工作和当前工作中存在的困难和问题进行汇报。省、市工会督查调研组听取江川工会工作汇报后，认为江川工会工作思路清晰，找准了工会工作的结合点和切入点；机制健全，措施到位，“一活动一工程”落实到位，具有操作性，工作有特色、有创新、有成效；县镇两级工会求真务实，党政重视，做到省总和市总满意、县委和政府满意、职工满意；工会干部务实奉献，重点工作明确，难点工作突破，全面推进工会各项工作开展。调研组针对江川工会工作中存在的不足提出建议和要求：进一步提高集体合同、工资协商合同和女职工专项保护合同的履约率，化解劳资矛盾，努力构建和谐企业；进一步整合人社、工信等部门资源，加大非公企业厂务公开和民主管理力度，加强维权力度；进一步加强政府联席会议、三方联席会议和经费代收联席会议机制建设，为工会工作争取更好的环境；规范帮扶资金使用，加大对困难职工的帮扶慰问，打造工会维权帮扶品牌；协调政府，提高工会经费财政拨缴率和到位率，独立开设工会经费帐户，行使工会独立法人资格职权；接受鞭策和鼓舞，再创经验，再出成绩。调研组一行还深入企业，与卓一食品公司和江磷集团一线职工开展座谈，了解职工思想和工作情况，深入腾达机械制造公司车间，实地了解查看“云岭职工跨越先锋活动”和“云岭职工人才工程”实施情况，听取职工意见。

9月5日，玉溪市总工会副主席李树华、调研员龙继荣一行深入江磷集团工会调研职工技术技能素质状况，县总工会副主席龚瑞中陪同调研。调研采取与一线职工座谈，发放调查问卷的形式，从生产经营情况、职工技能素质现状、职工文化素质、职工自身技术素质需求、“一活动一工程”落实情况等方面，听取企业工会和职工代表意见建议，收集个人调查问卷22份，企业问卷1份。李树华针对职工需求，结合“云岭职工跨越先锋”活动和“云岭职工人才工程”工作，对江川工会开展职工技术技能素质的提升提出要求：落实“一活动一工程”文件精神，开展以技能培训、技能竞赛、技术创新为主要内容的职工技能提升活动；不断探索完善提高技能人才的成长机制，加强领导，加大宣传，推动形成人人皆可成才、人人尽展其才的工作局面；进一步完善人才激励机制，组织开展好高层次、高标准的职业资格培训、认证、提升工作，促进人才工程落实。

2013年，江川县总工会形成并上报《江川县关于非公企业开展劳动竞赛情况的调研》、《江川县总工会关于职工医疗互助活动的几点思考》、《江川县女工工作情况调研》3篇调研报告。

【工会财务】 2013年1月11日，江川县总工会与县地税局召开工会经费代收工作联席会议，县人大常委会副主

任、总工会主席陆富仙，县地税局局长李鸿等相关领导和工作人员共18人出席会议。会议主要研究讨论2012年工会经费地税代收工作中存在的需要协商和配合解决的问题，总结经验和做法，加强工会经费代收工作。

6月6日至10日，江川县总工会与江川县地税局联合对2012年度账务不健全、欠缴经费的火炮行业和纸箱包装企业等16家企业进行工会经费核定征收，探索工会经费代收创新工作。

【经费审查】 切实履行经费审计职责。组织审计小组完成县总工会本级2013年工会经费收支预算的审查监督工作，完成对17个基层工会的年度经费收支审查，2013年度江川县工会经审委员会被云南省总工会经审委员会表彰为先进集体。

【资产管理】 2月26日，江川县总工会在县委小会议室对江川县职工培训中心（原江川县工人俱乐部）进行公开公平公正的招租，以人民币68800元整的承租底价出租给艺康会所，租期3年。租金收入用于弥补县级自筹工会困难职工帮扶资金，开展困难职工送温暖和帮扶救助工作，直接惠及广大职工。

【参加市、县（区）工会职工运动会】 7月28日至30日，江川县总工会组队参加在易门县举行的“玉溪市第八届市、县（区）总工会职工运动会”，江川县总工会代表队共参加七个项目中9小项的角逐，取得团体总分第七名成绩。

【敬老活动】 9月13日，江川县总工会开展“敬老月”活动退休职工座谈会，6位已退休的“老工友”和县总工会全体人员一起畅谈工会的过去和展望工会的未来，畅谈工运事业发展前景，工会影响力和作用发挥，互相通报各自生活和学习情况，加强友谊和交流。

【表彰奖励】 2013年3月13日，江川县总工会被玉溪市总工会表彰为2012年度工会重点工作目标考核一等奖；江川县总工会经审委员会被评为玉溪市经审工作三年规范化建设先进集体一等奖；江川县总工会、云南江磷集团股份有限公司工会被表彰为玉溪市“百名工会干部学入千家企业联系万名职工”活动先进单位；江川县总工会李春伟、李少鹏被表彰为“百名工会干部深入千家企业联系万名职工”活动优秀个人。

3月15日，江川县总工会副主席龚瑞中被表彰为江川县2012年度安全生产先进个人。

6月15日，云南省江磷集团股份有限公司“江磷技师工作站”被云南省总工会、云南省职工技术协会授予“云南省职工技师工作站”称号。

6月27日，江川县总工会副主席李芬被江川县关心下一代工作委员会表彰为2008-2013年度先进个人。

10月9日，江川县总工会副主席李芬被中共江川县委、县人民政府表彰为2008-2013年依法治县工作先进个人。

10月18日，云南省江磷集团股份有限公司工会在中国工会第十六次代表大会上被中华全国总工会表彰为全国“模范职工之家”。

12月25日，玉溪市工会第四届代表大会表彰江川县幼儿园工会、景湖酒店工会、江川县地税局工会、云南阳光食品有限公司工会为2008-2013年先进职工之家；表彰万文秀、杨旭升、廖永坤、陈绍明、杨玫为2008-2013年优秀工会工作者；表彰张自艳、刘文祥、毕洪生、张跃丽、罗映秋、刘晨曦为优秀工会积极分子；表彰林清、蔡小明、杨汉年为支持工会工作的优秀党政领导。

【女职工工作】 1月28日，江川县总工会、江川县妇女联合会、江川县人力资源和社会保障局等相关单位在县城明珠路开展2013年“春风行动”。活动现场通过悬挂横幅、发放宣传资料、现场政策咨询等方式向广大妇女群众宣传外出务工相关常识及法律知识，共发放环保布袋子、“远离毒品·拒绝艾滋”倡议书、春风卡等相关资料2000余份，现场咨询23人次。

2月27日，江川县总工会在县委一楼会议室开展“春风活动”救助活动，总工会常务副主席李梅琼、副主席龚瑞中参加慰问活动，共慰问特困单亲女职工20人，发放慰问金24000元。

6月18日，江川县总工会联合县工商联、云南宏斌绿色食品有限公司组织56人开展《女职工劳动保护特别规定》培训和知识竞赛。

12月1日，江川县总工会联合江川县住建局走进“星云铭城”、“景华苑”、保障性住房施工点等多处建筑工地，以组织工人开展集中宣传教育、发放宣传资料、填写调查问卷等方式开展防艾宣传。活动当天共发放各类宣传资料2000余份，发放安全套2000个，收回问卷调查50份，受教育人次达2400余人。

（李春伟）

共青团

【“共青团与人大代表、政协委员面对面”座谈会】 2013年1月10日，团县委组织召开江川县2013年“共青团与人大代表、政协委员面对面”座谈会。座谈会以“社会教育与青少年全面发展”为主题，县委常委、政法委书记陈琎寿，县人大常委会副主任、县总工会主席陆富仙，县政协副主席杨吉英等领导，县人大代表、县政协委员，县关工委、县纪委、县法院、县公安局、学生代表、团县委全体干部职工共30人参加会议。会上，县人大代表、县政协委员、有关单位领导分别围绕会议议题和青年代表的发言进行疏导和现场答疑，并就如何做好社会教育与青少年全面发展提出建议，表示将认真整理座谈会内容，形成相关提案议案，拟提交即将召开的“两会”讨论。

【学习传达省第十三次团代会精神】 2013年1月14日，团县委召开专题会议。团县委副书记（主持工作）戴吉国传达学习省委书记秦光荣在省第十三次团代会上的讲话和团省委书记杨军所作的工作报告。团县委委员、基层团委负责人共计22人参加会议。

【发放“救救孩子”倡议捐款】 2013年1月31日，团县委牵头联合县妇联、县关工委严格按照“救救孩子”倡议捐款相关管理细则，认真做好倡议捐款管理及发放工作，为路居镇下坝社区红泥寨村身患红血板再生障碍性疾病的7岁小男孩杨倬懿送去2000元“救救孩子”倡议捐款。

【慰问贫困学生】 2月4日，团市委书记余莉到九溪镇中营村慰问7名家庭贫困的学生，为他们送去2100元的慰问金，并向他们致以亲切的节日问候和诚挚的祝福。

【服务首届春节文艺晚会】 2月4日至2月8日，团县委组织10名青年志愿者做好“江川县首届春节文艺晚会”志愿服务工作，圆满完成首届春节文艺晚会的会场布置、观众引领等服务工作。

【举办第六届玉溪（江川）乡村青年文化节】 2月22日，由团市委、市青联主办，团县委、县青联承办的乡村青年文化节在九溪镇文化广场开幕。团市委书记余莉，副书记曾丽娟、王刚，市青联专职副主席赵波，县人大常委会副主任、县总工会主席陆富仙参加开幕式。全县各界青年朋友为观众带来17个精彩纷呈的节目。

【送金融知识下乡】 2月22日，团县委邀请县农村信用社资深信贷员汤云臣为九溪镇50名团员青年开展金融知识讲座。汤云臣通过身边的创业事例、深入浅出地为青年讲授创业小额贷款、“贷免扶补”以及符合农村青年需求的金融知识，发放《金融知识小册子》60份，现场提供金融知识咨询。

【青年创业报告会】 2月22日，团县委邀请云南腾达机械制造有限公司董事长杨艳春和九溪镇创业青年陈江云开展创业事迹报告会。杨艳春和陈江云以自己的实际经历向50名青年讲授创业历程和心路，交流成功经验，分享创业之路，并鼓励青年敢于寻找属于自己的道路，为自己的目标努力奋斗。

【趣味运动会】 2月23日，团县委在九溪镇中营村委会开展趣味运动会，中营村60余名青年参加活动。运动会共设立篮球比赛、拔河比赛、绑腿跑比赛和沙包投准四项活动。

【乡镇实体化“大团委”建设工作会议】 2月25日，团县委召开乡镇实体化“大团委”建设工作会议。各乡镇（街道）团委负责人及团县委全体干部职工参加会议。团县委副书记王坤对江川县乡镇实体化“大团委”建设数据核查工作作出安排。团县委副书记（主持工作）戴吉国传达团省委对各县区乡镇实体化“大团委”建设的抽查情况和团市委乡镇实体化“大团委”建设工作会议精神，强调各级团组织要明确责任，认真细致地做好乡镇实体化“大团委”建设的数据核查工作，对号码不准确、人员不到位、代表性不强等情况要及时做出整改，确保乡镇实体化“大团委”建设的各项工作落到实处。

【村（社区）团组织换届选举工作】 2月25日至6月9日，按照县委要求和部署，团县委及时成立工作领导小组，召开动员大会，制定实施方案，强化业务指导，顺利推进全县村（社区）团组织换届工作。全县72个村（社区）团总支（支部）采取“两推一选”的方式，通过召开团员大会，选举产生72个团总支（支部）的委员219名、书记72名、副书记64名。72名村（社区）团总支书记平均年龄34.71岁，28岁以下12人，占16.67%；29～35岁30人，占41.67%；35岁以上30人，占41.66%；中共党员68人，占94.45%；大专以上学历4人，占5.56%；高中、中专学历27人，占37.5%；大学生村官兼任团总支副书记27人，占37.5%；女团总支书记21人，占29.17%。

【“弘扬雷锋精神爱护环境卫生”活动】 3月15日，在团县委、县青联的组织下，来自全县各行各业的28名县青联委员到路居镇下坝社区张营村开展“弘扬雷锋精神爱护环境卫生”活动，重点对张营村主干道及道路两旁的沟渠进行集中清理清扫路面2000余米。

【部署希望水窖“1+X”公益活动】 3月22日，团县委召开专题会议，安排部署共青团希望水窖“1+X”公益活动。14个基层团委负责人、团县委全体工作人员参加会议。团县委副书记戴吉国（主持工作）组织学习《共青团玉溪市委关于转发<关于开展共青团希望水窖“1+X”公益活动的通知>的通知》（玉团发〔2013〕6号）文件，要求各基层团委严格按照省、市团委的安排部署，积极动员全县青少年和辖区内的爱心人士充分发扬互助关爱、互帮互助的良好品德自愿捐款，为建设希望水窖贡献自己的一份力量。

【举行助学活动启动仪式】 4月12日，由团县委联系的“华明中国行”助学捐赠启动仪式在江川宾馆会议室举行。山东济南华明信息技术有限公司将向江川县所有初级中学、乡镇中

心小学以及3所县直高中共计31所学校的部分学生各捐赠价值898元学习机一台、价值298元护目宝3台，总计56000元左右的学习用品。

【青年马克思主义者培养工程培训班】　6月24日，团县委举办2013年青年马克思主义者培养工程暨村（社区）团总支书记培训班。14个基层团委负责人、72个村（社区）团总支书记参加培训。培训设置《解读团的十七大精神》、《基层团组织在县域经济发展中的作用》、《青年禁毒志愿者培训》、《“中国梦·我的梦”宣讲活动》以及《团务知识》五个专题，切实加强基层组织建设和基层工作，不断提高团干部的素质，更好地履行组织、引导、服务青年和维护青少年合法权益的工作职能。

【青年禁毒志愿者培训】　6月24日，团县委组织开展青年禁毒志愿者培训。培训邀请到县公安局禁毒大队警官赵红磊和县疾控中心副主任凌剑波为来自全县各基层团委、各村（社区）团总支的92名青年禁毒志愿者进行培训。通过培训，使参加培训的青年禁毒志愿者进一步加深对毒品知识的了解，提升工作能力，为更好地开展禁毒宣传教育、参与戒毒社会工作奠定基础。

【举办“红土地之歌”暨首届“中国梦·我的梦”演讲大赛】　7月24日至25日，中共江川县委宣传部、县文明办、共青团江川县委联合举办江川县第九届“红土地之歌”暨首届“中国梦·我的梦”演讲大赛。来自全县机关、学校、企业的28组选手参加比赛，县国税局张楠、江川一中李霞2名选手，荣获一等奖。

【青年干部培训班】　8月11日至16日，县委组织部、县委党校、团县委在县委党校共同举办江川县首届青年干部培训班，全县党政机关、事业单位部分副科级干部、股所级干部和一般干部等共计100人参加培训。

【戴吉国到雄关乡调研】　9月12日，团县委书记戴吉国带队到雄关调研基层团建工作，实地查看35口希望水窖建设情况，要求雄关乡团委要加快希望水窖建设进度，注重跟踪监督，严把水窖建设质量关，确保希望水窖在抗旱促生产中发挥更大作用。同时调研窑房村委会和雄关中学团建情况，要求基层团组织要保持良好工作劲头，扎实推进团的工作，要进一步了解当前青年的需求，切实服务青年、凝聚青年，要结合村情实际，探索新的活动载体，打造特色活动品牌，通过品牌活动来影响青年、带动青年，让青年有组织归属感和团的荣誉感。

【“关爱老年人”活动】　9月13日，团县委组织全县14个基层团委深入开展“志愿敬老行·关爱传真情”活动。志愿者们深入农村、敬老院为老人们义务理发、整理内务及清理庭院，与他们谈心，了解他们的身体健康状况和饮食起居等日常生活情况，送去慰问品、表演文艺节目让老人们感受到来自年轻人的关爱。据统计，全县累计组织青年志愿者进敬老院达463人次。

【召开基层团建工作交流座谈会】　9月24日，团县委召开基层团建工作交流座谈会，分析当前全县共青团工作面临的形势和存在的问题，安排下一阶段工作的重点任务，全县14个基层团委负责人结合工作实际，畅所欲言，深刻分析当前团建工作面临的社会环境、形势和困难问题，并就做好今后江川的团建工作提出意见和建议。团县委书记戴吉国提出三点要求：立足实际、彰显特色、树立品牌，打造一批团建工作示范点；主动作为、主动出击、主动应对，紧紧围绕党政工作中心和团员青年需求，认真谋划好村（社区）团建三年规划，明确本辖区内的团建工作重点任务、工作目标，力争每个村（社区）团总支每年都能为经济社会发展、为团员青年办几件实事、好事，真正改变村级团组织无位子、无影子、无影响、作用发挥不明显的局面；创新举措、创新思路、创新载体，切实加强中学团建，抓好两新团建工作，发挥好团组织的组织、引导、服务青年和维护青少年合法权益的作用。

【团组织宣传思想文化工作】　9月24日，团县委组织全县14个基层团委负责人学习习近平总书记“8·19重要讲话”精神，团县委书记戴吉国就深入学习习近平总书记重要讲话精神，加强全县共青团组织宣传思想文化工作提出五点要求：深化中国特色社会主义和中国梦宣传教育，深入推进“我的中国梦”主题教育实践活动；适应时代发展和青年变化的新特点，在青少年中深入开展社会主义核心价值体系教育，着力培植精神家园，不断增强凝聚力、向心力，引导青少年形成良好道德品质和积极健康的人生态度；大力开展青少年思想引导工作，加强正面宣传，在互联网上唱响主旋律、传播正能量；针对影响青少年健康成长的错误思想观念，勇于和善于开展舆论斗争；加强青年文化建设，充分运用文化手段和艺术、时尚等元素，提升青年思想引导工作的吸引力和感染力；统筹做好各领域特别是新经济组织、新社会组织、社区等新兴领域青年群体的思想引导工作，积极加强对自由职业者等青年群体的联系和引导。

【少先队工作交流座谈会】　9月26日，县少工委召开全县少先队工作交流座谈会，全县各少先队总辅导员、各基层团委书记和团县委全体人员参加会议。全县13名少先队总辅导员结合工作实际交流经验，深刻分析当前少先队工作面临的形势和困难问题，并就做好今后江川的少先队工作提出意见和建议。团县委书记戴吉国提出三点要求：围绕“中国梦”开展一系列丰富多彩的主题实践活动，立足实际、树立品牌，打造一批少先队工作示范点；切实加强少先队辅导员队伍建设工作，通过培训解决少先队辅导员素质参差不齐问题，加强县内、县外交流，学习先进经验；切实加强县少工委自身建设，发挥好少工委的组织、引导、服务少先队和维护少年儿童合法权益的作用。

【少先队系统宣传思想文化工作】 9月26日，县少工委组织全县13名少先队总辅导员和各基层团委书记学习传达了玉溪市共青团系统宣传思想工作会议精神，学习习近平总书记“8·19重要讲话”精神，团县委书记戴吉国对加强全县少先队系统宣传思想文化工作提出要求：深化中国特色社会主义和中国梦宣传教育，深入推进“我的中国梦”主题教育实践活动；加快落实青年网民志愿者组建工作，明确各基层团委负责人、少先队总辅导员和少工委委员为青年网民志愿者；加强协调校园周边环境的管理，引导青少年文明上网，大力开展青少年思想引导工作，加强正面宣传，在互联网上唱响主旋律、传播正能量。

【举办江川县慈善义演晚会】 9月28日，团县委组织的“有爱就有希望，爱心行动慈善晚会”在县城怡心园广场举行。来自县内外各条战线的江川籍青年志愿者以歌、舞、曲、艺等形式，为群众送上一场文化盛宴。活动吸引数千名群众观看并踊跃捐款，所捐款项将全部用于县内空巢、孤寡老人及残病儿童的救助工作。

【交流学习共青团工作】 10月21日，团县委组织来自通海县的85名团干到九溪六十亩村交流学习共青团工作，主要采取听汇报、看展板、访团员、看活动场所的形式开展交流。

【团委常委会议】 11月26日，团县委召开团委常委会议，研究部署六项重点工作。团县委常委，不是常委的基层团委书记或有关负责人参加会议。会议讨论并通过团县委常委会议制度，全面建设学习型团组织建设，进一步增强团县委的凝聚力、战斗力和吸引力；向各基层团委征求“青春思想导航计划”、“青春保护行动计划”、“固本强基计划”及“青春建功成业计划”四大行动计划的建议；听取了各乡镇（街道）团（工）委品牌树立情况及村（社区）三年规划工作情况汇报；安排团委年终考核事宜及团员民主评议工作；研究江川县青年企业家协会（江川县青年创业者协会）和江川县青年志愿者协会成立大会相关事宜；安排各基层团委2013年12月、2014年1月工作重点。

【成立江川县青年企业家协会（青年创业者协会）】 11月29日，江川县青年企业家协会暨江川县青年创业者协会正式成立。县委书记马文龙，县委副书记、代理县长钱兴，团市委副书记王刚，县委副书记石伟，县委常委、组织部长林清，县政府副县长杨军苹，县政协副主席杨吉英出席大会。马文龙作重要讲话，钱兴和王刚共同为协会揭牌。

【青年就业创业见习基地】 11月29日，团县委为首批创建的30家青年就业创业见习基地授牌。为贯彻落实中央、省、市、县关于促进青年就业创业工作精神，积极构建共青团促进青年就业创业体系，建立起人才与企业双向选择的高效机制，满足江川县经济发展对人才的需求，团县委争取企业支持，在全县创建云南联塑科技发展有限公司、云南江川仙湖锦绣旅游物业发展有限公司、云南腾达机械制造有限公司、玉溪万利包装材料有限公司等30家青年就业创业见习基地。

【成立江川县青年志愿者协会】 12月5日，江川县召开青年志愿者协会成立大会，标志着玉溪市第一家县级青年志愿者协会正式成立。团市委副书记王刚，县委常委、组织部长林清，县委常委、宣传部长龚桂存，县人大常委会副主任、县总工会主席陆富仙，县政协副主席杨吉英出席大会。会议要求，县青年志愿者协会要围绕大局、服务社会，增强青年志愿服务的针对性；要突出主题、创新载体，增强青年志愿服务的实效性；要完善组织、健全制度，增强青年志愿服务的长效性。大会审议并通过协会章程，选举产生江川县青年志愿者协会第一届领导班子，团县委书记戴吉国当选为协会第一届理事会会长。

【青年志愿者工作站和服务队】 12月5日，团县委为新组建的7家青年志愿者工作站和10支青年志愿者服务队授牌、授旗。经团县委精心筹备，分别在大街街道、江城镇、前卫镇、路居镇、九溪镇、雄关乡、安化乡创建7个青年志愿者工作站，在全县10家单位成立青少年维权、禁毒、医疗卫生、烤烟生产、扶贫助困、安全用电、建设美丽家园、职工维权、交通文明安全和关爱留守儿童等10支青年志愿者服务队。

【救助困难学生】 12月4日，团县委组织动员广大青年志愿者为困难学生捐款，开展“送温暖·献爱心”活动。团县委副书记王坤一行来到患病学生顾泽姮家进行看望慰问。与他们一家人叙家常，了解家庭情况和日常生活状况，鼓励他们克服生活困难、重燃希望，鼓励患病儿童以乐观的心态配合治疗，争取早日康复，并送上6570元捐款。

【青春情暖麻风病患者】 12月11日，团县委联合县红十字会组织青年志愿者到江川县麻风病院开展青春情暖麻风患者活动。来自全县25名青年

志愿者把捐赠来的价值3000元的暖手宝、不锈钢餐具等生活用品及猪肉、水果、糖果等食品，送到16名麻风患者手中，并为老人们清洁卫生，与老人共话家常，将社会大家庭的温暖送至每位老人的心中。此次活动是继江川县青年志愿者协会成立后团县委又一次以实际行动贯彻落实团省委、团市委部署的“做好事、做善事、做志愿者”主题实践活动。

【服务第九届高原湖泊水产品交易会】 12月22日至24日，团县委组织21名青年志愿者做好第九届高原湖泊水产品交易会大型文艺演出活动的服务工作。按照县委、县政府的统一部署，团县委及时安排，加强协调，精心组织，完成文艺演出的礼仪服务、会场布置、观众引领等志愿服务工作，确保开幕式和文艺演出顺利进行。

（赵忙车）

妇 联

【概 述】 2013年，县妇联立足基层、服务妇女，坚持改革创新、强基固本，充分发挥妇联作为党和政府联系妇女群众的桥梁纽带作用，带领全县广大妇女积极投身美丽江川建设，在全县经济持续健康发展和社会和谐稳定中做出积极努力，为完成好全年工作开创良好局面。

【新型女农民培训】 县妇联推荐大街街道伏家营社区汪兴艳、大庄社区李忠会两名女能手参加云南农村“女能手”养殖、种植骨干培训；依托大街、九溪等乡镇（街道）开展蔬菜、烤烟种植等技术培训，提高科学种养能力，促进增收致富。一年来，在全县依托妇女学校、农广校开展蔬菜、烤烟、蓝莓等各类农村实用技术培训92期，培训妇女9800余人。开展家政服务培训。11月12日，县妇联联合县总工会在路居镇上坝村委会组织开展家政服务培训，50多名有从事家政服务职业意愿的妇女参加培训班。积极开展“春风行动”。1月28日，县妇联联合相关单位在县城明珠路开展2013年“春风行动”。活动通过悬挂横幅、发放宣传资料、现场政策咨询等方式向广大妇女群众宣传外出务工相关常识及法律知识，发放环保布袋子3000只、“远离毒品·拒绝艾滋”倡议书、春风卡等相关资料2000余份，现场解答咨询23人次。

【运作贷免扶补和小额贷款资金】 县妇联积极向上级争取信贷资金，共发放贷款4000万元，比上年度增加25%（其中贷免扶补资金2400万元），为300名农村妇女提供创业资金贷款；发放小额信贷资金1600万元，惠及农户320户。同时，深入全县7个乡镇（街道）开展调研活动，对2012年“贷免扶补”和小额信贷工作进行集中调研，实地走访贷款户20户，了解贷款户近期的经营状况、解决就业人员情况、贷款后取得的效益、存在的困难，并对各乡镇（街道）妇联信贷工作台账进行检查，对贷款户动态监测、信贷工作经费使用、导师帮扶情况、贷款户典型材料等相关工作给予指导，对工作开展中出现的问题进行纠正，有效促进贷款工作开展。

【庆祝“三八”国际劳动妇女节系列活动】 县妇联充分发挥优势，积极协调，组织开展一系列丰富多彩的庆祝活动。一是开展“三八”维权周宣传活动。3月5日，县妇联牵头相关单位在县城明珠路开展以“坚持男女平等基本国策，保障妇女儿童合法权益”为主题的“三八”妇女维权周宣传活动。共发放男女平等基本国策等宣传资料4300份、“12338”妇女维权日历200张、展出各类宣传展板37块。同时，设立法律服务咨询台，邀请川和律师事务所梁明律师免费为广大妇女群众开展法律咨询服务，接受咨询6人次；设立维权服务岗，邀请司法局法律援助中心相关人员现场接待来访妇女，为她们排忧解难，接待妇女5人次。二是举办庆“三八”女领导干部座谈会。县委组织部、县妇联于3月7日联合举办“江川县庆‘三八’女领导干部座谈会”。县委常委、组织部长林清，县政府副县长杨军苹出席会议并讲话。全县及省、市驻江单位副科级以上女领导干部共77人参加座谈会。三是举办女性礼仪与健康知识讲座。3月6日，县妇联邀请县职业中学礼仪讲师范桃仙和县妇幼保健院妇产科主治医师马秋妍，深入大街街道、前卫镇为200余名妇女群众讲授女性礼仪与健康知识，引导妇女进一步掀起文明新风，关注女性健康的良好风尚。四是举办庆“三八”妇女节县直机关老年运动会。运动会设门球、地掷球、羽毛球双打、乒乓球双打、气排球、中国象棋、桥牌共7个项目，来自县直机关15个分协共260多人参加比赛，五是举办庆祝“三八”妇女节文艺晚会。晚会由14个文体组360多名演员，演出《最美的歌儿唱给妈妈》、《朵朵葵花庆三八》等15个节目。六是积极组织开展孕产妇免费筛查活动。联合县妇幼保健院于3月11日至3月31日在全县范围内开展孕产妇筛查活动，对全县所有孕产妇进行免费筛查。共检查孕产妇1003人，筛查出有高危因素的244人，高危因素筛出率达39.95%。

【生态文明家庭创建活动】 为在全县妇女中倡导创建生态文明家庭，发挥妇女在教育、宣传中的作用，组织动员全县妇女积极参与生态文明家庭创建活动，县妇联结合实际，组织开展丰富多彩的活动。一是充分发挥典型示范作用，在全县推广白石岩村妇代会清洁农村先进经验，将侯家沟中渔村打造为和谐社会先进典型，引导广大农村妇女和家庭主动参与环境卫生整治。二是联合县委宣传部为雄关乡下营村240户人家每户配送一只垃圾筒，价值8640元，于11月28日举行农村环境卫生整治暨垃圾桶发放仪式。

三是号召巾帼志愿者开展环境整治工作。在农村环境卫生整治中，各乡镇（街道）妇联积极发挥“生态文明家庭”妇女劝导队和巾帼志愿者的带头和宣传作用，带动全县妇女积极参与农村环境卫生整治工作。一年来，共组织巾帼志愿者6276人，清理街道13968米，清运垃圾87.1吨，进一步美化、亮化村庄、街道。同时，投入经费9000元制作带有“巾帼志愿者”标识的小红帽900顶。四是认真开展矣文村、大寨河、周官河的环境整治工作，并补助5000元经费用于大寨河清运，引导群众改变生活陋习。

【“六一”庆祝活动】 县妇联充分发挥县妇儿工委办公室的作用，积极协调相关单位组织开展一系列活动。一是积极参与县教育局牵头组织开展的学前教育工作调研和《3-6岁儿童学习与发展指南》培训。二是依托县幼儿园于5月28～30日举办“激扬红歌·欢快六一”活动。县政府副县长、县妇儿工委主任杨军苹出席活动。3000多名幼儿、教师及家长参加活动。三是依托县青少年活动中心举办“聂耳杯”青少年英语口语大赛暨2013年云南省青少年“希望之星”英语口语大赛江川赛区选拔活动。145人报名参赛，经过激励角逐，15名选手获一等奖，29名选手获二等奖，44名选手获三等奖，获奖选手同时取得市级比赛资格。四是开展“感恩母亲邮递亲情”主题活动。在前卫中学初二8班及大街小学五年级4班，共确定119名学生作为赠送对象，利用主题班会形式，邮寄母亲节贺卡，表达远在他乡的儿女对母亲的深情。

【扶贫帮困活动】 为有效帮助困难弱势群体，县妇联积极协调，组织开展一系列扶贫帮困活动。一是联合县残联于5月30日上午深入玉溪市特殊教育学校，对28名江川籍残疾贫困儿童进行慰问，送去慰问金8400元。二是联合县教育局、县残联、团县委于5月29日到安化乡中心小学、九溪镇矣文村委会矣文学前班开展“六一”儿童节慰问活动。为安化中心小学的12名贫困残疾学生送去2400元的慰问金。为两所学校的教职工及学生送去价值6000多元的体育用品及儿童玩具、食品。三是牵头慰问7名县内艾滋病致孤致贫儿童，慰问资金7000元；救助贫困妇女3人，共计金额700元；看望身患重症孩子3名，发放“救救孩子”金额7000元；争取“两癌”补助经费1万元，补助患有乳腺癌的贫困妇女李逢艳；争取省级困难“三八”红旗手补助金2500元，慰问曾获省级“三八”红旗手的江城镇宁会仙老人。

【平安家庭创建】 一是细化平安家庭创建工作。积极争取把平安家庭创建工作纳入县上的“平安江川”创建工作的总体规划中，坚持同部署、同安排、同考核，及时成立领导小组，明确由一名副主席具体负责“平安家庭”创建的日常指导和管理工作，确保工作连续性。在抓好专业工作队伍建设的同时，积极发挥志愿者的能动作用，在村委会（社区）建立以村级调解员、妇女主任为骨干的家庭维权队伍，形成“平安家庭”创建工作一级抓一级、层层联动抓落实的良好工作格局。二是开展“6·26”禁毒宣传活动。帮教慰问联系乡镇安化乡的9名吸毒人员及其家属，帮助他们树立生活信心，远离毒品；组织新当选的村级妇女干部90多人在党校开展一次禁毒防艾知识讲座；组织村组妇女参观毒品展示，加深她们对毒品的认识；在安化乡农贸市场集中开展禁毒防艾知识宣传活动，发放禁毒防艾倡议书、环保布袋子。三是入村开展禁毒防艾专题知识讲座。3月26日，邀请县疾控中心主任凌剑波到江城镇灰腰村民小组开展艾滋病防治知识培训，当地村组干部、群众共60余人参加培训。

【督查乡镇（街道）妇联平安家庭创建】 11月11日至14日，县妇联深入7个乡镇（街道），对全县“平安家庭”创建工作开展全面调研。县妇联干部先后走访“平安家庭”创建典型示范户14户，详细了解7个乡镇（街道）妇联“平安家庭”创建工作进展情况。围绕“平安家庭”工作开展情况、存在的问题及下一步工作举措等问题，和基层妇联干部及群众交流意见和建议，并撰写调研报告。截至2013年底，江川县平安家庭创建率机关达100%，农村达90%以上，平安家庭示范户作用发挥明显。

【信访维权】 一是热情接待处理日常群众来信来访，通过12338妇女维权热线、妇女维权站等途径，做好来访群众的情绪疏导和矛盾纠纷的化解工作，切实维护妇女儿童合法权益。截至2013年底，县妇联共接待来信来访来电39件，处理率达100%。二是充分发挥人民陪审员作用，切实维护妇女儿童合法权益。一年来，共参与陪审案件6件，并能在合议时充分发表自己的意见，切实维护当事人的合法利益。三是抓好家庭矛盾调处工作。各乡镇妇联组建“妇女维权队”和“维权站”，进村入户开展思想工作，帮助调解夫妻、婆媳等家庭纠纷和邻里矛盾。

【完成村级妇代会换届选举】 一是主动介入，超前谋划部署换届工作。为做好女性进村（社区）“两委”和村级妇代会换届选举工作，县妇联积极组织开展调研活动，并形成《江川县妇联关于第四届村级妇女组织情况的调研报告》上报市妇联和县委组织部，工作得到市妇联肯定，经验在其他县区得到推广。同时，结合实际制定下发《江川县妇联关于做好女性进村（社区）“两委”和村级妇代会换届选举工作的通知》，成立以县妇联主席为组长的村级妇代会换届选举工作领导小组，各乡镇（街道）也分别

成立以分管领导为组长的村妇代会换届领导小组，具体负责村级妇代会换届工作。统一印发《村级妇代会换届选举工作样本》，为妇代会换届选举的顺利进行提供组织保障。二是抓实抓细，扎实稳步推进换届工作。县妇联领导班子成员实行分片联系包干，深入一线、靠前指导，全程督查女性进村（社区）"两委"和村级妇代会换届选举工作。5月15～16日，县妇联全体人员深入7个乡镇（街道），对村级妇代会换届选举工作暨女性进"两委"工作情况进行督促指导，了解村级妇代会换届选举工作的难点问题，及时帮助乡镇（街道）妇联干部答疑解惑，指导基层妇女干部熟悉掌握换届选举工作的各个环节。同时，在换届选举工作中，要求各乡镇（街道）妇联认真填写《江川县村（社区）党（总）支部委员会"两推一选"情况统计表》、《全省村级党组织和第五届村委会及村妇代会换届女性情况统计表》等相关表格，及时全面掌握村级妇代会换届后的相关情况。三是严把关口，确保换届工作程序规范。妇代会换届选举采取召开妇女代表大会的形式来选举，县妇联要求村级妇代会代表根据村民小组的数量确定，要求每个村民小组原则上产生3～5名妇女代表，每个村（社区）妇女代表不少于15人召开妇女代表大会，做到法定程序不少、规定步骤不减，保证选举合法有效。同时，为确保实现村妇代会主任100%进村"两委"的目标，县妇联明确规定村妇代会主任（社区妇联主席）从村（社区）"两委"女性成员中产生。此次村妇代会换届选举共产生村妇代会主任（社区妇联主席）72人，妇代会委员437人，村妇代小组长437。村级妇代主任（社区妇联主席）连选连任52人，新进班子20人，其中：35岁以下的10人，占13.9%；35至45岁的27人，占37.5%；45岁以上的35名，占48.6%；高中以上文化程度的21人，占29.2%，初中文化程度的51人，占70.8%；女党员62人，占86.1%。

【第五届村（社区）基层妇女干部培训】 为提升全县基层妇女干部的整体素质，增强她们的履职能力，提高她们的廉洁自律意识，6月27日，县妇联在县委党校举办"江川县第五届村（社区）妇女干部培训班"，全县村（社区）妇代会主任（妇联主席）、乡镇（街道）妇联主席等90多人参加培训。针对当前新形势下对妇女干部自身素质的新要求与新期待，安排《如何做好新时期基层妇女工作》、《建设农村生态文明　构建幸福美好家园》、《禁毒防艾知识》、《江川县妇女和儿童规划》等内容课程。推荐九溪镇（杨金艳）、前卫镇（陈宝仙）2名新任村级妇代会主任参加省妇联组织的"全省新上任'两委'女干部暨村妇代会主任培训班"，尽快提高她们的履职水平。

【荣誉表彰】 2013年1月，前卫镇中学普海生家庭、江川县出租汽车运输服务中心张森荣家庭获市妇联、市公安局交通警察支队表彰的"零违章"家庭荣誉；2013年2月，县妇联获中共江川县委、江川县人民政府"2012年度新农村建设工作队先进派出单位"荣誉；2013年2月，县妇联获中共江川县委办公室、江川县人民政府办公室"2013年度社会管理综合治理工作先进集体"荣誉；2013年4月，县妇联获江川县禁毒委"江川县2013年度禁毒工作先进集体"荣誉，县妇联张丽梅获"江川县2012年度禁毒工作先进个人"荣誉；2013年7月，县妇联谢粉玲获中共江川县委、江川人民政府"江川县关心下一代工作先进个人"荣誉；2013年10月，县妇联施江艳获中共江川县委、江川县人民政府"2008-2012年依法治县工作先进个人"荣誉；2013年12月，县妇联、县教育局妇委会获市妇联"玉溪市妇联系统先进集体"荣誉；2013年12月，县妇联施江艳、江城镇政府杨芳、雄关乡雄关社区孔金仙、县人民检察院付云秀获市妇联"玉溪市妇联系统先进工作者"荣誉。

（施江艳）

关心下一代工作

【关工委工作会议】 2013年3月6日，江川县关工委工作会议召开，有关部委办局领导、乡镇（街道）关工委主管领导，驻会老同志、村（居）委会总支书记、关工委常务副主任、中小学德育主任及有关人员156人参会。会议总结上年关工委工作，传达市、县关工委2013年工作意见。2013年关工委的主要工作任务是：宣传好十八大精神，抓好中小学"学雷锋，树新风"、争当"四个"好少年、孝亲敬老等传统美德教育；搞好第二届"关爱明天、普法先行"青少年普法教育，抓好农村青年教育、配合妇联、教育局办好家长学校等。县委常委、组织部长林清，副县长杨军苹参加会议并讲话。会议表彰大街、江城、路居、安化4个乡镇（街道）先进集体和六十亩、前卫、安化、上坝、土官田5个村（社区）"五好"关工委；表彰郭家义、顾宝富、汤江平、张粉棠、吴克坤、黄向贤、宋正和、蒋红艳、杨红芬、黄花、郭梦梅11人为优秀通讯员和"中华魂"主题教育活动先进工作者汤江平、优秀辅导员张继艳。对受表彰的先进集体和个人，分别发给奖牌、奖状、奖金。前卫、路居镇党委书记参加会议并讲话。

【十八大宣讲员培训会】 3月28日，召开十八大精神宣讲员培训暨青少年普法教育推进会。参会的有县委宣传部、政法委、公安局、检察院、法院、司法局、共青团、妇联、关工委等12个部门负责人，14所中学、12所中心小学德育主任，各乡镇（街道）、教育、工信、机关关工委常务副主任、驻会老同志74人。由黄向贤、王荣华、郭家义、顾宝富4人对与会人员进行培训。县关工委常务副主任郭家义就如何推进“关爱明天，普法先行”提出要求。

【创新思想教育工作方法】 3月，为保证十八大精神进村进校进厂，创新工作方法，由县委宣传部行文，由县关工委牵头，县教育局参与，向全县中小学学生、农村青年、团员、共产党员、村组干部宣讲。为保证宣讲实效，县关工委组织4人撰写《科学发展，十年辉煌》、《坚定跟党走建设有中国特色的社会主义道路》、《深入学习雷锋，励志成就梦想》、《热爱农村，为全面建成小康社会而奋斗》4篇文章，以此为蓝本举办有74人参加的培训班。之后，各乡镇、街道又举办由本地“五老”人员、中小学政治教师、村社领导参加的培训班。在宣讲的基础上，把“好书伴我成长——我的中国梦”读书活动结合起来，开展“读书、征文、演讲”系列活动；把学雷锋活动结合起来，用社会主义核心价值体系引领青少年健康成长。

【“学雷锋，争当四好少年”活动】 2013年3月，在思想道德教育活动中，县关工委始终把开展“学雷锋，争当‘四好’少年”活动作为重点，使学雷锋活动从过去的“一阵风”成为“常态化”。多数学校大力宣传雷锋，读有关雷锋的书，讲雷锋的故事；全面领会、把握雷锋精神，制定学雷锋长效机制，每月利用队会、班会开展学习；校长、教师带头学，以学雷锋的实际行动影响学生；表彰学雷锋的积极分子，引导学生从自己做起、从小事做起。要求全体同学严格遵守《小学生日常行为规范》，从身边的小事做起，争取向粗鲁告别，向陋习告别；把礼貌带进校园，把微笑带给同学，把孝敬带给家长，把谦让带给他人。深入开展争做“学雷锋小标兵”活动和“三个一”活动，每天为班级做一件好事，每周为学校做一件好事，每个月为社区做一件好事。开展学雷锋日记大赛活动，每班每周上交一篇学雷锋日记，由学校行政领导进行评选记入班级考核。据不完全统计，全县中小学学雷锋，做好事达138000多件。全县表彰学雷锋小标兵10名，各乡镇表彰24名，均颁发奖状、奖品。

【“中国梦——好书伴随我成长”读书活动】 4月16日，县关工委联合县教育局关工委、县文明办和县图书馆到路居镇中心小学参加“中国梦——好书伴随我成长”读书活动，全校共836名师生参加。该校的具体做法是：坚持“四个结合”，即：读书活动与课堂教学相结合，读书活动与道德养成教育相结合，读书活动与校园文化建设相结合，读书活动与体验实践教育相结合。

【现身说法】 4月24日至30日，受县关工委邀请，云南省第三强制隔离戒毒所教育处处长李永义带领3名戒毒学员到江城中学、路居镇中学、上头营学校、江川县第二中学进行现身说法。四所学校共参加报告会师生5045人，其中：高中生1858人，初中生2514人，小学生455人。戒毒学员龚某沉痛讲述自己由于逆反心理严重和好奇心强以及交友不慎而导致吸食毒品，由一名在校高中生变成身陷囹圄的戒毒学员的经历。戒毒学员何某讲述他因吸毒妻离子散，家破人亡，被单位开除的悲剧。

【大庄中学举办普法讲座】 4月25日，大庄中学开展以“关爱明天、普法先行”青少年普法教育活动为主题的普法教育，邀请县司法局、县关工委和县教育局参加，县司法局法律援助中心主任李国强为全校752名师生作了一场题为《珍惜青春，远离犯罪，做知法、懂法、守法的中学生》的报告。报告从中学生犯罪的案例分析入手，深入浅出地解答什么是犯罪、什么是刑事责任、刑事责任年龄划分、中学生犯罪的特点及原因分析和预防中学生犯罪的对策，勉励同学们在人生的关键时刻如何把握好前进的方向，远离犯罪，走好自己的青春道路。

【宣讲十八大精神】 4~5月，县关工委在农村和中小学组织开展宣讲十八大精神。5月28日，据不完全统计，全县中小学共宣讲十八大精神268场次，参加宣讲的“五老”人员338人。参加听讲人数43759人，参加征文学生达23884人，受县关工委表彰的一等奖3名，二等奖6名，三等奖12名，优秀奖98名。演讲的学生达1800多人。参加“好书伴我成长——我的中国梦”读书、征文、演讲系列活动的达33800多人，有21499人参加征文，获一等奖的6名、二等奖的9名、三等奖的15名，优秀奖190名。县关工委对220名获奖学生颁发奖品、奖状。有14名中小学生获得市一、二、三等奖，居全市之首。

各乡镇农村于5月中旬至6月上旬开展宣讲十八大精神；宣讲188场，受群众有村社干部、党团员、离退休干部、农村青年共39327人。

【半年工作会】 6月7日下午，江川县关工委召开有7个乡镇（街道）、县教育局、县直机关、县工信局关工委常务副主任和县关工委干部共19人参加的会议。会议总结上半年工作，传达市关工委召开的县区常务副主任会议精神。

【暑假活动】 7~8月，全县各级关工委开展丰富多彩的暑假活动。县关工委组织翠峰、江城、后卫3所中心小学品学兼优的贫困学生和留守儿童学生82人到玉溪市少年宫、聂耳文化广场和江川阳光海岸、出水口等地参观游玩；县委、县政府及县属部委办局的16个单位组织296名学生到昆明、玉溪等地参观游玩；大街街道上营、下

营和大街社区在本社区开展“交通安全进社区”、“回顾社区发展”、感恩父母和亲人活动，参加活动的学生达258人。国税局、监察局和江城镇、前卫镇关工委组织镇所在地社区学生开展读书活动，读《雷锋的故事》、《钢铁是怎样炼成的》、《上下五千年》等书籍，参加活动学生达2100多人。还参加书法、绘画、古筝、电子琴等培训500多人，到大街、江城青少年活动中心活动人数达3000多人。部分村社组织学生参加整治村社环境卫生活动，达5000多人次。

【先进集体、个人表彰会】 7月15日，召开江川县2008-2013年关心下一代先进集体和先进个人表彰会。表彰先进集体24个，先进个人64人，树立县、乡镇、部委办局、村社组、中小学（包括村完小）、厂矿企业（包括民营企业）等各方面的先进集体和先进个人，受到干部群众好评。云南省关工委主任张宝三，省关工委副秘书长组织联络处处长张家禄，中共玉溪市委常委、分管市关工委领导方志鸣，玉溪市关工委执行主任刘邦元出行会议作指导。张宝三、刘邦元分别讲话。县委书记马文龙对江川县关工委工作给予肯定和寄予厚望；县委常委、组织部长、分管关工委领导林清代表县委、县政府对关心下一代工作，提出要求。县关工委常务副主任郭家义对县关工委五年来工作作出总结。

【举办“阳光司法”巡回法庭】 7月29日，县关工委配合县人民法院到江川二中举办“阳光司法”巡回法庭活动，审判两名贩卖毒品的青年罪犯，使1900多名师生受到教育。

【五好关工委推进会】 7月31日，江川县关工委在江城镇左卫村民委员会召开“江川县争创五好关工委推进会议”。会议的主旨是：落实中关工委提出“三年基层年”争创省、市、县“五好”关工委的工作部署，切实贯彻落实市、县委关于加强全县关工委工作的指示精神，加强关工委自身建设，提高工作能力和水平，推动关心下一代工作全局发展。玉溪市关工委副主任白爱民、玉溪市关工委社会组副组长杨凤荣到会指导，江川县关工委全体工作人员，各乡镇（街道）分管关工委工作的领导、常务副主任、副主任，24个村（社）党总支书记、关工委主任和常务副主任，江川县国税局关工委、云南江磷集团关工委、共计80余人参加会议。会议开展了积极争创省级“五好”关工委市级“五好”关工委、县级“五好”关工委等经验交流，白爱民对江川县关工委工作给予高度评价，并对积极争创“五好”关工委的标准（即领导班子建设好是关键、骨干队伍作用好是基础、制度健全执行好是保证、活动经常效果好是核心、工作创新思路好是活力）作阐述。

【中小学军训】 8月下旬至9月上旬，江川县初中、高中和5个九年一贯制学校开展军训，军训学生达6778人（一年级学生，部分学校全校学生）；小学开展集中训练，集训学生达22761人。中学训练内容为三大步伐、队列队形、军体拳、擒敌拳，内务整理和校规校纪；小学训练内容为队列队形、三大步伐和校规校纪、学习、卫生习惯等。各学校德育处要求学生把良好行为习惯落实在每一天的学习和生活中，取得明显成效。住校学生宿舍“五条线”（鞋子、毛巾、洗漱用具、餐具、书等分别摆放一条线）、“两统一”（被子、枕头统一摆放、蚊帐统一挂起）、“七无”（墙壁、铁线、床架无悬挂物，床上除被子、枕头无其他物品，地板无垃圾，墙面无印记，室内无蛛网，门窗死角无积尘，走道无垃圾积水）、“两有”（宿舍有学生座右铭，有文化氛围）。

【民营企业关工委工作推进会】 8月9日，县关工委召开县农机厂、宏斌酱菜厂、阳光食品厂、天一包装公司等9个民营企业及有关负责人参加的民营企业关心下一代工作推进会。会上，江磷集团副总经理王六生交流江磷集团关心下一代工作的经验，市关工委执行主任刘邦元和县关工委常务副主任郭家义就如何搞好民营企业关心下一代工作提出意见和要求。之后，对原有的5个民营企业关工委领导班子进行调整充实，参与新成立的4个企业有关工作的筹划工作。县关工委为9个企业挂牌，统一刻发印章，提出工作要求。

【第16期少年军校】 8月20日至9月10日，县关工委到武警部队请来24位教官，为路居中学、伏家营中学、螺蛳铺九年一贯制学校举办第16期少年军校。训练内容主要有正步、齐步、跑步、队列、队形、擒敌拳，训练时间为5～7天。共训练学生1145人。

【“中华魂·中华美德颂”读书活动】 9月，新学年开学后，在江川县一中、江城中学、伏家营小学3个学校开展“中华魂·中华美德颂”读书活动，参加学生2300人，发放“中华魂”读本2300多本。为认真指导活动，县关工委分别到3所学校帮助指导制定活动方案，举行启动仪式，指导演讲和征文评选。县关工委对先进集体、先进个人和优秀辅导员、优秀征文和演讲选手给予表彰奖励。

【联谊会代表参观六十亩村示范点】 9月10～12日，全国十三城市关心下一代工作联谊会第五次会议在玉溪市召开。9月12日，参会人员到江川县九溪镇六十亩村参观玉溪市关工委农村青年教育示范点，村党总支书记蒋培洋介绍关工委工作及村花卉发展情况，代表们观看六十亩村花卉栽培和关工委展板。江川县关工委积极参与全国十三城市关心下一代工作联谊会第五次会议的筹备工作。

【“中华魂”读书活动启动仪式】 9月16日下午，江川县关工委联合江城中学在江城中学礼堂举行“中华魂”读书活动启动仪式。江川县关工委常务副主任郭家义一行4人、江城镇关工委、江城中学全体教师及七年级8个班494名学生共计500余人参加仪式。

【随机调研】 9月下旬至10月上旬，县关工委对乡镇（街道）村（社区）关工委进行随机调研。9月23～26日，对已经列为2014年度争创省、市、县“五好”关工委的8个村（社）关工委和江城镇关工委进行随机调研。10月8～10日，对已列为工作表现一般的部分村（社区）关工委进行调研，对他们进行面对面指导。

【通讯员培训班】 10月10日，江川县关工委在江川宾馆多媒体会议室举办江川县关工委2013年度通讯员培训班。参加培训班的通讯员分别是县关工委驻会老同志、在职干部，县属机关3个关工委驻会老同志，全县各中、小学德育主任、乡镇（街道）关工委驻会老同志、主管领导、部分民营企业关工委负责人，共计50余人。云南省关工委文体委主任、《云岭春光》主编杜昌荣讲授《写作基础知识》、文体分类和几种常见的新闻文体写法。

【环保宣传教育实践活动】 11月21日下午，县抚管局深入结对学校——江城孤山小学开展以“小手拉大手，共护抚仙湖”为主题的环保宣传教育实践活动。县关工委、江城镇、路居镇有关领导及两镇中心环卫站相关人员参与，113名学生、70名学生家长代表、30名沿湖环卫清扫人员及相关单位领导约517人参加活动。县抚管局副局长金爱芬作动员讲话，强调“小手拉大手，共护抚仙湖”宣传教育活动的目的和对保护抚仙湖的重要意义，并希望沿湖学生、家长都积极参与到活动中来，用心呵护母亲湖的美丽，使抚仙湖水长清；县关工委办公室主任王荣华为此次活动作环保知识讲座。此次活动向沿湖7所村完小发出“五个一”活动倡议；县抚仙湖管理局捐赠210套8000多元的保洁工具给沿湖明星、牛摩、孤山、海门、张营、海边、小凹7个村完小。全体人员积极参与“美化家园，清扫沿湖村庄、河道”实践活动，共清捡广场、沙滩1080平方米，清理湖滩300米，清捡各种垃圾、杂物约0.5吨。

【荣誉表彰】 2013年8月，江川县关工委在宣传和《中国火炬》征订发行工作中，获国家关心下一代工作委员会表彰，被评为先进单位。

8月15日，县关工委常务副主任郭家义参加中国大众音乐协会、2013美丽中国大型音乐展演活动，其歌词《自从有了你》荣获作词金奖。他同时获得大众音乐协会、2013年美丽中国大型音乐展演活动组委会颁发的“中国优秀音乐指导师”艺术资格。

（赵运宇）

工商联

【概　述】 2013年，江川县工商联充分发挥工商联“五个作用”（在非公有制经济人士思想政治工作中的重要作用、在非公有制经济人士参与国家政治和社会事务中的主渠道作用、在政府管理非公有制经济中的助手作用、在行业协会商会改革发展中的促进作用、在构建和谐劳动关系中的积极作用），突出“三性”特征（统战性、经济性、民间性），始终把握“围绕中心、服务大局，突出重点、服务商会”的工作原则，狠抓作风建设，创新工作方法，切实履行职责，围绕工作目标，落实各项工作。

2013年底，全县已有乡镇分会7个，乡镇级商会2个（江城餐饮业商会，九溪餐饮业商会），县级行业商会（协会）11个（红砖、火炮、运输、餐饮、创业、建筑、石材、药业、农资、纸制品、铜器），异地商会1个（昆明江川商会），会员达1250名（其中个人会员885名，企业会员345名，团体会员20名），比上年增13.6%。行业分布涉及建筑建材、烟花爆竹、农副产品加工、运输业、餐饮业、药品、农资等10多类行业。工商联认真建立建全会员数据库，并按期将会员情况统计上报。商会能按章程组织会员缴纳会费，并按有关规定定期通报会费收支使用情况和开展活动。

【参政议政】 2013年，县工商联联紧紧围绕县委政府的中心工作及经济社会发展中存在的热难点问题，拟定调研课题，精心组织、周密安排，采取下基层走访企业、召开座谈会、下发调查问卷等开式，在全县范围内认真开展调查研究。一年来共形成高质量的调研报告2篇《江川磷矿资源与磷化工业发展情况的调研报告》和《江川县小微企业发展状况调研报告》，从多个方面提出意见和建议，为县委、县政府出台促进非公经济发展的政策措施提供决策依据。江川县工商联各行业商会会员中现有市代表27名，市工商联执行委员会委员6名，市工商联常务委员会委员3名，市人大代表2名，市政协委员3名。江川县“两会”期间，工商联会员中的县人大代表、县政协委员向县人大提出建议案11件，向县政协提交提案12件，提案、建议案涉及交通、教育、食品安全、环境保护、工业发展、农业、基础设施建设等方面，受到县级领导和相关部门的高度重视，部分建议、提案已得到落实。

【光彩事业】 县工商联积极引导广大会员和非公经济人士弘扬中华民族

传统美德，积极承担社会责任，号召广大会员发扬“致富思源、富而思进”的精神，积极参与光彩事业和社会主义新农村建设。根据“云南红土情·光彩进万家——民营企业感恩行动”目标任务，县委统战部、县工商联结合理想信念教育活动及金秋助学圆梦行动，组织非公有制经济人士开展捐资助学、扶贫济困等光彩行动。截至2013年底，县委统战部共收到景腾苑、供销社农资公司等民营企业捐赠8万元，其中2.4万元已用于帮助2013年考上二本以上学校的家庭困难学生。同时，江川县民营企业家还积极投身于希望水窖“1+X”公益活动中，8月底，云南宏斌绿色食品有限公司、云南红塔包装实业有限责任公司、江川县瑞星化工有限公司、江川县永丰活性钙业有限公司、玉溪天丽食品有限公司等企业共捐资6.5万元，用于抗旱爱心水窖建设，为解决雄关乡缺水地区困难群众的生产生活用水问题贡献了非公有制经济人士的力量。

【贷免扶补】 2013年江川县工商联帮扶创业的任务分配名额是500个。一年来，全年工商联共受理创业申请716份，登记创业人员716人，向农信社推荐创业项目500个，经农信社审核发放创业贷款2500万元，吸纳带动新增就业人员1250余人，其中：其中妇女203人，大学生37人，复退军人5人，下岗职工7人，吸引带动社会新增投资3250余万元，圆满完成市工商联下达给江川县帮扶创业的目标任务。2013年，江川县工商联的贷免扶补贷款回收率达99%。

【会员服务】 2013年，江川县工商联严格按照县委、县政府《关于加强和改进新形势下工商联工作的实施意见的通知》要求，以“四群”教育干部直接联系群众活动为切入点，把“服务立会、服务兴会”作为工作的出发点，积极与各乡镇分会和行业商会加强联系沟通通和指导，组织会员企业开展展会展销，学习考察、人才招聘，法律咨询、会员融资、会员维权等活动，为江川县非公有制经济的发展提供全方位的优质服务。

一是开展培训教育，提高会员素质。2013年，先后举办“非公有制经济人士学习十八大精神主题宣讲”、“非公经济代表人士培训会”，全县近500人次参加学习活动。此外，工商联多方协调，于2013年12月邀请农药、化肥方面的专业人员对农资商会会员进行复合肥知识介绍培训，提高商会会员的业务素质。二是开展会员维权，参与劳动仲裁。先后参与红砖商会、烟花爆竹商会的整顿重组工作，充分发挥好工商联的桥梁纽带和助手作用，及时把会员的意见建议和诉求反映给相关职能部门，把国家的政策、法规传达宣传到企业。同时，联合人力资源和社会保障局，制定《关于开展非公有制企业商会（协会）劳动争议预防调解示范工作实施方案》。三是积极向上级争取到劳动密集型小企业贷款名额12户（每户200万元）。一年来，通过工商联、劳动就业局、财政局等部门深入细致地调查了解和审核把关，云南腾达机械制造有限公司、天虹彩印包装有限公司、恒昌纸业有限公司、大型汽车运输贸易有限公司、云天化肥厂、供销合作社农业生产资料公司、宇豪冰鲜品公司、景腾苑有限公司、家乡园饭店、宇丰汽修有限公司、润洁纸制品有限公司、云南鹏源药业有限公司12户企业获得2400万元的“劳动密集型小企业”财政贴息贷款（每户200万元），办理过程中，县工商联积极帮助企业协调贷款利率、资产担保抵押等问题。至2013年底，贷款已全部发放完毕。为腾达机械落实土地优惠款1300万元、为天虹彩印调集入工业园区保证金400万元。四是实施“走出去，请进来”的发展战略，积极组织各商会企业参加省、市举办的各类展会展销，学习考察等活动。在昆明举行的首届南亚博览会暨第21届昆交会上，江川县民营企业云南宏斌绿色食品有限公司的泡菜、调味品、休闲食品等5个系列中的55个产品参加展会，展会期间签约19个项目，签约金额2076万元人民币和5万美元；云南荣盛实业有限公司共签约6个项目，签约金额3846.5万美元和8250万元人民币。展会期间，企业负责人还分别参加南亚商会展览展示、南亚国家投资促进会、南亚商品采购大会、中国—南亚商务论坛等活动，展示了江川县生物资源和生产加工优势及特色产品和绿色无公害食品。同时，为加快红砖行业的整合工作，县工商联组织红砖商会代表到四川进行学习考察，为正在进行的红砖商会整合转型积累经验。

（王青青）

文 联

【概 述】 江川县文学艺术界联合会是在中共江川县委领导下的群团组织，下辖8个协会11个艺术门类（作家协会含民间文学协会；戏剧曲艺家协会；音乐家协会，舞蹈家协会；书法美术家协会；摄影家协会；诗词楹联协会）。2013年，江川县文联在县委、县政府的领导及玉溪市文联指导下，认真履行“联络、协调、服务、指导”工作职能，团结带领全县广大业余文艺工作者，坚持“为社会主义服务、为人民服务”方向，贯彻“百花齐放、百家争鸣”方针，深入实际，深入基层，深入群众，坚持先进文化的前进方向，积极投身于“以优秀的作品鼓舞人”的创作实践中，文艺事业呈现出繁荣发展大好局面，各文艺家协会以文艺创作为中心，围绕出作品、出人才积极开展文艺创作、展演活动，取得可喜成绩。

截至2013年底，共编辑出版《星云》文艺季刊4期，发表各类文艺作品337篇（幅、首），计约684000字；组织书法会员参加“三下乡”开展为民书赠春联活动，共为民书赠春联400副；5件作品在玉溪市农村题材小戏小品征集活动中获奖；李正德书法作品入选“彩云、群星”展并获奖；《江川彝族口传文学集》出版发行；王小明荣获云南首届农民工书法展一等奖；郭家义歌词作品荣获金奖；美术家协会与企业举办书画联谊活动；叶晓霞在玉溪、通海举办个人画展；江川县音乐家协会“敬老节”送戏下乡；文联承办2013年度玉溪市五县区文学联展评奖活动；戏剧曲艺协会举办小品创作培训班；江城文艺协会参加云南三台“俏花灯”栏目演出；诗词楹联协会完成《玉溪两集成》作品上报工作；《江川古今诗联选》出版发行。

【《星云》季刊】 编辑出版《星云》文艺季刊4期，发表小说、散文、诗歌、文学评论等各类文艺作品337篇（首、幅），计约684000字，刊物质量明显提高。

【为民书赠春联】 为营造节日气氛，2013年春节前夕，文联组织5名书法协会会员到江城参加文化、卫生、科技“三下乡”活动，共为民书赠春联400多副。

【5件作品在玉溪市农村题材小戏小品征集活动中获奖】 为深入挖掘农村文化资源、弘扬民间传统文化、发现和培养戏剧人才、促进小戏小品的繁荣和发展，由市委宣传部、市文明办、市文联联合开展的农村小戏小品剧本征集活动评选结果于2013年1月揭晓，江川县戏剧曲艺家协会选送的花灯剧《花菜老板》（编剧李文直）获二等奖，小品《美丽的眼睛》（编剧杨竑）获三等奖，小品《情与法》（编剧李志中）、《新感觉》（编剧赵天平），花灯小戏《一碗面条》（编剧倪世义、瞿世厚）分别获优秀奖。

【李正德书法作品入选“彩云、群星”展并获奖】 2013年4月获悉，李正德书法作品入选“彩云、群星”展并获奖。

近年来，云南省文化厅举办“彩云奖”，文化部公共文化司举办“群星奖”，展览作品分别为美术、书法、摄影3个艺术门类。2012年的云南“彩云奖”评选中，书法类分别评出作品金奖5件、银奖10件、铜奖15件、优秀奖7件，李正德的行草作品《空山》荣获银奖，并入选《2012年云南省彩云群星奖美术书法摄影作品集》中；在全国“群星奖”评选中，书法类作品云南共入展10件，李正德的行草作品《空山》入展并荣获优秀奖，同时入选《群星璀璨——全国群众美术书法摄影优秀作品集》一书中。

李正德现为江川一中历史教师，江川县书法家协会主席，省、市书法家协会会员。其书法作品曾于2003年入展“云南省‘十运杯’书法展”，在2005年6月玉溪市“创模杯”现场书法比赛中荣获二等奖，2011年6月在玉溪市“辉煌‘十一·五’”书法美术摄影展赛中获书法类一等奖。

【《江川彝族口传文学集》出版发行】 2013年6月，由县民宗局、县文联共同编辑，由云南老龙团文化传播发展有限公司设计制作的《江川彝族口传文学集》，由香港恒顺国际文化出版有限公司出版发行。全书计约10万字，分民间故事、歌谣、颜语三个部分，收集整理各类作品100余篇（首、条、幅），是一部集中反映江川彝族民间文学的重要作品。此书的出版，是对江川彝族民族文化的抢救和保护。

【王小明获云南首届农民工书法展一等奖】 2013年7月12日，王小明书法作品在“建设者之歌”云南省第二届农民工文化节农民工才艺大赛中荣获书法类一等奖。大赛由云南省农民工工作联席会、云南省文化厅联合举办，共展出来自云南各地的百余名农民工的150余幅作品，涉及美术、书法、摄影、刺绣等艺术门类。

【郭家义歌词作品获金奖】 2013年8月15日，江川县关心下一代工作委员会常务副主任郭家义参加由中国大众音乐协会、2013美丽中国大型音乐展演活动组委会在北京举行的“2013美丽中国”大型音乐展演活动，其作品《自从有了你》荣获作词金奖。同时，郭家义还获得中国大众音乐协会、2013美丽中国大型音乐展演活动组委会颁发的“中国优秀音乐指导师”艺术资格《上岗认证书》。

【美术家协会与企业举办书画联谊活动】 为丰富企业文化建设内涵，8月23日下午，江川县文联美术家协会与江川天一包装有限公司联合举办书画联谊活动。协会组织8名画家和天一包装有限公司职工齐聚一堂，围绕“秀美江川·天人合一”主题，现场挥毫泼墨，即兴作画30余幅。

【叶晓霞在玉溪、通海举办个人画展】 2013年9月、10月，江川县美术家协会秘书长叶晓霞分别在玉溪聂耳图书馆、通海文化馆举办个人国画展。叶晓霞任教于江川县第一中学，自幼喜欢绘画艺术，曾在云南师范大学学习美术。2012年加入云南省美术家协会，现为江川县美术家协会秘书长。叶晓霞曾在江川博物馆举办过“墨踪霞影”个人国画展。她的作品构图饱满、意境柔美，写实性强，内涵丰富，韵味悠远，曾入选省、市重要展览并获奖。此次展出的80幅作品为叶晓霞10余年来的心血之作。

【江川县音乐家协会敬老节送戏下乡】 在“敬老节”到来之际，江川县文化馆牵头组织江川县音乐家协会和江川县“春之声”声乐协会部分会员，于10月20日中午深入前卫镇后卫

村委会邢家营村开展“敬老节”慰问演出。

参加此次慰问演出的歌手共6位，与邢家营村文艺队联合演出文艺节目23个，内容有歌舞、独唱、合唱、滇剧清唱、器乐合奏、广场舞等。

【承办2013年度玉溪市五县区文学联展评奖活动】 2013年10月22日，江川县文联承办2013年度玉溪市五县区文学联展评奖活动，江川4位作者作品分获各种奖项。其中，廖会芹的短篇小说《紫红色纽扣》获小说类一等奖，李国琴的中篇小说《心烦意乱》获小说类二等奖，杨兰秀的散文《祭父》（外一章）获散文类三等奖，杨金的组诗《站在月光里》获诗歌类三等奖。

上午，县委书记马文龙，玉溪市文联主席普辉，副主席王尚宁，云南省作家协会副秘书长、作家、此次小说评委胡性能，《艺术云南》杂志主编、诗人、此次散文诗歌评委雷平阳，以及红塔区、通海、澄江文联主席、获奖作者，江川20余名骨干作者等共计50余人参加颁奖典礼。县委常委、宣传部长龚桂存，普辉作讲话。县文联主席叶自林主持颁奖仪式。颁奖典礼后，雷平阳以《诗歌的血是红的》为题作即兴讲课。下午，胡性能以《小说的漏洞》、《小说的趣味》为题展开讲课，对参评作品进行点评，对作家余华的短篇小说《为什么没有音乐》进行剖析。

玉溪市五县区文学联展评奖活动自1996年举办以来，已持续18年，为培养五县区文学作者、活跃文学气氛起到积极作用。此次评奖活动有五个亮点：打破以往五县区、市文联各出1人组成评委会格局；打破以往承办县区必须拿一等奖的平均主义做法；隐去作者与区域名，提前将参评作品送交评委，评奖公平公正公开；小说、散文、诗歌各设奖项；评委老师结合参评作品分别讲课。

【戏剧曲艺协会举办小品创作培训班】 2013年11月1日至4日，江川县文化馆、戏剧曲艺家协会和玉溪市戏剧家协会、曲艺家协会联合举办2013年戏剧小品创作培训班。

此次培训活动，目的是为切实提高基层戏剧、小品创作爱好者的创作水平，大力抓好精品创作，打造江川高原水乡特色文化，进一步繁荣全县戏剧小品创作。主讲老师为国家一级编剧李钟发、宋佳良和玉溪滇剧院党支部书记普文贵。培训内容包括戏剧小品的构成要素、审美的核心、基本框架、与观众的纽带等理论知识和实际操作中的搜集素材、刻画人物的写作技巧、人物语言的特点把握、遵循的生活逻辑和独到的见解。授课中采取理论与实际结合的方式，对江川部分作者作品存在的问题进行分析讲解，深入浅出，通俗易懂。

【江城文艺协会参加云南三台“俏花灯”栏目演出】 应云南电视台三台邀请，江川县文化馆于2013年11月27日组织江城镇文艺协会参加“俏花灯”栏目节目录制。参加此次录制的节目有《寺院风波》、《一枚硬币定输赢》、《棒打老鸳鸯》3个花灯剧，参加人员32人。

【完成《玉溪两集成》作品上报】 2013年12月9日，江川县诗词楹联协会完成《玉溪市诗词集成》、《玉溪市楹联集成》的作品上报工作。

自2012年下半年以来，国家决定编辑出版以省为单位的《中华诗词集成》系列丛书，根据市委、市政府要求，市诗词楹联学会、市老干部诗书画协会决定2014年编辑出版《玉溪市诗词集成》、《玉溪市楹联集成》，要求各县区及时组成编辑组开展工作。江川县诗词楹联协会在文联领导下，于2013年初成立编辑组，抽调刘金文、罗连辉、杨兰秀3人，集中时间完成此项工作。共向市里报送542首（副）自1949年10月1日以来江川作者创作的诗词楹联作品，其中诗词作品466首，楹联作品76副。

【《江川古今诗联选》出版发行】 2013年12月下旬，《江川古今诗联选》一书出版问世。中国楹联学会会长孟繁锦题写书名，云南省楹联学会会长宁志光作序。

此书由江川县文联编辑，云南老龙团文化传播发展有限公司设计制作，香港恒顺国际文化出版有限公司出版。全书共分古人诗词、古人楹联、今人诗词、今人楹联四个部分，共收录898首（副）歌颂江川人文、自然景观、借景抒怀的诗词楹联作品，其中，古人诗词167首，古人楹联29副，今人诗词621首，今人楹联81副，是一部以诗词楹联形式，集中反映江川、宣传江川的作品汇编。

【书法家协会与金骏大药房联合印制马年挂历】 2013年12月，江川县书法家协会与云南金骏药业有限公司金骏大药房联合印制挂历1000本，挂历挑选书法家协会李正德、李建成、周保明、杨家顺、杨洪伟、王小明、李旭富、李峤、乔学兴、刘文康、杨兰秀、张恨水12位会员的书法作品，这是江川县文联下属文艺家协会走企业联姻之路的有益尝试。

（罗连辉　陈海莺）

科　协

【“全民科学素质行动计划纲要”实施工作】 2013年，县科协充分发挥主导作用，调动全社会力量共同参与，开展“四大主要行动”，实施“四项基础工程”，做到“五个到位”（即：领导认识到位、组织体系到位、责任落实到位、激励监督机制到位、经费保证到位），形成各级各部门高度重视、协调有力，社会各界共同推进的科普工作格局，科普组织网络、阵地设施、志愿者队伍、工作手段不断完善，科学教育与培训、科普资源开发与共享、大众传媒科技传播能力不断增强，公民提高自身科学素质的机会与途径明显增多，初步形成公民科学素质建设的长效机制，以未成年人、农民和城镇劳动人口、城乡居民、公务员和领导干部为重点的科学素质行动全面实施，并带动全民科学素质整体提高，顺利完成任务，达到既定各项目标，于6月通过省、市科协的中期评估检查。

【组织举办“科技下乡”大型科普活动】 2013年1月29日，由县委宣传部牵头，组织科协、文化局、文联、卫生局、农业局、江城镇等部门130多人到江城镇开展内容丰富、形式新颖的文化、科技、卫生“三下乡”活动。开展农业科技、农村能源、科学生活方式、慢性病防治保养等咨询，发放科普资料《云南农村科普报》、《科学生活常识》宣传材料3000余份，图书《蔬菜栽培技术》、《烤烟栽培技术》、《花卉种植技术》、《农村防雷避雷手册》等2100多本，《反对邪教挂历》5000张，展出展板73块。

【举办元宵节路居张营科技下乡专场服务活动】 2013年2月24日元宵节，县科协联合有关部门在路居镇张营村举办“三下乡”集中服务活动，把优秀精神文化产品、农村适用科学技术、优质医疗卫生服务送到老百姓的家门。来自科协、文化、卫生、司法等部门的工作人员现场“摆摊设点”，吸引当地群众前来“赶场”，将农村实用技术书籍、法律知识资料、药品等送到村民手中，让张营村的老百姓享受到文化科技卫生发展的新成果。并精心准备一台由独唱、舞蹈、戏曲、小品等14个贴近农村、寓教于乐的节目的文艺专场演出。活动共发放书籍、宣传材料5200份，展出展板67块，组织县医院内、外、儿、五官、B超等科室专家为370名村民进行义诊，免费发放价值5000元的药品。

【举办2013年科技活动周】 2010年4月19～25日，县科协举办以“科技创新，美好生活”为主题，工、青、妇联、农业局等19个部门参与的科技活动周。各部门结合各自职能和工作实际，开展以节约能源、环境保护、防震减灾、医疗保健为主要内容的科普展览，发放抗旱节水、食品安全、生态环保、应急避险、低碳节能、健康生活科普读物和种植、养殖、卫生防疫等技术资料共计37种9200份，组织科技人员70人次下到田间地头开展科技培训、现场指导等科技服务工作；各乡镇组织农、林、水、烟草等科技人员深入田间地头指导大春生产和抗旱工作。

【农业科技推广和技术培训】 县科协围绕全县中心工作，发挥优势，坚持实际、实用、实效和联合办学的原则，按照“广联合、稳数量、提质量、突成效”的思路，以农函大为主要载体人力开展以农函大为重点的科技，指导农民发展畜牧养殖业和有机农业特色种植业，推进全县农业产业化，使农民通过种植养殖走向致富路。2013年全县农函大招生1815人，结业1815人，超额完成市科协下达的1500人的农函大招生培训任务；2013年全科协系统立足地方实际，累计开展各种培训班累计146班11900人次。5月27日，江川县农函大地方特色培训班在江川县职业中学开班，315名学生参加为期六个月的《电子技术基础与技能》、《食品烘焙技术》农函大两个特色专业班的培训和实习，并结业。

【青少年科普教育】 县科协和教育局联合利用校园“科普园地”、校园广播站、科技画廊、远程网络等面向青少年宣传普及保护生态环境、节约资源能源、心理生理健康、安全避险、“珍爱生命、远离毒品”及“崇尚科学文明、反对愚昧迷信”等方面知识，增强青少年的科技意识，培养青少年学科学、爱科学：用科学的兴趣；组织青少年参加全国青少年科技创新大赛，组织开展防震减灾应急疏散演练活动。5月9日上午，江川首家防震减灾科普示范学校在龙街小学挂牌。

【江川县首家防震减灾科普示范学校挂牌】 2013年5月9日，市防震减灾局、教育局，县防震减灾局、教育局、科协等部门在江川县龙街中心小学举行玉溪市、江川县“防震减灾科普示范学校”挂牌仪式。市防震减灾局副局长黄家富、县防震减灾局副局长郑忠党分别宣读市防震减灾局、市教育局，县防震减灾局、县教育局、县科学技术协会关于认定龙街中心小学为玉溪市、江川县“防震减灾科普示范学校”的文件通知；市、县两级领导分别为玉溪市、江川县“防震减灾科普示范学校”两块牌子进行揭牌；县人民政府副县长杨军萍对龙街中心小学创建防震减灾科普示范学校工作给予肯定，并就今后如何进一步普及防震减灾科普知识，在全县中小学中起示范作用提出工作要求。

【科协组织建设工作】 经县科协批准、民政局社团注册登记，江川县春早洋芋产销协会和雄关上营核桃产业协会分别于10月26日、11月26日成立；10月28日，经县科协批准，江川天一包装有限公司科协、江川县职业中学科协挂牌成立；经县市两级科协批准，路居下坝社区被认定为市县两级科普示范社区。

【生态科普综合示范区项目宣传栏、标牌制作工程通过验收】 2013年5月15日，由江川县科协牵头，邀请江川县纪委、财政局、江城镇政府、明星村委会领导，联合对玉溪万兴广告装饰有限公司制作的宣传栏、标牌工程进行现场验收。参加人员仔细查看现场，查验有关资料，听取该公司的汇报。认为：宣传栏、标识、标牌制作数量与预算计划书相符，制作规范，

质量合格，安装合理、安全，一致同意通过验收。云南省科普专项“生态科普综合示范”项目，2012由云南省科协年立项江川县科协组织实施，项目实施地点江川县江城镇明星村委会，项目实施主要内容：通过建设科普体验广场等7个示范园区，推广绿色生产和绿色消费方式，推动生态城镇、绿色乡村建设，走出一条科普、生态与旅游经济协调发展的新路子，推进江川高原湖泊生态县建设。宣传栏、标牌制作工程是该项目科普设施建设的重要部分。

【科普项目申报实施】 2013年，江川荣盛农产品产销协会经县、市、省逐级科协推荐，被中国科协列入协会基层科普行动计划实施，争取资金20万元。申报云南省科普惠农兴村计划项目3个：“抚仙湖面山生态果树绿化科普示范”、“红乳葡萄优质丰产栽培示范”、“安化村科普惠农兴村”，列项2项，争取资金20万元。全年共申报各类科普项目5个，其中：国家级1项，省级4项，立项3项，争取上级资金47万元。

【江川县首家学校科协成立】 10月30日上午，江川县职业中学召开江川县职业中学科协成立大会暨第一次代表大会。市科协党组书记施超，县委常委、宣传部长龚桂存出席会议并授牌，县科协、教育局有关领导出席会议。县职业中学科协第一次代表大会代表83人参加会议。大会通过《江川县职业中学科学技术协会章程》，选举产生主席、副主席、秘书长和新一届委员会。江川县职业中学科协是江川第一家、玉溪第二家学校成立的科协组织（第一家是玉溪师范学院科协）。

【老科协成立】 11月19日，江川县老科技工作者协会第一次会员暨老科协成立大会在县城召开。云南省老科协秘书长赵世坤、市科协党组书记施超、市老科协秘书长侯海荣莅临指导，县委常委、宣传部长龚桂存，县属有关部门的领导、乡镇科技专干和老科协会员共76人出席会议。大会讨论通过《江川县老科技工作者协会章程》，选举产生老科协理事会成员，选举葛定纯为会长、方文成为副会长兼秘书长。施超、龚桂存为县老科协授牌。

（张树良）

红十字会

【概　述】 2013年，江川县红十字会贯彻落实党的十八大精神和《国务院关于促进红十字事业发展的意见》等文件精神，大力弘扬“人道、博爱、奉献”红十字精神，广泛开展宣传动员工作，着力实施人道救灾、救护、救助工作，推进“六上、五进”工作落实，充分发挥红十字会在民生方面的作用。

【开展首批志愿者培训暨宣誓仪式】

为让志愿者掌握更多红十字会基本知识，加深他们对红十字志愿服务相关知识的了解，更好的到社会中从事志愿服务，2013年3月14日，江川县红十字会组织来自全县各行各业的26名志愿者，参加首批红十字志愿者培训暨宣誓仪式。县常务副会长曾春为志愿者们讲解志愿服务的概念、价值和意义，志愿者服务的基本任务和对象，做志愿者要达到五层境界及红十字会起源和发展等相关知识，并对当前江川县红十字会志愿者的主要任务和活动内容做出安排：弘扬和传播红十字“人道、博爱、奉献”的红十字精神；开展“三献”宣传活动（即：义务献血、捐献造血干细胞、遗体器官捐献）；开展筹资劝募活动；开展公益活动。主要包括：“五八”世界红十字日宣传活动，“六一”儿童节关爱儿童安全与健康活动，“九九”敬老节开展人文关怀活动（到麻风病院、敬老院等进行人文关怀），开展保护环境、关爱家园活动，义务植树，清洁母亲湖等活动和其他需要开展的公益活动。全体志愿者在志愿者代表龚瑞红带领下，面对会徽宣誓。

【发动爱心捐款】 为增强救助能力，江川县红十字会在“五八”世界红十字日到来之际，为帮助雅安灾区群众和江川县重大疾病特困患者渡过难关，通过广播电视、公文交换和江川新闻网等媒体方式向全县各机关、企事业单位、全县人民发出《为雅安地震灾区和我县重大疾病特困患者募捐的倡议书》，得到社会各界响应捐款。活动结束，江川县红十字会共接收66家企事业单位、3000余人的爱心捐款158593元，其中为雅安地震灾区捐款20416元，为江川县重大疾病特困患者捐款138177元。全年共收到各类爱心捐款316046.3元，其中为雅安地震灾区捐款20416元，江川县重大疾病特困患者捐款138177元，云南宏斌食品有限公司为新平县者竜乡和共青团江川县委希望水窖1+X公益活动定向捐款80000元，发改局为翠峰招益村三户火灾受灾户定向捐款2250元，退休老干部及社会爱心人士的爱心捐款75203.3元。

【人道救助】 江川县红十字会以“三救”为工作基础，立足发挥县政府人道主义救助领域助手作用，把社会大家庭的温暖及时送到弱势群体当中。2013年，分三批对适合救助条件的60户因患尿毒症、癌症等重大疾病致贫特困家庭发放爱心捐款70000元。

【爱心引水工程建设】 2012年9月，江川县红十字会为帮助江川县部分干旱山区群众解决人畜饮水困难，在全县范围内开展募捐活动，共募集善款92420元。为确保捐款用到实处，发挥最大的社会效益，2013年6月，县红十字深入各乡镇（街道）调查了解干旱情况，通过深入村、组、学校，走访群众、实地察看等形式，详细了解各村、学校饮水现状、供水水源、水窖蓄水量等方面存在的困难和问题，经研究决定，将该笔捐款用在为旱情特别严重的柏池古小学和石河小学、江城镇三百亩村建设爱心引水工程。至2013年底，两所学校投资58442.22元的引水工程已全面竣工投入使用，有效解决近200名师生饮水难问题。拨付26225.78元的三百亩村爱心引水工程已接近尾声。

【“博爱送万家”活动】 在新春佳节到来之际，为向困难群众送去人道关怀、传递爱心，江川县红十字会开展“红十字博爱送万家”活动，将价值15000元的150条爱心毛毯送往大街街道的海浒社区、小白坡村委会，九溪镇的鸡窝村委会和前卫镇的石河村委会等150户困难群众手中，给群众送去新春的温暖。

【“寒冬送暖”活动】 为响应县委、县政府开展“关爱民生、寒冬送温暖”走访慰问活动，把党的关怀和温暖送给群众，江川县红十字会深入“四群教育”联系村，认真做好困难群众的调查摸底，为海浒社区6个小组的30户困难群众送去毛毯30床，确保困难群众温暖过冬。同时，12月11日，县红十字会与团县委共同携手，组织红十字会志愿者、青年志愿者共25人，将志愿者捐赠价值3000元的暖手宝、不锈钢餐具等生活用品及猪肉、水果、糖果等食品，送往二尖山麻风疗养院的16位麻风患者手中。志愿者为老人们打扫清洁卫生，与老人们并膝话家常，将社会大家庭的温暖送到每位老人的心中。

【初级卫生救护培训】 为提高广大群众的自救互救技能和现场救护能力，加快推动江川县初级卫生救护工作的开展，完成全县2013年开展初级救护培训工作目标任务，2013年2月，江川县红十字会通过广播电视、网络、张贴公告等多种形式，向全县人民发出《江川县红十字会关于在全县开展群众性卫生救护培训的通知》。主动与各驾校、交通运输管理局、教育局、旅游局等部门联系，协调配合县红十字会初级卫生救护工作，确保容易发生意外伤害的行业和单位开展群众性卫生救护培训工作。县红十字会协调到下营社区的青年活动室作为协会救护培训阵地，全方位普及救护知识，2013年全县共开展卫生救护培训人数达3913人。

【公益知识培训】 为充分履行红十字对18岁以下、60岁以上人群普及应急知识，提高应急避险能力，有效预防和减少突发事件造成伤亡、伤残的职责，江川县红十字会结合民众特点，创造性地开展工作，购买小水杯、牙膏、牙刷等作为奖励群众认真学习应急知识的小奖品发放给参与培训的群众，极大地调动群众参与培训的积极性。2013年，县红十字会在海浒社区、伏家营社区、下营社区、九溪大营社区东村居民小组等开展大众防病及突发性家庭急症处理知识公益培训共11期，每到一个地点，55岁以上的老年群众都踊跃参与，教学秩序良好，群众热情极高，培训收到良好实效。

【召开捐献造血干细胞宣传动员培训会】 为动员广大志愿者加入到捐献造血干细胞的行列中，12月11日，江川县红十字会组织红十字会志愿者和青年志愿者共30人，召开捐献“造血干细胞”志愿者宣传动员培训会。会议由市红十字会秘书长者家贵围绕“什么是造血干细胞、怎样成为造血干细胞的捐献者、捐献造血干细胞无损健康及造血干细胞捐献的意义”做宣传动员。在红十字会常务副会长曾春及团县委书记戴吉国带头捐献的带动下，20名志愿者加入捐献行列，填写志愿捐献者登记表，签署捐献同意书，成功完成首次血样采集。

【与山区儿童共庆“六一”】 5月31日，江川县红十字会组织志愿者在“六一”国际儿童节来临之际，到前卫镇石河小学、柏池古小学与孩子们一起欢度节日，与小朋友们一起开展游园活动。县红十字会和志愿者们还为两所学校的孩子们送去价值9000元的教学教具、文体用具和生活用品。

【敬老活动】 为弘扬中华民族尊老敬老的传统美德，江川县红十字会在九九重阳节来临之际，组织26名志愿者，深入江城镇三百亩村看望慰问该村的115名60岁以上老人和海浒社区古城小组80岁以上老人35名，为他们送去价值1万元的慰问品。

【开展急救与道路交通安全宣传活动】 9月14日是世界急救日，2013年的宣传主题是“急救与道路交通安全”。9月13日，江川县红十字会组织15名志愿者进机关、进社区、进学校开展急救与道路交通安全宣传活动，向机关单位专职驾驶员、社区过往的机动车驾驶员、小学生发放共计1500份《道路交通安全承诺倡议书》和签署承诺卡，并通过他们向全县机动车驾驶员宣传安全驾驶十项承诺，希望驾驶员们在道路行驶过程中能共同遵守十项承诺，自觉遵守交通规则，掌握急救技能，谨慎驾驶，以实际行动共营良好的交通环境。

（吴冬丽）

军 事

编辑 余立言

人民武装部

【领导名录】

政 委 张永华（2013.4离任）
曾宪涛（2013.4任）

部 长 何 麟

副部长 杨会政

【概 述】 2013年，县人武部党委认真学习贯彻党的十八大、十八届三中全会和中央军委主席习近平一系列重要指示精神，按照两级军区和军分区党委的决策部署，在县委、县政府的领导下，牢牢抓住“高举旗帜、听党指挥”强军之魂，紧紧围绕“能打仗、打胜仗”强军之要，时时筑牢“依法治军、从严治军”强军之基，抓教育、搞训练、转作风，圆满完成年度各项工作任务，被军分区表彰为“安全稳定先进单位”，人武部全面建设和国防后备力量建设迈上新台阶。

【思想政治建设】 以学习贯彻党的十八大和十八届三中全会精神为引领，全面抓实党的创新理论学习。在2013年，坚持把学习宣传贯彻党的十八大和十八届三中全会精神作为首要政治任务，作为部队思想政治建设的重中之重突出出来，党委统管，主官带头，持续掀起深入学习贯彻热潮，采用辅导授课、网络学习、领导串讲、讨论交流、撰写心得体会等方式，集中学与自学相结合，理论学习与实践转化相结合，深化理解新观点、新举措和新内涵；深刻理解中央军委主席习近平关于“中国梦”、“强军目标”等讲话的科学内涵，认真学习中央军委主席习近平关于全面深化国防和军队改革的新论述，使干部、职工、专武干部和民兵骨干确实坚定“三个自信”，明确强军使命要求。注重把学习党的十八届三中全会精神与“贯彻全会精神、拥护支持改革”专题教育结合起来，与“能打仗、打胜仗”军队大讨论联系起来，反复学习、深刻理解会议精神，切实把干部、职工和民兵队伍的思想认识统一到党中央、中央军委和习主席重大决策部署上来。

【党委班子建设】 抓班子带队伍，“党委核心”统揽作用和“三支队伍”作用进一步加强。县人武部认真贯彻落实《分区学习习主席重要指示着力纠治解决突出问题深入推进作风建设实施办法》，狠抓作风转变，认真贯彻落实中央“八项规定”和“军委十项规定”，结合本部实际，研究出台《江川县人武部党委改进作风意见》和《江川县人武部全面厉行节约工作措施》。以深入开展“两项教育一个活动”为切入点，以扎实开展党的群众路线教育实践活动为牵引，坚持党要管党、从严治党的方针，勇于自查自纠，注重立改立行，广泛听取基层和群众意见建议，不断强化思想作风和工作作风，形成风清气正、团结和谐、干群关系融洽的单位氛围。

【军事工作】 紧紧扭住深化拓展军事斗争准备龙头，战备、训练向实战化转变。2013年以来，人武部认真贯彻落实《战备工作条例》，把日常战备工作提高到战略高度来认识，根据形势任务变化，及时组织修订战备主体方案，完善配套指挥所编组、收拢、疏散、机动、动员扩编等12个配套方案，修订完善非战争行动7类预案和《防范六类重大安全问题预案》。在3月底省军区组织的乡镇（街道）专武部长集训中，江城镇武装部长安明喜、前卫镇武装部长金德富等两人被省军区评为“优秀学员”。5月组织以《防范武器弹药仓库遭受不法分子盗窃破坏》为课题的应急演练。7月组织首长机关、7个乡镇（街道）专武干部、民兵营（连）长抗震救灾实兵实装检验性演习，探索成建制、成系统组织民兵遂行抗震救灾的新方法、新路子。9月3日，江城镇白家营村委会发生地质灾害，造成1人死亡，多处房屋倒塌，大量农田被淹。县人武部迅速组织民兵应急分队全力施救，共安全转移受灾群众25户73人，抢运物资50余件0.5余吨，排除险情6处，加固危房2间，挽回群众经济损失10余万元。

【后装保障】 围绕使命促转变，后勤保障科学化水平得到提升。一是战备保障充分扎实。结合保障任务，进一步修订完善各类保障预案，加强自筹，推陈出新，落实战备物资“动态”储备，实现战备资料管理科学化规范化制度化。结合2013年应急任务重点，补充完善30人的保障分队物资器材和部分抗震救灾物资器材。二是经费物资管理规范。认真贯彻落实《财务条例》，坚持党委理财，严格财经纪律，细化预算编制，规范执行监督，确保经费投向投量科学。规范落实资产清查统计和管理责任制，计价上账、跟踪管理，坚持“谁使用、谁保管，谁丢失、谁赔偿”的原则，有效避免公用物资流失。

【安全管理】 从严治军抓管理，安全稳定基础持续夯实。部党委强化制度建设，以防范重大安全问题为抓手，抓大带小，抓小防大，对人员、车辆、枪弹、营院、信息和财务安全管理细化分工、责任到人；深入开展“三责”活动，干部职工队伍思想作风得到锤炼，遵章守纪意识得到加强。结合省军区和军分区要求，贯穿全年深入开展“安全大检查”和“回头看”活动，不定期排查安全隐患，查补安全漏洞，确保安全管理万无一失。

【拥政爱民】 认真开展涉军维权和信访工作，落实挂、销账制度，努力化解各类矛盾纠纷。2013年以来，接待来访3人次、来函2件，均依法办理，妥当处置，防止重访缠访闹访等情况发生。加强军地联合，密切关注参战老兵组织集会意图和集体上访动态，密切关注企业军转干部动态，推进相关人员“五包”落实；积极协助政府做好拥军优属工作。积极支持重大项目建设、新农村建设、两湖生态保护等重大建设项目。在维护两湖生态工作中，人武部两名领导分别担任副河段长，上半年共3次集中开展河道清淤治理，多次下乡检查督导，积极推进河道管理工作制度化、经常化和责任机制的落实。2013年县人武部认真落实县委“四群”工作要求，严格落实好新农村指导员驻村帮带制度和干部、党员结对子扶贫帮带制度，采取“职工驻村、干部帮带、经常性督导、重点阶段干部下乡”的方式，蹲到农户和田间地头去“听声音、解难题”，有效帮带指导安化社区和旱谷田村委会烤烟栽种收购、“两委”选举、拆临拆违、地基清理及美化乡村建设等重大工作。积极开展好干部、党员扶贫帮带活动，一年来，全体干部、职工共到安化彝族乡旱谷田村联系农户5次，听取意见15条，解决难题2个，干部职工捐款共计10000余元，捐赠衣物共100余件。

【表彰先进】 在2013年3月省军区组织的乡镇（街道）专武部长集训中，江城镇武装部长安明喜、前卫镇武装部长金德富等两人被省军区评为“优秀学员”。2013年12月，江川县人武部被玉溪军分区表彰为“安全稳定工作先进单位”，人武部部长何麟被军分区嘉奖一次，人武部副部长兼军事科长杨会政被军分区评为“爱军精武标兵”，人武部政工科干事孙润波和军事科参谋张笑山被江川县人武部各嘉奖一次，职工王国林、王强、申绍明、李燕敏等4人被县人武部评为“优秀职工”。2013年12月19日，人武部副部长兼军事科长杨会政和职工王强被中共玉溪市委、市人民政府和军分区联合表彰为玉溪市“三类”基层武装部试点建设先进个人。

（孙润波）

77216部队

【概　况】 2013年，部队党委认真贯彻中央军委主席习近平一系列重要指示，坚决落实上级决策部署，紧紧围绕党在新形势下的强军目标，坚持“一打五抓”具体抓手，扎实工作、开拓进取，有力推进年度各项工作任务，团队建设呈现出稳步发展良好态势。部队被军区评为人才培养先进单位，连续11年保持安全稳定。

【思想政治建设】 按照“区分四个阶段，抓好十项工作，开展六项活动，出一批成果”的思路，扎实抓好党的十八大、十八届三中全会和中央军委主席习近平重要指示精神学习贯彻，广泛开展“五化”群众性学习实践活动，思想政治教育效果明显。持续推进基层理论学习普及深化，广泛开展“学哲学、用哲学”、“月读一书、周写一文、日答一题”活动，坚定官兵“三个绝对”。围绕“坚定信念、铸牢军魂”，深入开展“强军梦官兵的梦”专题教育，举办“听党话跟党走、明使命练打赢”主题演讲，确保官兵思想统一。积极打好意识形态领域斗争主动仗，扎实开展形势政策、“四反”、“五防”教育，确保部队纯洁巩固。坚持分层次教育、针对性引导、规范化落实，严格思想政治教育“九步法”、“脱稿讲课、上门送课、推门听课、开门评课”等做法，用好集团军系列针对性教育读本和规范性文件，不断规范政治工作落实。突出野味、战味、兵味开展野外驻训政治工作，依托驻地红色资源，组织官兵参观红军长征纪念馆，进一步深化思想教育成效。大力发展先进军事文化，举办“军营红色文化节”、“强军梦”主题文艺晚会，开展“蛟龙杯”文体比赛和“军歌嘹亮”歌咏、“军魂永驻”读书、军旅DV创作等活动，丰富官兵业余文化生活。加强政研和新闻报道工作，军区

级以上杂志采用20篇，中央级媒体采用34篇。

【基层建设】 按照“一个思路、四个体系”贯彻强军目标，围绕“军魂立团、精武强团、法纪治团、风气正团、人才兴团、文化铸团、安全固团”，研究制定措施，进一步理清强军兴团思路。采取集中辅导、经验介绍、研讨交流等形式，分批组织基层党委（支部）书记培训，增强各级自主搞建设、自行解难题、自我强筋骨的能力。严格落实新毕业学员岗位分层“3+1”帮带，制定干部培养“两表四评”措施，促进干部队伍建设。坚持常委挂钩帮带、机关对口指导，分批安排机关干部蹲连住班和下连当兵，建立《机关捆绑帮带基层日志》和干部下连当兵档案，提高机关帮带基层的效能。深入推进“三还两减”减负还权，组织基层各类登统计规范培训，清理规范“八本六薄三表一册”，基层建设秩序不断正规。大力推进党建带团建促军人委员会，表彰5个先进党支部和28名先进个人，营造创先争优的浓厚氛围。部队63分队被成都军区评为“红旗团支部”，72分队荣立集体三等功。

【安全稳定工作】 认真贯彻落实上级安全稳定工作精神，持续开展“三责”、“条令学习月”和“百日安全竞赛”活动，强化官兵安全理念。建立四级安全管理责任网络，常态化落实常委督查、机关巡查、基层自查制度，坚持每周抽查、通报和讲评，纠治违纪外出、违章行车、违规喝酒等倾向性问题，开展军容风纪、营区环境、网络安全等集中整治，促进安全管理落实。紧盯敏感时节、要害部位、重点人员，分层次修订完善方案预案，集中组织安全预案演练和安全大排查，查找整改问题，进一步消除安全隐患。坚持每月走访、调查、通报驻地敌社民情，开展“司法审判进军营”、“法在我心中”警示性教育活动，安全顺利完成新老兵输送，对新兵和勤务人员进行政治考核。

【双拥共建】 2013年，部队贯彻落实改进作风要求，本着简朴热烈、务实高效的原则，广泛开展双拥共建活动。“春节”、“八一”前夕，组织召开军地联谊座谈会，共叙军民鱼水情谊，共话强国梦强军梦，共商军地发展大计，感谢地方党委政府和人民群众对部队建设的关心支持，研究解决双拥工作中的实际问题。参加军地联席会议，协调地方政府为部队解决官兵转业安置、子女入学入托、随军家属就业等方面的实际困难。主动参与平安创建、和谐创建活动，驻训部队及时与驻训地乡镇派出所签订《军警协作协议》，开展军警联防联治。召开“三八”、“八一”军属座谈会，组织官兵家属及子女到驻训地参观慰问、到抚仙湖观光游览。组织双拥文化交流，开展军地足球友谊赛和军地联谊“六个一”活动，使广大官兵在潜移默化中增进军民友谊。发动官兵积极参与新一轮双拥模范城（县）创建活动，进一步巩固和发展“心连心、同呼吸、共命运”的新型军政军民关系。

【解难帮困】 2013年，部队立足驻地实际和自身资源优势，就地就近，力所能及，做好扶贫帮困、助学兴教、医疗扶持和献爱心送温暖等工作。积极主动与驻地政府、村寨联系，力所能及地帮助驻地群众办好事实事，走访慰问驻地困难群众，清理整治驻训地周边村寨环境卫生，进一步加深和巩固军政军民关系。春节前，由部队领导带队，到驻地雄关乡、小营村、红坡村，走访特困群众、孤寡老人和军烈属。组织部队领导参加“1+1”助学活动，向驻训地八一爱民学校赠送图书、学习用品，积极帮助解决贫困儿童就学问题。组织57名官兵为驻地企事业单位、普通高等学校和高级中、小学职工、师生军训，累计军训17340人次。广泛开展“3·5”学雷锋便民活动，组织5个小组70余名官兵进入城区及周边村镇街道和敬老院，积极为驻地人民群众开展理发、义诊、修理电器、打扫卫生等活动，共为群众理发180余人次，修理各种电器家用电器100余件。开展医疗服务活动，为民治病200人次，免费发放价值2.5万元余的药品，组织300多名官兵参加义务献血。积极开展献爱心送温暖活动，组织1696名官兵参加向四川芦山地震灾区献爱心捐款活动，共捐款58万元。

【美化环境】 开展“生态工程”活动，坚持“驻守一方、绿化一方、造福一方”。积极参加抚仙湖、星云湖等重点湖泊河道生态治理，搞好高原湖泊的水体保护，发动官兵参与植树造林、水上巡逻、打捞水葫芦等活动，在绿化、美化、净化环境中展示全团官兵崭新的精神风貌。12月6日至20日，部队出动官兵100人、机械车辆10台，历时15天，协助驻地江川县打捞星云湖沿线36千米的湖面水葫芦、水生植物和各类生活垃圾3000余亩，使星云湖水域环境得到了改善。大力倡导“厉行节约、节能减排”，广泛开展“国防林、双拥林”植树造林活动和生态营区创建活动，最大限度降低或避免军事活动对生态环境的影响，带动营区周边生态文明建设，以实际行动支持美丽玉溪建设。

（李新玉）

法　　制

编辑　余立言

政　法

【概　述】 2013年，全县政法工作全面贯彻落实中央省市政法工作会议精神，融入全县工作大局，认真推进法治江川和平安江川创建工作，在维护社会稳定、促进政法事业长远发展方面，在平安、法治、队伍建设方面，在推进劳教、涉法涉诉信访、司法权力运行机制、户籍改革方面，在提升队伍做好群众工作、维护社会公平正义、应对新媒体、科技信息化运用、拒腐防变能力方面等均取得明显成效，为进一步加强和改进政法工作，为推进新型工业化、城镇化和农业现代化，开创全县经济社会科学发展的新局面创造更加和谐稳定的社会环境。

【全力参与“仙湖锦绣”项目维稳工作】 全力参与“仙湖锦绣”项目开工，重点主持现场维稳和艰苦持久的群众工作。开工初期（1月19日至春节），组织政法委、公安、法院、检察院、司法局、信访局近300名员工坚守开工现场，处置突发事件，配合市（县）委、市（县）政府工作机构有效维护开工现场秩序。在群众基本稳定的情况下，春节后转为进村入户开展群众工作，在市县指挥部的领导下，江川县创新社会管理机制，在张营村挂牌成立“仙湖锦绣项目区信访工作室”，从农林、民政、国土、政法部门及路居镇抽调近36名干部（最多时）边接访边调处，以深入细致的群众工作统领稳定信访工作。工作组共接待信访235件，人员1184人次，调处226件，办结率为96%，为“仙湖锦绣”项目建设和张营村稳定做了大量工作，至2013年底，未发生张营村民越级上访事件。

【推进法治平安建设工作】 2月26日，全县2013年政法、信访工作会议召开。县委副书记、县长葛勇宣读县委、县政府关于表彰2012年度社会管理综合治理先进集体的决定并举行颁奖仪式，县委书记马文龙、县长葛勇分别代表县委、县政府与各乡镇（街道）和成员单位、内部单位签订2013年社会管理综合治理维护稳定目标管理责任书，县委常委、政法委书记陈琎寿与各乡镇（街道）和县联席会议办公室签订2013年信访工作目标管理责任书，马文龙和陈琎寿分别讲话，对综治维稳和平安创建工作进行安排部署。8月6日，为切实推进全县法治江川、平安江川建设工作全面开展，全县及时召开法治建设平安江川创建工作推进会。会议由副县长、社管综治委副主任牛旺林主持，陈琎寿作讲话，对法治建设平安江川创建工作进行专题安排部署。

【社管综治维稳基层基础工作】 根据县委、县政府《关于实行2013年重点工作重大项目推进责任制的通知》精神，江川县把创建省级先进平安县工作列为县2013年26项重点工作重大项目之一，成立平安创建工作领导小组，明确主要职责、年度目标和全年项目进度时间节点安排。根据县委、县政府《关于加强法治建设创建平安江川的实施意见》，成立加强法治建设创建平安江川工作领导小组，分别下设平安建设办和法治建设办在县社管综治办和县司法局。认真指导规范县社管综治委8个专项组各项工作，确保专项组机构健全，人员到位，工作有效。全县6个乡镇、1个街道的综治、维稳、信访、司法、禁毒专干基本配齐，19个社区、53个村的综治办、治保、调解、网格管理员已基本健全。

【矛盾纠纷排查化解】 全县各级各部门严格执行《江川县重大事项社会稳定风险评估办法》、《江川县关于建立维护社会稳定预警工作机制的规定》和矛盾纠纷排查调处协调会议纪要月报制度，从源头上抓排查，从根本上抓预防，从基础上抓化解，努力预防和减少社会矛盾纠纷和重大群体

性事件的发生。在落实矛盾纠纷排查调处协调会议纪要月报制度中，各级各部门按照县级每月、乡镇（街道）每半月、村（居）每周开展一次“拉网式”排查的要求，坚持“排查走在调处前，调处走在激化前”的原则，认真做好矛盾纠纷预防和排查工作，立足及早发现、及时化解，最大限度地把问题解决在基层，努力实现“小事不出村，大事不出乡镇；矛盾不上交，不给上级添麻烦”的工作目标。一年来，全县共排查各类矛盾纠纷3274件（其中重大矛盾纠纷33件，调处化解10件），调解成功3172件，调解成功率为96.8%，涉及当事人7389人；防止民转刑10件101人，防止群体性事件17件159人。

【重大事项社会稳定风险评估】 积极推行重大事项社会稳定风险评估工作，进一步完善重大事项社会稳定风险评估机制。将社会稳定风险评估“关口”前置，严格依法办事，防止在决策、审批等前端环节因工作不当引发社会矛盾，从源头上抓排查，从根本上抓预防，从基础上抓化解，从源头上减少社会矛盾纠纷的发生，有效维护全县社会和谐稳定。2013年以来，发出预警1件，开展社会稳定风险评估事项2项。

【创新流动人口服务管理】 进一步推进流动人口服务管理创新工作，成立流动人口服务管理工作协调领导小组，将流动人口服务管理工作纳入经济社会发展规划，与7个乡镇（街道）、16个部门签订目标责任书，按全县总人口人均一元的标准落实28万元工作经费，按500：1的比例配齐协管人员；将流动人口全部纳入信息监控平台管理，信息采集率达95%以上、录入率和纸质台账建档率均达100%，流动人口育龄妇女录入专用管理系统率达95%以上；积极稳妥地推进户籍管理制度改革，公开免费为流动人口办理居住证，办证率达95%以上，对流动人口全部实行“一证式”管理、“一站式”服务；认真抓好流动人口基本公共服务均等化试点工作，公安、计生、司法、民政、人事、教育、住建、工商等部门强化十项真情服务，7个乡镇（街道）、6个社区开展争创流动人口综合服务先进示范站活动，全县流动人口基本公共服务均等化管理工作不断创新发展。

【特殊人群服务管理创新】 认真落实特殊人群服务管理政策措施，进一步建立健全工作制度、实施方案和工作计划，配备社区矫正专职工作人员13人，对矫正对象和刑释解教人员实施信息数字化管理，做到底数清、情况明、台帐全。全年共接收并帮教社区矫正人员224人，其中重新违法犯罪1人，占总数的0.4%。接收刑释解教人员246人，均进行安置帮教。

【特殊群体服务管理】 抓好特殊群体的服务管理工作，主要是对精神病人、吸毒人员、有易感染艾滋病毒危险行为人群和社会闲散人员的服务管理工作，复核诊断新增重性精神病人50例，对148名吸毒人员进行安置帮教。对有易感染艾滋病毒危险行为人群积极开展宣传教育、监测检测、行为干预和预防母婴传播等工作，疫情报告率和及时率均为100%；对社会闲散人员开展摸底排查、帮扶帮教、法制教育等工作，尽力预防违法犯罪。

【预防青少年违法犯罪】 抓好预防青少年违法犯罪工作，成立了由县委常委、县委政法委书记任组长，25个成员单位分管领导为成员的青少年违法犯罪专项组；积极向全县广大青少年开展自身安全、禁毒防艾、心理健康等各项宣传活动，开展“三个一”专项整治行动（一次安全大检查、一次法制安全教育、一次应急演练），“护校安园”专项整治行动和春季学校食堂食品安全专项整治行动，并成功申报县幼儿园为省级“平安校园”。

【政法队伍建设】 近年来，政法部门不断加强自身建设，不论是年龄结构，还是学历层次均得到优化，为政法机关履行职能提供了坚实的组织保障。继续在政法部门开展教育实践活动、政法干警核心价值观教育活动，政法干警核心价值观概括起来就是“忠诚、为民、公正、廉洁”，政法各部门按照中央关于推进社会主义核心价值体系建设的要求，组织政法各部门的领导干部、一线干警、法学专家开展讲认识、谈体会活动，并大力宣传践行政法干警核心价值观的先进典型。通过认真学习、讨论、实践，牢固树立政法干警核心价值观，使政法干警始终真正把这8个字内化于心、外化于行。

【党风廉政建设】 全县政法各部门坚持从严治警，切实加强纪律作风和党风廉政建设，完善教育、制度、监督并重的惩治和预防腐败体系，做到教育要严、管理要严、查处要严，把各项措施落到实处。切实抓好政法队伍的日常管理，建立健全责权明确、相互配合、制约有效的监督机制和自我约束机制，严厉查处政法队伍中的违法违纪案件，保持队伍纯洁，维护干警形象，确保公正执法，维护社会公平正义。

【文化软实力建设】 进一步增强政法机关的文化软实力建设。县级政法机关大力加强政法文化建设，积极探索具有中国特色、政法特点、时代特征的政法文化建设新路子，努力为政法工作和政法队伍建设提供坚强思想保证、强大精神动力、有力舆论支持、良好文化条件。千方百计帮助政法干警解决工作生活中实际问题的同时，充分发挥政法文化在陶冶情操、舒缓压力等方面的重要作用，努力营造有利于政法干警身心健康、依法履职的良好氛围。大力加强政法文化阵地建设，大力加强人民法庭、检察室、派出所、司法所、监管场所的文化设施建设，为广大政法干警特别是一线干警提供良好的文化服务。统筹整合政法文化资源，有效利用传统媒体和新兴媒体，全方位、多角度宣传政法综治工作，向广大人民群众展示工作成效，组织开展丰富多彩的政法文化活动，更好地凝聚警心警力，进一步增强政法机关的文化软实力。

【整治突出治安问题】 全县共组织开展排查整治活动2次，2013年3月，县委办、县政府办印发《关于对治安突出问题开展专项整治行动的工作方案》，7月县社管综治委印发《江川县2013年社会治安重点地区和突出治安问题排查整治工作实施方案》，8月印发《江川县社会治安重点地区挂牌整治实施办法》。2次排查整治活动均做到措施有力，步骤合理，方法得当，工作要求和工作责任明确，各级各部门均结合实际制定排查整治方案，对两湖周边、城乡结合部、城中村、边界地区和治安复杂场所、部位等认真组织暗访督查，取得较好的整治效果。公安机关深入开展“打黑除恶”专项整治斗争，打犯罪团伙1个，处理涉案人员14人；1至3月开展“打盗抢保民安”专项行动，共侦破刑案144起，打掉3个犯罪团伙，追缴价值60余万元的赃款赃物；破获涉毒案件32起，抓获毒品犯罪嫌疑人32人；积极组织开展“抚仙湖周边突出治安问题”专项整治行动，共立刑案181起，破71起，打处人员57人，有效遏制犯罪势头的上升。5月以来，在县城交通环境整治行动中，新增停车泊位274个，查处乱停乱放行为1300余起，扣留涉牌涉证机动车83辆，拖移电动车、自行车470辆，有效维护县城畅通和安全。县安监局对非煤矿山、危险化学品、烟花爆竹等生产企业进行安全检查357次，排查安全隐患690件，已整改663件，整改率达96.5%。

【网格管理推进信息平台建设】 为认真贯彻落实市委、市政府关于在全市推行网格化社会管理服务的决策部署，江川县结合实际成立网格化社会管理服务工作领导小组，制定《关于实行网格化社会管理服务的实施意见》。结合乡镇（街道）工作推进情况，由政法委分别给予乡镇（街道）2～3万元和村（社区）1万元的经费补助，统筹解决平台建设所需设备和其他费用，并择机对网格长、网格员进行培训。县委、县政府高度重视网格化社会管理服务工作，现已投入工作经费40万元，并决定将档案局老办公楼调给政法委以保障县级平台建设用房。通过努力，江川县按要求接通县级和大街街道省社管综治信息化平台，开通政法委机关干部和540名基层网格员移动终端手机，完成7个乡镇（街道）中心平台和10个村（社区）基层平台建设工作，举办数据采集与录入培训22期608人次，通过各乡镇（街道）、村组网格员的共同努力，12月25日已完成全部录入工作。

【治安防控体系建设】 县公安局通过积极协调，投入社会治安防控体系建设经费120万元，构建起“空中有监控、地面有巡逻、出入有卡点、社区有联防、网络有导控”的立体治安防控体系，并督促电台、电视台、车站、城市水电燃气供应设施、大型商贸中心和繁华商业区域、重点单位和娱乐场所、星级宾馆（酒店）建立必要的技防设施；县公安交警大队认真开展“平安出行”创建活动，在各乡村道路上投入交通警示标志标牌标线建设经费50万余元，在翠峰、尹旗路段投入交通警示标志标牌标线建设经费10万余元；县住建局认真落实星云铭城、财富广场等新建小区的安防技防设施建设工作，并逐一落实原有住宅小区的安保措施，有效预防各类刑事治安案件的发生；县委办、县法院、县政务管理局不断加大内部技防设施投入，确保各单位的重点部位都在技防设施的监控下，极大地减少内部案件的发生。至2013年底，江川县已制定《“平安江川”视频监控系统建设可行性报告》，县发改局已批准实施，县政府办公室成立项目建设工作领导小组，现项目建设正在稳步推进中，项目建成后将进一步提升江川县全天候视频系统监控能力。

【政法宣传】 全县各级各部门高度重视平安江川和法治江川的宣传工作，分别采取各种方式进一步加大宣传力度。深入开展普法和依法治理工作，进一步健全领导体制和工作机制，形成“党委领导，人大政协监督，政府实施，相关部门密切配合、齐抓共管”的工作格局，全县“六五”普法进入全面实施的关键时期，“四五”依法治县前期准备工作已到位，法治江川建设初见成效。认真开展综治维稳宣传月活动，深入宣传普及综治维稳法律法规和争创“省级先进平安县”相关知识，不断提高干部群众对政法工作的认识。认真开展法治平安建设秋季宣传活动，在县城新增法治平安公益广告牌5个，各成员单位悬挂宣传标语200余条，并以县电视台插播公益广告、发送手机短信和在200余块电子显示屏、168家文化单位的电视设备上打出标语等形式进行广泛宣传。

（王汐羽）

司法行政

【机构编制】 江川县司法局编制数为38名（行政编制30名，事业编制8名）实有人数30名，其中行政人员28名，参公管理人员2名（2013年6月工作变动调出1名公务人员，2013年9月新招录1名公务人员）。

【概　述】 2013年，县司法局按照“把握一条主线、坚持两手抓、推进三大建设、深化四项改革、提升五个能力”的总体要求，坚持以维护社会

稳定为己任，以深化三项重点工作为着力点，以开展司法行政干警核心价值观教育实践活动、党风廉政建设和“四群”教育为保障，着力提升司法行政工作水平，为平安、法治江川建设充分发挥部门职能作用。

【制定普法与依法治理工作计划】
根据中共玉溪市委依法治市领导小组办公室《2013年玉溪市普法依法治理工作要点》，制定《江川县2013年普法依法治理工作要点》，报县委、县政府批准发文。并结合江川县人事变动和工作实际，2013年2月28日，中共江川县委办公室下发《关于调整中共江川县委依法治县工作领导小组成员的通知》，及时调整江川县依法治县工作领导小组，组长由县委常委、政法委书记担任，副组长由政府、人大、政协的副职担任，成员由49个部门的负责人组成。

【“四五”依法治县规划】 组织工作人员深入到乡镇及部分单位对“四五”依法治县的组织实施、目标任务、创新形式等内容进行调研，草拟《江川县依法治县第四个五年规划》（征求意见稿）。分别向县委、人大、政协、七乡镇（街道）和17个依法治县成员单位发放“四五”依法治县规划征求意见稿50余份，征求到意见4条。按照重大事项决策听证制度的要求，发布江川县“四五”依法治县规划听证1、2号公告，明确“四五”依法治县规划的听证事项、时间、地点、听证代表等。2013年7月25日，对“四五”依法治县规划进行听证，听证代表、监察人员和旁听人员共计31人参加。2013年8月15日，江川县第十五届人民政府第六次常务会议讨论通过《江川县第四个五年依法治县规划（草案）》。8月16日，县委第十二届常委会第32次会议讨论通过《江川县第四个五年依法治县规划（草案）》。9月30日，江川县第十五届人民代表大会第六次会议审议通过《江川县第四个五年依法治县规划》。10月14日，中共江川县委、江川县人民政府下发《关于印发<江川县第四个五年依法治县规划（2013—2017年）>的通知》。

【“四五”依法治县工作会议】
2013年10月16日，召开江川县第四个五年依法治县工作会议，县委、政府、人大、政协、县委政法委主要领导及全县实职副科以上领导和乡镇司法所长、综治专干等443人参加，会议总结“三五”依法治县工作，对“三五”依法治县工作中表现突出的17个先进集体和35个先进个人进行表彰，安排部署“四五”依法治县工作。

【领导干部法治讲座和普法骨干培训】 2013年10月16日上午，邀请云南大学法学院教授、博士生导师杨临宏作《应用法治思维与法治方式建设法治国家》的专题法治讲座，全县实职副科以上领导443参加讲座。下午，举办江川县“六五”普法骨干培训会，玉溪师院教授、法学博士罗家云，省高院行政庭助理审判员杨屹梅分别作《物权法》和行政诉讼案件解析专题讲座，乡镇（街道）及部、委、办、局320名普法骨干参加。

【“三八”妇女维权周宣传活动】
2013年3月5日，县妇联、司法局、禁毒大队、610办公室等单位共20余人在县城明珠路组织开展“三八”妇女维权周宣传咨询活动。活动以宣传《妇女权益保障法》、《禁毒法》、《环境保护法》、《婚姻法》、《法律援助条例》等涉及妇女权益的法律法规为主。县司法局录制《妇女权益保障法》，利用宣传车在现场及县城周边巡回反复播放，同时派出律师对现场来访妇女给予耐心细致的解答，并就一些在平常工作中接触到的案例向她们宣传如何运用法律来维护自己的合法权益。期间共发放《平安家庭倡议书》、《节约用水倡议书》、《妇女权益保障法》、《农民工维权法律知识手册》、《农村法律知识读本》、《烤烟育苗法制宣传材料》、《珍爱水资源　保护抚仙湖》、《依法禁毒　构建和谐》禁毒防艾及反邪教法制宣传材料4300余份（册）；发放法制宣传环保袋500个；展出涉及禁毒、反邪教及妇女维权知识展版38块、“12338”妇女维权服务热线宣传日历200份，接受法律咨询20余人次。

【烟叶育苗种植收购法制宣传活动】
县司法局紧紧围绕“抗大旱，保烟苗，调纠纷，保民生”的工作思路，以抗旱保育苗为主线，以加强烟草种子管理、确保烟苗品种纯度为重点，以营造稳定有序的收购环境为目标，切实开展《种子法》、《烟草种子管理办法》、《水法》等法律法规的宣传。同时认真抓好涉烟矛盾纠纷排查调处工作，要求调解人员深入基层，深入抗旱第一线，及时排查调解各类涉烟矛盾纠纷。2013年，共出动宣传车宣传98天335人次，广播宣传813次听众412600人，黑板宣传359期，法制宣讲11次2500人，培训骨干13期529人，展出图片12期170幅，调解烟农纠纷46件307人，标语宣传340条，解答法律咨询346次722人，印发材料25期25830份。

【送法进农村活动】 为进一步做好农村干部群众的法制宣传教育工作，活跃农村学法用法氛围，2013年，组织干警定期深入到路居镇张营村开展送法进农村法制宣传活动，帮助群众解决法律上遇到的难题，实现“零”距离的法律服务。此次活动通过散发宣传材料、摆放展牌、以案释法、播放法律知识等形式，向当地干部群众重点宣传《土地管理法》、《城乡规划法》、《治安管理处罚法》、《刑法》等法律法规，把与人民群众生产、生活息息相关的法律法规和政策送进乡村，送到农民朋友手中，真正使人民群众“听得懂、学得进、记得住、用得上”。活动期间共发放宣传材料1800多份，摆放展牌6块20余次，宣传车巡回宣传45天180人次。

【送法进校园活动】 为切实提高学生的自我保护能力，增强学生的法制观念，有效预防未成年人违法犯罪及人身伤害事故。2013年3月20日，县司法局到龙街中心小学开展《知法守法、快乐成长》法制教育讲座，该校400余名师生参加讲座。4月25日，县法律援助中心律师到江川县大庄中学开展“珍惜生命，远离犯罪”为主题的“法律援助进校园”活动，750名在校师生参加。11月27日，县司法局、江城镇关工委组织人员到江城中学开展以《宪法》、《预防未成年人犯罪法》、《未成年人保护法》为主要内容的法制讲座，该校1000余名师生参加。

【村级组织换届选举法制宣传活动】 2013年4～7月，县司法局紧紧围绕村级组织换届选举工作的开展，组织人员深入到全县各乡镇、村组，开展《村（居）民委员会组织法》、《村（居）民委员会选举办法》及换届选举工作的相关规定等法制宣传活动。期间，共出动宣传车宣传15天55人次，广播宣传46次听众13564人，黑板宣传152期，会议宣传165次11630人，标语宣传1312条，解答法律咨询48次83人。

【青少年法制教育工作】 为抓好青少年的法制宣传教育工作，2013年，江川县司法局共组织人员到全县各中学、中心小学上法制课12次6227人，帮教青少年23次26人。

【“12·4”法制宣传活动】 2013年12月4日，县委宣传部、司法局组织县法院、检察院、民政局、气象局、交通局、民宗局、国土局、安监局、食品药品监督局等14个部门在县城明珠路开展以“大力弘扬法治精神，共筑伟大中国梦”为主题的法制宣传咨询活动。共发放各类宣传资料9360份，接受群众咨询34人次，活动标语17条，展出展板49快。

【经常性法制宣传教育】 2013年，县司法局与县妇联、环保局、卫生局、安监局、烟草公司等10余家单位围绕《宪法》、《烟草专卖法》、《安全生产法》、《环境保护法》、《云南省抚仙湖保护条例》、《妇女权益保障法》、《人口与计划生育法》、《婚姻法》、《传染病防治法》等30多部法律法规在各类各层次人员中开展法制宣传活动。全年共进行法制宣讲151次38522人，广播宣传4044次，听众1415490人次，培训骨干31期1343人，专业法宣传181天820人次，开展法律咨询569次947人，展出图片40期602幅，黑板宣传78块1751期，印发材料131期53509份，张贴普法标语8448条，演出文艺节目18场58个，播放法制影视片38部25场。

【调解员培训】 2013年，县司法局针对江川县换届选举后，村级调解人员变动较大这一实际，组织精干警力，深入到各乡镇，采取以会代训的方式，对新选任的调解主任进行法律法规、调解程序、调解方法、案卷制作等方面的强化培训，确保各基层调委会的工作及时步入正轨。并于8月8日至9日，组织7个乡镇（街道）综治专干、司法所全体干警、村调委会主任及行业调委会负责人共114人，对《民法通则》、《物权法》、《侵权责任法》、《婚姻法》、《继承法》等调解常用法律、调解法律文书档案制作、调解工作中存在的问题、常见纠纷的调解方法和法律适用等进行培训。

【民间纠纷调解】 2013年，全县共组织矛盾纠纷排查96次，预防纠纷发生42件，各级调委会共调解矛盾纠纷1815件，涉及当事人4822人，调解成功1788件，成功率为99%，协议涉及金额578.5万元，防止群体性上访15件138人，防止群体性械斗5件97人，防止民间纠纷转化为刑事案件6件23人。

【以案定补】 2013年，对达到以案定补标准的1780（其中简易纠纷1026件、一般纠纷645件、重大纠纷109件）件调解案件，进行奖励兑现，兑现金额13980元。

【人民调解实务微博】 2013年，在全县7个乡镇调委会开通人民调解实务微博，共发布信息145条，关注430人，粉丝515人。

【建立个人调解室】 2013年7月，在江川县大街街道下营社区，成立以刘正昌个人名字命名的调解工作室。

【诉调对接】 2013年7月，县司法局与县人民法院、社管综治办联合制定《关于完善诉调对接工作机制的实施方案》，在县人民法院挂牌成立人民调解工作室，调解员由各乡镇调委会派驻。并进一步规范诉前调解、委托调解和协助调解程序和法律文书。

【检调对接】 2013年12月，江川县司法局与江川县人民检察院、社管综治办联合制定《关于完善检调对接工作机制的实施方案》，成立检调对接领导机构，在检察院设立检调对接办公室，进一步明确工作原则、对接范围、工作操作程序。

【安置帮教】 通过不断健全完善各项工作制度和措施，确保县、乡安置帮教工作机构对刑释解教人员做到底数清、情况明，帮教记录、台帐明晰；通过实施信息数字化管理，切实做好预放人员的信息核实和释放人员的衔接工作；对江川县五年内接收在册的刑释解教人员826人和2013年接收的291人，在规定时限内均进行有效帮教。

【社区矫正】　截至2013年底，全县在册社区矫正人员231人。在做好日常管控工作的同时，县司法局与县公安局、法院、检察院召开联席会议5次，开展联合执法检查8次，开展工作联合检查12次。各司法所和派出所进行联合执法活动35次，走访社区矫正人员家庭125次，组织公益劳动2941人次，集中教育7次336人，单独教育137人。并对脱管人员及时进行追查，对严重违反法律和监管规定的矫正人员按程序分别实施行政拘留、强制隔离戒毒、撤销缓刑收监执行等措施（实施行政拘留2人、强制隔离戒毒1人、违反规定被撤销缓刑收监执行4人），体现社区矫正工作的法律性、程序性与严肃性。

【困难刑释解教人员和社区矫正对象帮扶】　2013年，江川县司法局向县民政部门共争取资金4000元和2600斤大米，对11户困难残疾刑释人员、矫正对象及家属进行有效帮扶。

【社区矫正和安置帮教教育基地建设】　共投资20余万元，完成江川县社区矫正和安置帮教教育基地附属工程的建设、场地绿化及果树种植。

【基层法律服务】　加强对基层法律服务工作者的职业道德和职业纪律教育，发挥基层法律服务队伍懂法律、懂政策的优势，组织和动员法律服务工作者深入到村组，着力化解各种社会矛盾，把服务“三农”放在突出位置，积极为建设社会主义新农村提供法律服务。2013年，全县4个法律服务所共代理诉讼59件，非诉讼代理78件，调解纠纷95件，为村、企业担任法律顾问12家，避免经济损失69万元，为社会各界人士提供法律咨询535人次，为社会弱势群体提供法律援助143件。

【公证工作】　2013年，江川县公证处办理各类公证403件，其中民事361件、经济42件，涉案标的5090万元。

【律师工作】　2013年，江川县川和律师事务所全年共办理各类法律事务500件（其中刑事143件、民事和经济349件、行政案件1件，非诉讼代理7件），担任法律顾问12家，代写法律文书2438件，提供法律咨询4236人次，涉及经济标的466万元，挽回经济损失452万元。

【法律援助工作】　2013年，江川县法律援助中心共办理法律援助事务252件，其中刑事案件117件，民事案件及非诉案件135件。受援总数254人，其中残疾20人，老年87人，未成年123人，农民工11人，解答法律咨询134人次。

（廖江平）

公　安

【组织机构】　2013年，江川县公安局行政编制数245人，实有236人（男民警210人、女民警25人、男工勤人员1人），年内减少9人（调入5人、退休4人、调出10人）。机构编制数27个（年内调整6个），实有27个，分别为：政治工作办公室、指挥中心、警务保障室、法制大队（2013年6月9日，室更名为大队）、治安管理大队、经济犯罪侦查大队、国内安全保卫大队、禁毒大队、刑事侦查大队、交通警察大队、巡逻警察大队（与大街派出所合署办公）、看守所、拘留所（与看守所合署办公）、大街派出所、江城派出所、路居派出所、前卫派出所、九溪派出所、雄关派出所、安化派出所、孤山派出所（与江城所合署办公）、网络安全保卫大队（2013年6月设置）、警务督察大队（2013年6月设置）、消防大队（2013年6月设置）、纪检监察室（2013年6月设置）、信访室（2013年6月设置）、出入境管理大队（2013年11月设置）。

【概　述】　2013年，县公安局深入学习贯彻党的十八大、全国政法工作会议和全市公安工作会议精神，把维护社会政治稳定作为首要任务，实现江川社会政治稳定的目标；加大打击刑事犯罪力度，组织开展“打黑除恶”、命案侦破、打盗抢保民安、打击整治盗窃“三车”、打击多发性侵财犯罪、“无声风暴”等专项整治行动；结合全县治安状况，加强治安管理、道路交通安全管理、消防监督管理，有效治理和整治重点地区、复杂场所治安问题，全县治安良好；坚持“政治建警、从严治警、科技强警、文化育警、从优待警”，提升队伍凝聚力和战斗力，各项工作上台阶，为江川的经济发展和社会和谐稳定做出努力和贡献。

【维护稳定】　建立群体性事件预警机制。以指挥中心牵头负责，国保、治安、经侦、网安、派出所等部门及各司其职、密切配合的情报信息预警工作机制；各部门确定1～2名信息员，明确采集情报信息为5大类41项，及时编报《江川公安要情》；建立矛盾纠纷联排联调机制。由各乡镇（街道）派出所与综治办、司法所成立“警、司、治”联调室和由责任区民警、新农村建设指导员和村委会调解委员组成调解组织的两套“三位一体”的联勤联调模式，负责调处本级受理纠纷，实现法律、行政、基层组织等多种调解方式的无缝对接；建立重大事项风险评估机制。制定《江川县公安局重大事项社会稳定风险评估实施方案》，对事关人民群众切身利益、影响面广、容易引发不稳定因素的重大决策、政策、改革举措和重点工程建设项目、大型活动等事项的实施风险评估，实现由被动“保稳定”向主动“创平安”的转变；建立群体性突发事件处置机制。制定《江川县公安局处置群体性械斗事件预案》、《江川县公安局处置现行重大刑事案件应急预案》、《江川县公安局恐怖袭击事件应急预案》。对易引发的群体性突发事件，先期研判、先期介入、制定处置预案，科学处置。2013年，上报“仙湖锦绣”工程、退田还湖工作、征地、欠资纠纷等易形成群体性事件的《江川公安要情》129期（条），成功参与处置影响全县社会政治稳定的群体性（突发公共）事件4起1200余人次、劝阻各类赴省进京上访人员5批70余人次，全县社会政治保持持续平稳。

【刑事案件】 2013年，共立各类刑事案件2168起（刑侦类2122起、治安类13起、经济类29起、交通类3起、国保类1起），破759起，破案率为35%；抓获各类犯罪嫌疑人397人，移送起诉389人；抓获逃犯91人；通过破案缴获汽车5辆、摩托车53辆、电动自行车11辆。其中刑侦类刑事案件中的重大案件立1494起，破377起，破案率25.2%，与上年同期相比立案下降8.6%，破案数上升10.2%，破案率上升4.3个百分点。

【经济案件】 2013年，共受理各类经济案件26起，立案29起，破21起，破案年前结案1起；与上年同期相比立案减少7起，下降21%，破案减少9起，下降30%。涉案价值381.3万元，通过破案挽回经济损失22.7万元。

【毒品案件】 2013年，破获毒品案件65起（行政案件1起），立刑事案件64起破64起（其中零星贩毒立案43起破43起、市级目标案件立案1起破1起）；缴获毒品9094.61克（其中海洛因977.78克、冰毒8116.83克）；缴获毒资460938.5元、车辆3辆。

【行政案件】 2013年，共受理行政（治安）案件2556起，查处1706起；同比受理增加84起，上升34%，查处增加68起，上升4.2%，共查处违法人员905人（拘留354人，罚款272人，警告87人，其他处理192人），其中受理治安案件2369起，查处1551起，查处率65.4%，查处违法人员791人；收缴罚没款和赃款赃物折合人民币247.785万元（其中罚款145.455万元）。

【交通事故案件】 2013年，全县共发生交通事故1150起，死亡13人，受伤420人，损失137.2万元。与上年同期相比，事故上升10.7%，死亡人数上升8.3%，受伤人数下降0.5%，损失下降17.2%；一次性造成3至4人死亡事故同上年相比增加2起，较大道路交通事故起数上升100%；立刑事案件3起破3起；受理违反道路交通管理法律法规的行政案件14730起，查处14730起。

【火灾事故】 2013年，全县发生各类火灾事故25起，死亡2人，烧伤1人，烧毁房屋32间1372平方米，直接经济损失45.1万元。与上年同期相比，事故增加18起，死亡增加2人，受伤增加1人，损失增加31.9万元。

【监所管理】 2013年，江川县看守所共关押各类犯罪嫌疑人395人（承接上年羁押121人、新收押274人），其中，死刑犯3人，死缓刑3人，重刑犯21人，未成年人52人。进行集体教育4026人次、谈话教育4168人次、大清监22次、卫生消毒49次，确保监所全年安全稳定无事故。一是适时开展安全大检查。在22次大检查中发现的37处问题和隐患，研究对策，落实专人限期整改，确保监控、巡视、报警、电网、电教、囚车等设施设备符合标准，提高监所安全系数。二是强化医疗卫生和生活保障，维护在押人员身体健康。坚持每日上、下午各巡诊一次，了解在押人员身体健康状况，对患病、有伤的在押人员及时给予治疗，变更4名重病在押人员强制措施。上调在押人员伙食费标准，保证在押人员吃熟、吃热、吃足定量，吃得卫生。三是认真推行在押人员安全风险评估，做好重刑、死刑罪犯的管控。建立在押人员安全风险等级评估机制，先后确定二、三级重大安全风险人员28人，实行每天两次检查、点名。安全交付执行死刑犯2名、死刑犯（缓期执行）3名、无期徒刑罪犯4名。四是建立“管、挖”结合长效机制。对在押人员采取集体教育、个别谈话、现身说法等方式促使其坦白、检举、揭发，向侦查部门转递线索70条，破案件5起，抓获犯罪嫌疑人2人，缴获毒品10.37克。五是丰富监区文化，稳定在押人员情绪。制作积极向上、陶冶情操的名言警句，悬挂监区、文化刊板，开展“象棋比赛”、“扑克比赛”、“传统文化学习”和“书写心得体会”、“学习弟子规”等活动。六是完善监管规章制度。制定《江川县看守所提讯、提审、提押、会见制度》、《江川县看守所在押人员一日生活制度》、《江川县看守所在押人员家属制度》等规章制度。建立窗口监督机制，实时接受办案人员、律师、在押人员家属以及其他群众的评价和监督。七是从严治警，组织民警开展岗位练兵、管理知识集中培训、新刑事诉讼法研讨等专题活动，提高监所队伍综合管理水平。

【信　访】 2013年，县公安局共接受省厅批转稳控信息6件5人；市局交办5件5人（已办结）；县信访局交办1件1人（已办结）；县纪委交办1件1人（已办结）；接收信访信件6件12人，其中1件为无理上访、3件当场答复、1件不予受理、1件已办结；直接接待群众来访23件23人，其中属本公安机关管辖的涉法涉诉信访案件2件2人（已办结）、1件1人不予受理、4件4人为重复上访、4件4人已当场答复解决、3件3人不属本公安机关管辖建议向相关部门反映、9件9人已按相关要求办理。主要做法：坚持每月10日、25日的局长接待日制度；对不稳定的苗头和治安热点、难点问题，局领导亲自参加研究，认真加以解决；对重大疑难、重点督办信访案件，力求做

到一次性解决、不留尾巴；局领导多次深入基层，与涉法涉诉、重信重访案件的信访人，面对面交谈，亲自做信访人的思想工作；县局各部门相互配合，对交办的信访事项集中人力、物力尽快办理；信访民警充分发挥自己的职能作用，能做的事自己做，能解决的问题自己解决，不推诿。

【户　政】 落实便民措施，服务群众，开通户政E网办证厅，接受群众咨询，受理群众预约办证。2013年，接受群众预约办证27人次，受理审核二代居民身份证16456人次，下发身份证15401个人次，办理临时居民身份证2221人次、户籍迁移2077人。

【出入境管理】 2013年，共受理出国境证照1851人次，其中受理护照1115人次、受理往来港澳通行证600人次；往来港澳通行证一次签注1132人次、二次签注135人次、多次签注8人次；受理大陆居民往来台湾通行证117人次、签注119人次；于7月10日开始，县局增加发证业务，共发放证照828人次；登记管理临时来华人员68名、常住江川的境外人员7人。

【驾管业务】 2013年，全县机动车保有量增加3446辆已达60841辆、机动车驾驶人增加3548名已达56822名，同比增长率分别为5.66%、6.24%。办理车管业务34751件、驾管业务20881件、电动自行车注册登记12756辆。

【吸毒人员】 2013年，共查处吸毒人员262人，其中，强制隔离戒毒98人、社区戒毒93人、行政拘留52人、刑事拘留14人、不予处罚5人。收戒吸毒人员215人，责令戒毒出所社区康复24名。

【社管综治】 加强组织领导，落实社会管理综合治理责任制。制定下发《江川县公安局2013年社会管理综合治理工作及平安创建活动实施方案》，领导机构、办事机构健全，工作人员落实，局长为第一责任人，分管领导为直接责任人，班子其他成员按各自职责承担分管范围内的社会管理综合治理责任。与县局各部门签订《江川县公安局2013年度社会管理综合治理及“平安单位”创建目标管理责任书》。建立、实施重大事项社会稳定风险评估制度、社会稳定预警工作制度；落实社会管理综合治理及平安法制建设工作制度，积极参与齐抓共管。以“警民开放日”、“6·26”国际禁毒日、“3月安全月”为平台，宣传法律法规、禁毒防艾、防火安全知识等。年内展出图片83幅，各种宣传资料10万多份，受教育群众12万余人次；单位内部各项社会管理综合治理工作措施健全和落实。在全局治安、交警、派出所建立9个调解室，形成矛盾纠纷“大调解”工作格局，规范调解室标牌标识，明确调解人员。落实矛盾纠纷排查汇总“三级”制度，按照属地和业务分工原则，建立每月、每季对全县及本单位的矛盾纠纷、热难点进行排查、整理和“零报告”制度，及时上报县委政法委和县维稳办，做好参与调处工作。排查出各种影响社会政治稳定的热难点问题预警性信息27项，受理信访案件54起、办结52起，调处各类矛盾纠纷1582起；积极开展平安单位创建活动，进一步完善《江川县公安局一日内务制度》、《江川县公安局门卫制度》、《巡逻、保安人员工作职责》、《安全交接班》、《值勤情况检查记录》、《来访人员登记》等制度措施。单位内部（生活区、办公区）有保安人员8名和楼长（幢长）7名，门卫坚持24小时值班制度，局领导、民警坚持每周轮流值班备勤等各项内部安全防范制度。2013年单位内部无刑事案件、重大治安案件、火灾事故、重大交通事故、重大安全生产事故和非正常赴省进京上访事件发生；认真履行单位职能责任，完成各项工作。在打击刑事犯罪、治安管理、禁毒、网络安全、“平安出行”、道路交通安全等工作完成达标任务。制定《江川县实有人口管理方案》、《江川县社区戒毒及康复工作实施方案》、《江川县打黑除恶及社会治安重点地区排查整治工作实施方案》、《江川县预防和打击网络违法犯罪及社会治安防控体系建设工作实施方案》，牵头做好实有人口工作小组、戒毒及康复工作小组、打黑除恶及社会治安重点地区排查整治工作小组、预防和打击网络违法犯罪及社会治安防控体系建设工作小组工作，在打防控体系建设、禁毒人民战争、人口管理、打击信息网络违法犯罪中取得明显成效。

【打黑除恶】 县公安局认真落实“打黑除恶”工作长效机制，坚持“打早打小、露头就打”和“黑恶必除、除恶务尽”的原则和要求，认真开展各项工作。一是认真开展案件梳理、串并工作，排查黑恶势力；二是对各类报案认真受理，注意发现黑恶势力苗头；三是加强高危人员管控，发现线索。2013年，成功打掉以邹某为首的恶势力犯罪团伙。2012年8月以来，以邹某（男，18岁，江城镇人）为首，名为“嗜天集团”的恶势力团伙，多次在江城镇翠峰村委会、孤山村委会、尹旗村委会等地无故殴打他人、寻衅滋事致多起，致20人受伤（其中1人轻伤、4人轻微伤、其他人员未达轻微伤），案件性质恶劣，社会影响严重。市公安局将该恶势力团伙案列为督办案件，要求江川县局彻查此案。按照省、市公安机关打黑除恶的相关部署和要求，县局抽调刑侦大队、江城派出所精干警力，成立专案组，开展案件侦查工作。专案组经过两个多月的摸排调查及取证工作，至2013年1月25日，共抓获团伙成员20人，破获寻衅滋事案件14起，成功打掉该恶势力犯罪团伙。

【烟花爆竹专项整治】 2013年春节

期间，县公安局围绕江川烟花爆竹生产、销售的特点，精心谋划、周密组织，在全县组织开展烟花爆竹专项整治行动，坚决遏制涉及烟花爆竹爆炸案件、事故的发生，维护节日期间公共安全。一是开展宣传教育。派出所民警深入村委会（社区）、村民小组，做好宣传教育工作。2月3日，县局组织民警11名走上街头，采取展出画板、发放宣传册、讲解典型案例、现场咨询等形式开展宣传提高群众安全意识。利用广播、电视、报刊、网络等多种宣传媒体，加大烟花爆竹燃放管理法规政策和安全知识的宣传教育。二是开展立体查控。派出所对辖区易成为生产爆竹窝点的村中民房、山间地头的闲置空房进行拉网式搜查，从源头减少安全隐患。1月下旬起，治安、派出所、交警等部门民警开展“进站上车”安全检查。2月1日起，治安大队联合安监、城建、质监、工商、消防、大街街道七部门，对全县烟花爆竹销售点、集市地摊点每日进行拉网式检查。2月4日起，对全县生产烟花爆竹企业进行停产整顿和安全教育。三是严打非法活动。发挥职能作用，严厉打击涉嫌私自制造、储存、运输烟花爆竹的行为人，构成犯罪的依法追究刑事责任；不构成犯罪的依照《中华人民共和国治安管理处罚法》给予行政处罚，最大限度地减少案（事）件的发生。行动中，制作烟花爆竹安全燃放宣传画1300套，发放宣传材料2000余份，受教育群众2万余人，查处涉烟花爆竹案件2起4人，行政拘留4人，收缴烟花182箱、电光炮76箱、成品火炮38箱、盘炮644盘、电雷127饼、爆竹编织机2台及原材料，及时消除一批安全隐患。

【打盗抢保民安行动】 2013年1月17日至3月20日，按照公安部的统一部署，县公安局在全县范围内组织开展“打盗抢保民安”专项行动。严厉打击严重暴力犯罪和以“两抢一盗”为主的多发性侵财犯罪。在为期两个月专项行动，全局共侦破各类刑事案件144起，打掉3个犯罪团伙。先后侦破许见持枪抢劫系列案14起、杨智程绑架系列案3起、徐光伟等人持刀抢劫机动车系列案5起；侦破市局督办的以邹雄波为首的恶势力团伙案，破案20起；抓获2名集中抓捕在逃犯罪嫌疑人，破案18起。

【打假专项行动】 为营造诚信有序的市场环境，保障知识产权权利人的合法权益，保障人民群众的生产、生活、健康安全，县公安局从2013年1月起至年底，在全县开展打假专项行动。一是制定《江川县公安局打假专项行动工作方案》，成立由局党委副书记、政委张文红为组长，副局长黄良为副组长，指挥中心、政工、经侦、治安、网安、刑侦、纪委督察、保障、各派出所等部门负责人为成员的专项行动领导小组。二是将制售假冒伪劣“名牌产品”、“专利产品”、“高新技术产品”等危害创新发展的犯罪，制售假冒伪劣食品、药品、妇幼用品等危害人民群众生命健康的犯罪，制售假冒伪劣日化、家电、日用消费品等危害扩大内需和职工就业的犯罪，制售假冒伪劣种子、农药、化肥等危害粮食安全和农民利益的犯罪，制售假冒伪劣汽配、机电、消防器材等危害生产、生活以及公共安全的犯罪活动作为打击重点。三是措施有力，成效明显。经侦、治安、刑侦、各派出所广辟案源，深度挖掘案件线索，始终把侦破制假贩假大要案、打大战作为专项行动主攻方向，对摸排的犯罪线索，确定专人，实行专案经营，围绕原料、设备、产品、人员、资金、技术的来源流向，向上深挖生产源头，向下查清销售网络，直追到底。密切配合，加强部门之间协作。加强与工商、质检、食药监、农业、林业、烟草、商务、工信、税务等部门的协作，组织对产品制造集中地、商品集散地和案件高发地等重点地区，开展清理排查和打击整治。夯实基础，建立打假长效机制。实现全警采集假冒伪劣犯罪线索信息，建立假冒伪劣犯罪预警模式，探索创新打假技战法，实现部门间信息共享，建立多警种合成作战、多种侦查手段同步上案机制。1～12月，立案6起，破6起（移送起诉案件5起），抓获犯罪嫌疑人6名（移送起诉4人），涉案价值25.2万元，专项行动取得实效。

【“打零收戒”专项行动】 县公安局根据2013年全市公安禁毒工作会议精神，分别于2013年3月、6月、10月在全县范围内集中开展“打零收戒”专项行动。成立由副县长、县公安局长牛旺林任组长，副局长黄良、李正春任副组长，禁毒、指挥中心、政工、刑侦、治安、法制主要负责人和各派出所所长为成员的集中开展“打零收戒”专项行动领导小组，对行动期间禁毒大队、派出所的任务进行细化分解，通过责任部门开展宣传教育、吸毒人员排查、行业场所清查、适时打击等工作，破获零星贩毒案件43件，侦办市级目标案件1件，打掉零星贩毒团伙5个；查获处置吸毒人员262人，其中强制隔离戒毒98人、社区戒毒93人、行政拘留52人、刑事拘留14人、不予处罚5人；对强戒期满出所吸毒人员责令社区康复24人。

【抚仙湖周边突出治安问题专项整治】 2013年3月1日至7月10日，县局按照市公安局的要求及部署，开展抚仙湖周边突出治安问题专项整治行动。工作中，制定《江川县公安局开展抚仙湖周边突出治安问题专项整治行动方案》，成立以副县长、县公安局长任组长，政委任副组长，其他党委成员及相关部门负责人为成员的领导小组，以沿湖的江城镇和路居镇开展赌博违法、行业场所、打架斗殴寻衅滋事非法偷捕鱼等违法行为整治；开展打击刑事犯罪、毒品犯罪和经济

犯罪；开展矛盾纠纷排查化解、沿湖巡逻防范、法制宣传教育工作和沿湖“拆临拆违”等工作。行动中，江城、路居两所共立刑事案件181起，破71起，破案率为39.2%，打处人员57人；立侵财案件164起；破贩毒案件13件，缴获毒品18.64克，抓获毒品犯罪嫌疑人11人；破经济犯罪案件9起；查处治安案件355起；查处吸毒案件221起，收戒吸毒人员28人；排查矛盾纠纷273条，调处258起；清查行业场所381家次1219人次；查处超速8640起、无证驾驶156起、酒驾2起、违章停车3020起，消除交通违法行为安全隐患5246起；参与两镇党委政府“拆临拆违”532宗、39283.51平方米。

【治安突出问题专项整治】 2013年3月底至6月底，县公安局认真贯彻县委办、政府办关于印发《关于对治安突出问题开展专项整治行动的工作方案》的通知精神，制定《江川县公安局开展治安突出问题专项整治行动方案》，成立以副县长、县公安局长任组长，政委任副组长，其他党委成员及相关部门负责人为成员的领导小组，以大街、江城、前卫、路居四个乡镇为重点，积极开展治安突出问题专项整治行动。工作中一是加大矛盾纠纷排查力度，有效化解各类矛盾纠纷；二是大力整治突出治安问题，有效改善全县治安状况；三是加大案件侦办力度，严打各类违法犯罪；四是加大道路交通安全整治力度，严防重特大交通事故发生；五是开展法制宣传教育，提高群众法律意识；六是积极参与“拆临拆违”“拆大棚”工作，有效维护工作秩序。行动中，共排查矛盾纠纷563起，化解516起；成功打掉一个长期盘踞在江川县城专门盗窃摩托车、电动车的犯罪团伙，抓获9名犯罪嫌疑人，破案40余起，涉案金额达13万元；查处治安案件599起，抓获违法人员273人；查处涉黄案件2起2人；查处赌博案件17起94人，收缴赌博游戏机17台、赌资3万元；查获“涉枪涉爆”案件4起，收缴炮弹1枚、手榴弹1枚、气枪2支、烟花爆竹成品及原材料1000余千克；调解交通事故228起；开展法制宣传教育46次（场），提供咨询120人余次，发放材料12500余份，受教育群众达6.8万余人次；出动警力1900余人次，完成全县“拆临拆违”工作的秩序维护，积极配合乡（镇、街道）累计拆除违章建筑969宗、59965.8平方米。

【社会治安重点地区和突出治安问题整治】 2013年6月至12月，县公安局根据县社管综治委下发的《江川县2013年社会治安重点地区和突出治安问题排查整治工作实施方案》（江综治〔2013〕3号）文件精神，结合全县实际，突出重点，多措并举，迅速开展整治工作。一是强化组织和领导责任，专项行动保障有力。县公安局制定《江川县公安局2013年社会治安重点地区和突出治安问题排查整治工作实施方案》，成立由副县长、县公安局党委书记、局长牛旺林任组长的专项整治行动领导小组，建立业务大队、派出所“两级”工作责任制，明确一名局领导和业务大队负责人为第一责任人，派出所负责人为直接责任人的责任制度，形成工作合力。将严厉打击黑恶性质犯罪、严重暴力犯罪、涉毒涉赌涉黄、打架斗殴、寻衅滋事、伤害、多发性侵财犯罪、经济犯罪等违法犯罪行为和整治道路交通、“黑网吧”立为工作重点。二是加大矛盾纠纷排查力度，有效化解各类矛盾纠纷。组织民警“进社区、进农村、进企业”排查各类不安定隐患和矛盾纠纷，做好矛盾纠纷调处化解工作，将各类不稳定问题化解在基层、化解在当地、化解在萌芽状态。行动中共排查矛盾纠纷420起，化解407起。三是大力整治突出治安问题，有效改善全县治安状况。整治群众反映强烈和影响群众安全感的盗窃“三车”、“涉枪涉爆”等突出问题。成功打掉一个长期盘踞在江川县城专门盗窃摩托车、电动车的犯罪团伙，抓获9名犯罪嫌疑人，破案40余起，涉案金额达13万元；治安部门、派出所对全县采石场、炸药仓库、火炮厂开展大检查，检查涉枪单位7家、危化物品经营使用单位11家、涉爆单位23家，发现、整改安全隐患13处，查处涉爆案件5起，收缴各类非法枪支2支、子弹45发、管制刀具47把，确保人民群众生命财产安全；健全和完善社会治安打、防、管、控长效机制。江城、路居所加强对重点路段、重点区域及“仙湖锦绣”项目施工工地巡逻力度，做好夜间安保工作。局机关值班民警每晚22：00后分班分组驾车巡逻守候，对案件高发区域、部位和时段的治安巡逻，提高见警率、管事率和现场抓获率。行动中，共出动警力1900余人次，警车520余辆次，抓获现行违法嫌疑人22人，治安拘留16人，破案39起；开展行业场所清查行动。对全县280余户出租房、106家旅店业、10家歌舞娱乐、2家桑拿洗浴、13家网吧等行业场所进行清查整治，整改各类场所12家，查处治安案件105起，查处违法人员138名，取缔“黑网吧”2处，收缴电脑5台。四是加大案件侦办力度，严打各类违法犯罪。刑侦部门加大对多发性侵财犯罪和各类严重暴力犯罪的侦防工作，健全完善“县乡”两级区域警务协作和治安防控机制，相继侦破盗窃电信设施案3起、入室盗窃系列案20起、盗窃车内财物案26起、系列撬盗汽车后备箱案19起、盗窃电力设施案15起；禁毒大队、派出所开展打击毒品违法犯罪活动，做好吸毒人员的排查、收戒和管控工作，先后开展多个专项行动，打掉1个零星贩毒团伙，查获贩毒案件10起，抓获贩毒犯罪嫌疑人4人，缴获毒品海洛因1.47克、冰毒片剂2605.81克、毒资8340元，查处吸毒人员33人；经侦部门指导派出所认真开展全县经济领域违法犯罪线索的排查，及时打击人民群众反映强烈的职务侵占、传销、非法集资等涉众型经济犯罪，维护全县市场经济秩序，破获一起持有、使用假币案，抓获犯罪嫌疑人1名，缴获假币1万元，依法取缔销售湖南安化黑茶的窝点2家。五是加大道路交通安全整治力度，严防重特大交通事故发生。对公路危险路段进行排查整治，投资18.5万元改善道路通行条件，在大铁线、晋思线、新玉江线、翠大线、县城共增设更换、整治警示桩、限速标志牌、停车泊位和事故黑点760余块（套、处）。通过治理，大铁线、晋思线、新玉江线、翠大线道路交通事故多发点段发案率同比分别下降21%、22.5%、7%、18%；开展对低速载货汽车违法载人等严重交通违法行为的排查和整治。对农村交通事故多发、交通违法行为，采取流动巡逻和定点检查方式重点查纠低速载货汽车违法载人、超速行驶、无证驾驶、酒后驾驶，三轮摩托车违法载人、人物混搭，报废农用车辆上路等交通违法行为，做到查处一起，消除一起，将事故苗头消灭在萌芽状态。开展严重交通违法行为集中整治。对“三超一疲劳”、“酒驾毒驾”等严重交通违法行为和货运机动车违法开展整治，查处醉驾案件11起11人、客运车超员14起、货车不按规定车道行驶2170起、违法停车8261起，扣留各类机动车928辆。六是开展法制宣传教育，提高群众法律意识。采取集中宣传和日常宣传相结合的方式，组织广大民警深入农村、社区、企业和学校，广泛开展法制宣传教育。禁毒部门积极组织各乡镇、禁毒委各成员单位深入学校、农村、单位、场所、企业开展禁毒宣传“六进”活动，大力宣传《禁毒法》、《戒毒条例》、《云南省举报毒品违法犯罪奖励暂行办法》等禁毒法律法规。经侦部门联合银监、人民银行、工行在县城人口密集的路段组织开展主题为“打击防范经济犯罪，携手平安法治建设”的宣传活动，宣传揭露犯罪手段和骗术，增强群众的防范和自我保护意识，取得了较好社会效果。行动中，共开展宣传教育活动30场次，张贴宣传画335张，为群众提供法律咨询300余次，发放宣传资料2.1万余份，受教育群众4万余人次。

【县城交通环境整治】 2013年5月13日起，县公安局按照县委、县政府部署，联合相关部门，在江川县城开展为期67天的交通环境集中整治行动。一是针对县城车辆乱停乱放、非法客运、“飘洒滴漏”等影响城市形象和道路畅通的问题，牵头成立以县公安局副局长、交警大队长任组长，交通、安监的领导任副组长，公安、交通、综合执法、安监、运政、路政和大街街道办为成员单位的道路交通整治领导小组。县公安局从机关、大街派出所、交警大队等部门抽调警力50余名和相关部门抽调的执法人员70余名组成整治工作队开展整治工作。二是通过广播电台、互联网、手机短信、粘贴发放宣传材料开展广泛宣传告知工作，争取群众理解、支持和配合。三是在县城内新增和更换交通标志牌51块，新增施划停车泊位280个，在主要街道出入路口新增750千克（含）以上货车、拖拉机、摩托车、畜力车等“四车”禁入交通标志牌18块。四是围绕县城“四纵三横”七条主街道辐射次街道工作要求，划分16个守岗点，5个巡逻管控组，分别以“整治街面停车秩序突出治理车辆乱停乱放，整治街道行车秩序突出治理‘四类’车禁止入城和规范客运秩序，整治街面占道经营秩序突出治理街道摆摊设点占道和规范景兴路废旧物资回收店面以及翠大线修理店面，整治飘洒滴漏运输秩序突出治理源头和实现遮盖封闭运输”为工作重点，定人定岗定时有序推进整治工作。行动中，查处不按规定行使和不按规定停放车辆等交通违法行为900余起、“飘洒滴漏”货运车13辆；扣留“涉牌涉证”机动车75辆；拖移电动车、自行车、人力三轮车130辆；劝返“四类”车3700辆；办理《入城通行证》110份；有效管制营运三轮车（俗称青蛙车）143辆在县城外通行；取缔小花园、农贸市场、星云路假山路口、博物馆路口等妨碍交通的非法停放点。通过整治，县城交通拥堵明显缓解，交通秩序明显改观。

【“三车”整治】 2013年4月至6月，局党委针对江川县“三车”问题突出的实际，在全县范围内开展盗窃“三车”犯罪专项整治行动。制定《江川县公安局集中开展打击整治盗窃“三车”犯罪专项行动实施方案》，实行派出所与刑侦片区中队捆绑考核，明确“派出所辖区破案率不低于40%、刑侦大队全县破案率不低于40%、专项行动期间全县破案240起以上”的总体目标；在玉溪“警视窗”、“江川警方”、《玉溪日报》、网络“微博”等媒体及时宣传展示公安机关打击整治盗窃“三车”犯罪的显著成果。组织民警深入社区、农村和企业，发放“三车”安全防范宣传资料，增加群众防盗知识和技巧，增强抵制“买赃、用赃”意识；采取车辆巡逻与人员徒步巡逻、机动和定点、公开与秘密相结合措施，全面提升巡逻防控快速反应能力；开展日常巡查工作，建立行业场所长效管控机制；积极调整工作思路，拓展侦查路径，强化网上作战等手段，扩大打击战果。行动中，打掉“三车”犯罪团伙4个，抓获犯罪嫌疑人26名；破获盗窃“三车”案件161起，其中盗窃摩托车案件114起、盗窃电动自行车案件47起；缴回被盗车辆60辆，其中摩托车49辆、电动自行车11辆。

【禁毒百日攻坚战】 县公安局根据公安部、省厅、市局关于公安机关开展“肃毒害、创平安”禁毒百日攻坚会战的精神，从2013年8月中旬至12月中旬，在全县范围组织开展“肃毒害、创平安”禁毒百日攻坚战。成立由分管副局长任组长，禁毒、刑侦、治安、法制、政工、指挥中心主要负

责人和各派出所所长为成员的“肃毒害、创平安”禁毒百日攻坚会战领导小组，将在册吸毒人员百人以上的大街街道和前卫镇确定为工作重点，参战部门认真履职，开展“五大”战役，攻坚战取得成效。开展禁毒宣传战役。9月6日，由县禁毒办、法院、检察院、司法局联合开展“阳光司法工程”走校园活动，公开审判李某2人贩卖毒品案件，江川二中2000多师生参加旁听。10月11日，利用警营开放日开展禁毒宣传，展出毒品展板30余块。10月28日，在县第十期400多名副科级以上领导干部学习讲坛中，副县长、县公安局长牛旺林作题为“履行禁毒义务，参与禁毒斗争”专题讲座。开展对境外毒品入境的堵截战役。组织民警到玉溪市公安局禁毒支队流动警务站（元江青龙厂卡点），执行公开查缉任务3次，破获毒品案件15起（其中“金三角”毒品案件11起），缴获毒品海洛因519克，冰毒片剂7342克，抓获犯罪嫌疑人13人，缴获毒资43万余元，车辆2辆。开展对制毒活动的打击战役。对辖区易制毒化学品运输使用单位开展检查173家次，排查养殖场33家、种植场36家、闲置库房48家、废弃房舍15家、石厂14家、工地49家、工棚37处、砖瓦厂20家、废旧金属收购站13家、医院16家、化肥厂6家，人员977名。开展对贩零活动的围剿战役。破获零星贩毒案件9起，无主毒品案件7起，抓获犯罪嫌疑人9人，缴获毒品毒资28338.5元，车辆2辆，打掉吸贩毒团伙2个。开展对制毒物品流失的整治战役。9月10日至16日，禁毒大队组织各派出所50余名民警，对全县56家企业和单位的易制毒化学品使用情况进行全面清查、规范管理，杜绝易制毒化学品非法使用和流入制毒渠道。开展对吸毒人员的查控战役。通过对在册吸毒人员开展吸毒检测和清查宾馆酒店、娱乐场所等，查处吸毒人员59人（新增49人），责令强制隔离戒毒26人，社区戒毒16人，行政拘留或刑事拘留处罚17人，最大限度地减少社会面上的吸毒人员。

【禁毒秋冬大会战】 县禁毒委根据省、市禁毒委的安排部署，2013年8月28日至12月30日，在全县范围内组织开展为期四个月的禁毒秋冬大会战专项行动。成立由县禁毒委主任任组长，县政府法制办主任和县公安局分管禁毒工作的领导任副组长，县禁毒委成员单位领导为成员的领导小组，设办公室在县公安局禁毒大队，副局长李正春任办公室主任。通过深入开展禁毒和预防毒品知识宣传专项行动、打击毒品犯罪行动、易制毒化学品的整治行动、娱乐场所旅店业和重点地区专项整治行动、吸毒人员摸排收戒管控和社区戒毒社区康复就业安置行动、禁种铲毒专项行动六个专项行动，禁毒秋冬大会战取得成效。行动中，破获毒品案件33件（其中公开查缉毒品案件15起，零星贩毒案件18起），抓获犯罪嫌疑人24人，缴获海洛因537克、冰毒片剂7371克、毒资45万元、车辆3辆；查获吸毒人员59人，责令强制隔离戒毒26人、社区戒毒16人；开展知识讲座11次、培训5次、张贴禁毒标语830条、散发各类禁毒宣传材料83500余份；5次对宾（旅）馆、网吧、会所、KTV和出租房屋等易涉毒行业场所部位进行清理整治；县食药监局出动执法人员54人次、车辆15驾次，检查药品生产经营使用企业113户次；乡镇组织217人次，三次开展禁种铲毒工作，铲除野生大麻160株。

【“云岭风暴”行动】 2013年9月13日至10月30日，县公安局在全县范围内开展行动代号为“云岭风暴”电子游戏机赌博活动的专项打击行动，成立以分管治安的局领导为组长的打击电子游戏机赌博违法犯罪专项行动领导小组，下设办公室在治安大队，工作重点是打击在各种场所内开设的电子游戏机赌博违法犯罪行为及“901”专案所涉及江川的场所。行动中，共查处利用赌博游戏机赌博案件8起（其中移交工商部门处理5起），处理违法人员8人（其中行政拘留3人、罚款5人），收缴赌博游戏机52台，专项行动取得实效。

【缉枪治爆】 2013年，在缉枪治爆专项行动中，县公安局制定《江川县2013年缉枪治爆专项行动工作方案》，成立领导小组，办案部门多措并举，认真开展工作，缉枪治爆专项行动取得成效。行动中，破获非法制造爆炸物刑事案件4件，非法制造危险物质治安案件10件，非法携带枪支、管制器具行政案件21件，缴获各类枪支6支，弹药97发，查获一大批非法烟花爆竹和生产原材料，消除一批安全隐患。

【“打四黑除四害”】 2013年6月中旬，县公安局召开“打四黑除四害”工作会议，下发“打四黑除四害”专项整治工作方案，成立领导小组，加强对网络食品销售平台监控，重点整治食品批发市场、超市食品销售点、小作坊和城乡结合部。6月15日至17日，治安部门在县工商、卫生、质监和乡镇（街道）等部门配合下，深入街道、乡镇，开展宣传工作，展出展板标语12块、假食品药品30余件、宣传资料1200余份。8月26日至9月6日，治安部门联合县工商局对县城农贸市场进行联合检查，对猪肉油、菜籽植物油等4个品种进行抽检。9月13日至18日，治安部门联合县工商、卫监等部门对县城结合部的出租房、小作坊开展“地沟油”清查整治行动。2013年，开展联合执法14次，出动警力78人次，检查超市、农贸市场、学生食堂、批发市场、生猪养殖基地等场所87家次，查处食品案件12件（立刑事案件10起、移交质监局处理2件），逮捕4人，取保候审6人；协助通海警方破获食品安全犯罪案件3起，抓获犯罪嫌疑人5人；收缴赌博游戏机35台。

【“8·27”杀人案】 2013年8月27日15：15时，有群众向公安机关报称：有一个没有穿衣服的人死在江川县大街仔猪市场旁的坡地房屋内。接警后，副县长、县公安局长牛旺林，副局长黄良等领导及时率刑侦人员、大街派出所民警赶赴现场，组织开展现场勘查等各项侦查工作，同时将案情向市公安局进行汇报。市公安局杨副局长等领导率刑侦支队民警到江川指导侦查工作。经现场勘查及尸检，受害人已死亡，系女性，年龄在35至45岁之间，身上有多处钝器、锐器伤，系他杀。县公安局迅速启动命案侦破机制，成立由牛旺林任组长的“8·27”故意杀人案专案组，从市局刑侦支队、技侦支队和江川刑侦大队、大街、江城、前卫、路居派出所抽调50余名民警组成专案组成员，结合案情分为五个工作小组连夜开展工作。经五个工作小组近30小时侦查，于8月28日20：00时许，将犯罪嫌疑人段春建（男，62岁，江川县人）抓获，成功破案。经审讯，段如实供述自己的犯罪事实：受害人祁某系犯罪嫌疑人前妻，2006年两人离婚，因住房条件不好，离婚后二人仍在一起生活，近段时间，两人经常吵打，段怀恨在心，萌发杀害受害人念头。8月27日12：00时许，段邀受害人外出散步谈心，致案发现场，拿出事先藏在衣服口袋里一把剪刀刺向受害人头部，又用石头砸其头部，至受害人当场死亡。此案的成功侦破，被中央电视台录制成专题片《最后的约会》，于2013年11月5日在CCTV-13台《法治在线》栏目中播出。

【系列持枪抢劫案】 2012年12月27日22：40时许，县城王字街星云大药房发生一起被一名男子持枪威胁抢走4000余元营业款案。案件发生后，县公安局抽调警力成立专案组，将案情向市公安局汇报。经串并发现，2012年12月26日22：50时，红塔区珊瑚路的健之佳药店也发生一起被一名男子持枪威胁营业员抢走2500元营业款案件。两起持枪抢劫案件的发生，对全市的社会治安造成恶劣影响，副市长、市公安局长明正彬，市公安局副局长舒勇作批示，要求市公安局相关部门和红塔分局、江川县局尽快破案，消除不良影响。省厅刑侦总队听取市局汇报后，高度重视，及时将两起持枪抢劫案列为省厅特别督办案件，要求尽快破案。市、县（区）公安机关成立联合专案组，全力展开侦查工作，在全省范围内进行案件串并，发现2012年12月16日以来，在昆明市盘龙区、官渡区、五华区以及曲靖市麒麟区、马龙县已连续发生多起犯罪嫌疑人持枪抢劫药店案件，成功将玉、昆、曲三地发生的9起案件串并。经专案组15个昼夜连续奋战，最终确定系列持枪抢劫案件犯罪嫌疑人为许某（男，26岁，曲靖市人）。在广州越秀、上海铁路、南京铁路等警方大力协助下，犯罪嫌疑人许某在广州至南京的K528列车上被成功抓获，当场缴获仿真手枪1支及口罩、手套等作案工具。经审查，犯罪嫌疑人许某交待2012年底，因赌欠下高利贷，为偿还高利贷，先后窜至昆明市盘龙、官渡、石林、呈贡、宜良县（区），曲靖市麒麟区、马龙县以及玉溪市红塔区、江川县等地，选择药店为作案对象，戴口罩手套，持仿真手枪威胁店员，先后对14个药店实施抢劫，作案14起（昆明盘龙区3起、宜良2起和官渡区、石林、呈贡各1起，曲靖麒麟区3起和马龙县1起，玉溪红塔区和江川县各1起），其中2起未遂（盘龙区、宜良县各1起），共抢得现金3万余元和手机1部的犯罪事实。

【系列飞车抢夺案】 2013年4月以来，江川县城及城郊发生多起单身女性行走中被骑摩托车的男子抢夺财物的案件，给受害人造成精神伤害和财产损失，社会影响大。刑侦大队围绕案情制定侦查措施，全面开展侦查工作。通过大量工作，8月30日，在江川县宁海路北段、建水县曲江镇将两名犯罪嫌疑人抓获，缴获赃物苹果4S手机1部。经审讯，犯罪嫌疑人李某（男，17岁，江川县江城镇人）与张某（男，18岁，江川县大街街道办事处人）分别交待自2013年4月以来，相互邀约，利用下午及夜间时段，驾驶一辆摩托车窜至江川县城及城郊一带，采用飞车抢夺方式对单身女性实施抢夺，共作案10起的犯罪事实。

【盗窃三七案】 2013年4月下旬至5月初，江川县江城镇、安化乡连续发生盗窃田间的三七案件3起，涉案价值达60余万元。县公安局成立专案组，办案部门对该系列案开展破案攻坚，经大量信息分析研判，及时锁定犯罪嫌疑人杨金桥、杨金文、杨廷熊3名文山籍男子，抓获3名犯罪嫌疑人后成功破获该系列案。

【拐卖智障流浪人】 2013年4月8日，公安机关一天内接到两起智障流浪人员被人强行用车拉走的报警。立案后，县公安局抽调警力成立专案组，在市公安局刑侦、技侦支队的指导、协助下迅速开展工作。经侦查，于4月9日15：30时，在昆明市西山区福海镇李家地村一出租房内将犯罪嫌疑人李三凤（女，41岁，曲靖市人，）、刘学树（男，44岁，四川广安人，）、吕浪（男，23岁，四川广安人）和刘小兵（男，20岁，四川广安人）4人抓获，成功解救一名被害人李某（男、37岁、弱智、江川人）。经审查，4名犯罪嫌疑人自2012年11月以来，驾驶面包车先后窜至昆明市、安宁市、石林县、宜良县、嵩明县、呈贡县、曲靖市、陆良县、楚雄市、峨山县、江川县等地，专门选择流浪乞讨人员、精神病人，采取欺骗、强制等手段将被害人拉走，每名以1000元左右价格卖给砖窑老板做苦力，共涉及流浪乞讨人员、精神病人30余人。在省、市公安机关的协调指挥下，专案组及时带犯罪嫌疑人先后到

曲靖、贵州省普安县、昆明、楚雄、玉溪等地对收买被害人的地点及强迫劳动场所进行辨认，共涉案五个地区7个砖窑厂（均存在强迫劳动行为），其中曲靖市3个、昆明市1个、楚雄州1个、玉溪市1个、贵州省普安县1个，7个砖窑厂共涉及被犯罪嫌疑人卖去的智障、残疾、流浪人员14名，其中现场解救被害人4名，其余人员因各种原因已离开砖窑厂。

【“7·19”道路交通事故】 2013年7月19日13：55时许，驾驶人罗洪莉驾驶渝AHU638轿车，载员罗定芳、张智豪（2岁）、胡洛嘉、唐秀英和胡彧闻（3岁）5人，沿江川县翠大线由北往南行驶，当车辆行驶至翠大线K8+700M处时，与对向由赵吉定驾驶的云FY0602大客车相撞，造成罗洪莉、罗定芳、张智豪、胡洛嘉当场死亡，唐秀英、胡彧闻受伤，渝AHU638车、云FY0602车不同程度损坏的道路交通事故。驾驶人罗洪莉因超速、超载、未按规定会车负事故的主要责任，驾驶人赵吉定因未按规定会车负事故的次要责任。

【“南博会”安保】 中国—南亚博览会暨第21届中国昆明进出口商品交易会期间，县公安局各部门严格按照《“南博会”安全保卫工作实施方案》的部署和要求，强化措施，狠抓落实，顺利完成“南博会”安保工作。开展矛盾纠纷的排查和化解工作；开展对重点人员管控，杜绝在“南博会”期间发生非正常上访人员赴昆明闹访、缠访事件；开展以县城中心城区、主干公路、景区道路为重点的路面检查和道路安全隐患排查工作；联合安监部门对全县50家非煤矿山、生产企业开展以货运安全为主题的宣传教育活动；联合交通运政、路政部门开展以客运、危货运、接送学生车安全为主题的检查教育活动；开展流动人口和出租房屋清理清查行动；开展危爆、易制毒化学品的监督检查；抽调警力30名，由副局长黄良带队参加南博会开幕式安保，得到省公安厅通报表扬。工作中，排查各类矛盾纠纷88起，成功调解86起；清查重点单位14家、行业场所35个、工棚工地出租房37处；检查客运企业7家、货运企业10家、私立幼儿园26家；排查道路13条、查处各类交通违法行为4531起。

【“玉溪杯”自行车赛安保】 2013年4月8日至9日，“玉溪杯”全国公路自行车冠军赛在抚仙湖沿岸举行环湖赛。比赛规模大、级别高，共有来自全国各地专业自行车男女运动员170名参赛，赛区涉及江川县的路居、江城两个片区，交通安保工作任务艰巨。县公安局根据市公安局有关精神，精心组织，制定赛事安全保卫工作方案，4月7日召开各部门负责人会议，对安保工作进行部署，采取“五定”（定时、定人、定岗、定责、定任务）工作原则。赛期，县公安局出动警力400余人次、警车50辆次，执勤民警提前到岗，文明、规范执法，警容风纪严整，对进入赛道的车辆和人员进行有序、合力管控，在确保参赛选手顺利安全通过的同时，分段、分时差放行被管控的车辆和人员，最大限度地保证群众方便出行，比赛中，没有发生道路交通事故，圆满完成安保工作任务。

【开渔节安保】 在中国云南江川第九届“开渔节”暨高原湖泊水产品交易会安保工作中，县公安局出动警力1200余人次、车辆300余辆次，由于精心组织、多措并举和参战民警、消防武警官兵、协勤人员的认真履职，确保了“开渔节”期间无重大安全事故（案件）发生，圆满完成各项安全保卫任务。一是按照县委县政府的总体部署，超前谋划，召开安保工作专题会议，对安保工作进行部署，设置大型文艺汇演、入湖捕鱼仪式、街面巡逻、突发事件处置、交通消防秩序维护等工作小组，落实责任，全员参与。二是在12月24日的大型文艺演出—“鱼跃中天”现场、25日的入湖捕鱼仪式现场，公安、交警、武警消防官兵全警出动，采取现场警戒、交通秩序维护、消防突发应急和巡逻防范等措施，确保活动顺利举行。24日、25日凌晨，消防部门、派出所在全县范围内统一开展“零点”夜查行动，对辖区重点人员、重点场所进行清查。三是细化道路交通安保职责，实行“四定包保责任制”。将翠大线、环湖公路和县城主干道作为重点，增设交通标志、改善交通设施、部署充足警力、采取交通分流等措施，发现和消除交通安全隐患，确保“开渔节”期间全县无长时间、大面积交通拥堵情况发生。四是针对水产品交易现场及周边人流、车流量增大的实际，采取车巡、人巡等“点、线、面”结合措施，打击街头“两抢”、盗窃“三车”、扒窃、拎包等各类侵财性犯罪行为。

【部督察组到江川督导工作】 2013年11月23日，公安部取保候审突出问题专项督察组组长李国和一行7人，在市公安局警务督察支队支队长汪兴介等领导陪同下，到江川县公安局检查督导取保候审突出问题专项整治工作。检查组听取县公安局取保候审突出问题专项工作汇报，查阅案件卷宗、台帐信息和管理机制建设情况，审查、核对取保候审保证金的收取和资金去向；召开法院、检察院、司法局、律师和公安局领导、办案部门领导及民警座谈会。通过检查，检查组对江川县公安局在取保候审突出问题专项督察工作上给予肯定，对检查中发现的问题提出整改意见和建议。县公安局取保候审突出问题专项工作，因工作成绩（做法）突出得到公安部通报表扬。

【部纪检组到江川检查工作】 2013年11月22日，公安部纪律作风检查组钱英一行4人，在省公安厅纪委副书记申泽金，市公安局纪委书记汤文龙等领导陪同下到江川检查“三项纪律”执行情况。副县长、县公安局长牛旺林，政委张文红等党委班子成员及部分民警参加检查。检查组采取听汇报、查台账、发放全国公安机关纪律作风大检查调查问卷、电话回访群众等方式对江川县公安局贯彻执行“三项纪律”情况开展检查。检查组肯定江川县公安局在贯彻落实公安部“三项纪律”上认识到位，措施有力。钱英强调：公安部出台“三项纪律”，是进一步加强公安机关队伍建设，有效解决群众反映强烈的突出问题，维护公安机关良好形象的重大举措，要求江川县公安局要认真抓好贯彻落实，确保“三项纪律”深入人心。

【执法规范化创建达标验收】 2013年8月28日，省厅执法规范化建设达标单位创建工作考核验收组一行4人到江川，对县公安局执法规范化建设达标单位创建工作考核验收。考核验收组先后深入江城、前卫、路居、大街、九溪派出所和刑侦、交警大队等部门，通过“查台账、看实地、入系统、实操作”的方式，对照检查验收手册，对县公安局业务部门在执法公开、受立案、执法记录仪使用、同步录音录像、涉案财物管理、执法业绩档案建设、法制员工作等内容逐项进行检查验收。考核验收组对县公安局在开展“达标创建活动”中完成的各项指标及法制大队“队建制”后更规范的工作给予肯定，同意江川县公安局执法规范化创建达标单位创建活动第一阶段工作通过验收。

【李新力到江川调研】 2013年11月20日，省公安厅治安总队副总队长李新力一行3人，在市公安局治安支队副支队长李东有等领导陪同下到江川调研工作。上午，李新力一行在副县长、县公安局长牛旺林，副局长李正春等领导陪同下，来到县政务中心公安机关户政窗口，实地查看、了解江川县公安局第二代居民身份证登记指纹信息工作实施情况，要求户政窗口民警从思想上充分认识身份证登记指纹信息工作的重要性和紧迫性，积极做好宣传工作，让群众了解居民身份证采集指纹信息的重要意义。随后到大街派出所，听取所长关于派出所队伍管理、社区警务、群众工作、人口管理、辖区社会治安“打、防、控、管”工作、六张网建设等情况的汇报。李新力对派出所取得的成绩和做法给予肯定，提出要切实提高为民服务宗旨理念意识，把群众利益放在首位，全心全意为人民服务，严格执行办理户口业务一次性告知、有错必纠和预约办理制度；要加强警务公开，方便群众和接受社会监督；要把“群众满意是我们最大心愿”作为窗口服务目标，做到“当日事，当日做，当日结”，提高办理效率；要以社区警务工作为平台，发挥基层组织作用，提高治安动态管控能力四个方面的工作要求。牛旺林代表局党委对李新力一行到江川调研工作表示欢迎，对提出的工作要求会迅速抓好落实，全面推进公安工作。

【钱兴调研公安工作】 2013年9月18日，县委副书记、代理县长钱兴率县政府办、县财政局领导一行4人到县公安局业务技术用房项目建设工地开展现场调研工作。钱兴实地查看公安业务技术和办公用房建设情况，听取副县长、县公安局长牛旺林对整个项目建设情况及存在困难的汇报，要求县公安局加强工程建设的安全监管，确保工程质量，加快项目进度，力争早日搬迁。

【胡水旺到江川开展“四群教育”】 2013年8月1日，省公安厅党委委员、副厅长胡水旺在市公安局党委副书记张家明陪同下，轻车简从，深入江川县街道、社区、基层公安机关，听取社区群众对公安工作的意见建议，与基层民警共商新时期群众路线方针贯彻落实之策。在大街街道办事处下营社区，胡水旺与社区20余名干部群众召开座谈会，详细询问下营社区经济社会发展、人员结构分布、辖区社会治安、社区警务工作等方面的情况，希望基层干部群众多给公安机关把把脉，提意见、找问题，以便公安机关改进工作，服务群众。参会人员争先发言，肯定公安机关在警力紧张、任务繁重的情况下，为维护社会治安稳定，保障和改善民生中做出了贡献；找出公安机关在行业场所管理、打击预防犯罪、办理机动车落户、队伍素质建设等方面薄弱环节的存在问题。针对群众提出的意见和建议，胡水旺要求当地公安机关要认真研究，采取有效措施积极加以改进。在县公安局，胡水旺与县公安局党委班子、基层科所队长、民警代表以及县公安局特邀监督员进行座谈，参加人员畅所欲言，客观反映基层公安机关在警力、经费、装备、非警务活动等方面存在困难和问题，提出上级公安机关在考核检查、会风文风等方面需要改进的意见和建议。胡水旺针对民警提出的合理意见建议，表示将及时反馈给省厅党委和省厅相关业务部门，给予研究解决。强调在当前各级保障能力十分有限的情况下，各级公安机关要注重队伍自身建设，提高队伍整体战斗力，转变工作作风，强化宗旨意识，勤奋务实，摆正位置和心态，正确处理好维护群众利益与服务地方经济发展之间的关系，发挥好桥梁和纽带作用。

【和谐警民关系建设】 县公安局各部门多措并举，深入开展“四群教育”、“三访三评”活动，提升群众“期待指数、信任指数、安全指数”。社区民警主动走访因土地征用、企业改制、房屋拆迁、拖欠工资等因素引发上访的人员和群体，听取他们的具体诉求和真实想法，认真做好疏导和矛盾化解工作；局领导、民

警深入开展“四群教育”工作，进驻包村联系点，走访联系户，为群众解决实际问题，慰问困难群众、困难党员，发放慰问金及生活物品共计18600元。办案部门开展案件回访工作，虚心听取受害群众对执法工作的意见建议，表明公安机关决心破案的态度；控申部门深化信访积案集中清理工作，消除不安定因素。

【警营开放日】 2013年10月11日，县局组织指挥中心、刑侦大队、治安大队、交警大队、消防大队、禁毒大队和大街派出所7个警种在县体育馆广场举行以“警民和谐，共话平安”为主题的第三届“警营开放日”活动。通过展示、表演、咨询、开放、互动等多种形式，全方位、多层次、多角度地宣传公安机关的职能作用、警务工作及严打斗争成果。设7个展示（开放）区，出动警力60人，展示各类警用车辆7辆、救助灭火器材10余类、警用枪支15种，展出禁毒交通知识展板50余块。上千群众、师生现场观看和参与警务技能演示、了解公安各警种职能、咨询法律法规知识。

【“护学岗”设置】 根据公安部、省公安厅关于认真落实十四项便民利民措施的通知要求，县公安局认真开展“护校安园”工作，切实维护好全县校园及周边治安、交通秩序，保护学生、儿童上放学安全。2013年9月底，在县委、政府及教育部门的支持下，对全县治安、交通复杂的29所中小学、幼儿园设置“护学岗”29个。“护学岗”标识牌统一安装在校园及周边100米范围内的校园门卫室（校园门口）、警务室、治安岗亭、交通岗亭和报警点的醒目位置。“护学岗”设置后，在学生上下学时段，由辖区派出所民警、社区民警、交巡警、协警、保安、交通协管员以及群防群治力量组成“护学岗”人员，每个“护学岗”明确一名负责人。主要职责是开展巡逻防范、维护交通秩序、接受师生报警求助、打击侵害师生违法犯罪行为和协助校方做好校园安保工作。

【货车限行】 2013年11月11日起，为保护抚仙湖生态环境，在江川县境内的环湖东线（江川县隔河村至华宁县交界）、环湖西线（海门村至牛摩村路口）禁止载质量750千克以上的货车驶入（每日22：00时至次日07：00时允许持有通行证的按指定路线通行）。分别在路居镇码头路段（环湖西线与甸东线交岔口）、环湖东线张营村路口、环湖线海门桥村路口、江孤路拱门前方路段、环湖西线牛摩村路口设置5个货车禁行控制点。

【队伍集中整训】 2013年1月，县公安局开展为期一个月的队伍集中整训。制定《江川县公安局队伍集中整训工作实施方案》，将学习、训练、查摆、剖析、整改、验收阶段的事项进行详细安排。1月8日，召开队伍集中整训动员大会，副县长、县公安局党委书记、局长牛旺林，党委副书记、政委张文红等党委班子成员、部门负责人及全体民警参加会议。队伍整训主要是抓好“七查”，即：查思想认识、查有无违法违纪、查工作作风、查组织纪律、查管理防范、查班子建设、查业务工作。队伍整训中不走过程、不搞形势、认真查摆剖析、严格整改提高。通过一个月队伍整训，达到“八个确保”和“三个转变”目的。

【警体运动会】 2013年1月14日至16日，县公安局举办第七届“警体”运动会，目的是丰富警营文化，缓解民警工作压力，发扬团队协作、拚搏精神，增强队伍凝聚力和战斗力。运动会设篮球、拔河比赛6个奖项，全局组织8支代表队参加，经过3天的角逐，共产生篮球、拔河比赛项目的一、二、三等奖和4个体育道德风尚奖，前卫所联队、刑侦代表队、江城所联队分获篮球项目一、二、三等奖，刑侦代表队、局机关联队、前卫所联队分获拔河项目一、二、三等奖。

【书画摄影文学作品比赛】 2013年1月10日，县公安局开展“迎十八大庆元旦书法美术摄影作品比赛”。民警共创作书法、美术、摄影作品120多幅，经县文联的罗连辉、马松波、李正德、康海波、张曦5位老师评选，共有17位民警的17幅作品分获书法、美术、摄影作品一、二、三等奖。其中《画意诗情景无尽，春风秋月趣常殊》（作者黄仁国）、《云翔千嶂》（作者李宝林）、《勘查》（作者业保华）分获书法、美术、摄影一等奖。2013年10月30日，江川公安文联为丰富警营文化生活，推动公安文化建设，举办书画摄影文学作品比赛，有11人11幅作品获奖。公安文联成立一年来，民警利用业余时间创作了大批优秀书法、美术、摄影和文学作品。活动中，收到民警的书法、美术、摄影和文学类作品90件。评委由县文联主席叶自林、秘书长罗连辉和县摄影协会副主席侯新华3位老师担任。业保华的摄影作品《节日》获一等奖；李宝林的美术作品《董炳春色》、高磊的摄影作品《警营开放日》获二等奖；胡东彦的文学作品《冬日暖流》、黄仁国的摄影作品《红土地》、杨德华的美术作品《和谐》和蒋文贵的书法《杨万里小池》分获三等奖。

【信息化大练兵大比武】 2013年10月10日下午，县公安局开展公安信息化应用岗位大练兵大比武活动，从全局挑选出17名信息化应用能手进行比武。内容涉及警综平台、情报研判平台、办公自动化系统、业务警种应用系统、视频监控系统和计算机网络安全、应急通信保障等知识和功能运用。目的是为了进一步提升全局民警信息化应用意识、能力和水平，强化警种岗位信息化应用，做到以赛促训、以训促用。从优胜者中选派王华伟、习元波、杨宁、史路程、黄良等6名选手，由副局长黄良带队参加全市公安机关信息化应用大比武竞赛，并获第三名。

【居民身份证加采指纹信息】 2013年11月20日，县公安局在大街派出所开展受理居民身份证加采指纹信息（即指纹居民身份证）的试点工作，由于措施到位，制证信息合格率达100%，试点工作进展顺利；11月30日，在全县7个派出所正式开展居民身份证加采指纹信息受理工作。截至2013年底，共受理（办理）居民身份证加采指纹信息1474个。

【企业驻地警务室】 针对江川在建重点项目“仙湖锦绣”工程，县公安局积极探索便企、利企的新办法、新举措，提升服务重点项目建设的能力和水平。2013年7月下旬，争取项目方出资建设“仙湖锦绣”驻地警务室一个，设置“流动人口服务管理站”，派驻5名民警、10名协警。驻地警务室主要工作职责是加强对重点项目安保工作，开展日常监督、指导和检查工作，为企业提供直接便捷的“零距离”服务。

【业务技术用房建设】 县公安局业务技术用房主楼于2012年底完成10层，主体工程（共13层）于2013年4月31日竣工验收。2013年1至12月，投资1700余万元，先后完成主体工程、弱电安装、塔顶安装、配电设施建设、消防设备安装、给排水工程建设、室外装修等项目（工程）；完成发电机和档案密集架的采购；室内装修完成70%。2013年底，实际建设项目资金到位2230万元（中央下拨920万元、省级下拨100万元、县级1210万元）。

【道路基础设施建设】 2013年，全县开展路域环境整治工作，县财政投入建设资金1100万元，由交警部门负责组织实施，分别对翠大线中心隔离设施、境内5条道路交通标线和道路交通标志牌3个项目进行建设。9月15日，项目建设启动，经过近4个月施工，建设翠大线具有防撞、分隔、导向功能的道路中心隔离设施23848.7米；完成江华、江通、翠大、澄川、环湖西线5条主干公路施划标线19.5万米，新增、更换、更新交通标志牌103块（套）。交警部门投入资金29.49万元，对全县道路的防护栏、警示桩等道路交通安全防护设施进行治理完善。

【“平安城市”建设】 江川县“平安城市”视频监控系统建设项目，包括光纤网络、治安监控系统、电子警察监控系统和中心机房等基础设施。光纤网络建设依托现有地下管网通道布放光缆和部分架空，实现监控点连接；治安监控系统建设110套高清摄像机，覆盖县城主城区；电子警察监控系统建设13套道路监控摄像机，10套重点交通密集路口500万像素高清摄像机，8套重点路段逆向抓拍电子监控；中心机房建设公安局指挥中心和交警大队交通管理指挥中心。估算总投资1491.9万元，项目建成规模覆盖县城规划区域5.53平方千米。2013年3月15日，江川县“平安城市”视频监控系统建设项目，由县公安局报请县人民政府研究批准。3月30日，县第十五届人民政府第二次常务会议研究同意项目建设。6月24日，县发改局对《江川县平安城市监控项目可行性研究报告》批复，同意该项目可行性研究报告。

【服务窗口视频联网】 2013年6月，县公安局统筹资金10余万元，对执法服务窗口视频联网工作进行建设，按期完成1个110接警台、1个出入境服务窗口、7个派出所户籍管理服务窗口（接待区）、2个车辆和驾驶员管理服务窗口同步录音录像硬件的设置改造和联网工作，实现与督察部门联网，达到实时监控100%的目标，圆满完成全局执法服务窗口视频联网工作，积极推动执法规范化建设和“执法规范化建设达标单位”创建工作的全面、深入开展。

【购置设备装备】 2013年，投入资金277.9万元，购置汽车2辆、摩托车9辆、电瓶车15辆、计算机（笔记本电脑）55台、数码相机16台、摄像机8台、执法记录仪45台、发电机1台、无线图像数字传输系统1套（85万元）、视频监控系统10套、指纹采集及其他设备77台（套）；购置防弹衣、防弹头盔、防刺背心等装备102件（套）。

【党　建】 局党委与13个支部签订《中共江川县公安局委员会2013年党建工作责任书》，推进领导班子思想政治建设。一是严格执行民主集中制原则。对“三重一大”坚持民主集中制，不搞一言堂。二是全面推行“一岗双责”制，加大对领导和党员问责力度。三是健全党内民主机制，严格组织生活。将局党委成员分到各支部，参加、督促、指导和帮助支部建设，开展好每次民主会，过好每堂组织生活。四是抓好党务培训和党员发展工作。坚持每月一晚的政治理论学习和培训制度；针对党员的发展，重点放在“质”上。2013年，培训入党积极分子6人、党务工作者44人，发展预备党员1名，转正预备党员5名。五是提供各支部2000元经费，使支部活动有经费保障，更好开展工作。

【人　事】 2013年，提拔任用正科级领导5名、副科级领导2名、股所级领导35名；调整正科级领导4名、副科级领导18名；调整民警岗位25名。

【教育培训】 2013年，县公安局通过省公安厅教育训练平台举办教育培训8期，报送工作简报13篇，被省公安厅采用11篇；开展队伍整训一个月，先对15名教官进行集中培训后，由教官分别组织部门民警进行队伍整训；

县委党校副校长对245名民警进行十八大精神（内容）宣讲；县检察院职务犯罪预防科科长对民警进行远离职务犯罪知识培训；市公安局网安支队政委对民警进行心理压力辅导培训；县委组织部办公室主任对全局各支部的党务工作者进行党务知识培训；举办道路交通警卫工作知识培训等。

【外宣工作】　加强同各级新闻媒体的联系，完善公安机关形象危机处置机制，做好“涉警”的负面舆论处置工作；强化公安队伍建设、业务工作、严打专项行动等工作宣传报到，弘扬公安正气、鼓舞士气。2013年，县公安局在国家级、省级、市级电视电台和报刊上报道江川公安新闻359条，其中：国家级8条、省级87条、市级264条；在腾讯网《江川警方》微博、新浪网《江川警方》微博发布新闻371条和275条；在云南公安网发布江川公安新闻72条；在县广播电视台播出《江川警方》栏目12期，其中专题片12个、新闻70条。

【表彰奖励】　2013年，被国务院反假货币联席会议表彰“全国反假货币工作先进个人”1人；被云南省公安厅政治部表彰为“深化打击整治网络违法犯罪专项行动成绩突出个人”1人；工作成绩突出被玉溪市公安局记个人三等功8人；优秀社区民警被玉溪市公安局记个人三等功2人；优秀派出所民警被玉溪市公安局记个人三等功1人；“2·17”专案工作成绩突出被玉溪市公安局记个人三等功1人；破获盗窃成品油系列案被玉溪市公安局记个人三等功1人；被县委、县政府表彰为“关心下一代工作先进个人”1人；县公安局内部表彰先进集体4个、先进党支部3个、专案组1个，表彰优秀共产党员24人、优秀共青团员2人、优秀侦察员6人、优秀办案能手7人、优秀信息化应用能手5人、优秀社区民警10人、先进个人30人和嘉奖48人。

（黄　迪）

检　察

【领导名录】

检 察 长　资云坤

副检察长　平雪刚

郑　翔

钱　瑜（2013.8任）

【概　述】　2013年，江川县人民检察院在县委和上级检察院的领导下，在县人大、政府、政协和社会各界的监督支持下，紧紧围绕全县改革发展稳定大局，强化法律监督、强化自身监督、强化队伍建设，为推动全县科学发展和谐发展跨越发展，建设富裕和谐美丽新江川提供有力的司法保障。一年来，县检察院圆满完成年初制定的各项工作目标，总体工作水平有了明显提高，再次被命名为“省级文明单位”。

【组织机构】　2013年，县检察院编制数47人。实有在职人员46人，年内招录1人。其中，男性33人，女性13人；检察人员42人，法警2人；党员32人，团员1人。共设反贪污贿赂局、反渎职侵权局、公诉科、侦查监督科、职务犯罪预防科、民事行政检察科、控告申诉科、检察技术科、驻看守所检察室、办公室、政治处、纪检组、人民监督员办公室、环境资源保护检察科、法警队、案件管理办公室16个科、局、室。

【刑事检察】　始终把维护社会和谐稳定作为服务经济社会发展大局的首要任务来抓，切实发挥检察职能，大力推进社会矛盾化解，全力维护江川经济社会和谐稳定。共受理公安机关提请批准逮捕案件111件220人，同比件数减少17.1%，人数减少3.9%。依法批准逮捕和决定逮捕104件199人，决定不批捕7件21人，不批捕案件数和人数占总数的6.3%、9.5%，结案率达100%。受理公安机关、县检察院自侦部门及其他检察院移送审查起诉的案件163件401人，经审查向人民法院提起公诉143件340人，移送市检察院9件20人，提起抗诉1件并已改判，对犯罪情节轻微、依照刑法规定不需要判处刑罚或者免除刑罚的，决定不起诉13人，同比增加85.71%，所有向法院提起的公诉案件，法院均做有罪判决，无撤诉案件及无罪案件发生。突出打击故意杀人、伤害、寻衅滋事等严重侵犯公民人身权利、破坏社会秩序的暴力性犯罪、恶势力犯罪，批准逮捕41人，提起公诉75人，切实维护社会管理秩序；严厉打击“两抢一盗”、诈骗等侵犯人民群众财产的犯罪，批准逮捕79人，提起公诉132人，切实增强人民群众安全感；积极参与打击“黄赌毒”专项斗争，批准逮捕41人，提起公诉30人，切实净化社会风气；依法打击破坏环境资源犯罪，批准逮捕4人，提起公诉19人，切实保障生态文明建设。

【刑事诉讼监督】　坚持追究犯罪与保障人权并重、监督违法与维护司法权威并举，完善监督机制，提高监督能力，切实维护司法公正。依法开展刑事立案监督，监督侦查机关立案7件12人，撤案2件6人，监督行政执法机关移送刑事案件1件1人。强化对侦查活动的监督，完善审查逮捕质量标准和案件质量分析评查机制，强化对社会危险性的审查，积极探索非法证据排除机制，开展对捕后羁押必要性审查，落实审查逮捕阶段讯问犯罪嫌疑人、听取律师意见制度，全年纠正漏捕14人，追诉漏犯14人、漏罪34起，提前介入重大刑事案件侦查4件27人，退回侦查机关补充侦查15件63人。强化对刑事审判活动的监督，坚持落实检察长列席法院审判委员会、量刑建议、刑事判决裁定审查监督、集中派员出庭简易程序案件等制度，提出刑事抗诉1件，促进审判活动公开公正。

【职务犯罪侦查】　按照党中央提出

的"老虎"、"苍蝇"一起打的反腐工作要求，坚持有案必查、有腐必反。立案侦查贪污贿赂、渎职等职务犯罪案件10件11人，通过办案挽回国家经济损失82万余元。深入开展查办和预防发生在群众身边损害群众利益职务犯罪专项工作，查处严重损害群众利益的窝案5件5人，保障群众合法利益。工作中，加强线索管理，强化初查工作，严格执行讯问职务犯罪嫌疑人全程同步录音录像以及逮捕职务犯罪嫌疑人报上一级检察院审查决定等制度，切实提高在镜头下依法突破案件的能力。依法全面客观收集证据，坚决防止和排除非法证据，确保办案质量。完善讯问犯罪嫌疑人看审录分离协作机制，加强办案安全防范工作，保证全年无办案安全事故发生。

【职务犯罪预防】 坚持贯彻标本兼治、综合治理、惩防并举、注重预防方针，综合运用预防咨询、预防调查、案例剖析、预防检察建议、预防专题讲座、职务犯罪预防年度报告等措施，开展个案预防、专项预防、行业预防，强化预防工作的针对性、实效性。受理并办结预防咨询23件次，开展行贿犯罪档案查询3194件，结合执法办案开展预防立项4件，开展预防调查4次，提出堵漏建制的检察建议4份，帮助4个发案单位建章立制26项，继续与7个预防共建单位建立了工作联系制度、信息共享机制，到公安局、金融机构等28个单位进行职务犯罪预防专题讲座，向县委、县政府提交2012年度职务犯罪预防综合报告，努力从源头上减少和遏制腐败滋生，进一步增强了职务犯罪预防工作的效果。

【民事行政检察】 强化对民事行政诉讼监督，认真贯彻新修订的民事诉讼法，共办理民事行政申诉案件80件。其中，审查处理民事行政生效裁判、调解监督案件10件；办理民事行政执行活动监督案件40件；办理审判活动监督案件4件；办理行政执法监督、支持起诉、督促起诉、督促履行职责类案件29件。所办理的各类民事行政案件和解62件、息诉10件，切实维护司法权威和公民、法人、其他组织的合法权益。

【控告申诉检察】 建立健全依法处理涉法涉诉信访问题工作机制，坚持检察长接待日、联合接访、下访、"首办责任制"等制度，开设"12309"举报电话，畅通信访渠道，办理群众来信来访63件127人，检察长接待日接访22次，接访群众5件6人，检察长下访接待群众2次3人，批阅案件6件，对所受理的来信来访案件均按"首办责任制"全部分流处理完毕，努力实现案结事了。认真开展"案件评查"活动，落实执法办案风险评估预警机制，推进检调对接机制建设，从源头上预防新的矛盾产生。

【驻所检察工作】 强化刑罚执行和监管活动监督，坚持对生效的判决交付执行和刑罚变更执行实行"一案一审查"，审查生效判决案件87件248人，依法开展减刑、假释、暂予监外执行检察监督工作，检查"三证"、"三书"839份，审查纠正法律文书错误，维护法律文书的严肃性，告知催办案件36件94人，有效预防和杜绝超期羁押。通过开展召开联席会议通报、个别谈话、集体教育、执行监规情况检查等工作，做到维护在押人员合法权益与保障看守所正常监管秩序和安全并举，切实发挥监所检察工作在刑事诉讼中维护司法公正职能作用。

【综治稳定工作】 认真落实检察环节各项社会管理综合治理措施和领导责任制，推进平安江川、法治江川建设。全面开展秋冬禁毒大会战活动，深入九溪、前卫等乡镇督促指导综治维稳和禁毒工作，密切配合有关部门对社会治安重点地区和突出问题排查、整治。加强法治宣传，以"公正司法为人民"宣传、"综治维稳宣传月"、"举报宣传周"等活动为平台，深入推进"法律五进"活动，发放宣传材料3000余份，张贴法制宣传挂图15份，使3000余名群众受到法律教育。依法监督社区矫正工作，与监管部门建立工作联系制度，开展"三延伸、三深入"工作，防止社区矫正对象脱管、漏管。定期监督回访、考察宣告缓刑、暂予监外执行罪犯，监督纠正监外执行罪犯监管改造违法情况18件，建议收监执行4人，切实消除治安隐患。深化未成年人检察工作，认真落实办理未成年人刑事案件的相关规定，推行未成年人犯罪案件专人办理、社会调查、附条件不起诉、回访帮教等制度，完善适合未成年人身心特点的执法办案方式；加强校园法治宣传，做好未成年人犯罪预防工作。针对执法办案中发现的社会管理问题，及时向有关部门提出消除隐患、完善制度、加强管理的检察建议，把法律监督职能与社会管理创新有机结合，为经济社会发展创造良好法治环境。

【检察文化建设】 加强检察宣传和理论调研，编发检察信息简报78期134篇，上级采用26篇；1篇调研文章获玉溪市检察院重点调研课题一等奖。深入推进检察文化建设，大力弘扬以公平正义、廉洁从检、执法为民为主题的检察精神，努力提升队伍的凝聚力、创造力，被命名为玉溪市廉政文化示范点。

【县人大专题视察】 8月29日下午，县人大常委会副主任杨本忠带领县、乡两级部分人大代表一行40余人到县检察院专题视察刑事诉讼监督及监所检察工作，县检察院党组书记、检察长资云坤向人大代表汇报2012年至2013年7月底县检察院的刑事诉讼监督及监所检察工作开展情况：2012年至

2013年7月，县检察院在县委和上级检察院的正确领导下，在县人大及其常委会的监督下，县政府和各界人士的关心支持下，以科学发展观为指导，认真贯彻执行《云南省人民代表大会常务委员会关于进一步加强全省各级人民检察院对诉讼活动法律监督的决议》，将人民检察院对刑事诉讼的法律监督贯穿在刑事诉讼的全过程，依法开展了立案监督、侦查监督、审判监督、刑事判决和裁定监督、刑罚执行监督，全面履行刑事诉讼监督职责，切实维护社会稳定、促进社会和谐、维护司法公正。杨本忠及各位代表在认真听取汇报后对县检察院刑事诉讼监督及监所检察工作平稳健康发展的良好态势给予充分肯定。

（普永梅）

审 判

【领导名录】

院 长 郑子云

副院长 毕金彪

潘文保

张秋红（2013.7任）

【概 述】 2013年，江川县人民法院认真贯彻落实党的十八大和全国政法工作会议精神，紧紧围绕习近平总书记提出的“努力让人民群众在每一个司法案件中都感受到公平正义”的目标，牢牢坚持司法为民公正司法，努力服务大局，狠抓队伍建设，各项工作取得明显进步，为推动富裕和谐美丽江川建设提供有力司法保障。全年共受理各类案件1611件，审执结1438件，结案率为89.3%，结案标的金额6370万元。

【组织机构】 2013年，县法院共有各类工作人员61人（其中男40人，女19人；党员36人，团员6人；法官43人，书记员7人，法警9人，其他审判辅助人员2人。正、副院长4人、正副庭室长16人）。至年末内设机构16个：民事审判一庭、民事审判二庭、刑事审判一庭、刑事审判二庭、行政审判庭、审判监督庭、立案庭、环境资源保护审判庭和执行局9个审判业务机构；政治处、纪检组（监察室合署）、办公室、研究室、审判管理办公室、法警大队6个综合管理机构和江城法庭1个派出法庭。

【民商事审判】 受理民商事案件842件，审结804件，其中适用特别程序审理案件78件。贯彻调解优先、调判结合原则，加大调解力度，妥善化解社会矛盾。调解结案232件，撤诉164件，调撤率为54.5%。注重保护妇女、儿童和老年人的合法权益，审结婚姻家庭、继承案件301件；维护物的归属，发挥物的效用，保护权利人的物权，共审结财产权属、财产损害、相邻纠纷等涉及物权案件38件；公正快捷审结机动车交通事故案件80件，促使保险公司及时理赔，交通事故受害人共计获得保险赔偿金280余万元；平等保护市场主体合法权益，规范市场秩序、保障交易安全，审结借款合同、买卖合同、建设工程合同、租赁合同纠纷案件158件；保护劳动者合法权益，审结劳动争议、劳务合同纠纷案件11件。

【刑事审判】 受理刑事案件183件392人，审结173件377人，其中公诉案件147件331人。判处罪犯215名，判处五年以上有期徒刑的26人，五年以下有期徒刑、拘役160人，单处罚金29人，并处罚金、没收财产128人。始终把维护社会稳定作为刑事审判的出发点和立足点，正确把握宽严相济刑事政策。依法严惩暴力性犯罪和侵犯财产权的多发性犯罪，审结故意伤害、非法拘禁等暴力性犯罪案件36件68人，审结抢劫、盗窃、诈骗、抢夺等侵犯财产权案件63件148人；支持行政机关依法行政，维护社会管理秩序，审结以暴力、威胁方法妨碍星云湖管理局渔政工作人员、公安民警执行公务案件3件，判处罪犯8人；净化校园及周边环境、保护未成年人健康成长，审结邹雄波等7人多次在校园及周边场所随意殴打他人，情节恶劣的寻衅滋事案件，判处罪犯7人；对在校园内多次对多名儿童实施猥亵行为的3名教师从严惩处，判处五年以上有期徒刑。促使刑事被告人积极赔偿损失，争取被害人谅解，达成刑事和解，审结故意伤害、交通肇事等刑事附带民事诉讼案件46件，调解结案32件，被告人履行赔偿金额37万元；坚持教育与惩治并重，重视和加强未成年人犯罪案件审判工作，共审理未成年人犯罪案件31件76人。

【行政审判和环保审判】 坚持合法性审查和利益平衡原则，依法维护行政相对人的合法权益，支持行政机关依法行政。受理工商、计生、环保、社保等行政案件45件，结案43件。加大行政诉讼和解力度，妥善化解行政争议，通过做和解工作，促成行政相对人撤回对县政府、县工商行政管理局的起诉4件。依法妥善审理中级法院指定的以红塔区政府、澄江县城市综合执法局为被告的行政案件3件。推进美丽江川建设，高度重视环境资源保护案件的审理，安排专人负责，审理盗伐林木、失火等环境资源类案件18件。

【执行工作】 受理执行案件511件，执结459件，执结率为89.8%，执结标的金额2728万元，其中促成被执行人自动履行120件，和解执行150件，占已结案件的58.8%。始终把攻克“执行难”放在维护司法权威、实现司法为民的高度狠抓落实，完善执行联动威慑机制，全面加强立案、审判、执行三个环节的协调配合；加强与金融、公安、工商、房管等部门的沟通交流，做好债务人的财产调查。加大执行力度，依法用足、用活查封、扣押、冻结、拘留等强制措施，对“老赖”等恶意逃避债务的行为，坚决予以法律制裁，增强执行工作的威慑力，通过省高级人民法院对逃避执行的8名被执行人纳入失信被执行人名单予以公布，对下落不明的4名被执行人采取布控措施，压缩被执行人生活空间，敦促被执行人及时履行义务。共采取强制措施执行案件37件。组织力量执行涉信用社、农行等金融机构逾期不良贷款案件127件，收回资金680余万元，为维护金融安全和交易秩序，营造诚实守信的市场环境提供有力的司法保障。

【诉讼服务】 共审查立案1471件，接待群众来访1188人次。深化诉讼服务大厅建设，以“诉讼服务优质年”活动为契机，按照“为民、便民、利民”的要求，将诉讼引导、立案审查、判后答疑、申诉再审、信访接待、投诉举报等工作纳入立案信访窗口，实现“区域设置科学化、流程信息公开化、立案手段科技化、服务措施便民化”的目标，为当事人提供贯穿于诉前、诉中、诉后的一站式、全方位诉讼服务。设置案件触摸查询机，编印13种类别的诉讼指南、诉讼服务联系卡片，不断强化诉讼引导功能。重视司法救助工作，对下岗职工、农民工、城镇低保群众、农村“五保户”等困难群体加大司法救助力度，确保普通群众不因经济困难打不起官司，共对29件案件依法缓、减、免诉讼费1.34万元；为符合司法援助条件的刑事被告人指定辩护人63人次，重视采纳有理有据的辩护意见。

【司法改革】 根据新刑事诉讼法规定，启用庭前会议制度召集控辩双方听取意见，强化庭审功能；在检察院、司法局的支持配合下，对故意伤害、诈骗等15种犯罪进行规范化量刑，将社区矫正调查评估意见作为对被告人量刑的依据，促进量刑的公开、公正和均衡，以规范化量刑方式审理案件111件272人。建立部门管理制度，合理划分民事、商事、行政审判、审判监督的案件范围，实现类型化案件的专门审理，提高案件质量。遵循新民事诉讼法规定的先行调解原则，对当事人起诉到人民法院的民事纠纷，适宜调解的及时调解，实现纠纷化解的便捷高效。

【审判管理】 结合“公正、效率、效果”三大指标，建立审判运行态势定期分析通报机制，每季度分析案件审理存在的问题，总结审判经验，督促业务部门提高审判质效；全面开展案件质量评查，遵循评查工作专业化、查出问题处理严肃化、跟踪督办经常化原则，对归档案件坚持每案必查，评查小组以阅卷、评议等方式，对案件的办案程序、实体处理、社会效果、廉洁执法等进行全面评查，发现问题及时责成整改。在内部网站首页建立与法院案件数据库同步的临审限跟踪、电子卷宗制作排名和开庭公告模块，数据根据案件录入情况自动更新，实现审判管理的信息化。

【司法公开】 认真贯彻最高法院关于司法公开工作的安排部署，围绕审判流程、裁判文书、执行信息逐步推进司法公开工作。立案庭结合窗口部门“四亮四评”工作的开展，对审判流程事项全面公开，设置的触摸查询机提供法院简介、案件信息、常用法律等的查询服务。落实公开审判制度，除法律特别规定的案件外，一律公开审理。积极推进和规范裁判文书上网公布，扩大法院审判公开的范围，在互联网上公布裁判文书35篇。继续推进“阳光司法工程”活动，增强法制宣传效果，选择典型案件到驻江部队、江川县第二中学公开开庭审理，共有1200余名官兵、1900多名师生旁听庭审，庭审后开展“以案说法”，并就相关法律问题进行互动交流；对一起以迷信活动诈骗老年人钱财的案件，通过县老龄委邀请30余名老年人参加旁听，提高老年人的防骗意识。

【班子建设】 围绕“政治引领、改革创新、组织凝聚、推动发展”四个方面强化领导班子决策力和执行力，坚决执行中央八项规定，改进工作作风。进一步完善党组中心组集中学习制度，年初确定每季度的学习重点和领学人，将部分学习主题扩大到中层部门负责人参加，同时结合县委要求的重点学习内容，对中央领导的系列重要讲话、“法院文化建设的认识和实践”、“法院立案工作思考”等议题进行学习讨论，提高理论水平和领导能力。

【队伍建设】 结合新刑事诉讼法、民事诉讼法的贯彻实施，为干警购买学习资料供自学“充电”；邀请专家学者开展现场讲座、组织远程视频学习，组织法官到国家法官学院、武汉大学、省法院参加业务培训，参训人数达500余人次。开展优秀裁判文书评选活动，引导法官增强裁判文书说理的针对性、准确性、透彻性，进一步规范裁判文书的制作要求。认真贯彻落实《全省法院司法警察体能达标实施方案》精神，定期开展体能训练，打造一支政治坚定、业务过硬的司法警察队伍，在市中院组织的体能达标考核中，考核成绩位列全市法院第一。

【监督联络】 始终坚持把法院工作置于县委的领导之下和全县工作大局之中，自觉接受人大和检察机关的法律监督、政协的民主监督和当事人监督。邀请人大代表、政协委员旁听案件庭审30人次。重视人民陪审员的参审工作和监督职能的发挥，接受人大代表对法院人民陪审工作的视察，《江川县人民法院落实人民陪审员制度工作情况的报告》在本届常委会第四次会议上审议通过。全年共安排人民陪审员183人次参与审理案件85件，

促进司法公正，彰显司法民主。

【社管综治】 采取授课和“以案代训”的方式培训人民调解员，分片区邀请人民调解员到法院旁听案件审理，畅通与人民调解员的沟通交流渠道。多次深入挂钩联系点查民情，听民意，在挂钩点路居镇中坝社区甸尾村发生洪涝灾害的第一时间，即深入灾害发生地指导救灾工作，组织干警捐款5000元开展“寒冬送暖”活动；出动警力40余人次帮助挂钩点顺利完成换届选举工作；参加沿湖卫生整治活动，认真落实入湖河道河长责任制，组织编制河道综合治理方案，督促检查河道的保护、治理。积极开展法制宣传，到抚仙湖沿岸、县城繁华路段等处开展普法宣传活动暨法律义务咨询活动；结合青少年身心健康需求，制作预防未成年人犯罪的宣传展板，深入路居中学、翠峰中学等学校开展宣传教育。在“公正司法为人民”集中宣传月活动中，通过各级各类媒体向社会宣传法律知识，弘扬法治理念。开展随机调研活动，广泛听取各方面意见，求教基层、问计于民。

【基础设施建设】 集立案调解、信访接待、法院文化展示为一体，新建彰显“和谐”理念的调解中心。为适应诉调对接工作的需要，设立人民调解工作室。审判综合大楼的修缮改造，已完成图纸设计、项目立项、工程招标等前期准备工作。在政府的统筹协调下，完成前卫法庭的资产处置；报经省法院批复同意撤并路居法庭，筹建江城中心法庭。改建临时羁押室、警械库、增配警用装备，警务工作规范化建设得到进一步加强。

【信息化建设】 加大科技投入，继续实施信息管理“天平工程”建设，按照省法院的统一部署和要求，逐步推进“法院综合信息系统”的运用，多次组织干警培训学习，至2013年底，全院干警已能熟练使用该系统项下的“电子卷宗系统”、“科技审判法庭系统”等多个软件；结合法院工作需要，自主研发二代身份证案件自助查询系统，精细化导诉安检平台；建设10TB大存储空间的服务器组群，增加信息存储空间和保障系统顺畅运行，不断提高审判执行工作的信息化水平。审结案件的卷宗信息全部录入系统，生成电子卷宗案件1500余件；具有同步录音摄像功能的数字化审判法庭投入使用，共录入案件50余件；开通功能性网站，灵活设置网站模块，及时更新网站内容，网站已成为各部门展示工作的阵地、办公办案的助手和审判管理的平台。

【诉调衔接】 为充分发挥江川县人民法院、江川县司法局在诉讼与调解相衔接的矛盾纠纷解决机制方面的积极作用，促进各种纠纷解决机制的稳步发展，及时把社会矛盾纠纷化解在基层，解决在萌芽状态，共同促进社会的和谐稳定。7月2日，与县司法局联合出台《江川县人民法院 江川县司法局关于建立诉讼与调解相衔接的矛盾纠纷解决机制的若干意见》，《意见》共分四个部分，包括诉讼与调解相衔接的目标任务、共同构建“大调解”工作体系、委托调解、调解协议的效力。《意见》明确以下内容：一是各司其职。明确县司法局与县法院在各自职责范围内加强调解和立审执工作。县法院要充分发挥司法的引导、保障作用，依法审查、执行涉及人民调解协议案件；县司法局依法全面履行指导人民调解工作职责，开展对人民调解队伍的管理、培训工作，推动落实人民调解工作各项保障政策，切实履行对人民调解工作的日常指导职责。二是信息互通。互通各庭室、各司法所、各人民调解委员会的设立情况、组成人员信息和调整情况；互通影响社会和谐稳定的源头性、根本性、基础性问题信息，及时掌握矛盾纠纷排查情况。三是相互借力。对好的工作经验、做法，相互学习借鉴。法院发挥理论指导作用，辅助司法局培训调解队伍，反馈法院变更、撤销或者确认无效的调解协议及原因；人民调解队伍协助法院进行案件调解，县法院在收到当事人起诉状或者口头起诉之后、正式立案之前，对于未经人民调解、行政调解、行业调解等调处的案件，可引导当事人先行就近、就地选择人民调解委员会解决纠纷，人民调解委员会接受法院的委托限期开展调解工作。四是建立平台。县法院指定立案庭负责诉调衔接工作，并在立案庭新建调解大厅，进一步加强与人民调解组织、行政调解组织以及其他调解组织的协调与配合，充分发挥诉前调解的案件分流作用。五是成果共享。县法院与县司法局诉调衔接工作是推进“大调解”工作的一部分，其目标是及时把矛盾化解在基层，解决在萌芽状态，共同促进平安江川、法治江川建设。

【新建调解中心】 为贯彻新修订《中华人民共和国民事诉讼法》确定的先行调解原则，与江川县司法局开展诉调衔接工作提供交流平台，县法院在立案庭设立调解中心，并于7月投资近8万元新建调解大厅。新建调解大厅的目标是营造中国以“和”为贵的传统调解文化，为调解中心提供调解场所，并兼具会议室、法院文化示范点，专题片展示等功能。其对调解文化的营造在装饰上下功夫，墙壁正中上嵌入“退一步海阔天空，忍一时风平浪静”对联，中间加入寓意公平公正的天平的法院元素，将中国“和”文化中的“和”、“让”、“容”、“善”、“礼”、“宽”六字作简短通俗易懂的演绎后制作入框悬挂在墙上，采用椭圆形的吊顶设计和椭圆形的大桌子。整个建筑装饰设计温馨、亲和，极富感染力。调解中心成立后，从业务庭抽调有工作经验的法官充实到立案庭开展诉前调解工作，分流部分简单民商事案件，为审判业务部门应付疑难复杂案件赢得更多时间。

【优秀裁判文书评查】 将制作格式规范，论证严密、繁简适当、说理透彻的裁判文书作为“作风改进年”活动的重要内容，同时也为将“两评查”工作落到实处，2013年二季度，县人民法院组织开展优秀裁判文书评选活动，从本院参评的26份判决书中评选出一等奖2篇、二等奖4篇、三等奖6篇，并对12篇裁判文书的制作人进行表彰奖励。按照《江川县人民法院关于开展优秀裁判文书评选活动实施方案》，本次活动的工作原则是“立足岗位、紧贴审判”和“全员参与、注重实效”，评选范围为各审判业务庭2012年审结并生效的判决书，评选标准从格式要求到说理透彻共九个方面，采取百分制计分，成立以院长为组长的领导小组。评选程序为各庭室按指定篇目报送、研究室汇总、隐去判决书制作人信息后送交评委打分、汇总评委意见等。为保证评选活动的公正公平，在评委的选择上，邀请上级法院、县人大常委会、县委政法委领导和本院领导共8人组成评审团。评委各自按照评比规则和评分标准，一份参评文书对应一张评分表，严格审查每一份参评裁判文书的格式是否规范、内容要素是否齐全；案件事实是否层次分明、繁简适当；采信、引述证据是否具有真实性、合法性、相关性；争议焦点是否突出；裁判说理是否透彻、具有针对性；法律适用是否准确、规范、完整；实体处理和责任认定是否公正、正确等内容逐项打分后得出总分，并对每一份参评文书的优缺点和意见建议进行评价。在评选出本院2012年度优秀裁判文书的同时，综合各评委对每一份判决的综合评价及意见建议，查找出关于格式结构、裁判说理、语言表达等几方面的问题，在全院干警中进行通报，引导全院法官相互学习、共同进步，牢固树立责任意识、质量意识和办精品案件意识，树立严谨细致、精益求精的审判工作作风，不断提高裁判文书的制作水平，努力做到辨法析理、胜败皆明。

（王玲芬）

经济管理

编辑　徐凡清

发展和改革

【国民经济和社会发展计划执行情况】 2013年主要指标完成情况：地方生产总值完成55.53亿元，同比增长12.1%，其中：第一产业增加值13.92亿元，同比增长7.3%；第二产业17.61亿元，同比增长20.7%，其中工业增加值12.54亿元，同比增长21.6%；第三产业23.99亿元，同比增长8.9%。三次产业结构为25.1∶31.7∶43.2。工业总产值59.16亿元，同比增长28.4%。地方财政收入6.14亿元，同比增长20.0%。规模以上固定资产投资28.51亿元，同比增长11.6%；城镇居民人均可支配收入达到23967元，同比增长13.6%；农民人均纯收入8499元，同比增长17.1%；社会消费品零售总额13.41亿元，同比增长14.3%。

【农业经济暨新农村建设】 以中低产田地改造和水利建设为重点，积极实施农业基础设施建设。完成安化双坝项目区、九溪镇响水坝项目区、白河水库小型灌区节水配套改造、农村抗旱供水应急系统改扩建、农村饮水安全等工程，农业综合开发、中低产田改造、莺歌岩引水工程等项目顺利推进，实施新农村和“一事一议”财政奖补项目82个。

烤烟生产实现提质增效，烟叶收购任务圆满完成。收购烟叶1245万千克，上等烟比例72.59%，收购均价26.55元/千克，上等烟比例、均价居全市第一。粮食、蔬菜、畜牧、渔业等农业产业稳步发展，核桃等林果产业种植初具规模。

全年完成农林牧渔业总产值22.84亿元，同比增长14.4%。其中：农业产值13.58亿元，同比增长12.6%；林业产值0.34亿元，同比增长7.6%；牧业产值7.64亿元，同比增长19%；渔业产值0.72亿元，同比增长9.3%。

【固定资产投资管理】 突出项目建设，加快新型产业和新型城镇建设。持续推进一批涉及城市农村基础建设、生态环境保护、能源、生产、旅游文化及商贸流通领域的项目。晋宁至江川高速公路、玉溪市江川县江城镇集镇供水工程、江川县九溪镇污水处理厂及配套管网工程、抚仙湖西岸（江川段）生活污水收集工程、星云湖东西大河小流域水环境综合治理工程、星云湖沿湖10个村落污水治理工程、星云湖内源生物治理试验示范工程、江磷集团8万吨/年烧结磷矿、江川腾达机械制造有限公司2.5万件/套机床齿轮生产项目、抚仙湖天湖湾一期项目等一系列涉及基础设施、生产、环保项目加快实施。加快推进新型工业化，充分发挥审批、核准、备案、初审、稽查等职能作用。

全年规模以上固定资产投资完成28.51亿元，同比增长11.6%，其中：工业投资完成8.13亿元，增加1.95亿元，同比增长31.5%。

【工业经济】 以园区建设为核心，全面实施“工业强县”战略。龙泉山生态工业园区配套设施建设稳步推进，工业发展环境不断改善。特固电气年产10000件（套）智控电网设备生产线建成投产，腾达机械年产2.5万件/套数控精密机床齿轮生产项目主体工程完工，云南联塑科技发展有限公司年产10万吨新型塑料管材生产线、教场粮油储备加工中心建设、万利包装、玉溪医药公司仓储物流中心等项目积极推进。烟花爆竹、红砖企业整合有序推进，清水沟磷矿北采区实现复工生产，磷化工、纸制品、建筑建材、农产品加工等优势产业进一步巩固，工业发展后劲不断增强。

全县实现现价工业总产值59.16亿元，同比增长28.4%。完成工业增加值12.54亿元，其中：规模以上工业增加值11.25亿元，同比增长24.1%；完成建筑业增加值5.07亿元，同比增长18.2%。

【文化旅游】 仙湖锦绣、金色抚仙湖九龙国际会议中心项目取得新进展，天湖湾·云顶社区、星云湖南岸十里长堤生态旅游区、抚仙湖药王谷国际养生度假村、江川远洋国际培训中心等旅游商贸项目积极推进，山水新城、星云铭城、龙旺湖城、古滇国城、景华苑等城市建设项目加快推进，文化旅游产业发展基础不断夯实，12月25日成功举办第九届"开渔节"，第三产业发展步伐不断加快。全年接待游客223.4万人次，同比增长18%；实现旅游总收入9.8亿元，同比增长34.3%。

【财政金融】 全县地方财政收入完成6.14亿元，同比增长20%。地方财政支出完成14.59亿元，增长22.8%。城镇居民家庭人均可支配收入23967元，同比增长13.6%。农民人均纯收入8499元，同比增长17.1%。全县金融机构各项存款余额84.82亿元，同比增长16.1%。金融机构各项贷款余额84.82亿元，同比增长16.1%。

【"两湖"治理暨生态环境建设】 坚持生态立县、环境优先，制定生态县建设规划，生态创建工作顺利推进。坚决落实"退调保"战略，继续落实环保责任制、河（段）长责任制等制度，严格执行环境影响评价制度和项目建设"三同时"制度。深入推进农村环境综合整治，认真开展环境保护和生态建设工作，主要入湖河道保洁工作有效开展。投资26841.2万元，完成抚仙湖大鲫鱼河流域环境综合治理、抚仙湖西岸生活污水收集工程、农村农业面源污染控制工程、星云湖南北片区污水处理厂建设工程、林业生态建设工程等工程。抚仙湖一级保护区退田还湖及湖滨带缓冲带建设工程、星云湖退田还湖及湖滨带生态建设等工程积极推进。治理水土流失面积28平方千米。抚仙湖全年保持I类水质，星云湖水质有所好转，生态环境进一步改善。

【社会事业】 认真推行计划生育优质服务，"奖优免补"政策全面落实，人口自然增长率为3.15‰。城乡教育均衡发展，办学条件不断改善。农村义务教育学生营养改善计划、美丽100校园行动计划惠及广大师生，民办代课教师遗留问题得到妥善化解，江城镇龙街中学校舍建设、前卫镇后卫中学教学楼建设等工程积极推进。卫生事业健康发展，医疗卫生体制改革不断深化。县医院晋升二级甲等综合医院，安化乡卫生院、九溪镇卫生院业务用房建设等项目积极推进，乡镇基本药物制度全面落实，新农合保障范围不断扩大，参合率达97.79%。"文化兴县"战略稳步实施，文化产业发展活力明显增强，基层文化活动设施不断完善。城镇登记失业率3.4%，城镇新增就业人员2058人。社管综治、禁毒防艾工作深入开展，食品、药品安全不断加强，社会各项事业全面发展。

【"十二五"中期评估工作】 按照《云南省发展和改革委员会关于开展"十二五"规划<纲要>中期评估工作的通知》、《玉溪市人民政府办公室关于开展"十二五"规划<纲要>中期评估工作的通知》要求，江川县于2013年6～9月组织开展"十二五"规划实施情况中期评估工作。评估结论：《江川县国民经济和社会发展第十二个五年规划（纲要）》实施两年半以来，主要规划指标完成情况较好，达到预期的目的。根据目前的发展趋势，《纲要》提出的主要目标可按期或提前完成，纲要确定的主要任务和各项重点工程完成情况、进展情况良好，都达到或超出预期。对城镇居民人均可支配收入、农民人均纯收入、蔬菜业产值、农业总产值4项指标调增，对纸制品业产值、青铜制品业产值、农产品加工业产值3项指标调减，新增加规模以上投资1项指标。

【价格收费管理】 充分发挥价格管理的基础性作用，围绕抗旱救灾和促进经济平稳较快发展的中心任务，推进价格改革，保持价格总水平基本稳定。坚决贯彻执行资源环境价格政策。及时转发省、市关于下达2013年春季学期中小学教材零售价格的文件，为进一步规范义务教育阶段课本费的审核和管理奠定坚实基础。积极配合做好全县公立医院价格综合改革工作，细化改革方案，在不增加病人负担的基础上，取消药品加成，合理提高医护体现医护人员技术劳务价值的医疗服务项目价格；认真贯彻执行国家、省进一步加强药品价格管理的要求，为进一步改善药品价格虚高的现象夯实基础。3月，认真调研《云南省幼儿园收费管理暂行办法实施细则》，征求教育主管部门、社会、家长及公办、私立幼儿园的意见，共调研全县范围内公办幼儿园1所，私立幼儿园7所，并将征求意见及建议及时上报。8月，对大庄大龙潭供水站和龙街集中供水站自来水价格进行调研，为下一步规范两个片区的自来水价格打下基础。研究江川县县城城区机动车停车泊位收费方案，并筹备听证会。

【"平价商店"建立】 2013年8月以来，江川县有序推进平价商店建设工作，已完成评审和认定工作（根据评审认定江川县华联商贸有限公司为江川县农副产品平价商店）。于2013年12月19日协议生效，进入试点运行阶段。在试运行不到一月的时间里，根据省、市、县及与发改局签定的《云南省农副产品惠民平价商店稳价保供协议书》相关要求，江川县华联商贸有限公司按规定悬挂价格部门统一制发的平价商店标识、平价标价签或价目表，自觉接受政府有关部门监督检查。平价区经营的平价商品主要为群众基本生活必需的农副产品（以蔬菜类为主），经营品种实行目录管理，并将根据季节适时调整，其中蔬菜为主要品种。华联超市平价区销售的粮、油、肉、禽、蛋等产品价格现低于同类市场均价5%以上。

【价格认证】 认真开展春节市场物价、教育、医药、交通运输、地产物业、邮政通讯、电力、公安、质监、涉农收费政策落实情况等价格收费专项检查，2013年1～9月，共检查企业事业单位累计56户，处理价格违法案件累计2件，调解价格争议累计1起，受理价格举报投诉累计32件。经济制裁金额42625元，其中：没收违法所得金额19139元，退还用户金额累计18486元，罚款5000元。

依法做好价格鉴证工作。根据《云南省涉案财物价格鉴证管理条例》的有关规定，遵循客观、公正、科学的原则，依法对司法机关、行政机关和仲裁机构进行价格鉴证工作，在巩固涉案物品价格鉴定工作的基础上，积极拓宽工作领域。2013年共进行价格鉴定累计62件，鉴定标的金额为56.84万元，其中：刑事案件48件，标的金额42.64万元，民事案件6件，标的金额0.14万元，价格认证案件8件，标的金额14.06万元。

【大中型水库后期移民扶持工作】 根据资金到位情况，发放大中型水库移民后期扶持直补资金。相关台账规范完整。严格项目申报、项目审批、项目实施、资金管理、验收评估、档案管理程序。积极整合资金，大力推进项目建设，按质按量完成年度移民后期扶持项目、库区基金项目和移民示范村建设任务。截至2013年10月31日，全县共核减移民人数72人，其中2013年核减10人，实有直补移民1817人。后期扶持资金按每人每年600元标准按季发放，当月核减人口从次月起停止发放直补金。截至2013年四季度，江川县累计发放后期扶持资金835.100万元，本年度发放109.325万元。

认真落实移民工程安全管理制度，加强对移民工程施工安全监督，及时消除施工中的安全隐患，全年无安全责任事故发生。

认真贯彻落实移民政策法规，妥善处理移民来信来访，扎实做好库区和移民安置区矛盾纠纷排查化解工作。

（李雪莹）

扶 贫

【整村推进扶贫开发项目建设】 2013年8月省下达江川县的整村推进扶贫项目是安化彝族乡围埂小组等20个，项目总投资471.4万元，其中：省级财政扶持资金300万元，县级整合及自筹资金171.4万元。按照省市的安排，县扶贫办组织相关部门实施项目建设，项目进行招投标，20个小组建设项目，铺筑14个小组村庄水泥路6418米25865平方米，硬化农村生产场地7551平方米，支砌沟渠1105米，修建农村生产科技文化培训室11所7248平方米，安装太阳节能灯10盏，有线路灯8盏，新建公共厕所2座24坑190平方米，建设标志碑20块，整村推进扶贫项目覆盖七个乡镇（街道），受益20个村3528户10819人，其中少数民族2063人，占总人数的19%；解决13个村民小组2413户7117人学习培训科技文化场所困难问题。

【扶持困难户安居房建设】 江川县2013年度省级扶贫安居工程项目建设覆盖4个乡镇、5个村（居）委会，受益矣文等17个村民小组，困难农户40户170人，其中山区少数民族困难户120人，占总人数的70%。计划扶持中央财政扶贫资金40万元，计划建设安居房40户3842平方米，实际建设安居房7050平方米，比计划建设的3842平方米多建设3208平方米。

【扶贫贴息贷款建设项目和劳动力转移培训】 2013年6月，县扶贫办申报产业贴息扶贫项目。江川县农产品冷链加工物流配送中心及基地建设项目评申为市级项目，贴息贷款为900万元，项目财政贴息扶贫资金27万元。项目建成，公司可加工新鲜蔬菜1.5万吨，年生产脱水蔬菜系列产品620吨，提供正式工作岗位86人，临时工300多人，发展种植基地9000多亩，带动80多个村小组的蔬菜种植产业，带动农户9000多户。

2013年10月，县扶贫办协同玉溪市工业财贸学校在安化彝族乡安化社区进行家政专业劳动力转移培训100人，在九溪镇鸡窝村委会进行茶艺专业劳动力转移培训80人，所有学员经过培训考试，拿到专业资格证，有的学员被转移安置就业工作。

（杨清明）

统 计

【概 述】 2013年，江川县统计局以提高统计能力、统计数据质量和政府统计公信力为核心，认真履行统计信息、咨询、监督三大职能，大力弘扬“求实、创新、严谨、奉献”的统计精神，主动适应社会经济发展对统计工作的新要求，着力推进服务型统计建设，不断提高服务领导决策、服务科学发展、服务社会公众的能力和水平，为全县经济社会发展提供优质高效的统计服务。

【机构设置】 江川县统计局是全县统计和国民经济核算工作的政府职能部门。2013年，江川县机构编制委员会核定统计局行政编制12名，机关工勤人员编制1名，其中，领导职数设局长1名，副局长3名。核定江川县地方统计调查队为江川县统计局所属财政全额拨款的事业单位，核定事业编制5名，其中，管理人员编制5名，设队长1名，由县统计局1名副局长兼任。2013年末，江川县统计局实有在职干部职工13人，其中：行政编制12人，机关工勤编制1人；江川县地方统计调查队实有职工3人。

全县7个乡镇（街道）设统计工作站，为县统计局派出机构，核定事业编制17名，机构性质为财政全额拨款事业单位。核定江川县统计局大街统计工作站事业编制4名，核定江川县统计局江城统计工作站事业编制3名，核定江川县统计局前卫、九溪、路居、雄关、安化统计工作站事业编制各2名。2013年末，全县7个统计工作站实有在职干部16人，其中：江川县统计局大街统计工作站实有在职干部4人，江川县统计局江城统计工作站实有在职干部3人，前卫、路居、雄关、安化统计工作站各实有在职干部2人、九溪统计工作站1人。

【主要统计数据】 2013年全县地方生产总值完成555292万元，比上年增长12.1%；农林牧渔业总产值完成228351万元，比上年增长14.4%。工业总产值完成591621万元，比上年增长28.4%。规模以上固定资产投资完成285103万元，比上年增长11.6%；城镇居民家庭人均可支配收入23967元，比上年增长13.6%；农民人均纯收入8499元，比上年增长17.1%；社会消费品零售总额152132万元，比上年增长13.5%；居民消费价格总指数（CPI）比上年上涨2.4%。

2013年全县完成地方生产总值555292万元，比上年增长12.1%。其中：第一产业增加值完成139226万元，增长7.3%，占GDP的25.1%，对GDP增长的贡献率为15.8%；第二产业增加值176122万元，增长20.7%，占GDP的31.7%，对GDP增长的贡献率为52.7%；第三产业增加值239944万元，增长8.9%，占GDP的43.2%，对GDP增长的贡献率为31.5%。人均地方生产总值19594元，增加2357元，增长11.8%。

三次产业结构由上年的25.5∶30.4∶44.1发展变化为25.1∶31.7∶43.2，其中：第一产业比重比上年下降0.4个百分点；第二产业比重比上年提高1.3个百分点，第三产业比重比上年下降0.9个百分点。

2013年全县农林牧渔业总产值完成228351万元，比上年增长14.4%。其中：农业产值完成135809万元，增长12.6%；林业产值3360万元，增长7.6%；牧业产值76370万元，增长19.0%；渔业产值7189万元，增长9.3%；农林牧渔服务业产值5623万元，增长9.7%。

2013年全县工业总产值完成591621万元，比上年增加130788万元，增长28.4%，其中：规模以上工业产值322378万元，增加64796万元，增长25.2%；规模以下工业产值269243万元，增加58803万元，增长27.9%。在全部工业总产值中，轻工业产值268717万元，比上年增长41.8%，占全部工业总产值的比重为45.4%；重工业产值322904万元，增长19.0%，占全部工业总产值的比重为54.6%。完成工业增加值125447万元，其中：规模以上工业增加值112485万元，比上年增加23441万元，增长24.1%。

2013年全县规模以上固定资产投资完成285103万元，比上年增加29684万元，增长11.6%；工业投资完成81332万元，增加19498万元，增长31.5%，其中：房地产开发投资完成106362万元，减少9292万元，下降8.0%；城镇固定资产投资完成173011万元，增加39715万元，增长29.8%；农村非农户固定资产投资5730万元，减少739万元，下降11.4%。

2013年全县社会消费品零售总额完成152132万元，比上年增长13.5%。按经营地统计，城镇消费品零售额84274万元，增长10.6%；乡村消费品零售额67858万元，增长17.2%。按行业统计，批发业消费品零售额9472万元，增长13.9%；零售费品零售额105045万元，增长14.1%；住宿业消费品零售额9509万元，增长5.9%；餐饮业消费品零售额28106万元，增长13.5%。按经济类型统计，公有经济消费品零售额31494万元，增长1.4%；非公有经济消费品零售额120638万元，增长17.1%。销售额营业额合计212287万元，增长17.9%，其中：批发业销售额26900万元，增长10.2%；零售业销售额126254万元，增长20.0%；住宿业营业额15818万元，增长13.6%；餐饮业营业额43315万元，增长18.6%。

城镇居民家庭人均可支配收入23967元，比上年增加2869元，增长13.6%。农民人均纯收入8499元，增加1241元，增长17.1%。

居民消费价格（CPI）上涨2.4%，其中：食品类价格上涨3.0%；非食品类价格上涨2.1%；消费品类价格上涨1.9%；服务类价格上涨4.6%；工业品类价格上涨1.1%。

【统计服务】 按照全市统计工作会议提出的工作思路，紧紧围绕县委、县政府中心工作，转变观念，狠抓落实，努力构建服务型统计，统计服务能力进一步提升，及时为县委、政府和社会公众提供有价值的统计产品，提高统计服务质量。2013年，共编发《江川统计》59期，发布《2012年江川县国民经济和社会发展统计公报》，编制《2012年江川县统计年鉴》，编发月度经济运行分析11篇，季度经济运行分析24篇；撰写《江川县2012年畜牧业生产情况分析》、《2012年江川县农业农村经济发展情况》、《江川县国民经济和社会发展统计公报》、《江川县2012年能源消耗情况分析》、《江川县2012年主要经济指标完成情况》、《江川县2012年农民收入情况分析》、《江川县2012年城镇居民收支情况简析》、《2012年规模以上固定资产投资运行分析》、《江川县2012年房地产开发运行情况分析》等专项分析材料；认真搞好季度和年度GDP核算，把反映全县经济社会发展和民生的主要经济指标数据如GDP、农业经济、工业经济、固定资产投资、财政金融、社会消费品零售总额、城镇居民家庭人均可支配收入、农民人均纯收入、居民消费价格指数、节能降耗等适时通过江川统计网及时向社会进行发布，为各级党委、政府和社会公众全面了解全县经济发展情况提供统计服务；对江川县2013年确定的26个重点项目投

资完成情况进行统计监测，为县委、县政府决策提供统计服务；配合有关部门整理、编辑年度相关统计资料为全县行政效能建设目标考评、县域经济发展目标考核提供统计服务；围绕县委、县政府的中心工作和上级统计调查部门安排，结合经济社会形势及有关部门的需求，积极开展劳动力调查、安全感调查、人口变动情况抽样调查等专项调查，为有关部门提供翔实的统计调查资料，充分发挥统计的参谋作用。

【统计改革】 2013年，进行城乡住户调查一体化改革。受城乡二元结构和工作模式的影响，2013年之前城乡居民收入统计按城乡分别进行，城镇居民收入数据来源于城镇住户调查，农村居民收入数据来源于农村住户调查，对城镇居民按可支配收入统计，对农村居民按纯收入统计。居民收入城乡一体化统计更利于城乡统筹发展，实行城乡住户调查一体化改革是我国住户调查体系的一次重大变革，合并原有的城镇住户调查和农村住户调查，更名为城乡住户调查，设置一体化调查报表，综合反映全县城乡住户收支情况。

【统计执法】 为进一步加强和改进统计工作，提高政府统计公信力，充分发挥统计在国情国力调查、指导国民经济和社会发展上的服务保障作用，根据统计法、云南省统计局2013年11月13日召开全省专项整治和规范统计工作视频会议的要求，江川县高度重视，精心组织，积极开展全县专项整治和规范统计工作。全面清理各种文件规定，制止违法行为，及时向政府报告，清理政府、部门及统计系统内部文件，没有发生对企业“一套表”联网直报中干预独立统计、依法统计的文件及规定，没有涉及对调查对象、项目单位分解、下达目标任务及将统计部门纳入招商引资、经济增长、民生改善和节能减排考核责任单位的文件；多形式开展统计普法宣传教育，以“12·4”全国法制宣传日活动为平台，联合各乡镇、企事业单位开展统计法宣传活动，在活动中，共悬挂横幅7条，标语1230条，展出黑板报12期，散发《统计法》宣传材料4000多份，接待咨询人数 1 000多人次，在江川网、江川统计网、江川新闻网等网络媒体，发出了《致江川县第三次全国经济普查对象的一封信》；加强联网直报企业的检查，截至2013年12月底，全县联网直报企业共73户，其中规模以上工业33户，资质建筑业14户，房地产14户，批发零售业4户，住宿餐饮业6户，重点服务业2户。73户联网直报企业均能在报告期内按时、按质、按量在国家统计局网络平台上报送统计数据，上报率100%；加强统计执法机构的组建，建立江川县统计执法队，配备4名兼职执法人员；向社会公布举报电话，畅通统计违法行为举报渠道。

【统计信息化建设】 2013年，江川县统计局对政府信息公开高度重视，成立政府信息公开工作领导小组，指定专人负责，及时编制信息公开指南和信息公开目录，建立健全相关的规章制度，切实做好网上信息公开，统计部门作为政府部门中的服务机构，充分认识到提供“快、精、准”的统计信息是统计职能的最直接体现，将继续按照“实事求是、客观全面、快精准”的要求，以全心全意服务的宗旨，做好统计政府信息工作。2013年，江川县统计局通过门户网站“政府信息公开”专栏主动公开统计分析、财务预决算公开、信息等37条；通过96128电话查询21次。

【第三次全国经济普查单位清查工作】 根据《全国经济普查条例的规定》，国务院决定于2013年开展第三次全国经济普查。为了确保江川县基本单位名录库的单位真实、指标完整、数据准确，夯实第三次全国经济普查登记工作基础，根据云南省人民政府办公厅《关于认真做好云南省第三次经济普查单位清查工作的通知》和玉溪市人民政府办公厅《关于认真做好玉溪市第三次经济普查单位清查工作的通知》要求，江川县于2013年7至9月在全县范围内开展清查工作。全县清查登记单位数18739户，其中：法人及产业活动单位数1639户（法人单位1180户、产业活动单位459户）、个体经营户17100户。联网直报企业73户，其中：规模以上工业企业33户，资质以上建筑业14户，房地产14户，批发和零售业4户，住宿和餐饮业6户，重点服务业2户，为做好江川县第三次全国经济普查正式登记工作奠定了扎实基础。

（赵维新）

审　计

【机构设置】 2013年，县机构编制委员会核定审计局行政编制15人、工勤编制1人。设局长1人、副局长2人、科室负责人5人。内设办公室、财政金融审计股、固定资产投资审计股、经济责任审计股、综合股四股一室。内设事业单位1个，江川县固定资产投资审计中心，核定事业编制6人。县审计局实有人数20人，其中：行政编制14人、工勤编制1人、事业编制5人，已取得中级专业技术职称8人（其中：审计师4人、经济师1人、造价师1人、会计师2人），已取得高级审计师职称2人。

【概　述】 2013年，县审计局全面贯彻落实省市审计工作会议精神，以科学发展观为统领，紧扣县委政府经济工作重心，以服务江川经济科学发展和谐发展跨越发展为审计工作第一要务，充分发挥审计“免疫系统功能”和建设性作用，认真履行审计监督职责，突出对重点领域、重点部门、重点资金的审计监督力度，努力提高新形势下审计监督能力和水平，按照“程序、规范、质量、文明”的总要求，圆满完成各项审计任务。截至12月底，完成审计项目117项，其中：固定资产投资审计105项、预算执行审计2项、专项资金审计4项、经济责任审计6项。查出问题金额3963.6万元，处理处罚金额2607.9万元，其中：收缴财政603.3万元、核减工程投资1613万元、核增78.6万元、调账处理或归还原资金渠道313万元。编撰审计信息或简报12篇，其中：省厅采用1篇、市局采用8篇；提交审计要情3篇，被县委政府有关领导批示3篇；编写审计案例6篇，市局采用3篇；编写审计项目AO实例、方法及经验7篇。

【预算执行审计】 年初计划完成2项。年末已完成2项，完成率达全年计划的100%。即：江川县2012年度县本级财政预算执行情况及效益审计、县地方税务局2012年度税收征管情况联网审计。2013年的预算执行审计紧紧贯穿“揭露问题、规范管理、促进改革、提高绩效”的工作思路，审计内容上重点关注一般预算、基金预算、非税收入管理，退税资金后续管理使用情况，同时加大对支出结构的分析；审计方式上，积极探索地税系统税收管理情况联网审计，在扩大绩效审计覆盖面的基础上，不断提高财政审计的内涵。审计后，责成县地税局征缴应缴未缴税款16.7万元；责成县财政局规范房租收入管理，纳入预算243.7万元、收缴财政专户2.4万元。

【固定资产投资审计】 2013年，县审计局继续加大投资审计力度，整合人力资源，优化项目组合，民心工程、民生资金、民生建设项目做到应审尽审，投资管辖及限额标准内建设项目审计覆盖面达100%。截至12月底，完成投资建设项目105项，其中：决算审计45项、前置审计60项。核减工程投资1613万元、核增78.6万元。

工程决算审计完成45项。累计核减工程投资224.1万元，核减率达2.6%。存在的主要问题是：工程量不实，重复计价，部分主材价格偏高，定额子目套用错误等。江城镇中心卫生院2010年廉租房工程，送审结算730.8万元、审定结算675.3万元、审计核减55.5万元；江城镇龙街幼儿园综合楼工程，送审结算200.7万元、审定结算188.6万元、审计核减12.1万元；江川县龙泉生态工业园区供水工程，送审结算1167.3万元、审定结算1155.4万元、审计核减11.9万元；九溪马家庄村委会河口村民小组移民后期扶持建设项目，送审结算115.6万元、审定结算104.6万元、审计核减11万元；江城镇中心幼儿园综合楼工程，送审结算154.3万元、审定结算143.4万元、审计核减10.9万元；县财政局业务用房修缮工程，送审结算110.4万元、审定结算100.1万元、审计核减10.3万元；县城湖滨路南段小区主干道绿化亮光工程，送审结算165.5万元、审定结算155.5万元、审计核减10万元。超批复、超概算投资367.7万元。前卫镇前卫中学校门桥梁工程，超批复投资23万元，超批复27万元的84%；县财政局业务用房修缮工程，超批复投资42万元，超批复60万元的70%；江城镇龙街中心小学综合楼修缮工程，超批复投资84万元，超批复147万元的57%；江城中心小学教学楼及附属配套工程，超批复投资108万元，超批复404万元的27%；江城镇龙街幼儿园综合楼工程，超批复投资43万元，超批复167万元的26%；江城中学拆除（D级危房）重建师生食堂建设工程，超批复投资23.2万元，超批复投资98万元的24%。工程财务管理不严格，会计核算不规范。建筑工程安全防护文明施工措施费未使用正式发票抵扣工程款处理18.2万元。如：江城镇龙街村幼儿园综合楼工程，安全防护文明施工措施费账务核算处理不规范3.3万元；安化乡中心小学学生宿舍危房改造项目，安全防护文明施工措施费账务核算处理不规范3.3万元。

前置审计完成60项，核减投资1388.9万元、核减率达6.1%；核增78.6万元。九溪镇污水处理厂及配套管网工程，送审招标控制价1765.7万元、审定招标控制价1572.9万元、核减192.8万元；江川县龙泉山城市低丘缓坡土地开发利用项目道路路基工程，送审招标控制价1508.1万元、审定招标控制价1383.2万元、核减124.7万元；江川县龙泉生态工业园区龙泉大道路面工程，送审招标控制价1426.7万元、审定招标控制价1348.9万元、核减77.8万元；星云湖湖滨带巡道路工程（大麦地—大凹），送审招标控制价609.8万元、审定招标控制价533.4万元、核减76.4万元；大铁线麦雄线路面大修工程，送审招标控制价950万元、审定招标控制价874万元、核减76万元；九溪镇污水处理厂及配套管网工程，送审招标控制价1423.6万元、审定招标控制价1357.8万元、核减65.8万元；江川县保障性住房室外工程，送审招标控制价1211.1万元、审定招标控制价1153.5万元、核减57.6万元；星云湖湖滨带巡护道路（杨家咀—入水口标段），送审招标控制价454.2万元、审定招标控制价408.2万元、核减46万元；江中路道路工程，送审招标控制价2005.9万元、审定招标控制价1962.2万元、核减43.8万元；抚仙湖湖滨缓冲带“退田退房退塘”还湖一期工程—江川区村落污染控制工程，送审招标控制价1799.7万元、审定招标控制价1761.9万元、核减37.8万元；星云湖截污治污—南片区污水处理厂翠大线东侧污水管网工程，送审招标控制价185.1万元、审定招标控制价147.7万元、核减37.4万元；九溪鸡窝土地整治项目，送审招标控制价760.9万元、审定招标控制价725.9万元、核减35万元；龙泉生态工业园区市政道路路基工程，送审招标控制价1072.2万元、审定招标控制价1037.9万元、核减34.3万元；保障房连接线道路建设项目路面工程，送审招标控制价321.8万元、审定招标控制价291.9万元、核

减29.9万元；县公安局业务技术和办公用房室内外装修工程，送审招标控制价531.6万元、审定招标控制价502.5万元、核减29.1万元。

【领导干部经济责任审计】 全年计划完成6项，完成6项，其中离任审计5项。即：大街街道办事处原主任吴正项、前卫镇原镇长胡正鸿、九溪镇原镇长王奇志、县卫生局原局长张盛国、县药监局原局长李忠海、县水利局局长杨涛六个部门领导的经济责任审计。查出问题金额1045.2万元。主要问题是漏缴税金、虚列支出、挪用专款、违规收费、扩大开支范围等。审计后收缴财政178.7万元、调账处理或归还原资金渠道44.2万元。

【专项资金审计】 完成4项。即：新型农村合作医疗基金、江川县危房改造资金、县农业局中央测土配方施肥项目补贴资金、江川县基本公共卫生服务项目资金专项审计。江川县住宅专项维修资金专项审计后，针对住宅专项维修资金管理中存在的政策宣传不到位、资金管理不规范、信息互动不及时等问题提出建设性意见和建议，并得到建设部门的认真采纳，同时已责成住建局纳入专户管理住宅维修资金160.2万元；进一步摸清新型农村合作医疗基金的筹集、管理、报销情况，并责成大街、路居、前卫、九溪4个乡镇（街道）上缴财政新农合基金专户利息收入0.9万元。

【审计机关“人、法、技”建设】 严格执行中华人民共和国审计署令第6号《审计机关项目质量控制办法》，以规范审计行为，提高审计质量，明确审计责任，推进依法审计为根本出发点。融《审计方案准则》、《审计证据准则》、《审计工作底稿准则》、《审计报告编审准则》、《审计复核准则》等审计执法规范要求于整个审计进程中，审计工作做到事实清楚、证据充分、程序规范、引用法律法规恰当、处理处罚适当。2013年，未出现行政复议、行政诉讼案件。

树立严谨细致的工作作风，以制度建设推进依法审计。2013年初，县审计局进一步完善《江川县审计局复核操作管理办法》、《审计执法责任追究实施办法》。明确规定审计机关出具的法律文书由科室负责人、副局长、局长逐级复核责任制，在责任细化，风险共担的执法机制下，审计工作质量进一步提升。

严格执行审计纪律，树立审计形象。严格执行审计纪律“八不准”规定，从严治理审计队伍，将“八不准”规定从始至终贯穿于整个审计过程中，打造审计机关“廉洁从审，勤政为民”的审计风貌。实行项目组长负责制，对审计过程中廉政纪律、廉政规定的执行情况全过程负责并纳入《科室目标考核办法》。推行审计公示、登记、反馈和报告制度，制定《审计组廉政责任规定》、《审计组遵守审计纪律情况反馈表》、《文明审计规定》、建立健全效能考评制、失效追究制、服务承诺制，置审计于被监督视野。

深入推行政务公开，进一步规范公开内容、程序、时间。公开办事程序，接受社会监督。审计项目实施前三日，向被审计单位送达审计通知书；审计实施阶段结束，出具《审计报告征求意见稿》，向被审计单位征求审计意见，并根据被审计单位对审计报告的意见，依照有关法律法规出具《审计报告》、《审计决定》。对县委、政府交办的审计事项，依照《审计法》规定的审计程序办理，同时按照规定及时填写《立项通知书》上报市局立项，并按照审计分工的原则组织实施。审计项目实施过程中，同时推行《审计公示》制度，置审计事项、审计程序、审计纪律于被审计单位、社会公众的监督之下。

（李华英）

工商行政管理

【概　述】 2013年，江川县工商局认真贯彻落实全省工商行政管理工作会议、市局工作会议和县委、县政府会议精神，进一步推进全局工商行政管理工作深入开展。实施“消费满意在云南”工程、红盾护农、食品安全监管、诚信市场、平安市场建设，积极开展“四群教育”活动、廉政文化建设、领导干部联系企业谋发展活动，为营造公平、规范、和谐、诚信的江川市场经济环境作出贡献。

【法规工作】 认真组织和落实执法业务学习，共组织学习《公司法》、《无照经营查处取缔办法》、《食品安全法》、《食品安全法实施条例》、《流通环节食品安全监督管理办法》、《食品流通许可证管理办法》、《农业生产资料市场监督管理办法》、《国务院关于加强食品等产品安全监督管理的特别规定》、《中华人民共和国反垄断法》等10余部法律法规10余次。深入推进行政指导工作，县工商局法制机构到分局、所、业务股室指导办案工作20余次，提前介入指导查办一般程序案件21件，核审各类行政处罚一般程序案件55件，组织讨论案件30件，对2起案件组织听证，参与行政复议案件1件，参与行政诉讼案件2件。认真落实工商部门与人民法院关于行政执法与行政审判工作衔接制度，同法院等司法部门联系工作10余次，组织召开同法院的联席工作会议，实现工商行政执法与刑事司法工作的有机衔接。

【企业注册】 截至2013年10月25日，全县共有国有集体、私营企业797户，其中国有集体企业232户、注册资本金32667万元（法人企业62户、营业性企业及分支机构170户）；私营企业563户，从业人员16357人、注册资金120755万元（其中有限公司422户、合伙企业21户、个人独资企业117户、股份有限公司分公司3户）。全县共有个体工商户8760户、从业人员21921人、资金数额67847万元。有农民专业合作社104户、成员总数1178人、出资总额2046万元。全县共有外商投资企业13户，其中企业法人有8户，分支机构5户。新办私营企业76户、注册资金440万元、从业人员1903人。新办国有集体企业7户、注册资金2960万元、从业人员50人。新办个体工商户3243户、资金数额33981万元、从业人员9795人。新办农民专业合作社13户、出资额350万元、成员总数90人。

【企业监督管理】 2012年度全县应检各类企业748户，完成网上受理704户，实际已检704户，完成应检户数的94%。无正当理由未参加年检吊销35户。私营企业变更登记45户，国有集体企业变更登记24户，私营企业注销登记17户，国有集体企业注销登记12户。农民专业合作社注销登记1户。2012度全县应参加验照的个体工商户7333户，实际验照户数6253户，无正当理由未参加验照吊销1080户，验照率为100%。个体工商户变更登记533户，个体工商户注销登记736户。

【市场规范管理】 在整顿和规范市场秩序工作中，县工商局依托工商一体化运用软件和移动执法办公系统，积极推进和完善市场“网格化”管理，建立健全食品、农资、家电、建材等重点商品分类监管，并继续深入开展诚信体系创建活动。开展“食品安全示范店”创建活动。经过经营者自愿申请，基层工商分局、所推荐，县工商局审核对照食品安全示范店的标准和条件进行检查验收，截至2013年10月，共创建食品安全示范店263户。开展创建各级文明市场活动。按照省工商局文明市场创建要求，制定《文明市场创建活动实施方案》，对江城集贸市场组织开展文明市场创建活动。对老街兴集贸市场按县级诚信市场要求继续加强市场的日常监管，对江川华联超市按市级诚信市场继续加强市场的日常监管。强化农资市场监管。对全县317家农资经营户进行全面检查，重点检查种子、农药、化肥等农业生产资料。实施市场主体准入、亮照经营、索证索票及进销货查验登记制度、属地片区责任和信用分类监管、强制退市、先行赔付、质量抽检监测等七方面八项制度和一书一卡及种子留样备查公示制度，建立“红盾护农”长效机制。适时开展农资市场专项检查，查处打击制售假冒伪劣农资产品的违法行为。全年共查处农资案件7件，罚款21000元。查扣假冒伪劣化肥8吨，种子5千克，切实保护农民合法权益。在全县范围积极开展创建农资产品安全示范店活动，在全县开展创建“农资产品安全示范店”，增强农资经营者的质量意识，提升对农资商品质量安全的监管水平。认真开展动产抵押登记工作，全年共为19家企业登记，贷款1.0685亿元人民币。

【消费者权益保护】 2013年，工商局着眼提升消费维权水平，打造“消费满意在江川”，切实推进消费维权效能，提升12315投诉解决综合能力，做到投诉快速调解，件件有落实，事事有回音；开展“消费满意在江川”活动，不断提升12315品牌影响力。2013年，共受理12315投诉50件，调解率为100%，成功调解50件，为消费者挽回经济损失904160元。接到举报9件，咨询283人次。

【食品流通监督管理】 截至2013年10月底，全县共有食品经营户1341户（其中，乳制品经营户707户），创建食品安全示范户263户，共发放《食品流通许可证》1341份。在搞好食品安全日常监管的基础上，在全县建立工商监管、经营户自律、社会监督“三位一体”的食品安全监管长效机制。加强组织领导，完善监管机制，强化流通环节食品安全监管。成立食品安全监管领导小组，制定下发流通环节食品安全监管相关制度和工作目标责任书，将监管任务和监管职责明确并落实到片区监管责任人，做到任务到岗，责任到人。抓好食品安全各项专项整治工作，确保食品市场消费安全。全年组织开展食品安全专项整治工作21次，共出动车辆395台次、人员1974人次、检查经营户4566户次，立案查处各类食品违法案件5件。各工商分局、所启动快速食品检测，2013年完成市局安排的食品安全检测工作。安排各分局、所对辖区乳制品等七个品种进行快速检测，共出动执法人员208人次、检查商场超市28个次、检查农贸市场32个次、检查食杂店250个次、快速检测食品共计70组，快检结果均合格。开展流通环节食品安全电子追溯系统推广工作，做到食品流通“源头可溯，终端可控，责任可追，风险可防”。全县共有18户食品经营户完成设备、软件的安装调式并投入使用，切实保障食品消费安全。继续开展“食品安全示范店”创建活动。截至2013年10月，共创建食品安全示范店263户。全年组织食品经营户及工商食品安全监管人员进行《食品安全法》等法规培训共计7期，共培训233人次；张贴发放宣传材料2000余份，对全县从事食品批发的31户经营户统一使用江川县工商局监制的“一票通”，并得到市工商局认可，在全市工商系统推广。

【反垄断与反不正当竞争执法】 2013年，县工商行政管理局稳步推进反垄断和反不正当竞争执法，着力构建治理商业贿赂长效监管机制，深入推进查处取缔无照经营综合治理工作，开展打击侵犯知识产权和制售假冒伪劣商品、打击传销和规范直销、扫黄打非、禁毒防艾等工作，开展校园周边环境整治、预防青少年犯罪工作。开展打击传销规范直销和“扫黄打非”工作，出动人员128人次、车38

台次，对出租房业主发放通知和宣传资料1800份，检查出租房场所234家；集中力量对全县书报刊、音像制品、计算机软件制品及电脑电子市场和繁华街区、旅游景点、交通枢纽、宾馆饭店等场所的出版物市场进行全面检查，出动人员284人次，检查门店（摊点）143个次，检查印刷复印企业36户次；开展易制毒化学品专项工作，检查中出动人员50人次，车辆22台次，检查经营户94户；开展打击生产、销售色情、暴力、恐怖等不良玩具违法行为专项行动，出动人员140人次，车辆29车次，共检查市场、商店167户；开展2013年“两烟”打假打私专项行动，出动人员63人次，车辆23台次，检查成品烟经营户（重点是对宾馆、酒店、娱乐场所及旅游风景区进行检查）572户，切实保护好卷烟市场秩序。加强案件查办工作，打击经济领域的各种违法行为。全年共办理案件135件，其中一般程序案件55件，简易程序案件80件，罚没金额达124万余元。

【广告监督管理】 严把广告主体准入行为，全县共有广告经营户22户（其中有限公司1户、个体工商户21户）。切实加强广告监管，严厉打击发布虚假违法广告的行为。把医疗、药品、保健食品广告等作为整治的重点，强化对广告发布环节的监管。认真做好对各类广告发布的受理审核登记。全年共受理审核发放户外广告登记证27户、广告备案登记10户。进一步加强县城内的户外广告、招租广告等小广告的管理，并对设置在县城主要街道的橱窗户外广告专栏加强巡查管理，制止乱张贴、乱发布行为，美化县城的市容环境。

【商标监督管理】 2013年，工商局继续开展“一所一标”、“一所多标”工作，有效注册商标总数得到稳定增长。2013年，工商局完成注册商标20件，超额完成市工商局下达的任务；新申报“云南省著名商标”2件，完成到期重新申报数4件；申报知名商标5件，完成到期重新申报数6件；全县商标发展数、著名商标、知名商标增幅均实现历史性突破。截至2013年12月全县共有有效注册商标297个，其中有云南省著名商标20件，玉溪市知名商标24件。

【计划财务工作】 2013年，工商局按照“财务收支管理制度”和省市局“行政成本控制制度”的规定，在支出方面，坚持开源节流，量入为出的原则，提高资金的使用效益，保障工商管理工作的顺利进行。在行政性收费方面，执行项目及法规依据定位准确合法，严格执行“收支两条线”规定，所有行政性收费及罚没收入已全额上缴市局，做到应收尽收，应缴尽缴。

【消协工作】 2013年，工商局推进社会消费维权网络全覆盖，不断提高“一会两站”服务水平，深入开展12315“五进”工作，建立6个消费维权服务站，畅通消费纠纷快速调解渠道；指导各级消协组织建立消费维权律师团，为消费者提供成本低廉的法律援助；协同相关部门，建立密切配合、互通信息、分拨转办的互动协作机制，不断提升消费维权社会化水平。工商局建立江川县工商局“12315”申诉制度、江川县工商局“12315”消费者申诉值班制度，及时办理每一个投诉。在全县7个乡镇72个村委会（社区）、学校、商场共建立12315联络站和消费者投诉站共计86个。

【个私协会工作】 认真按照《云南省鼓励创业“贷免扶补”实施办法细则（暂行）》有关文件精神，制定工作计划，在全县范围内组织各分会深入企业和个体工商户中宣传鼓励创业“贷免扶补”政策，营造“自主创业、艰苦创业、全民创业”的浓厚氛围。建立“1+3”跟踪服务机制，做到1名享受鼓励创业“贷免扶补”政策的创业人员有1个承办支部负责，1名党员负责联系协调，1名创业导师负责帮扶指导工作机制，并签订“贷免扶补”帮扶协议，从“贷免扶补”申请、营业执照办理到相关部门的审批都由帮扶党员一站式完成。对申请“贷免扶补”的项目进行可行性、创业者的还贷能力等创业项目初审。已审核30户并填表上报县人事局和县农村信用联社审核，使35户经营户获得贷款175万元，吸纳就业人员115名。同时做好对2010年、2011年、2012年申办的64户经营户的跟踪服务。

【信息化建设】 2013年，工商局以提升运用水平为重点，加快推进信息化建设。2013年新购电脑38台、打印机2台。全局实现1人一台电脑，一个机构一台打印机，提高信息化的硬件水平。加强信息化人员的素质建设，配合市工商局开展网络商品交易监管信息平台试点建设，完善12315数据库和数据分析中心建设，开展食品和重点商品市场准入监管信息平台试点建设，完成非公有制经济组织党建数据录入。推进执法办案信息化应用，2013年所办案件90%录入计算机，实现资源共享。根据职责分工，明确一名信息员认真编写《上周要情》上报市局和县委办、县政府办，并积极向各类新闻媒体投稿，截至目前共编写《上周要情》三十八期135篇，其中市工商局动态采用50篇，省工商局政务信息采用7篇，市级各类报刊采用4篇。

（覃智凡）

质量技术监督

【概　述】 江川县质监局紧紧围绕效能政府四项制度、“质量兴县”战略，坚持“抓质量、保安全、促发展、强质检”十二字方针，以开展质量提升活动为抓手，以服务经济和社会发展为己任，突出服务地方经济发展这一中心，认真开展食品安全和特种设备安全监管工作，加强队伍建设和党风廉政建设，进一步提升干部职工质量管理和监督把关能力，全面履行综合管理、行政执法两大职能，各项工作顺利进行，为全县经济稳步、协调发展做出积极的贡献。

【质量兴县】 质监局认真履行“质量兴县”领导小组办公室职责，牵头做好产品质量、工程质量、服务质量、环境质量等方面工作，稳步推进“质量兴县”工作。继续深入开展质量兴企、质量兴品活动，制定《江川县质量技术监督局开展质量兴企活动工作要点》，确定扶持企业名单，保障工作的有效持续开展。

【质量工作】 质监局积极开展“3·15”、“食品安全周”、“安全生产月”及“质量月”等宣传活动，在全县营造良好的质量安全意识。深入开展江川县磷肥产品整治工作，通过加大对生产或已停止生产的磷肥生产单位的日常巡查力度，打击违法生产经营行为，保障全县磷肥产品的产品质量；在日常巡查的同时，质监局结合抽检计划加大对食品、工业产品的抽检力度，抽取31个样品送检。完成辖区3家水泥、3家化肥、6家危险化学品及包装物产品生产企业的重点产品的分类监管实地核查工作。在调查研究的基础上形成2份质量状况分析报告。

【计量工作】 质监局充分发挥计量管理对质量安全的基础支撑作用，实施“三个强化”。强化机构管理，开展电力公司检测站标准器具的考核、计量授权工作及供排水公司检测站监督检查；对2家单位开展计量授权单位检查。强化民生计量，完成本年度计量检定计划，全年共检查企业51家，检定台秤78台；对全县12个烤烟收购站检定计量器具1507台件，受检率100%；积极配合省计量院对江川县6家医疗机构使用的110台医疗器具进行检定；对集贸市场在用的130台计量器具进行免费检定；结合定量包装商品检查，检查农资生产、销售企业7家，抽样25个；食品生产企业4家，抽样6个。强化计量宣传，通过“3·15保护消费者权益日”和“5·20世界计量日”等活动，为提高全社会计量意识，营造政府重视、企业关注、百姓关心的良好氛围。组织人员到集贸市场、学校等人员密集地进行计量宣传活动，发放宣传材料400余份。

【认证认可】 质监局坚持把认证认可工作作为“质量强县”的工作重点，制定《江川县2013年食品农产品认证监管工作实施方案》，建立企业认证台账；对辖区内3家9个认证证书企业进行检查。经检查3家企业产品销售环节中产品认证标识、认证证书的使用合法，不存在伪造、冒用、超期、超范围使用有机产品、绿色食品和无公害农产品认证标志、认证证书的行为。

【标准化工作】 质监局认真开展标准化工作，在江磷集团开展标准化良好行为试点，工作正在有序的进行中；积极申报雄关萝卜国家级农业标准化示范区项目，以及江川大头鱼地理标志产品保护申报工作。对15家企业商品信息条码进行备案。做好组织机构代码证的证书发放，数据、电子档案的清整维护工作，开展33家组织机构代码产品信息采集。全年共办理组织机构代码证1962套，全部录入系统，100%完成扫描工作。

【执法打假工作】 质监局认真落实执法打假责任制，突出服务企业，全力打好“质检利剑”、“双打”两大战役，主动为项目建设提供质监服务。突出关注民生，重点开展地方特色食品专项整治、进出口食品专项整治、食品标签标识问题整治、建筑工地建材产品专项整治、打非治违、隐患排查、安全大检查等专项检查。全年共出动执法人员450多人次，车辆200余辆次，立案查处各类违法案件32起。所查办案件涉及食品、特种设备、建材、农资等四大类产品。突出依法行政，深入宣传《行政强制法》，重新梳理行政职权及行政处罚自由裁量权，坚持处罚与教育相结合，积极探索规范化、程序化说理式执法。解决质量投诉和举报3起，维护消费者的合法权益。

【食品安全监管】 质监局开展食品安全监管工作，强化生产加工企业质量安全责任意识。在全县范围以食品生产加工企业为主体，落实质量安全主体责任制。引导企业创建进货查验、生产过程、重点台帐、出厂检验、层级责任、守法经营，示范带动全县食品行业提升质量管理水平。强化食品安全检查。在春节、中秋、国庆等重大节假日期间加强对食品安全的监管力度，保障人民群众的食品安全。全年对29家食品取证企业进行巡查70余次，督促企业落实主体责任，加强对食品安全的管理力度，对发现问题的企业及时提出整改建议，督促企业进行整改。加强对江川县白酒生产加工单位的监管，特别是对3家取证白酒生产企业的日常巡查力度，对3家取证的白酒生产企业共抽取白酒样品5批次送检。开展食品分类监管。深入开展对全县29家食品生产加工企业及200余户小作坊的普查工作，实施分类管理。根据企业情况，对于资质齐全、产品质量稳定、条件较好的积极扶持；条件一般的，帮助和督促其改善管理、规范运作、提高质量；条件较差的，限期整改。整改不合格的责令停产整顿，直至予以关闭。对食品加工小作坊签订质量安全承诺书，保障全县广大人民群众日常和重大节假日的饮食安全。

【特种设备安全监管】 质监局做好

特种设备安全监管各项工作，落实监管责任，提高安全意识。与特种设备使用单位签订《特种设备安全使用责任书》70余份，指导特种设备使用单位制定特种设备安全事故应急救援预案50家，提高特种设备使用单位的安全意识和责任意识，进一步落实特种设备使用单位的主体责任。开展安全检查，确保安全运行。检查特种设备400余台次（不包括气瓶），排查安全隐患8余起，下达特种设备安全监察指令书8份，被责令整改单位已整改到位。组织人员培训，提高安全使用技能。5月，组织300名特种设备作业人员进行法律法规和操作技能培训，确保特种设备作业人员持证上岗。

（范　珍）

安全生产监督管理

【概　述】　2013年，江川县安全生产工作紧紧围绕全市安全生产工作会议精神，以安全生产“夯实基础年”为目标，以严防安全生产事故、保障员工生产安全为核心，努力夯实安全生产条件、现场安全管理、员工安全素质三大基础，以落实责任为载体，确保主体责任、监管工作、组织领导三个到位，不断改善全县工矿商贸企业安全生产条件，不断加强现场安全管理，不断提高员工安全素质，确保全县生产事故和职业危害明显减少。

【安全生产指标控制情况】　2013年，全县工矿商贸及生产经营性道路交通事故发生4起，同比减少20%；死亡4人，同比减少42.9%；受伤2人，同比增加100%；直接经济损失60.55万元，同比减少46.97%。其中：工矿商贸企业共发生事故1起，死亡1人，直接经济损失60万元；生产经营性道路交通事故发生3起，造成3人死亡，2人受伤，直接经济损失0.55万元。市政府下达江川县的安全生产控制指标是6人，实际死亡4人，江川县安全生产控制指标控制较好，全县安全生产形势稳定。

【安全生产工作会议】　为确保2013年全县安全生产工作顺利开展，切实维护江川县安全生产形势持续稳定，县政府于2013年3月29日，召开2013年全县安全生产工作会议。会上，认真传达贯彻国家、省、市安全生产工作会议精神，对2013年安全生产工作进行安排部署。按照全市安全生产会议关于进一步强化以政府、部门和企业责任为核心内容的安全生产责任落实的要求，县政府副县长石伟代表县政府与7个乡镇（街道）、安监、公安、质监、建设、交运、国土、农业、文旅广体、抚管9个部门及供电公司签订2013年安全生产责任状，进一步扩大安全生产目标责任签订范围，按照安全生产“属地管理”、“行业管理”原则，明确安全综合监管部门及各乡镇（街道）、各有关部门的安全监管职责。会议对2012年安全生产工作中涌现出来的11个安全生产先进集体、31名先进个人进行表彰奖励。

【强化政府领导安全生产工作职责】
全面推行领导干部安全生产“一岗双责”制度，根据县领导的变化情况及时下发《江川县人民政府关于调整江川县安全生产委员会成员的通知》对县安委会成员作出调整，代理县长钱兴担任安委会主任，常务副县长张文彬任常务副主任，分管重点行业领域的副县长李志刚、牛旺林任副主任，相关29个单位的31位主要领导任成员。下发《江川县人民政府关于明确2013年度县长副县长“一岗双责”安全生产责任的通知》，3月30日政府常务会议上，县长与6位副县长签订2013年安全生产责任状，明确政府领导班子成员负责分管行业领域安全生产工作的职责，进一步健全安全生产“一岗双责”制度。

【隐患排查治理】　为进一步促使企业加大安全生产投入，规范安全生产行为，完善安全生产管理制度，改善安全生产环境，制定下发《江川县安全生产委员会关于做好2013年安全生产隐患排查治理工作的通知》文件。县安委会各成员单位认真履职、相互配合、把隐患排查治理与安全生产大检查工作紧密结合，在注重预防狠抓治本上下功夫。2013年，全县共排查出一般安全隐患3472条，已整改完毕3466条，整改率达99.8%。其中：非煤矿山排查隐患506条，整改504条；危险化学品企业排查治理隐患110条；烟花爆竹企业排查治理隐患108条；冶金行业排查治理隐患4条；其他工贸行业排查出隐患385条，整改383条；道路交通运输企业排查治理隐患16条；公路养护企业排查治理隐患3条；水上企业排查治理隐患21条；建筑施工企业排查治理隐患364条；学校排查治理隐患1745条；人员密集场所排查治理隐患91条；水库排查治理隐患18条；电力企业排查治理隐患40条；农机行业排查治理隐患24条；民爆企业排查治理隐患15条；其他企业排查隐患22条，治理完成20条。

【重大隐患挂牌督办】　落实政府挂牌督办制度，切实整改重大安全隐患，严防安全生产事故。在隐患排查治理工作中，江川县认真落实《重大安全隐患挂牌督办制度》，进一步促使企业加大安全生产投入，规范安全生产行为，完善安全生产管理制度，改善安全生产环境。隐患排查治理行动中共排查出重大安全隐患22条，其中：对18户烟花爆竹生产企业共同存在的1.1级工房建筑结构防火、防爆等级不达标；防护屏障设置不符合规范的两项重大安全隐患上报省政府挂牌督办，整改工作与企业整合一同推进，县安监局加强督促指导工作，确保按期完成整改任务。市政府挂牌督办的杰源硅石厂未分台阶开采；羊鼻子山建筑用白云岩矿开采台阶分台不规范，存在坍塌滑坡危险，2户企业的隐患已整改销号。县政府挂牌督办的后鑫烟花火炮厂仓库储存能力不能满足实际生产需要，高龙潭烟花火炮厂机械装药房地基坍塌、墙体断裂，2户企业的隐患整改，县安监局加大督促力度，确保在整合完成时完成整改。

【“打非治违”专项行动】 按照国家、省市对深入开展“打非治违”专项行动的要求，县领导高度重视，迅速行动，及时制定下发《江川县安全生产委员会关于深入推进“打非治违”专项行动的通知》文件，划分重点范围和内容，明确乡镇（街道）、各行政主管部门“打非治违”的工作责任，实施联合执法，深入非煤矿山、危险化学品、烟花爆竹、道路交通、建筑施工、民用爆炸物品等行业领域开展“打非治违”专项行动，依法严厉查处非法违法生产经营建设行为。2013年共查处非法违法、违规违章生产行为1580起，查处违规违法车辆8440辆。其中，非煤矿山35起，烟花爆竹14起，土法炼油4起，水上娱乐47起，特种设备5起，民爆12起，建筑施工257起，违规车辆案件400多起，乱占乱围行为800多起，公路沿线加水站6起；抓获涉案人员42人，罚款192.99万元。

【安全生产大检查】 为认真贯彻落实《玉溪市人民政府办公室关于开展安全生产大检查的通知》文件精神，江川县及时下发《江川县人民政府办公室关于开展安全生产大检查的通知》文件，并于4月28日下午召开全县二季度安全生产工作会议，会上对安全生产大检查工作做了安排部署，对安全大检查提出具体要求，明确此次安全大检查的重点是道路交通、非煤矿山、危险化学品、建筑施工、消防、特种设备等重点行业领域，采取企业自查，部门分片包干督查指导的方式进行。4～6月份安全大检查，共338户企业进行自查，部门检查397户，查出一般安全隐患986条，整改951条，整改率96.5%，对尚未整改的35条隐患各有关部门加强督促整改。

继4～6月大检查之后，为深刻汲取国内多起重特大安全生产事故教训，巩固大检查工作，根据《玉溪市人民政府关于集中开展安全生产大检查的通知》文件精神，县政府于6月19日召开政府常务会议，专题研究安全大检查工作及目前需要解决的问题，于6月20日，召开全县6～9月份安全生产大检查工作动员部署会议，制定下发《江川县人民政府关于集中开展安全生产大检查的通知》文件，对安全大检查工作做了全面部署。采取分行业领域，由政府行政主管部门牵头，相关乡镇（街道）、单位配合开展，并由公安、安监、住建等九个部门对全县7个乡镇（街道）进行分片包干，督促指导乡镇（街道）开展安全生产大检查。同时，采取企业自查、辅以专家检查、政府抽查督查的方式推动安全大检查工作深入开展。安全大检查期间，按照全覆盖的要求，对重点企业423户进行检查，查出一般安全隐患1045条，整改1044条，整改率99.9%，未能整改的1条已落实人员、措施加强整改。排查汛期隐患75个，对26个隐患点进行除险加固，对未能除险加固的隐患点加设警示标识。查出重大隐患4条，分别报市、县政府挂牌督办，并按期完成整改2条。查出5起违法违规行为，责令企业进行整改，共处罚款6.2万元。查处9起非法私自烟花爆竹行为，对21名涉案人员依法进行行政拘留。完成网上企业自查表填报工作423户；档案建立423户；按照“三个百分百”的要求完成任务。

【安全生产标准化建设】 2013年是安全标准化达标工作的最后一年，江川县按照省、市安监部门的要求，在非煤矿山、危险化学品、烟花爆竹、工矿商贸行业领域全面开展安全标准化达标创建工作。非煤矿山企业全县共有非煤矿山21户，2011年达标8户、2012年达标9户、2013年达标4户，100%完成非煤矿山达标任务；危险化学品企业全县共有开工生产危险化学品生产企业4户，14户加油站，2011年4户危险化学品生产企业达标，2012年14户加油站达标，100%完成危化企业达标任务；烟花爆竹企业全县共有烟花爆竹生产企业18户，批发企业2户，2012年2户批发企业达标，18户生产企业因处于整合状态，烟花爆竹生产企业的达标工作与产业整合工作一同推进，江川县将认真督促各烟花爆竹生产企业按照行业标准认真改建，确保在2014年4月完成整合工作的同时完成达标任务；规模以上商贸企业全县21户，2012年达标7户，2013年达标4户，达标率为52.38%。

【安全生产许可】 督促企业落实安全生产主体责任，严把安全生产准入关。进一步推进“三项经济政策”，督促江川县非煤矿山、危险化学品、烟花爆竹等企业共缴纳风险抵押金710.3万元，购买人身意外伤害险27.3万元。根据《安全生产许可证实施办法》等有关规定，严格按照有关要求和程序，依法审查安全生产许可条件，完成2户非煤矿山、1户危险化学品生产企业、2户烟花爆竹二级批发企业的延期换证工作。非剧毒危险化学品类农药经营许可证新办理18户、延期换证6户、变更6户，注销53户。

【职业健康监管】 为全面了解和掌握全县职业病危害现状、职业病危害接触人群，进一步加强职业病防治工作，切实保护劳动者健康权益。对江川县水泥生产、石材加工、建材、机械、轻工、烟草、商贸等行业企业的职业卫生基本情况进行摸底调查，全县存在或接触职业病危害人数283人，直接接触粉尘人数255人。通过摸底调查，掌握详实的数据，摸清职业健康危害状况，为下一步开展职业卫生监督执法、职业危害申报工作积累第一手资料，奠定基础。按照有关规定，

督促非煤矿山、危险化学品、烟花爆竹及工矿商贸等企业，向职工发放个人防护用品（包括工作服、工作帽、口罩、手套、护腿、鞋盖、护耳器、防护眼镜、面具等）41300多件。开展职业病危害网上申报工作，摸清江川县行政区域内存在职业病危害用人单位的基本情况。江川县辖区内的非煤矿山、危险化学品、烟花爆竹、冶金、建材、机械等行业已完成职业病危害网上申报61户，申报率达100%。至2013年底，发现江川县杰源硅石厂存在2例疑似尘肺病病例，已按市安监局要求督促该厂将疑似尘肺病例送玉溪市矿业医院复查确诊。

【非煤矿山整顿关闭工作】 为整体改善江川县非煤矿山安全生产条件，提升矿山安全生产水平，有效预防和控制非煤矿山安全事故，促进江川县非煤矿山安全生产状况持续稳定好转，按照《玉溪市人民政府办公室关于印发玉溪市非金属矿山整顿关闭工作方案的通知》文件要求，制定下发了《江川县人民政府办公室关于印发江川县非金属矿山整顿关闭工作方案（2013—2015年）的通知》文件，成立江川县非金属矿山整顿关闭工作领导小组指导全县非金属矿山整顿关闭工作。于5月23日，组织各乡镇（街道）、各有关部门召开江川县非金属矿山整顿关闭工作会议，对非金属矿山整顿关闭工作进行动员部署，明确各有关部门工作职责、工作步骤和工作要求。确定2013年计划关闭的2户矿山为江川县上头营京声建筑用粘土矿、江川县土官田建筑用粘土矿，截至2013年底两户矿山安全生产许可证均已注销，较好完成2013年非煤矿山关闭任务。

【应急救援物资普查】 按照《玉溪市安全生产委员会关于开展全市安全生产应急资源普查的通知》文件要求，为进一步了解和掌握全县安全生产应急资源现状，强化应急资源管理，提升应对安全生产突发事件能力，江川县于2013年3月中旬至5月底对全县行政区域内各有关企业、有关部门和社会组织的应急队伍、装备、物资等应急资源进行普查。江川县有一支综合应急救援队伍（省级第九支应急救援队），即江川县消防大队，有一支企业应急救援队伍，即江川江磷集团股份有限公司应急队。共有灭火类、抢险救援类、危化类救援物资420余件，救援专用车辆4辆，救援人员50人，救援专家2人。通过此次普查，掌握江川县应急救援物资装备及队伍建设情况等应急资源信息。

【应急救援演练】 6月28日，云南江川天湖化工有限公司开展了机械伤害事故应急救援演练。演练为机修人员和操作人员在拆除破碎机大筛板过程中，用力不均，导致筛板滑落，机修人员左腿受伤严重，操作人员右手手腕脱臼。事故发生后，现场管理人员按照公司内部管理制度，逐级进行上报，公司生产部长启动应急预案。在指挥部指导下，在抢险组、安全警戒组和后勤救护组相互配合下完成此次救援。11月9日，江川县消防大队与云南阳光海岸培训中心组织一次消防综合演练。演练以“生命通道体验”和“逃生自救体验”为主题，在消防队员与阳光海岸培训中心工作人员相互配合下，演练取得成功。

【六月“安全生产月”活动】 六月“安全生产月”活动全县宣传氛围浓厚，群众参与积极性高，收到较好的宣传效果。共有169户村组社区、机关、企事业单位参加活动，播放宣传片315片次，新闻报道23篇次，147家单位组织了“安全生产月咨询日”活动，接受咨询人数1.5万人次，悬挂宣传标语4172条、张贴宣传画463张，发放宣传资料6.7万分，789人参加“打非治违知识竞赛”，开展培训活动42场次，创建宣传园地155个，开展安全检查1199场次，查出安全隐患425条，已整改386条，进行经济处罚4000元，开展警示教育115次。

【安全生产宣教培训】 依托市、县劳动保护科学技术学会，2013年共对烟花爆竹一般从业人员75名、管理人员20名、涉药特种作业人员22名进行安全教育培训；对99名电工取证，63名登高作业审证，33名电工审证进行培训。同时，督促监管企业开展从业人员安全生产教育培训，建立培训档案。

【严查安全生产事故】 2013年7月16日9时10分许，江川县凤凰山水泥有限责任公司在生产过程中发生一起高处坠落致1人死亡事故，事故造成直接经济损失60余万元。事故发生后，按照事故救援处理程序，有关部门及时组织开展现场救援和处置工作，控制事故局面，把事故损失控制到最低，没有发生事故扩大现象。成立以副县长王波任组长，有关单位人员为成员的事故联合调查组，对事故展开全面调查。查明事故发生经过，查清事故原因，分清事故责任，追究相关责任人责任。

【机构建设】 2013年初，安全生产监察大队面向社会招考5名工作人员，按照上级部门关于职业卫生监管部门职能调整的相关要求，成立职业健康监管股，配备2名工作人员。

（储 晶）

国土资源

【概　述】 2013年国土资源管理工作坚持用科学发展观统揽全局，指导工作，针对国土资源管理工作的新要求、新目标、新任务等新形势，紧紧围绕保重点、抓亮点、夯基础、强服务等工作重点，全面提升国土资源的保障和服务能力。

【耕地保护】 落实最严格的耕地保

护制度，建立耕地保护责任制，坚持用途管制制度，加强耕地保护的制度化、规范化和日常化管理。严把非农建设项目用地审批中的用地预审或规划审查环节。切实加强基本农田保护巡查，把违法占地行为消除在萌芽状态，确保耕地保护责任目标至2015年的基本农田保护面积14192.53公顷，耕地保有量17000公顷，面积不减少、质量有提高。

【土地供应】 2013年，以招拍挂及划拨方式供地7宗，面积34.9131公顷，价款28199.48万元。其中：以划拨方式供地1宗，面积1.5231公顷，价款889.48万元；以招拍挂等有偿出让方式出让土地6宗，出让面积33.39公顷，出让金27310万元。报请玉溪市人民政府、江川县人民政府等部门批准供地5宗，面积为11.67公顷，土地用途为商服用地、城镇住宅用地、机关团体用地，使用方式为挂牌、划拨。审批临时用地4宗，面积2.40公顷，其中新增临时用地一宗面积0.1516公顷。报县政府审批设施农用地8宗，面积5.59公顷。已上报1个增减挂钩下营项目区建新区批次用地，面积32.07公顷（水田22.08公顷），批准土地征收手续。

【土地征转】 县国土局进一步加强土地储备工作，盘活存量土地，依法及时清理处置闲置土地，2013年，收购土地4宗，土地面积1.37公顷，收购费用为1157.16万元。上报2013年保障性住房用地农用地转用征收报件，面积4.46公顷，待省国土资源厅批复。全年共兑付被征地农民集体征地费28034.05万元。地上附着物兑付7473.55万元，被征地农民社会保障支出340万元。

【土地利用管理】 严格执行《建设项目用地预审管理办法》，做好建设项目用地的预审工作，一年来共预审建设项目11个，分别为江川县大摆村、大石咀村村落环境综合治理工程、抚仙湖西岸江川段生活污水收集工程、江川县星云湖退田还湖及湖滨带恢复工程（澄川路至学河段）、江川县110千伏棋盘输变电工程项目、江川县广厦公司2013年保障性住房建设项目、晋宁至江川高速公路建设项目、抚仙湖径流区畜禽污染治理项目、牛摩河流域环境综合治理工程、玉带河清水产流机制修复工程、东片区暨“三湖”生态保护水资源配置应急工程。为全面了解和掌握土地利用和管理工作情况，加强区域形势的分析，增强土地工作的主动性和前瞻性，每季度及时对观测点的动态进行信息收集，系统评价土地管理政策措施的执行情况，按时上报各类报表和分析报告。

【规划修编】 完成《江川县低丘缓坡土地综合开发利用专项规划（2012～2016年）》的编制工作，按程序组织听证，待省人民政府批准实施。完成《江川县土地整治规划（2011～2015年）》编制工作，并报省国土资源厅备案。开展对江城镇和路居镇两个乡镇土地利用总体规划的实施评估修改，年内完成前期资料收集阶段，评估修改方案已基本完成。

【土地开发整理】 江川县安化乡新庄村土地整治项目于2012年9月1日开工，至2012年年底基本完成建设任务，2013年处于竣工决算阶段。完成了江城镇清水沟土地整治（增减挂钩）项目的踏勘、地形测量和可研阶段的工作。完成了江川县九溪等2个乡镇鸡窝等6个村土地整治（二调项目）项目的准备工作。该项目区总面积248.97公顷，建设规模227.33公顷。项目总投资900多万元，可新增耕地120公顷。

【基本农田划定和高标准基本农田建设】 江川县基本农田划定工作会于2013年3月29日召开，江川县土地利用总体规划（2010—2020年）确定的基本农田保护面积为15122.46公顷，基本农田保护片块数为629个。2013年已基本完成外业调查，其余各项工作正有序进行。开展前卫镇庄子等9个村土地整治和大街街道办事处大庄等5个社区土地整治（高标准基本农田建设）两个项目的前期工作。

【矿政管理】 认真开展2012年度矿产资源开发利用报告及采矿许可证年检工作，做到网上及时报备国土资源部。完成《江川县矿业权设置方案（2012～2015年）》和《江川县矿产资源规划中期评估报告》的编制上报工作。严格执行《江川县矿产资源规划》，未出现违规设置采矿权的行为。对江川县辖区内三家矿山开展储量动态测量工作，办理临时开采审批手续14件，受理完成建设用地项目压覆查询及相关工作12件。按照探矿权采矿权管理办法，完成龙益石料厂普通建筑用石灰岩矿采矿权变更登记工作和江川天湖化工清水沟磷矿资源整合后的划定矿区范围审批工作，对新设立的江川县路居镇鸿联财建筑用石灰岩矿以公开挂牌的方式出让，收取采矿权价款39.3万元。严厉打击矿产资源违法行为，配合执法大队依法查处非法采矿4起。开展矿产资源开采利用监督检查，先后对33家矿山企业进行检查，下发《矿产资源开采利用监督管理整改通知书》28份，签订《矿产资源开采利用整改承诺书》28份。

【地质灾害防治】 发布实施《2013年江川县年度地质灾害防治方案》，并修定完善《江川县地质灾害应急预案》。全县7个乡镇分别编制完成《2013年度地质灾害防治方案》和《单点地质灾害应急预案》，“三表两卡一通知”已全部发放到位。建立地质灾害防治群测群防体系，深入开展地质灾害防治宣传培训，积极开展地质灾害应急演练，对地质灾害隐患点进行全面巡查、排查、复查。对

已列入年度地质灾害防治方案的28个监测点，认真开展巡查检查，全县现已核查、排查出的地质灾害点现有89个，其中新增地质灾害点为路居东大河、襄阳河稀释性泥石流沟，已列入江川县群测群防体系。开展了地质灾害治理与搬迁避让工作。对受地质灾害威胁的江城镇白家营村不稳定斜坡地质灾害治理项目完成前期工作，已委托江城镇人民政府具体组织实施；对江城镇海门村1、2、3组及隔河1、2组因灾避让搬迁项目组织开展项目前期申报工作；对受地质灾害严重威胁的江城镇蔡家庄16户村民，积极争取落实地灾搬迁项目，向市级争取搬迁补助资金80万元；对九溪镇六十亩村不稳定性斜坡地质灾害治理项目已完成前期工作。

【地质环境保护】 委托云南省地质环境监测院编制完成《矿山地质环境保护与恢复治理规划》，规划成果已经意见征询、听证，并通过专家评审。督促各矿山企业编制《矿山地质环境恢复治理方案》和《土地复垦方案》。

【执法监察】 加强动态巡查工作。2013年全年共开展动态巡查68次。及时发现、制止土地违法违规行为27件，面积229亩，其中耕地面积9亩；积极配合镇村组按村规民约处理农村土地违法违规行为30件1354宗，面积117亩，其中耕地面积2.5亩；依法立案查处土地违法案件3件，面积32.2亩，收取罚没款17.78万元，其中3件已经结案。发现、制止矿产资源违法行为24件，罚没款4.5万元，其中，立案查处并结案4件，罚款4.5万元。开展卫片执法检查。本年度卫片执法工作共涉及矿产图斑4个（2个为越界开采，2个为伪变化）、土地图斑2个（皆为非法占地）。以上所有图斑已按省、市要求作出了处理。土地卫片共涉及2个图斑，分别为图斑号2，即云南省抚仙湖大鲫鱼河流域环境综合治理湖滨带建设工程退房安置点建设项目，面积11.66亩，经审查判定为非立案处理的违法用地，已进行了复垦；图斑号82为个人养殖项目，面积42.6亩，其中耕地2.36亩，经审查判定为违法用地，已立案查处并结案。

【地籍、测绘管理】 截至2013年10月1日，共办理土地登记3482宗，其中国有土地3402宗（国有变更499宗，初始2903宗），集体土地80宗（初始33宗，变更47宗），他项权利462宗。收取土地登记费16.25万元，权属调查费11.32万元，工本费1.82万元，土地出让金3734.69万元，土地收益金38.46万元。其中开通便捷窗口，快速高质量做好德馨苑2300多宗地和财富广场301宗地登记。对全县48个测量标志点进行了检查和维护，强化监督管理。配合市局完成了国土资源综合服务系统培训、CORS站建成并投入使用、“数字玉溪”三维建模更新范围划定，完成江川县2家测绘单位的测绘资质年度注册核查工作。完成三维建模地点选址及规划设计图汇交，完成数字玉溪地名采集更新。40平方千米的1：500地形测制，工作已签订合同。完成17个勘测定界报告的备案管理工作。

【农村集体土地管理】 先后对各乡镇进行集体土地所有权界线实地复核，补签部分土地权属协议书，一共完成5508条权属界线采集，3989条权属界线描述，3989幅协议书附图，2111宗地图的编制、2111份权属调查表的填写。农村集体土地所有权调查确权登记发证成果通过市级验收；已完成雄关乡106宗集体土地所有权的确权登记发证工作。开展使用权调查发证工作，制定《江川县农村集体土地使用权确权登记发证试点工作实施方案》，完成了试点工作。已完成前卫镇约11800宗调查，已入库1000宗地。

【重大决策听证制度】 组织召开《江川县矿山环境保护与恢复治理规划（2009～2020年）》、《江川县低丘缓坡土地综合开发利用专项规划（2012～2016年）》听证会，充分发扬民主，反映民意，集中民智，增加了国土资源局重大事项决策工作的透明度和公众参与度。

【保障重点项目用地】 扎实做好2013年重大项目建设的各项工作，推进各个建设项目的实施。认真研究建设项目用地报批工作，推动批准的项目尽快落地。晋江高速公路建设，开展项目征地工作，年内已完成征地面积1555.83亩，征地费共计9141.37万元，青苗及附着物补偿费用1122.33万元。江一中扩建项目，征地面积71.26亩，征地费1059.52万元。均已签订征地协议。

（李朋利）

建设·环保

编辑　徐凡清

住房和城乡建设

【概　述】 2013年，江川县住房和城乡建设局在县委、县政府领导下，紧紧围绕玉溪市“三湖”生态城市群和现代宜居高原湖泊生态城建设目标，齐心协力，攻坚克难，全力推进住房城乡事业健康发展。至2013年底县城建成区面积达5.3平方千米，城镇化率38%，城区道路总长37.37千米，面积达54.75万平方米，县城建成区绿地总面积49万平方米，绿化覆盖率达26.28%，县城生活污水处理率81.1%，城市生活垃圾无害化处置率100%。

【城乡规划编制】 市政府已下达江川县城总体规划批复，新版县城总体规划正式生效实施。县城绿地系统、综合交通、公共服务设施、市政基础设施、县城防洪、给水工程规划、排水工程规划、城市设计、地下管网、地下空间等10个专项规划已完成初稿编制。江川区纲要编制正结合部门和专家意见进行修改。前卫、路居、安化、雄关四乡镇的总体规划提升完善工作正在进行中。在2012年实现村庄规划全覆盖的基础上，2013年对村庄规划进行了提升完善，已完成小马沟、冯家湾、秦家山、明星村、张营、东海边、西海边、上大石咀村沿湖沿路村的规划提升完善工作。

【规划管理】 一是完善规划体系，确保规划设计的总体质量和水平，先后提请并组织召开5次规委会，审查通过了兴江路和翠大线街区整治方案、龙旺湖城、汽修厂、时代购物中心等43个规划建设方案。二是严格执行“两证一书”项目审批制度，认真落实规划强制性内容，切实维护好规划的严肃性和权威性。2012年办理建设用地规划控制指标批复8件，风景名胜区选址意见书3件，建设项目选址意见书8件、建设用地规划许可证11件、建设工程规划许可证39件。

【“两污”项目建设】 星云湖截污治污工程（一期）截至目前已完成投资约13680万元，其中2013年完成投资1800万元，主要完成南片区污水处理厂厂区试运行、绿化施工、9千米配套管网建设及北片区污水处理厂厂区绿化。完成了县城老污水处理厂提标升级改造工程的环评、可研报批工作。县城生活垃圾填埋场已投入试运行，日处理生活垃圾70吨，生活垃圾无害化处理率达100%，垃圾渗滤液处理设施的报建工作正在有序进行。同时全力支持并配合九溪镇开展九溪“两污”项目建设工作。

【保障性安居工程】 续建的2011年928套保障性住房已基本建成（其中：廉租住房224套、公共租赁住房704套），2014年将完成928套保障性住房的分配入住工作。续建的2012年保障性住房，政府统建项目已基本建成；雄关卫生院、安化卫生院、九溪卫生院、县第一中学、翠峰中学、后卫中学、前卫中学、路居中学廉租房项目全部竣工并分配入住。2013年新建的508套保障性住房，廉租房主体已封顶，公租房进行主体10层施工。

2013年省、市下达江川县农村危房改造任务2700户，其中：拆除重建1900户（包括：2012年结转任务1000户，2013年下达任务900户），修缮加固800户。改造任务已于2013年底前全部完成。

【拆临拆违】 为拓展城镇发展空间，规范建设行为，维护法律尊严，住建系统配合各乡镇、街道和相关部门对辖区内的临时违规建筑进行了清理整治。一是对各辖区范围内的临时违规建（构）筑物进行详细调查，准确记载位置、面积、结构、建设时间、建设依据等主要数据，填写普查登记表，并用影像对现状进行固定。二是按照临时违规建（构）筑物一户一档的原则，将普查登记表、每户现状房屋照片进行统一归档，切实

加强对拆临拆违工作的痕迹管理，基本做到了底数清，资料齐。通过摸底调查，全县共有临时违规建筑1183宗81000.98平方米，其中：沿湖446宗34335平方米。截至2013年7月底，全县所有临时违规建筑已全部拆除完毕。

【街区整治】 为提升城市品位，改善宜居环境，实施县城兴江路和翠大线街区整治。兴江路街区整治工程6月24日已全部完工，完成投资2075.33万元。翠大线街区整治工程9月30日已全部完工，完成投资3588.66万元（含翠大线路面大修）。整治后的兴江路怡心园广场成为广大市民休闲的重要场所。

【房地产发展与管理】 严格按照《云南省房地产经纪机构管理办法》初审县内新成立房地产经纪中介机构，全县有资质的中介机构共有5家；认真执行《玉溪市物业服务收费备案表》，规范小区物业管理，物业公司从2家增至5家；严格按照《房地产开发企业资质管理规定》初审县域内暂定资质、四级资质房地产开发企业，严禁无资质企业进行房地产开发，2013年新增2家暂定资质的房地产开发企业，县内房地产开发公司达22家，有力地促进了房地产业健康发展。

【建筑市场和燃气行业管理】 2013年2月召开了江川县建筑工程质量安全工作会议，明确年度目标任务，与35家相关企业签订了2013年度安全生产目标责任书，层层落实安全生产责任制。继续以在建工程、市政基础设施建设、保障性安居工程等重点工程为监管重点，深化安全生产“三项行动”“打非治违”“安全生产月”“安全大检查”等活动，坚持开展隐患排查治理，全年开展建筑安全检查8次，检查在建建设项目工地112个次，发出书面安全隐患整改通知书34份，提出整改意见和措施230条；开具施工图审查通知书31份；办理建筑施工许可证17起；开展建筑节能设计方案审查32项；开展建筑工程抗震设防专项审查16起；开展市政公用设施安全检查4次，作检查记录15份，提出整改意见和措施20条；开展燃气安全检查4次，发整改通知书7份，现场记录60份，提出安全整改意见和措施48条；积极做好工程竣工验收资料的审核工作，签署退返农民工工资保证金意见17起，并协助县人力资源和社会保障局妥善处理“古滇国城”项目Ⅰ期拖欠农民工工资案件1起，协调处理金额35万元，有效提升了江川县建筑市场的管理水平，维护了农民工的合法权益。

【供排水保障】 围绕“优质安全高效供水”目标，在县委县政府的大力支持下，经过相关部门大量扎实有效的工作，尽管经历了四年连旱，依然保障了县城和周边村镇的供水安全，全年实现安全供水404.71万立方米。在做好供水保障的同时认真做好污水处理工作，确保水质达标排放，全年共处理污水265.73万吨，去除COD455.51吨，氨氮56.72吨，五日生化需氧量181.43吨，总磷7.55吨，总氮63.81吨。有效削减了入湖污染物，为全县环境治理、生态保护和美丽江川建设作出积极贡献。

【质量监督检测】 2013年全县质量安全报监工程19项，建筑面积298081.68平方米，总造价37732.63万元；2012年续建工程29项，建筑面积342433.3平方米，总投资37440.69万元；监督竣工验收工程23项，建筑面积137579.51平方米；办理施工机械使用登记，物料提升机24台、塔式起重机19台，施工升降机3台。受监工程质量安全情况总体较好。

【招投标工作】 认真贯彻落实《中华人民共和国招标投标法实施条例》，严格实施招投标日常监督管理。从2013年5月24日起，全县所有工程项目的招投标活动均按规定进入公共资源交易中心公开进行，不得在场外交易。2013年全县有形建筑市场进行招投标的工程建设项目共34个（55个标段），其中：房屋建筑工程和市政工程11项（17个标段），建筑面积88005.79平方米；其他项目（水利、环保、公路、土地整治等）23项（38个标段）；项目估算总投资2.65亿元，招标限价（拦标价）为2.602亿元，中标合同价为2.57亿元，浮动率为-1.14%。均未出现围标、串标等违法行为。

【环境卫生管理】 2013年8月，江川县环境卫生管理站从大街街道重新划回县住建局管理，初步理顺了县城环境卫生管理的相关工作机制，县城环卫工作不断得到加强：新购车厢可卸式垃圾车3辆，3立方米垃圾厢20只；增加垃圾处理、修理人员12人和街道清扫保洁人员44人；重新布置垃圾桶点，用50只垃圾厢替代375只垃圾桶；做好县城26条主要街道56万平方米街路的清扫保洁工作，日均清运县城生活垃圾55吨，基本实现了生活垃圾“日产日清”，县城环境卫生状况进一步改善。

【园林绿化管理】 2013年8月，江川县园林绿化管理站正式成立，结束了江川县无专业园林绿化管理机构的历史，为创建省级园林县城打下坚实基础。同时，为提高县城绿化管护水平，对县城绿化管护进行了市场化运作，探索出一条适合江川县园林绿化现状的管护之路。一年来，督促承包方做好街道树木枯枝修剪、枯树清理、绿地树木补植、病虫害防治、冬季树木的刷白和修剪等常规工作。补栽红叶石楠、黄金叶、清香苗等灌木26000多株，栽植混播草坪490平方米，对县城7.7万平方米的绿篱施复合混合肥1遍，对8900多株乔木喷洒农药2遍，对梧桐树的钻蛀性害虫进行了塞药防治，人工刷除仁和街、龙泉路等路段行道树上的蚧类害虫，进一步提高县城道路绿化美化景观效果。

【其他工作】 进一步加强机关作风建设，严格贯彻落实中央和省、市、县关于作风建设的要求，抓好住建系统作风建设；认真做好信访接待和人大、政协的议案、提案办理工作。全年共接待办理信访案件11件，办理人大代表建议6件，政协委员提案9件，做到了件件有回复；抓好社会管理综合治理工作，推进平安居民小区创建工作；抓好精神文明建设，2013年12月12日，被市委、市政府表彰为市级文明单位。

（李伟宏）

住房公积金管理

【概　述】 2013年，玉溪市住房公积金管理委员会出台《关于完善住房公积金个人住房贷款政策的通知》，提高住房公积金个人住房贷款金额至40万元，延长贷款最长期限至30年，减轻职工购房资金压力，让职工真正得到实惠。全年新增腾达机械等非公企业缴存单位6户计208人，不断扩大缴存住房公积金的覆盖范围。全县缴存住房公积金单位205个，计7206人，缴存金额8537万元，比上年增长5.98%。

【住房公积金提取、贷款】 支持职工购建房和偿还住房贷款本息等提取住房公积金1778人，计提公积金5649万元。向375户发放住房公积金贷款7951万元，比上年增长143.90%，其中：为89户职工置换商业银行住房贷款1176万元。截至2013年末住房公积金累计缴存总额为66188万元，累计提取总额41465万元，缴存余额为24723万元；住房公积金累计贷款总额34701万元，贷款余额为15709万元，存贷比63.54%，无个人逾期贷款，资金保值安全。住房公积金缴存率、资金使用率、个贷逾期率均创造历史最好水平。

（邓文辉）

环　保

【概　述】 2013年，江川县环境保护局以建设生态文明美丽江川为目标，以科学发展观为指导，以抚仙湖、星云湖水污染综合防治、污染减排工作为重点，以生态创建为突破口，监管与服务并举，着力解决危害群众健康和影响可持续发展的突出环境问题，认真贯彻落实县委全会和政府工作报告各项工作任务，加强自身能力建设，认真实施政府各项制度，全力促进全县经济建设与环境保护和谐发展，环保各项工作成效明显。严格环境管理，审批建设项目32个，办理“三同时”环保建设项目验收手续20个。加大环境执法力度，出动执法人员1900人次开展500厂次现场环境监察。加大环境宣传教育力度，开展“六五”世界环境日系列宣传活动，促进人民群众环保意识。

【“两湖”保护】 秉承从全流域出发，采取“以控源为主，以“系统控源—湖区产业结构调整减污—湖泊水体保育—流域强化管理”的工作思路，突出“保护抚仙湖，治理星云湖”工作重点，着力开展两湖流域水污染综合防治工作。

根据规划及责任书任务分工，严格按照县委、政府的统筹安排，抓进度、保质量、促落实，实行工期倒逼制、目标责任制，精心组织实施抚仙湖大鲫鱼河流域环境综合治理工程。工程按计划完工，通过初验，进入安装调试、试运行阶段，待竣工决算审计完成后即可组织终验，完成投资7800万元。完成抚仙湖西岸江川段生活污水收集工程前期工作。取得可研、初步设计批复，相关前置规划、选址、用地预审、环评、抚仙湖沿湖建设项目许可、节能审查均已办理完毕，完成施工图设计，已移交市抚投公司开展施工招标工作。完成大摆村环境综合治理工程前期工作，即将开工建设。

围绕年度目标责任书任务，切实加大对星云湖的治理力度。扎实推进环湖生态建设，完成星云湖水位下降裸露湖滩耐水耐湿植物种植。栽种中山杉3.5万株、本地红柳6万丛，湖滩区域整体环境明显改善，完成投资437万元。全面启动重点项目星云湖退田还湖及湖滨带生态恢复工程。克服重重困难完成全湖退田工作，涉及4镇（街道）12个村（居）委会56个居民小组共6957户23562人，退出农田3054.51亩。农田退出后，生态建设稳步推进。该项目是江川推进人与自然和谐发展前进道路上做出的有益尝试，将全面改善湖滨带生态环境，打造湖泊保护屏障，已完成投资2210万元。强化湖泊内源污染治理。在2012年完成500亩紫根水葫芦圈养的基础上，完成2013年新增1000亩紫根水葫芦圈养，已形成1500亩规模，对削减湖泊水体氮、磷含量将起到积极的作用。启动星云湖南岸截污及湖滨带修复工程。认真开展项目前期工作，做好项目储备。完成东西大河、大街河、渔村河、大街河地形测量，正在加紧可研工作。做好“大型仿生式蓝藻去除设备”运行管理工作，2013年完成打捞藻浆1250立方米。做好主要入湖河口湿地、湖滨带管护工作。坚持定期不定期巡查，加强与管理主体各乡镇环建中心联系，发现问题及时处理，确保工程效益发挥。抓紧村落环境综合整治前期工作，大石咀村、大凹村已完成前期工作，上西河村完成实施方案编制，路居连片11个村可研已取得批复，正在开展初步设计，大街15个村正在开展可研工作，为今后一段时期湖泊治理项目实施奠定了基础。

【污染物减排】 突出抓好工程减排项目的落实。对市政府下达的工程减

排任务，制定减排目标责任书，将任务分解落实到相关部门及相关企业，2013年完成情况是：云南江川翠峰水泥有限公司已签订SNCR脱硝设备供货及工程安装合同，脱硝治理项目有序推进；江川县丰茂纸业有限公司15吨/h流化床锅炉二氧化硫治理项目已完成验收，能正常运行；江川县污水处理厂及配套管网工程正常运行；云南省江川恒昌造纸有限责任公司废水治理工程已完工验收；江川县象山种猪场、江川县江城远川养禽场、江川县宇兴养殖场、九溪东村养殖小区、江川县大北农牧业科技有限公司、江川县宝华良种猪场、江川县宏丰养殖有限公司、大寨养鸡场、王平仙养鸡场雨污分流+干清粪+废弃物综合利用工程已完工进行验收。强化对企业污染治理设施的监督检查，确保所有治理设施高效稳定运行。完善污染物减排驻厂督导制度。深入减排企业，宣传减排政策，作出相关要求，督促指导减排企业完成减排任务；部门联合执法，并向减排的畜禽养殖企业下发限期整改通知书。

【项目审批及管理】　按照《中华人民共和国环境影响评价法》要求和相关产业政策，坚持环境影响评价和“三同时”制度，杜绝源头污染。切实加强对审批工作的领导，对每一个项目，由局项目审批领导小组成员现场踏勘，进行拍照，遇到复杂项目做到反复踏勘，掌握详实情况，在审批会议上通过放幻灯片、视频等手段详细介绍项目情况，成员反复讨论，形成集体意见后才做出审批。2013年，共召开“建设项目环境影响评价文件审批领导小组”会议13次，审批建设项目32个，否决项目5个，批准试生产项目5个。共办理“三同时”环保建设项目验收手续20个。

【排污许可证年检】　以排污许可证年检为抓手，促使企业做好污染治理设施运行管理工作。完成云南宏斌绿色食品有限公司、云南红塔包装实业有限责任公司换证工作，云南江川翠峰纸业有限公司等5户企业的年检工作。为1户企业核发新的排污许可证。

【环境统计】　开展环境统计工作。严格筛选工业污染源重点调查单位，做好环境统计填报的基础工作。江川县有工业企业30家，集中式污染治理设施4家、畜禽养殖21家，共55家。统计数据经过不断的审核、修正、完善，认真填写江川县主要统计数据分析对比表。在对统计数据分析的基础上，从污染排放情况、污染治理情况等方面进行综合分析，为环境管理工作提供科学的依据。

【清洁生产审核】　完成江川县前卫电镀厂、云南江川翠峰纸业有限公司的清洁生产审核评估验收工作；指导督促云南江磷集团股份有限公司等3户企业开展清洁生产审核工作。

【环境监察执法】　2013年，累计出动执法人员1900余人次，开展500余厂次现场环境监察，有效地打击违法排污行为，遏制污染反弹，防止新污染产生。解决了群众关心的环保问题，按规定征收辖区企业的排污费。

加大全县14家国控、省控、市控重点排污企业及6家县定重点排污企业的监督检查力度，做到每月不少于一次随机监察，对辖区内其它一般企业，根据行业特点随机监察。通过日常监督检查，进一步向企业宣传环保相关法律法规知识，促使企业加强对污染防治设施的运行及管理。

扎实开展“两湖”现场监察、污染物总量减排监察、新建项目“三同时”执行情况监察、排污许可证监察及高考、中考期间监察等常规监察活动。

严厉查处环保违法行为。加大现场监督检查工作，共查处环保违法行为3起，结案3起，收缴罚款14万元。此外，还对4起违法行为进行了立案查处。

做好排污费征收工作。严格执行征收标准和收费程序，全面开展排污费申报、审核工作。

【环保专项行动】　2013年，江川县全面开展环保专项行动。一是开展抚仙湖污染隐患大排查。由于持续干旱，为确保抚仙湖水生态环境安全，对区域内的餐饮单位、饮用水源点、畜禽养殖、垃圾填埋场等15余家单位进行排查，督促存在隐患的单位消除隐患，确保抚仙湖水质安全。

二是开展东风水库集中式饮用水水源地排查。由于持续干旱，为确保玉溪中心城区饮用水源水质安全，对区域内的红砖、餐饮、养殖、服务业等30家单位进行排查，督促存在环境污染隐患的单位进行整改，消除东风水库饮用水源地源头污染隐患。

三是开展2013年整治违法排污企业环保专项行动。制定《江川县2013年整治违法排污企业环保专项行动实施方案》，明确指导思想、工作任务及要求、挂牌督办事项、工作措施、时间安排等内容。召开动员部署工作会，组织人员进行专项排查，对检查中的问题提出整改要求。至2013年底，部分单位已完成整改任务，部分单位正在进行整改。

四是开展2013年环境安全大检查工作。成立江川县环保局2013年环境安全大检查工作领导小组，并下设办公室，负责日常具体工作。制定江川县2013年环境安全大检查工作方案，明确指导思想、检查重点、时间安排、相关要求。组织召开动员安排会，安排各企业开展自查自纠工作，在企业开展自查工作的基础上，组织人员对辖区内的28户企业开展现场检查。经检查，各企业基本落实各项环境风险防范管理措施，未发现县内企业存在重大环境安全隐患。

五是开展“巩固成果，督促整改、消除隐患”辐射安全检查专项行动。成立了领导小组，制定了《江川县“巩固成果、督促整改、消除隐患”辐射安全检查专项行动实施方案》。组织人员到16家核技术利用单位及2家废旧金属熔炼企业进行现场检查，并填写现场检查表格，对存在问题提出现场整改意见。督促辖区持辐射安全许可证单位及新申请办理辐射安全许可证单位做好换发证及新办证工作，指导各核技术利用单位按照换发证及新办证需提供材料要求组织相关材料并上报。

【生态创建】 积极推进国家级生态县建设。完成《江川生态县建设规划（2011-2020年）》编制，县人大已批准实施。制定《江川国家级生态县建设实施方案》和《江川县国家级生态县创建任务职责分解方案》，稳步推进生态建设工作。《江川县生态环境保护规划》完成规划编制，并通过专家评审。全力推进生态乡镇建设。江城镇、大街街道已完成国家级生态镇环境规划的编制及评审工作；前卫镇、安化乡、九溪镇、路居镇、雄关乡已完成《省级生态镇环境规划》编制评审工作。

【环境应急演练】 2013年12月4日上午，玉溪市2013年突发环境污染事件应急演练在江川成功举行。此次演练内容为一辆运送黄磷的车辆违反规定，将车辆驶入抚仙湖环湖公路，并在抚仙湖环湖公路大海底路段发生事故导致黄磷泄漏燃烧，押运员受伤。事故发生后，江川县人民政府、江川县环保局、玉溪市环保局分别启动突发环境污染事件应急响应，组织县公安局、市、县消防支（大）队、县交警大队、市、县环保监察、监测、县抚仙湖管理局、县医疗救护、云南江磷集团股份有限公司等单位人员开展应急工作。在演练中，各部门按照工作职责，密切配合，按程序开展应急处置工作。通过此次演练，进一步提高了市、县政府、环保部门及相关职能部门应急处理突发环境污染事件的能力和应急人员对应急响应、监测、处置、调查及终止等各个环节的实战操作。

【环境信访】 重视环境污染事故和污染纠纷的调查处理工作，积极解决群众关心的热点和难点问题，及时处理群众来电、来访及投诉。做到群众投诉的“每一个问题”都有回音，查处的“每一个案件”都有结果。截至2013年底，共受理各类投诉11件，处理率为100%，结案率为100%。对群众反映的11个问题进行调查处理。

【环境监测】 积极开展县城环境空气质量监测。2013年4月2日，市委市政府要求八县一区对县区政府所在地环境空气质量进行实时监测。江川县随即根据《玉溪市八县一区环境空气质量监测方案》，购买监测设备，邀请专家培训技术人员和选择监测点位。根据《环境空气质量监测规范》，选定县环保局楼顶为县城环境空气质量监测点，采取手工方式监测PM10、PM2.5、SO_2、NO_2四个指标，采样每天不少于21小时、每月不少于27天、每年不少于324天。自4月起，截至12月22日，已监测184天，其中达《环境空气质量标准》（GB3095-2012）一级天数109天，二级天数74天，超标天数1天。监测数据每月分上旬、中旬、下旬三次通过玉溪网、玉溪日报、阳光政府网等媒体向社会公开发布。

全面完成各项环境质量例行监测任务。按照《2013年玉溪市环境监测方案》，完成县城饮用水源地监测、前卫片区土壤监测的采样工作，完成“两湖”主要入湖河道、星云湖紫根水葫芦圈养示范区水质监测及各项应急监测任务。截至2013年底，产生监测数据241组，为环境管理及时提供了服务支持。

【环境监管能力建设】 江川县环境监测站顺利通过实验室资质计量认证，能够开展日常监测工作。认可水和废水（含大气降水）、环境空气和废气、噪声三类45项，授权签字人2名。拥有固定资产150余万元，监测仪器103台（套）。具备为环境管理、领导决策提供技术服务支持的监测能力。

江川县环保监测执法业务用房项目竣工投入使用。项目总建筑面积为4201平方米。

污染源在线自动监控系统建设取得新进展。已有9家企业安装了污染源在线自动监控系统，其中有6家已验收，其余3家正在开展验收准备工作；1家正在开展安装的前期工作。

【环境宣传教育】 认真开展“六五”世界环境日系列宣传活动。活动期间，制作和悬挂宣传横幅标语120条，张贴小标语3600条，发放《环境保护知识手册》2000册、《环境保护宣传画》150张、展出环保宣传展板10块，《抚仙湖保护手册》200册、《江川县城市环境噪声管理办法》1000份，全县共出动人员5200人，车辆80台，清理湖岸100千米，清运垃圾600吨。通过活动，大力倡导环保理念，广泛凝聚社会共识，激发公众热情，营造全社会关心支持参与环境保护的良好氛围。强化信息宣传工作。编辑《江川环保简报》12期200余条信息发至县属相关部门、各单位。在省、市环保网、《玉溪环境杂志》发表信息100余条，发表环保调研文章8篇，宣传建设美丽江川取得的成绩。

【人大建议、政协提案】 2013年，承办人大代表建议2件、政协委员提案2件，协办政协提案1件。代表、委员满意率达100%。

（刘　波）

抚仙湖管理

【概　述】 2013年，江川县抚仙湖管理局在县委、县政府的正确领导

下，紧紧围绕建设生态文明美丽江川目标，以科学发展观为指导，以加快转变经济发展方式为主线，以生态文明建设为引领，抓宣传、攻难关、建生态、强管理，认真贯彻落实“四退三还”战略决策，全面推进抚仙湖保护管理各项工作。

【主要经济指标】　2013年，开湖捕捞银鱼期间办理捕捞许可证240个，收取渔业资源增殖保护费24万元，征收抚仙湖资源保护费151.59万元（其中：县地税局代征117.60万元；抚管局代征33.99万元）、水资源费17.81万元，办理各类行政案件177件，收缴罚没收入15.03万元。

【抚仙湖保护宣传】　一是继续以抚仙湖保护宣传教育基地为依托，以四群教育、创先争优等工作为契机，开展各类学习、宣传和培训，组织召开抚仙湖保护、环境卫生、水上安全、渔政管理等会议10次。二是利用“8·26”抚仙湖保护活动日、“6·5”世界环境日、法制宣传周、全国科普日等时机，积极开展环保法律法规知识宣传活动。全年共张贴环保宣传标语600余条、节水倡议书30份；发放节水倡议书宣传页2000份、《保护抚仙湖，节约用水》宣传材料1000余份、《云南省抚仙湖保护条例》小册子1000本，条例节选6000余份；出动环保宣传车3车次；展出环保、缓冲带建设宣传展板16块；悬挂抚仙湖保护宣传喷绘画11张、漫画宣传板104块、抚仙湖保护布标4条；解答群众咨询500余人次。三是组织开展“小手拉大手，共护抚仙湖”为主题的环保宣传教育实践活动，引导、发动学生参与抚仙湖保护，以学生的“童心、真心、爱心”唤醒、带动家长、沿湖群众积极参与保护抚仙湖。全年共开展活动3次，参与人员400余人，清洁村庄道路、河道、湖滩4870余米，清理沟渠920米，清运垃圾4.2余吨，展出展板11块，现场解答学生咨询370余人次。四是通过多渠道、多方式的宣传、教育，引导沿湖企业积极参与保护抚仙湖，形成了“政府搭台、企业唱戏、群众参与”的良好格局。全年沿湖企业制作并安置抚仙湖保护宣传展板6块，投资8万余元清理9万平方米的抚仙湖水域。

【缓冲带建设】　全力组织实施抚仙湖湖滨缓冲带“退田退房退塘”还湖一期工程，主要开展了生态修复、环湖低污染水净化、村落污染控制、已建河口湿地与湖滨带优化四项子工程。江川区概算总投资26336.53万元（其中：含18年的退田租金和8619.60万元的直接工程费）。工程自2011年9月开始建设至今，本着“严格程序、分段实施、统筹兼顾、重点先行、全面推进”的原则，通过强化领导、广泛宣传、狠抓落实、目标倒逼等措施，累计完成投资5328.16万元（其中2013年完成投资2392.96万元），工程到位资金4510.26万元。2013年，在完成2799.67亩退田还湖工作的基础上，一是积极推进项目的前期工作，协助市抚管局做好可行性研究报告和初步设计报批的相关工作。二是完成约1700亩（江川区生态修复规划总面积为1561亩）的生态修复工程、环湖低污染水净化工程部分工程，并组织初验。主要实施乔灌木种植、主要河流入湖河口湖湾清淤、缓冲带部分养护道路建设、部分生态透水净化带建设、围网封隔五项子工程，完成小凹、胡家湾等9个标段植物种植工程的初验，且主要河流入湖河口湖湾清淤工程、部分围网封隔工程已组织通过验收。种植乔灌木9万余株，搭建围网12861.9米，修建管护道路12615米，面积38696平方米。建成块状下凹式绿地25115平方米、垄沟状下凹式绿地37308平方米，营造微地形12702平方米。对主要河流入湖河口、湖湾清淤30459.4立方米。三是剩余未建工程—村落污染控制、已建湿地优化、灌溉系统安装等工程已于2013年11月13日前完成招标工作。

【渔政管理】　一是封湖禁渔前期，及时组织执法人员与沿湖村委会及渔民合作，将渔船集中归港，并登记造册一一上锁。二是着力做好2012年抚仙湖开湖期及2013年封湖禁渔期的渔政管理工作，制定《江川县抚仙湖管理局清理打击抚仙湖偷捕偷捞行为的实施方案》，坚决打击电力偷捕、灯光诱捕、地笼捕鱼等违法违规行为，有效地保护了抚仙湖渔业资源。三是早安排、早部署、强宣传、全整治、严禁控、保服务的抓好2013～2014年度抚仙湖银鱼开湖捕捞工作，保证银鱼捕捞期间的安全、有序进行，维护刺网捕捞渔民的合法权益。一年来，共出动执法艇160船次、执法车辆255车次、执法人员1300人次，张贴大幅《关于严厉打击在抚仙湖违法使用蓄电池捕捞银鱼的通告》35张，向辖区渔民下发《封湖禁止捕捞银鱼通告》300余份，对应填写《通告》送达回证280余份，收缴灯光诱捕电瓶灯105个、绳子600余千克、地笼600余个，查处无证捕捞4起，暂扣铁质渔船4条，通过宣传教育补证4个，有效地遏制了非法作业行为，维护了渔业生产的正常秩序。

【水政管理】　一是积极推行“五个一”的水政管理（即每户一本取水许可证、一块取水提示牌、一只取水计量设施、一本取水抄表台帐、一份取水管理档案），组织相关人员认真对辖区范围内取水户、取用水情况进行全面排查、清理、登记、造册、建档。辖区内共有72户取水户，3户生活取水户，年取水量30万方；32户农业取水户，年取水量616.94万方，浇灌面积13318亩；天湖公司1户，年取水量95万方（其中生产取水量10万方，转供农民生活用水10万方，转供农田浇灌取水75万方）；36户其他取水户，年取水量21.175万方；另沿湖各村约有移动取水泵、水机1088台，年取水量208.376万立方，全年合计取水量971.491万方。二是按照玉溪市发改委《关于调整抚仙湖水资源费征收标准的批复》文件精神，对抚仙湖一级保护区范围内的取水单位（农业灌溉取水除外）进行了水费收缴，共收缴水资源费17.81万元。三是认真审核上报孤山村委会秦家山村民小组、隔河村委会胡家湾村民小组等4家取水单位的取水许可申请手续。四是对大马沟杨梅基地、昆明福比邻酒店管理有限公司、江川金兰园艺有限责任公司等四家计量设施水表损坏的取水单位，立案调查并限期整改。五是对新取水点的香树湾、改扩建工程的花椒树站进行有效监督，保证了建设中没有污染抚仙湖的行为发生。

【水上安全监管】 一是积极推行非机动船公司化经营管理模式，认真贯彻《玉溪市抚仙湖非机动船管理暂行办法》，引导成立五家水上游乐经营公司。通过规范经营，创新管理，改变了江川县抚仙湖水上旅游业发展无序、恶性竞争的状况，确保了抚仙湖水上旅游业安全、健康、可持续发展。二是签订责任书，明确责任，分别与古滇国文化客运中心、明星水上游乐有限公司、大马沟水上游乐有限公司、明德沙滩服务部、抚仙金滩旅游服务有限公司五家水上游乐公司分别签订了《守法经营承诺书》、《水上交通安全生产承诺书》和《江川县抚仙湖水上交通安全目标管理责任书》。三是严格执行入湖许可等制度。四是强化宣传教育，增强安全生产意识。五是注重日常检查和重大节假日安全大检查。六是完善救援工作，维护安全秩序。七是加强气象灾害信息预警，为渔民定制气象预警手机短信，指导渔民趋利避害入湖捕鱼。八是创新管理模式，组建工作机构。成立抚仙湖水上交通安全工作管理小组、联合救援组、孤山岛游客疏散小组和水陆联动组，具体负责重大节假日期间抚仙湖水上安全监管和救援工作。九是强化监管，严格执法。由于措施有力，全年无一起水上安全事故发生。全年共出动执法人员800余人次、执法救援艇300余船次、车辆20车次，救援涉险游客18名，拖回暂扣无证入湖橡皮艇3条、脚踏船2只，救援游客300余名。

【项目前置初审】 2013年来，严格执行《云南省抚仙湖保护条例》、《玉溪市人民政府办公室关于规范抚仙湖保护范围内建设项目审批管理的通知》及《江川县人民政府办公室关于规范抚仙湖保护范围内建设项目前置初审管理的通知》等法规、文件，认真落实项目前置初审管理制度。对玉溪市供电公司变电站建设及线路改造、抚仙湖西岸污水收集管网、西南航空护林总站江川直升机场建设等13个项目进行了前置初审受理。对沿湖宾馆、饭店等经营组织进行了前置审查，共出具审查意见52份。

【在建项目监管】 一是严格监管辖区内重点在建项目，及时制止污水入湖等各类污染抚仙湖的行为发生，对湖滨带堆放废弃物、填湖等违反行为立案查处，全年查出19起，立案19起（其中："九龙晟景"项目4起，"仙湖锦绣"项目15起）。二是对2012～2013年抚仙湖江川辖区内出现的新建、扩建及擅自改建行为展开了调查。登记造册102户，拍摄照片250余张，对65起案件卷宗进行跟踪审查，为2013年市、县拆临拆违工作的顺利开展夯实了基础。三是积极协助沿湖两镇及相关部门开展拆临拆违工作。共出动执法人员600人次，执法车辆100余车次，参与拆除临时、违法、违规建筑2万多平方米，并按照拆除后进行绿化美化的要求，投资40万元对拆除区及环湖路部分地段进行了绿化，种植小叶榕1126株，红叶石楠35株。四是参照现有前置审查相关程序制定了办理农村住房建设规划许可控制红线确认前置审查手续的规范流程，确保了开展此项工作规范、有序、合规。全年审查2件，办理2件。

【沿湖环境污染监管】 一是加强日常巡查，积极排查抚仙湖一级保护区内污染源隐患，填写监管记录，每周按时上报环保巡查情况。二是认真组织对辖区抚仙湖一级保护区内污染源隐患进行排查。分别于3月中旬、6月初和10月初，联合相关单位对抚仙湖江川径流区50余条沟渠、河道的环境卫生状况及沿湖宾馆饭店情况组织了调查，制发《抚仙湖周边污染隐患整改通知书》30余份，形成调查报告2个，并对排查出的污染隐患进行了督促整改。三是在2011年、2012年推广油污分离池建设的基础上，不定期对沿湖宾馆饭店油污分离池的运行情况进行检查，责成各宾馆、饭店对油污分离池定期、不定期进行清理、打捞，提高了后续污水的处理能力。四是加强监管，严格执法，严肃查处抚仙湖江川辖区内的环境破坏和污染案件。全年共出动执法车1020余车次，执法艇95船次，执法、监管人员4300余人次，查处环保案件112起（其中：一般程序案件69起，简易程序案件43起），收缴洗发水等洗涤用品86件，有效减少抚仙湖周边企业、村（居）民、游客生产、生活对抚仙湖生态环境造成的污染。

【沿湖环境卫生监管】 一是认真执行《江川县抚仙湖沿岸环境卫生管理办法》、《江川县抚仙湖环卫管理工作考核办法》、《江川县农村环境卫生整治工作考核办法》，对保洁人员进行考核。二是整合力量，广泛宣传，专项治理。一年来，开展"四清"保洁专项活动24余次，共出动保洁、监督、执法等人员24267余人次，县镇村组干部、党员、团员、学生、志愿者、部队官兵1000余人次，清运垃圾2290多吨，清运车辆1290多车次。三是按照"管理科学化、服务社会化、运作市场化"的标准和市政府

的要求，指导沿湖两镇实现沿湖环卫管理市场化运作。江城镇将辖区沿湖明星、牛摩、孤山、海门4个村委会的环境卫生工作以56.9万元的承包价，承包给村民张宗进行管护；路居镇自行组建路锦保洁公司，专门负责镇辖区（含抚仙湖沿岸）内的环境卫生管理工作，年度运行经费52万元。

【抚仙湖资源保护费征收】 一是稳步推进江川县抚仙湖管理委员会的成立；二是积极协调县地税局等代征单位开展好抚仙湖资源保护费的征收工作；三是规范抚仙湖资源保护费征收管理工作，减少不缴、少缴现象的发生；四是开征一级保护区无证个体餐饮经营户抚仙湖资源保护费；五是率先在全市开征了旅游度假示范区停车场经营户抚仙湖资源保护费；六是建立健全完费审查制度，进一步规范征收工作。全年共征收抚仙湖资源保护费151.59万元。

【抚仙湖周边开发项目清理】 按照云南省抚仙湖—星云湖生态建设与旅游改革发展综合试验区管委会办公室《关于清理试验区核心区开发项目的通知》及江川县人民政府《关于印发抚仙湖生态建设与旅游改革发展综合试验区开发建设项目清理工作的实施方案的通知》要求，制定方案、明确责任，通过摸底调查、全面审查、严格把关，全力抓好对抚仙湖周边开发项目清理工作，积极配合县政府做好与九龙国际、远洋国际、奥宸、药王谷等项目投资主体，在新形势新政策和双方合作意愿下，重新签订合作（投资）协议。督促相关企业及时交纳项目保证金1853万元，其中江川鑫玺源房地产开发有限公司缴纳1706万元（项目用地341.27亩）、江川林大福房地产发展有限公司缴纳147万元（项目用地29.4亩）。

【自身建设】 为提高执法能力和综合素质，一是组织干部职工认真学习贯彻党的十八大、十八届三中全会、中央“八项规定”及省、市、县相关会议、文件精神。二是严格按照年初制定的《2013年干部教育培训年度计划》，认真抓好干部教育培训。全年共举办《廉政党课》、《行政执法实务》等法律法规系列知识及业务知识讲座14期。三是积极组织参加各类培训及考试。共组织参加财务会计知识培训、县资产清查培训、综合执法证换证培训，培训、考试人数达180余人次。

【效能政府建设】 积极推进政务公开，进一步提升公共服务水平。全年共发文312件，收文1854件，张贴相关财务信息6次，张贴公示人事任免、奖惩信息2次，在政府信息网络查询系统中加载抚仙湖常见问题解答信息8条，公开各类工作信息49条，公开重点工作通报49条，公示重要事项21条。建立健全行政调解工作机制，有效化解社会矛盾，全力维护社会稳定。全年共接待群众来访2次，答复市长热线来电交办件2件，做到事事有答复，件件为回音。认真贯彻执行《行政复议法》，做好行政复议工作。

（郭　松　杨　筠）

星云湖管理

【机构编制】 2013年全局编制数为11名（管理人员编制11名，设局长1名、副局长2名），实有人数5名。下属渔政管理站编制数为40名（管理人员编制28名，专业技术人员编制8名，工勤人员编制4名，设站长1名、副站长2名），实有人数36名。

【主要经济指标】 2013年12月25日至2014年1月23日星云湖开湖捕鱼30天，共办理捕捞许可证648本，征收渔业资源增殖保护费2916000元（4500元/证），鱼产量2030吨，平均价格15元/千克，产值约3045万元。

【集中采购星云湖放湖鱼苗】 2013年2月19日上午9：00时，江川县星云湖管理局、江川县政府采购中心在县财政局三楼会议室对2013年集中采购星云湖放湖鱼苗进行竞争性谈判，本次采购本着“公开透明、公平竞争、公正和诚实信用”的原则，对前来参加竞标的8户从事鱼苗养殖、具备履约能力的供应商进行竞争性谈判采购。最后7户供应商中标。鱼苗认购品种：鲢鱼、鳙鱼、鲤鱼、鲫鱼，认购数量97吨，金额约132万元。

【星云湖鱼苗投放】 星云湖2013年鱼苗投放95259.7千克，金额：1178831.10元。其中：白鲢15995.1千克，花鲢64292.3千克，鲤鱼13524.1千克，鲫鱼1448.2千克。整个投放工作在县有关部门及及部分渔民代表的共同参与监督下，星管局精心组织，统一指挥，严把投放鱼苗质量关，及时确保了符合规格要求、体质健壮、无鱼病的鱼苗投放湖中。

【玉带河清理整治】 4月6～8日，星管局针对玉带河河道重点地段漂浮物聚集，海门闸和隔河闸两个重点地段，协调海门村委会，组织约80人，采取承包式打捞清理，对河面、河堤红、白垃圾及杂物由河道保洁员进行一次专项清理、捡拾，此次共打捞枯死水白菜及杂物共10吨。

【省、市渔政执法总队领导检查渔业安全生产工作】 7月31日，云南省渔政执法总队、玉溪市渔业处、玉溪市水产局领导一行5人到县星云湖管理局检查渔业安全生产工作。考核组对照《2013年全省渔业安全生产检查表》从渔业安全生产监管责任落实情况、渔业安全生产主体责任落实情况、渔业船舶安全生产管理等四个方面翻阅了相关资料，并逐项进行了考核打分。最后，省、市领导对星管局渔业安全生产工作给予肯定，同时建议完善渔船安全生产环节管理，强化渔船检验管理。

【拆除渔政管理站】 江川县渔政管理站在拆临拆违范围内，于3月21日全部拆除，共拆除面积1204平方米，原价值33.9万元（一幢建于1979年，一幢建于1991年）。

【人大建议和政协提案】 全年办理人大代表建议一件，政协提案1件，满意率达100%。

【聘请渔政协管员】 经县政府会议研究决定，由人社局组织招聘，3月星云湖管理局聘请10名渔政协管员全部到位，参与渔政管理工作。

【召开现场办公会议】 12月5日下午，县委书记马文龙，县委副书记、代理县长钱兴率领县委、政府、人大、政协四套班子及相关部门领导一行30人，到星管局渔政管理站召开现场办公会议。星管局局长业东华围绕星云湖管护工作情况、存在问题、工作建议、下步工作等方面向与会领导作汇报，书记、县长分别作讲话。一是对星管局2013年的管护工作给予肯定。二是就星管局当前管护工作存在的实际问题和困难，表态能及时解决的问题给予解决，需要逐步解决的问题，逐步解决。三是就当前和今后星云湖管护工作提出明确要求：加大巡查打击力度，严防死守，确保约20天时间星云湖平安和稳定，圆满完成2013年星云湖正常开湖；认真抓好开湖前各项准备工作；进一步完善措施，健全制度，强化单位内部管理。

【星云湖水葫芦打捞工作】 经县委、县政府与驻地部队协商，部队12月6日组织官兵实施星云湖水葫芦打捞。部队出动大量官兵，动用冲锋舟20台，汽艇20台，湖桥30个，分三个大组分片划地段实施水葫芦打捞，截至12月23日，共打捞水葫芦约5000亩，剩余部分由沿湖乡镇、街道以辖区为单位分片实施打捞。

【渔政执法】 根据工作实际，调整常规、注重灵活、主动出击、点面结合，加强对重点偷捕地段，流动偷捕团伙的监控，并对一些偷捕者进行事前教育，有效遏制偷捕案件的发生。针对一些不法分子为牟取利益，在星云湖水域进行电鱼、下网捕鱼等非法捕捞活动，星管局在县政府和相关部门的支持配合下，积极开展了星云湖渔政管理专项整治行动，积极采取措施，认真抓住“三个重点”，做到“三个结合”，即抓住重点对象（历年偷鱼的惯犯）；重点地段（偷鱼者经常实施偷捕的地段，主要以星云湖十里长堤、麻地咀一带为打击的重点地段）；重点时期（鱼汛期），努力做到集中整治与长效管理相结合，惩治和教育相结合，自查和督查相结合，认真开展打击非法偷捕行为，并对偷捕者进行严厉惩处，将整治工作有关情况在江川新闻网上进行公开报道，通过宣传震慑违法人员，教育广大群众。截至12月，星管局共出动执法车检查330次，执法人员3300人次，执法船检查2610次，执法人员5220人次，宣传车30次，180人次，发放材料300份，张贴标语30幅。查处偷捕星云湖渔业资源案件93起，涉案人员95人，其中拘留2起（2人），收取渔业资源损失赔偿费191000元，收缴电鱼设备（电瓶）15台。

（赵 薇）

城市管理综合行政执法

【概 述】 2013年3月15日，中共江川县第十二届委员会第25次常务会议决定，单独设立江川县城市管理综合行政执法局，城市管理综合行政执法局内设机构暂设1个办公室、3个执法中队，每个中队暂定员20人。城市管理综合行政执法局于4月15日招聘城市管理协管员40人，配备健全专职执法局领导班子，充实执法队伍，城市管理综合行政执法局共有干部职工72人（其中公务员3人，事业编制9人，合同制协管员60人）；并于9月17日正式迁至实验中学综合楼办公。

【培训教育】 为提高行政执法水平和依法行政城能力，县城市管理综合行政执法局于2013年4月15日在江城镇侯家沟大石洞举行为期7天的封闭式执法培训。2013年10月、11月组织全体干部职工学习“十八大”、十八届三中全会精神，和《行政处罚法》、《行政强制法》、《云南省玉溪城市管理条例》等法律法规，并组织进行两次考试，参加考试人员达125人次。

【日常监管】 县城市管理综合行政执法局探索试行网格化、精细化管理，改变已往职不清责不明现状，采取定路、定岗、定人、定职责“四定”管理办法，进一步明确任务，细化职责，责任到人，充分发挥各中队自主权，提高队员积极性，各中队机动灵活，并采取重点路段、重点行业轮流蹲守和机动巡查相结合，严格查处占道经营、乱贴、乱画、乱挂和飘洒滴漏等行为。全年共清理违章占道8600余起，警告1000时余起，教育改正600余起。暂扣物品300余件，清除非法小广告3万余张，查处运输车辆飘洒滴漏驾驶人50余人、擅自开挖城市道路1起、破坏市政公用设施2起。

【综合整治】 5月20日至6月30日，县政府牵头联合公安、交通、工商等部门对县城交通秩序、环境卫生和市场规范开展综合整治；2013年3月开展废旧物资收购、摩托车电动车经营整治，2013年10月开展文明工地建设，规范县城重点行业、重点领域经营秩序；为确保第九届开渔节顺利举办，对县城市容及渔文化广场进行整治，规范渔文化广场和仁和街鲜鱼市场秩序。

【城市路灯管护】 为实现监管分离，降低城市路灯管护成本，提高路灯亮灯率，路灯管护工作于2011年6月

1日由江川县建设局面向社会招标，管护期限3年。2013年6月1日，路灯管护社会化运作期满后，县城路灯由江川县城市管理综合行政执法局自行管护，局机关抽调2人专职负责县城路灯管护，加大县城路灯的巡查管护力度，完成40条街巷1000多棵基灯杆编号工作，对损坏路灯和红绿灯做到及时发现、及时处理，7至12月共投入维护资金6万元更换红绿灯控器1台、红绿灯3个，维修路灯349盏，检修路灯控制箱10台次，确保亮灯率达95%以上。

【户外广告管理】 户外小广告乱贴乱画，店名店牌和户外广告五花八门，严重影响市容市貌和城市品位的提升，为此，县城市管理综合行政执法局按“互惠共赢”原则，于2013年8月2日与顺达信息咨询有限公司签订合作协议，由县城市管理综合行政执法局提供9处地点给顺达信息咨询有限公司设置规范张贴栏，进行规范张贴，由顺达信息咨询有限公司负责县城区乱贴、乱画、乱挂等的户外小广告清理。通过短期运行，户外小广告乱贴、乱画行为得到有效遏制，张贴得到规范。同时，起草《江川县店名店牌和户外广告管理办法》、《江川县店名店牌和户外广告设计设置技术规范》，对新设置店名店牌和户外广告进行审批安装，待县规委会讨论通过后全面实施。

【停车泊位管理】 县城道路停车泊位是县公安交通管理部门设置为县城临时来往车辆临时停放使用，部分车主长时占用停车泊位，造成泊位资源尤为紧缺，乱停乱放现象突出，严重影响市容市貌和车辆通行。为合理利用城市道路资源，维护交通秩序，提高城市道路运行效率，引导市民养成“文明停车、规范停车”的良好习惯，县城市管理综合行政执法局借鉴相邻县停车泊位管理经营，自5月中旬开展停车泊位收费的前期准备工作，已完成停车泊位收费申报、民意调查、风险评估和拟定收费标准工作，并通过县发展和改革局开展停车泊位试收费的审批，开展试运行收费工作。

【拆临拆违和街区整治】 按照《江川县清理拆除临时违规建筑工作实施方案》和《江川县城街区整治实施方案》工作要求，县城市管理综合行政执法局结合实际，制定工作方案，于2013年2月开展摸底调查、现场勘查、准确记载位置、面积、结构、建设时间、建设依据等主要数据，填写普查登记表，并用影像对现状进行固定。按照临时违规建（构）筑物一户一档的原则，将普查登记表、每户现状房屋照片进行统一归档，切实加强对拆临拆违工作的痕迹管理。通过摸底调查，全县共有临时建筑、违章违规建筑1183宗，面积81000.98平方米，城市管理综合行政执法局负责的县城区临时、违章建筑62宗，面积765.928平方米。由于宣传到位、措施恰当，截至7月底全县拆除临时建筑和违章建筑的拆除工作按期圆满完成。街区整治中，拆除整治街区店标店牌和户外广告119块，配合相关部门拆除低效利用房20宗，6295.9平方米。

【空中管线】 按照《玉溪市道路交通和环境卫生综合整治三年行动方案》要求，县城市管理综合行政执法局因地制宜，确定县城空中管线“弱电管线必须入地、强电管线尽可能入地”的整治要求，于2013年7月22日下发《关于规范空中管线的通知》，督促电信、移动、广电、联通、电力等涉空中管线企业制定上报“三年”规范计划，城市管理综合行政执法局对计划完成情况进行督查，2013年空中管线计划规范改造项目已按期完成。

【综治信访】 深入开展综治维稳和“平安单位”创建工作，制定《年度社会治安综合治理工作方案》，积极参与大街街道办事处组织的普法宣传工作，做好市、县两会期间的不稳定隐患排查调处，对工作中容易出现暴力执法事件的占道经营、违法建筑等环节进行重点监控；同时积极做好信访接待和县人大代表县政协委员议案（提案）的承办工作，全年共办理信访件3件，人大代表建议1件，政协委员提案2件，受理群众来信来访投诉100余次。全部按时答复，办结案率达100%，做到事事有着落，件件有回音。

【民主决策】 建立班子会、局务会、局长办公会、职工会等一系列重要会议制度，按照“三重一大”事项的决策程序，坚持重大事项集体研究、坚持按程序公开办事、坚持公开办事结果的原则和坚持按制度办事的原则，严格执行重大决策行为规程，重大事项的决策、重要政策的制定、领导干部的选拔任用和大额资金的划拨使用，按照“集体领导、民主集中、个别酝酿、会议决定”的原则，由集体讨论决定，并对重大决策实施听证制度。全年共集体讨论决定“三重一大”事项12项，申报重大决策听证事项1项（停车泊位收费）。

（浦仕凯）

工商企业

编辑　盛文芬

工业商贸和科技信息

【工业经济运行情况】　2013年1～12月，完成全部工业总产值59.02亿元，同比增长26.10%。其中：规模以上工业完成32.24亿元，同比增长25.16%；完成全部工业增加值13.31亿元，同比增长25.80%；规模以上工业实现增加值11.25亿元，同比增长24.1%，完成全年目标12亿元的93.75%，完成后期增加到13亿元任务的86.54%；实现主营业务收入29.08亿元，同比增长21.5%，完成全年目标28亿元的103.86%；实现利税总额2.92亿元，完成全年目标4.4亿元的66.36%；实现利润总额1.57亿元，完成全年目标2亿元的78.5%。

【工业项目固定资产投资完成情况】　2013年工业固定资产投资（扣除电力）目标为8亿元，全年完成工业投资8.1亿元，完成目标任务的101.25%。

【投资1000万元以上的工业投资项目情况】　2013年，江川县投资1000万元以上的工业投资项目有10项：（见表）

序号	投资公司	项目名称	投资额（万元）	已完成投资额（万元）
1	云南联塑科技发展有限公司	年产10万吨新型塑料管材项目	40000	30000
2	云南特固电气有限公司	10000件（套）/年智能电网控制设备及附件生产项目	4190	4200
3	云南腾达机械制造有限公司	年产2.5万件/套数控机床精密齿轮制造项目	14037	9000
4	云南辉达能源科技有限公司	云南江川翠峰水泥有限公司新型干法水泥熟料生产线6MW余热发电工程	7409	7409
5	玉溪天丽食品有限公司	冷库项目	2800	2820
6	玉溪比格力实木门业有限公司	年产5万扇实木门生产线	1670	1670
7	玉溪丫咪绿色休闲食品有限公司	2000吨/年鲜花饼生产线	1200	1200
8	云南博远有限公司	日产300吨固体水玻璃生产线	1900	1900
9	云南卓一食品有限公司	年产1200吨骨粒香固态调味品生产线	1180	1180
10	云南天峰彩印包装有限公司	年产1500万只三层纸箱生产线	1000	1000

【工业企业项目申报及争取上级专项资金扶持情况】　2013年，云南联塑科技发展有限公司等企业申报云南省2013年工业跨越发展省级专项资金、2013年技术改造省级财政补贴专项资金、市级铸造产业基地建设专项资金、市级工业项目专项补助资金等项目。全年共争取各类资金补助共1910.35万元（含工业园区建设专项资金620万元）。

【清水沟磷矿南采区磷矿石开采项目启动工作】　（1）企业筹备、上报江

川清水沟磷矿开采扩建征用林地采伐林木的相关材料，经云南省林业厅批复同意企业采伐林木4166.8立方米，出材量2268.4立方米。向省林业厅和县林业局缴纳植被恢复、育林基金等费用。

（2）企业同江城镇白玉寨村签订《林木、林地补偿及安置补助协议》、《租用旱地及征用其它土地协议》等文件，完成征地合计799.56亩、补偿补助款7851492.60元，付清所有款项。

（3）委托云南省化工研究院完成《天湖化工50万吨/年浮选项目》可行性研究报告编写，并上报云天化集团。

（4）委托云南地质工程勘察设计研究院完成《云南江川清水沟磷矿区16勘探线以东矿段50万吨/年生产项目土地复垦方案报告书》。

（5）就“以工哺农”问题同云天化集团进行反复协商，并争取到相应支持。

【小白坡工业产业区规划及项目建设】 2012年以来，江川县本着“抓大不放小”的原则，在江川龙泉山生态工业园区规划建设的基础上，于2012年4月对江川小白坡工业产业区进行控制性详细规划，2013年已完成片区约920亩用地1∶500地形图测绘、水文地质调查、供水方案等工作以及确保了控制性详细规划、环境影响监测报告和环境影响评价报告等顺利通过市级评审。经初步筛选登记意向性入园项目有9个，计划用地293亩，固定资产投资2.2亿元，建成后预计年新增销售收入5.6亿元、利润4118万元、税金1233万元、就业岗位1370个。

【烟花爆竹企业整合项目】 2013年，江川县组建了“云南江川绿竹烟花爆竹集团有限公司”，完成《产业发展规划》的编制及听证会的举办等工作，落实公司配套工厂、总部用地、小团山仓储用地等生产建设用地，扎实推进各个地块的项目备案、调研、环评、水保、林地利用规划审批和建设项目用地审批等工作。

已整合12户企业中4户的技改验收工作进入尾声，正筹备验收工作。城镇上山项目涉及的5户企业，其中2户企业完成技改验收工作，另外3户企业完成资产评估工作。

项目估算总投资5亿元，年内已完成投资1.75亿元，超额完成2013年1.5亿元的投资计划，其中，土地款1.25亿元，股权收购款0.4亿元，安全厂房改造款0.1亿元。

【红砖企业整合项目】 为全面贯彻落实科学发展观，保护生态环境，加快建设资源节约型、环境友好型社会，依照相关法律法规，县委、县政府决定年内对全县21家红砖企业进行关闭整合。江川县已完成以下工作：一是下发《江川县人民政府关于印发江川县红砖企业整合工作实施方案的通知》，对关停整合工作进行安排部署；二是调查摸底，准确掌握情况，宣传发动，做好业主思想动员工作；三是对全县21户红砖企业下发关停通知书、采取停电以及强制等措施拆除未参加整合的三家红砖企业的窑体，除保留过渡期保证本县建设用砖的红砖厂外，其余红砖企业于11月底前自行拆除了制砖机、砖窑和相关设施；四是积极为企业争取补助资金，为三户红砖企业争取到国家关闭小企业补助资金105万元，减少关停整合阻力；五是江川县红砖商会积极配合关停整合工作，拟订了整合方案和过渡期方案，由19位企业主入股成立江川县昊源新型墙体材料有限公司；六是组织相关人员和企业主外出考察，选定国内最先进的节能环保型旋转窑作为新的建设项目。在做好关停工作的同时强力推进整合工作，按期按要求完成关停整合工作目标任务。

（张秀珍）

【工业项目投资备案】 2013年共办理了30家企业投资备案证，计划投资33537.95万元，主要是食品及包装生产等项目的技改扩建。

（李忠于）

【节能目标任务及完成情况】 2013年市下达给江川县的节能目标任务是单位GDP能耗下降3%。2013年江川县规模以上工业企业综合能源消费量为173408.1吨标准煤，同比下降0.68%；单位工业增加值能耗下降19.97%；产值322378万元，同比上升25.16%，万元产值能耗0.5379吨标准煤，同比下降20.64%。全年单位GDP能耗下降3.2%，超额完成目标任务。

【能源审计】 2013年云南江川翠峰水泥有限公司和云南江川翠峰纸业有限公司两户企业通过了能源审计。

（童学碧）

【工业用电量】 2013年工业用电量54839万千瓦时，同比增长69.01%，占全社会总用电量67301万千瓦时的81.48%，占比提高0.65个百分点。

（张秀珍）

【固定资产投资节能评估审查情况】 2013年县工信局对综合能耗在1000吨标准煤以下项目的10户企业进行了节能审查登记备案。

（童学碧）

【非公经济发展】 2013年，全县非公有制企业总户数达9424户，比上年增加1481户、增长18.6%。其中：个体工商户8886户，比上年增加1447户、增长16.3%；私营企业538户，比上年增加34户、增长6.3%。非公企业占全县企业总户数的97.5%。非公有制经济注册资本资金198798万元，比上年增加61366万元、增长44.7%。其中：个体工商户69168万元，比上年增加22922万元、增长49.6%；私营企业129630万元，比上年增加42749万元、增长49.2%；注册资本金5000万元（含5000万元）以上的企业10户、5000万元以下至2000万元的企业26户、2000万元以下至1000万元的企业30户、1000万元以下至100万元的企业228户。工商登记从业人员38096人，其中：私营企业15941人，个体工商户22155人，比上年增长22.6%，完成市政府下达34200人目标任务的111.4%。

2013年，全县非公经济实现生产总值555292万元，比上年增加68347万元，增长14%；实现增加值299690万元，比上年增加37556万元，增长14.3%，占全县GDP的比重为54%，比上年提高0.2个百分点，完成市政府下达34.1亿元目标任务的88%。从产业结构看，在实现增加值299690万元中，第一、二、三产业分别完成40285万元、155174万元、104231万元，占比依次是13.4%、51.8%、34.8%。

2013年，江川县有10户企业入围玉溪市5000万元以上重点非公经济企业，比上年增加3户，其中跨4亿元1户，跨2亿元以上3户，跨1亿元以上2户，5000万元以上4户。10户重点非公经济企业实现销售收入167250万元，占全县销售收入的30.1%，实现利润总额6936万元，占全县利润总额的23.8%，上交税金5897万元，占43.7%，实现工业增加值43607万元，占41%。

【省级、市级成长型中小企业申报】 2013年，江川县经公示确认为省级成长型中小企业11户；江川县市级成长型中小企业7户。

【优质小微企业信用贷款】 2013年，江川县按照省推荐优质小微企业信用贷款试点企业的条件和要求，推荐优质小微企业信用贷款试点企业12户。

【中小企业争取各类扶持项目发展资金】 2013年，全县推荐国家、省、市中小企业和非公经济扶持项目共24项，其中中小企业和非公经济共获得国家、省、市发展项目9个，累计获得专项扶持资金达225万元。其中国家级中小企业发展专项资金扶持项目1个，即云南荣盛实业有际公司冷库改造扩建项目，获得项目无偿资助资金50万元；省级民营经济暨中小企业发展专项资金扶持项目2个，即云南阳光食品有限公司、云南卓一食品有限公司，每户分别获得项目无偿扶持资金50万元；市级中小微企业和非公企业扶持资金项目6个，即九溪丫咪食品、九川食品、安化酒厂、欣宇机械、同力橡胶等5户企业，每户分别获得扶持资金5万元，以及云南龙恩制药有限公司1户企业获得市级生物医药产业发展扶持专项资金50万元。

【中小企业管理者培训】 2013年，江川县组织企业参加国家中小企业银河培训工程，参加客户管理及技术措施专题培训班20人；组织企业参加第二期中小企业班组长管理技能提升培训班16人；组织企业参加玉溪市政府举办银企对接与金融产品推介活动59人，同时还参加了活动中举办的各种专题讲座。此外，县财政局、县工信局、县工商局、县国税、县地税局等部门共同组织全县300多户中小企业参加培训学习《中小企业会计准则实施办法》；组织企业参加云南省成长型中小企业运行网络填报培训。

【中小企业融资】 2013年，县工信局对县内存在资金困难的企业进行摸底调查，共收集缺乏流动资金企业19户，共需求贷款流动资金3.58亿元。建立资金需求企业台账，根据各企业实际情况，分批次向农村信用联社、工行、农行、邮政储蓄银行、玉泉融资贷款担保公司、惠民小额贷款担保公司、三农贷款联保管理协会等金融机构进行推介，并及时跟进予以协调，想方设法促成银企合作成功。同时，积极组织30多户企业参加市举办的中小企业项目融资银企洽谈会，努力向大会推荐有融资需求的企业。鼓励支持金融机构改进服务，开通“绿色通道”，降低信贷准入门槛，最大限度满足中小企业贷款需求。2013年三家融资担保公司协会共贷款222笔，累计金额28314万元。其中云南江川玉泉融资担保公司贷款17笔、金额8059万元，江川县惠民小额贷款公司贷款101笔、金额14249万元，江川县三农贷款联保管理协会为小微企业及农户贷款104笔、金额6006万元。

（莫家惠）

【外贸工作】 2013年，全县实现进出口总值7238万美元，比上年的6293万美元增长15%，其中出口7233万美元，进口5万美元。完成市年度目标任务7000万美元的103.4%。完成总量位列全市第三、完成计划任务数列全市第四、增幅列全市第六。

从出口商品看，磷化工系列产品实现贸易进出口1774万美元，与上年同期的1789万美元相比，负增长0.84%；以蔬菜为主的农产品实现进出口4893万美元，与上年同期的3979万美元相比增长22.97%；花卉实现进出口553万美元，与上年同期的523万美元相比增长5.74%；机电产品实现进出口18万美元，与上年同期的2万美元相比增长800%。

从进出口企业类别看，私营企业实现6434万美元，与上年同期的5545万美元相比增长16.04%；外资经营企业实现804万美元，与上年同期的748万美元相比增长7.49%。

【内贸工作】 2013年1～12月，实现社会消费品零售总额152131.8万元，比上年同期的134095.9万元，增18035.9万元，增长13.5%，完成市商务局指导计划16.1亿元的94.47%。

分销售地区看，城镇实现消费品零售总额84274.1万元，比上年同期的76221.1万元增加8053万元增长10.6%；乡村实现67857.7万元，比上年同期的57874.8万元增加9982.9万元，增长17.2%。

分行业看，批发业实现9471.8万元，增长13.9%；零售业实现105045.0万元，增长14.1%；住宿业实现9509.0万元，增长5.9%；餐饮业实现28106.0万元，增长13.5%。

分经济类型看公有经济实现31493.9万元，比上年同期的31044.2万元，增加449.7万元，增1.4%；非公有经济实现120637.9万元，比上年同期的103051.7万元，增加17586.2万元，增长17.1%。

【汽车市场】 2013年1～12月销售汽车433辆，其中货车66辆、面包车367辆，与上年同期的519辆相比减少86辆；完成销售金额1738.35万元，与上年同期的1978.09万元相比，减少239.74万元，降12.12%。

【生猪定点屠宰管理】 全县共有七个生猪定点屠宰场（点），承担全县生猪屠宰加工服务。全年共计宰杀生猪71384头，比上年同期的70505头增加879头，增1.25%。

【生猪产品市场稽查】 2013年1～12月共计出动执法人员5605人次，出动车辆2825车次，检查经营户3085户次。累计检出病害猪151.48头，无害化处理151.48头。

【成品油管理】 2013年共计销售成品油39032.94吨，与上年的39582.54吨相比，减少549.6吨，减1.39%。其中：93#汽油销售14014.57吨，比上年同期的13247.8吨增5.79%；97#汽油销售922吨，比上年的751.46吨增长22.72%；柴油销售24096.37吨，比上年同期的25583.28吨降5.81%。

【家电下乡拉动内需】 自2009年实施家电下乡惠农政策以来，江川县先后将家用电器、摩托车、汽车下乡纳入财政补贴范围。4年来，累计兑付家电下乡补贴资金3472万元，直接拉动农村消费3.03亿元。

2009年2月1日至2013年1月31日零时止，全县共销售各类家电下乡产品56132台（件），实现销售金额13868.68万元。其中：冰箱销售18813台，销售金额4828.73万元；彩电销售11911台，销售金额3655.42万元；手机销售1236个，销售金额63.71万元；洗衣机销售11598个，销售金额1334.06万元；计算机销售3063台，销售金额1227.33万元；空调销售6台，销售金额1.34万元；热水器销售8671台，销售金额2702万元；微波炉销售281台，销售金额27.22万元；电磁炉销售543台，销售金额25.82万元；电动自行车销售10辆，销售金额3.06万元。至2013年1月31日零时止，已申报补贴54585台（件），补贴资金1630.16万元。

【春节前猪肉市场专项检查】 为维护猪肉市场稳定，让消费者吃上放心肉，县工信局深入开展猪肉及肉品市场专项整治行动。2013年2月7～9日，共出动执法人员136人次，检查集贸市场18场次，检查猪肉及其制品经营户130余户。

【“两节”期间商务安全工作】 在2013年元旦春节来临之际，江川县工信局会同当地有关部门对全县商场、超市、餐饮服务场所、有关集贸市场、定点屠宰企业、酒类流通和成品油经营等商贸流通企业进行一次安全检查。一是及时排查、消除安全隐患，严防踩踏和火灾等恶性事故发生；二是要求中石化江川石油分公司、中石油江川公司两大公司及民营加油站，切实做好节日期间的成品油供应工作，在保证成品油供应库存充裕的同时，加大安全监控和巡查力度，认真做好市场监管工作，严打各类成品油违法违规行为；三是切实做好“两节”期间的值班工作，值班人员保持24小时通讯畅通，密切关注全县市场供应、商贸企业安全以及肉制品安全工作，实行当日值班情况“零报告”制度，一旦出现情况第一时间汇报、第一时间到场、第一时间处置。

【段家祥到江川调研】 2013年5月17日，玉溪市商务局局长段家祥率商务局相关职能科室人员到江川进行调研。

县工信局局长李保平就当前江川商贸经济运行的基本情况、1～4月商务工作、采取的工作措施、存在的主要困难和问题、工作建议等方面进行了汇报。在听取汇报后，段家祥对江川的工作表示满意，并就做好商务工作提出了明确要求。市商务局相关职能部门负责人对江川2013年商务工作提出了意见、建议。段家祥局长一行还实地查看了大街农贸市场提档升级改造及加油站项目建设情况。

【江川企业参加2013年南博会】 在2013年首届南亚博览会及第21届昆交会上，江川县组织参展的云南宏斌绿色食品有限公司、云南荣盛实业有限公司两家企业展出的“宏斌”酱菜、“荣盛”保鲜菜等100余个品种的商品受到广大客商的青睐，会展期间，两企业共签约项目23个，成交金额3851.5万美元，10326万元人民币。其中宏斌公司2076万人民币和5万美元；荣盛公司3846.5万美元和8250万元人民币。二家企业负责人还分别参加南亚商品展览展示、南亚国家投资促进会、南亚商品采购大会、中国——南亚商务论坛等活动。

（王牙明）

【“十查十看”安全生产工作】 2013年，为深入开展“十看十查”安全工作，坚决遏制重特大安全事故发生，县工信局领导召开专题会议，成立领导小组，制定实施方案，统一部署，对电力公司、安化乡政府、安化酒厂、江川安福化工有限公司等单位进行了专项大检查。检查中，确保不漏一个问题，不少一个环节，对查出问题制定了整改方案，明确了整改措施、经费、责任人、时限。

【“六月安全月”活动】 江川县工信局真抓实干，确保江川县2013年“六月安全月”取得实效。期间共发放宣传手册120余份，悬挂横幅标语3条，张贴宣传画88张，出黑板报9期；集中开展安全生产大检查，按照“全覆盖、零容忍、严执法、重实效”的总体要求，江川工信局副局长杨有平率领局安全领导小组成员四次深入安化乡政府、安化酒厂、江川安福化工有限公司、电力公司等企业听取领导汇报情况、查阅会议纪录、资料，实地查看，明确整改措施，确保100%企业安全隐患挂牌整改、100%企业建立安全生产检查档案。

【“5·15“食盐安全宣传日活动】 为认真贯彻落实好食盐管理条例，江川县工信局于2013年“5·15”食盐安全宣传日出动宣传人员四人，发放《消除碘缺乏危害健康手册》2000余份，宣传画2000余份，宣传读物2000余份，张贴标语7条，受理群众咨询300人次，提高了全县人民食用加碘食盐的安全意识。

【食盐市场专项大检查】 2013年，县工信局共出动执法人员42人次，车辆10辆次，检查食品企业7户，食盐经营户165户，学校食堂15个，宾馆（饭店）73个。查处使用工业盐学校食堂一个，销售无碘盐一户，并对其进行了严肃处罚。

（刘光启）

【科技项目申报管理】 2013年，江川县共申报国家、省、市科技计划项目15个，其中：国家级科技项目3项、省级科技项目8项、市级科技项目4项，实际获得立项12个，其中：国家级科技项目2项、省级科技项目6项、市级科技项目4项，争取科技项目补助资金达596万元。通过省级科技认定4项，分别是：认定高新技术企业1户，认定院士工作站1户，认定省级企业技术中心1户，云南省科技型中小企业1户；新列入省级以上科技计划项目数4个；新认定市级农业特色产业科技示范园1户。继续实施了“科技下乡”、“科技活动周”、“科技示范园”和“建设创新型玉溪行动计划”等惠农工程。

【科技创新环境优化】 2013年，江川县切实把落实创新型玉溪行动计划作为推进江川县科学发展的重大举措抓紧抓实，倾力加快县域科技创新体系建设。一是大力实施《关于加强科技进步与创新，促进江川经济社会全面发展的意见》、《江川县科技进步与创新奖励办法》、《中共江川县委江川县人民政府关于贯彻落实<中共玉溪市委玉溪市人民政府实施建设创新型玉溪行动计划的决定>的意见》等政策性文件，加快江川科技进步与创新工作步伐；二是召开江川县2013年科技工作会议，全面总结和安排2013年科技创新工作，表彰奖励科技创新工作先进集体和个人，其中：奖励发明专利5项、实用新型专利15项、外观设计专利20项，获市级工程技术中心奖励1项，青少年科技创新奖励8项，合计发放奖金69500元。

【农民专业合作社发展】 2013年，全县共发展农民专业合作社37个，其中从事种植业的29个、畜牧业4个、渔业1个，农机服务2个，其他1个；拥有社员2309户，带动非成员农户11936户，拥有资产1086万元，农民专业合作社经营收入达到389万元；合作社统一组织销售农产品总值1230万元，统一购买农业生产投入品总值68万元，组织培训成员和农户2571人次。

【农业科技创新】 2013年，全县农产品加工企业已发展到16个，其中获国家级重点龙头企业称号的1个，省级龙头企业称号的3个，市级龙头企业称号的9个；花卉企业达11个，其中获市级龙头企业称号的3个；工厂化育苗企业累计达32个；农民专业合作社累计37个，全县累计通过认证的有机食品1个，有机转换产品1个，绿色食品3个，无公害农产品3个。

【科普宣传】 2013年，江川县认真开展科技活动暨知识产权宣传周活动，成立领导小组，下发《关于举办江川县2013年科技活动暨知识产权宣传周活动的通知》，明确各部门工作任务，组织各部门开展科技、卫生、地震、烟草、农业、畜牧等方面科技知识普及活动；组织开展以“识别灾害风险，掌握减灾技能”为主题的“防灾减灾日”科普宣传活动。各部门共出动33人，展出展板34块，向群众发放防震减灾、防灾应急、气象灾害、卫生防疫、家庭消防、农业病虫害和红十字会法律法规等知识手册、宣传彩页、宣传资料共计25种13000余份（册），悬挂横幅1条。出动司法宣传车1辆，在老戏台播放《防灾减灾知识讲座》专题片1部，组织发送防震减灾公益短信34万条，并接受了多人次的现场咨询。

【科技合作交流与成果管理】 一是建成玉溪市首家院士专家工作站。加强云南卓一食品有限公司、云南农业大学、北京工商大学3方合作建设，依托云南卓一食品有限公司先进的调味料生产设备和产品市场，借助北京工商大学和云南农业大学食品加工研究技术平台，合作建设孙宝国院士工作站，开展企业与院校合作工作，整合调味品研究、试验、生产、销售优势资源，将极大地提升企业的科技创新能力，创造较好的经济效益。二是建成江川首家高新技术企业。促成云南宏斌绿色食品有限公司创建成为“云南省2013年第一批高新技术企业”之一，成为县域首家高新技术企业。三是积极组织云南阳光食品有限公司、云南宏斌绿色食品有限公司、云南江

川卓一食品有限公司参加泛亚科技展览会玉溪市招商引资项目，帮助企业做好企业宣传、展板设计、产品布置等参展工作。四是做好省科技厅组织的德国专家调研星云湖保护专项工作。五是组织农业、教育、卫生、磷化工行业申报玉溪市学科带头人推荐和评比工作，组织有关单位申报玉溪市2012年科学技术奖励工作。

【知识产权】 一是积极开展知识产权宣传活动。下发《关于举办江川县2013年科技活动暨知识产权宣传周活动的通知》，开展“4·26”知识产权宣传活动日、“科技活动周”系列活动，深入规模企业和学校开展知识产权宣传、咨询、调研活动，共商企业知识产权申请和保护工作。二是做好知识产权服务和专利申请保护工作。2013年，共申请专利32件，获得专利授权9件，有效提升了县域科技自主创新能力。组织1人参加玉溪市行政执法培训，切实提高知识产权服务和管理工作水平。协调钱本春与唐辉“萝卜切丝机实用新型专利”纠纷案件，开展专利法规宣传、咨询，妥善处理知识产权纠纷。积极帮助专利权人申请省、市各种专利资助、奖励32件，涉及金额3万余元。

【蓝莓产业项目推进】 2013年，江川县积极贯彻市政府抚仙湖蓝莓种植工作方案，切实推进蓝莓产业示范推广项目。成立了由县长任组长的江川县抚仙湖沿岸及东风水库径流区蓝莓种植领导小组，召开了江川县蓝莓种植工作动员会，制定了2013年抚仙湖沿岸及东风水库径流区蓝莓种植实施方案，明确了以“科技企业”合作建立基地带动农户的工作模式，组织开展了5期蓝莓种植科技培训班，共培训774人。完成了对地块土壤取样检测分析，落实蓝莓种植面积1000余亩，蓝莓产业示范推广项目工作进展顺利。

（叶红梅）

【无线电管理宣传月活动】 2013年是《中华人民共和国无线电管理条例》颁布20周年，县工信局联合文旅广体局、气象局、电信公司、移动公司、联通公司、玉泉酒店、世文酒店等于2013年9月5日至16日，共同开展以“合法使用无线电频率，依法使用无线电台站”为主题的无线电管理宣传月活动。

活动期间，展出无线电相关知识展板32块，发放宣传资料2100份，接待咨询群众30余人次；利用手机短信平台发送公益短信16万条；利用覆盖全县村组、学校、相关单位的“气象公共信息服务系统平台”230块，制作发布宣传标语1610条；LED电子显示屏标语宣传310条，制作悬挂横条幅标语4幅。此外，各涉台单位还组织广大职工学习了无线电相关法律法规。

【无线电台站规范化管理专项活动】 为贯彻落实2013年省、市关于开展无线电台站规范化管理专项活动工作会议精神，进一步巩固无线电台站核查工作成果，推进江川县无线电台站管理规范化、制度化、科学化。县工信局于2013年6月3日至8月6日，在全县范围内开展无线电台站规范化管理专项活动。一是对存在遗留问题的未规范台站进行分类研究，根据实际情况清理、消除了未规范台站。二是检查瑞文酒店、阳光海岸等宾馆酒店11户对讲机用户，核实台站数据，修改完善数据参数，确保准确性达到100%。三是积极配合市工信委对江川广播电视发射设备进行检测，通过检测各指标全部符合国家标准。最终圆满完成了该专项活动的目标、任务。

【无线电设台单位管理机构与人员建设】 根据省、市工业和信息化委关于完善设台单位无线电管理机构和人员的通知要求，县工信局于7月16日，组织县文旅广体局、公安局、林业局、气象局、防震减灾局、江川移动公司、江川电信公司、江川联通公司召开了设台单位无线电管理机构和人员建设工作会议，确保各设台单位树立无线电频谱资源管理的意识，重视无线电管理工作，加大无线电管理领导小组和专办员建设工作，明确了无线电领导小组和专办员的工作职责。强化自我管理，促进无线电事业健康发展。

【高考期间网络安全和无线电监测】 为认真贯彻落实2013年全国、省、市普通高校招生工作会议精神，营造良好的考试环境，确保江川县高考期间网络安全和无线电监测工作的安全、平稳、顺利进行。江川县工信局按照全市统一安排部署，结合部门的职能，多方协调、多部门联动圆满完成了高考无线电监测监管及网络安全保障工作。一是协调三大通信运营商召开了高考保障工作会，要求加强对网络、设备和信息台的管理，做好考试期间通讯线路连接和标准化考场数据传输工作保障，确保招生考试相关信息的安全，为考生网上填报志愿、网上征集志愿期间提供网络保证。同时充分利用现有的基础条件，加强对互联网传播有害信息的监控管理，封堵互联网手机有害信息。二是积极开展无线电监测保障工作，加强防范利用无线电设备手段作弊的行为。配备先进的无线电监测设备，在考点现场对考场周边无线电信号进行监测甄别。

【“玉溪市网上政务协同办公系统”调研】 “玉溪市网上政务协同办公系统”是市委、市政府2013年重点督办项目，项目建成后将覆盖全市的电子政务网络平台，取代原来的电子政务外网和专网。根据全市的统一部署，由县政府办牵头，县工信局、县电子政务网络管理中心联合开展“玉溪市网上政务协同办公系统”基本情况调研工作，对全县部、委、办、局、乡镇、街道办事处和相关部门单位61家进行了调研，收集、汇总各部门单位近年来有关电子政务建设的信息化基础设施建设、部门业务应用系统及公共应用系统建设和运维情况等信息数据，并上报市工信委，为全市建立统一的市级、县区级的互联网出口提供了基础数据。

【重点领域网络与信息安全检查】 根据省、市关于开展重点领域网络与信息安全检查行动的安排部署，江川县结合实际，于2013年8月16日至8月30日，由江川县政府办牵头，县工信局负责组织县属政府职能部门和城市供电、供水领域等相关单位，开展重点领域网络与信息安全检查工作。据统计，江川县政府职能部门和城市供电、供水等相关单位，运用信息系统的有28家，信息系统81个，依托国家建设运用的信息系统有15个，省级39个、市级15个、自建12个。

【县工信局机关网络信息平台建设和应用】 2013年年初，县工信局投资5000余元完成内部局域网建设，并依托市工信委，建成了玉溪电子政务协同办公系统。2013年3月，分别邀请了云南起步科技公司张宏宇、高丽芳老师到县工信局举办了两期玉溪电子政务协同办公系统业务培训，培训全局干部、职工和江川移动公司相关人员61人次。通过培训，全体干部职工已熟练使用该系统，实现了公文网上拟稿、审批、流转和成文等流程，标志着工信局信息化建设进入了一个崭新的阶段、办公自动化迈上了一个新台阶。

【“数字企业”建设】 为实施企业信息化工程，提升企业信息化水平，增强中小企业市场竞争力，江川县工信局多措并举全力推进“数字企业”建设。一是深入企业调研，精心筛选创建企业，明确创建企业、创建内容、创建的目标和任务。二是组织江川供电有限公司等19户企业召开“数字企业”建设推进会，对创建目标作安排部署。三是成立“数字企业”建设宣传服务队，主动深入创建企业，为企业提供基础通信网络、业务流程、运行监管等信息化应用解决方案，着力推动数据通信基础网络、信息化应用平台等建设。

（罗海清）

【江川企业参加玉溪市“智慧企业推广”暨“中小企业信息化服务”信息发布会】 深入企业调研，认真筛选，组织全县信息化建设较好的江磷集团、红塔包装、宏斌绿色食品、卓一食品、阳光食品、建国包装等10户相关企业负责人13名，参加玉溪市“智慧企业推广”暨“中小企业信息化服务”信息发布会，聆听相关专家围绕“智慧企业”解决方案信息发布、玉溪中小企业信息化案例、“网络安全进企业”警示教育等方面进行专题讲座，提高了参会企业对“智慧企业”内涵、建设的目的和意义的进一步认识。

（罗海清）

【党委党建】 2013年，工信局党委共有党的基层组织32个，其中党总支4个，党支部28个。共有党员375名，其中预备党员5名，占党员总数的1.33%；女党员78名，占党员总数的20.8%；少数民族党员16名，占党员总数的4.27%；35岁及以下的党员32名，占党员总数的8.53%。大专以上学历的党员152名，占党员总数的40.53%。共有申请入党人（不包括积极分子和发展对象）43名，入党积极分子（不包括发展对象）40名，发展对象6名。

强化各项党务工作：一是认真开展党员教育活动。坚持每月一次党员学习，组织各总支、支部学习党的十八大、十八届三中全会及省、市、县等有关会议精神以及科学发展观、党风廉政、党的宗旨等内容，通过选派7名非公企业党组织书记、企业主参加了全市“两类”组织党组织书记示范培训班及发挥共产党员网远程教育频道教育作用等措施，不断拓宽党员干部学习渠道，提高了党员干部政治理论素养。二是组织各党总支、支部认真学习习总书记关于厉行勤俭节约反对铺张浪费重要批示精神，学习县纪委《关于加强作风建设监督检查的通知》等重要文件，组织机关干部参加违反八项规定精神案件通报会，引导全体党员干部自觉遵守中央八项规定。三是做好党员发展工作。2013年，共发展非公企业预备党员3名。四是坚持每年一次民主评议党员会和民主生活会，全年各机关党总支、支部召开民主生活会2次。五是开展好“党员先锋活动工程”。下发党支部工作手册及党员先锋行为手册至各党总支、支部，要求做好工作记录，健全管理台帐。推行党员分层量化积分制考核管理，结合实际制定了《关于在工信系统党委推行党员分层量化积分制考核管理的通知》。六是通过制定、落实限期整改方案、培训党组织书记等措施，确保党组织分类定级工作取得实效。七是巩固基层组织建设年工作成果，注重挖掘典型，2013年向县委组织部上报电信局党支部一名业务骨干人员作为基层“好党员、好干部”典型进行宣传报道。八是扎实开展“四群”教育实践活动。紧紧围绕县委“四群”教育活动要求，采取“三化”措施，组织党委系统五个机关党总支扎实有效开展“四群”教育活动，先后开展了“为民务实抗旱先锋行动”、“扶贫帮困”、“帮促致富”等主题实践活动，参与“农村环境卫生整治”、大春生产等农村重点工作。局机关、县招商局支部、县安监局支部积极筹措资金7.4万元，支持群众搞好大春生产，解决人畜饮水问题。九是健全党内激励关怀机制。坚持七一、春节慰问困难党员、困难职工制度。十是加强制度建设，通过建立健全党建工作责任制、严格执行党的民主集中制原则、加强群团组织建设、坚持党务公开等措施，不断提高党建工作水平。

（杨宏蕾）

招商合作

【总体运行情况】 2013年，玉溪市人民政府下达江川县招商引资引进市外国内资金考核目标任务为40亿元，其中省外国内资金37亿元；外资考核目标任务400万美元。

2013年1～12月，全县实施市外国内资金项目68项，其中新建项目53项，结转项目15项，使用市外国内资金425748万元，（上年同期139420万元）同比增长205.37%，完成玉溪市人民政府下达的市外资金目标任务40亿元的106.44%，其中使用省外资金349558万元（上年同期120510万元）同比增长190.06%，完成玉溪市人民政府下达的省外资金目标任务37亿元的94.48%。外资到位资金365万美元，完成目标任务的91%。重点签约项目5个，在谈项目29个，开发储备项目53个。

在玉溪市一区八县、高新区十家目标任务责任单位中排名情况：江川县1～12月份招商引资引进市外国内资金数排名第3，增速第2；引进省外国内资金数排名第3，增速第2；外资完成数排名第5。

【到位资金行业分布情况】 一产项目4个，为农业、林业项目，市外到位资金10026万元；二产项目29个，以农副食品加工业、食品制造业、纸制品业、塑料制品业、专用设备制造业、电力热力、医药制造的生产等为主，市外到位资金84723万元；三产项目35个，以文化旅游业、房地产、水利管理业、生态保护和环境治理业、公共设施管理业为主，市外到位资金330999万元。市外到位资金在一、二、三产业的比重分别为2.35%、19.9%和77.75%。

【市外到位资金投资来源地情况】 从长三角和珠三角来看，长三角地区到位资金5493万元，占省外到位资金总额的1.57%。珠三角地区到位资金62268万元，占省外到位资金总额的17.81%。

从各省区市到江川县投资来看，重庆、浙江、北京分别以189300万元、56268万元、32694万元位居到位资金前3位，到位资金总额278262万元，占省外到位资金总额的79.6%。

省内到江川县投资仍以昆明为主，到位资金为22890万元，占到位市外省内资金的90.79%，其余地州到位资金3427万元。

各乡镇及部门完成任务情况，1～12月，各乡镇使用市外国内资金与上年同比增幅排在第一位的是路居镇，增长300%，其次是安化乡，增长272%，九溪镇同比增长超过132%，排在后面的是大街街道79%、前卫镇38%、雄关乡19%、江城镇17%。从各乡镇完成任务进度情况来看，完成任务最好的安化乡完成223%，其次是九溪镇已完成171%、大街街道完成128%、前卫镇完成99.8%；完成80%以上的是江城镇、雄关乡；路居镇完成72%排在最后。有招商引资任务的22个县直部门中，21个部门已提报资金，1部门尚无资金提报。

（李世文）

工业园区管理

【概　述】 2013年，工业园区在县委、县政府的领导下，在园区建设指挥部的统筹协调及各成员单位的协作配合下，紧紧围绕“工业强县、兴园强工”战略，牢牢把握加快转变经济发展方式主线，以又好又快发展为主基调，加快基础设施建设步伐，加强企业服务深度，加大招商引资力度，创新规范内部管理，优化企业发展环境，园内面貌日新月异，在新型工业化道路上迈出了坚实步伐，各项工作得到了健康持续发展。

【园区经济】 全年园区企业实现总产值4500万元，完成年度计划4500万元的100%，其中：规模企业实现产值4500万元；实现工业增加值1150万元，完成年度计划1150万元的100%；实现营业收入4500万元，完成年度计划4500万元的100%；实现利税收入442万元。

全年完成固定资产投资70468万元，完成计划投资7亿元的100.7%。其中：园区基础设施投资19757万元；园区项目建设投资50711万元。落户园区企业6家，形成以机械装备制造、新能源新材料为主导的产业。

【基础设施建设】 继续掀起园区基础设施建设高潮，2013年完成基础设施建设投资19757万元。一是努力推进低丘缓坡土地收储工作。完成低丘缓坡土地收储1089亩；二是加快园区道路、管网、供水、供电等基础设施建设。完成龙泉大道路面硬化工程投入使用；完成仙水大道路基工程建设，路面工程招标及施工合同签订；完成园区内全长2428.73米市政道路（1-5号路）施工图设计及招标工作，完成4号路路基工程建设；完成园区北部排水沟管工程建设投入使用；完成园区东北面长2.3千米截污管工程建设投入使用；完成早街110千伏变电站工程建设投入运营；三是完成小白坡片区660亩土地测绘及1∶500图纸绘制工作，总体规划、控制性规划、规划环评通过市级评审。

【招商引资】 园区不断加强推介力度，围绕大项目、税源型项目、特色产业项目开展招商。全年经市绩效考核办认定到位市外国内资金4亿元，完成县年度目标任务2亿元的200%，完成市年度目标任务4亿元的100%。全年共引进签约落地项目4个，投资总额5.49亿元，总计占地面积510.37亩。其中，云南腾达机械制造有限公司建设年产2.5万件套数控精密机床齿轮项目，总投资1.4亿元，占地110亩；玉溪万利包装材料有限公司建设年加工能力达1.6亿只纸箱的生产基地项目，总投资1.49亿元，占地120亩；云南绿竹烟花集团有限公司烟花爆竹行业整合配套工业项目，总投资0.8亿元，占地103.37亩；江川新天力现代农业装备制造有限公司年产4.5万台高原机械装备制造及农业产业工程项目，总投资1.8亿元，占地177亩。

【工业项目建设】 园区一手抓项目开工，一手抓工程质量。针对各个项目的进展情况，分别采取不同措施，进行全程监督和管理，对3个在建项目帮助协调理顺关系，解决项目开工过程中存在的具体问题，保证施工顺畅，工业项目建设快速推进。

云南特固电气有限公司，于2013年2月完成第一期厂房建设，建筑面积6912平方米。企业已办理生产许可证，通过取得中国国家强制性产品认证证书和质量管理体系认证证书，完成新增规模企业的申报和入库，纳入规模企业统计；云南联塑科技发展有限公司，于6月29日开始第一期工程建设，建筑面积10.3万平方米，至12月底已完成主体工程建设；云南腾达机械制造有限公司，于9月1日开始第一期工程建设，建筑面积约2.2万平方米，至12月底主体建设已基本完成；玉溪万利包装材料有限公司，建筑面积约6.5万平方米，于10月开始进行场地平整；江川新天力现代农业装备制造有限公司，于11月21日签约入园。

【合作共建】 龙泉山工业园区与玉溪国家级高新区于2013年8月2日完成框架协议签订。龙泉山约30平方千米（其中：仙水大道以北山水新城面积5.13平方千米，园区原规划详规面积2.66平方千米）区域纳入玉溪高新区开发建设范围，高新区将与江川县共同开发建设龙泉山工业园区。园区将按照“资源共享、平台共用、合作开发、利益共享”的原则，抓住市政府决定“将龙泉山生态工业园区纳入玉溪高新技术开发区重要组成部分”的机遇，充分利用高新区现有的招商引资、投融资和政策平台，把龙泉山工业园区建设成为全市新型工业化的重要经济带和优势工业项目聚集区，实现产城相互融合。

【园区规划调整】 完成龙泉山工业园区22平方千米拓展区域概念性规划工作。按照“高起点、高标准、前瞻性、科学性、操作性”的规划要求，以“生物产业，新能源、新材料，先进装备制造，现代服务业”四大产业为基础进行功能布局，形成“一园三区一基地”的空间格局。遵循“生态优先原则、产城融合原则、可持续发展原则、循序渐进原则、刚性与弹性相结合原则、特色原则”，打造现代化、精品化、“产业、服务、生态”三位一体的高新技术园区。

【服务平台建设】 工业园区投资开发有限公司于2013年6月26日注册成立，作为园区基础设施建设投融资平台，撬动银行贷款，缓解园区建设资金紧张的矛盾。用于龙泉山工业园区低丘缓坡土地开发利用项目土地收储及基础设施建设的1亿元贷款资金于2013年10月22日到位。

【马文龙调研龙泉山工业园区推进情况】 2013年7月11日，县委书记马文龙到龙泉山工业园区调研园区工作推进情况。要求园区管委会要增强紧迫感和责任感，加快推进园区建设，希望入驻企业倒排工期，争取早投产，早见效。

马文龙查看工业园区基础设施建设情况，向项目投资负责人了解园区项目推进中存在的困难和问题。

马文龙希望入驻的联塑等企业在配套工程建设及标准厂房建设等方面倒排工期，根据既定目标、任务，进一步细化责任，争取早投产，早见效。县委、县政府将一如既往地支持和帮助所有落户园区企业，全力帮助他们解决建设中存在的困难和问题。

（张雨曦）

粮　食

【概　述】 2013年，粮食局按照县委、县政府的工作安排部署和市粮食局的工作要求，紧扣“保供给、稳市场、惠民生”的工作重心，继续深化国有粮食企业改革，加强调控，抓好粮油购销，完善储备调节，推进产销合作，圆满完成了各项工作任务，保障了江川粮油有效供给和市场基本稳定。

【粮油购进】 2013年，全县（纳入统计范围企业）购进粮食16104吨，比上年增1772吨，增12%，其中，国有粮食企业购进粮食8037吨，同比增3011吨，增60%；购进兑入油菜籽3515吨，同比增加224吨，其中，国有粮食企业收购兑换1404吨（含县外调入），占全县收购量的40%，同比增228吨。

【粮油销售】 2013年，全县（纳入统计范围企业）销售粮食19799吨，同比增2865吨，增17%；销售菜油676吨，同比增20吨，其中，国有粮食企业销售粮食7960吨，同比增1631吨；销售菜油379吨，同比增16吨，增4%。

【粮油库存】 2013年末，全县（纳入统计范围企业）库存粮食5591吨，同比增1374吨；库存油脂636吨，同比增239吨。其中，国有粮食企业粮食库存5836吨，同比减212吨，减4%；油脂库存629吨（含料折油），同比增232吨。

【经济效益】 国有粮食企业2013年实现销售收入3269万元，比上年增593万元。实现利润52万元，同比减少利润10万元，其中，江川县粮食收储有限公司实现利润30万元，云南江川军粮供应站实现利润22万元。

【粮食流通监管】 依法开展粮食流通监督管理，维护正常的粮食流通秩序，确保粮食质量安全。开展粮食收购许可证的年度检审，规范粮食收购行为。根据《粮食流通管理条例》和《粮食收购资格审核管理暂行办法》规定，于2013年2～3月，对全县取得粮食收购资格许可证的2户企业、4户个体工商户进行年度检审，年审合格率达100%。加强粮油收购市场监管，保护种粮油农民利益。出动执法人员28人次，车辆14台次，对全县从事粮油收购的经营户进行巡回检查，指导督促其严格执行国家粮油收购政策，在收购场所公示收购品种、等级、质量标准、收购价格、兑换比例，接受群众监督，保护种粮油农民利益。开展粮油质量监管。在做好日常监管的同时，加大元旦、中秋、国庆等重大节日期间的监管力度，全年出动执法人员80人次、车辆32台次深入市场、粮油门市和企业，对全县主要从事粮油经营的41户（国有粮食企业2户、个体经营户39户）库存成品粮油质量进行全面检查。检查库存粮油2970吨，其中：大米1690吨，面粉面条160吨，食用植物油1120吨，有效防止了粮油食品安全事故的发生。

【平价粮油销售】 全面落实省政府惠民生保供给粮油平价销售政策。2013年，国有粮食企业在全县4个粮油平价销售点按略低市场价累计销售粮食980吨、菜油330吨，对保障全县粮油供应，稳定市场粮油价格发挥了积极作用。

【政策性粮食供应】 军粮、救灾救济粮供应是粮食部门的一项政治任务，认真贯彻落实《军粮供应管理暂行办法》，不断改进提高服务质量，军粮供应企业坚持定点采购、统一包装、一批一检、品种兑换、面条委托加工等行之有效的措施，按时按质按量完成军粮供应任务。同时，积极与民政部门配合，全年供应救灾救济粮（大米）200吨，为保障民生、维护稳定尽最大努力。

【粮食清仓查库】 根据《玉溪市发展和改革委员会玉溪市财政局中国农业银行玉溪市分行关于开展2013年全市粮食库存检查工作的通知》要求，于4月上旬，对两户国有粮食企业（江川县粮食收储有限公司、云南江川军粮供应站）的库存粮食进行了检查，检查储粮点8个，库存粮食仓库51个，粮油门市5个，检查粮食9222吨，其中：粳稻5257吨、玉米2728吨、小麦1237吨（含面粉和面条）。

【社会粮食流通统计】 根据《粮食流通统计制度》的要求，对全县纳入粮食流通统计范围的41户粮食经营户的每月粮食购销、加工、库存情况进行统计上报。开展城乡居民（50户）固定粮情调查和全县粮食供需平衡情况统计分析，每季进行一次全县粮情分析，半年进行统计资料的上报汇总分析，年终对全县粮食供需平衡情况进行全面统计分析，并以书面形式上报政府和上级粮食主管局，为粮食宏观决策提供依据。

【放心粮油销售示范点挂牌】 江川县粮食收储有限公司和云南江川军粮供应站于2013年9月被云南省粮食行业协会授予第三批“放心粮油进农村进社区销售示范企业”。2013年10月16日，由江川县人民政府副县长王波为示范点进行揭牌，这在全县属首家，在大街、江城、路居、九溪四个惠民生保供给粮油平价销售点基础上，增加云南江川军粮供应站五个点挂牌为放心粮油示范点，进行放心粮油销售。

【储备粮管理】 认真落实储备粮管理办法，加强日常管理，严防勤查，确保储备粮储存安全。2013年，先后组织粮油储存安全检查18次，对储粮安全隐患及时督促企业进行整改。强化库存粮食品质监测，对库存粮食定期抽样送检，全年送检样品6个，代表量4000吨，根据检验结果，确定当年1234吨储备粮稻谷轮换任务，新粮轮入于12月20日完成。

【粮油储备加工中心建设】 经过2012年1月的可行性论证，2013年2月27日立项报批，投资1165万元的江城教场粮油储备加工中心建设项目于2013年10月9日已完成了370吨的油库建设。3000吨的现代化仓库建设项目正在紧密锣鼓的实施当中，2013年12月5日已完成了图纸设计、工程招标等一系列工作。正按照统筹兼顾、分步实施、稳步推进的原则抓好榨油车间和职工管理用房建设工作，确保整个工程项目按期完成。

【表彰奖励】 2013年3月19日，粮食局2012年度党风廉政建设责任制被中共江川县委考评为优秀单位；2013年6月27日，粮食局被江川县委评为村级组织换届选举工作先进单位；2013年11月5日，粮食局2012年度行政效能建设工作被江川县人民政府考评为先进集体。2013年10月16日，陈金芬被中共江川县委、江川县人民政府表彰为2008～2012年依法治县工作先进个人。

（陈金芬）

供　电

【概　述】 2013年，江川供电有限公司以“落实战略、固本强基、真抓实干、推动公司新的发展”为主题，深化南网战略落实，全面推进创先工作，持续提升安全生产、营销服务、规划建设、经营管理、队伍建设、党群工作的规范化水平，圆满完成了全年各项目标任务。

年末，有在职员工278人，其中劳务派遣员工144人，平均年龄36岁。其中，具有中专及以上文化程度的占97.30%，具有中级及以上专业技术资格的11人，技师及以上职业资格的3人。下设17个部门，5个营业网点。运行3座110千伏变电站，2座35千伏变电站，总变电容量27.5万千伏安。运行维护110千伏输电线路2条，总长30.97千米；35千伏输电线路3条，总长27.26千米；10千伏配电线路34条，总长510.03千米；0.4千伏及以下线路1088.47千米。配电变压器1708台，总容量37.54万千伏安。直供客户9.12万户。

【经济技术指标】 供电量6.99亿千瓦时，同比增长51.21%；售电量6.73亿千瓦时，同比上升55.41%；最高日电量307.90万千瓦时，同比上升50.19%；最高负荷为156.27兆瓦，同比上升49.54%；综合供电可靠率99.842%，同比上升0.321个百分点；城镇供电可靠率99.964%，同比上升0.204个百分点；农村供电可靠率99.836%，同比上0.372个百分点；综合电压合格率97.30%，同比上升0.66个百分点；工业产值达27500.84万元，同比增长46.85%；应缴税费1315.51万元，同比增长34.43%；电网建设总投资达8139.27万元。

【发展战略】 按照云南电网公司统一部署，制定公司战略实施（创先）方案，明确了未来3年公司的发展定位、发展重点、发展目标。从加强基础管理和提升核心能力着手，围绕安全管理、供电可靠性、客户服务、节能降耗四大核心领域，稳步推进一体化管理工作。2013年公司聚焦年度目标，健全工作机制，开展全员创先，创先四大核心指标全面提升：安全生产风险管理体系工作开展达到局要求；客户年均停电时间13.81小时/户，同比下降28.23小时/户；综合线损率3.83%，同比下降2.6个百分点；第三方客户满意度71分，同比提高3分。2013年公司组织绩效八县公司排名第二。

【安全生产】 安全管控更加有效。以推进安全生产风险管理体系建设为重点，加强安全目标与指标过程控制，持续提升安全生产管理水平。有效衔接安全生产标准化达标工作。系统修编安全生产责任制，梳理岗位安全生产职责与到位标准。规范生产综合计划管理流程，通过资源的合理配置、作业的充分准备、控制措施的提前布置、实施过程的联动配合，实现了对风险的预控在控。持续整改，完成安全区代表检查、任务观察、安全大检查、体系内审发现问题，共1483项不符合项的整改工作。实现安全生产百日个数3个，安全生产运行365天。

生产管理不断加强。以指标驱动生产计划管理水平，生产作业计划完成率95.8%，同比上升1.48个百分点；月平均临时性停电计划比率0.84%，同比下降0.13个百分点。开展基于问题的电网风险评估与控制，电网运行指标持续向好。发布《2013年设备主要风险及重点维护策略》和设备风险评估方案，实现重点维护策略闭环管理。从作业（人身）风险评估、作业计划、作业准备、作业实施及作业回顾控制等方面实现作业全过程管控。完成35千伏前卫变负荷转供、35千伏九溪变带负荷工作，有效缓解电网网架薄弱问题。加强生产专业建设，扎实开展“电网安全年”“配网管理提升年”活动。开展应急演练34次，电网联合反事故演习1次。完成春节、两会、高考等10次重要保供电任务。

【营销服务】 电力供应措施有力。完善营销服务机制，以客户用电需求为中心，优化电网运行方式。建立与政府、客户的信息沟通机制，提高应对市场变化的分析与掌控能力。对保障性住房、龙泉工业园区等地方重点建设项目实行领导挂钩，加强跟踪指导，确保项目及时通电。与重要二级客户县人民医院建立了应急联动机制。积极开展抗旱保供电，为抗旱保电项目开辟办电绿色通道10项，确保抗旱期间的人畜饮水、农业排灌用电。

营销服务全面提升。深入推进营配信息集成建设，营销管理信息系统客户信息普查完成率98.95%，营配信息集成七个一致性达99.89%。认真落实居民阶梯电价政策，确保居民生活用电电价执行到位。构建多渠道电费缴费方式，方便客户缴费，2013年内累计电子化电费缴费比例75.8%。10千伏及以上业扩项目平均办理时间同比大幅减少。持续开展“点亮你、点亮我”优质服务活动，以“情满古滇、服务你我”为主题开展用电宣传，组织“节能低碳”活动充分发挥社会节电效能。

线损管理成效显著。进一步完善基础数据。实施“十二五”电能计量规划，全面提高计量装备水平，逐渐统一客户表计资产管理。全面推进技术改造，安装低压载波电能表32040只，低压集抄覆盖率为35.96%；公变配变终端覆盖率99.89%；专变负控终端覆盖率11.3%；站所电能量采集率达到50%。规范抄核收工作，深入整治估抄、漏抄、窃电等突出问题；明确责任、严格考核，有效降低10千伏有损线损和台区线损。全年线损电量减少294万千瓦时，同比下降9.9%。

【规划建设】 电网规划不断深化。加强政企合作，召开江川县及工业园区经济发展和大中客户用电项目座谈会。紧紧围绕地方重点建设项目，编制了《江川县城西片区供电规划方案》、《江川县区域规划及用电“卡脖子”项目供电规划方案》以及龙泉山和小柏坡两个工业园区的用电规划方案。开展“十二五”配电网规划、“十二五”自动化规划、“十二五”通信网规划研究修编，完成了配电网规划项目库优化报告及供电可靠性分册的编制工作。

建设管理更加规范。以“安全零事故”、“质量零缺陷”、“管理零

违规”为目标，落实WHS质量作业标准、施工现场作业票、安全风险基准指南及预控措施。积极办理工程开工的相关手续及开展现场协调工作，确保了110千伏早街变顺利投产及220千伏雄关变顺利开工，110千伏棋盘变、35千伏安化变完成核准及可研工作。35千伏早前线验收并投入运行。按计划完成2013年农网项目25项，开展2014年农网项目可研。新建生产调度通讯综合楼完成主体工程封顶，辅属功能用房项目得到批复。

【经营管理】　财务管理不断强化。不断深化预算管理，加强预算执行与绩效考核联动，提高预算管控和执行能力。深化资金集中管理，确保资金安全高效。规范会计核算工作，强化会计信息质量管理，提升成本管理精细化水平。开展往来款项的清理，清理工作落到实处。开展固定资产清理工作，实现各类资产的帐、卡、物相符，提升资产管理能力。

内控管理深入有效。健全法律风险防范机制，开展法律外部咨询及培训5次。推进审计整改制度化、规范化、常态化，按期完成届中审计及审计揭示共性问题自查整改工作，整改问题51项。有效监督依法经营风险管控点，夯实管理基础。全面完成职工持股企业清理整顿工作，持续规范主多关系。

【基础管理】　管理精益化转型有力。构建精益管理平台和实施路径。加强标准化建设和表单管理，修编制度、岗位说明书、部门业务手册共186个，实现管理职责与岗位作业任务的有效链接。以绩效挂钩继续加强班组建设。发挥管理论坛、QC活动等平台作用，开展1项课题研究，成果运用率大幅提升；开展了5项QC课题研究，其中1项荣获玉溪电网QC成果发布三等奖。更加注重务实管理，5W2H与PDCA的管理技术得到普遍运用。

规范化建设全面推进。全面推进供电所规范化建设，印发了《2013年供电所规范化建设方案》、《供电所规范化建设推进计划》及《2013年台区（供电所）建设任务分解表》，在供电所之间进行交流对标，互帮互学，充分发挥传、帮、带作用，专业部门结合体系要素的规范要求定期对供电所开展业扩业务、用电检查专业化延伸指导，确保达到供电所规范化建设年度目标。

【获奖情况】　公司荣获云南省2010至2011年度三星“守合同、重信用”企业称号、云南电网公司“五四红旗团支部”、玉溪电网“2013年度会计报表工作先进单位”、江川县“2013年度社会综合治理维护稳定先进县社管综治委内部先进单位”称号。

（张　维）

供销合作

【概　述】　2013年江川县供销社全面贯彻落实省、市、县委政府关于深化改革实施供销社“二次创业”文件精神，按照“强化乡村流通网络建设，增强农资服务功能，积极参与产业化工作，完善内部管理措施，为‘二次创业’夯实基础”的工作思路扎实开展工作。全年累计完成：经营总额27232万元；销售总额27091万元；农副产品销售总额3963万元；利润总额299万元；社有资产总额1362万元；农资化肥销售量53152万吨。发展（规范）“两社一会”31个，完成农村劳动力转移就业280人，培训各类人员1046人，其中，培训农产品经纪人350人，培训综合服务社店长16人。

【农资服务惠“三农”】　江川县供销社农资公司通过抓基层党组织建设，充分发挥先锋模范作用，以农资经营服务“三农”为主线，抢抓机遇，更新理念，不断完善经营管理机制，为江川农业增产、农民增收作出了积极贡献。一是构建畅通网络。紧紧抓住服务“三农”这一主线，以“县城有配送中心、乡镇有连锁店、村里有农家店”为目标，打造新的为农服务平台。新、改、扩建了4个乡镇农资中心店。二是规范经营上水平。加强对“农家店”店长的培训以及从业人员的教育，不断提高“农家店”的人员素质、管理水平和服务质量，实行“五统一”，统一门面标识、统一价格标签、统一商品配送、统一服务标牌、统一管理制度，从而逐步在全县形成具有一定规模的农资经营网络。举办了六期403人次的农资营销人员培训。严把经营主体关、进货关和市场检查关。全县126家农资农家店自觉遵守行业规范，未发生一起坑农害农事例和重大农资产品质量纠纷，有效保障了农业生产安全。三是创新服务惠三农。一方面为保农资仓储和供应，积极向工商联贷款200万元；另一方面为保春耕、促生产，在农资销售旺季，降价销售，仅尿素就损失6万元。

【组建资产管理有限公司】　为推进供销社企业改革，加强供销社社有资产的开发、经营、管理，确保社有资产保值增值，推进供销社“二次创业”。经2013年7月18日江川县人民政府第五次常务会议同意，由供销合作社按照《公司法》等法律、法规，依法依规组建江川县供销社资产经营管理有限公司。会议要求县供销合作社要认真对社有资产的投资、开发、经营、管理、资本营运和生产经营活动进行依法管理，进一步提升资产运行质量，充分发挥社有资产效益，确保社有资产提质增效。要严格遵守《公司法》等相关规定，确保公司组建后，充分发挥效益。年内江川县供销合作社已完成“江川鼎兴资产管理有限公司”的组建。

【盘活社有资产】　3月，县供销社组织人员对全系统的房地产现状及租赁、承包经营情况进行认真调研，全面分析资产管理上存在的困难和问题，结合“二次创业”目标任务，分别形成《江川县供销社全系统房地产情况调研报告》和《江川县供销社“二次创业”项目建议书》，为有效盘活社有资产奠定了坚实基础。特别是供销社小花园门市，位于县城湖滨路和星云路交叉口，占地3.45亩，面积约2299.06平方米，为临时一层建筑，虽有门店90间，但只有沿路的几间铺面尚在出租，其余房屋已闲置，年租金约10万元。该建筑始建于1998年，现门窗及屋顶石棉瓦破损严重，严重影响到县城的整体形象和租金收入。为推进供销社“二次创业”，经政府第五次常务会研究同意，将小花园供销社门市推向市场开发，已完成小花园门市的土地招租工作，该项目已经破土动工。

【“两社一会”发展】 按专业合作社和行业协会的规范要求，2013年发展（规范）“两社一会”31个：新发展农民专业合作社14个、规范化农民专业合作社6个、示范化农民专业合作社5个，新发展公共管理型农民专业合作社6个。

【野生菌人工促繁】 在安化旧村看山房和安化大山试验示范基础上，2013年以江川雄关野生菌专业合作社为依托，将雄关野生食用菌资源保护与人工扩繁基地建设立项申报，争取到省市野生菌产业发展专项资金24万元。并将此项目作为江川县社2013年的一项工作重点来抓，出资20万元，在安化乡、雄关乡建立试验示范基地，分别采取四种处理方式进行人工扩繁1060亩，在路口制作宣传展板两块。人工扩繁的方法已初步体现效果，突现出一个“早”字，分别采取挖沟、挖塘、浅铲和罩薄膜小棚四种处理方式处理过的林地都长出了干巴菌，挖沟处理的林地在5月下旬长出干巴菌，比往年提前一个月。

（史岩松）

农林·水利

编辑　盛文芬

农　业

【概　述】　江川县农业局加挂江川县畜牧兽医局、江川县乡镇企业局牌子。局机关内设一室三股，即：办公室、生产综合股、计划财务股、法规股；下属设置15个事业单位，即：江川县农业技术推广站、江川县植保植检站、江川县土壤肥料工作站、江川县种子管理站、云南省农业广播电视学校江川县分校（加挂江川县农民科技教育培训中心牌子）、江川县经济作物工作站、江川县经营管理站、江川县农村环保能源工作站（加挂江川县绿色食品管理办公室牌子）、江川县农机监理站、江川县农机化技术推广服务站、云南省江川县农业机械化技术学校、江川县水产技术推广站（加挂江川县水生动物防疫检疫站牌子）、江川县动物卫生监督所、江川县动物疫病预防控制中心和江川县畜禽改良站（加挂江川县草山饲料站牌子）。年末实有在职人员120人，其中机关工作人员19人（行政人员17人、工勤人员2人），事业人员101人。具有大专以上学历的84人，占职工总数的70%，事业人员中拥有专业技术职称的81人（其中高级职称的19人、中级职称的46人），占实有事业人员的80.2%。

2013年，农业局按照“围绕增收调结构、依托烤烟建产业”的思路，以结构调整为主线，以项目建设为抓手，以助农增收为目标，充分发挥区位和自然资源优势，进一步夯实基础强后劲，优化布局调结构，强推科技抓示范，粮经并举促增收，全面提升农业产业化水平，稳步提高农业综合生产能力，加快转变乡镇企业经济发展方式，确保了全县农业和农村经济继续保持平稳较快增长。全年实现农牧渔业总产值219368万元，比上年191335万元增28033万元，增幅14.65%；实现农牧渔业增加值132872万元，比上年118146万元增加14726万元，增幅12.46%。实现乡镇企业现价总产值81.97万元，同比增长10.41%。

【种植业】　2013年实现种植业总产值（不含烤烟）达97187万元，比2012年增加12525万元，增幅14.79%；农民人均种植业收入（不含烤烟）达4452元，比2012年增加712元，增幅19.04%。全县粮经种植比例为22.91：77.09，与上年的22.34：77.66相比，粮食作物比重呈上升趋势。

1．粮食：2013年粮食总播种面积84255亩，比2012年增加4837亩；粮食单产达494千克，比2012年减少4千克；粮食总产达4158.82万千克（其中大春3222.7万千克，小春936.12万千克），比2012年增加201.07万千克；粮食总产值达11744万元，比2012年增加560万元；农民人均粮食收入537.94元，比2012年增加43.94元。

2．油料：2013年油料播种面积38491亩，比2012年增加608亩；油料总产量达745.46万千克，比2012年增加14.59万千克；油料总产值达3738万元，比2012年增加31万元；农民人均油料收入171.22元，比2012年增加7.48元。

3．蔬菜：2013年蔬菜种植面积152700亩（含复种），比上年增加600亩；蔬菜总产量27869.76万千克，比2012年增加2441.12万千克；蔬菜总产值56491万元，比2012年增加8198万元；农民人均蔬菜收入2246.75元，比2012年增加113.64元。

4．花卉：2013年花卉种植面积7771亩，比2012年增加74亩；花卉产值23834万元（含其他园艺作物产值1873万元），比2012年增加3571万元；农民人均花卉收入1091.72元，比2012年增加196.7元。

5．其它农作物：2013年其它农作物种植面积534亩，比2012年增加52亩；总产值达1380万元，比上年增加165万元。

【畜牧业】　一年来突出生猪优势产业，积极发展规模化、标准化生产，加快结构调整，转变生产方式，加强基础设施建设，强化疫病防控，努力做大做强畜牧产业，使全县畜牧业得到了长足的发展。2013年，全县完成肉蛋奶总产41723吨，同比增6.63%；出售营销仔猪1062677头，实现畜牧业现价产值76370万元。

1. 畜禽存栏：年末大牲畜存栏8793头（匹），其中牛6840头、马766匹、驴537匹、骡650匹；生猪存栏259765头（其中能繁母猪存栏46418头），羊16784只，家禽133.77万只，兔11092只。

2. 畜禽出栏：全年完成大牲畜出栏3187头（匹），其中牛2470头，马352匹、驴229匹、骡136匹；生猪出栏286785头，羊10958只，家禽277.21万只，兔50114只。

【渔　业】 一年来，充分发挥江川水产资源优势，立足水产增效和渔民增收，在保护水域环境的前提下，大力引导发展无公害水产养殖，积极推广底层增氧、光合细菌、芽孢杆菌等在水产养殖中的应用，确保了全县水产养殖工作取得了很好的成效。全年全县渔业水面面积达161821亩，其中捕捞面积103000亩（为抚仙湖面积），养殖面积58821亩（其中星云湖52000亩、水库4615亩、坝塘1449亩、池塘757亩）。全年累计生产水花鱼苗4700万尾，鱼种产量380吨，鱼种放养量485吨，完成渔业产量3998吨，其中抚仙湖511吨，星云湖2030吨，水库638吨，坝塘462吨，池塘357吨。全年实现渔业产值7189万元。

【乡镇企业主要经济指标】 2013年，全县乡镇企业（含个体工商户）总户数达到9956户，比上年新增660户；从业人员达49611人，比上年新增1633人。预计实现乡镇企业总产值81.97亿元，同比增长10.41%；完成出口交货值3.65亿元，同比增23.31%；实现营业收入80.93亿元，同比增10.18%；实现利润总额4.55亿元，同比增8.33%；上交税金2.20亿元，同比增7.32%；劳动者报酬6.11亿元，同比增13.78%。新增固定资产投资6.95亿元，同比增111.89%。

【试验示范】 2013年采取“六有六定”措施共实施新品种、新技术试验项目40项，创建高产示范样板5片计6.32万亩，完成间套种技术推广16万亩，粮食作物地膜覆盖4.01万亩。

【病虫鼠害防治】 积极做好大小春农作物各个时期病虫鼠害预测预报工作，根据调查结果适时发布病虫鼠害防治信息，组织人员大力加强病虫鼠害统防统治。全年共印发《江川植保信息》7期，共计145份；印发水稻病虫害综合防治措施明白卡1万份；开展农作物病虫草鼠害统防统治141.37万亩次，挽回粮食损失7381.8吨。粮食作物损失率控制在了4%以下，经济作物损失率控制在7%以下。

【农民科技素质及就业技能培训】 2013组织粮食、蔬菜、花卉、烤烟、仔猪等方面的科技实用技术培训1000余场次，培训人员达20万余人次，下发科技培训资料10多万份。其中实施农村劳动力转移培训4135人，转移就业3257人；培训“绿色证书”农民1380人，获证460人。

【农业信息化建设】 坚持以“服务农村、服务农业、服务农民”为宗旨，积极做好江川农业信息网和新农村建设网建设、维护、网络信息服务工作，通过认真组织信息源，及时向外传递江川县农产品市场供求信息，向农户传递农业生产最新科技信息，为农业增效、农民增收提供有效的信息保障。2013年共在江川农业信息网发布信息8889条，比上年增50.3%；在新农村建设信息网发布信息2842条，比上年增51.6%；完成新农村建设信息网417个子网的更新；利用手机平台向3.2万多农户发送信息179条。

【蔬菜生产信息监测】 自2012年起，江川县被农业部列为全国580个蔬菜产业重点县之一。农业局负责对全县的大白菜、花椰菜等20种蔬菜的种植面积、产量、地头批发价等各项指标分别按旬度、月度、年度进行定点、定时的连续监测上报。通过开展蔬菜信息监测，及时掌握蔬菜生产动态情况，科学研判发展趋势，适时发出预警预报，从而指导农民合理安排生产，引导产品有序流通，促进蔬菜生产稳定发展和市场平稳运行。全年选定10个监测点，监测总面积632亩，上报旬度表35份、月度表12份、年度表2份、信息15条。年末工作考核得分在全省24个监测县中位居第三名，全国排名位列前100名，受到农业部通报表扬。

【农业投入品监管】 共出动农业执法人员1246人次，对2313个次农药、化肥、种子、兽药、农机等经营门市进行监督检查。其中：检查种子门市685个次，肥料门市621个次，农药门市316个次，农机及零配件销售企业49个次，兽药、饲料门市395家、渔业养殖户247个次。全年立案查处违法案件17起，其中：兽药饲料案件6起，农药案件6起，种子案件5起。罚没无证经营及不合格种子113.7千克，劣质农药2.6千克，不合格兽药922支（瓶、包），涉案总金额0.62万元，实施行政罚款1.8万元。

【农产品质量监测】 2013年，对蔬菜等主要鲜食种植业产品农药残留监测3016个，合格率达98.74%。产地检疫1200亩。全年检疫畜禽381.05万头（只），其中检疫生猪105.82万头，无害化处理检疫不合格生猪62头，病害零散肉4172.6千克，全年做到了产地检疫开展面、屠宰动物受检率、无害化处理率和上市动物产品检疫检验率100%；杜绝了病害肉的上市，切实维护了广大消费者的利益。在全县7个屠宰场及22家生猪规模养殖场进行

生猪尿液采样检测，检测尿液样本56份，检测合格率达100%；对全县饲养及生产生鲜乳的奶牛养殖户进行了疫病监测及用药情况监督检查，监测结果均为阴性。同时严格实行免疫、标识和免疫档案“三位一体”的免疫标识制度，全面推行二维码标识佩带工作，全县佩戴动物免疫标识26.54万套。

【龙头企业】 截至2013年末，江川县获国家级重点龙头企业称号的有云南宏斌绿色食品有限公司1个企业；获省级重点龙头企业称号的有云南宏斌绿色食品有限公司、云南阳光食品有限公司、玉溪天丽食品有限公司、云南卓一食品有限公司及云南荣盛实业有限公司共5个企业；获市级龙头企业称号的有云南宏斌绿色食品有限公司、云南阳光食品有限公司、玉溪天丽食品有限公司、江川卓一食品有限公司、云南荣盛实业有限公司、江川同力橡胶有限公司、江川县九川食品有限公司、云南江川汇海农产品有限公司、云南茂晟食品有限公司、云南江川隆宇农产品贸易有限公司、云南金塔实业有限公司、云南玉溪恒丰万里花卉有限公司、江川县兄弟绿色食品有限公司、江川庆成花卉有限公司、江川金兰园艺有限公司、云南江川雄鑫农产品商贸有限公司及江川皇壮牧业有限公司共17个企业。在龙头企业中，从事种植业的有16个，畜牧业1个。全县龙头企业生产基地达36个，从业人数2841人，带动农户数129801户。全年实现总产值136987万元，实现销售收入142000万元，利润总额6452万元，上缴税金997万元，支付劳动者报酬6682万元，出口创汇18540万元。

【农民专业合作社】 2013年，全县经过注册登记的农民专业合作社有江川县三联养猪专业合作社、江川县星丰现代烟草农机专业合作社、江川县大平地优质梨产销专业合作社等37个，未注册登记的有左卫蔬菜生产专业合作社1个，累计38个。按从事行业划分：从事种植业的30个，畜牧业4个，渔业1个，服务业2个，其他1个；按经营服务内容划分：从事产销一体化服务的17个，生产服务为主的13个，购买服务为主的2个，运销服务为主的1个，其它5个。在农民专业合作社中，拥有注册商标的1个，获得无公害农产品认证的2个，创办加工实体的2个，被农业主管部门认定为示范社的2个。全县加入农民专业合作社的成员达2578个，带动非成员农户11813户。全年统一组织销售农产品总产值达2988万元，经营收入2036万元，盈余271万元。

【农机推广和服务】 2013年全县农机总动力达24717.8万瓦特，拥有各型拖拉机5140台，其中大中型拖拉机617台，小型拖拉机4523台；拥有耕整地机械9812台（套）、农用排灌机械6339台（套）、农产品初加工动力机械1330台、畜牧养殖机械2479台（套）、渔业机械44台、农用运输车1178台、农田基本建设机械121台；全县乡村农机从业人员达14194人，其中拖拉机驾驶从业人员5307人，农用运输车从业人员1722人。年内争取完成国家购置农业机械补贴资金300万元，补贴各类农机具1230台套，培训拖拉机驾驶员240人。同时组织全县农机人员及农机具积极投入抗旱、春（秋）耕作业等生产环节，充分发挥农机在抢农时、抢节令、抵御农业自然灾害方面的重要作用。全年累计完成机耕面积214194亩，机播面积600亩，机电灌溉面积131702亩，机械植保面积349205亩，机收面积25800亩，农机运输作业量达到3617万吨.公里，全县主要农作物耕种收综合机械化水平为47.53%。

【农机监理】 紧紧围绕源头管理、执法监控、宣传教育等主要环节，积极开展“农机安全三项行动”、“农机安全生产月”及“拖拉机驾驶人交通安全集中教育”等活动，以农机“推丘”工作为契机，加大农机安全执法力度，加强农机安全隐患排查治理，从源头上确保农机安全生产管理。全年共完成办理拖拉机年检1710台，补换驾驶证410本、行驶证103本，办理拖拉机转籍10台，过户128台，注册登记拖拉机147台；排查出无证驾驶人员12人、无牌漏检拖拉机18台，清理转移异地拖拉机11台；与机手签订《道路交通安全责任书》1710份，与购置微耕机农户签订《农机安全生产责任书》986份，发放农机安全宣传材料12000余份。

【农村节能及村容村貌整治】 2013年共组织开展沼气池巡查24985口，维护476口；完成节柴改灶1548户，太阳能热水器安装900台；新建沼气服务网点2个，养殖小区50立方米联户沼气池6个，推广生物发酵床3000平方米；督促远川养殖场、象山养殖场等9个规模养殖场严格按照污染减排要求进行了整改；全面完成了张家边村“乡村清洁工程”及江城镇温泉二组、前卫镇岳家营两个村村容村貌整治项目建设任务，组织申报了白石岩村委会“美丽乡村”申报工作。

【农村集体资产和财务管理】 一是继续稳定和完善村级会计委托代理服务，保证村级会计委托代理服务长期规范发展。全县各乡镇（街道）农经中心共代管村组账目531套，资金48738万元；二是继续加强农村集体资金资产资源委托代理服务，及时查缺补漏，适时更新“三资”监管平台信息库资料，保证群众看到最新信息；三是组织576人次对村组主要干部2009年7月1日至2012年12月31日任期和离任经济责任开展了就地审计。累计审计了72个村（居）委会、435个村（居）民小组共507个单位。经审计，在集体财务收支方面，全县3年半时间集体的收支总金额为160227万元，其中总收入为88480万元，总支出71747

万元；在总收入中，上级补助收入为25595万元，发包收入为12951万元，土地补偿及青苗费38843万元；在总支出中，群众误工费1866万元，干部奖金福利1583万元，招待费1577万元，分配补助兑现群众20487万元，基础设施及公益设施建设27690万元。

【农民负担监督管理】 一是认真贯彻减轻农民负担政策，切实把减轻农民负担政策不折不扣的落到实处。全年完成油菜良种补贴面积4.53万亩，补贴金额45.3万元；小麦0.84万亩，补贴金额8.4万元；水稻2.62万亩，补贴金额39.25万元；玉米3.93万亩，补贴金额39.3万元；完成农机购置补贴资金300万元；能繁母猪保险参保42434头，中央、省、市县投入保险金额203.6832万元，投保母猪死亡1248头，支付保险赔偿金124.8万元；完成2012年能繁母猪补贴39694头，补贴金额396.94万元；完成第五批畜牧贴息贷款3000万元，采取由财政部门按月审核、按月拨付再由供精站和配种服务站点在养殖户领用猪精液时直接折兑的补贴方式支付补贴资金189.512万元；实施种植业保险6万亩，其中油菜2万亩，水稻2万亩，玉米2万亩。二是严格农村集体“一事一议”筹资筹劳审核，防止面向群众乱收费、乱集资、乱摊派现象发生。全年共对51个村民小组的“一事一议”筹资筹劳项目进行严格审核备案。三是切实做好农民负担监测工作。在大街、江城、安化、路居设置监测点，对全县25户农户的实际收支情况进行动态跟踪监测，及时掌握农民负担动向。四是认真贯彻涉农收费审核和公示制度，组织人员于9月对农民建房、农村义务教育、计划生育、生猪屠宰、农业用水、农机服务等领域乱收费问题开展专项检查，未发现涉农乱收费现象。五是认真做好群众涉农负担来信来访工作，做到件件有答复，事事有回音。

【农村土地承包经营及管理】 2013年，全县家庭承包经营的耕地面积为120654亩，家庭承包经营农户70191户，家庭承包合同65392份，颁发土地承包经营权证65392份，机动地面积341亩。全年家庭承包耕地流转总面积15077亩，其中转让578亩，互换333亩，出租13936亩，其他形式的230亩。按流转去向分：流转入农户的8272亩，流转入合作社的1798亩，流转入企业的5007亩；按流转服务情况分：农户间自发流转的5179亩，乡村组织提供信息流转的4072亩，委托乡村组织流转的5826亩。

【测土配方施肥】 2013年，江川县被列为农业部测土配方施肥巩固项目县。农业局围绕“测土、配方、配肥、供肥、施肥指导”五个环节，进一步巩固和深化测土配方施肥成果，拓展技术内涵，扩大实施范围，完善指标体系，增加测土密度，提高测土频率，突出供肥、施肥关键环节，大力推进技术入户、配方肥到田，着力改进施肥方式，加快科学施肥技术推广普及，全面提升科学施肥水平，提高肥料利用率，促进粮食增产、农业增效、农民增收和节能减排。全年共印发各种作物施肥建议卡20万份，推广配方肥12000吨，测土配方施肥面积25万亩，施用配方肥面积15万亩。制定肥料配方4个，其中水稻1个、烤烟1个、蔬菜1个、马铃薯1个；制定作物配方40个、其中水稻27个、烤烟3个、马铃薯1个、萝卜3个、青蒜苗1个、蔬菜2个、油菜1个、玉米2个。

【退耕还林基本口粮田建设】 2013年在大街街道朱家庄居委会、上关营居委会、土官田村委会按照“田成方、渠成网、沟路配套、排灌自如、土地平整、旱涝保收、适宜机械作业”的标准投入资金224万元（其中中央、省级财政投资168万元，市县及农户自筹56万元），建设基本农田2800亩，完成农耕道路1.4千米，新建沟渠3.37千米，地力培肥1800亩。

【种植业保险】 2013年，江川县继续开展种植业保险工作，按照油菜每亩13.8元、水稻19.5元、玉米16.5元的保费进行投保，其中中央、省、市、县分别承担保费金额的40%、13%、25%、22%。全年完成油菜投保面积2万亩、水稻2万亩、玉米2万亩，累计完成投保金额6499.6万元。2013年受干旱、低温、风灾等自然灾害影响，全县农作物不同程度受灾。全年油菜受灾面积8910亩，赔偿金额409860元；玉米受灾面积1811亩，赔偿金额171008.75元，涉及农户1124户。累计赔偿金额达580868.75元。

【动物防疫】 2013年，全县重大动物疫病累计开展猪瘟免疫1259251头次、高致病性猪蓝耳病免疫1174926头次，牲畜口蹄疫免疫1199306头（只）次，其中：免疫猪1147951头次、牛16461头次、羊34894只次。禽流感免疫家禽4703491只次，鸡新城疫免疫3239609只次，重大动物疫病免疫密度达到了应免数的100%。开展常规动物疫病免疫猪肺疫213728头，完成仔猪副伤寒免疫613340头、猪细小病毒病52089头、伪狂犬病118340头、禽霍乱1772700只、羊痘15237只。动物防疫工作的有效开展，避免了重大动物疫病的发生与流行，全县猪、大牲畜、羊、家禽动物疫病死亡率均控制在市级下达的指标3%、1.5%、2%、6%以内。

【畜牧业贴息贷款】 按照《江川县人民政府办公室关于切实做好2013年度农村小额信贷贴息扶持畜牧业发展工作的通知》文件精神，2013～2014年度，江川县农业（畜牧兽医）局联合县财政局、县农村信用合作联社、县邮政储蓄银行等相关部门通过摸底调查，根据养殖规模大小、资金周转情况、养殖户信用等级，采取核定贷款金额，与养殖户签订借款承诺书的方式，由市级财政承担利率年息的2%，县级财政承担利率年息的1%，

剩余部分养殖户承担，全县共发放畜牧业专项贴息贷款3000万元，扶持畜禽规模养殖发展，惠及425户养殖户。

【生猪标准化养殖场建设】 2013年度，全县组织1个生猪规模养殖场编写项目实施方案上报后获省级立项批复，项目总投资51万元，其中中央财政补助25万元，养殖场自筹26万元。主要建设内容为沼气池、排污沟、堆粪区等粪污设施，猪舍标准化改造，微生物发酵床，水、电、路、防疫等配套设施建设。年末该项目已完成实施方案批复的主要建设内容。

【大鲫鱼河畜禽粪污处置工程项目】 2013年度，江川县组织实施了大鲫鱼河畜禽粪污处置工程项目，共完成29户养殖户的发酵床建设面积1659.7平方米，完成发酵床坑（床体面积）1111.6平方米，完成97户养殖户的化粪池建设99口，项目总投资206.3万元，其中补助资金200.8万元已全额拨付到了养殖户手中，工程的实施，有效缓解了养殖业污染对生态环境的影响。

【生猪良种补贴项目】 2013年，江川县组织实施了国家生猪良种补贴项目，全县共生产良种猪精液19.9万份，销售189512份，累计配种能繁母猪47378头，母猪受胎94756头，情期受胎率达86.1%，生产仔猪765813头，猪人工受精覆盖率达93.6%，受益养殖户累计75755人次，支付补贴资金189.512万元。

【能繁母猪保险】 2013年，江川县实施能繁母猪保险支农惠农政策，按照“见猪、见人、见标识”和“自愿参保”的原则，全县共办理能繁母猪保险42434头，能繁母猪保险理赔金额为1000元/头，保费60元/头。其中：中央财政补助30元/头，省级财政补助3.6元/头，市级财政补助6.4元/头，县级财政补助8元/头，养殖户承担12元/头。2013年度全县受理保险责任范围内死亡母猪1248头，累计支付保险赔偿资金124.8万元。

【农业面源污染治理】 根据《玉溪市人民政府关于治理农业面源污染提高耕地持续生产能力的意见》，江川县在2013年底前拆除“两湖”法定水位线外延300米和玉江高速公路、县内高等级公路、坝区城镇主干道沿线两侧200米范围内的塑料大棚。江川县委、县政府高度重视，把治理塑料薄膜大棚为主的农业面源污染工作列入2013年29项重点工作重大项目之一，精心组织，稳步实施，确保治理工作取得实效。全县四个重点区域2013年拆除范围内的塑料薄膜大棚总面积2903.116亩，核实科研种苗大棚799.38亩，应拆除大棚2103.74亩。截止12月末，已拆除各种塑料薄膜大棚2209.65亩，完成进度105%。其中：“两湖”法定水位线外延300米范围内大棚拆除756.83亩，完成进度112.6%；玉江高等级公路两侧各200米范围内大棚拆除230.8亩，完成进度100%；市内高等级公路沿线两侧各200米范围内大棚拆除654.796亩，完成进度102.3%；坝区城镇主干道沿线两侧各200米范围内大棚拆除767.32亩，完成进度101.2%。四个重点区域超额拆除105.91亩，超额完成5%。

【公路沿线油菜种植】 为建设公路沿线“生态屏障”，打造昆玉红旅游文化产业经济带生态农业景观，2013年9月，市委、市政府下达在高速公路、县际高等级公路、坝区城镇主干道“三类”公路沿线两侧各20米绿化带外延不少于100米范围内种植油菜的指示。按照该指示精神，江川县把公路沿线油菜种植工作列入2013年29项重点工作重大项目之一，及时组织实施。累计在“三类”公路沿线种植油菜1094.64亩，涉及5个乡镇（街道）13个村委会1159户农户。其中，大街街道种植面积180.37亩，涉及4个村委会198户农户，江城镇种植面积482.07亩，涉及5个村委会586户农户，前卫镇种植面积30.8亩，涉及1个村委会34户农户，九溪镇种植面积266.4亩，涉及2个村委会268户农户，雄关乡种植面积135亩，涉及1个村委会73户农户。

【抚仙湖沿岸及东风水库径流区蓝莓种植】 2013年，市政府下达江川县蓝莓种植任务为600亩。江川县把其列入2013年29项重点工作重大项目之一，组织农业等相关部门深入乡镇、村组，进村入户逐户落实种植，准确掌握第一手资料，采取措施强力推进蓝莓种植工作。截止年末，全县共落实蓝莓种植面积1320亩，已种植780亩。其中：明星落实种植面积100亩，由明星房地产公司实施，完成土地翻土平整及除草，牛摩落实种植面积320亩，由市抚投公司实施，年末完成平整土地；三百亩村落实种植面积120亩，已完成土地流转、兑付资金等工作，并成立了江川县红燊蓝莓庄园专业合作社；明星村桔子园落实种植面积80亩，完成种植80亩；九溪镇云南农业科技园落实种植面积700亩，已种植700亩。

【土著鱼保护及开发利用】 全年注重加强土著鱼的保护与开发利用，积极开展濒危土著鱼类的人工驯养繁殖试验研究及推广，推进江川渔业由数量型向质量型转变，打造以大头鱼、抗浪鱼、星云白鱼、云南倒刺鲃（青鱼）等为主的特色水产品品牌，提高特色水产品价值，发展高原特色渔业。全年共向星云湖放流大头鲤大规格鱼种2070千克，夏花鱼苗109万尾，水库池坝塘推广养殖2365.6亩，提供大头鲤苗种777千克，推广养殖69户；培育3～7厘米大规格抗浪鱼种100多万尾，推广养殖面积220亩；上年繁殖的星云白鱼夏花长势良好，子二代已经驯养成熟，标志着星云白鱼全人工繁殖获得成功，在人为条件下保护了该物种；抚仙湖杞麓鲤人工驯养、人工繁殖首次获得成功；抚仙金线鲃（波罗鱼）、花鲈鲤（花鱼）的人工驯养与繁殖试验工作在玉溪市古生态抗浪鱼科研保护中心展开，人工驯养繁殖试验已取得阶段性成果。

【提案和议案办理】 2013年办理县人大代表意见、建议1件，县政协委员提案1件，办理答复均为满意。

（金永康）

烟 草

【机构设置】 2013年，江川县烟草专卖局（分公司）编制数108人。实有在职人员101人，年内调出3人。其中，男性75人，女性26人，聘用季节性工人221人；公司机关内设机构为7室1科1站，即综合办公室、人教监察室、财务室、专卖监督管理室（稽查大队）、生产技术室、现代烟草农业基础设施建设办公室、区域市场部（卷烟物流中转站）、督察考评室、保卫科，江城、安化、前卫、雄关、九溪、大街、路居7个烟叶工作站。

【概 述】 2013年，江川县烟草专卖局（分公司）紧紧围绕稳中求进、做优做强战略目标，坚持“一个制度”，狠抓“三件大事”，切实转变增长方式。烤烟生产方面以稳定烤烟生产总量和提高品质纯度为核心任务，促进全县烤烟生产水平整体提高；基础设施建设方面以惠及农户、抗旱保生产为目的，提高“两烟”发展支撑能力；卷烟销售方面以提高效益为中心，推动卷烟销售工作上水平；专卖管理方面以严格规范为指导，全力维护市场规范秩序，做好专卖监督管理工作。

2013年江川县计划种植面积6733.33公顷，全县统一种植品种为K326，计划种植田烟面积3333.33公顷，地烟面积3400公顷；计划烟叶生产量14200吨、收购量12450吨、上等烟比例72%。实际种植面积6862.55公顷，其中，田烟3222.24公顷、地烟3640.31公顷。全县共涉及7个乡镇，69个村委会，380个村小组，19120人烟农，签订合同4417份（责任户），收购烟叶12450吨，完成计划的100%，上等烟比例72.59%，均价26.55元/千克，收购金额33052.77万元，实现烟叶税7271.61万元，加上优化烟叶结构补贴33052.77万元和品种补贴1196.12万元，合计烟农收入37189.38万元，烟农人均总收入为8176.53元。全面实现了年初预定的目标。

四年连旱，烟叶生产形势更加严峻，江川县烟草专卖局（分公司）高度重视，切实采取措施，全力抗旱保障生产顺利进行，对水源远、蓄水量不足的育苗点，积极组织动员干部、烟农采取挑、拉、抽、引等措施，实施抗旱育苗，充分发动广大烟农及时对小水窖、水池进行补水，全县共计补水36.37万方，其中小水窖补水29709口，补水量30.88万方；小水池补水493个，补水量5.49万方，做到了举全县之力，调动一切有利因素支持烤烟生产；大力推广膜下小苗节水抗旱移栽技术，原计划推广面积1100公顷，实际推广膜下小苗节水抗旱移栽技术面积可达3542.67公顷。完成烟水配套、机耕路等项目共136件工程，其中：水窖100口，水池14个，沟渠14条，坝塘工程4座，泵站2座，机耕路2条，烟草行业补贴资金2021.89万元，受益面积达到1841.93公顷，受益农户为2389户；完成烟叶调制设施项目卧式密集烤房78座，烟草行业补贴资金234.00万元，受益面积达到1560亩，受益农户为370户；完成彩虹水窖项目1075口，烟草行业补贴资金322.50万元。同时，各烟站还积极探索其他抗旱节水栽培技术，引导广大烟农大力实施抗旱节水早栽。

江川县烟草专卖局（分公司）注重自律、接受他律、规范经营，逐步扭转卷烟销售被动局面，卷烟销售趋势向好，全年卷烟销售计划任务9190箱，截至12月6日圆满完成销量。累计销售卷烟9190.0127箱。完成计划任务的100%，同比上年增长40.01箱，增幅0.44%；实现单箱销售收入24960元/箱，其中一、二类卷烟销售1585.0952箱，同比上年增长424.65箱，增幅36.59%。

专卖全年查处各类违法、违规经营卷烟行为80起，其中：无证经营41起，移送工商部门处理41起，非渠道进货35起，先行登记保存各类品牌卷烟376.1条，罚款4478.8元，卷烟市场净化率达到95%以上；累计查获非法收购、运输烟叶案件4起，查获烟叶57161.5千克，涉案金额85.4万元，经发改委定价后。4起案件案值均达到5万元以上，已移送公安追究刑事责任。

（李远锦）

【商品化育苗】 全县统一以综合服务社为依托，采取“统一育苗品种、统一育苗地点、统一专人播种、统一育苗时间、统一专人管理”的五统一方式进行育苗，全面实现商品化专业化育苗，坚决杜绝零散育苗、私自育苗，提高品种纯度。

【统一品种种植】 2013年全县规定统一种植K326品种烟叶，为确保K326品种纯度达100%，采取多项措施从源头抓实品种。首先，加大品种政策宣传力度，下发告烟农书，提前告知烟农烤烟生产政策，说明今年只育苗、只栽、只收K326品种，育、种非规定品种的，一经发现不予签订合同或取消合同，与烟农签订烤烟种植承诺书。其次，建立健全制度，加大考核监督力度。全县所有育苗点均设置育苗情况简介牌，设立举报制度，公布举报电话，在统一育苗点内发现非规定品种的，经举报查实，给予适当奖励。县委政府从财政拿出102万元用于烤烟生产考核，每个乡镇三个主要领导，每人交1万元的烤烟生产风险抵

押金，60%用于品种纯度考核，40%用于整个生产收购考核。最后，各乡镇从2月26日起组织干部、辅导员对育苗点外的非规定育苗全面检查、登记和清理；县委政府、县烟办和分公司3月6日和3月26日分别两次对各乡镇品种纯度进行督查。到4月19日止，全县共计清理262个漂浮育苗点，2.3704万盘，可移栽大面积3160.5亩，清理常规露地育苗139个点，面积2612.8平方米，可移栽大田面积1045.2亩，所清除的零星、私自育苗和常规育苗共计可移栽大田面积4205.7亩，为全县实现100%种植K326奠定了坚实的基础。

【膜下小苗移栽】　为积极应对2013年烤烟抗旱移栽的严峻形势，确保烤烟移栽工作的顺利开展，同时为确保江川县山区、半山区全面推广膜下移栽技术，充分发挥节水抗旱效果。江川县局（分公司）精心策划，积极组织，各烟叶工作站与生产科技室的烟站员工、烤烟辅导员、烤烟技术人员完成了烤烟膜下小苗移栽，在各烟叶站验收的基础上，由县烟办、分公司组织县烟办、公司机关相关人员于5月10日对江川县2013年烤烟膜下小苗移栽面积在各烟叶站验收的基础上进行了抽查复验。通过验收小组复验，江川县2013年烤烟膜下小苗移栽面积为3542.67公顷，占全县烤烟移栽面积的52.61%，其中：江城镇0.932万亩，前卫0.62万亩，安化0.811万亩，九溪0.57万亩，大街0.48万亩，路居0.581万亩，雄关880公顷。

【揭膜培土】　2013年烤烟长势良好，雨水充沛，但是由于山区农户地广人稀，劳动力匮乏，要在最佳节令内完成揭膜培土工作难度较大。为了更好地推进揭膜培土这项科技措施的落实，县委、县政府高度重视，分管烤烟生产的副县长亲自部署，县烟办与江川县烟草公司共同推动，组织全县各乡镇烤烟生产人员全力投入生产一线，分组分片包干完成揭膜培土工作。江川县局（分公司）集中组织全体干部员工学习了揭膜培土技术要领，耐心细致地向农户讲解揭膜培土的原理、要领，宣传近期的气象信息和将来的收购政策，从思想上帮助烟农打消顾虑，促进揭膜培土技术真正深入人心。

【烤烟种植轮作规划】　各级政府充分认识到烤烟生产要稳定生产规模，提高生产质量，要突出规划轮作和连片种植，江川县分公司制定烤烟种植规划实施方案，各烟叶站和乡镇、村组严格按计划认真做好烤烟种植面积的规划，突出规划轮作，做到规划定面积、定农户、订合同。2013年全县计划种植田烟面积3333.33公顷，地烟面积3400公顷，落实连片种植276片，比2012年减少103片，连片种植规模增加，所有连片面积均达到100亩以上，其中连片面积200亩以下的有79片，占10.24%；连片面积200～500亩的131片，占36.18%；连片面积500亩以上的66片，占53.56%。实现了规模化种植、机械化作业。

【烟用物资调供】　2013年，江川县分公司做好烟用物资调供，供应育苗类物资，其中：设置漂育苗点56个、大棚77个、中棚97个、小棚13187个，育成烟苗12120万株，可供移栽面积10.1万亩，商品化育苗率100%；漂浮盘33000片，基质3950.60立方米，池膜1329床，棚膜200床，小棚80套；供应农药及微肥：二氧化氯1吨，漂白粉6吨，威百亩2.50吨，仲丁灵乳油1吨，32%多抗霉素粉剂1吨，8%宁南霉素水剂1吨，58%甲霜灵锰锌2吨，富万钾1.5吨，病毒特1吨、磷酸二氢钾1.5吨、80%代森锌1号、灭芽灵1.5吨。供应化肥：复混肥5908.48吨，硫酸钾1425.81吨，提苗肥310吨。供应地膜183.76吨。供应包装物：麻片340000套，麻线8吨，布标签40万张。

【烤烟抗旱移栽】　2013年，全县统一机械深耕2012.69公顷，缩短烤烟移栽翻田、碎垡时间，移栽集中度高，同一片区1～3天完成移栽；加大适时抗旱集中早栽技术宣传和培训推广力度，为大田最佳节令集中移栽赢得了充足的时间，5月6日烤烟移栽全面结束，进度比上年提前5天；同一田块、同一片区通线理墒，定点深栽，株行距合理。

【蚜茧蜂防治烟蚜见成效】　2013年，江川县分公司建立6个繁蜂点，设立大棚1971平方米、小棚500个。全县防治烤烟种植面积10.1万亩，占计划种植面积的100%，将蚜株率降到3%以下，降低烟叶农药残留量，提高烟叶安全性。

【优化烟叶结构】　2013年，江川县分公司按照“巩固、完善、提高”和“五个坚持”的要求、围绕“控规模、提质量、增效益”目标，严格检查、验收和考核，清除田间“下2上2”4片不适用烟叶，着力推进优化烟叶结构清除田间不适用烟叶工作。全县共制定切实可行的工作方案76份，层层签订优化结构责任状，政府部门共签订责任状75份，分公司与各站、站长与副站长、职工、辅导员组长，共签订责任状300余份，各烟叶站与各乡镇（街道办）和村（居）委会签订优化结构田间不适用烟叶处理协议，全县共签订协议75份。为确保不适用烟叶清除到位，全县配备杆称536杆、台称89台、切割刀具534把、生石灰18000千克，组建不适用鲜烟叶处理专业队48支，专业队员2490人，确保田间“上2下2”4片不适用烟叶清除处理到位。

全县计划清除田间不适用鲜烟叶15150吨，全县共计清除底叶7818.92吨，顶叶7712.12吨。占计划清除数量比例96.11%。江川县分公司严格按照省、市公司补贴资金管理办法、实施细则组织兑现补贴资金，在不适用烟叶清除处理验收合格后一次性以电子结算的方式兑现给烟农，一次验收不合格的坚决不予兑现补助。

【烟叶田间管理】 2013年，江川县科技员根据烟株的长势长相、土壤肥力、施肥量、气候、品种等因素来实地指导封顶打杈，在田间50%中心花开放时或有效留叶数达18～20片一次性封顶，杜绝封顶过高和过低，做到合理留叶。封顶3～4天后，烟株上部2～3个烟芽生长到2～3厘米时统一打杈一次，全面推广化学抑芽技术。经过科技人员指导，烟田田间管理水平明显提高。

（刘 芳）

【烟水配套、机耕路项目】 江川县2013年烟水配套、机耕路项目共批复135件工程，其中：水窖100件，容积0.15万立方米；水池13件，容积0.26万立方米；沟渠14件长15.334千米；坝塘工程4座，容积125.14万立方米；泵站2座；机耕路2件，长5.266千米。批复工程总投资2783.45万元，其中工程直接投资2670.72万元，烟草行业补贴投资2112.86万元，县及县以下政府投入557.86万元，其他费用112.73万元。受益面积1835.27公顷，受益农户2379户。全部工程于2013年3月完成招标，于2013年4月开工，于2013年12月完工。全县完成烟水配套、机耕路项目136件，其中：水窖100件，容量0.15万立方米；水池14件，容量0.35万立方米；沟渠14件，长度13.5574千米；泵站2件；坝塘4件，容量125.14万立方米；机耕路2件，长度5.5119千米。共完成工程直接投资2183.31万元，其中：烟草行业补贴2021.89万元、县及以下政府投入161.42万元。

【烟叶调制设施项目】 江川县2013年卧式密集烤房建设项目于2013年3月全面动工建设，2013年6月全面完工。完成卧式密集烤房78座，支付烟草行业补贴资金234.00万元。

【彩虹水窖项目】 2014年“彩虹水窖”建设项目是市级下达提前在2013年度实施项目，市级下达江川县2014年“彩虹水窖”建设计划1500口，烟草行业补贴资金450.00万元。该项目于2013年9月底动工建设，截止2013年12月底完成1075口，烟草行业补贴资金322.50万元。

（王红梅）

【卷烟销售】 有效卷烟零售客户978户，占总人口的3.5‰，基本达到国家局合理布局的要求。销售卷烟9190.01箱，完成计划任务的100%，一类卷烟销售1464.35箱，完成计划任务104.6%，单箱销售收入达24960元/箱，销售收入2.294亿余元。

【婚庆促销活动】 2013年，江川分公司按照市局公司要求针对有消费能力的部分乡镇开展婚庆促销活动。全年共开展婚庆促销活动720场，其中城市207场，农村513场。共兑现红塔集团卷烟2494条，分别为玉溪（软）488条、红塔山（硬经典100）1064条和红塔山（恭贺新禧）220条、欣经典722条。

【零售终端建设】 2013年，江川分公司统筹规划，针对全县卷烟零售客户店铺开展零售终端建档工作，建档率达100%，选取其中33户作为终端建设标准户，已按照省市两局建设要求，完成示范终端店铺打造工作。选取其中12户安装使用零售终端信息平台，依托终端信息平台开展市场价格、卷烟库存、消费者消费情况调查，调查效果明显。

【手机订货】 2013年，江川分公司积极与移动、电信公司合力开展手机订货业务，优化客户订货渠道。积极与两家公司进行商讨，特别为卷烟零售客户的手机订货推出具体优惠套餐、优惠政策，针对全县客户采取针对走访、一对一培训的方式开展手机订货操作指导，共推广手机订货客户229户，占总客户的23.42%，其中移动客户220户、电信客户9户。

（官 磊）

【卷烟经营监督管理】 2013年江川县烟草专卖局全年查处各类违法、违规经营卷烟行为80起，其中：无证经营41起，移送工商部门处理41起，非渠道进货35起，先行登记保存各类品牌卷烟376.1条，罚款4478.8元，卷烟市场净化率达到95%以上；累计查获非法收购、运输烟叶案件4起，查获烟叶57161.5千克，涉案金额85.4万元，经发改委定价后。4起案件案值均达到5万元以上，已移送公安追究刑事责任。

【严格专卖零售许可证管理】 江川县烟草专卖局2013年的烟草专卖许可证管理按照公开、公正、透明、高效、便民的原则，依据法定程序严格办理。根据《云南省玉溪市烟草专卖局关于印发玉溪市卷烟零售网点合理化布局实施指导意见的通知》的文件要求，结合《中华人民共和国行政许可证法》、《中华人民共和国专卖法实施条例》、《烟草专卖许可证管理办法》（国家发展和改革委员会令第51号）、《烟草专卖许可证申请与办理程序规定》等相关法律、行政法规、规章关于烟草制品零售点合理布局的规定，进一步完善《江川县卷烟零售点合理布局规定》，使其更符合江川县实际，更具有可操作性。

2013年底前，全县共计487户零售户烟草专卖零售许可证到期，根据《云南省玉溪市烟草专卖局关于做好烟草专卖零售许可证换证等有关工作的通知》的文件要求，县局高度统一思想，重视换证工作，加强换证工作的组织领导，安排专人负责，合理安排好换证工作时间，分批分期依法依规有序推进，圆满完成换证工作。截至2013年底，全县共有持证卷烟零售户1027户。

【专卖法规法律宣传】 加强对烟草专卖法律法规的宣传，营造良好的共同遵守和维护烟草专卖执法环境。一是积极参与“3·15”、“6·29”、“12·4”等法制、法律宣传日活动，广泛宣传专卖法律法规。共发放宣传资料1500余份，展示10多个品牌的真假卷烟，并对鉴别方法进行现场讲解。咨询群众达100余人。二是在烟叶收购期间，加大对《烟草专卖法》等相关法律法规的宣传力度。积极与县司法局沟通协调，在烟叶收购期间出动宣传车录音广播宣传100多车（次），参与宣传工作人员100多人次，进一步增强群众守法意识，维护良好的烟叶收购秩序。

【卷烟经营监督管理】 2013年全年累计出动执法人员2304人次，出动执法车辆400余车次，检查卷烟经营户累计8723户次。联合公安和工商等执法部门，积极开展了“元旦”、“春节”期间卷烟市场专项整治行动、“元旦、春节”期间“天价烟”卷烟市场清理整顿专项行动、卷烟价格管理专项行动、非法经营烟叶专项整治行动等专项行动5次，联合行动3次；有力的打击了各种涉烟违法行为，卷烟市场进一步得到了规范。经检查核实，全年无拆单分摊、内外勾结、搞卷烟体外循环的情况，坚决实行电话订货、电子结算、网上配货、现代物流的卷烟营销模式，实现了100%入网销售，100%的落地销售，100%的落户销售。

【烟叶生产经营管理】 烟叶生产监管严格按《云南省烟草行业商业企业内部专卖管理监督工作规范》要求，对烟叶生产经营的全过程，分环节进行事前、事中、事后的监管，监管中及时深入到烟叶生产各个环节及时发现问题及时处理，及时监督整改。收购期间全县设立烟叶堵卡点7个，其中县级卡点6个，市级卡点1个，堵卡人员56人，应急车辆7台；并不断地加大对收购秩序的管理，投入了大量人力、物力、财力，打击了不法分子的嚣张气焰。

【卷烟市场监督管理】 按照《云南省烟草专卖局卷烟市场网络化管理实施意见》和《云南省卷烟零售客户监管办法》相关要求，创新卷烟市场监管工作模式，推进卷烟市场网络化管理，根据全县卷烟市场状况及持证零售户分布，结合专卖稽查终端建设要求，初步确定了全县卷烟市场二、三、四级网络，并制定了《江川县烟草专卖局卷烟市场网络化管理方案》。

通过网络化管理，建立“权责明确、流程规范、任务清晰、运转高效”的工作机制。做到市场监管工作“可视、可控、可评”。推行网络化管理，构建“打击严厉、管理到位、疏导及时、服务周到”的市场监管体系，规范市场秩序，提高市场净化率。

【专卖执法队伍建设】 制定专卖人员培训计划，并按培训计划组织考试、考核。全年共培训4次，培训内容以法律法规知识，证件、案件、内管、稽查等业务知识为主，专卖人员参培率达到位100%。全年共选派一批1名专卖人员参加省局举办的专卖技能鉴定中级培训及考试，通过鉴定1人，合格率达100%。

【合同管理】 专卖管理监督室充分发挥内部专卖管理监督的作用，深入各乡镇监督检查烤烟种植收购合同的签订情况，认真履行工作职责，严把合同签订关。各基层烟站均能认真执行市、县公司要求，按照上级下达的烟叶种植面积、收购计划、核定单产和轮作要求与烟农签订合同。所签订责任户的4417份合同及IC卡在收购前全部发放到烟农手中，并且以村民小组为单位分别对签订合同的情况进行了张榜公示，接受广大群众的监督。合同所约定的内容齐备、合法，除涉及调整的合同外，没有擅自涂改现象，无虚假合同、空合同、买卖合同的情况发生。

（范燕爽）

林　业

【概　述】 江川县林业局机关内设办公室、计划财务股、林政股、森林防火股（森林防火指挥部办公室）；局属设置江川县森林公安局（正科级）及7个事业单位，即：江川县森林病虫害防治检疫站（推公管理）、江川县林木种苗站、江川县经济果木林推广站、江川县营林工作站、江川县林业科学技术推广站、江川县林政稽查大队、江川县林权管理服务中心。2013年底江川县林业局实有在职干部职工75人，其中，行政人员27人（公务员11人、工勤人员2人、森林公安8人、森防站推公管理6人），事业人员48人（专业技术人员18人、技术工人30人）。

2013年，江川县林业局深入贯彻落实国家、省、市林业方针政策，以“森林云南建设”、“桥头堡”战略为契机，以实现“四个翻番”、“两个倍增”为目标，以生态建设、林产业发展为重点，以助农增收为核心，围绕年初制定的工作目标任务，加强作风建设，抓好队伍建设，全面实施生态立县战略，完成人工造林2.2万亩，封山育林2.09万亩，森林抚育及低效林改造2.0万亩；努力抓好林地管护、森林防火、林政执法、森林病虫害防治、林改等森林资源保护工作，大力推进森林生态、森林文化和基础设施建设，确保“资源增长、农民增收、生态良好、林区和谐”。

【林业生态建设】 积极申报林业生态建设项目，促进林业产业发展。2013年组织申报了《江川县2013年国家级森林抚育项目》、《江川县2013年省级低效林改造项目》、《江川县2013年市级核桃竹子产业化建设项目》、《江川县2013年省级核桃竹子产业化建设项目》、《江川县2013年陡坡地生态治理项目》、《江川县2013年石漠化生态治理项目》等。实施重点林业工程，加快生态建设步伐。按照上级评审意见及技术规范进行调查规划，优化调整后编制了作业设计，并经市级评审批复实施，大力推进项目建设。全年完成了2012年石漠化综合治理项目1.0935万亩封山育林的管护和0.7125万亩防护林、0.1567万亩经济林的种植任务，排灌沟渠3.7千米、拦沙坝4座、小水窖254口的建设任务；完成了2012年度退耕还林配套荒山造林项目人工造林800亩，封山育林9200亩，签订5份管护合同，封育任务进入5年管护期；完成了2013年核桃产业发展项目1.5万亩核桃种植任务，其中规范化种植完成面积1.3万亩，栽植株数16.1万株，开展历年种植核桃管护面积2.35万亩；组织落实完成了2012年度国家级森林抚育项目1万亩、2012年度省级低效林改造项目1万亩、2013年度国家级森林抚育项目1万亩、2013年度省级低效林改造项目1万亩、2013年陡坡地生态治理项目0.5万亩的任务，协助项目区政府做好森林抚育的技术性、政策性指导工作；加大退耕还林地管理力度，于2013年3月完成全县各乡镇3.3万亩退耕还林检查验收，并对验收合格面积进行了退耕还林补助资金的兑现，共兑现资金400.8万元。

【资源林政管理】 严格执行森林采伐限额管理及生产计划管理制度，规范采伐审核审批程序，严格把好林木采伐审批关。全年共办理林木采伐审批76起，采伐蓄积8533.44立方米。为严格控制森林资源消耗，防止非法运输木材，配合木材采伐许可证制度，对需要调运的商品材按有关规定办理木材运输许可证。全年共办理木材运输许可72份，木材运输851.26立方米。严格实施林地用途管制和林地定额管理，按照程序依法办理林地征占用审批，对建设单位林地使用情况定期或不定期进行跟踪检查，发现问题及时查处，杜绝违法使用林地情况发生。全年共审核上报林地征占用9起，批准使用林地116.9501公顷；办理临时占用林地许可7起，面积65065平方米；上报市级批准临时占用林地1起，面积9.7445公顷。按《中华人民共和国森林法实施条例》的规定完成了全县30户经营户开展木材经营、加工许可证的检证、换证工作。配合云南省林业调查规划设计院昆明分院对龙泉山低丘缓坡工业园区后期项目、南方航空护林总站江川直升机场建设、路居镇老高坟公益性公墓建设项目、安化及九溪烟水工程水库建设、110千伏和220千伏输电线路建设项目开展外业调查，及时组织报件上报审批。以征占用核准项目为重点，加强全县使用林地的监督检查，严厉打击违法使用林地行为，下发停止违法使用林地通知书10份，进一步规范林地资源管理。

【森林防火】 严格遵循“预防为主，积极扑救”的森林防火方针，加强森林防火工作，有效保护森林资源。落实防火责任制，共签订县人民政府与各乡镇、县森林防火指挥部与指挥部成员单位、县林业局与各乡镇林业站、乡镇与村委会、村委会与村小组、村小组与农户、林业站与护林员森林防火责任书63415份。加大宣传培训力度，通过会议、培训、标语、广播电视、宣传车、手机短信等进行广泛宣传。2013年共印发森林防火挂历及户主通知书60000册，发森林防火五色彩旗15套，安全手册1600本，《云南省森林防火条例》读本48本及录音带6盒，森林防火宣传帽10000顶，书写森林防火宣传标语6036条，张贴戒严令2200份，出动宣传车59台次，火险等级预报短信177600条及学校“五个一”工程宣传教育。对分管领导、林业站长及扑火专业队、半专业队进行了103期2781人次的森林防火预防、扑救相关安全知识的培训。强化火源管理，全县共设防火检查站、哨、卡点268个，出动设卡、巡山人员2439人，对全县重点林区、重点地段严防死守。抓专业队伍建设，县级组建专业队1支、30人；7个乡镇（街道）也按要求组建应急扑火队7支、140人，组建民兵义务扑火队123支3289人以及12名瞭望台工作人员。稳步推进森林火灾保险试点工作，2013年全县政策性森林火灾投保面积54.88万亩，其中：公益林34.56万亩，商品林20.32万亩，保费21.952万元。2013年县森林防火指挥部办公室共接到森林火灾报警电话143起，处置森林火情24起，发生森林火灾2起（其中一起为境外火），过火面积5.86公顷，受害森林面积3.16公顷，查处率100%。

【林业行政执法】 2013年来，严厉打击涉林违法犯罪活动，消除林区治安安全隐患，及时开展森林火灾、盗伐林木、移植野生植物、非法捕猎、违法占用林地等案件的专项执法行动，切实保护森林资源和野生动植物资源安全。全年共受理查处各类涉林违法案件84件，刑事案件立案39起，破39起，破案率100%，其中火灾案件14起，盗窃案件23起，非法占用农用地案件2起，拘留5人，逮捕3人，取保候审13人，已移送起诉37起；治安案件2起，均为故意损坏公私财物；林业行政案件立案43起，查处43起，处罚46人，其中盗伐1起，滥伐1起，擅自开垦林地18起，擅自改变林地用途12起，非法移植野生树木5起，过失引起森林火灾5起，占用林地1起，行政罚款12.1736万元，缴获野生树木38株，救助野生动物22只（条）。2013年8月15日至9月23日，在玉江高速路收费站、玉江老路设置烤烟管理卡点两个，共检查车辆1379辆次，查获非法收购运输烟叶1.75吨，为维护江川县正常的烤烟收购秩序起到了积极的作用。

2013年7月7日起至9月30日，分宣传发动、自查自纠、集中查处三个阶段，在全县范围内组织开展了一次大规模的打击破坏林地资源违法犯罪专项整治行动，有效地遏制了毁林开垦、蚕食林地、滥砍乱伐、不批就占、少批多占林地的违法势头。共联合查出涉林案件85户，其中擅自开垦林地85起，涉及面积392亩，案件全部交由乡镇林业站联合各村委会进行查处教育；查处占用、改变林地用途案件28起，涉林面积36.58亩，收缴罚款8.129万元。刑事立案2起，取保候审1人，案件以非法占用农用地罪移交检察机关。在业务技术用房改扩建项目建设的同时，认真对照《云南省森林公安机关执法规范化建设指导标准》，立足实际，突出亮点，加大投入，对执法办案场所进行了有效改造，增加了询问室、讯问室，安装了视频监控、防护栏等设备。

【林业有害生物防治检疫】 加强林业有害生物监测预警工作，开展检疫执法及检疫性林业有害生物普查，实施松毛虫、小蠹虫等综合防治，有效控制危害区虫口密度。2013年1月至3月对全县49.0149万亩的森林开展了大规模的林业有害生物监测工作，设立林业有害生物固定监测点23个，监测样方276个，监测面积4.23万亩，主要监测拟松材线虫、松墨天牛、横坑切梢小蠹、松毛虫、经济林病虫害。林业有害生物的危害面积达22.08万亩，林业有害生物成灾率5.38‰，测报准确率93.98%；2013年1月25日至2月7日，以森防站为主、乡（镇）街道办事处林业站人员为辅的普查小组开展了松材线虫病春季普查，白蜡属植物的分布情况普查，十四种全国检疫性林业有害生物普查等，没有发现重大、检疫性林业有害生物分布及危害。科学防控，积极开展森林病虫害的防治工作。于2013年4月对江城镇桐关村委会、2013年7月对翠峰村委会小屯村东山水田受松毛虫、松墨天牛、松小蠹危害的云南松林进行防治，无公害防治面积4900余亩，防治率89.34%；实施产地检疫和调运检疫，全年共开据《植物检疫证书》调运木材1098立方米，苗木32株，复检木材1862立方米，产地检疫苗木283.6万株，涉及苗地面积271.1亩，种苗产地检疫率为100%。

【林木种苗】 开展林木种苗生产经营许可证制度及育苗技术培训，审核种苗生产、经营情况，办理申请、换证等工作，规范林木种子市场。加大林木种苗的管理力度，强化苗木质量检验、检疫，落实苗木标签的使用。根据工程造林任务，一年来全县共采购各类林木种子210千克，其中自采旱冬瓜种子100千克、圆柏10千克、华山松50千克、云南松50千克；育苗面积14.5亩；培育苗木190万株，其中旱冬瓜110万株、圆柏14万株、华山松16万株、云南松40万株、杉木10万株；从外地调入核桃苗20.6万株，其中一级苗为20.5万株、大树核桃0.1万株，四季杨15万株，为2013年的工程造林提供了优质壮苗。

【林业科技】 结合实施的国家森林抚育试点、石漠化治理、省市中低产林改造和省市核桃竹子产业发展等项目，抽调专业技术人员配合局属部门深入安化、江城等乡镇开展营造林技术宣传培训工作，培训村组干部126人、经营业主及群众600余人，从政策、科普、技术保障等多角度全方位地宣传推广林业生产经营技术；12月3、10日举办县级核桃栽培嫁接管理技术培训2期，培训林农400余人。2013年9月16日，组织全局干部职工、乡镇林业站分管领导和林业站技术人员参加“2013年云南省百名专家科技下乡”宣讲活动及县级“全国科普日”活动及在全县“科技宣传周”、“全国科技日”活动中，以展板展出、发放资料、现场咨询、成果展示等形式向社会公众全面普及宣传核桃栽植等林业实用技术，累计发放各类宣传单0.5万份，制作板报图片宣传栏7版；发放教材和宣传手册1.2万册；接受信息咨询124条次；接受办公、现场和网上各类咨询服务50余次；进行广播电视宣传120小时，宣传内容涉及林下经济开发、产业发展、营造林、经营管护、病虫害防治、森林防火、林木种苗繁育、资源管理、方针政策、法律法规等各块林业工作；组织指导完成2012年市级中低产林项目老果园改造800亩、雄关白石岩村修剪核桃100余亩、江城镇大摆村老果园改造60亩、江城镇三百亩核桃栽植1200多亩。2013年1月20日组织“云南绿地园林绿化有限公司”申报“云南省林业产业省级龙头企业”的评比认定，于3月15日获得省级认定；2013年9月10日，组织“云南绿地园林绿化有限公司”申报“云南省林业产业省级龙头企业”评比认定，于10月份获得省级认定。

【公益林管理】 按照市林业局国家级和省级公益林落界要求，于2013年3月对江川我县国家级公益林与其它三县边界重叠错误，国家级公益林与林地保护利用规划衔接问题进行核实，完成公益林落界工作，绘制了公益林落界矢量图层。2013年实施重点公益林森林生态效益补偿面积34.56万亩，其中国家级重点公益林18.66万亩、省级公益林15.9万亩，分布于珠江源头的抚仙湖、星云湖、东风水库径流区及县境内石漠化和水土流失严重地段，地类为有林地、疏林地、灌木林地，涉及6个乡镇1个街道63个村居委会。申请江川县2013年度森林生态效益补偿资金345.6万元，其中：中央财政186.6万元，省级财政159万元；下拨各乡镇（办事处）公益林补偿资金397.2117万元，其中国家级公益林补偿资金218.3272万元、省级公益林补偿资金178.8845万元。组织乡镇（街道）公益林管理人员对GIS软件基本操作进行专题培训，按《江川县公益林护林员管理考核办法》，聘请公益林护林人员116人，拨付公益林管护经费50.54万元，并在江川县委党校进行了林业基本常识、常见涉林案件的预防和发现、森林火灾的预防与扑救等知识培训。

【集体林权制度配套改革】 加强林权管理服务中心、森林公安、林政股、森防站等部门之间联系，建立了与林业产权制度相适应的林地、林木管理制度，设立了林权登记、林权流转、林木采伐运输、植物检疫、科技法律咨询五个办公窗口，方便农户办理林木采伐、运输、检疫等各项业务。2013年接待林业法律法规、政策、科技、林产业发展、林权转让、林权登记、木材采伐等咨询服务50多人次。完成4本林权证的补发、补办、变更，其中一本补发，两本补办，一本变更。积极宣传2013年的林业小额贴息贷款政策，对林权抵押贷款相关政策、办理程序进行缩编，及时下发到各乡镇、村委会张贴宣传，在全县范围内组织申报、认真落实，经林权管理服务中心、江川县农村信用合作联社、各乡镇林业站共同对申报贷款的林农调查落实后完成贷款，全年发放林业贷款305万元，其中224万元符合财政贴息补助。完成2011年度符合林业贷款财政贴息的林农11户，贷款230万元，兑付财政贴息资金11.5万元。申报2013年符合林业贷款财政贴息资金36户，贷款金额595万元，贷款期限为三至五年。申报2014年林业贴息贷款600万元，项目建设涉及工业原料林、木本油料林、经济林的抚育种植。

（陈花艳）

水　利

【组织机构】 2013年末，江川县水利局实有在职干部职工50人，其中：行政人员15人（公务员13人、工勤2人），事业人员35人（专业技术人员16人、工人16人、职员3人）。局机关内设一室两股，即：办公室、防汛抗旱股、水政水资源股。设置下属事业单位5个，即江川县水利勘测设计队、江川县防汛抗旱站（与“江川县工程管理站”实行两块牌子一套工作机构）、江川县水土保持工作站、江川县茶尔山水库管理所、江川县大街抽水站。

【概　述】 2013年，江川县坚定不移地实施可持续发展治水思路，牢牢把握“稳政策、增投资、夯基础、强管理、推改革、提效益、惠民生”的水利改革发展总体思路，继续贯彻落实中央关于加快水利改革发展的决定和省委省政府“兴水强滇”战略，进一步提升水利服务于全县经济社会发展的总体能力，为高原湖泊生态县建设作出了新的贡献。

1．有效灌溉面积。全县有效灌溉面积达111248亩，有效灌溉面积占总耕地面积128563亩的百分比达86.53%，比上年的86%上升0.53个百分点。

2．节水和除涝灌溉面积。全县节水灌溉面积累计达68181亩，占全县总耕地面积128563亩的53.03%。全县除涝面积累计达65648亩，占全县易涝耕地面积68130亩的96.36%。

3．水土保持治理。全县累计治理水土流失面积171.99千米（水利普查调整数），占全县水土流失面积380.83千米的45.16%。

4．堤、闸建设。全县累计建成达标堤防47.25千米（水利普查调整数），占堤防总长度199.24千米的23.72%；建成小型水闸157座（水利普查调整数）。

5．农村饮水安全人口。全县年末农村饮水安全人口达24.47万人，占全县农村人口的88.76%。

6．水利供水工程。全县累计建成水利供水工程29204件（水利普查调整数）。（1）蓄水工程。累计建成水库坝塘358座（其中：中型水库1座、小（一）型水库14座、小（二）型水库53座、小塘坝290座），总库容达6568.92万立方米，年设计供水能力4996.09万立方米。（2）引水和其它水源工程。累计建成引水工程41处，年设计供水能力达2403万立方米；累计建成小水窖28725件，年设计供水能力达39.12万立方米；累计建成水池1513口，年设计供水能力达13.01万立方米。（3）机电井和泵站工程。累计建成机电井1231眼（其中：规模以上浅层地下水机电井38眼、规模以下浅层地下水机电井1193眼）；累计建成泵站工程430处（其中：规模以上泵站92处、规模以下泵站338处）。

7．水利工程供水情况。全年水利工程为各行、各业供水量达6070万立方米，比上年的5859万立方米增加211万立方米，其中，水利工程为农业供水量4793万立方米，为城乡居民生活供水量达853万立方米，为工业供水量309万立方米，为生态环境供水量115万立方米。

【农田水利基本建设】 2013年，全县共计完成各类水利工程1300件，其中沟道岁修工程257件，水利基本建设工程1043件，完成工程量113万立方米；完成水利建设投资15928万元，其中水利基本建设投资6961万元，农水投资8967万元；新增灌溉面积0.15万亩，改善灌溉面积1.75万亩，完成干支渠防渗14.6千米，新增加蓄水能力16.2万立方米。

【白河水库工程竣工】 白河水库工程为润滇工程建设项目内容，是省级骨干水源工程之一。工程批复总投资2941.3万元，其中：省级配套882.39万元，市级配套823.56万元，县级配套1235.35万元。江川县白河水库工程主要建设内容为大坝工程、输水隧洞工程、溢洪道工程，设计总库容103.5万立方米，为小（一）型水库。白河水库工程严格按照基本建设程序的要求组建了项目法人，项目法人为“江川县白河水库工程建设管理局”。通过公开招投标，云南省昆明润滇水利水电工程建

设管理技术咨询公司为监理单位，云南省水利水电工程有限公司为大坝、溢洪道工程施工单位，云南宏鑫建筑工程有限公司为输水隧洞工程施工单位。白河水库工程于2012年3月14日正式开工建设，2013年12月17日总体完工。据统计，工程主要完成工程量：土石方开挖8.87万立方米、土石方回填25.141万立方米、混凝土和钢筋混凝土方1.003万立方米，铺设钢筋108.68吨。工程完成投资2898.91万元。

【杨柳坝水库除险加固工程竣工验收】 杨柳坝水库除险加固工程批复投资413.56万元，工程资金来源为：中央配套294万元，市级配套47.8万元，县级配套71.76万元。通过公开招标，施工单位为曲靖水利水电开发有限责任公司，监理单位为云南省昆明润滇水利水电工程建设管理技术咨询公司。工程于2011年11月18日正式开工，2012年9月20日完工，2013年12月31日通过验收。工程主要建设内容：大坝帷幕灌浆，大坝坝坡整形，改建输水涵洞进口，扩建溢洪道，安装大坝观测设施，新建管理所及水土保持设施。据统计，整个工程共计完成投资368.7万元，完成主要工程量：土石方开挖15828.6立方米、C20混凝土824.6立方米、C20混凝土预制块护坡163立方米、土方回填972立方米、米7.5浆砌石139.7立方米、直径400毫米球墨铸铁管安装156.9米、钢筋制安21.22吨、帷幕灌浆2752.67米。

【大寨水库除险加固工程竣工验收】

大寨水库除险加固工程批复投资462.78万元，工程资金来源为：中央配套334.9万元，市、县配套127.88万元。通过公开招标，施工单位为云南省水利水电工程有限公司，监理单位为云南省昆明润滇水利水电工程建设管理技术咨询公司。工程于2011年11月7日开工，2012年7月18日完工，2013年12月31日通过验收。工程主要建设内容：对主、副坝采用帷幕灌浆防渗处理；主坝上游采用混凝土预制块护坡，坝顶上游设防浪墙、下侧设路缘石、泥结石路面，增加观测设施；副坝坝顶两侧设路缘石；输水低涵进口新建消力井，对闸门及启闭设备进行检修加固处理，新建启闭室；输水高涵进口增设竖井、闸门及启闭设备；新建溢洪道，封堵原溢洪道；增设观测设施和管理房及水土保持设施。据统计，整个工程共计完成投资385.38万元，完成主要工程量：土方开挖7116.37立方米，土方回填5875.95立方米，碎石垫层338.55立方米，混凝土1610.33立方米，浆砌石357.17立方米，钢筋制安53.44吨，钻机钻灌浆段（坝土段）3011.12米，钻机钻灌浆段（基岩段）157.86米，坝土帷幕灌浆2524.96米，基岩帷幕灌浆157.86米，钻机钻检查孔342.28米。

【捧寨水库除险加固工程竣工验收】

捧寨水库除险加固工程批复投资442.28万元，工程资金来源为：省级配套322万元，市县配套120.28万元。通过公开招标，施工单位为云南玉溪水电集团有限公司，监理单位为云南省昆明润滇水利水电工程建设管理技术咨询公司。工程于2011年11月1日开工，2012年10月30日完工，2013年12月31日通过验收。工程主要建设内容：大坝坝体劈裂灌浆、坝基及坝肩帷幕灌浆；对大坝上游坝坡整形后采用混凝土预制块护坡，下游坝面整形草皮护坡，坝脚和两岸坝坡增设排水沟；增设大坝位移沉降、渗流观测设施；改建溢洪道；对原输水低涵有压段采用坝体充填灌浆处理，更换闸门和拦污栅，有压洞段增设直径400毫米球墨铸铁管；新建水库管理所。据统计，整个工程共计完成投资393.13万元，完成主要工程量：土方开挖14879.88立方米，土方回填2003.26立方米，混凝土824.86立方米，浆砌石167.05立方米，钢筋制安9.32吨，钻机钻坝土灌浆孔1436.30米，钻机钻坝基灌浆孔3422.21米，钻机钻冲洪积层灌浆孔279.2米，坝土劈裂灌浆575.3米，坝基帷幕灌浆3318.8米，冲洪积层帷幕灌浆279.28米。

【燃灯寺水库除险加固工程竣工】

燃灯寺水库除险加固工程批复投资325万元。工程资金来源为：中央财政补助240万元，其余不足部分由市县配套解决。通过公开招标，施工单位为云南玉溪水电集团有限公司，监理单位为昆明枢灵水利水电工程建设监理有限公司。工程于2011年8月1日动工，2012年5月26日全面完工。工程主要完成拦河坝整形护坡、大坝防渗处理、输水涵洞改造、溢洪道改扩建、新建管理所、增设观测设施。完成主要工程量：土石方开挖回填31225立方米、米7.5浆砌石691立方米、混凝土509立方米、帷幕灌浆739.24米。

【席草田水库除险加固工程竣工】

席草田水库除险加固工程批复投资80万元。主要建设内容为上游坝坡削坡后，设砼预制块护坡，下游坝体进行整形，植草护坡；对输水涵洞进行改造加固；新建溢洪道。工程于2011年12月7日开工建设，2012年12月28日完工，施工单位为云南水电建筑工程公司，监理单位为昆明枢灵水利水电工程建设监理有限公司。据统计，整个工程主要完成工程量：土方开挖691.7立方米，土方回填3489立方米，砂石料垫层3139.9立方米，混凝土388.5立方米，碎石路面195立方米，草皮护坡1613平方米，拦污栅2道，DN300闸阀2道。席草田水库是一个以农业灌溉及防洪为主的小（二）型水库，保护下游耕地5235亩、人口10748人，水库的经济和社会效益显著。

【九道河水库除险加固工程竣工】

九道河水库除险加固工程批复投资173.6万元。主要建设内容为坝顶增设防浪墙；上游坝坡整形后采用砼预制块护坡，下游培厚，增设排水体；改扩建溢洪道；改造输水涵洞。工程于

2012年2月29日正式开工，2012年11月30日完工，施工单位为云南浩翔建设工程有限公司，监理单位为昆明枢灵水利水电工程建设监理有限公司。据统计，整个工程主要完成工程量：土石方开挖回填3891立方米，混凝土浇筑867.3立方米、砂石料垫层221.74立方米、米7.5浆砌石160.67立方米、钢筋制安21.34吨。完成工程直接投资102.49万元。

【老路坝水库除险加固工程竣工】老路坝水库除险加固工程批复投资156.5万元，主要建设内容：坝体劈裂灌浆、坝基及坝肩帷灌浆、上下游坝坡整形，上游死水位以上采用砼预制块护坡、下游植草护坡、倒滤体表层改造，改造溢洪道末段，改造输水涵洞出口。工程于2011年9月29日开工建设，2012年4月完工，施工单位为云南玉溪水电集团有限公司，监理单位为昆明枢灵水利水电工程建设监理有限公司。据统计，整个工程主要完成工程量：土石方开挖1807.54立方米，土方回填729.85立方米，混凝土134.22立方米，浆砌石36.18立方米，钢筋制安0.16吨，钻机钻坝土灌浆孔480.8米，钻机钻坝基灌浆孔787.98米，坝土劈裂灌浆205.7米，坝基帷幕灌浆747.28米。完成直接投资87.71万元。

【老关坝水库除险加固工程竣工】老关坝水库除险加固工程批复总投资210.7万元。主要建设内容为：坝体劈裂灌浆，坝基及坝肩帷灌浆，上下游坝坡整形，上游死水位以上采用砼预制块护坡，下游植草护坡，增设倒滤体，改造溢洪道，新建二涵，改造三涵，封堵底涵。工程于2012年5月12日正式开工建设，2012年12月全面完工，施工单位为云南兴辉水利水电工程有限公司，监理单位为昆明枢灵水利水电工程建设监理有限公司。据统计，整个工程主要完成工程量：土方开挖7434.4立方米，土方回填5548.94立方米，土方翻压2761立方米，混凝土640.77立方米，浆砌石22.79立方米，干砌石485.6立方米，钢筋制安9.632吨，钻机钻坝土灌浆孔546.9米，钻机钻坝基灌浆孔321.3米，坝土劈裂灌浆509.8米，坝基帷幕灌浆308.8米。完成直接投资140.22万元。

【白花山水库除险加固工程竣工】白花山水库除险加固工程批复总投资77万元。主要建设内容：拦河坝整形护坡、输水涵洞改造、新建溢洪道、新建管理所、增设观测设施。工程于2012年5月12日动工，2012年12月7日完工，施工单位为云南玉溪水电集团有限公司，监理单位为昆明枢灵水利水电工程建设监理有限公司。据统计，整个工程主要完成工程量：土石方开挖回填2672立方米、混凝土336.4立方米。完成工程直接投资49.51万元。

【民生坝水库除险加固工程竣工】民生坝水库除险加固工程批复投资252.5万元。主要建设内容：坝体加高，对下游坝坡进行培厚处理，对大坝进行整体防渗处理，对溢洪道进行改扩建，更换输水涵管闸门，新建管理房，完善管理设施。工程于2013年1月19日开工建设，2013年11月5日完工，施工单位为曲靖市水利水电开发有限责任公司，监理单位为红河州水利水电工程监理有限公司。据统计，整个工程主要完成工程量：大坝坝土段灌浆699.5米，基岩段灌浆520.4米，土方开挖回填21830.7立方米，砂石料垫层529.94立方米，混凝土453.75立方米，碎石路面159.9立方米，干砌毛块石746.5立方米。目前，工程还未进行结算，现完成投资135万元。

【团结水库除险加固工程竣工】团结水库除险加固工程批复投资184.5万元。主要建设内容：大坝帷幕灌浆，上游坝坡整形后采用砼预制块护坡，下游削坡整形后植草护坡，溢洪道改造加固，输水涵洞改造加固。工程于2012年11月开工，2013年8月完工，施工单位为云南绿城建设集团有限责任公司，监理单位为红河州水利水电工程监理有限公司。据统计，整个工程主要完成工程量：土方开挖回填7853立方米、石方支砌762立方米、混凝土475立方米、钢筋制安15.9吨、坝土灌浆467.7米、基岩帷幕灌浆574.4米、新建管理房50平方米，安装闸门2道。完成工程直接投资114.9万元。

【三岔河水库除险加固工程竣工】三岔河水库除险加固工程批复总投资182.5万元。主要建设内容为：上下游坝坡进行整形，上游坝坡整形后采用砼预制块护坡，下游削坡整形后植草护坡，溢洪道改造加固，输水涵洞改造加固。工程于2012年12月开工，2013年8月完工，施工单位为保山市辛街建筑工程有限责任公司，监理单位为红河州水利水电工程监理有限公司。据统计，整个工程主要完成工程量：土方开挖回填1850立方米、石方支砌304.18立方米、混凝土1457.96立方米、钢筋制安9.92吨、新建管理房50平方米、安装闸门2道。完成工程直接投资92万元。

【爱心水窖工程】 2013年，江川县实施了“爱心水窖”工程750口，共计完成投资457.5万元，完成土石方开挖回填67717立方米，浇筑砼方5925立方米，钢筋制作安装36吨，增加蓄水容积18750立方米，新增灌溉面积600亩。该工程由乡镇具体组织实施，江川县水利局负责资金监督及技术指导。

【农村饮水安全项目】 2013年，江川县实施了中央预算内投资农村饮水安全项目工程7件，完成投资812万元。项目涉及江城、前卫、雄关3个乡镇7个村委会，实施后可解决15332人的饮水安全问题。项目于2013年1月21日正式开工建设，2013年12月完工投入运行。据统计，整个工程项目共

计完成土石方开挖回填10400立方米，支砌石方850立方米，浇筑砼4160立方米，铺设管网110.66千米。

【抗　旱】　2013年，江川县继续呈现干旱少雨的气候特征，全县抗旱工作形势异常严峻。据统计，全县农作物受旱面积56528亩，6座水库和92座坝塘因旱干涸，13条河流因旱断流，20812人和1508头大牲畜的饮水因旱出现困难。因旱减收粮食805吨，经济作物损失2821万元。面对严峻的旱情态势，全县各级各部门切实加强领导，精心安排，积极组织干部群众投入到抗旱救灾第一线，掀起了抗大旱、保民生、促春耕、夺丰收的抗旱工作热潮。据统计，全县共计投入抗旱救灾资金934.99万元，抗旱用电193.75万度，抗旱用油291.09吨；抗旱共计浇灌面积16394亩，临时解决了20812人和1058头大牲畜的饮水困难问题。据初步估算，抗旱共计挽回粮食损失1082吨，挽回经济损失2553万元。

【防　汛】　2013年汛期，江川县严格按照“防大汛、抢大险、抗大灾”的要求，扎实组织做好防汛抢险救灾的各项具体工作。一是按照防汛抗洪工作行政首长责任制的要求，层层签订了江川县2013年防汛目标管理责任书，切实加强对防汛工作的组织领导，确保防汛工作顺利进行。二是未雨绸缪，防患于未然，扎实备汛，确保水利工程安全度汛。三是加强对防汛值班工作的管理，确保汛情及时上报和上情及时下达，保证了防汛抗洪工作上下联系畅通。四是加强同气象等部门的联系，随时掌握天气状况，及时指导防汛抢险工作。五是加大对全县水库、坝塘的监控力度，确保水利工程安全度汛。六是突出重点，全力以赴做好防汛抢险救灾工作。2013年，全县受灾人口48536人，受灾面积26520亩，公路冲毁1条次，倒塌房屋53间，造成直接经济总损失达3243万元，因洪涝灾害减收粮食100吨。灾情发生后，全县各级组织高度重视，积极采取有效措施，充分发扬自力更生、生产自救的精神，多渠道多方面筹集资金和物资，全力以赴投入防汛抢险救灾工作，确保了灾区人民群众的生命财产安全，促进了全县经济发展、社会稳定。据不完全统计，整个汛期全县共计投入防汛抢险救灾人数8679人次，减少受灾人口2850人，解救围困群众210人，减灾经济效益达262万元。

【水土保持】　2013年，江川县共完成治理水土流失面积12.6平方千米，其中营造水土保持林579公顷，经果林177公顷，封禁治理728公顷，建设谷坊4座，完成排灌渠3.7千米，总投资600万元。在抓好治理工作的同时，积极推进水土保持监督执法工作，认真落实“三权、一案、三同时”制度，加大监督检查力度，严格查处水保违法案件，依法征收水保“两费”和审批开发建设项目水保方案。2013年，共计进行水保执法检查2次，检查各级开发建设项目2个，审批开发建设项目水保方案12个，收取水保“两费”15.3万元。

【水行政管理】　继续以国家水资源管理三条“红线”指示精神为指导，加强对全县水资源的管理，逐步实现以水资源的可持续利用促进经济社会的可持续发展。一是围绕“节约保护水资源，大力建设生态文明”这一主题，开展了内容丰富，形式多样的“水日水周”水法律法规宣传教育活动，进一步提高广大干部群众的水法意识，扩大水行政执法的社会影响。二是加大水行政执法检查力度，严肃查处各类水事违法案件，认真调处各类水事纠纷，督促指导全县水行政执法工作。三是继续加大水资源管理力度，科学管理水资源。2013年，江川县共计征收水资源费51万元，查处水事违法案件37起。四是认真做好普法依法治理工作，进一步提高全局干部职工的执法水平、提高从业人员的法制观念、自律意识和群众知法维权的保护意识，营造良好的法治氛围。

【项目储备】　2013年，继续以水库除险加固、水源工程建设为重点，积极做好项目规划设计工作，积极争取水利建设项目。先后完成新民坝、西河一库、三道沟、木凹田4座病险小（二）型水库的安全鉴定及初步设计工作。完成了《江川县小康水利规划》编制工作。完成《中央、省级水利工程维修养护项目实施技术方案》等7个项目的初步设计、规划、施工方案编制工作。完成星云湖南岸中水利用项目、九溪大河水污染综合整治工程等7个临时项目的设计工作。

（罗留芝）

交通·邮电

编辑　盛文芬

交　通

【概　述】　2013年底，县交通系统机构编制42名，实有人数37名，其中，局机关编制14名，实有人员14名，局属事业单位编制28名，实有23名（其中，地方段编制15名，实有14名；路政大队编制6名，实有6名；隔河船闸所编制7名，实有3名），共缺编人员5名。一年来，县交通运输局以科学发展观为指导，认真学习党的十八大精神，紧紧围绕县委、政府确定的交通发展目标，交通各部门团结协作，开拓创新，努力抓好交通运输事业的科学发展，较好地完成了各项工作任务。一年来，共投资17675.86万元（不含晋江高速）进行交通基础设施建设，完成龙泉大道1.94千米路面硬化工程、松园路19.8千米路面硬化工程、中围路3千米硬化工程、岳李路1.8千米建设、张营村2.7千米道路建设、江川县翠大线1.8千米人行道扩建工程以及在建晋江高速、江中路等交通工程；落实党风廉政建设；推进效能政府建设；加强行业管理，做好道路养护、路政管理、船闸管理、运政管理等交通工作。

【晋江高速公路】　晋江高速公路于2013年6月25开工建设，路线起于晋宁县晋城镇小寨，接昆玉高速公路，经牧羊村，在十里铺附近接昆明东南绕城高速公路，借用东南绕城高速公路至化乐后，路线沿S103走廊西侧山坡布线，经大西坡、四家、大河水库、黄家庄、新房子，穿隧道进入江川县境内，经茨通铺，茶尔山水库、招益村，在张官营设置江城互通，经桃园、海埂、弯河，沿星云湖东岸山体布线，经海门桥、螺蛳铺、在象鼻山以南设置螺蛳铺互通，路线经大凹、摆寨以东，至项目终点大寨互通，连接江川至通海公路。建设里程约58.143千米，共线2.807千米，江川县境内路线里程约34.112千米。全线工程总投资估算约为773150.5万元，平均每千米造价13971.93万元。全线按照高速公路标准建设（双向四车道、六车道，设计时速80千米/小时和100千米/小时）。

截至12月底，晋江高速公路江川县境内完成K37+700～K60+725段（江磷集团门口至大寨立交）公路主线以及大寨立交区土地征用，共计完成征地1555.83亩，完成投资情况为：征地费补偿9141.37万元（作价入股），青苗及附着物补偿费1122.328万元，大街镇境内坟地补偿费107.1万元，路居和江城坟地补偿费预计金额234万元，林地补偿费1110万元，征地费用第一年股息732万元，弃土场租地费用50.668万元（其中大寨二组1.96亩，47190元，三组31.44亩，459490元），水毁农作物补偿费2.2903万元，水毁房屋补偿费0.45万元，小庙搬迁补偿预付款2万元，资料制作费2万元，工作经费371.166万元，业务费18.10万元，森林植被恢复费56.78万元，林可编制费5万元，其他费用约为50万元，合计13005.25万元。

【晋江高速征地拆迁工作会】　2013年5月31日，市政府在江川县召开晋江高速公路征地拆迁工作推进会。会议要求贯彻落实好中央“加快推进征地制度改革，依法征收农民集体土地，确保被征地农民生活水平有提高、长远生计有保障”及全省综合交通基础设施攻坚工作会议明确的“积极推行以土地折价作股作为股权投入，以股权分红或固定回报形式体现农民利益的方式解决交通基础设施建设用地”要求，决定采用以被征用土地作价入股的方式，保障被征用土地集体和群众的利益，让农民“失地不失保障”，推进晋江路征地拆迁工作，确保项目于6月30日前开工建设。会议还制定了如下土地作价入股方式：1.被征用集体的土地经市、县土地主管部门按国家现行政策作价征收。2.被征用土地集体和承包经营者以土地作价入股，享有每年按人民银行五年期以上贷款基准利率的固定收益，最低不低于年利率8%的保底收益（当人民银行五年期以上贷款基准利率小于年利

率8%时，按年利率8%支付；五年期以上贷款基准利率大于8%时，按五年期以上贷款基准利率支付），江川县财政局担保，玉溪市晋江高速公路投资开发有限公司支付。3.股权可继承；4.持股满五年后可选择由村集体按原价回购。

【县城五岔口环岛改造】 2013年3～9月，投资530万元对县城五岔口环岛进行改造。该环岛屿始建成于2000年，按照椭圆形设计，长轴为120米，短轴为80米，周长331米，面积达8300平方米。此次工程把原椭圆形环岛改造为以短轴长为直径的圆形环岛，改造工程完成后，环岛直径为80米，周长251米，面积为5026平方米。同时，对改造后的环岛进行景观绿化、亮化、交通渠化分流等设计和建设，牛虎铜案雕塑进行了加固、改造。从而提高五岔口道路交通安全通行能力。

【龙泉山工业园区道路建设】 龙泉大道：2013年，投资2800万元完成路面硬化工程，该路段全长1.97米，路基宽30米，按城市标准建设。

仙水道路：2013年，投资4850万元完成路基工程，该路段全长2.47千米，路基宽40米，按城市I级主干道标准设计，计算行车速度50千米/小时。12月底，准备路面硬化工作。

【江中路建设】 江中路起于翠大线公路与宁海路交叉口，往南延伸至江川县第一中学门口，全长0.916千米。道路等级采用城市次干道标准，双向四车道，沥青混凝土路面，计算行车速度为40千米/小时，路面设计使用年限为15年。道路红线宽度为40米，断面布置为：人行道（4米）+非机动车道（5米）+绿化带（3米）+机动车道（8米）+机动车道（8米）+绿化带（3米）+非机动车道（5米）+人行道（4米），建筑控制红线宽度为道路两侧各5米。

2013年6月29日，江川县江中路建设工程正式开工。该项目由江中路和县保障性住房2号路等两条道路组成，建设内容包括道路工程、给排水工程、绿化工程、亮化工程及电缆沟工程，整个项目计划于2014年春季学期收假前竣工通车。总投资6017.91万元（其中征地拆迁补偿费2973.44万元，工程投资3044.47万元），2013年底，项目累计完成投资4493.44万元。

县保障性住房2号路起于保障房连接线道路，往西延伸至江中路，与其形成平面交叉。该道路全长441.14米，道路红线宽度为12米，行车道宽7米，两侧人行道宽各为2.5米。

江中路项目工程建设开工地点为2号路起点，工程采用先易后难的施工方式，由2号路施工进场，至江中路交叉口后，向江中路两端推进，并全面展开工程施工工作。

该工程采用“委托企业垫资建设、项目完工分期支付资金”的投资模式进行建设，由企业垫资工程建筑安装费，垫资时间为3年，计划按4：3：3比例分年度偿还。

【街区整治】 2013年5～6月，投入资金45万余元，完成交通局办公楼外观改造工程，其中，外观墙体改造投入资金23万余元，灯光投入22万余元。

【县城五岔口至大寨人行道扩建】 2013年9月，投资260万元完成五岔口至公租房联络线段1.8千米人行道扩建工程（道路两侧各铺筑3米宽人行道，支砌路缘石和安装流水石，以及雨水口建设）；投资120万元完成公租房联络线至大寨段道路路面铺筑。该段全长3.0千米，采取对上年扩建的3米宽人行道进行风化料回填，并铺筑混凝土，整平于新铺筑的沥青路面。

【农村公路建设】 投资172.42万元完成3千米的中围路路面硬化；投资160万元完成2.7千米的张营村道路硬化和亮化工程；投资87万元完成1.8千米岳李路硬化工程。

【通畅公路建设】 松园路起于江城云岩寺，止于江城陈家湾，全程19.8千米，于2012年10月开工建设，2013年6月完成。共投资1245万元，其中2013年投资898万元。

【拆除减速丘】 2013年3月，投入资金85000多元，完成了拆除“减速丘”工作。清理拆除减速丘32道，拆除减速带2709.42平方米，其中，玉江路、江通路清理拆除减速丘10道614.42平方米，翠大线清理拆除减速丘22道2095平方米；投入资金10264元，用沥青混凝土修复拆除减速丘后的道路路面81立方米。

路面修复 江川县交通运输局对县内高速路、一级路进行路面修复。其中，投入资金228000元，出动480人次、车辆48车次，修复玉江高速公路裂缝12315.74米，修补坑塘730平方米；修补江通一级公路裂缝17050米，修补江华一级公路裂缝2470米，修补坑塘1020平方米。

路面清理 共投入资金90多万元，共清理垃圾19062.3吨。其中：玉江高速清理垃圾192.9吨，江通一级公路清理垃圾114.9吨，江华一级公路清理垃圾125.5吨，老晋思线清理垃圾1609吨，老玉江线清理垃圾6822吨，北前线清理垃圾767吨，白金线清理垃圾950吨，大铁线清理垃圾4084吨，麦雄线清理垃圾4397吨。共修剪绿化3.2万平方米。投入资金7.8万元，组织养护人员536人次，车辆63车次，装载机3台次、挖掘机4台次，用时22天清理环湖东路阻塞涵洞三道，清理阻塞水沟、路肩杂草杂物1214方18636米。投入资金6.2万元，组织养护人员170人次，车辆35车次，清理环湖路、环湖西路路肩杂草、水沟9481米。截止12月31日，共出动执法人员588人次，执法车辆98台次，挖掘机34台次，装载机18台次，运输车辆64台次，切割机械17台次，人工340个，协同相关部门开展玉江高速公路，江通、江华一级公路，大铁线、麦雄线环湖西路、北前路、老玉江路、环湖路路域环境专项整治工作，共清理垃圾6500吨，清除非交通标志94块，清理违法平交道口（搭接口）166个，清理违法建筑（构）物101处。

整治公路“泼、洒、漏”现象　局路政大队联合省路政大队对全县公路进行了路域整治，其中对环湖东路、环湖西线、江抚路、江通、江华公路进行了重点整治。在扩大路域环境整治工作期间，交通路政出动执法人员400人次、执法车辆80台次，发放宣传材料1200份、张贴公告20份，登记砂石材料运输车辆1158辆次，共检查车辆10000辆，其中超限超载车辆2000辆，查处“泼、洒、漏”车辆592辆。

客货车辆整治　运政管理在路域整治期间，出动人员872人次、车辆215辆次，对19家公路污染源头的砂石料场等企业单位下发整改通知书，查处不按规定遮盖及未遮盖的载重货车197辆，查处16起无道路运输许可证的旅客运输违法案件。

公路绿化　在玉江高速、澄川（含翠大线）、江通、江华路等四条高等级公路两侧20米，栽种绿化树木。一是完成江通路（伏家营——江通收费站）绿化工作。5月7日～6月9日，投资966453.19元，由玉溪市绿洲园林工程有限公司完成江通一级公路江川段绿化工程。工程内容：全长4.8千米、支砌花池（879.12立方米）、回填种植红土（4698.9立方米）、挖花塘（3800个）、种植叶子花（7000株）、种植火把果（7000株）。二是完成了四条高等级公路两侧20米范围内的绿化面积调查工作。12月底，完成四条高等级公路两侧20米范围内的绿化面积调查和实施方案的编制。四条高等级公路绿化面积达1525025平方米，其中，玉江路绿化里程为16.2千米，绿化面积达195200平方米；澄川（含翠大线）绿化里程为35千米，绿化面积701555平方米；江通路绿化里程4.8千米，绿化面积202800平方米；江华路绿化里程6.7千米，绿化面积220900平方米。12月31日前，完成部分施工和栽种任务。

【翠大线路灯安装】　2013年在2012年的基础上对该路段进行亮化。2013年9月，投资367.82万元，安装了沈家桥至大寨段（2.3千米）太阳能路灯117盏；2013年12月，投资2030.48万元安装翠大线渔村至江城段（13.9千米）太阳能路灯680盏。

工程建设采用“委托企业垫资建设、项目完工分期支付资金”的投资模式，垫资时间为四年，按4：3：2：1比例分年度偿还，垫资期间按银行同期贷款利率支付资金占用费。

【公路日常修复】　上半年，投资261万元，修复江华一级公路路面坑塘，玉江高速公路路面及江通公路。同时，投资1.9万元，对玉江高速公路六十米大道及防洪大堤绿化实施了恢复改造。下半年，计划投资168万元，继续抓好道路隐患整治及路面修复工作。

【公路日常养护】　一年来，局所管养的787.496千米农村公路，平均好路率在75%以上，其中重点公路好路率达85%，一般公路好路率为80%，乡村公路好路率为65%，通车率保持100%；所管养的高等级公路平均好路率95%以上，通车率100%。

抓好公路大修工作，投入测设资金11万元，完成大铁线29千米、麦雄线8.736千米测量设计工作。积极做好公路小修保养，投资24万元，清理县道阻塞水沟、清铲路肩；投资23万元，实施环抚仙湖西路路面病害修复工程，修复路面151282平方米、裂缝51341米；4月，投资9万元，修复施红路弹石路面810平方米，浇筑路缘108立方米；投资12.4万元，做好高等级公路日常小修保养修复工程；投资430万元，对玉江、江通、江华等高等级公路病害进行整治。省管公路养护、管理单位积极投入资金，全面做好澄川路、翠大线的路面养护、设施修复等工作，大家形成合力，结合路域环境整治、街区整治、干线道路两侧绿化等工作，发挥优势，不断提高全县道路通畅水平。

在公路日常养护方面，农村公路养护共清扫路面319.68万平方米，清理水沟68.4千米，清铲路肩3780千米，疏通桥涵121道（891.7米），砂石料采备0.47万立方米，加铺砂石路面484千米（5.2万平方米）；高等级公路清扫路面4158万平方米，清理排水沟72万米，疏通桥涵7道105延米，修剪绿篱96.7万平方米；绿化浇水89万平方米（763车），绿化除草松土、施肥、病虫害防治64.1万平方米。为提高农村公路的绿化率，对晋思线大街至前卫段树木进行补栽，补栽石楠441棵，投入资金6.5万元。

【开展“农村公路管养年”活动】　积极推进农村公路养护“示范路”建设工作，针对农村修路、建房时随意在公路上开口取料、农机具损坏路面时有发生、在公路上堆放建筑材料及生产生活垃圾等现象普遍存在等问题，加大宣传力度，开展了“百日爱路护路活动”。活动分发《公路安全保护条例》插图读本及《公路法》读本100册，在北前公路安装宣传标志牌3块。通过活动，逐步提高沿线村民的爱路护路意识，促进“农村公路管养年”活动不断取得实效。

【路政管理】　一年来，共出动路政执法人员4155人次、执法车辆830台次，发放违法行为通知书132份，发放告知函9份，共查处路政案件99件，案件立案率100%，查处率达100%，索赔路产损失969745.5元，索赔率98%，损坏路产恢复率100%；制止各种侵占路产、路权行为264起，对违规违法多次不听劝告，屡教不改者，按照公路路政管理相关法律法规进行严肃的

处理，拆除违章建筑（构）物35处500平方米，公路两侧红线控制率基本达到100%，有效维护公路路产、路权。集中开展道路环境专项整治活动，清理拆除公路非法设置广告牌17块，清理公路乱堆乱放堆积物993吨，清理取缔以路为市占道经营78起、打场晒粮81处，清理取缔违法加水站点9处31起。为确保超限运输检测治理工作持久深入开展，投资96000元购买2套便携式汽车称重仪，加大超限运输治理力度，整治超限超载车辆，全年共检测运输车辆301657辆，其中超限超载车辆10497辆，收取超限运输罚没款1317450元，杜绝车货总重超过55吨的车辆上路行驶180台次。通过对超限运输车辆的检测治理，遏制住了超限车辆上路行驶的漫延势头，有效维护了公路的路产路权。全年，共完成公路路政行政许可事项4件，收取路产占用赔（补）偿费71123元。

2013年，根据路产损失赔补偿费“收支两条线”和“取之于车，用之于路”的管理使用原则，投入75.4万元对全县高等级公路、农村公路损坏路产进行了全面恢复维修，其中，修复路沿石925米，修复公路挡墙10.立方米，修复安装波型护栏板1696米，安装护栏端头13个、轮廓标221个、护栏板托架205个、护栏板螺栓210套，安装钢栏杆95.6平方米、百米桩159棵，贴护栏板反光材料4941根，支砌砖墙27.1立方米，补植绿化树木215棵，安装交通标志标牌7套等，发放《勿超限超载行驶》、《爱路护路之行为规范》宣传手册350份。

【运政管理】 截至12月底，全县共拥有普通货物运输经营业户8378户（新增1594户），货运车辆8788辆，客运车辆469辆（班线车辆134辆、公交车153辆、出租车182辆），道路危险货物运输车辆112辆（城南公司69辆、大运公司43辆），维修业户161户（新增16户），道路运输从业人员达12604人。

一是圆满完成春运等重大节日运输工作。2013年春节，投运客运车辆6106辆次（其中加班338辆、包车82辆），总客位数达12.9531万座，输送旅客达11.4871万人次，比上年同期增长了3.2个百分点。

二是加强道路运输市场监管，建立规范有序的道路运输市场管理体系。认真组织营运人员培训，共对从事普通货物运输的驾驶人员194人进行了从业资格培训；深入开展“两客一危”从业人员继续教育培训，共组织“两客一危”从业人员进行了14期（客运10期、危货4期）共计1400多人的继续教育培训工作。强化危险货物运输管理，对全县2户危货运输企业共99辆危货运输车辆，进行全面的安全监管。

三是加强运输市场管理，确保市场平稳发展。加强日常监管力度，全面落实道路运输“三关一监督”职责。对104辆9座以上班线客车全部安装了GPS卫星定位系统。全年共出动运政稽查人员1900余人次，对非法运营的“黑车”和非法从事危险货物、普通货物的道路运输经营行为进行稽查治理，查处了违章车辆3970辆，处理违章案件1080起（其中，简易程序处罚案件930起、一般程序处罚案件150起），罚款金额48万元，有效地维护了全县道路运输市场的良好秩序。

四是做好道路运输业质量信誉考核及营运车辆审验工作。2013年，对全县9家普通货物运输企业进行了质量信誉考核，对6817名持有《从业资格证》的驾驶人员进行了诚信考核，对5906辆普通道路货物运输车辆、7465户经营业户、287辆客运车辆，71辆危货车辆（城南42辆、大运29辆）进行了审验。

五是完成成品油价格改革财政补贴资金1243万元的兑付工作。

【人大代表、政协提议答复】 2013年，认真办理和答复人民代表、政协委员在县人代会、政协会上提出的关于交通基础设施建设及交通运输管理的36件意见建议，满意率达100%。正确引导，耐心细致做好信访接待工作，及时办理回复交通建设及交通管理信访件10件。

（周　愚）

公路管理段

【概　述】 江川公路管理段隶属玉溪公路管理总段，成立于1973年，其前身为江川公路养护连；1977年改为江川公路养护段；1981年更改为江川公路管理段；是从事公益性事业的公路管理养护事业单位。2013年末有在职员工46人，离退休职工115人，下设1个管理所（竹城公路管理所），负责管养江川县境内2条干线公路44.449千米。其中，沥青路面养护里程9千米，二级公路35.449千米（路基宽21.5米）。

2013年，江川公路管理段坚持服务至上的宗旨，以“畅、洁、平、美、绿、安”为养护目标，把规范化养护、预防性养护、及时性养护和生态养护有机结合起来，全年修补路面病害86845.65平方米，清扫路面、路肩773978.03平方米，清理水沟路肩杂草82.64千米，种植行道树3000棵。全面提升了公路公共服务水平，圆满完成了各项目标任务。

【科学养路】 江川县境内干线公路昆富线（原翠大线、澄川线）北起江城镇明星村，南至大街街道办事处大寨村。该道路1996年完成路基工程施工，1999年完成水泥砼路面铺筑投入使用，是云南省第一条高等级水泥砼试验性经济干线公路。由于原投资建设资金不足，设计厚度不够，路基处理不到位等，加之随着交通运输业的迅速发展，车流量增加，现车流量已达到1.3万辆/昼夜，且超限超载严重，导致路面损坏严重，出现了纵、横、斜向裂缝、角隅断裂、交叉裂缝和断裂板、错台、坑洞、露骨等路面病害。江川公路管理段自2012年8月1日接养昆富线以来，认真分析、查找水泥砼路面病害形成的主要原因，2013年，江川段高度重视路基养护，树立“养路面不如养水沟路肩”的理念，加大清挖水沟、清理桥涵的力度，全年清理水沟33千米，开挖排水沟4.23立方米，清理涵洞192立方米/98道，路面横向开槽46米，掏窨井10立方米/10道。有效的保障排水系统畅通无阻，降低路面地下水位，达到了路面无积水的效果。大力运用玉溪公路管理总段提出的“热油冷料层补法”修复水泥砼路面21052.21平方米，封单条裂缝294265.78米，缓解了公路建设资金不足的问题，提升了路况质量。

【路域整治】 自2013年8月开展路域整治工作以来，江川公路管理段认真贯彻落实“清门户，除垃圾，保畅通，还路权，美家园”路域环境专项整治工作，及时成立领导小组，制定修复工作方案。组织人员对国省干线公路（澄川线、翠大线）进行公路养护状况社会问卷调查，及时了解群众对公路通行条件的真实意愿和满意度。配合江川县交警大队对辖区内公路交通信号、交通标志和标线的缺损、设置情况进行摸底排查，并将调查结果登记造册上报领导小组办公室。组织人员对辖区公路沿线的路面污染，乱开口、搭口，乱设加水站，路面破损，路基排水沟及桥涵情况进行调查统计，并将调查结果登记造册上报。积极联合江川公路路政管理大队、前卫镇人民政府及公路沿线各村委会，对翠大线K12+000至K17+000路段路域环境进行治理，拆除非公路标牌共计19块。组织养护人员对昆富线的路面泼洒物、路肩、路基排水沟及桥涵进行清理，清理水沟路肩杂草82.64千米，清理边坡杂草2862平方米，中央分隔带除草14.3千米，清扫路面763505平方米；对局部破损路面采用“热油冷料层补法”进行修复。对严重破损路面及时上报玉溪公路管理总段领导，多次聘请云南省公路局养护处、玉溪公路管理总段养护科及其他相邻段的专家组到养护现场勘查、指导工作，通过击碎原路面，加铺垫层找平、压实、洒透层、铺筑5厘米厚AC-20中粒式沥青砼、洒粘层、铺筑3.5厘米厚AC-13细粒式沥青砼面层的方法修复路面病害，修补水泥砼路基层22921.14平方米，铺筑沥青砼面层31993.12平方米，切割水泥砼路面破碎板2192.15米，击碎水泥砼路面破碎板27494.09平方米，软基换填123.08平方米；全年消耗养护沥青465吨，汽油11019升，柴油75556升，采备砂材料6404立方米，耗用砂石材料6404立方米。10月组织养护工人按照“因地制宜、因路制宜、适地种树”的方针，在昆富线（即澄川线、翠大线）公路沿线开挖树塘2540个栽种樱花树，中间隔离带栽种柏树250株。达到了路面整洁，路肩无高草，水沟、桥涵无淤阻，路面无坑塘，行车安全的目的。

【领导调研】 2013年3月19日上午，云南省交通运输厅副厅长王彩春在玉溪公路管理总段党委书记马建峰、总段长王新华陪同下到澄川二级路养护现场观摩指导工作。

2013年3月25日，云南省公路局副局长申海平、计统处副处长杨继贵在江川县副县长普朝鹏、玉溪公路管理总段党委书记马建峰、总段长王新华陪同下到江川实地查看五岔路口至大寨段路面大修及江川公路管理段基础设施建设工作。

2013年5月21日下午，玉溪市市长饶南湖与市政府秘书长李毅昆一行在玉溪公路管理总段总段长王新华、副总段长钱春陪同下到江川公路管理段察看澄川线水泥砼路面养护通行状况，深入基层看望一线养护职工。

2013年7月2日，云南省公路局党委副书记、纪委书记孙长有率队对江川公路管理段2013年上半年党风廉政建设、“跨越发展当先锋，机关党建走前头”活动及安全生产管理三项工作进行专项检查。

2013年7月6日，云南省公路局局长吕云锋、局办公室、劳工处等部门领导组成的调研组在玉溪公路管理总段总段长王新华陪同下到江川公路管理段调研二级路养护情况。

2013年7月10日，云南省交通运输厅工会主席李杰一行在玉溪公路管理总段党委书记马建峰、总段长王新华陪同下深入江川公路管理段侯家沟管理所看望一线养护职工。

2013年8月12日，云南省交通运输厅厅长刘一平率厅办公室、人事处、规划处、基建处、新闻办负责人在玉溪市副市长左广陪同下，深入江川公路管理段调研，并召开座谈会。

2013年10月10日，市委书记张祖林率市委市政府综合交通专项调研工作组到江川公路管理段侯家沟公路管理所调研指导工作，对江川公路管理段加强公路养护管理，保障公路安全畅通和关心职工生活，充分利用土地进行生态养殖和有机种植，让职工吃上有机菜、放心肉给予肯定。

2013年12月2日，省公路局副局长范德如深入江川公路管理段侯家沟公路管理所调研职工文化生活建设工作。

【安全生产】 江川公路管理段认真贯彻实施玉溪公路管理总段职代会精神，坚决守住安全生产红线，把保护一线养护职工的人身安全放在首位，全面落实安全责任，通过逐层签订安全生产责任书、开展安全宣传教育活动，及时整改安全隐患、认真落实“雨季三查”制度的措施，推进平安工地的建设，规范设置作业区施工标志，严守机械操作程序，在全段树立“不伤害他人，不伤害自己，不被他人伤害”的安全生产理念，做到“不安全不生产”，促进安全生产形势持续稳定发展，实现全年安全事故零发生的安全目标。

【应急保通】 2013年，昆富线发生多起交通事故，造成路面污染、道路阻塞，车辆行驶存在安全隐患。江川公路管理段不论白天、黑夜及时启动应急保通预案，组织抢通人员和机械设备赶赴事故现场，进行路面清扫、交通疏导。8月中旬，连降暴雨，致使昆孟线K92+809路段出现路基坍塌，边坡大面积下滑；造成整体路面、路基下沉，公路半阻，江川公路管理段在第一时间组织人员进行现场踏勘，设置警示标志，当天及时清理1539.9立方米坍方，消除交通安全隐患，防止病害的进一步扩大，提高道路通行能力，使人民群众的生命财产得到了安全保障。

（张金糯）

电　信

【概　述】 2013年，中国电信股份有限公司江川分公司紧紧围绕全业务有效益规模发展这一中心，坚定不移推进聚焦客户的信息化创新战略，坚持统筹协调，加快发展速度，提高发展质量，增强可持续发展能力，奋力追赶跨跃，实现收入与发展的有效统一，全面展开各项工作。并且在经营的过程中，注重立足本地，结合地方经济建设，做好江川信息化建设的领头军，为江川县的经济建设做出应有的贡献。

2013年江川分公司共完成收入2330万元，公司下达的奋斗目标是2250万元，超目标80万；主要业务产品发展情况良好：移动发展5839户，宽带发展4206户，iTV发展123户。这是江川分公司近年来取得的最好成绩。

【网络建设】 2013年对全县74个移动基站进一步加强优化，提升用户满意。大力推进FTTH建设。新建了古滇国小区和上营搬迁小区的FTTH小区，在江城的新建小区进行了FTTH改造。对农村电缆线路进行“光进铜退”的改造，确保宽带用户的使用感知不下滑。积极建设4G网络。

【江川分公司第二期刮刮卡活动圆满结束】 为承接省市公司第二期刮刮卡活动，江川分公司在收到营销方案时，提前在各厅点进行了宣传，在到期续约工作流程中，也加入了刮刮卡的宣传，新年伊始，江川客服组全体工作人员，下到各抽奖网点进行礼品配发，督促布置宣传场地，由于准备工作充分，宣传工作到位，江川分公司在1月16日，就圆满地完成了第二期刮刮卡任务，本次共抽出特等奖一名，一等奖一名，二等奖四名，三等奖21名，四等奖162名，五等奖217名，纪念奖1247名，共计奖项1653名，本次活动奖项多，中奖率高，活动工作准备充分，受到了用户好评，对催欠、续约工作，起到了积极的促进作用。

【江川分公司荣获云南省第十三批文明单位称号】 在2013年工作开展过程中，着重以指导思想明确，领导班子坚强，工作成绩突出，创建工作机制健全，思想道德教育深入，科技、教育、文化水平不断提高，社会治安综合治理效果良好，示范作用明显，特色指标九个版块全方位、多角度、深层次、多样化地开展创建工作。不断增强员工的服务意识，提高通信服务水平，肩负高度的社会责任感，积极组织参与文明城市创建、救灾捐款、贫困资助、扶贫联系等各项社会公益活动，进一步提升了电信员工队伍的文明素质和文明服务形象，文明单位创建工作取得了显著成效。4月23日，江川分公司荣获云南省第十三批文明单位称号。

【江川电信与公安局召开电缆防盗督办会】 2013年5月15日下午15：30，市公司综合办副主任曾进与网络部的技术人员一行4人到江川分公司与县公安局刑侦队召开电缆防盗督办会。

曾进在会上就玉溪2013年以来电缆、基站馈线、地线反复多次被盗，野外基站电池装GPs，基站装门禁系统无法防止被盗的情况与刑侦队进行交流。希望公安部门加大打击力度，以减少电信损失。

刑侦队介绍了2013年以来掌握的在江川周边发生的电缆被盗情况。刑侦队对配合出警能及时获取侦破信息，掌握嫌疑人信息提了3点要求：一是把电缆报警器与派出所电话捆绑，以增加快捷联动性；二是确定固定联系人与公安联系；三是思想统一，接到报警第一时间通知刑侦队，由刑侦队统一安排、统一调度、统一行动。

【江川分公司四个支局全部被评为达标支局】 自从2012年，玉溪电信在全市农村开展员工致富计划以来，江川分公司在上级领导、部门的关心、支持、帮助下，紧追市场步伐，强化支局基础管理和基层员工的业务培训。

经过努力，江川分公司路居、九溪、江城、前卫共四个支局在2013年全部达到“员工致富计划”达标支局标准。全市共有19个达标支局，江川分公司的路居支局、九溪支局分别获得了第一名、第二名的好成绩；江城支局、前卫支局在全市支局排名中也分别名列第八和第九的，并获得了优秀奖。

近年来，江川分公司各支局在业务收入、业务发展、终端销售等各方面都得到了较大的提升，为江川分公司农村市场的发展付出了辛勤的劳动和汗水。

（邓　琼）

联　通

【概　述】 2013年，中国联通玉溪分公司网络能力不断增强，移动基站数量稳步增加，3G网络实现了主要乡镇覆盖；宽带接入端口大幅增加，骨干互联网扩容取得良好成效，县公司全力推进宽带升级提速，创建网络优势，促进客户发展和保有；实施区域分级管理和深度营销，积极拓展宽带增量市场，提高资源利用率；乡镇市场配合广电网络改造，以EOC发展为主，优质社区以公司自网为主，通过合理投资，有效拉动自网宽带及行业客户收入；服务水平持续改善，落实宽带装移修公开服务承诺，服务及时率明显提升；移动网络不断优化，使3G与2G网络质量投诉率大幅下降，市场拓展成效明显，收入增速持续保持行业领先，成本开支持续改善，发展结构不断优化，3G业务满意度继续保持行业第一，全业务满意度居行业第二。同时，全面提升管理水平，以本地网全成本管理核算为基础，强化经营活动的动态监控；完成了大ERP系统的推广实施，建立了财务信息透视体系；重点领域改革持续深化，实施一体化市场营销管理与运营，建立纵向到底的经营监控体系，强化集团客户事业部体系建设，建立适应电子商务发展的管理体制和运营机制；坚持民主公开、竞争择优，以业绩为导向组织各类技能培训，使队伍素质持续提高。

为适应新的发展要求，中国联通江川县分公司侧重于规模发展，城区重点以3G业务为主、乡镇重点以2G业务为主，深入推进行业信息化应用。进一步加强加大3G网络建设与优化，加快产品及应用创新，扩大市场营销推广力度，发挥产业链优势，实现了移动固网用户数和全业务收入的快速增长。年末，拥有移动固网用户数29937户，实现全业务收入1172.68万元。

【基站建设】 截至2013年底，在上年的基础上投资120万元进一步提高全县的网络覆盖率，分别在九溪马家庄、江城李家营、大街旧州村、白龙潭村、小龙潭、小庄村等地加建基站6个，大大加强了手机信号覆盖深度和广度，切实方便了各地人民群众。

【渠道建设】 为了更好地服务于中国联通用户，在江川分公司领导的统一规划下，积极发展渠道建设，分别在全县范围内的重要城区发展中国联通业务代销商8家，发展乡镇代办点23家。做到了无论在何处都能见到中国联通的各类宣传广告，大大提高了联通的知名度，最主要的还是更好地方便了用户，达到了为用户提供优质、完善服务的目的。

【二级部门初具规模】 2013年中旬，提高工作效率，从省公司到县区分公司对本公司内部的管理机制进行整改。公司按省公司的指导思想和网络实施管理办法，因地制宜的将江川县辖区划分为城区网格、乡镇网格两大网格。实行此项区域划分后，公司资源得以不断整合，各网格之间相辅相成，重点突破关键区域，明确划分了相关责任人。处理各种综合事务为主的后台支撑中心，形成一种矩阵式的管理机构。各部门齐心协力、协调发展、大大增强了公司的凝聚力，努力把江川联通建设成为一个现代化的通信公司。

【自助缴费终端及电子渠道推广使用】 2013年自有厅增加自助缴费终端2台，自建他营营业厅增加穿墙自助缴费终端1台，自助缴费终端1台，全面缓解了高峰期业务办理压力。建成空中充值站12家，正在转型建设金点平台16户，以逐步提升网点的号卡销售能力。

【江川震江通讯合作厅隆重开业】 2013年7月份，江川分公司明珠路中段房屋到期，分公司通过续签合同后整体商铺重新装修，全面提高了客户的感知度，适应了市场发展需求，达到了分公司前期预订的效果--单厅产能在不断提升；江城文星街分公司也投入大量资金发展了在乡镇街面上唯一一家联通正规标准WO厅。大大提高了联通的形象及感染力。

【集团业务建设】 2013年，中国联通继续加大集团客户投资建设力度，新建江川县农村信用联社2条视屏监控数据传输线路，此项目每月收入800元/条，年收入达19200元。

（张小倩）

移　动

【概　述】 年末中国移动云南公司江川分公司有职工73人，公司下设三大部门：市场部、网络部、综合部，在江川县各乡镇均设有移动业务代办点，方便用户缴纳话费和办理业务，移动网络广泛覆盖，实现了“村村通户户通”，让江川县人民群众随时随地都能享受到畅通的网络。

2013年，响应省公司推动战略转型有效落地，着力提升网络、营销、管理、队伍四大能力。江川分公司全体成员在集团公司和省公司的正确领导下，以“市场份额的有效掌控”为工作重心，狠抓增量市场、存量市场、流量市场和集团客户市场；认真、高效、创造性开展县公司经营工作，做好公司的各类营销活动的落地实施，保住市场份额；以精细化绩效考核为手段，调动员工的工作积极性，确保公司各项经营目标的顺利达成。

截至2013年12月31日，在网客户规模达161855户，营运收入完成8098.59万元，超额完成年度目标值。

【网络建设】 2013年江川新建GSM基站11个，新建TD基站46个，共计完成57个站点，全部开通并投入使用，实现江川县城区和农村移动网络99%覆盖。网络质量的不断提升，改善了农村的基础设施，提高了群众的生活质量。在江川县“开渔节”前夕，对移动基站进行扩容，“开渔节”期间增派应急通信车2辆，有力保证了节日期间的通信畅通。

【企业建设】 2013年，江川县分公司十分重视企业文化建设工作，开展

多种形式的业务活动，例如："客户为根 服务为本"、"心服务 皆为您"、"网络挑刺"等，让客户参与到移动的建设和发展中来，工会、团支部、党支部利用业余时间共组织工会活动10余次，通过一系列活动的开展，职工的团队合作精神得以加强。其次，根据县文明办的要求，积极组织开展"青年文明号"创建活动，切实把建设社会主义核心价值体系的根本任务落实到了基层，强化了员工的思想道德内涵，形成了良好的文明风尚。最后，在党风廉政建设上，正常开展党支部活动，每月党员、员工都进行思想政治学习，定期开展党的群众路线活动，让领导深入基层、倾听基层，保持勤政廉政的作风。

（冯　梅）

财政·税务

编辑　盛文芬

财　政

【概　述】　2013年，在县委、县政府的正确领导下，江川县财政局以科学发展观为指导，积极应对各种困难和挑战，充分发挥财政职能，狠抓增收节支，加强财政监管，圆满完成了县第十五届人大一次会议确定的各项目标任务。全县地方财政收入完成5.1亿元，比上年增长25.7%；全县地方财政支出完成14.6亿元，比上年增长22.8%。

【非税收入】　2013年，江川县强化非税收入征管，全面推行财政票据电子化管理，确保非税收入资金及时入库，非税收入完成9882万元，比上年增长1.8倍。

【争取上级支持】　2013年，全县共争取到上级补助资金94281万元，比上年增长13%，缓解了经济社会发展资金压力。

【教育投入】　2013年，全县财政性教育投入30791万元，比上年增长20.3%，占GDP比重达5.5%。筹措资金5732万元，加快中小学校舍安全工程暨美丽100校园行动计划建设、农村义务教育薄弱学校改造和食堂条件改善试点工程建设进度；安排资金1479万元，解决3544名代课教师及原民办教师遗留问题；积极筹措资金对学前教育、高中教育和职业教育进行投入，逐步改善办学条件，促进教育均衡发展。

【社会保障和就业】　2013年，全县完成社会保障和就业支出20040万元，比上年增长24.4%。筹措小额担保贷款财政贴息资金1541万元，拨付再就业资金380万元支持1096人就业；投入“两个低保”资金3050万元，1.37万人实现应保尽保；发放抚恤及退役安置补助1664万元，保证3216名抚恤和安置对象的定期定量资金供给；安排城乡临时救助及自然灾害救助等资金621万元，有效缓解了困难群众的生活困难问题；投入敬老院建设资金200万元，进一步改善五保老人集中供养条件。

【支持医疗卫生事业】　2013年，全县完成医疗卫生支出14186万元，比上年增长11.1%。安排资金2559万元，继续实施国家基本药物制度，促进基本公共卫生服务均等化；筹措资金170万元，加强基层医疗卫生服务基础设施建设；拨付资金333万元，支持公立医院改革试点；安排资金181万元，对符合条件的2.74万名参合对象予以城乡医疗个人缴费全额补助。

【支持经济发展】　2013年，江川县积极筹措资金，支持县域经济健康发展。投入重大项目建设资金23879万元，支持工业园区、市政建设、路域环境整治和生态环保等重点项目建设。安排农业基础设施建设资金6674万元，切实改善农业生产条件；办理减免税3654万元，拨付企业扶持资金2724万元，帮助企业置换贷款10320万元，支持企业加快发展；筹措资金12272万元，重点支持“两湖”一级保护区退田还湖、截污治污项目和沿湖拆临拆违等工作。积极落实各项扩大内需政策，安排石油价格改革补贴1226万元，促进公交事业平稳运行；认真做好家电、摩托车下乡收尾工作，兑付4472台（辆）下乡补贴189万元，促进居民即期消费1416万元。

【支持文体事业】　2013年，全县文化体育与传媒支出1340万元。安排资金114万元，支持“三馆一站”免费开放；筹措资金801万元，支持农民健身工程和农村文化活动场所建设。

【保障性住房建设】　2013年，全县住房保障支出6936万元。兑付2012年农村危改工程建设补助资金1957万元，重点解决2100户困难群众的住房问题；筹集资金4199万元，支持500套保障性安居工程项目建设；安排资金

147万元，继续对符合条件的637户居民发放廉租住房租赁补贴。

【支持“三农”】 2013年，全县拨付农村义务教育寄宿生生活费补助和营养改善计划全覆盖补助资金2900万元，3.26万名农村中小学生受益；安排资金238万元，对2695名高中和职业教育学生提供助学金。投入2340万元，继续实施农资综合补贴、良种补贴、能繁母猪补贴、退耕还林补贴等直补政策和森林火灾、能繁母猪、农房、水稻、油菜、玉米等涉农保险政策。拨付资金51万元开展涉农贷款增量奖励和定项费用补贴，拉动8002万元信贷资金支持农业生产发展。筹措资金1730万元，积极支持石漠化治理、核桃竹子产业发展和陡坡地生态治理等林业项目建设。安排资金554万元，支持整村推进、劳动力转移培训和民族团结示范村建设等工作顺利开展。筹措资金3465万元，确保了16.5万名城乡居民参加社会养老保险。投入新型农村合作医疗补助资金8052万元，对23.68万参保人员就医报销提供资金保障。安排资金238万元，加强农村环境卫生综合治理。筹集水库后期移民扶持资金262万元，进一步改善库区移民生产生活条件。

【公共安全投入】 2013年，全县完成公共安全支出7512万元，比上年增长33.5%。政法经费足额保障到位，基础设施建设投入逐步加大，政法司法能力建设进一步增强。

【国库集中支付制度改革】 2013年，江川县进一步加大财政国库集中支付改革力度，财政直接支付金额64958万元，下达财政授权支付额度31805万元，集中支付和授权支付占地方公共财政预算支出的60.6%。纳入公务卡结算改革的单位142个，累计发放公务卡5051张，通过公务卡消费3244万元，同比增30.5%。

【政府采购】 2013年，江川县进一步深化政府采购管理，健全完善监督机制，不断规范政府采购行为，努力提高经济效益和社会效益，全年完成政府采购支出3002万元，节约财政资金317万元。

【农业综合开发项目通过省级验收】 7月17～19日，省农业综合开发项目检查验收组对江川2012年度农业综合开发项目进行考评验收。此次验收的农业综合开发项目共4个，总投资1109万元，其中，土地治理项目2个：2011年九溪河小流域生态治理项目，2012年江城镇中低产田改造项目；产业化经营中央财政贷款贴息项目2个：云南阳光、云南卓一两公司农产品加工流动资金贷款贴息项目。验收组采用“听、看、查、问”的方式对项目进行检查后，同意验收。

【农业综合开发】 2013年，江川县投资447万元，完成2012年江城镇中低产田改造项目的建设任务。在项目区改造中低产田0.43万亩，建排灌渠道4.75千米，建蓄水池5个，安装输水管道1.52千米，建15立方米小水窖300口，新建抽水站1座，建机耕路3.7千米，科技培训1508人次，示范样板种植111亩，发放农户施肥通知单2000份。

【一事一议财政奖补项目通过省级验收】 4月11～13日，省财政厅一事一议财政奖补项目核查组对江川县2012年度实施的一事一议财政奖补项目进行核查，并全部通过验收。江川县2012年实施的一事一议财政奖补项目共63个，项目投资总额3191万元，涉及村内道路硬化13个，人畜饮水6个，环卫设施1个，文化活动场所43个，受益村民43813人。

【“一事一议”财政奖补】 2013年，江川县深入推进一事一议财政奖补工作，实施项目49个，其中普惠制36个，示范村6个，美丽乡村7个。项目总投资3328.25万元，其中财政奖补资金1506.5万元。项目涉及建设村内小型水利设施4个、村内道路项目16个、村内环卫设施项目5个、村容美化亮化项目1个、村级公共活动场所23个，惠及村民33382人。

【会计管理】 2013年，组织86人参加会计从业资格、75人参加会计专业技术资格考试；举办事业单位会计准则、制度培训和第二轮农村财会人员培训；开展会计信息质量、小企业《会计法》、《小企业会计准则》执行情况检查并加强对代理记账机构的监督管理。

【企业所得税税源调查】 对供电公司、江磷集团等10户企业2012年所得税进行调查。10户企业全年营业收入127681万元，利润总额19055万元，应纳所得税税额3703万元，为企业总收入的2.9%，为利润总额的19.43%。重点产品国际竞争力调查户数1户：云南江磷集团股份有限责任公司。重点产品调查种类1种：黄磷（白磷）。

【国有资产管理】 进一步加强国有资产管理，公开拍卖公务用车9辆，金额16.1万元；无偿划拨公务用车2辆；报废危房105幢（间）、公务用车27辆、234批（套、台、件等）办公设备，价值348.1万元；盘盈固定资产340批（个、台、件、套、幢等），盘盈价值为1725.8万元。

【财政监督】 进一步加大财政监督力度，不断完善财政各类专项资金管理办法，重点就群众普遍关心的教育、医疗、社保等领域资金开展检查。将财政监督由事后监督向初始环节前移，实行事前参与预警、事中跟踪防范、事后审核问效的全过程同步监督检查，使财政监督检查经常化、制度化、规范化。对预算编制、执行、上级专项资金使用情况等进行全方位监控对2012年省级小型农田水利建设及2011～2012年文化专项资金2个项目进行绩效评价。不断规范内部监督检查行为，提升自身工作水平。

【信息工作】 2013年，编发财政信息143期、论文10篇。其中，财政部采用2篇，省财厅采用7篇，《云南财会》采用5篇，《玉溪日报》采用17篇，《玉溪财经》采用12篇。

（戚　东　吕玉红）

国　税

【概　况】 2013年，全县国税系统紧紧围绕“科技强税年”工作主题，以依法组织税收收入为中心，坚决不收过头税，坚决防止和制止越权减免税，坚决落实各项税收优惠政策的组织收入原则，应收尽收。江川县国税局共组织各项税收收入19470万元，同比减收615万元，减幅3%，全局上下齐心协力，做到了全年无新增欠税，实现了自2001年起连续13年无新增欠税。其中：增值税入库14109万元，同比增收7万元，增幅0.03%。企业所得税完成5228万元，同比减556万元，减幅9.61%。消费税累计入库19万元，同比减收9万元，减幅33%。个人利息所得税累计入库4万元，同比减收5万元，减幅56%。车辆购置税累计入库110万元，同比减收51万元，减幅31.74%。

【重点企业增值税】 2013年，国税局以风险管理为导向，以信息管理为依托，监测和分析重点企业税源，掌握税源状况和发展趋势，合理规划税收收入，对重点企业税源实行有效管理和控制，提高纳税人税收遵从度，实现应收尽收。其中：江磷集团入库1371万元，同比增收377万元，增幅37.97%。增收主要原因是黄磷总销量26010.11吨，同比增长1558.68吨，拉动税收收入380.20万元。江川供电有限公司入库1107万元，同比增收297万元，增幅36.67%。增收原因是江磷集团生产线上的5#、6#炉改由江川供电有限公司供电并核算。水泥行业：翠峰水泥厂入库202万元，同比增收96万元，增幅91.98%。增收主要原因2013年企业新生产设备运行正常，生产成本降低，实现税收收入同比增长；凤凰山水泥厂入库108万元，同比增收65万元，增幅151.16%，增收主要原因是生产设备技术改造后，企业设计产能提高，产销量同比上升，拉动税收收入增长。造纸及纸制品行业：江川恒昌造纸有限责任公司入库398万元，同比增收324万元，增幅437.84%，增收主要原因是2013企业产销量大幅上升，拉动税收税收增长。玉溪市烟草公司江川分公司累计入库增值税2775.19万元，同比增326.88万元，增幅13.35%。江川天湖化工有限公司累计入库1126万元，同比减收1183万元，减幅51.23%，税款减收主要原因是该企业2013年6月初至9月24日停产开发南采区，前期土石剥离量较大，影响全年采销量，拉低全年税收收入。

【企业所得税征收】 2013年，国税局继续贯彻向加强所得税管理要收入的理念，不断优化企业所得税征收结构，加强季度企业所得税预缴管理，保证税款及时足额入库，全年企业所得税累计入库5,228万元，同比减555万元，减幅9.6%，同时，顺利完成2012年度汇算清缴，截至5月31日，应进行所得税汇算清缴的223户企业所得税企业已全部完成年度纳税申报。2012年汇算企业全年实现应纳所得税额2,749.72万元，累计减免所得税额663.83万元，已预缴所得税额2,646.83万元，汇算清缴应补所得税额102.90万元。

【纳税评估】 2013年，国税局共对70户纳税人进行了综合纳税评估，评估补缴各类税款合计694387.63元，其中增值税363795.92元，消费税16947.5元，企业所得税179939.31元，滞纳金133354.90元，罚款350.00元。

【出口退免税】 2013年，国税局以服务工作为切入点，以防止发生骗取出口退税为工作中心，以提高出口货物退（免）税工作质量为目标，认真审理出口退（免）税申报，严把初审关，及时协调和解决企业出口退（免）税申报中出现的业务和技术问题；跟踪监督不予退（免）税出口货物申报工作。2013年办理出口退（免）企业19户，实际发生出口业务的企业14户。2013年发生免抵退税额72万元，其中：退税额55.4万元，免抵税额16.6万元，出口免税核销19794万元。

【税收执法】 2013年，国税局全面落实税收执法责任制，坚持开展执法监督检查，严格税收执法考核和执法过错责任追究，降低执法风险。全年共处理违法违章行为121件，其中罚款94件（一般程序63件，简易处罚31件），罚款金额26850元。催缴税款14件，税款入库105万元。认真开展行政执法案卷评查工作，对2012年形成的89件行政执法案卷进行查阅，其中：行政许可22件，一般违法违章案卷67件，评查结果（分数）最高为100分，最低91分，全部为优秀案卷，合计评查89件，并对案卷存在的问题及时进行了反馈。

【纳税服务】 2013年，国税局紧紧围绕“服务科学发展，共建和谐税收”工作主题，大力推行网上办税，优化税收业务工作流程，精减纳税人纸质保送资料，推行“一窗式”办税服务和征管资料电子化，进一步加强小规模纳税人按季申报推广和宣传工作，减轻办税负担，切实让纳税人缴好“便利税”；全面推行首问责任制，完善沟通协调、责任追究制度，及时应对、妥善处理各类涉税舆情，着力解决纳税人关心的难点、热点问

题，切实让纳税人缴好“满意税”；加强税法宣传工作，以办税服务厅为宣传主阵地，借助电视、网络、报刊等载体，及时发布税收政策，持续解读政策难点和热点，增强税收宣传实效性和针对性，切实让纳税人缴好“明白税”。

【营改增】 根据省、市国税局的统一部署，县国税局自年初起着手准备“营改增”各项前期工作，积极与地税部门联系配合，认真开展税源摸底调查，同时加强内部业务培训，更新配置前台软硬件设备，先后组织三次对外的“营改增”业务培训，做到了“纳税人不落空一户，业务细节不落空一点”，于8月1日顺利实现“营改增”系统上线。2013年，共组织“营改增”收入196万元，代开货运增值税专用发票829张，金额合计3908万元。

【国地税联合办税】 为适应“营改增”试点工作各项业务开展的需要，县国税局于2013年8月1日携手江川地税，采取“告知+联合”协作模式，在江川县国税局办税服务厅设立地税代征窗口，代征各项地方税费，这是自1994年分税制以来，两税局实现了首次真正意义上的联合办税，实现了堵漏增收，节约了征税成本，进一步优化了纳税服务。2013年地税局办税服务点共计征税128万元。

【落实税收优惠政策】 2013年县国税局办理企业所得税减免税备案企业60户，13户企业享受企业所得税减免，累计减免应纳所得税额249万元；其中西部大开发企业2户，减免企业所得税126万元，小型微利企业减免3户，减免企业所得税额1.67万元；10户农、林、牧、渔、农产品初加工企业，减免121万元。

【学习型组织建设】 组织开展会计资格继续教育。安排组织全局持有会计从业资格证的干部，进行会计从业资格证的网上继续教育活动，进一步巩固和提高了会计业务知识。

组织开展以“学习十八大精神，立足岗位作贡献”为主题的征文活动，邀请机关党委的领导和县委党校的老师参加评审，共评出一等奖3名，二等奖5名，三等奖10名，优秀奖13名。

联合县地税局邀请玉溪市委党校李安亮副教授举办题为《正能量托起“中国梦”》十八大精神报告会，为全县税务干部思想政治文化建设积累十八大精神的“正能量”。

【荣誉表彰】 2013年，县国税局被县委、县人民政府评为“2012年度新农村建设先进派出单位”；2位派出新农村建设指导员分别被评为2012年度新农村建设优秀指导员和江川县村级组织换届选举工作优秀个人；王峻被县委、县政府评为江川县村级组织换届选举工作“优秀个人”；在玉溪市会计学会举办的“锻造会计精神　尚德务实”书法摄影大赛中，康海波获摄影类二等奖，蔡怡玲等3人获摄影类优秀奖，王峻、何祥毅获书法类优秀奖；张楠获世界华人演讲家大同盟等单位主办的首届“让世界充满爱”华语国际演讲大赛二等奖及云南省第九届红土地之歌二等奖；张薇获双拥运动70周年征文比赛二等奖；24名国税职工子女获“成长网”小记者奖；康海波等7人被授予“玉溪市国税系统2012～2013年度精神文明建设先进工作者”；邢定芬被省国税局授予“全省国税系统2013年度巾帼建功标兵”称号。

（张　薇）

地　税

【概　述】 2013年，江川县地方税务局紧紧围绕省局提出的“内提素质，外树形象，打造阳光地税”的工作总目标和“依法治税、阳光办税、征管强税、科技管税、人才兴税、着力培税、服务促税”的总要求，不断加强干部队伍建设，加强税收政策的宣传力度，强化重点税源的税收征管力度，优化税收服务，始终把组织收入作为整个税收工作的中心，实施科学化、精细化、信息化管理，实现了税费收入平稳较快增长。

【机构设置】 江川县地方税务局内设办公室、计划财务股、征收管理和纳税服务股、税收政策管理股、人事教育股、监察室、政策法规股、规费股、科技信息股九个股室，稽查局一个直属机构，下辖一分局、二分局、三分局、四分局四个派出机构。共有干部职工71人。其中：大专以上学历68人，占职工人数96%；党员34人，占职工人数48%。

【税费收入完成情况】 2013年，县地方税务局共组织税费收入6.4亿元，其中，征收入库地方各税4.27亿元，比上年同期增收0.74亿元，增长21.01%，完成市局下达计划任务100%；征收社会保险费2.13亿元，比上年同期增收0.83亿元，增长33.08%；征收工会经费476万元，比上年同期增收71万元，增长17.62%；征收抚仙湖资源保护费118万元，比上年同期增收36万元，增长43.42%；征收价格调节基金37万元，比上年同期减收30万元，下降44.40%。

【税收征管】 2013年，县地方税务局不断转变税费征管思路，创新税费征管手段，紧紧抓住组织收入这个中心不放，采取各种征收管理措施，做到了税费收入应收尽收。面对严峻的收入形势，结合本局实际情况，建立主要领导一手抓，分管领导具体抓，班子成员共同抓的组织收入管理机制，形成一级抓一级，层层抓落实的管理格局。一方面，按照不同企业、不同税收发生的时间和收入进度，认真研究每个时段的税收格膨和组织入库进度，真正把全局干部职工的思想统一到组织收入这个中心上，调节好收入及收入结构，保证收入的均衡与平稳。同时加大欠税清缴力度，促使全局税收收入保持平稳较快增长。另一方面，以创建星级办税服务厅为契机，以构建和谐征纳关系为抓手，制定了以领导班子为首，相关业务股室参与的办税服务厅征期领导值班制度，不断优化纳税服务，最终促进税收收入平稳较快增长。

【实施重点税源和重点行业税收监管】 根据税源分布情况和江川县严峻的收入形式，县地方税务局积极转变思路，调整税收征管方式。一方面，以重点项目建设为抓手，强化税源专业化管理。一是试行重点项目税收专业化管理办法。明确各部门工作职责，根据项目投资金额以房地产开发企业涉及的外来施工企业为管理重点，界定和明确本辖区重点项目建设，并按专业化管理的思路，完善专人管理、跟踪管理、建档管理等办法，强化应税环节应纳税款的控管，确保税款及时足额入库。二是加强与相关职能部门协调配合。与工贸、国土、工业园区管理委员会等部门协作配合，及时采集重大建设项目相关信息，明确监控重点，严格外来施工企业登记管理，收集外出经营管理税收证明，明确工作职责，从源头上防止和避免监管失控。三是强化重点项目的全程跟踪管理。对各建设项目实施动态管理，针对项目管理各个环节，收集归类各种档案资料，努力做到项目环节无盲区、税收管理无盲点。四是不断提升重点项目税收服务水平。开展实地走访，及时解决项目建设中的涉税问题，简化办税流程，提高办税效率，及时了解企业纳税需求和税收政策执行中的疑点、难点，切实帮助企业解决困难。另一方面，领导班子带头，加强对重点税源调研工作。把加强对重点税源调研工作作为一项常抓不懈的重点工作，由领导班子带队，先后对工业园区、九龙晟景、仙湖锦绣、星云铭城、世涛房地产、烟草公司等重点企业进行了税收调研，牢牢抓住组织收入的主动权。加大对房地产行业契税的清缴力度和二手房市场税收控管。加强对全县行政事业单位工资薪金个人所得税代扣代缴的管理辅导工作，极大的提高了行政事业单位的纳税意识，规范了个人所得税征管秩序。

【强化税收收入预测分析】 县地方税务局始终把收入预测分析工作作为组织收入工作的重中之重来抓。一是根据税收任务完成情况，进一步强化税收收入责任意识，细化各项收入措施，每月按期召开收入分析会，按月分解收入任务，深入分析每月组织收入工作中存在的问题和困难，并对全县税源状况、税收收入形势、政策执行情况和征收管理情况进行深入分析，特别是重点税源、重点行业的税源变化情况进行全面把握。二是加强收入工作领导，提高收入预测准确性。提高认识，加强领导，及时掌握重点税源信息，及时跟踪管理重点税源的征缴工作，收入核算部门统筹，税政部门配合，征管部门强化的征收格局，切实提高收入预测准确率。三是加强计划管理，确保收入平稳增长。首先把握税源动态，特别是重点税源行业、企业的税收实现情况，为税收收入预测奠定坚实基础，杜绝收入预测的随意性，保证收入旬报的准确性；其次密切关注月度税收资金运行情况，及时掌握征期内应征、开票、入库、提退、查补等税收资金变化情况，当税源出现较大波动时，及时报告和调整。通过对各行业、各税种的分析，从中发现征管中存在的问题，对症下药，解决难题，从而健全征管措施，进一步提高征管效能，为全年收入任务的圆满完成奠定了坚实的基础。

【实施阳光稽查】 2013年，县地方税务局以查处税收违法案件和组织税收专项检查为重点，抓好违法举报案件的受理调查，加大检查和处罚力度，深入整顿和规范地方税收秩序；联合公安部门打击制售假发票的行为，进一步规范稽查执法行为，充分发挥稽查“以查促管、以查促收”的职能作用。一是宣传工作到位，营造依法治税的氛围。通过上门走访、下户调查、邀请座谈等多种方式积极开展对税收专项检查的宣传，让纳税人了解税收检查的重要性，让纳税人支持和配合税务稽查工作，营造和谐的征纳氛围。二是查前辅导培训到位，引导纳税人积极自查。将企业自查方式内容、相关税收政策法规、专项检查的提纲表格等多种资料梳理、归类分发给自查企业，促使企业做好查前的各项工作，熟悉涉税的各项政策。三是实施方案到位，确保工作运行顺利。采取查前辅导、查中约谈，以自查为先导一抽查与重点检查相结合的检查方式，做到上下联动、政策统一、查深查透。科学确定自查、重点检查企业，运用信息手段，确保该项工作顺利进行。

【信息化建设】 县地方税务局紧紧围绕信息管税和信息技术服务税收征管钩要求，不断提高信息化应用水平。积极稳步推进车船税征收管理系统、网络发票管理系统和税务综合办公系统的推广上线，并积极做好减免税信息管理系统的应用工作，为圆满完成全年的税收任务提供了坚实的信息保障。

【税收宣传】 在全国第22个税收宣传月活动中，县地方税务局紧紧围绕“税收·发展·民生”这一主题，不断拓展税收宣传渠道，创新税收宣传手段，开展送税法到工业园区、与国税局联合开展推进招商引资座谈会、送税法进企业等税收宣传，并积极做好“四个结合”，增强税法宣传效果。一是税收宣传与纳税服务相结合。深入广大纳税人中进行调研，听

取纳税人的意见和建议，及时掌握纳税人的需求信息，积极采取措施从纳税人需求角度多种形式开展税收宣传服务工作，切实提升服务质量。二是税收宣传与信息载体相结合。借助广播、电子信息公开平台、大厅触摸屏、移动电信短信平台等多种信息媒体进行税法宣传。整个税收宣传月期间，共发送税收宣传短信2万余条，进一步扩大税收宣传的覆盖面和影响力。三是税收宣传与税收征管相结合。制发宣传资料、悬挂税收宣传标语、张贴宣传画，向纳税人免费发放税收宣传材料，在征税大厅设立咨询台，长期接受纳税人咨询，增进纳税人对税收工作和税收政策的了解，提高纳税人遵从度。四是税收宣传与“群众路线教育”、“蹲企服务”相结合。将税收宣传与开展“群众路线教育”、“蹲企服务”有机结合起来，为纳税人提供一对一的零距离服务，全面掌握纳税人生产经营情况，及时解决纳税人存在的困难及问题。

【开展蹲企服务活动】 县地方税务局在加强税收征管的同时，不断加强“群众路线教育”，以“三个结合”深化“蹲企服务”活动。一是“蹲企服务”与强化税收征管相结合。一方面，重新确定蹲点企业名单，有的放矢的把房地产企业、建筑安装企业、烟草企业、金融保险企业和磷化工企业等重点纳税企业作为蹲企活动的重中之重。另一方面，通过对重点纳税企业实施“蹲企服务”活动，全面掌握和监控纳税人的生产经营情况，实现了对重点税源全方位的动态监控，牢牢把握税收征管主动权，找出税收征管中的簿弱环节和监控死角，不断优化和提升纳税服务水平。二是“蹲企服务”与强化税收收入预测分析相结合。以深化“蹲企服务”活动为契机，要求蹲企干部加强对重点税源企业税收收入增减变化的重点预测分析，及时掌握支柱型产业和典型性企业的发展形势和经营状况，分析把握重点税源对组织收入工作的导向性影响和税收增减变化因素，确保组织收入工作的预见性和质效性。三是“蹲企服务”与改进工作作风相结合。设计制作并向企业发放蹲企服务联系卡、政风行风问卷调查表、服务活动反馈表等表格，把企业上门咨询服务转变为地税机关下企业主动服务，督促税务干部切实转变工作作风，把帮助企业解决实际困难和问题作为考评“蹲企服务”活动质量的重要依据，促使干部职工沉下身心、转变作风深入企业解难题、办实事，实现了各项工作与“蹲企服务”大活动全不误、全促进、全提高。

【营改增试点工作】 县地方税务局召开专题会议研究部署交通运输业和部分现代服务业营业税改征增值税的征管衔接问题，积极稳步推进营改增工作顺利进行。一是加强纳税人信息管理，对所有涉及“营改增”的纳税户进行认真调查核实，确保移交管户的信息完整。对“营改增”纳税人的税务登记信息、纳税事项认定信息、发票信息等相关内容进行修改维护，保证大集中信息管理系统征管数据的完整、准确和一致。二是认真做好划转管户的三个年度（2010年至2012年）的清税工作，并做好信息采集和完善痕迹资料的记录。三是加强“营改增”地方税收的管理，及时下发《纳税事项通知书》，辅导纳税人正确进行“营改增”后续税收管理，确保地方税收及时足额入库。四是加强“营改增”征管数据交换。进一步拓展社会综合治税平台功能，根据“营改增”试点的进程，把纳税人的税务登记、税种鉴定、发票和税收优惠等信息纳入国地税交换平台，联合推进信息管税。

（陈　飞）

金融·保险

编辑　盛文芬

人民银行

【概　述】　2013年，江川县金融机构充分运用金融联席会、银企座谈会等方式，积极搭建银企、银政交流平台，加强信息沟通与交流，提高政策传导的针对性和有效性，确保信贷投放合理、适度增长。年末，全县各金融机构各项存款余额848176万元，比年初增加117822万元，增16.13%；各项贷款余额513765万元，新增68149万元，增15.29%。江川县金融机构向江川县土地储备中心新增发放贷款1.27亿元，用于支持龙泉山园区低丘缓坡土地开发利用项目土地收储贷款的调查、评估及土地收储，累计向入驻园区企业发放贷款0.60亿元，支持企业园区项目开发建设。全县银行机构小微企业贷款比年初增加2.72亿元，增长30.73%，超过全县贷款增速14.94个百分点。全县农林牧渔业贷款余额4.85亿元，比年初增加0.99亿元，增长25.67%，增速快于全县贷款增速10.9个百分点。全县保障性住房开发贷款0.63亿元，比年初增长50.95%，增速高于全县贷款36.27个百分点。累计发放创业促就业贷款900户共计0.61亿元，累计发放劳动密集型小企业贷款20笔共计0.40亿元，累计发放“贷免扶补”贷款1037户共计0.61亿元，累计发放畜牧贴息贷款401户共计0.29亿元，累计发放妇联扶贫贷款320户共计0.16亿元。

【存款准备金管理】　加强地方法人机构监测管理，建立法人机构存款准备金按旬监测制度，重点关注法人机构超额准备金的变化情况以及流动性状况，建立地方法人机构各项数据按月、按季监测制度，对信用社各项经营指标进行重点监测，同时积极进行再贷款管理系统应急演练，做好再贷款发放各项操作准备工作。

【国库资金管理】　正确组织国库会计核算，准确及时地办理中央、地方共享收入按比例划分入库，以及税收返还等工作。强化库款支拨、退库的监督。继续坚持库款支拨、退库三审制度，对大额拨款坚持权限审签。2013年，共办理预算收入入库38248笔，金额78963万元。共办理预算支出10041笔，金额142230万元；退库121笔，金额177万元。

【货币金银管理】　建立并完善辖区内反洗工作联系机构，明确职责、细化分工，要求各金融机构按季报送非现场监管资料。加大反洗钱培训教育力度，进一步提高反洗钱从业人员的遵纪守法意识和抵御洗钱工作的自觉性，防止内部和外部相勾结的洗钱犯罪活动。加大人民币反假工作力度，全年收缴假人民币860张，金额80250元。加大反假宣传工作力度，建立人民币流转部监测机制，进行人民币反假专项宣传1次，发放宣传资料3000多份。

【账户管理】　加强账户管理，严格按照《中华人民共和国行政许可法》、《人民币银行结算账户管理办法实施细则》等法律法规，做好银行结算账户的监督管理工作。在办理账户过程中，严格按照《中国人民银行行政许可实施办法》有关规定，做好账户管理。全年共开立账户443户，撤销账户共445户，变更190户，归档750户。

【反洗钱工作】　继续认真贯彻执行《反洗钱法》，充分发挥人民银行作为反洗钱牵头单位的作用，主动与地方相关部门沟通，主动向地方政府汇报，积极探索可疑交易线索核查工作协调机制。加强反洗钱非现场监管工作力度，及时了解掌握金融机构反洗钱法律制度执行情况，根据辖内各金融机构按季报送的反洗钱非现场监管资料，认真分析辖内各金融机构的反洗钱风险状况和工作情况，按季度报送反洗钱非现场监管报告。

【征信管理】 认真做好贷款卡数据信息收集、录入、发放及年审工作，全年共新办贷款卡44户，办理贷款卡年审147户，办理个人信用报告查询211户（次）。做好征信宣传工作。2013年人民银行江川支行采取银行卡宣传与征信宣传同部署、同落实的方式，组织征信宣传3次，发放宣传折页3000份，接受现场咨询2000多人次。

（徐 锴）

建设银行

【概 述】 2013年，建行江川支行各项工作继续保持良好发展态势。年末，一般性存款余额13.41亿元，较上年新增2.08亿元，其中：对公存款较上年新增1.46亿元、个人存款新增0.62亿元。年末，各项贷款余额5.57亿元，全年投放贷款0.57亿元，其中：对公贷款投放0.34亿元、个人贷款投放0.23亿元，主要支持地方的涉农重点龙头行业、个人住房等项目。房金存款当年归集资金0.82亿元，公积金贷款投放0.72亿元。全行贷款不良率0.017%。全年实现账面利润0.25亿元。积极协助配合政府相关部门，完成证券定向资产管理融资1.15亿元，及时有效支持地方美丽城乡建设工程、保障房建设等项目。

【荣誉表彰】 2013年，建行江川支行获建行系统内省市分行业务创先先进集体表彰20项，个人先进表彰7人；党支部被评为“先进基层党组织”，支行荣获省、市级“文明单位”称号。

（普明珍）

农业银行

【概 述】 2013年，中国农业银行股份有限公司江川县支行有对外营业机构5个，即：支行营业室、大街支行、江城支行、信誉分理处、九溪分理处。支行机关内设：综合管理部、公司业务部、个人金融部、风险管理部（玉溪分行8月19日批复同意成立）；有在职员工77人。截至年末，各项存款余额140316万元，比年初增加12087万元，增长9.42%，完成年度计划的79.7%，其中储蓄存款余额88264万元；对公存款52052万元。各项贷款余额118557万元，比年初增加9430万元，增长8.64%。实现中间业务收入692万元，完成年度计划的91.19%。实现拨备前利润4476万元，完成年度计划任务的98.36%。

【网点建设】 2013年2月28日，江城支行营业厅装修完毕，验收合格，开始重新营业；2013年5月18日，大街支行营业厅装修完毕，验收合格，开始重新营业。

【业务拓展】 2013年8月，成功实现利用“智付通”电子设备代付烟草公司烤烟收购款，代付金额近2亿元，有效降低劳动成本，减少现金流量。

（戴吉寿）

农村信用合作联社

【概 述】 2013年，江川县农村信用合作联社有在职员工184人，内退员工12人，离退休员工44人。共设综合部、信贷管理部、风险管理部、审计监察部、会计信息部、科技信息部、安全保卫部、党群工作部等8个部门，24个营业网点。法人治理机制趋于完善，已形成“三会一委一层”的自我约束机制，财会、信贷、风险、科技等方面的内部管理制度逐渐完善。

截至2013年末，各项存款余额达381946.83万元，较上年末增48699.69万元，增长14.61%，存款市场份额达45.03%；各项贷款余额226761.54万元，比上年末增加35130.12万元，增加18.33%，贷款市场份额达44.14%；累计发放贷款176084万元，其中累计发放农业贷款154543万元，农业贷款余额达184503万元，占贷款总额的81.4%；不良贷款五级分类余额控制在4385万元，比上年末下降952万元，占比1.93%，比上年末下降0.86个百分点；财务总收入达25110.78万元，同比增加4834.2万元，增23.84%，实现税前利润6547.13万元，同比增933.21万元。

【“四个年”活动】 2013年作为全面贯彻落实党的十八大精神的开局之年，省联社党委审时度势，提出重点开展“四个年”活动，即：干部“换届年”、业务“学习年”、工作“规范年”和网点建设“补课年”。江川联社突出重点、聚集力量，一是对全县领导干部及重要岗位人员实行轮岗及竞聘上岗，选拔一批80后的优秀员工到管理岗位；二是将每周三确认为“全社干部员工学习日”，重点推出每周一讲的精品活动；三是认真仔细梳理各项管理制度，更新、完善涉及人事、财会、信贷、风险管理各个环节的制度办法；四是逐步对陈旧、不适应业务发展需要的网点从建筑物外观形象到营业厅硬件设施进行升级改造，重点对大街信用社进行原址升级改造，并设立流动服务网点，在优化网点布局的同时保证原有服务覆盖面。

【金融前端再造工程】 通过科技人员培训、操作人员二次培训、设备采购、安装调试、技术指导等前期准备，江川联社投入近40多万元，历时二个月，实现了图形化前端系统再造工程。作为江川联社电子化、信息化系统建设的一个重要里程碑，不仅实现了柜面业务办理、管理的规范化和高效性，同时为未来更加丰富的业务处理打下坚实基础。

【服务创优】 2013年1月25日正式启动“标杆网点”项目，把专家请来指导与“找茬”，在将联社营业部、大街信用社、江城信用社和前卫信用社打造成为江川联社首批标杆网点之后，让全县信用社向标准看齐，争创一流网点，让服务质量与服务形象实现质的飞跃。及时按照省联社玉溪办事处研究制定的服务创优标准，从建筑物外观形象到营业厅硬件设施，从耳闻目见到身心感受，全部改进提高，确保整齐统一。时时要求全体干部员工务必充分认识到服务创优工程的重要性和紧迫性，从长远考虑，从细节入手，熟练掌握服务技能，按照标准严格规范自身的行为举止，全面提升服务形象和竞争力。

【信用村建设】　自2013年8月至11月，历时三个月，在安化乡顺利完成信用乡、信用村、信用组创建工作，提升农户信息共享应用水平，改善农村信用环境，增强信用社与农户的联系，培植扩大“三农”信贷市场，并有针对性地制定出台对信用户的“贷款优先、额度放宽、手续简便、利率优惠”等一系列惠农贷款措施，积极探索“一次授信、随用随贷、余额控制、循环使用”贷款方式，简化贷款手续，为促进农民增收，信用社贷款资金良性循环提供保证。同时努力创造用卡、发卡环境，不断扩大金碧惠农卡的发放使用范围，年初由九溪信用社率先在九溪镇阳山庄开启了新一轮的金碧惠农卡整村推进工作，为农户提供快捷方便的办理小额贷款途径。

（王　贞）

邮储银行

【概　述】　2013年，邮储银行江川县支行按照上级行的安排部署，按照省行党委提出的以“提质增效、制度建设”为重点，继续深化推进“均衡发展，精细化管理”的工作要求，围绕年初制定的工作目标和措施，各项业务均取得较快发展。2013年，江川县支行有员工34人，内设综合管理部、综合业务部二个部门，有县支行营业部、江城支行、星云路支行三个自营网点。截至12月31日，全县邮储余额为18534.52万元，完成业务收入1063万元，截至12月31日，个人贷款余额达17077.47万元。

【信贷业务】　截至12月31日，个人贷款余额达17077.47万元。其中小额贷款结余1276.22万元，商务贷款结余5865.26万元，综合消费结余1128.5万元，再就业贷款结余6843万元，畜牧贷款结余985.5万元；二手房贷款结余973.99万元，质押贷款结余5万元，小企业贷款结余4236万。2013年全县共发放贷款13614.9万元。

【个人金融业务】　2013年，全县销售理财产品13512万元；截至年末，全年共发行银联绿卡4016张，发放信用卡250张。

【公司业务】　2013年12月31日，公司业务余额3351万元，较年初2143.68万元净增1207.32万元，票据贴现400万元。现有公司存款帐户127户，其中基本存款户73户，一般存款户28户，定期存款户23户，临时存款户3户。

（周　兰）

商业银行

【概　述】　2013年，玉溪市商业银行江川支行以“稳节奏、调结构、强管理、出特色、增效益、促发展”为目标，进一步抓好文明规范服务工作，更新服务理念，创新服务手段，提升服务价值，全面推进经营模式和增长方式转变，提高经营效率，优化经营结构，完善内控机制，增强综合竞争能力、盈利能力和风险防控能力，推动各项业务发展再上新台阶，为加快实现跨越发展，建设生态文明美丽江川作出积极贡献。截至2013年12月末，江川支行各项存款余额45934万元，比上年末增16149万元；各项贷款余额25495万元，比上年末增3448万元。

【抓好服务】　2013年，玉溪市商业银行江川支行紧紧围绕“明确一个愿景（即以培植最具创新能力的营业机构为愿景），找准两个定位（即以中小企业及小微经济实体、中高端客户为市场定位），确立三分布局（即实现客户结构转型发展，确立财政类、中小微客户类、零售业务类个人客户三分布局），把握四个均衡（即保持资产和负债均衡、风险和效益均衡、对公业务与对私业务均衡、利息收入和中间收入均衡），突出五项重点（即有效的资本管理、顺畅高效的内部运行效率和管理水平、不断提升的客户服务质量、人才培养及队伍建设、团队联动和协作的精神），管好六类风险（即信用风险、操作风险、流动性风险、市场风险、战略风险、声誉风险），建设七大品牌”（即人的品牌、产品和服务的品牌、内部机制的品牌、公司标识的品牌、良好信用的品牌、社会责任的品牌、企业文化的品牌）目标开展工作，按照《玉溪市商业银行文明规范服务实施方案》等，深入持久地抓好文明规范服务工作，推动标准化文明服务文化落地生根，把文明规范服务纳入员工的绩效考评，促使员工争当“服务明星”，争创示范单位，打造标杆营业厅，用文明、规范、优质、安全、高效、便捷的金融产品和服务赢得客户、留住客户、维护客户。

【理财产品销售】　力推商业银行理财产品“玉溪财富”，做好理财顾问服务。在“玉溪财富”2013年第25期理财产品的售卖过程中，江川支行创造单笔1500万元记录。

【服务重点工作和重大项目】　从江川实际出发，充分发挥自身优势，关注民生项目，服务县域经济特别是县委、县政府确定的重点工作和重大项目，投放贷款2500万元支持江川县2011年保障性住房建设，解决中低收入家庭的住房难题；发放劳动密集型

小企业贷款200万元，促进扩大就业与社会的和谐稳定。

【支持“三农”】 立足当地，服务县域中小企业，支持“三农”。投放贷款500万元扶持云南阳光食品公司进行农产品综合精深加工，促进农业发展，农民增收。

【支持工业园区发展】 2013年10月，玉溪商行向江川工业园区投资开发有限公司投放贷款1亿元，大力支持园区土地收储工作，有效保障项目入驻、建设用地需要。

【“金融服务进社区”活动】 切实转变服务理念，结合自身特点和社区实际，在充分调研、制定具体方案的基础上，以“金融服务进社区，银社互利双赢”为主题，大力开展“金融服务进社区”活动，为社区居民带来更多金融消费便利，促进支行业务稳健、协调、较快发展。

（伏跃华）

中国银行

【概 述】 2013年，中国银行股份有限公司江川支行（简称中行江川支行）在职员工13名，内设营业部、业务发展部和综合管理部三部门，正副行长各一名。对外营业网点一个，位于江川县大街镇仁和街100号。自助服务区为客户提供24小时不间断金融服务，包括存取款、汇款转账结算、账户管家服务、投资理财服务、小额结售汇、缴费特区及其它信息查询服务等。

【领导调研】 2013年4月2日，应中国银行江川支行的邀请，省科技厅党组成员、省知识产权局党组书记方涛一行3人、江川县知识产权局代表就金融与知识产权结合工作进行调研。2013年6月19日，中国银行云南省分行景在伦行长助理一行赴中行江川支行开展工作调研。

【存款业务】 截至2013年12月末，中行江川支行人民币各项存款余额27520万元，较年初新增7239万元，增幅为35.69%。其中：公司存款17667万元，较年初新增6395万元，增幅为56.73%；储蓄存款9853万元，较年初新增844万元。

【贷款业务】 截至2013年12月末，中行江川支行各项人民币贷款余额11633万元，较年初新增4180万元，增幅为56%。其中：公司贷款余额7680万元，较年初新增1600万元，增幅为26%。个人贷款余额3953万元，较年初新增2580万元，增幅245.71%。无不良贷款。

【国际结算业务】 截至2013年12月末，有国际结算客户8户，国际结算量1758万美元。其中，汇出境内、外共计56万美元，境外汇入1703万美元。

【代发业务】 为支持江川当地经济的发展，中国银行江川支行与县教育局积极沟通，为县民办教师代发代课补偿款3418人，共计人民币1460万元。

（郑云江）

人寿保险

【概 述】 2013年，中国人寿保险股份有限公司江川县支公司有正式职工3人，合同制员工8人，营销员136人，公司设有综合部、个险部、团险部、银保部、客户服务中心五个部门，下辖大街、江城、前卫、九溪、路居、雄关6个乡镇营销服务部。全年个险、银保、团险三个销售渠道完成保费收入4884.2万元。赔付意外伤害、死亡、满期给付等各类案件2800余件，综合赔付率76.5%。

【开展“反洗钱”宣传】 2013年10月根据《关于开展2013年反洗钱宣传活动的通知》及人行江川县支行“反洗钱宣传月”工作要求，公司反洗钱工作领导小组认真安排布置，制作宣传布标悬挂在公司营业大厅及乡镇营销部营业室门头，在公司营业厅摆放《警惕洗钱风险》、《2013保护自己远离洗钱》宣传册、宣传折页200余份，张贴了反洗钱海报，公司综合部2人参与人行江川县支行组织的在江川县星云路建设银行营业厅门前开展的反洗钱宣传活动，活动现场通过各种洗钱案例，就洗钱的危害、造成的负面影响进行宣传，教育人民群众防止被洗钱犯罪活动所利用。

【依法合规经营】 认真落实玉溪分公司党委、总经理室《2013年依法合规经营责任书》，开展依法合规教育，规范员工行为准则，对全体营销人员开展风险点提示教育。认真执行重要岗位《内控标准》，要求各岗位工作人员要按照执行标准认真履行工作职责。2013年，公司未发生任何违规、违纪的案件，保证公司各项工作有序开展。

【提升服务质量】 江川县支公司新的一届领导班子针对公司客户服务、售后服务存在的问题进行认真研究，要求理赔调查岗、售后服务岗工作人员要按照理赔时效、理赔相关规定进行及时的调查处理，减少客户往返时间及次数，在规定的理赔时效内将赔付款项及时支付给客户。

【领导调研】 2013年5月29日，中国人寿云南省分公司总经理聂文亮一行在玉溪分公司总经理卢勇陪同下到江川县支公司调研指导工作。要求江川县支公司要重视管理风险，找出发展、管理中的薄弱环节，做好售后服务工作，加强理赔调查工作，抓好内控管理，杜绝违规、违纪、违法事件的发生。

【表彰奖励】 2013年12月，中国人寿江川县支公司被市委、市政府表彰为第七届文明单位。公司社会管理综合治理工作受到县委办公室、县政府办公室表彰，被评为先进单位。

（路建明）

人保财险

【概　述】　2013年，人保财险江川支公司有在职员工27人，公司经理室下辖综合部、理赔部、营销部、直销部、农网部、个代部、出单中心、客户服务部，截至2013年12月31日，公司保费收入3968万元，办理各类理赔案件5739件。

【表彰奖励】　2013年，人保财险江川支公司被县依法治县办评为“依法治县先进单位”；经人保财险玉溪分公司考核，人保财险江川支公司被评为“档案管理先进单位”，杨江波被省分公司表彰为“先进个人”，马涛被玉溪分公司表彰为“先进个人”。

【能繁母猪统保】　江川作为云南养猪大县，也是仔猪产销大县。全县能繁母猪存栏占玉溪市全市存栏总数的40%以上，在服务“三农”，支持社会主义新农村建设中，人保财险江川支公司连续七年都为全县能繁母猪办理了统一承保手续，及时为广大能繁母猪养殖户化解养殖风险，促进农民增收致富。2013年12月，人保财险江川支公司为全县的41469头能繁母猪办理了2014年度统一承保手续。

【农房统一续保】　为增强全县广大农民抵御自然灾害和意外事故的能力，帮助农民群众防范和化解住房的各种风险，促进农村和谐稳定，人保财险江川支公司自2007年9月开始与江川县人民政府签署了全县农村7万余户农房统一承保单，为广大农村的住户解除了后顾之忧。2013年9月13日圆满完成全县近7万余户农房的续保、新保烤房统保任务。2013年，受理理赔案件82起，累计赔款433215元。

（史春丽）

教育·气象·防震减灾

编辑　盛文芬

教　育

【概　述】　2013年，江川县共有公立学校78所，其中：乡镇（街道）中心完小12所，村完小42所，一贯制学校5所，教学点3个，乡镇（街道）中学11所，普通高中2所，职中1所，进修学校1所，县幼儿园1所。有教学班1153个，其中：幼儿学前班214个，小学574个，初中258个，普通高中72个，职业高中35个。在校生46903人，其中：在园（班）幼儿数6814人，小学20090人，初中13103人，普通高中5574人，职业高中1322人。

小学毛入学率111.49%，小学学龄儿童入学率99.97%，辍学率0.23%，毕业率99.84%，小学毕业生升学率98.94%，年巩固率99.8%，新招一年级新生受过一年学前教育99.88%，学前幼儿毛入园（班）率85.19%，15周岁初等教育完成率99.85%。

初中毛入学率125.07%，初中毕业率99.68%，初中辍学率1.09%，年巩固率99.15%，17周岁初级中等教育完成率98.91%。

年末有教职工2680人，其中正式教职工2418人，临时教职工202人，保安60人；专任教师合格率高中达99.65%、初中达99.53%、小学达97.58%。

学校占地面积792148平方米，校舍建筑面积375921平方米，小学生均校舍建筑面积7.1平方米；中学生均校舍建筑面积10.62平方米，其中初中9.94平方米。小学生均占地14.99平方米；中学生均占地23平方米，其中初中18.55平方米；小学生均图书13.89册，初中生均图书23.31册，高中生均图书7.53册。

【农村义务教育保障机制改革】　认真贯彻落实农村义务教育经费保障机制改革相关政策，设立义务教育专户，执行《江川县农村义务教育经费管理暂行办法》，加强资金运行管理，实行“校财局管校用”。2013年，江川县共落实各级免补经费5603.4285万元，其中，中央经费2970.56万元，省级经费5.68万元，市级经费1431.62万元，县级配套经费1195.5685万元，惠及全县35544名（下半年为33191名）义务教育阶段在校学生，切实减轻了农民负担，杜绝了学生因贫失学现象。

【学生营养改善计划】　按照国务院和省政府要求，江川县自2012年3月1日起实施农村义务教育学生营养改善计划，2013年3月1日起增加对大街中小学农村户籍和农转城学生实施营养改善计划，为31269人（其中：初中学生12341人、小学生18928人）农村义务教育学生每天提供3元的免费营养早餐，已落实2013年全年经费1914.87万元，其中，中央经费91.62万元，市级经费918.03万元，县级配套经费905.22万元。为保证农村义务教育学生营养改善计划的实施，制定了《江川县农村义务教育学生营养改善计划实施方案》，各学校根据实施方案的要求完善学校工作计划，确保学生吃上营养、安全、卫生、味美的营养早餐。2012年8月，县政府下发了《江川县人民政府办公室关于切实做好江川县农村义务教育阶段学生营养改善计划工作的通知》、《2013年江川县农村义务教育学生营养改善计划食品安全专项整治行动方案》，将营养餐的招标采购等工作放到当地党委政府，使营养餐供餐方式更结合实际、更方便灵活，更加具体到位。

【办学条件】　不断推进以学校标准化建设为目标的校舍安全工程，努力改善办学条件，结合《玉溪市人民政府关于印发玉溪市美丽100校园行动计划暨中小学校舍安全工程实施方案的通知》和相关会议的要求，积极组织实施江川县“中小学校舍安全工程暨美丽100校园行动计划”，按照“企业融资代为建设，政府分期偿还”的融资、建设模式，江川县人民政府与江川锦裕达投资管理有限公司签定了合作协议，并积极展开了项目实施的准备工作。2013年完成合作范围外的危房拆除5653平方米，校舍建设28829平方米，投入资金约4958万元；加固修缮改造校舍51079平方米，投入资金约1490万元；合作范围内的第一批项目已拆除D级危房约5000平方米，重建新建项目已开工建设13811平方米，投入资金约2485万元；重建新建项目进入设计71471平方米，C级校舍加固进入设计50000平方米，美丽100校园行动计划进入设计4所。

江川一中自2009年实施扩建工程以来，已完成投资近6000万元，完成一期扩建工程，征地87亩，新建教学楼、教师宿舍等建筑面积达19406平方米，标准化运动场及校园绿化工程的实施，使江川一中的办学条件明显改善。根据扩建规划，在准备实施二期扩建工程中已征地72亩，用于建盖图书馆、科技楼、男女生宿舍、学生食堂、篮球排球场等。江川二中征地23亩，完成400米标准化运动场的建设。江川职中扩建工作启动，男生宿舍一幢3214平方米，女生宿舍一幢2895平方米，已签定施工合同，并于2013年10月开工建设。

为推进江川县教育现代化进程，实施农村薄弱学校改造计划，2013年，共投入资金614.05万元（其中中央资金267.4万元、省级资金185.7万元），配备电子白板150套，并按省装备标准为5所一贯制学校、4所中心小学和20所村完小配备音体美等教学仪器，教育装备得到加强。全县高中、职中、初中和中心小学都开设计算机课，完小和校点都能利用远程教育设备下载、刻录、同步利用远程教育资源。江川县已建成江川教育网络平台，与省市教育网对接，实现全县学校与局机关之间的互通互联。按照县委政府要求，教育局还建设电子政务网和政府信息公开网。

【队伍建设】 强化作风建设和师德师风建设，贯彻落实中央八项规定，制定下发《江川县教育系统加强作风建设工作要求》，提出“强化学校管理、规范办学行为，强化校长管理，提升管理效能，强化教师管理、树立良好形象，强化机关作风、发挥表率作用”的要求，积极推行“四项制度”，落实《江川县教育局党支部共产党员先进性标准》和《江川县教育局机关作风建设十条》的要求，学习教育法律法规，开展“六五”普法系列学习活动，要求干部职工牢固树立“全心全意为人民服务、甘当人民公仆”的意识，结合岗位实际，以政策为依据，以法律为准绳，认真履职，严守纪律，真抓实干，热情服务。在教师中开展师德师风教育活动，加大对违反师德行为的惩诫力度，努力使广大教职工做到教师职业道德基本规范“爱国守法，爱岗敬业，关爱学生，教书育人，为人师表，终身学习”的六条要求。在中小学领导班子建设方面，制定《江川县中小学校长管理办法（试行）》，加强对校长的选拔、任用、考核和培训。2013年，调整交流校长13人、学校中层干部54人，其中江川一中办公室副主任、德育副主任采用公开竞聘的方式产生。2013年7月17日至19日组织一期后备干部培训，培训后备干部67名。选派校长、后备干部及骨干教师15名到先进发达省区挂职锻炼、培训考察，学习借鉴先进思想、先进理念和科学方法。在抓好教师队伍建设方面，一是公开招考教师60人（其中招聘免费师范生10人、紧缺专业教师9人），为教育的健康发展注入了新的生机和活力。二是加强教师培训，全面提高实施素质教育的能力和水平。组织550名教师参加“国培计划”置换脱产培训、短期培训和远程培训，除举办继续教育培训、履职晋级培训和新教师培训班之外，还组织后备干部培训、德育主任培训、小学骨干教师第二阶段培训、教育技术能力培训、学前教师培训等共培训8期，参加培训教师达1250人次。三是继续抓好各级学科带头人和骨干教师管理，提出学理论、搞教改、出成果、成名师的要求，有计划地培养适应素质教育的骨干教师、学科带头人和名教师队伍。四是通过交任务、压担子、承担研究课题的方式，让教师在实践中增长才干、总结经验，成长为学科研究骨干。五是抓好青年教师培养。通过开展新课程、新教材培训、新老教师拜师结对、“星抚杯”高效课堂教学竞赛等活动，激发青年教师研究课堂教学的积极性。六是树立典型，示范带动。2013年，县委政府表彰优秀教师80名，先进教育工作者20名。全县教职工2680人，专任教师中有正高级专业技术人员1人，副高级专业技术人员310人，中级专业技术人员1339人，省特级教师2人，省级学科带头人1人，省级骨干教师20人，市级学科带头人9人，市级骨干教师36人，县级学科带头人33人，县级骨干教师356人，7人参加过国家级骨干教师培训。

【学校管理】 教育局始终把提升学校管理水平，更好地为师生服务、为人民群众服务作为教育行政管理的核心内容来抓。制定《江川县学校综合目标管理考评方案（试行）》，要求学校既要依法治教，注重制度化、规范化管理，又要以人为本，以德治校，注重人性化、科学化管理。学校领导班子要注重学习提高，成为师生表率，同时又要关注教师的成长和学生的发展，树立“管理育人，服务育人”意识，推动学校实现系统、科学、有序、高效的管理目标，整体提升全县各学校教育教学质量和办学水平，提出“美丽校园，活力学校，提升质量”的管理要求。各学校结合校情，建立职责明晰、领导有力、运转有序、保障到位的工作新机制，明确具体的目标任务和完成时限，制定具体的措施办法，切实加强学校管理。在认真落实“一个要求和12项制度”的同时，强化班级建设，出台了

《江川县教育局关于加强班级建设的意见》，建立了班级建设考核激励机制，不断推进“严、细、深、实”的学校精细化管理。年末，江川县已建成省级文明学校7所，市级文明学校13所，县级文明学校5所。大街中学2013年12月被中共玉溪市委评为“玉溪市第七届文明单位”，江川一中2013年4月被云南省教育厅、环保厅评为“第七批云南省绿色学校”，翠峰中心小学2013年2月被中共云南省高校工委、省教育厅评为“2012年云南省文明学校”。随着学校管理的进一步规范和各级免补政策的落实，社会各级各界和广大人民群众对教育的认可度与满意度进一步提高。

【德育工作】 突出“德育为首”理念，重队伍建设，抓活动载体，已形成校内校外齐抓共管、覆盖全面、职责明晰的德育工作网络，建起了师德好、业务精、责任心强的学校和社会德育工作队伍，建立预防青少年违法犯罪联席会议制度，形成了德育工作合力。全县有关工委组织78个，校外德育辅导站23个，共聘请法制副校长33人、校外德育辅导员130人，已开办家长学校21期。配合县政协开展中学法制宣传工作调研。在抓好德育工作常规管理的同时，努力推进“三生教育”，广泛开展“阳光体育运动”，开足体育课时和课外活动，确保学生每天锻炼1小时，积极开展丰富多彩的德育社团活动，努力引导学生珍爱生命、学会生存、幸福生活，号召全体教职员工走进学生、享受工作、快乐生活。

【教研教改】 制定《江川县教育局关于进一步规范教学行为提高教学质量的要求》，吹响江川县全面提高教育教学质量的号角。深化教育科研，细化教学管理，在教学科研方面，以先进的教育教学理论为指导，制定《江川县教育科学研究“十二五”计划》、《江川县教育科学研究课题管理办法》等一系列教育科研管理制度。年末江川县有教研员独立承担研究的各级课题8项，其中国家级2项，市级2项，县级4项，学校和教师承担的县级课题29项，完成了30项“十二五”县级研究课题的立项工作。教育科研已向“教育科研课题化，课题研究项目化”的方向发展，有效提升了全县中小学教师的科研能力。在教学管理方面，实施“捆绑式”和“自主式”教学交流，开展教学常规大检查，积极组织学科竞赛，组织新教师“五项技能”考核，开展送课进校活动，强化校本培训，认真学习和运用现代教育技术，健全教学教研制度，落实教研教改措施，优化教学管理，加强质量监控，强化过程性评价，推动了学校教育教学工作的有序运行。通过推进“双主互动”课堂教学模式，提高课堂教学效率。落实《江川县教育局关于推进“双主互动”课堂教学模式的意见》，分析存在的问题，找准突破的方向，分层次召开推进会，排出推进日程表，把教师能否熟练掌握“双主互动”课堂教学模式作为考核和聘任的依据，优化课堂教学方法和学生学习方式，不断提高学习效率和质量。编印《江川县“双主互动”教师读本》、《江川县“双主互动”教学反思、教学案例、教育故事文集》和《江川县“双主互动”教学设计系列丛书》，物化了“双主互动”课堂模式研究成果，搭建了教师交流学习的平台。在毕业班教学工作方面，教育局落实《江川县毕业班教学工作指导意见》各项举措，制定《关于做好2013年初中毕业班工作的意见》，明确了奖惩措施，强化教研员职责，切实加大调研、指导、督查的力度，有效地服务了毕业班的教学工作。一是积极组织教研员和各学校骨干教师参加省、市高考和初中学业水平测试备考研讨会，广泛收集信息，之后由各学科教研员牵头，召开毕业班复习研讨会，针对性地指导毕业班教学。二是组织毕业班复习视导，及时掌握学生学习情况，调整复习策略，有效指导学生学习。三是各科教研员有针对性地深入学校、课堂、备课组，与教师面对面座谈、研究、讨论、交流，和老师们共同分析复习迎考的得与失，共同寻找成绩的增长点。复习过程中，初中学科教研员听课评课600余节，开座谈会100余次。

【支教工作】 2013年8月，教育局启动城镇中小学骨干教师到农村定期支教项目，并制定《江川县教育局关于城镇中小学骨干教师到农村定期支教的实施意见》，共派出骨干教师9人，学科带头人1人，（其中：省级骨干教师1人、县级骨干教师8人、县级学科带头人1人），涉及语文、数学、英语、思品、物理、化学、地理等学科。城镇中小学骨干教师、学科带头人到农村学校定期支教，坚持派其所需、注重实效、相互促进、共同发展的原则，以学校结对捆绑方式组织实施。结对情况为：大街中学—雄关中学；前卫中学—翠峰中学；江城中学—路居中学；大街小学—雄关小学；后卫小学—安化小学，实行一年一轮换。

【学校安全】 学校安全无小事，安全工作事关师生的生命和健康，是办学的前提。一是建立健全和完善安全工作管理体系，层层签订责任书，落实岗位责任制。二是强化制度建设，严格执行《江川县学校安全管理要求》。三是加强安全宣传教育，强化师生安全防范意识。四是认真组织开展学校安全隐患排查治理，做到防患于未然。五是加强日常管理，认真做好日检周查工作，严格执行值守制度，严防安全事件的发生。六是建立了江川县学校安全工作联席会议制度，与公安、司法配合，加大了法制宣传教育力度。七是联合政法委、公安、工商、文化等部门，开展多轮校园周边环境整治，重点开展校园暴力整治行动，就校园安全人防、物防、技防作了研究和加强。八是成立江川县校园医疗机构及周边治安综合治理专项组和校园及周边治安综合整治工作小组，明确工作职责。年内，江川县各学校意外死亡学生9人。

【代课教师和原民办教师遗留问题】 根据《玉溪市关于妥善解决中小学代课教师问题和原民办教师遗留问题的实施意见》和省政府《对民办代课教师诉求的答复》及相关会议精神，教育局全面宣传省、市关于解决代课教师和原民办教师遗留问题的政策、方法步骤及时间要求，全面了解和掌握代课教师和原民办教师的诉求，制定切合实际的工作方案，成立领导小组和工作机构，并进行广泛宣传动员，深刻理解、准确把握、坚持原则，受理和收齐各类表格资料，按照程序公开公示，反复核查，兑付补偿。2013年，完成3568人的身份及教龄认定工作，完成3355人的经济补偿兑付工作，共兑付资金1513.29万元。对离岗退养的19名民办教师，于2013年9月完成退养费的提高审批及补发工作。截至12月20日，共办理城镇企业职工养老保险713人，其中达龄的293人、未达龄的420人。完成在岗代课教师招聘22人。江川县解决代课教师和原民办教师遗留问题各项工作圆满完成。

【高中阶段教育】 抓好高中“龙头”，确保教学质量。在抓好“两基”巩固提高工作的同时，紧紧抓牢高中教育这个“龙头”不放松，在不断加大高中建设投入，改善办学条件的同时，努力创设宽松的用人环境，建立有效的聘任、考核、分配等竞争激励机制，使高中教育办学规模不断扩大，办学质量不断提升。2013年，江川县高考上线率达99.89%，一本人数达84人。近九年来，高考上线人数和高分段人数位居全市县级（除红塔区以外）第一，得到了社会的广泛关注和赞誉。

【职业教育】 拓宽就业渠道，全力推进职业教育发展。江川县职业中学坚持以服务为宗旨，以就业为导向，按照“积极发展、深化改革、创新机制、激发活力”的思路，以“出口畅，进口旺”为目标，建立有效的学校管理机制，拓宽职业教育发展空间，探索“2+1”培养模式，实现了“订单式”培养。同时加强与华东、华南等地区企业的联系，提升学生就业质量，毕业生就业率达97.8%，已连续七年超过96%，学校规模不断扩大，在校生人数1322人，职业教育逐步走上了良性发展的轨道。

【学前教育】 编制《云南省江川县农村学前教育机构建设规划》，按照“两条腿走路”的发展思路，坚持发展、规范、提高并重的指导方针，一方面不断提升县幼儿园办园质量，积极筹建小学附设中心幼儿园，另一方面积极引导和规范社会力量办园，初步形成以公办园为示范、小学附设中心幼儿园为支点、社会力量办园为主体的发展格局。县城已基本满足适龄儿童的入园需求，农村也通过灵活多样的办园形式，为越来越多的学龄前儿童提供接受早期教育的机会。雄关乡中心幼儿园、江城镇龙街村幼儿园、江城镇中心幼儿园、前卫镇后卫村幼儿园已建成并投入使用。年末，全县共有幼儿园、学前班40所，其中独立建制的公办幼儿园1所，小学附设中心幼儿园3所，民办幼儿园、学前班36所。辖区内学前3年儿童入园率达59.59%，学前三年儿童毛入园（班）率达85.18%，学前教育项目建设开工率、竣工率居全市第一。

【招生考试】 围绕“强化责任，综合治理，确保中高考安全平稳进行”的工作目标，严格执行省、市招生工作会议精神，坚持“以考生为本、为学校服务、为考生服务”的思想，认真落实高校招生“阳光工程”，坚持公平公正原则，加强管理，从严治考，在选拔培训监考教师、工作人员方面，在加强考点、考场建设方面制定严密规范的制度，圆满完成了高考、高中学业水平考试和初中学业水平考试等各项招考任务，各类考试公平规范，未出现考试舞弊事件，得到了省、市巡视员的好评。2013年受理普通高考报名人数1946人，初中九年级学业水平考试报名人数4309人，初中九年级体育考试报名人数3721人，初中八年级学业水平考试报名人数4269人，高中学业水平文化课考试报名20865科次、信息技术报名人数2062人，成人高考报名197人，自学考试报名207科次，教师资格认定非师范类报考“教育学、教育心理学”115科次。2013年江川县普通高中招生1874人，职业高中招生510人。

【教育收费】 贯彻落实各级政府及有关部门关于治理教育乱收费的要求，进一步巩固江川县治理中小学乱收费的成果，规范教育收费行为，加大治理力度，完善监督管理制度，健全教育收费公示制度，促进江川县教育行风建设，各学校严格执行“一费制”、“三限制”等收费政策和各项免补政策，反复强调治理教育乱收费工作的重要性，明确纪律，并组织学校进行了收费自查。在自查的基础上，每学期都会同县纪委监察、物价和纠风办等相关部门进行收费检查。检查结果表明，江川县中小学都能按相关要求实行收费公示和“收支两条线”管理，做到亮证收费、按证收费、公示收费和透明收费，一年来各级各学校无教育乱收费现象。

【成人教育】 扎实做好扫盲和实用技术培训工作，完成各类培训45262人次，圆满完成了成人教育各项工作任务。年末全县青壮年文盲人数仅为1人，全县青壮年非文盲率为99.99%。

【党建工作】 教育局党委紧紧围绕教育改革与发展主题，深入开展党的群众路线实践教育活动、“四群”教育、基层组织建设和作风建设活动，加强党员经常性教育，着力构建保持共产党员先进性长效机制，以增强基层党组织的创造力、凝聚力和战斗力为目标，以加强领导班子、干部队伍建设和基层党组织建设为根本，制定《江川县教育系统加强作风建设工作要求》文件，解决基层党组织和党员在思想、作风以及工作能力方面存在的突出问题，圆满完成了党建工作的各项任务。一是及时调整充实党建工作领导小组和工作机构，研究制定局党委2013年工作要点，并同各支部签订了党建工作责任书。二是认真开展政治理论学习，积极组织党员和干部队伍培训。制定学习培训计划和《关于推进江川县教育系统学习型党组织建设的实施意见》，坚持每周一上午的政治学习、每个季度1次的党委中心组理论学习和一年1次的民主生活会制度，不断提高班子成员的政策理论水平。并将中心组理论学习活动扩展到江川一中等6个党支部。三是制定《江川县教育局党委党建工作制度》汇编，共制定24项制度，建立健全了基层党建工作责任制度、联席会议制度、党建工作联系点制度和督查制度。四是加强党务工作者队伍建设，配齐配强党务干部。2013年增配江川职中党支部副书记1人，调整县幼儿园支部委员1人，调整江川一中支部委员2人，3月11日～3月16日举办第九期入党积极分子培训班，培训入党积极分子74名，颁发结业证74份，结业率达100%。在2012年培训的基础上，发展5名（其中女党员2名）新党员，同时做好9名预备党员的转正工作，为党组织注入新的活力。五是积极开展组织工作创新活动。申报1项党建创新项目《强化党群共建，共建和谐校园》，通过党群共建，不断深化党建服务意识、责任意识和领导意识，并努力落实2013年教育局“美丽校园、活力学校、提升质量”的工作思路，通过“强化党群共建，构建和谐校园”相结合的实际，不断推进“生态文明学校建设”、“平安校园建设”、“党员活动室建设”、“工会活动室建设”、“团队活动室建设”和“党团宣传栏建设”等党群组织活动阵地的创建工作，并取得了明显成效。六是完善机关“三评”工作，制定党务公开制度和实施细则，明确公开目录，促进党内民主，自觉接受党外监督，不断提高党组织的公信度。七是加强党员队伍的教育管理。认真组织一年1次的党员民主评议工作，积极推行党员积分制管理。八是巩固基层组织建设年活动。在教育系统继续开展基层组织晋位升级工作，对6个党支部组织进行全面摸底调查，组织开展分类定级，“先进”1个、“一般”4个、“后进”1个。结合实际认真查找存在的问题，并深入分析存在问题的主客观原因，寻求解决问题的措施，制定整改提高实施方案，以巩固“先进”、提升“一般”、推动“后进”为目标，采取分项限期整改，实行整改落实周报制度，实现了晋位升级，推动了基层党组织的规范化建设。九是指导学校健全和完善党务、政务、校务公开制度和教代会制度，推进学校民主管理进程。全面推行服务承诺制、限时办结制、首问责任制和领导干部问责制“四项制度”，解决影响和制约江川县教育事业发展的思想观念、工作方式和工作作风等方面存在的问题。

【廉政建设】 坚持反腐败领导体制，履行“一岗双责”工作机制，层层签订党风廉政建设责任书。一是加快推进惩治和预防腐败体系建设。突出抓好教育、制度、监督这三个关键环节，建立和完善符合系统自身实际的惩治和预防腐败体系，收集整理编制了《江川县教育局建立健全惩治和预防腐败体系五年规划任务分解落实情况资料目录》。二是建立健全廉洁自律制度、民主议事制度、重大事项报告制度和诫勉谈话等制度，严格执行《关于改进工作作风、密切联系群众的八项规定》、《六项禁令》、《事业单位工作人员处分暂行规定》，对新任校长进行任前谈话，对原任校长进行经常性约谈，做到警钟常鸣。三是认真落实《江川县关于加强学校反腐倡廉建设的意见》，制定了《江川县教育系统推进廉政文化“六进”活动实施方案》，在全县学校开展廉洁教育及廉政文化进校园活动，6月同县纪委共同承办了“江川县中小学生廉洁文化书法竞赛”，并颁发了证书和奖金，12月又同县纪委、江川书法名家到江川二中开展了“廉洁文化进校园”现场书法活动，把江川二中创建为县廉政文化建设示范点，通过示范带动，逐步建立起教育系统反腐倡廉“大宣教”格局。制作宣传栏156块，出专栏174期，班级出专题黑板报542期，制作廉政警句宣传牌158块，上了以“八荣八耻”为主的专题教育课356节，参加班级847个，参加学生38120人，开廉政文化主题班会284次，参加班级878个，参加学生33791人。四是执行民主集中制原则。制定了《江川县教育局加强党政“一把手”权力运行监督制约暂行办法》，规范议事决策权、选人用人权、财务管理权、物资采购处置权和工程项目管理权。按照“三重一大”的要求，坚持重大事项决策、重要人事任免、重要项目安排、大额度资金使用事项集体讨论决定。五是开展作风建设工作。强力推进《江川县教育系统加强作风建设工作要求》，治理庸懒散软问题，公布监督电话和邮箱，及时发现和纠正党员干部在思想作风、学风、工作作风、领导作风和生活作风方面存在的突出问题，大兴密切联系群众、求真务实、艰苦奋斗、批评与自我批评之风，以提高领导水平和执政能力为重点，切实加强领导班子的执政意识教育、团结干事教育，领导干部必须讲政治、顾大局、守纪律，培养“思想解放、作风优良、敢为人先、务实清廉”的干部队伍。六是深入贯彻落实《中国共产党党员领导干部廉洁从政若干准则》，严肃查处违反廉洁自律规定的行为，健全财务制度，执行招投标要求，严格执行高中“三限制”政策，努力营造教育系统风清气正的良好氛围。2013年教育系统出现2名教师严重违纪违法，根据中华人民共和国人力资源和社会保障部、监察部第18号令《事业单位工作人员处分暂行规定》第二十二条之规定，已对2名教师进行了开除公职处分，并在教育系统开展警示教育活动，杜绝此类事件的再次发生。

【江川县青少年学生校外活动中心】 江川县青少年学生校外活动中心以“坚持方针，面向学生，校外延伸，拓展兴趣，培养特长，全面发展”为办学思想，建立一套规范、实用、高效的管理运行和办学培训机制，建成一支业务精良、经验丰富的教师队伍，办学覆盖全面，专业设置齐全，培植跆拳道、拉丁舞等优势特色专业。年末已开办22期培训班，参加培训学员2.4万人次，办班培训人次和办班效益在全市前列，学员及家长满意度较高，已初步实现创办全市一流活动中心的目标。2013年3月，按照《云南省未成年人校外活动场所评估方案（试行）》和《云南省未成年人校外活动场所评估标准（试行）》，经过逐项自查自评和市级复评，被省教育厅考评为优秀。活动中心投入使用后，在拓展学生兴趣，培养学生特长，引导学生远离网吧等不良环境，促进学生全面发展方面发挥了积极作用。

（代志伟）

教育科研

【教科研管理】 江川县教科所努力创设氛围，增强教师的科研意识，加强底蕴修养，鼓励教师多看书，看好书，加强理论知识的学习，通过多种渠道进行广泛阅览教育类报刊、杂志及专著，并围绕各自课题认真做好富有启发性、指导性的理论学习笔记，不断提高科研水平。县教科所坚持把教科研工作纳入学校的目标管理责任制之中，要求学校严格按照《江川县教育科学研究“十二五”计划》、《江川县教科研管理条例》、《江川县教育科学研究课题指南》创造性的开展教科研工作。基本形成有效的宏观管理和微观运行、调控机制，保证了教育科研工作的质量和健康发展。部分学校建立健全教科研规划和管理制度，确保教科研经费的投入，全面落实课题实验方案，实现教研与科研的整合，突出了研究的目的性、针对性和实效性。教研员也根据学科的特点，指导学科教研组或教师确定研究课题，以课题引领教学研究。

【课题立项研究】 坚持课题牵动战略，以“科研管理规范化，课题研究实用化”为主导思想，切实抓好课题研究。为使课题研究选题合宜，开展扎实，取得成效，县教科所强化了课题研究的全程管理和指导。先后制定《江川县“十一五”教育科研规划》，印发《江川县教育科研课题指南》，建立完善科研课题管理系列制度，鼓励学校和教师积极开展课题申报立项活动，严把选题立项、组织实施、总结交流三个关口，以教研员、骨干教师为主体，组建课题组，合作交流、协同攻关，扎实有效地进行了多项课题研究。2013年为止，全县共申报立项全国教育科学“十二五”规划教育部规划课题4项，即：由江川县教科所黄毅副所长主持的《初中语文“少教多学”课堂教学模式研究》；由江川一中语文组承担的《高中语文“少教多学”的策略与方法研究》；由前卫小学承担的《小学语文“少教多学”的策略与方法研究》；由龙街小学承担的《阅读教学中“少教多学”的策略与方法研究》。由江川一中杨凯老师主持的《创新教学与实验》、大街中学杨艳梅老师主持的《初中英语口语培养探究》、渔村小学李江玲老师主持的《构建和谐课堂提高教学实效性的研究》等33项课题被列为“十二五”期间的县级教育科研立项课题。

【服务指导】 县教科所不断创新教研形式，充分发挥研究指导服务功能，重视教学视导与片区教研相互渗透，坚持“重心下移，专业引领，行为跟进”的教研原则，加强专项调研。在调研中教研员以了解教师的自我学习和个人反思为主，检查的重点是教师的二次备课痕迹和教研组集体备课记录。同时，县教科所在指导中小学复习备考中召开高效、科学、务实的复习备考会，集思广益，快速指导，做到安排周详，指导经常，调度科学，备考认真，为确保中考名列全市前列奠定了基础。学科教研员坚持每周两次深入学校进行教学督查、指导、调研达80天以上，人均听课达100节以上，举行专题讲座30多场，上研究课、公开课人均达20节，体现了服务、指导、评价的宗旨。

【教学改革】 江川县教科所一直把落实“双主互动”作为课堂教学改革的中心工作，以全县各年级教学研究活动为载体，发动和组织全县各学校、各层次的有效力量，研究“双主互动”教学模式的新思想、新行为，在激发学生学习兴趣、培养学生学习能力、开展课堂教学活动、实施发展性评价等方面，每个教研员按计划深入学校开展学科指导、顺利完成年初和学期初制定的教研工作计划，多方面、多层次开展教学示范课、观摩课、教学研讨等活动，从而使学生实现了由教育客体向学生为主题的角色转变，教师实现了由面向学生向走进学生的转变，从根本上减轻了学生的负担，使学习效果由自然状态进入了

必然状态，使教育过程实现了由高耗低效向低耗高效的转变。

【教学常规管理】 江川县教科所于2013年11月26～29日，组成六个检查组，对全县义务教育阶段学校教学常规工作进行检查。本次共检查了53所学校。其中，小学37所（抽查了24所村级小学），初中11所、九年一贯制5所。检查组依据《江川县2013年义务教育阶段学校教学常规检查量化表》，通过查资料、现场查看、走访师生、听课、召开检查反馈会等方式，了解被抽查学校常规管理工作开展的情况，并进行了认真、细致的评估，对于检查中存在的问题进行分析探讨，交流看法，碰撞思想，达成共识，同时提出了整改意见和建议。检查组成员共随堂听课105节，达优秀的46人，占43.8%；查看教师备课本1395本，达优秀的322人，占23.08%，差13人，占0.93%；检查学生作业10403本，批改优秀的教师109人，占1.047%，差的5人，占0.048%。

【毕业班工作】 出台了《江川县2013年初中学业水平考试复习备考工作意见》，通过教学视导，不断向学校传递动力和增加压力，从地方人民利益和事业建设的高度来增强学校和教师为毕业班事业作贡献的责任感和使命感。组织和健全了学科专家组，发挥他们现身说教和技能辐射作用，认真研究毕业班新授课、复习课、评讲课、练习课的教法，定期组织教学观摩、专题报告、集体备课、问题解剖等活动；并按计划组织教研活动，落实了每月集体备课、观摩活动不少于1次。充分发挥统测的积极作用。精心组织每一次统测，思想上做到每考必认真，每考必统计，每考必分析，每考必有反馈，每考必有改进。教研员做到三个第一时间：第一时间反馈统测成绩；第一时间发现问题；第一时间拿出改进方案。每次统测都能组织到位、分析到位、指导集体备课活动到位、督促改进到位，每次的统测都要求教研员进行分析并及时将分析材料形成书面报告，下发给学校和学科教师。

【教学过程管理】 严把四个关口，一是严把集体备课关，制定集体备课活动流程，加大对集体备课的过程督查。抓好教师个人的二次备课，突出个性化教学风格。二是严把课堂教学关，强化以学生为主体的自主、合作、探究，坚持面向全体，建立课堂教学监控机制。三是严把作业批改关，作业批改要认真，抓实学生的错题订正。四是严把辅导关，坚持“抓两头促中间”的辅导策略，加强了“待优生”的辅导和“特长生”的指导工作。

【校本教研】 一是对全县校本教研工作精心安排，引导学校建立健全校长抓校本教研工作责任制、校本教研学习研讨交流和工作制度、导向激励和保障制度等机制。县上相应建立了校本教研检查督导制，先进教研组评选表彰制，完善中小学教育教学评估奖励制度，把学校校本教研工作纳入专项考评，以引起各校领导对校本教研工作的高度重视。二是以“四有”要求扎实开展教研活动，即每次教研活动要有提炼出的问题，有解决问题的设想，有中心发言人，有充分的讨论交流，强化研讨。以促进教师专业化发展为导向，努力实现“三个转变”：即由文本（教材教学）中心向人本（师生共同发展）中心转变；由灌输为主的指导性教研向互动探究为主的反思性教研转变；由单一封闭的研究模式向多维互动的群体研究模式转变，在研究中反思、在实践中提高。同时，按照一次查一项重点，抓一项落实的思路，针对学校校本教研机制创建、常规教研开展、教改实验实施、校本课程开发、校本培训落实等情况，开展了专题督导，使这些工作落在实处。三是在全县重点推广落实了七种校本教研活动：第一是个人反思式教研。要求和倡导教师写教学后记、教学反思、教案设计，在反思中改进教学工作。第二是“群体学习”式教研。建立健全学习制度，把宣讲、讨论与讲座结合，坚持每周1～2次的教育理论学习。第三是骨干引领式教研。确定各学科教研专题，骨干教师作为中心发言人进行专题讲解，教师讨论，形成共识。第四是周说课活动，在教研组、集研组活动中，一人说课，大家评课，讨论交流，确定教学组织结构和教学方法。第五是集体备课，由教研组长、教学骨干阐述备课思路，展示备课教案，分析备课要点，组员进行评析，改进完善，达到教学设计的优化。第六是联片教研。以课题为纽带，以每期一次的教学开放周、课改现场会为途径，推动学校之间开放、交流与合作，优势互补，共同发展。第七是案例式研究。以案例（课例）为载体，以解决实际问题为目的，促进教师合作探究，使理论学习、教学设计、行为反思落到实处。除此之外，县上还广泛开展教学设计比赛，教学案例、教学论文征评、新课程教学观摩点评课等活动，带动校本教研扎实进行。

【课堂教学竞赛】 江川县教科所于2013年10月9日至25日组织了义务教育阶段教师课堂教学竞赛活动。本次竞赛共有117人参赛（初中69人、小学48人），分学科组在大街中学（初中语文）、伏家营中学（初中数学）、后卫中学（初中地理）、前卫中学（初中英语）、江城中学（初中物理）、后卫中心校（小学语文）、大庄中心校（小学科学）、龙街中心校（小学数学）、伏家营中心校（小学品社）九个赛场进行。观摩教师达700多人。在各组评委公平、公正、公开的评议下，大街中学的张涛、江城中学的杨丽江、前卫中学的周姗姗、前卫小学的李竹会等23位教师荣获一等奖，前卫中学的李春兰、九溪中学的赵荷月、大庄中学的李绍红、翠峰中学的唐四有、大庄小学的陈建美等56位教师荣获二等奖，九溪中学的张亚军、螺蛳铺学校的业浩然、翠峰小学的周芳、安化小学的李婷、路居小学的胡东波等38位教师荣获三等奖。

【课题成果】 县教科所坚持开展“三项研究”：一是加强“双主互动”行为化研究，力求稳妥、有序、深入地实施课堂教学改革；二是加强名师、学科带头人、骨干教师的带动辐射效应，提高全县教师整体素质的研究；三是加强片区教研的创新研究，完善“研训合一”的运行机制。加强了课题研究的过程管理。一是加强指导，要求每位学科教研员下乡调研时都要对所在校的相应学科课题进行跟踪指导。二是在结项工作上严格把关，组织评审组对申报的课题进行评审，全年共分三批次，集中时间对雄关中心小学的县级立项课题《探究情景体验在小学作文教学中的实践》、《学生作业分层的研究》，大街小学的县级立项课题《“双主互动”课堂模式在小学教学中的推广应用》、《小学班级建设实验与研究》，江川县教科所陈家杰老师主持的县级课题《初中物理新课程资源的开发与利用》等5项课题进行了结题鉴定。这些课题研究成果已完成江川县教育科学规划办下达该项目时的任务与要求，实现了预期的目标，达到了一定的研究水平，在教育教学中产生了积极的辐射作用。

【论文刊载获奖】 在《云南教育》编辑部、《云南教育成果》编辑室共同举办的2013年第十届教育工作者优秀论文征稿活动中，县教科所黄毅的《乡愁（教学设计）》、九溪中学王江丽的《如烟似梦的艺术—穆旦诗集爱情诗隐喻窥探》、江城小学王翔的《浅析小学数学作业批改的几种方法》、县幼儿园李兰英的《在互动中体现教师角色，在体验中促进幼儿成长》等34篇教育科研论文或教学设计荣获一等奖；江城中学杨四光的《初探双主互动教学中历史课堂提问的策略》、大庄中学李绍红的《“双主互动”教学模式在英语教学中的应用》、江川一中谭春燕的《对当前青少年人生价值取向的几点思考》、江川职中龚春的《职中英语课堂教学如何进行专业渗透》等147篇教育科研论文荣获二等奖；江川职中杨刚的《以阳光的心态对待班主任工作》、龙街小学李成的《“班级管理”的作用之我见》、九溪小学施绍武的《农村小学中高年级语文待优生》、翠峰中学赵吉华的《生活，数学课堂的源泉》等124篇教育科研论文荣获三等奖。县教科所黄毅老师撰写的《语文教学应注重探究性学习能力的培养》，县教科所韩卫东老师撰写的《小组成员组成与小组合作学习的有效性》，大庄小学邓江慧老师撰写的《江雪（教学设计）》、大庄小学龚青彦老师撰写的《冬夜读书示子聿（教学设计）》等文章在《云南教育·教育教学研究》（2013年第17期）上发表。县教科所陈雪老师撰写的《别样的语文课堂评价语》在《课程教材教学研究》（2013年第44期）上发表。

【教学指导成效】 2013年12月，在南京举行的全国初中教师课堂教学竞赛中，雄关中学龚亚波老师执教的《图形的旋转》荣获初中数学一等奖，海浒学校廖江老师执教的《交往的心里话》荣获初中思想品德二等奖。2013年11月8~28日，在玉溪市教科研组织的“全市中小学教师高效课堂教学技能竞赛”中，江川共选派18名教师参加中小学18个学科的竞赛。其中，雄关中学龚亚波老师执教的《图形的旋转》荣获初中数学一等奖，江城中学王贵荣老师执教的《燃烧和灭火》荣获初中化学一等奖，江城中学韩长生老师执教的《日本明治维新》荣获初中历史一等奖，翠峰中学徐吉艳老师执教的《与朱元思书》荣获初中语文二等奖，大街中学李龙华老师执教的《关雎》荣获初中语文二等奖，前卫中学周姗姗老师执教的《Ilnit 2 This is my sister》荣获初中英语二等奖，翠峰中学年雪燕老师执教的《播下责任的种子》荣获初中思品二等奖，大街中学张瑞清老师执教的《密度》荣获初中物理二等奖，江川一中陈兵老师执教的《美国1787年宪法》荣获高中历史二等奖，江川一中黄绍兰老师执教的《影响农业的区位因素》荣获高中地理二等奖，江川一中陈丽老师执教的《楞次定律——感应电流方向的判断》荣获高中物理二等奖，九溪小学陶芹老师执教的《秋姑娘的信》荣获小学语文二等奖，大街小学黄琼会老师执教的《几分之一》荣获小学数学二等奖，大街小学陶江芬老师执教的《Ilnit 4 I Have a pen pal》荣获小学英语二等奖，大街小学刘四艳老师执教的《如果我是他》荣获小学品社三等奖，螺蛳铺学校业浩然老师执教的《天气与气候》荣获初中地理三等奖，江城中学杨琴老师执教的《鸟类的生殖和发育》荣获初中生物三等奖，江川二中陈东老师执教的《牛顿第三定律》荣获高中物理三等奖。

【读书征文竞赛】 2013年10月，在江川县教育局、江川县总工会、江川县教育学会联合举办的全县中小学师生“阅读引领未来·我的中国梦”读书征文比赛活动中，经特邀评委李志存、李国平、李波涛、王斌、李少京、张德华、黄慧、陈静、周戎等集中评选，前卫中心小学的梁叙芬、龙街侯家沟小学的胡思彤、朱亮、安化中心小学坝玉蓉、九溪前马小学的施羽、大庄中心小学的陈伊蓉、汪玉婷、陈怡、前卫中心小学的陈瑞雨、江城中心小学的李文雯、大街小学的张丁予等11名同学荣获小学生组一等奖；伏家营中心小学的杨海燕、龙街云岩小学的黄志琳、九溪大村小学的杨颖、大庄中心小学的陈思霓、九溪

鸡窝小学的瞿龙艳19名同学荣获小学生组二等奖；龙街小学的赵乙俊、后卫柏池古小学的李叶玲、大街小学的坝紫伊、大庄中心小学的杨棋、翠峰尹旗小学的李欣等40名同学荣获小学生组三等奖；江城中学的何满艳、大街中学的黄敬皓、邢海瑞、龙街中学的曲旭冉、宋梦楠、熊灿、江城中学的徐梦迪、林涛、九溪中学的王冰艳、后卫中学的龚建瑞等10名同学荣获初中生组一等奖；江城中学的李丹、前卫中学的李欣谕、雄关中学的郭倩、后卫中学的陆星、胡馨怡、翠峰中学的杨蕾等20名同学荣获初中生组二等奖；龙街中学的何晶、前卫中学的王静、后卫中学的杨思彤、雄关中学的陈治锦、伏家营中学的张国俊等41名同学荣获初中生组三等奖；江川一中的张俊冉、江川二中的赵雯惠、周鹏、胡淑静、江川职中的龚琪等5名同学荣获高中生组一等奖；江川一中的李宗玉、李妍、李诗逸、李敏聪、蔡继祥、江川二中的李思娜、胡丽娇、张四强、石亚伦、江川职中的王希等10名同学荣获高中生组二等奖；江川一中的杨誌、郑雄方、江川二中的张雅茜、王一婷、江川职中的唐咏梅、祝学艳等15名同学荣获高中生组三等奖；大庄河咀学校的潘韬、前卫庄子小学的黄慧、大街中学的张瑞清、雄关中学的陶芬、龙街中学的付红、江川一中的李霞、周晓凤、江川二中的赵诚、江川职中的李红华等25名教师荣获教师组一等奖；龙街小学的李华珍、前卫中心小学的陈艳、大街中学的李欣蔚、前卫中学的侯云芬、江川一中的何嫒、张明君、江川二中的韩旭东等45名教师荣获教师组二等奖；路居小学的陈振萍、伏家营大营小学的李娜、龙街中学的李伟、大街中学的赵丽娇、江川二中的魏丽仙、江川职中的潘江焕等90名教师荣获教师组三等奖；赵丽、董春兰、闻燕南、王斌、陶有杏、龚洪选、李绍增、付云辉、罗向东、马云雯等163名教师荣获优秀指导奖。

【经典诵读比赛】 2013年12月10日，由江川县教育局和县总工会共同举办的全县师生员工“中国梦·红土情·成才志”中华颂经典诵读比赛在后卫中学拉开序幕，通过激烈角逐，江城中心小学的《中华群英》、县幼儿园的《梦舞神州》、大庄中心小学的《中华颂》、大街中心小学的《相信未来》、雄关中心小学的《中国梦想不可阻挡》、伏家营中心小学的《生命的河流》、江川一中的《我的祖国》、后卫中学的《你是我生命中最美的相遇》、前卫中学的《我们与你同在》、大街中学的《展开理想的翅膀，奋飞》、大庄中学的《我们爱你啊，中国》、伏家营中学的《我的中国梦》荣获一等奖；翠峰中心小学的《少年中国说》、安化中心小学的《少年中国说》、后卫中心小学的《祖国颂》、龙街中心小学的《气满乾坤、梦舞神州》、路居中心小学的《我有祖国，我有母语》、九溪中心小学的《实践中国梦》、前卫中心小学的《我的梦·中国梦》、江川二中的《仙湖吟》、江川职中的《强技尚能　逐梦中国》、九溪中学的《可爱的祖国》、江城中学的《水调歌头》、翠峰中学的《大学》、雄关中学的《四季吟诵》、龙街中学的《我的祖国》、路居中学的《青春万岁》荣获二等奖；杨琳、杨静、陈静、张志宏、普海兰、李波涛、李斌、李欣蔚、邓雪亚、李吉应、李少京、邓维琼等42位教师荣获指导奖。

【物化成果】 年内，编印《江川县2002年—2012年教育科研计划总结汇编》、《江川县“十一五”教育科研文集》、《江川县“双主互动”教学案例、教学反思、教育故事文集》、《江川县“双主互动”教学设计系列丛书》（9册）、《云南省初中学业水平测试语文总复习讲义》、《教育科研简报》（24期）。

（黄　毅）

教师进修学校

【概　述】 一年来，进修学校始终坚持师训和干训齐抓，培训和培养并举，学历层次提高教育和职后继续教育提高并重的工作方针，按照省、市有关要求，立足县情、校情和师情，初步形成了集中培训、远程培训和校本培训相互支持、相互补充、相互贯通的师训工作新格局。

【学历提高】 为拓展自身发展空间，更好地为江川县教育和经济建设服务，与省电大联合办学，向上“借智”、“借力”，开办汉语言文学、英语、教育管理、学前教育等专业本科班；开办教育管理专业、学前教育专业、计算机专业、会计学专业等专科班，解决了教师及其它行业人员学历提高问题。年末，已有30人修完规定课程内容，获得毕业证书。

【新教师“五项技能”考核】 为使新教师进一步掌握教育教学常规，树立专业思想，提高教育教学水平，做一名合格的人民教师。对2012年8月参加工作的57名教师进行了“五项技能”考核。考核均为合格。

【新教师岗前培训】 培训于2013年9月13日至16日举行，共60人参加，学时50。本次新教师培训根据国家、省、市关于新教师培训的目标要求和当前新教师专业发展的具体需求，为参训教师量身定制8个培训专题。分别为《新课程下的课堂教学》、《如何做好教育科研工作》、《如何命制试卷》、《教育教学常规》、《教育政策法规》、《班主任工作》、《怎样说课》、《怎样评课》。培训组织形式新颖、内容丰富、重点突出。

【教师教育技术能力培训】 为贯彻落实《云南省教育厅关于实施中小学教师教育技术能力远程培训项目的意

见》精神，江川县教师进修学校于2013年8月28日至9月13日对38名中小学教师进行教育技术能力远程培训。培训考核均为合格，学时60。

【落实“国培计划”】 根据云南省教育厅、财政厅关于2013年“国培计划”农村中小学教师培训项目的任务和要求，江川县教师进修学校于9月1日至12月30日组织一线指导教师、骨干教师、管理人员、中小学（幼儿园）教师置换脱产、中小学（幼儿园）教师短期、中小学（幼儿园）教师远程等培训，共计568名中小学（幼儿园）教师参加培训。其中550人培训考核为合格，18人为优秀。

【骨干教师培训】 为不断加强名师工程的梯队建设，进一步发挥骨干教师在教育教学工作中的示范带头作用，激发教师朝着高水平、高素质方向发展。2月17～21日，江川县教师进修学校与“香港五集成文化教育基金会”联合对全县200名小学语文、数学骨干教师进行第二阶段培训。培训内容为：《学校团队建设》、《小学教育科研方法》、《有效教学与课堂诊断》（上、下）、《教育教学论文及教学案例的撰写》等专题；课堂研讨。并于10月7～11月7日选派出30名优秀骨干教师到昆明师大附小、高新一小跟班学习培训一个月，经考核为合格。

【后备干部培训】 为贯彻落实人才强校战略思想，切实提高学校后备干部的综合素养，政治理论水平及管理能力，使江川县教育系统储备一支数量充足、能力强、素质高、具有可持续发展能力和学校管理创新能力的教育管理工作者，江川县教师进修学校于2013年7月16～19日对全县中小学、幼儿园推荐的67位后备干部进行培训。这次培训结合江川县中小学教育教学和管理实际，突出针对性、实用性、时效性。培训安排《江川县教育改革与发展的形势和任务》（江川县教育局局长郭自壮主讲）；《教育法规与勤政廉洁》（江川县教育局纪委书记李文平主讲）；《深化教学改革 追寻互动课堂》（江川县教师进修学校校长唐文明主讲）等专题。前卫中学校长黄绍和、大街中学教务主任李志存、伏家营中学德育主任李盛勇、安化中心小学总务主任普小松分别作了经验交流，学时50。

【学科教师培训】 为全面贯彻党的教育方针，全面推进素质教育，切实加强教师队伍建设，积极探索和搞好新课改的学科培训，确保全县新课程改革工作的顺利稳步向前推进，不断提高教育教学质量，2013年3月6日对全县中考科目学科教师进行专题培训。培训内容为学科复习思路及方法、学科命题趋向、复习重难点透析、复习备考建议等。

（张本林）

江川县第一中学

【概　述】 江川县第一中学坐落在江川县城以南1千米，距离玉溪市区10余千米，距离省会昆明90余千米。它南靠福德山，北望星云湖和抚仙湖。校园环境优美，龙潭清泉长流。学校由国民党上将、家乡爱国将领金汉鼎先生创建于1934年8月，时称铸民中学。几经易名，1972年定为江川县第一中学。从铸民中学艰难创办以来，历经几代一中人的艰苦努力，这里已成为“铸品源智”的育人阵地。

学校占地194亩，建筑总面积12.9万平方米。2010年启动学校改扩建工程，一期征地87亩，投资1000多万元建成一个标准田径场和游泳馆，投资2000多万元新建3栋教学楼（附设2个报告厅），每栋20个班（均配备网络及现代化多媒体设备），新建教师宿舍五幢，共250余套（最小面积40余平方米，室内太阳能、光纤一应俱全）。年末，学校已具备容纳60个教学班的规模。

学校有教职工206名，专任教师191人，其中高级教师71人，中级教师51人，全国优秀教师1人，特级教师2人，省级优秀教师11人，市级优秀教师19人，市级骨干教师7人，市专家组成员13人，县级骨干教师18人。

【学校建设】 江川县第一中学是一所云南省一级完全中学、云南省文明单位、云南省文明学校、云南省绿色学校、云南省德育先进集体、云南省科技示范学校、云南省对口支援薄弱高中先进单位，江川一中办学规模位列全市各级各类普通高中之首，年末在校高中学生数逾4300人，占地面积266亩。江川一中已连续十年办学规模稳步扩大，每年高考上线人数已由十年前的500人上升为2013年的1300余人，本科上线率、上线人数、综合上线率、上重点线人数连续10年居全市各县区同级同类中学之首。

【教育科研】 2013年学校继续推进新课改，转变教学观念，严格执行省颁课程计划，开展多层次、多形式的校本教研活动，尤其重视在年级组管理模式下的教研组、备课组建设，着重发挥教研组、备课组在教学研究中的核心作用。落实每个教研组、备课组确定学期工作计划、集体备课的内容和时间，并把任务分解落实到人；落实每位任课教师每学期要上一节公开课及新老教师结对子活动；继续坚持领导进课堂听课制度，作业全批全改、每月查备课本等教学管理制度。学校现已形成一支具有一定教育理论素养，热爱教育科研，有较强教育科研能力的科研骨干队伍，这支骨干队伍由省特级教师、市名师、市学科带头人等骨干教师组成，在学校教科研工作中起到了引领作用。

2013年11月由玉溪市教科所组织的玉溪市2013年第四届中小学教师“高效课堂”教学竞赛，学校选派三位教师参加物理、地理、历史三个学科的竞赛，均获二等奖。

【举办中学数学教学效果与效率论坛】 2013年8月17日，在江川一中举办江川县中学数学教学效果与效率论坛。本次论坛由云南大学博士生导师、云南省数学学会秘书长杨汉春，云南财经大学硕士生导师杨树琪，云南省科协学会部副部长刘耘，云南师大附中名师吴元永、王宏伟，昆一中名师杨昆华，玉溪一中名师杨吉贵等七位专家主讲。几位专家分别开讲《数学教师的精神》、《“滚动式”教学法实践》、《教学的趣味性与实用性》、《教师的专业化发展》、《中学数学课堂有效教学思考》等。本次活动，使全县中学数学教师开阔视野，提升专业素养，为今后教学实践中提高课堂效率奠定一定的基础。

【科技活动获奖项目】 学校生物组教师在多年的科技活动中，利用课余时间积极组织学生开展了丰富多彩的生物课外活动，2013年，涌现出3个优秀的科技活动项目及科技论文，均在省、市获奖。另外，2013年8月申请并由生物组组织实施的中央电教馆“十二五”全国教育技术研究专项课题：《生物多样性保护教育资源的开发与应用研究》已获批立项并已开题。获省、市级奖励的项目如下：

1. 2013年4月，科技活动项目《江川县野生中药材资源调查及栽培利用》项目作者：李航聪，辅导教师：沈洪付，获云南省第28届青少年科技创新大赛一等奖、获玉溪市第28届青少年科技创新大赛一等奖。

2. 2013年12月，科技教师的方案设计项目《寻找家乡最美丽的风境——生态景观多样性保护实践活动方案设计》，项目作者：沈洪付，获云南省第29届青少年科技创新大赛一等奖、获玉溪市第29届青少年科技创新大赛一等奖。

3. 2013年12月，科技活动项目《江川县野生大型真菌种质资源调查与利用》项目作者：赵杨旭，辅导教师：沈洪付，获云南省第29届青少年科技创新大赛二等奖、获玉溪市第29届青少年科技创新大赛一等奖。

【举行云南省学业水平测试】 2013年1月11～13日，云南省学业水平测试江川一中考点考试顺利开展。在学校高二年级行政领导、年级主任、各班班主任的组织带领下，高二年级1000多名学生有序地参加各学科的考试。

云南省学业水平测试是高中阶段的第一次大型考试，由云南省统一组织考试，并由云南省统一组织阅卷评分。学校为了顺利完成该考试，在考点安排、考场布置等工作上下了很大功夫。考场布置严格按照高考要求进行，每场考试由班主任、带队老师精心组织，考场纪律严明，秩序井然。

【新生军训】 江川一中2013级高一年级16个班的1000余名新生于2013年8月18日上午9：00在学校参加“江川一中2013～2014学年高一新生军训动员大会”。本次军训任务由77216部队派出的33名军事骨干担任。军训时间从2013年8月18日至26日，为期9天，参训人数为全体新生1000余位。8月26日上午举行阅兵式、分列式和大型军体拳汇报表演。

【2013～2014学年开学典礼】 2013年9月2日上午8点30分，江川一中2013～2014学年秋季开学典礼在一中田径场上举行，校长肖吉恩等学校主要领导出席典礼，全校师生参加了此次开学典礼。学校党支部书记、校长肖吉恩老师为新学年致辞；金文荣老师、戴宇坤老师分别代表新老教师讲话；毕业班学生代表、新生代表分别发言。随后，学校领导分别为2012～2013学年涌现出的先进班集体、优秀学生干部、三好学生、养成教育优秀学生、学生文明宿舍、得胜奖学金获奖学生颁奖。2012～2013学年，高一年级30名优秀学生分别荣获得胜奖学金一、二、三等奖，奖金分别是1000元、600元和400元；高二年级30名同学分别荣获得胜奖学金一、二、三等奖，奖金分别是1000元、600元和400元。本次获奖受表彰的还有2013级高一新生10名中考成绩优秀的同学，奖金1000元。同时对全校各班三好学生、优秀学生干部和养成教育优秀学生共100余人进行了表彰，奖金分别是100元。

【召开新教师专业发展工作会议】 2013年9月24日，江川一中召开新教师专业发展工作会议，江川一中领导班子成员、部分骨干教师（江川一中名师）、全体新教师参与会议。

首先，江川一中书记、校长肖吉恩在会上作了重要指示：推进新教师专业发展、促进新教师早日成熟是推动学校可持续发展的重要工作，广大教师要提高认识，高度重视。老教师对新教师应做好示范，耐心传授，精心指导，新教师应向老教师悉心求教，积极探索，不断改善和提高教学业务能力。

随后，学校教科室主任施杰春作部署：为推进新教师专业发展，学校主要采取新老教师结对子、以老带新的方式。由新教师自由选择指导教师，结成新老对子，老教师定期听新教师讲课，定期检查新教师的各项工作，从而做出专业辅导，新教师则要主动向指导教师请教，听指导教师或其他教师讲课。通过新老教师的教学互动，推进新教师的专业朝良性方向发展，也推动老教师不断完善和改进自己的教学工作。

【县领导到学校调研】 2013年4月8日，在县政府办公室主任李卫东、县教育局长郭自壮陪同下，县委书记马文龙，县委副书记、县长葛勇，副县长普朝鹏，县人大常委会副主任刘跃宁，县政协副主席李绍华等四套领导班子到江川一中调研工作。

县领导一行听取副校长金星对

2013届毕业生参加云南省第一轮统测和玉溪市统测的情况分析和后期工作安排。马文龙、葛勇对学校近年来的发展和取得的成绩给予肯定，并对学校今后的发展寄予厚望。

【成功举办第十三届体育运动会与第三十届文化艺术节】 2013年12月23日，江川一中迎来第三十届运动会。本次运动会为期两天，共有大小项目28项。23日比赛项目有：男子女子100米预决赛、男子女子800米决赛、男子女子一分钟投篮决赛、男子跳远决赛共9个项目。24日进行4×100米、400米、1500米等17个项目的预决赛。两天运动会期间，有50多位同学分别取得了第一、第二、第三的好成绩，共有16个班级受到表彰。

23日下午3：00，江川一中举办第三十届艺术节，此次艺术节持续2个多小时。演出共评选出：三个一等奖（合唱《爱因为在心中》、舞蹈器乐《瑶族舞曲》、《辣妹子》）、六个二等奖（合唱《星云湖歌》、舞蹈《竹林深处》、舞蹈《街舞》、钢琴《克罗地亚狂想曲》、《拉德斯基进行曲》、古筝《山丹丹花开红艳艳》）。

【校园文化建设】 2013年9月15日，学校统一制定校园文化建设方案，各班级制定本班的班级文化建设方案，积极开展教室文化建设。重点开展宿舍文化建设，由德育处制定《江川一中学生宿舍内务卫生评比细则》《江川一中优秀学生宿舍评比细则》等规章制度，把学生宿舍建设成为学校对外的窗口。各班继续抓好教室、宿舍环境布置，张贴名人画像和名言警句，定期出好板报，美化校园环境，培养学生高尚情操。每天晚七点由各班班主任组织学生收看中央电视台新闻联播，并组织开展演讲比赛、书法比赛、辩论赛、主题征文、语文知识竞赛、英语知识竞赛等一系列活动，为学生提供施展才华、展示风采、锻炼自我的舞台，培养学生的组织能力、协调能力、表演能力、实践能力、创新能力，丰富校园人文精神和文化内涵。

【学生自主管理模式】 江川一中高一年级在学校原有“四会一导三结合三推进”班级建设模式的基础上，于2013年10月14日开展“自律——明智——自律”学生自主管理课题研究。在“人人有事做，事事有人做”班级建设理念中融入“事事有人管”，教育和指导学生自主管理，使学生真正成为自主管理的主体，通过“自我管理，自我教育，自我评价，自我提高”的历练，落实以人为本的教育理念，充分挖掘教育资源，强化有效管理和管理有效，实现年级、班级管理的最优化。

（何　媛　杨　明）

江川县第二中学

【概　述】 2013年底，学校共有24个教学班1900多名学生，每个年级8个班，班级编排至197班。在编教职工101人，其中高级教师26人，一级教师37人（含全科医学中级2人），管理岗位2人，工勤岗位2人。国家级骨干教师1人，省级骨干教师2人，市级骨干教师2人，县级骨干教师16人。江川县第二中学校园（含文庙）占地面积88.99亩。2013年，高考综合上线率达100%，比上年提高了近1.62个百分点，本科共计130人，上线率达21.76%，比上年（13.81%）提高了近7.95个百分点。

【慰问毕业班教师】 2013年4月9日，江川县人民政府副县长普朝鹏、县教育局局长郭自壮等领导一行4人到江川县第二中学慰问高三毕业班教师。

座谈会上，校长靳江先介绍2013届毕业班的基本情况和学校的备考情况等内容，高三年级主任赵兴阳老师代表全体毕业班教师向与会领导表达本届毕业班教师不负期望不辱使命的决心。郭自壮对学校的办学、管理、毕业班备考、考风考纪教育、教师队伍建设等事关学校发展的问题提出要求。普朝鹏总结发言，代表县委、政府对本届毕业班教师表示感谢和慰问，并结合十八大精神和学校发展的实际作指示。

【心理健康讲座】 2013年4月17日下午，邀请北京中关村教育基金会秘书长、国家级科研课题、玉溪市教科书“感受性教育”项目负责人、心理学专家龙成初到江川二中为高三年级学生做《梦想与目标，从当下出发》心理健康讲座。龙成初针对学校学生的实际情况，应用心理学的专业知识和技巧带领学校学生做了一次特别的心灵之旅。

【现身说法法制教育】 2013年4月24日，县关工委、县文明办邀请云南省第三劳教所的领导及学员为学校1862名学生开展法制教育活动。会上，三位学员用自己的亲身经历现身说法。

【校长培训班学员考察】 2013年4月25日，云南省高完中校长培训班学员一行67人，在副校长褚正权带领下到江川二中考察。校长们首先参观江川二中校园，然后听取校长靳江对学校情况的介绍。参加考察的校长们对江川二中学校的软硬件及办学效果给予充分的肯定。

【班会课讲课赛】 班会课是全面贯彻德育方针，对学生进行思想品德教育、传统美德教育、心理健康教育、理想信念教育的重要阵地。为了有效地落实贯彻中共中央办公厅、国务院办公厅《关于适应新形势进一步加强和改进中小学德育工作的意见》、《中共中央国务院关于进一步加强和改进未成年人思想道德建设若干意见》等文件精神，为学生创造良好的

学习和成长环境，全面深入开展“班级建设”工作，培养一支懂教学、会管理的德育教师队伍，江川二中于2013年5月15日举办第九届“钟秀杯”班会课讲课赛活动。

【与精英学子面对面活动】 2013年8月29日，江川二中校友、云南大山饮品有限公司CEO山国勇先生联合昆明日报，带领2013年考取北大的9名精英学子到学校举办“与精英学子面对面活动”。此次见面会，首先播放历届“与精英学子面对面活动”的视频资料，然后江川二中校长靳江和山国勇分别讲话，最后是由参会北大学子与学校师生的互动交流。学校高三年级学生和全校教职工670人参加活动。

【学习“滚动式教学法”】 2013年8月30日，江川县第二中学组织全体教师认真学习“滚动式教学法”，会上数学教研组长李俊做“滚动式教学法”讲座，全体教师参加此项活动。2013年暑期，江川一中校友，云南大学数学与统计学院数学系副主任杨汉春博士，带领省内各名校知名数学专家到江川一中召开座谈会，介绍滚动式教学法。江川二中校长靳江带领数学教研组长李俊参加座谈会，会后靳校长对此教学方法进行认真思考，结合学校实际作出先在理科科目中推广的决定。

【新生家长座谈会】 2013年8月31日，江川二中在学校礼堂举办2013级新生家长座谈会。会上校长靳江向家长介绍学校办学和学校的管理情况及2013年高考上线情况，还对高中生的家庭教育提出一些有益的建议和方法。高一年级新生家长共605人和高一年级班主任参加会议。

【“阳光司法工程”活动巡回法庭】 2013年9月6日，江川县人民法院“阳光司法工程”活动巡回法庭在江川二中开庭。此次巡回法庭完整的展示案件的法庭调查、合议庭合议、宣判等司法过程，为江川二中1900多名师生上了一堂生动的法制教育课，使学生了解法庭审判流程、毒品犯罪的相关法律、毒品的危害等知识，帮助学生树立学法、知法、守法的良好法治意识。

【课堂教学同课异构竞赛】 2013年10月16日，举行第十届“钟秀杯”课堂教学同课异构竞赛，参赛对象为英语、物理、生物三个学科的青年教师。通过参赛教师的认真准备，教科室的精心组织，经评委综合评定：魏丽仙、韩旭东、伏江雄三位老师荣获一等奖；李顺琼、瞿振江、谭秋艳三位老师荣获二等奖。

【国家助学金发放】 2013年11～12月，江川二中根据《关于提前下达2013年普通高中国家助学金中央专项资金预算的通知》的文件精神，经学生自主申请、班主任民主测评及学校学生资助管理领导机构审核，一共确定491名贫困学生，发放助学金31.25万元，之后又追加确定17名贫困学生，发放助学金1.35万元。本次前后共发放助学金32.60万元。

【体育文化艺术节】 江川二中第十三届体育文化艺术节于2013年12月8～10日举行。艺术类举办三场晚会，分别是“儒家经典诵读晚会”、“廉政歌曲比赛活动”、“‘三独’晚会”，“三独”指“独唱”“独舞”“独奏”。学校每年举办“儒家经典诵读比赛”，通过此举大力弘扬儒家文化，陶冶情操，以弘扬中华民族传统美德；结合学校开展廉政文化进校园活动，开展“廉政歌曲比赛活动”，唱响红歌，重温经典，树廉洁文化之风；安排“三独”晚会，提供学生展示才艺的空间。此次活动的开展成效显著，既活跃校园文化，又丰富学生的课余生活。

（李清明）

江川县职业中学

【概　述】 2013年底，校园占地面积74.5亩，新增14亩，建筑面积19779平方米。有教职工97人，其中，正式教职工68人（教师55人）。教师中，高级教师17人，占专任教师比例30.9%，一级教师23人，占教师总数的41.8%。县骨干教师9人，市学科带头人2人。教师学历达标率92.9%；双师型教师31人、占专任教师比例56.4%。职工6人，其中工人3人（含技师、高级工、中级工各1名），职员3人。外、特聘教职工29名。

【教师培训会】 根据国家、省、市、县《中长期教育改革和发展规划纲要（2010-2020年）》的精神及有关各级各类学校教师培训成长要求，结合学校教师队伍的实际，该校制定了学校“十二五”教师队伍建设目标，即：到“十二五”末，建设一支政治素质优良、业务技能过硬、结构合理、专兼结合、热爱职业教育事业的教师队伍。为完成上述教师队伍建设目标，有效提高教师的理论素质和教学业务能力，2013年1月17～18日，在该校第一多媒体教室组织为期两天的教师培训会。特邀两位教育教学专家给该校老师进行教育教学论文写作、教学设计和科研课题等方面的培训，同时学校还安排两位参加“国培计划”的老师汇报交流学习的感受体会。在1月17日的培训中，邀请到玉溪市中青年学科技术带头人、中学高级教师、《玉溪教育》杂志主编、编辑室主任杨争鸣老师进行《教育科研论文的撰写》培训。1月18日上午，由玉溪市教科所刘永芬老师对教师进行关于校本教研——教学设计与操作方面的讲座。1月18日下午，该校参加“国培”的龚贵有老师、李小青老师分别作了汇报交流。

【参加省“洱海·国际生态城杯”旅游技能大赛】 2013年4月13日，该校旅游专业组参加云南省教育厅主办，大理市中等职业学校承办的“洱海·国际生态城杯”旅游技能大赛。此次大赛，江川职中作为玉溪市的代表队之一，参加中餐10人宴会摆台、客房中式铺床两个赛项的比赛。赛前，旅游教研组全组教师精心挑选并认真辅导参赛选手，在代表队多（34个）、参赛选手多（单项62人），获奖名次少（单项仅取前六名）的情况下，该校中餐宴会摆台项目旅游29班赵林艳同学获得第五名（三等奖）的喜人成绩，客房中式铺床项目旅游28班李丹排名第七名，旅游28班胡海丽排名前12名的成绩，同时，学校获得优秀组织奖荣誉称号，展示该校旅游专业的办学成果。

【“禁毒防艾”教育】 学校的“禁毒防艾”工作得到江川县疾控中心、江川县公安缉毒大队、前卫卫生院的大力支持，2013年4月22日，江川职中在全校范围内开展“禁毒防艾”宣传活动。本次宣传分为展板宣传及专题讲座两个部分，两部分均以“青少年和合成毒品，艾滋病相关知识”为宣传重点，坚持宣传形式与内容、深度与广度的有机结合，进一步增强广大师生识毒、防毒、拒毒，抵御艾滋病的能力。江川县疾控中心副主任凌剑波主讲本次专题讲座，讲座上，凌剑波主任用形式多样、内容丰富的大量图片进行生动的“禁毒防艾”宣传教育，普及相关知识，传播“禁毒防艾”观念，宣传介绍江川县“禁毒防艾”工作的亮点和成效、合成毒品危害以及禁毒防艾工作中的典型事例。江川县职业中学向来重视“禁毒防艾”教育工作，如：针对2013年高三年级学生外出实习实际，学校组织9个班（计算机31、32、33班，食品8、9班，电子电器6、7、8班，旅游28班赴北京、上海、昆山、昆明、玉溪等8家用工单位）实习就业的共302名学生签订《就业毒品预防告知书》。

【2013夏季运动会】 “江川县职业中学2013夏季运动会暨第三届夏季运动会”于2013年5月6日晚18点开幕，并于5月30日圆满闭幕。本次运动会共设4个大项，分年级、以班级为单位进行不同项目的比赛。分别是：高一广播体操比赛、高二乒乓球比赛、高三篮球比赛和教职工以教研组为单位的气排球比赛。本次运动会气氛浓烈，竞技水平高，展现集体意识和团队精神。新增设的乒乓球比赛项目，经过95场激烈的角逐（预赛、半决赛、决赛）得到检验和突破，达到预期的效果。2013夏季运动会比赛获奖情况是，高三年级篮球比赛：男子组第一名为食品9班；第二名为电器7班；第三名为电器8班。女子组：第一名为计算机31班；第二名为食品加工8班；第三名为计算机33班。高二年级乒乓球比赛：第一名为电工电子10班，第二名为食品加工11班，第三名为计算机34班，第四名为计算机37班，第五名为食品加工10班，第六名为计算机35班。

【“爱我专业”征文、演讲比赛】 学校于2013年5月21日晚上成功举办2013年“爱我专业”学生征文、演讲比赛。本次比赛通过参赛选手的精心准备，教师的耐心指导，全校师生的共同参与，使活动达到预期的目的。最终经过评委“公开、公平、公正”评选出一等奖3名，二等奖8名，三等奖11名，共22名选手获奖。同时颁发指导教师奖。

【2013年江川县职业教育校企合作座谈会】 本着职业教育服务当地经济社会发展，特别人才培养服务当地企业用工需求，互惠互利、资源共建、优势互补、信息交流、利益共赢的校企合作目的，为增进校企间了解、沟通与交流，为学校专业设置与企业需求对接探讨多种合作方式，寻求校企合作渠道，实现校企共进发展的目的，2013年5月24日星期五下午2:30，“2013年江川县职业教育校企合作座谈会”在该校举行。江川县工业商贸和科技信息局、江川县教育局有关领导及工信系统相关企业，旅游服务系统企业负责人共50多人出席会议。会上学校分别与阳光海岸培训中心、瑞文酒店签署校企合作协议。

【第五届“螺峰杯”教学技能比赛】 2013年5月28日、29日，“江川县职业中学第五届‘螺峰杯’教学技能比赛”成功举办。此次报名参赛有王传辉、马一瑛、杨波、龚春、陈锁秀、邓强、王珊、马云雯、陆见文、向东、周志芬、安江艳等共12名教师。教学内容渗透了文化基础课和专业实训课。比赛过程中参赛教师重点从教学设计、作课、说课三个环节展示各自的教学技能水平。经过两天的紧张比赛，经评委组评出了两名一等奖、五名二等奖、五名三等奖。荣获一等奖教师是：陈锁秀、邓强；荣获二等奖教师是：马云雯、陆见文、王传辉、马一瑛、向东；荣获三等奖教师是：杨波、龚春、周志芬、王珊、安江艳。据了解在这次比赛中，该校邀请了玉溪市教科所刘永芬等4位专家评委、江川县教科所黄毅等4位专家评委、以及该校的专业骨干教师组成评委组。

【“我爱我家”教职工文明宿舍评比】 2013年5月，江川县职业中学工会在全校教职员工中开展“我爱我家”文明宿舍评比活动。这次活动旨在通过教师“言传身教”营造一个温馨和谐住宿环境。本次宿舍评比评委为该校的工会张兴才、伏天平、张吉英、曲六七、罗平志等5名委员和男、女生宿舍管理员，评比内容包括：宿舍物品摆放、宿舍美化、卫生等内容。经过评委们一上午的评比，评定张晓芳、赵发春、潘江焕、陈艳四名老师的宿舍为本次“我爱我家”活动的优秀宿舍。

【学生职业技能考证】 2013年6月，该校加强学生职业技能考证工作。组织旅30班46名学生参加普通话水平测试工作，80%以达到二级乙等水平。组织完成旅30班40人餐厅服务员（中级）、旅29班16人茶艺师（初级）、计35、36、37班共101人计算机操作员（初级）、电9班18人维修电工（初级）技能鉴定工作，合格率达98%以上。

【教学实习、顶岗实习和就业】 2013年1月，推荐计算机30班、电器5班学生实习就业；其中到上海卡通尼45人，上海丰收日集团7人，上海曼都公司5人。组织安排86名学生和2名指导教师到上海丰收日、望湘园等多家餐饮行业做带薪教学实习。6月上旬，组织安排计31、计32、计33、食品8、食品9、旅游28、电器6、7、8共九个班307人分别到下列省内外企业顶岗实习就业，其中望湘园（上海）餐饮集团公司30人，上海丰收日餐饮集团10人，苏州市昆山凯博电脑92人，北京食分钟8人，昆山微盟电子68人，苏州太仓电子31人，推荐往届毕业生再就业37人。2013年毕业学生325人，就业学生315，毕业生就业率达96.9%。顶岗实习学生全部能加了实习保险，参保率100%。

【参加县学校禁毒宣传月班级黑板报比赛】 2013年8月，江川职中组织参加“江川县学校2013年禁毒宣传月班级黑板报比赛”。共推选出4个作品参加比赛，经县专家组评审，4个作品均获奖。其中，计算机34班获一等奖；计算机37班获二等奖；电工电子12班及旅游服务与管理31班获三等奖。

【参加省德育优秀成果评选获佳绩】 2013年8月，该校根据德育实效，不断整合资源，物化德育成果，提炼德育材料，形成《以德树人栽培自信耕耘成功》成果参加“云南省中职和中小学德育优秀成果评选活动”，得到专家评委的认可和好评，荣获二等奖（省教育厅颁发）。

【以教研为先导提升教学质量】 教研工作对教育改革与发展有极积的促进作用。在构建“美丽校园、活力学校、提升办学水平”过程中，2013年9月，县职中在“云南省教育工作者论文竞赛组委会组织的第十届云南省教育工作者优秀论文、教学设计、说课设计大赛”中成绩喜人，该校共有9名教师的14篇作品获得一、二、三等奖。其中，论文获一等奖1篇，二等奖7篇，三等奖2篇；3篇教学设计获得二等奖，1篇说课设计获三等奖。江川职中历来高度重视学校教研工作，鼓励教师结合教学实践发现问题、分析问题、解决问题，紧紧围绕提升教学质量、提高办学水平开展教研教改工作。2010年，2篇论文获国家级一等奖，13篇获二等奖，14篇获三等奖；2011年获得国家级二、三等奖的论文各5篇和7篇，省级二、三等奖论文各1篇和2篇；2012年获得国家级论文三等奖1篇，省级二、三等奖各4篇和10篇；2013年获得省级一、二等奖论文各1篇和18篇。同时，在课题研究方面，2007年1个课题获得市级一等奖；2009年2个课题获得国家级二等奖；2011年1个课题获得市级二等奖。

【参加省学校体育舞蹈大课间比赛获一等奖】 2013年10月，江川职中参赛作品《校园维也纳华尔兹》在“云南省教育厅关于举办学校体育舞蹈大课间展示活动”中职组比赛中脱颖而出，荣获云南省2013年学校体育舞蹈大课间展示中职组一等奖。该校以“活动竞赛”为先导载体，创活力学校提办学水平。在2013年春季学期并按照《云南省教育厅关于举办学校体育舞蹈大课间展示活动的通知》精神和要求，精心组织、排练，并摄制该作品参赛。

【县“校安工程”暨“美丽100校园”建设开工仪式】 10月15日上午10点，“江川县校安工程暨美丽100校园建设开工典礼仪式”在江川职中新校区施工现场举行。出席开工典礼仪式的领导有：玉溪市副市长杨洋，江川县委书记马文龙，江川县代理县长钱兴，江川县副县长普朝鹏，江川县教育局局长郭自壮，各乡镇政府领导，各中学校长，“校安工程”暨“美丽100校园”建设工程的代建单位、设计单位、监理单位人员，江川职中教师代表学生代表等共160多人参加了开工仪式。典礼仪式由普朝鹏主持，分五个议程：一是教育局局长郭自壮讲述全县教育系统“校安工程”暨“美丽100校园”建设的情况及其对全县教育的重要作用；二是代建单位（江川县锦裕达投资有限公司）领导致辞；三是（该校建设项目）设计单位玉溪永立建筑设计有限公司代表致辞；四是杨洋宣布“江川县校安工程暨美丽100校园建设”正式启动；五是市、县、教育局领导及项目方共同奠基培土。

此次开工仪式，标志着全县“校安工程”暨“美丽100校园”建设的正式启动。

【新编班级大课间武术操比赛】 县职业中学发挥教师专业人才优势，遵循学生特点爱好，认真落实县教育局关于打造“活力学校”要求。结合职业高中体育工作的特点，该校大力拓展体育文化特色，对大课间体育活动内容进行改革与创新：根据学生的特点与爱好，由该校老师王传辉创编一套适合学生的武术操。该操集武术、体操、跆拳道等基本动作于融为一体，具有较强的竞技性、观赏性。通过一段时间的教学与推广，大课间武术操已成为该校活力学校的一大特色。在此基础上，2013年11月6日，该校举行“江川县职业中学班级大课间武术操比赛活动”。共25个班参加比赛，评出：一等奖2名，二等奖3名，三等奖5名。一等奖为电子电器17班、电子电器10班；二等奖为电子电器14班、旅游31班、计算机34班，三等奖为计算机39班，电子电器16班，旅游30、32班，电子电器11班。

【函授大专班】 2013年，该校积极寻求学校发展新的生长点，在学生学历提高方面拓展领域以满足学生继续提高的需求，与玉溪师范学院成教学院合作建立函授大专办学点。组织对成人高考录取学生进行注册、交费等工作。截止2013年11月，报读学生从2012年的47人增加到2013年的173人。主要开设应用电子技术专业（65人），学前教育专业（108人）。

【首届“螺峰杯”师生作品大赛】 2013年11月，本着提升学校办学质量，激发师生创造创新活力的原则，举办“江川县职业中学首届‘螺峰杯’师生作品大赛”。截至11月20日，共有85名教职工、86名学生上报参赛作品。共收到学生作品86件（其中电子小报7件、绘画作品30件、平面设计作品11件、手工制作24件、创作小发明1件、书法作品7件，微电影作品2件，作文4篇）。经过评委认真评选，最终有5件作品获一等奖，7件作品获二等奖，18件作品获三等奖，9件作品获优秀奖。与此同时，收到教师作品85件（其中课件32件、教学设计10件、教学论文15篇、手工制作5件、教学创作小发明7件、书法作品16件）。经过评委认真评选，最终有9件作品获一等奖，13件作品获二等奖，17件作品获三等奖，8件作品获优秀奖。

【承办县2013年旅游饭店服务技能大赛】 2013年11月29日，由江川县旅游局举办，江川县职业中学承办的“2013年江川县旅游饭店服务技能大赛”在江川县职业中学举行。本次大赛共设前台问询及服务、客房中式铺床、中餐宴会摆台及服务、西餐宴会摆台及服务四个比赛项目。本次大赛受到县委、县政府的高度重视，县委常委、宣传部部长龚桂存，副县长李启红，市旅游局行业管理与监督科科长刘庆华，县文化旅游广电和体育局局长周瑜，江川职中校长黄正刚等出席大赛开幕式。来自江川县内阳光海岸酒店、瑞文酒店、玉波苑酒店、景湖酒店、江川宾馆等5家星级饭店和江川县职业中学的共57名选手参加比赛，到场评委及观摩嘉宾共计115人。大赛设集体组织奖2名，每个分赛项目分别设一等奖1名、二等奖2名、三等奖3名。此次大赛，江川职中作为代表队之一，参加中餐10人宴会摆台、西餐宴会摆、客房中式铺床、前厅服务四个赛项的比赛，取得喜人成绩：江川职中参赛选手10人，其中李玲玉（旅30）在客房中式铺床比赛中获一等奖，鲁艳芝（旅30）获三等奖；在前厅服务项目比赛中，龚琪（旅31）、张巧依（旅31）获得二等奖，蒋婷（旅30）获得三等奖；李甜（旅32）、赵林艳（旅29）参加中餐宴会摆台获得二等奖；邓梦娟（旅30）参加西餐宴会摆台获得二等奖，李群（旅30）、秦晋（旅32）获得三等奖。获奖数量占本次大赛获奖总数的42%。

【蔬菜栽培技术培训】 职业中学承担着技术推广和技能培训的任务。12月2～6日，江川职中组织举行“江川职中2013年蔬菜栽培技术培训”，培训对象为前卫镇渔村村委会八组为主的村民102人，培训时间5天。为了保证培训质量，该校特别邀请玉溪农业职业技术学院的普匡、凤明居两位专家担任培训教师。本次培训的内容是：土壤肥料基本知识，蔬菜栽培技术，病虫害防治，农业气象知识。

【2013年秋季学期学生技能鉴定】 职业资格证书是职业学生的“通行证”。2013年12月10日，江川职中组织电10、电11、电12、电13班学生共133人，由玉溪技师学院第23所进行了“维修电工（初级）”技能等级鉴定工作。同时，对旅30进行茶艺师（初级）技能鉴定。2013年12月3日，由云南省第170职业技能鉴定所对食10、食11共60名学生进行西式面点师（中级）鉴定；对服装6班共10名学生进行“服装制作工（初级）”技能鉴定。

【2013年“文体技能节”】 2013年12月21～23日，江川职中举办集“技能、体育、文艺”为一体的“2013年文体技能节”。本次文体技能节由三部分组成：第一部分为职业技能大赛。项目包括：1.旅游技能比赛9项，即中餐10人宴会摆台、中餐4人零点摆台、餐巾折花、中餐主题台面设计展示、客房中式铺床、茶艺展示、手工艺术作品展、女裤——两个侧缝袋裁剪及制作、时装画设计；2.计算机技能比赛14项：即计算机组装、网线制作、微电影制作、点钞、珠算、FLASH动画、POTOSHOP图形图像处理、录入、Word排版、POTOSHOP班徽标志设计作品赛、排版（“拒毒、防艾”主题小报作品赛）、摄影爱好者作品赛、FLASH 动画作品赛、微电影制作作品赛；3.电子电器技能比赛8项：即声控灯的制作、调光灯的制作、照明电路安装、行线槽布线、板钳布线、单片机编程控制、PLC编程控制、配电综合控制室装配与调试；4.食品加工技能比赛3项：即面点制作、饮料制作、酿酒工艺。第二部分为“江川职中第31届冬季运动会”。比赛项目包括：拔河、跳绳、60米×8迎面接力；个人项目：越野跑、1500米（女）、1000米（男）、800米（女）、100米、仰卧起坐（女）、引体向上（男）急行跳远、立定跳远等。第三部分是“2014年元旦文艺晚会”，2013年月12月23日晚成功举办“青春绽放·成就梦想”2014年新年文艺晚会。晚会共分成三个篇章，即发展、青春和梦想，由23个各具特色的节目组成。

【教师参加“国培”】 根据《云南省教育厅关于2013年度中等职业学校参加国家级培训有关事项的通知》，2013年上半年，袁萍、陶润丽老师分别到中国海洋大学（培训专业：旅游服务与管理）、重庆大学（培训专业：计算机平面设计）参加国家级专业骨干教师培训。2013年下半年，邓强老师到武汉华中数控股份有限公司参加“机电设备安装与维修”培训。陈冬艳老师到神州数码（中国）有限公司参加“云南省2013年度青年教师企业实践”学习。

（赵发春）

气　象

【机构设置】 江川县气象局实行上级气象主管机构与本级人民政府双重领导、以上级气象主管机构领导为主的管理体制，在上级气象主管机构和本级人民政府领导下，根据授权承担本行政区域内气象工作的政府行政管理职能，依法履行气象主管机构的各项职责。内设办公室、法规科、防灾减灾科3个管理机构，设气象台（气象站）、气象服务中心2个直属业务单位。辖江川县人工增雨防雹办公室、玉溪市防雷装置安全检测中心。

【气候评价】 结合江川多年气候特点和生产生活的实际，将四季划分为：头年12月至当年2月为冬季，3～5月为春季，6～8月为夏季，9～11月为秋季。

2013年江川气候特点：2013年，江川县降水量为761.0毫米，比历年同期偏少87.8毫米（-10%），比2012年同期偏多152.3毫米（25%）。降水季节分布特点：四季均有不同程度的偏少，其中冬季（2012年12月～2013年2月）特少，春季（3～5月）、夏季（6～8月）及秋季（9～11月）连续略偏少，以夏季偏少最为显著；2013年平均气温为17.0℃，比历年同期偏高1.1℃，比2012年同期偏低0.5℃，属偏高年份。四季气温均不同程度偏高，其中冬季特高，春季偏高，夏秋两季略偏高。2013年江川县热量条件和光照条件丰厚而水分条件较差，气象干旱明显，其中冬春干旱及夏季插花旱影响严重，洪涝灾害及低温冷害较近年来偏重。

2013年全县冬春干旱偏重，雨季开始期偏早，无夏季低温影响，秋季9月上旬和10月中、下旬降水偏多，出现两次连阴雨天气，冬季12月低温霜冻灾害较重。年内热量条件和光照条件较好、水分条件略差，冬春干旱影响严重，洪涝灾害较近几年偏重。气候条件对小春生产不利，对烤烟及大春生产有利。通过对光、温、水等气象要素的综合评价，2013年江川县气候条件对工农业生产而言属中等偏上年景。

气温：2013年平均气温为17.0℃，比历年同期偏高1.1℃，比2012年同期偏低0.5℃，属偏高年份。年极端最高气温为31.3℃（6月14日及16日）；冬季平均气温、2月平均气温、2月极端最高温度、3月平均气温和3月极端最低温度均突破历史同期最高记录；极端最低气温为-3.7℃（12月17日）；初霜期为2012年12月11日，终霜期为2013年2月6日，霜期为58日。

降水量：2013年，江川县降水量为761.0毫米，比历年同期偏少87.8毫米（-10%），比2012年同期偏多152.3毫米（25%）。四季均有不同程度的偏少，其中冬季特少，春夏秋三季连续略偏少，以夏季偏少最为显著。冬春连旱较常年偏重，出现了连续六年干旱；雨季于5月2日进入，属于偏早年份；汛期雨水偏少，汛期中局部强降水天气过程多，冰雹、单点性大雨、暴雨突出，出现了局部洪涝及衍生灾害；三秋期间阴雨天气过程偏多，雨日偏多，但累积降雨量偏少，出现了一般性的秋季连阴雨，不利于大春作物的及时收晒入库、小春作物的生长和水库、坝塘等的蓄水；雨季于9月下旬初结束，属于偏早年份。

日照：2013年日照时数为2269.6小时，比历年同期偏多80.2小时（4%），比2012年同期偏少272.1小时（-11%），属略偏多年份。总体上，2013年光照充足。

【主要气象要素述评】

1. 气温

（1）年平均气温

2013年平均气温为17.0℃，比历年同期偏高1.1℃，比2012年同期偏低0.5℃，属偏高年份。

年极端最高气温为31.3℃（6月14日及16日）；冬季平均气温、2月平均气温、2月极端最高温度、3月平均气温和3月极端最低温度均突破历史同期最高记录；极端最低气温为-3.7℃（12月17日）。

初霜期为2012年12月11日，终霜期为2013年2月6日，霜期为58日。

1～12月月平均气温与2012年相比，除2月偏高、3月略高及7月持平外，其它月份均为略低到偏低。2013年1、4、5、6、11月比历年同期偏高1.0～1.4℃，属偏高月份，2月、3月偏高2.9℃以上，属特高，10月偏低，12略低，其它月份略偏高0.1～0.8℃。

气温季节分布为冬季特高，春季偏高，夏秋两季略偏高。

（2）四季气温变化

冬季（2012年12月～2013年2月）：冬季，平均气温为11.9℃，较2012年同期偏高0.3℃，较历年同期偏高2.5℃，为特高，暖冬气候突出。冬季平均气温、2月平均气温和2月极端最高温度均创江川县自1958年有气象记录以来的历史同期最高记录。自2012年11月17日至2013年2月28日，江川县连续无有效降水出现，气温偏高，蒸发量大，湿度低，导致各乡镇（街道）气象干旱发展迅速，干旱呈现漫延加重态势，森林火险气象等级持续维持在4～5级极高级别，火情高发。

春季（3～5月）：春季，平均气温为19.1℃，较2012年同期偏低

0.2℃，较历年同期偏高1.8℃，属偏高。3月平均气温和3月极端最低温度均创江川县自1958年有气象记录以来的历史同期最高记录。气温偏高，气象干旱发展迅速，火情高发，干旱持续时间长，给工农业生产带来了极大的困难，导致各乡镇及街道均遭遇了严重春旱。

夏季（6～8月）：夏季平均气温为21.5℃，较2012年同期偏低0.1℃，较历年同期偏高0.8℃，属略高。季节内插花旱天气突出，水稻抽穗扬花期无低温冷害出现。

秋季（9～11月）：秋季，平均气温为16.1℃，较2012年同期偏低1.1℃，较历年同期偏高0.1℃，属略高。

2013年12月：12月平均气温为8.6℃，比2012年同期低1.9℃，比历年同期低0.3℃，属略低。月内极端最低气温为-3.7℃（17日），是受自2000年以来最强寒潮影响，气温最低。17至20日最低气温分别为-3.7℃、-3.0℃、-2.9℃、-2.4℃，此次天气过程从低温强度及低温持续时间为历史罕见。各乡镇（街道）在此过程中极端最低气温分别为大街-3.7℃、前卫-3.7℃、安化-4.1℃、雄关-4.8℃、路居-2.3℃、九溪-3.5℃、江城-2.5℃。受低温霜冻影响，对农作物生长、森林植被、生态环境不利。

2．降水

（1）年降水量

2013年，江川县降水量为761.0毫米，比历年同期偏少87.8毫米（-10%），比2012年同期偏多152.3毫米（25%）。

降水季节分布特点：2013年江川县各月降水量与历年同期相比，5月偏多，8月、10月和12月特多，其余各月为偏少至特少。以6～7月偏少和10月偏多最为明显。2012年冬季至2013年雨季来临前，江川县各乡镇（街道）降水持续偏少，气温偏高，风干物燥，干旱明显，在此期间仅有3月12～13日及4月10～17日的降温降水过程对短暂增加空气湿度和土壤湿度有一定作用，但由于长期高温少雨，土壤水汽蒸发大，干旱进一步加重，致使烟苗用水困难加剧，对烤烟生产及大春作物的移栽造成不利影响。

降水季节分布特点为：冬季特少，春夏秋三季连续略偏少，以夏季偏少最为显著。

（2）降水时空分布特征

冬季（2012年12月～2013年2月）：2013年冬季气候的主要特点：降水量为4.3毫米，较2012年同期偏少32.2毫米（-88%），比历年同期偏少41.2毫米（-91%），时空分布不均，主要集中在2013年1月11～12日降雨天气过程。

春季（3～5月）：春季，降水量为139.3毫米，较2012年同期偏多44.0毫米（46%），比历年同期偏少4.2毫米（-3%），降水时空分布极其不均，主要集中在4月13～16日、4月30～5月5日、5月11～12日、5月21日、5月23～26日等5次降雨天气过程。春季降雨过程少、降水量少，干旱严重。对小春作物收晒和大春作物备耕较为有利，但由于冬春降水持续偏少，小春作物大面积受灾，人畜饮水较为困难。

夏季（6～8月）：夏季，降水量为396.0毫米，较2012年同期偏多63.3毫米（19%），比历年同期偏少63.5毫米（-14%），降水时空分布不均，主要集中在6月2日、27～28日、7月19、28～30日、8月2日、4日、16日及25日等8次降雨天气过程。6月中旬遭遇插花旱，气温偏高，气象干旱发展迅速，8月降水特多，旱情解除，有利于库塘蓄水，但对烤烟成熟、采烤及大春收晒带来不利影响。

秋季（9～11月）：秋季，降水量为175.3毫米，较2012年同期偏多14.0毫米（9%），比历年同期偏少24.9毫米（-12%），降水时空分布不均，主要集中在9月3～5日、10月4～6日、19～23日、28～29日等4次降雨天气过程。整个秋季，9月降水主要集中在上旬，其中3～5日受辐合区、切变线和冷空气共同影响出现中到大雨局部暴雨，局部出现洪涝灾害；10月降水主要集中在中下旬，出现7天连阴雨天气，对秋收秋种带来不利影响，但对秋季蓄水和增加土壤墒情较有利；11月28～29日出现较强降温天气，对小春作物出苗、生长不利。

2013年12月：12月江川县降水量为46.1毫米，比2012年同期偏多46.1毫米（100%），比历年同期多31.8毫米（222%），属特多。2013年12月降水特多，对库、塘蓄水有利。

（3）雨季开始期和结束期

雨季开始期：2013年雨季开始期于5月2日开始，比历年偏早17天。

雨季结束期：2013年雨季9月21日结束，比历年偏早13天。

3．日照

（1）年日照时数

2013年日照时数为2269.6小时，比历年同期偏多80.2小时（4%），比2012年同期偏少272.1小时（-11%），属略偏多年份。总体上，2013年光照充足。

（2）日照的季节变化

冬季（2012年12月～2013年2月）：冬季，日照时数为734.4小时，比2012年同期偏多31.5小时（4%），比历年同期偏多93.2小时（15%），属略偏多。

春季（3～5月）：春季，日照时数为732.0小时，比2012年同期少26.8小时（-4%），比历年同期偏多30.7小时（4%），属略多。

夏季（6～8月）：夏季，日照时数为411.5小时，比2012年同期少14.1小时（-3%），比历年同期偏多0.8小时（0%），属正常。

秋季（9～11月）：秋季，日照时数为458.2小时，比2012年同期少94.0小时（-17%），比历年同期偏多21.9小时（5%），属略偏多。

2013年12月：12月日照统计为171.3小时，比2012年同期少66.5小时（-28%），比历年同期少26.1小时（-13%），属略偏少。

【主要气候事件】 2013年江川主要气候事件有气象要素突破历史极值、冬春严重干旱、雨季开始期偏早、秋季连阴雨、低温霜冻等。

1．气象要素突破历史极值

冬季平均气温、2月平均气温、2月极端最高温度、3月平均气温和3月极端最低温度均创江川县自1958年有气象记录以来的历史同期最高记录。

2．“暖冬”气候特征突出

2012冬2013年春气温持续偏高，有利于热带作物安全越冬，但温度高、降雨少，对于小春作物生长及大春作物的播种等不利，同时致使农作物病虫害加重。

3．冬春严重干旱

2012年12月～2013年4月，降水持续偏少至特少，加之2008年以来降水持续偏少导致库塘蓄水严重不足，2013年冬春干旱严重，部分小春作物受灾。

4．雨季开始期偏早

2013年雨季开始期在5月上旬初进入雨季，比历年偏早17天。

5．插花性干旱

6月中旬，发生高温少雨干旱天气，中旬降水仅为5.1毫米，比历年同期偏少近9成。

6．秋季连阴雨天气突出

2013年9月上旬和10月中下旬降水偏多，9月上旬及10月18～24日出现两次一般性连阴天气，对秋收秋种带来不利影响，但对秋季蓄水和增加土壤墒情较有利。

7．12月出现低温雨雪和重霜冻天气

2013年9月上旬和10月中下旬降水偏多，9月上旬及10月18～24日出现两次一般性连阴天气，对秋收秋种带来不利影响，但对秋季蓄水和增加土壤墒情较有利。

8．极端最低气温及其持续时间历史罕见

12月，极端最低气温为-3.7℃（17日），为2000年以来最强寒潮影响，气温最低。17至20日最低气温分别为-3.7℃，-3.0℃，-2.9℃，-2.4℃，此次天气过程从低温强度及低温持续时间为历史罕见。

【主要气象灾害及损失】 2013年江川县主要气象灾害有干旱、大风冰雹、低温霜冻和洪涝等灾害。

（一）干旱

因2008～2012年全县降水持续偏少累积效应影响，水库、坝塘蓄水严重不足，2012年10月至2013年4月，全县降水仍维持偏少至特少，导致干旱严重。截至2013年4月8日，全县农作物受灾面积共45413亩，其中轻旱27927亩，重旱13136亩，干枯4350亩。因旱有20105人和1508头大牲畜饮水困难，水库干涸6座，小水潭干涸96座。

（二）大风、冰雹灾害（5次）

5月23日凌晨2点左右，雄关乡上营村委会下小田村民小组遭遇冰雹袭击，烤烟受灾较轻。

6月9日夜间至10日早间，雄关乡爬地村委会遭遇大风灾害，致使烤烟受灾1185亩，住房受损22间，烤房受损20座，树50棵，花菜受灾70亩，玉米受灾600亩及白石岩村委会白石岩村烤烟300亩，小田村烤烟200亩出现不同程度的损失。

7月16日下午15：10分左右，江川县江城镇白家营村委会蔡家庄一带遭遇大风夹杂冰雹，冰雹持续时间1～3分钟左右，冰雹有包谷、豌豆大小，最大冰雹最大直经约0.4～0.6厘米左右，烤烟受灾400亩，包谷200亩，损失程度20%～50%。

8月15日，安化乡光山村和新庄村、江城镇陈家湾村、前卫镇石河村、雄关乡雄关社区等5个村（社区）遭遇大风夹杂少量冰雹灾害，主要以风灾为主。此次灾害共造成10379.2亩农作物受灾，其中烤烟6229.2亩，玉米4150亩。

8月29日，18：10至18：12分，江城镇白家营、祁家营、清水沟一带发生大风冰雹灾害，冰雹持续2分钟左右，最大冰雹最大直经约10毫米，此次大风冰雹灾害共造成白家营、祁家营二个村委会和清水沟磷矿农场2100多亩烤烟受灾，平均受损达到40%～60%。此次大风冰雹灾害中风雹灾各占一半。

（三）雷击灾害

8月15日，安化乡的光山村委会和新庄村委会4座烤房不同程度遭雷击受损。

（四）洪涝（4次）

5月23日，受低空低涡切变线影响，江川县普降大雨，局部大暴雨，为江川县2013年以来最强的一次降水天气过程。最大降雨量出现在路居达108.1毫米，全县降雨时段集中于凌晨2～4时，全县平均降雨量为37.6毫米。受大暴雨的影响各种农作物受灾面积达5839亩（其中烤烟受灾面积4250亩），成灾面积3503亩，绝收面积2452亩，减产粮食9.36吨，经济作物损失1027万元；农房倒塌16户，45间，其中烤房倒塌7户，农房进水479户，受灾人口1.37万人；牲畜死亡54头，冲毁摩托车14辆，微型车4辆；沟渠倒塌1243米。水灾还导致路居镇中学和中心小学围墙被冲倒213米，大量淤泥冲进教室和操场，两所学校被迫停课。因洪涝灾害造成的直接经济损失1114.9万元，其中农业经济损失1037万元，水利工程损毁直接经济损失49.27万元。

5月24日16至17时，江川县安化乡局部出现短时暴雨袭击，1小时雨量达22.9毫米，致使安化村委会及旱谷田村委会371.1亩烤烟受灾（田烟343.5亩、地烟27.6亩）。

8月16日，全县出现中到大雨局部暴雨天气，致使大街街道、江城镇、前卫镇、路居镇等4个乡镇（街道）受灾。受灾人口24336人，倒塌房屋5间，农作物受灾面积1.447万亩，损坏堤防1处，长60米，堤防掩埋600米。因洪涝灾害造成的直接经济总损失1814.12万元，其中农林牧渔业直接经济损失1701.62万元，工业交通运输业直接经济损失70万元，水利工程损毁直接经济损失40万元。

9月3～4日，受切变线和冷空气共同影响，全县大部地区出现中到大雨局部暴雨天气，部分乡镇出现洪涝灾害，造成农作物不同程度受灾。受灾人口8015人，倒塌房屋2间，农作物受灾面积0.482万亩。因洪涝灾害造成的直接经济总损失322.992万元。

（五）低温冷害（2次）

1月9～15日，江川县受强冷空气影响，路居、雄关及江城的农作物局部受冻成灾，受灾面积为2917亩，主要受灾作物为菜豌豆、油菜、小麦和蚕豆（农作物正处于开花期，对低温非常敏感，容易受低温影响成灾）。

12月15～16日受南支槽和地面强冷空气影响，全县经历一次强降温降水天气过程，其中15～16日全县出现中到大雨，县气象观测站出现雪或雨夹雪，高山积雪。17～20日，受高空强冷平流和底层冷空气影响，江川县天气转晴，夜间出现强烈辐射降温，遭遇严重霜冻。受此次寒潮天气影响，江川县先后出现雪灾和严重霜东灾害，全县农作物等受灾4794.6公顷，造成经济损失10124.15万元。

【气候对相关行业的影响】

（一）气候与水资源

2013年江川县降水量761.0毫米，是2008年以来降水最多的一年，但仍比历年偏少10%。2013年蓄水条件比近几年偏好，但比历年略差。

（二）气候与农业

2013年江川县降水正常略偏少、气温偏高、光照充足。年内冬春干旱偏重，雨季开始期偏早，无夏季低温天气影响，秋季9月上旬和10月中下旬降水偏多，出现两次连阴天气，冬季12月低温霜冻灾害较重。2013年热量条件和光照条件丰厚、水分条件略差，冬春干旱影响严重，洪涝灾害较常年偏轻。气候条件对小春生产不利，对烤烟及大春生产有利。从总体上看，2013年江川县气候条件对农业生产而言属中等偏上年景。

2013年气候对作物的有利条件：①烤烟及大春作物育苗期间，江川县气温偏高，光照充足，未出现“倒春寒”天气，对水稻和烤烟育苗有利；②2013年6～9月，江川县气温基本正常、光照适中，降水略少至偏少，但总体能够满足烤烟及大春作物生长需要，暴雨洪涝灾害相对较轻，无夏季低温冷天气出现，总体对大春生产有利。

2013年气候条件对农业不利影响：①由于江川县2008年以来降水持续偏少导致库塘蓄水严重不足，2013年1～4月降水持续偏少至特少，土壤底墒差，冬春干旱严重，对小春作物生长发育不利；②2013年9月上旬及10月18～24日出现两次连阴天气，对秋收秋种带来不利影响；③12月中下旬出现低温霜冻灾害，农作物受灾较重。

（三）气候与林业

2012～2013年冬春降水偏少至特少，干旱少雨、风高物燥，对森林防火工作不利。2013年雨季开始较早，秋冬降水日数较多，对2013年秋冬森林防火工作有利。

（四）气候与交通旅游

2013年江川县降水略偏少，夏秋除了在主汛期局地强降水引发山洪暴发造成部分道路堵塞、塌方外，基本没有大的影响，对交通、旅游有利。

表1 江川县2013年1～12月降水量统计表

单位：毫米

		1月	2月	3月	4月	5月	6月	7月	8月	9月	10月	11月	12月	年
江川	实况	4.3	0.0	9.0	12.6	117.7	92.3	75.1	228.6	44.2	126.7	4.4	46.1	761.0
	比12年	−15.1	0.0	−5.6	−4.8	54.4	−12.2	−50.2	125.7	−91.2	119	−13.8	46.1	152.3
	比历年	−9.6	−17.3	−10.5	−23.3	29.6	−47.7	−92.4	76.6	−50.0	60.7	−35.6	31.8	−87.8

表2 江川县2013年1～12月平均气温统计表

单位：℃

		1月	2月	3月	4月	5月	6月	7月	8月	9月	10月	11月	12月	年
江川	实况	9.8	15.5	16.9	19.3	21.1	22.0	21.6	20.8	19.0	15.7	13.6	8.6	17.0
	比12年	−0.6	1.3	0.6	−0.3	−0.9	−0.1	0.0	−0.3	−0.4	−1.8	−1.1	−1.9	−0.5
	比历年	1.1	4.9	2.9	1.4	1.0	1.0	0.8	0.4	0.1	−1	1.1	−0.3	1.1

表3 江川县2013年1~12月日照时数统计表

单位：小时

		1月	2月	3月	4月	5月	6月	7月	8月	9月	10月	11月	12月	年
江川	实况	217.9	278.7	263.5	239.6	228.9	185	99.6	126.9	120.5	132.7	205	171.3	2269.6
	比12年	-55.8	-14.9	-8.7	-43.8	25.7	60.9	-30.5	-44.5	10.3	-62.5	-41.8	-66.5	-272.1
	比历年	-4.2	57	17.1	-5.9	19.5	39.4	-21.6	-17	-7	-1.9	30.8	-26.1	80.2

注：历年值采用（1981~2010年）30年的气候平均值

【气象服务】 认真做好决策和公共气象服务，及时制作并发送各类气象专报119期。积极做好森林火险气象服务工作，上年11月至本年4月共发送森林火险预警18万条，积极做好森林火险气象服务工作。切实加强烤烟气象服务工作，为江川县烟草分公司相关人员发布手机气象短信10.1万条。

围绕县委、县政府中心工作开展气象服务。为晋江高速路、小白坡工业产业园区片区等重大项目建设及招商引资项目建设提供气象资料服务，为县委、县政府决策提供科学依据。

做好以烤烟、森林火险、地质灾害、防汛抗旱、渔业气象为重点的专业专项气象服务。及时为县委、县政府领导，乡镇（街道）、水利、国土和烟草、林业、渔业等相关人员准确、及时提供气象信息和气象预警35万余条。安排专人负责全县气象综合信息系统（气象电子显示屏）的维护维修，2013年江川县气象电子显示屏在线率排名全市第二。

【气象防灾减灾】 1. 人工影响天气工作社会效益显著。2008年以来连续5年因降水持续偏少导致严重气象干旱，根据江川县的气候特点和影响江川县冰雹的路径及江川县多年开展人工影响天气的实践经验，2013年人工防雹和增雨同时开展。2013年6~9月，共申请人工影响天气作业310次，允许作业次数252次，实际作业次数252次，作业点数为12个。共发射各类防雹弹3786发（枚）。保护烤烟种植面积达12万多亩，其它农作物种植面积3.9万亩。经评估，人工防雹的开展，减少烤烟直接经济损失1200万元，其它农作物200多万元，人工影响天气投入产出比达1∶40以上，取得显著的社会效益和经济效益。

2. 继续推进作业点标准化及安全建设。投入21万元，用于小井坝、白家营、陈家湾等3个人工影响天气作业点标准化建设；投入3000元，用于更换安化人工影响天气作业点供电线路。

【防雷减灾技术服务】 严格执行防雷安全责任制，年内共检测109家，其中加油站14家，烟花火炮厂3家，完成土壤电阻率测量和审核新建建筑施工防雷图纸25家，技术审核25家，新建筑物竣工验收26处（幢），有效地预防和减少雷击灾害给江川县造成的损失。完成雷击风险评估项目3个，为建设项目防雷设计和施工提供重要依据。

【气象行政执法监管】 1.在县政务服务中心设立气象行政许可窗口，实施投资项目并联审批工作。派出一名工作人员，进驻政务中心办理行政许可业务，切实提高行政效率。2.气象探测环境保护工作继续加强。江川县气象探测环境保护建设项目于3月完成，10月完成验收工作。3.依法受理和开展防雷工作行政许可工作。办理防雷装置设计审核10件，防雷装置竣工验收许可6件，出具施放气球勘察报告4份。4.以《云南省气象灾害防御条例》及《气象设施和气象探测环境保护条例》为重点，开展气象法制宣传教育。继续通过气象综合信息电子显示屏等平台宣传，参加“5·12防灾减灾日”科普宣传日等活动散发防雷安全法律法规、科普知识、宣传资料2000余份，展出科普展板20块，收到较好宣传效果。

【表彰奖励】 2013年2月，被县委、县政府表彰奖励为“2012年度江川县社会治安综合治理维护稳定工作先进单位”。

2013年3月，被县委评为“2012年度党风廉政建设责任制考核优秀单位”。

（李阳春　李林润）

防震减灾

【地震活动】 据云南省正式地震目录，2013年1月至12月江川县境内共计发生1.0级以上地震6次（如附表、附图所示），其中1.0~1.9级4次，2.0级以上2次，最大地震为2013年10月10日九溪2.1级地震。与2012年同期相比地震强度相当、频度有所减弱。2013年1月是江川地震活动频度最高的一个月，共发生地震2次；其余4次地震则分别发生在3月、6月、7月和10月。地震活动空间分布较为零散，除江城镇分别发生2次地震外，大街、九溪、雄关、路居4个乡（镇、街道）各发生了1次，前卫镇和安化乡则未记录到精确定位的地震。

【地震预测】 江川县防震减灾局2012年所作的《云南省2013年度地震趋势研究报告》对云南地区作出预测尺度为一年的地震活动趋势预测，其预测结论为：

一、云南省2013年度发生地震的最大震级Mmax≤7.0级（CFi=0.81）

二、云南省2013年度地震危险区：

1.滇东北以103° 26′ E、27° 20′ N为中心，长半150km、短半轴70km范围内的大关-昭通-巧家-会泽-东川-寻甸与四川相邻地区，MS6.0～7.0级，CFi=0.85；

2.滇西盈江-潞西-龙陵-腾冲-施甸-保山-六库-永平-漾濞-大理-祥云-洱源-剑川-鹤庆-宾川-永胜-丽江一带，MS5.5～6.5级，CFi=0.85；

3.滇西南至滇南的澜沧南部-勐海-景洪-普洱-江城-墨江-石屏-建水-开远-峨山-红塔区-通海-江川-华宁一带，MS5.3～6.3级，CFi=0.65。

根据中国地震局地震目录和云南省正式地震目录，2013年云南省内共发生里氏5.0级以上地震4次，分别为3月3日、4月17日大理洱源5.5级、5.1级地震和8月28日、8月31日迪庆香格里拉5.1级、5.9级地震。云南省发生的最大地震为香格里拉5.9级地震，远小于7.0级最大地震预测强度，第一条预测意见准确。对于所圈定的三个地震预测危险区，滇东北东川-昭通危险区内发生最大地震为2月19日巧家4.9级地震，震级偏小，预测结论虚报；滇西盈江-丽江危险区则发生了洱源5.5级、5.1级地震，预测准确；滇西南至滇南预测危险区发生的最大地震为2月20日普洱墨江4.8级地震，预测结论虚报。迪庆香格里拉5.1级、5.9级级地震则未发生在所圈定的三个危险区内，预测结论漏报。综合以上所述，江川县防震减灾局2013年中期预测对应率为25%。

此外，江川县防震减灾局在2013年度第三期、第四期《震情分析》中对洱源5.5级、5.1级地震作出较为准确的短临预测。同时，在2月27日完成上报玉溪市防震减灾局《江川县防震减灾局震情分析资料》，其中云南省发生5.0级以上地震“短期内应重点关注的地区仍为滇东北至川滇交界地区和滇西保山-大理-丽江宁蒗及川滇交界一带”的结论对洱源5.5级、5.1级地震作出基本准确的震情趋势判定。

【金志林到江川指导工作】 1月31日下午，玉溪市防震减灾局局长金志林带领市局应急救援科副科长钱宝运到江川县防震减灾局指导工作，以座谈的形式看望退休和在职职工，听取他们对防震减灾工作的意见和建议。

江川县防震减灾局局长普秀英向金志林一行和退休老同志详细介绍2012年度工作情况、取得的成绩、存在的问题和所面临的困难。金志林随后就江川县2013年度防震减灾工作提出四点要求：一是要把2013年工作谋划好，在做好县委、县政府中心工作的同时，紧紧围绕本职工作和三大体系，把江川防震减灾工作做好；二是要加强地震监测预报和短临跟踪工作，把监测预报这一基础性工作抓牢、抓实，对观测资料突变异常和宏观异常要及时落实上报省、市业务部门，并加强24小时震情值班。三是根据《玉溪市防震减灾事业“十二五”规划》，玉溪市防震减灾局2013年度将重点推进县区地震应急指挥平台建设，江川县防震减灾局要提前做好各项准备工作，资金一到位就开展平台建设。四是要按照各级人民政府要求，切实转变工作作风，提高工作效率，加强工作的主动性和提前性（即对各项工作的开展要提前有思考、有准备）。

【防震减灾科普示范学校创建】 2013年5月，江川县龙街中心小学经玉溪市防震减灾局、市教育局和江川县防震减灾局、县教育局、县科学技术协会分别评定为“玉溪市防震减灾科普示范学校”和“江川县防震减灾科普示范学校”。5月9日上午，龙街中心小学举行玉溪市、江川县“防震减灾科普示范学校”揭牌仪式。市防震减灾局、教育局和县人大、县政府领导，及县政府办、防震减灾局、教育局、科协、民政局领导及相关工作人员，龙街中心小学的全体师生，共计400多人参加揭牌仪式。

参加揭牌仪式的全体人员参观龙街中心小学防震减灾科普展室，观摩了学校组织的地震应急疏散演练活动。县防震减灾局、民政局工作人员向全体师生发放防震减灾科普宣传资料，并组织师生参观防灾减灾科普展板。

【“防灾减灾日”科普宣传活动】 5月12日，江川县防震减灾局、民政局牵头组织县工信局、县卫生局、县水利局、县农业局、县气象局、县消防大队、县红十字会等部门在县城明珠路开展以“识别灾害风险，掌握减灾技能”为主题的“防灾减灾日”科普宣传活动。

在整个活动中，各部门共出动33人，展出展板34块，向群众发放防震减灾、防灾应急、气象灾害、卫生防疫、家庭消防、农业病虫害和红十字会法律法规等知识手册、宣传彩页、宣传资料共计25种13000余份（册），悬挂横幅1条。县司法局还在此次活动中出动司法宣传车1辆，县民政局则于当天晚上在老戏台播放《防灾减灾知识讲座》专题片1部。其中，江川县防震减灾局在此次活动中出动6人，展出以地震监测预报、法律法规、应急救援、震灾预防和农居抗震等为主要内容的科普宣传展板7块，发放《防震减灾知识手册》、《防震·抗震·避震常识》读本和宣传彩页3000余份（册），并接受多人次的现场咨询。全县各乡（镇）、街道办事处和村（居）民委员会、社区则以悬挂横幅形式进行宣传。

【省地震局专家到江川维修维护仪器】 5月13日至14日，云南省地震局监测中心办公室副主任罗建伟、监测

中心高级工程师李龙江和助理工程师李磷等一行3人到江川县防震减灾局检查地震地下流体前兆监测仪器工作状态。针对水位观测即将超出探头设计观测量程的实际情况，采取了提升水位探头，并对水位重新校测，使水位观测仪器系统保持正常工作状态；开展氦气观测仪器进行系统性检测，确认该仪器工作状态正常；将此前因水位上升所淹没的江川局地下逸出气体观测集气管提升至水面以上。李龙江一行还对此前长期带病工作的九五气象三要素降雨观测设备进行维修，更换损坏的电子元器件。

7月8～9日，省地震局高级工程师李龙江、工程师起卫罗等一行3人再次到江川县防震减灾局，检查维修渔村观测站因遭受雷击而损坏的地下流体前兆监测仪器及相关设备。经过李龙江、起卫罗两位专家详细检查，找出模拟地温观测仪器故障元件及充电设备存在的问题。在此基础上进行了相应的仪器维修、器件更换和电路整改，使仪器恢复正常工作状态。同时对“十五”数字化气象三要素室外同测设备时进行检查，找出故障原因。

【路居强震台遭受洪灾】 5月23日因受路居镇突降暴雨影响，位于路居中心小学的路居强震台遭受洪灾。台站内部水深达1米，且灌入大量淤泥，除综合电源外，所有仪器设备、供电电瓶均被水淹没。灾情发生后，玉溪市防震减灾局局长金志林、副局长黄家富和江川县分管防震减灾工作副县长杨军苹均赶到现场查看灾情，要求江川县防震减灾局采取措施排除险情，恢复台站正常工作。江川县防震减灾局局长普秀英带领相关工作人员，在路居中心小学老师和路居镇消防中队的支持配合下，及时清除站内淤泥和周边受破坏的观测环境，对受损线路进行维修、维护，使路居强震台恢复正常工作。

【杨军苹巡查地震监测台站】 6月6日，江川县分管防震减灾工作副县长杨军苹在县防震减灾局局长普秀英、副局长郑忠党和相关工作人员的陪同下对全县地震监测台站进行巡查。

杨军苹先后巡查雄关中学、路居中心小学、江城中学三个强震观测台和前卫镇渔村地下流体观测站。详细了解各台（站）仪器原理、工作方式、管理模式、数据采集和分析应用等方面内容。要求江川县防震减灾局要加强台站管理和仪器设备维护，提供科学、连续的观测数据，为江川县防震减灾工作打下坚实基础。对巡查中发现的路居强震台因水灾引起的观测故障，要求县防震减灾局尽快排除故障，及时恢复台站正常工作状态。

【召开防震减灾工作联席会】 为深入贯彻落实国务院、省、市政府防震减灾工作联席会议和各级领导重要指示精神，总结2012年防震减灾工作，分析研判地震形势，安排部署2013年县防震减灾工作，江川县于2013年6月5日下午在政府会议室召开防震减灾工作联席会议。会议由县政府办副主任龚钲主持，分管防震减灾工作副县长杨军苹、县防震减灾工作领导小组成员、各乡镇（街道）分管领导和县人大、政协、纪委相关部门领导共50余人出席会议。

会议首先由民政局、县住建局、县公安消防支队分别就应急救灾物资储备、农村安居工程和应急救援队伍建设等工作情况作交流发言。县防震减灾局局长普秀英向与会人员通报地震形势，总结2012年防震减灾工作，并提出2013年防震减灾工作建议。杨军苹代表县政府与县防震减灾局和各乡镇（街道）分管领导签定《2013年度江川县防震减灾工作目标考核责任书》，明确乡镇（街道）年度防震减灾工作目标任务，并将其纳入县政府对乡镇（街道）年度目标考核。

杨军苹作了《认清形势 落实责任 扎实做好防震减灾各项工作》的讲话。在讲话中分析江川县防震减灾工作现状，取得的成绩，存在的问题和困难的基础上，强调指出防震减灾工作是事关民生的一件大事，要求各级各部门要抓好地震监测预报、震灾防御、应急救援和科普宣传四个方面的工作；各乡镇（街道）建立防震减灾指挥体系，明确分管领导，乡镇（街道）、各村（居）委会、社区必须设置一名防震减灾助理员和联络员；并要求县住建局、防震减灾局要把怡心园广场作为应急避难场地的规划建设列入重要议事日程，尽早提出可行性方案上报县政府研究。同时要求各级各部门要按时完成地震应急数据的收集报送工作。

【解辉到江川调研】 6月7日下午，云南省地震局副局长解辉一行在玉溪市防震减灾局长金志林、副局长黄家富等陪同下到江川县调研指导工作。

调研中，县防震减灾局局长普秀英向解辉详细汇报县防震减灾局人员编制、台站分布、观测手段和观测环境改造等工作，并详细汇报江川县地震应急指挥平台建设和信息节点建设中存在的困难。解辉接着查看江川县防震减灾局前兆仪器工作状态和监测办公环境。

随后，解辉前往玉溪市和江川县防震减灾科普示范学校——龙街中心小学调研，听取校长张家宝就伍集成抗震示范教学楼建设、减隔震技术运用和防震减灾科普示范学校创建等情况的工作汇报，并参观该校防震减灾科普展室，仔细聆听小学生讲解员对防震减灾基础知识的讲解，并对龙街中心小学标准化、规范化的防震减灾科普示范学校建设给予充分肯定和高度赞誉。

【地震应急数据收集】 根据国家和省、市防震减灾业务部门统一安排部署，江川县防震减灾局从2013年6～8月完成江川县地震应急数据收集。地震应急数据内容包括：全县72个村（居）委会、社区所辖自然村个数、户数、人口数和框架结构、砖混结构、砖木结构及土木结构等各类型房屋面积；中小学校各类型房屋面积；大中型企业基本数据；地质灾害危险点；通讯基站、光缆和设备；城市道桥、环卫设施和路灯等市政工程；城市供排水设施；水库、坝塘、排灌站和沟渠等水利设施；交通、供电等基础设施。

【考察地震安全示范社区创建和应急避难场地建设】 9月11日，江川县防震减灾局联合县民政局、县住建局和大街街道办事处上营社区等部门（单位）共计14名干部职工，在县防震减灾局局长普秀英、县民政局局长李佳强带领下到红塔区考察高龙潭社区地震安全示范社区创建工作和高新区地震应急避难场地建设工作。

考察中，红塔区防震减灾局局长胡伟和相关工作人员陪同江川县考察人员先后前往高龙潭社区，查看了该社区地震安全示范社区文字建档、装备配置、标示标牌、科普宣传和地震应急疏散线路、应急避难场地规划建设情况。随后，考察团一行又赶到玉溪市地震应急避难场地所在的玉溪科技公园，具体考察该避难场地的功能区规划和各种标示标牌的竖立情况。

【“省防震减灾宣传日”科普活动】 11月6日，在云南省防震减灾宣传日到来之际，江川县防震减灾局在县城明珠路积极开展防震减灾科普宣传活动。活动由副局长郑忠党带队，全局共计出动4人；展出以地震监测预报、应急救援、震灾预防、减隔震技术和农居抗震等为主要内容的科普宣传展板7块；发放《防震·抗震·避震常识》读本600余册，并接受多人次的现场咨询。

【修定《江川县地震应急预案》】 从2013年6月江川县防震减灾局启动工作，至12月4日完成修定并以县政府办文件下发，第四次《江川县地震应急预案》（以下简称《预案》）修订经过调查研究、资料收集、预案撰稿、征求意见、修改定稿和政府常务会审议六个阶段，历时长达7个月。在此过程中，江川县分管防震减灾工作副县长杨军苹全程主持《预案》的修订工作。

新修定的《预案》由总则、组织体系、地震应急准备、地震应急响应、过渡性安置和恢复重建、保障措施、周边县区地震灾害应急、其它地震事件应急、附则共九个部份组成，并附《江川县地震灾害响应简明流程》。《预案》明确县政府分管副县长为指挥长，县人武部部长、县政府办主任、县防震减灾局局长、县民政局局长、县住建局局长和县公安局副局长为副指挥长，39个成员单位组成的江川县抗震救灾指挥部。指挥部下设办公室在县防震减灾局，由局长兼任办公室主任，并成立16个工作组，明确各工作组和成员单位的职能职责。《预案》根据地震灾害事件分类将江川县地震应急分为四级响应，对Ⅰ级和Ⅱ级、Ⅲ级、Ⅳ级响应从地震响应开始、现场协调和响应结束进行了独立编写制定，分别明确县抗震救灾指挥部和乡（镇）、街道抗震救灾指挥部的工作任务。根据应急响应级别的不同将地震应急指挥部分别设置于县城怡心园广场和县政府，同时确定县抗震救灾指挥部部份成员单位在地震灾害事件信息报告、灾情报告中的工作任务和要求。

【表彰奖励】 江川县防震减灾局在2013年度全国、全省和全市各项工作评比中荣获优异成绩，主要情况如下：数字化气氡观测资料在中国地震局5月开展的全国地震前兆观测质量评比中，荣获全国第二名。在云南省地震局组织的全省2013年度各项工作评比中，数字化气氡荣获全省第二名；强震台管理荣获2013年度“云南省强震动台管理先进单位”；普秀英荣获“云南省防震减灾工作先进个人”；数字化气氡、气汞、水温和模拟水温观测荣获全省优秀奖。在玉溪市2013年度防震减灾工作评比中，荣获全市防震减灾工作综合评比三等奖；地震监测预报单项奖；金秋则荣获玉溪市防震减灾局授予的“玉溪市2013年度防震减灾工作先进个人”称号。

附表

江川县2013年度地震目录

序号	年	月	日	时	分	秒	经度	纬度	震级	震中	震源深度（千米）
1	2013	01	01	21	33	07	102° 46′	24° 13′	2.0	大街	10
2	2013	01	24	17	08	16	102° 48′	24° 16′	1.4	雄关	12
3	2013	03	27	12	11	33	102° 45′	24° 28′	1.4	江城	8
4	2013	06	28	21	01	00	102° 50′	24° 30′	1.4	江城	22
5	2013	07	10	03	52	11	102° 49′	24° 17′	1.1	路居	7
6	2013	10	10	19	13	37	102° 37′	24° 19′	2.1	九溪	11

江川县2013年度地震震中分布图

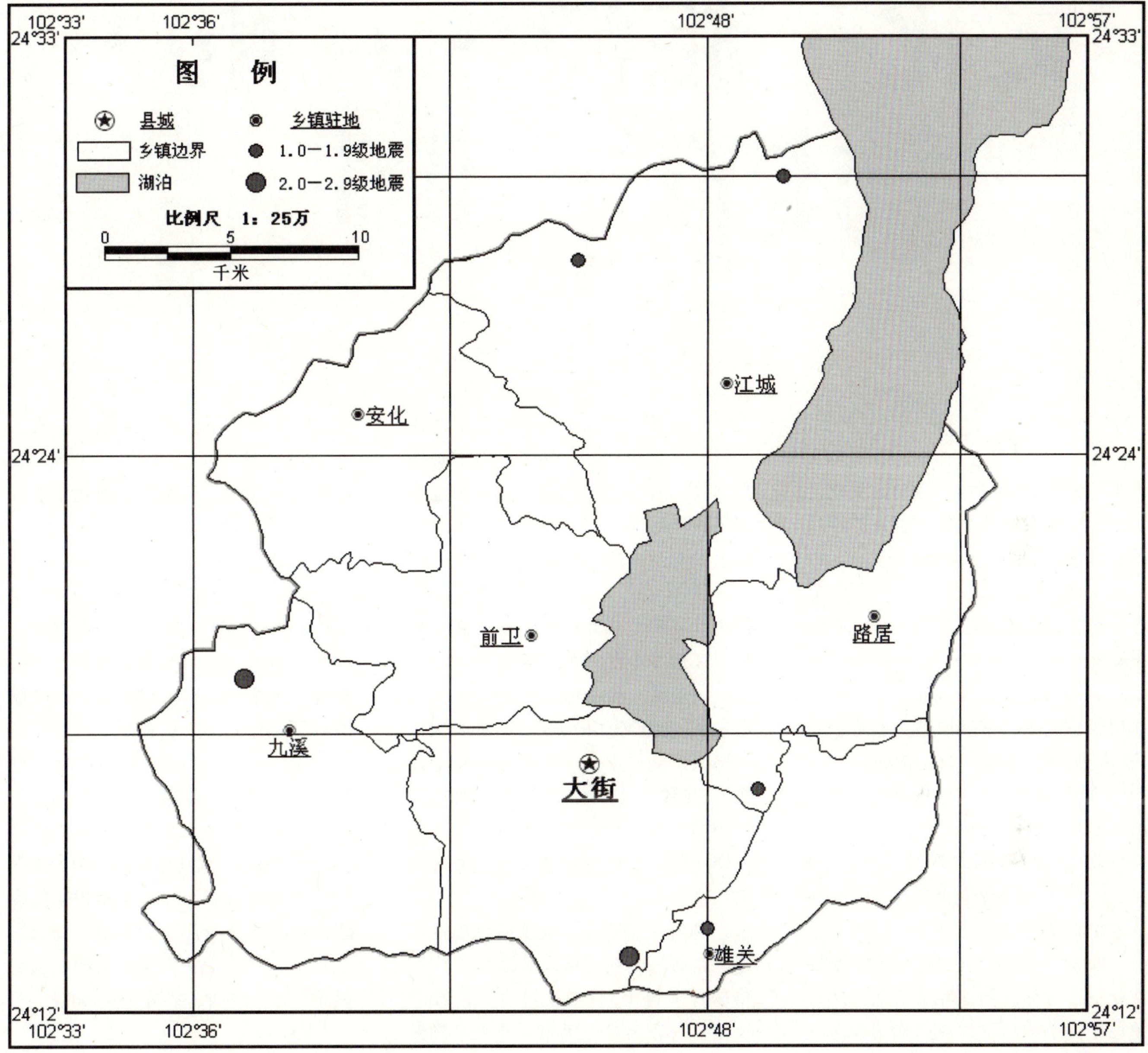

（李　祥）

文化·旅游·广电·体育·卫生

编辑 盛文芬

文 化

【概　述】 2013年，江川的文化工作以科学发展观为指导，着力抓好基础设施建设、群众文化活动、文物图书工作和文化市场管理等工作重点，有力促进了全县文化工作持续健康发展。

抓好文化基础设施建设。一是对江川影剧院进行修缮改造；二是投资150余万元，对博物馆主体建筑进行全面修缮，对《李家山古滇青铜文化展》基本陈列提升改造；三是农家书屋建设工程延伸到自然村，分别于1月、9月在三街魏官村和路居张营村建成两个农家书屋。

抓好群众文化活动。继续做好文化下乡工作，组织相关文艺团队、单位于春节前后“送戏、送书、送电影”到江城镇江城、路居镇张营村；适时组织管乐队、部分文艺队和歌手先后到雄关白石岩村，大街伏家营村、竹城村，前卫镇渔村和个私企业进行下乡演出；共在全县65个村委会放映电影780场。春节期间，年初一至初三，组织三支龙队，一支威风锣鼓队、一支秧歌队、一支民族腰鼓队，在县城主要街道进行三天巡回表演；组织24支乡镇业余文艺队在老戏台进行演出，演出花灯小戏、花灯歌舞、花灯说唱、民族歌舞等节目共107个；文化馆还举办了“2013年迎春书画作品展”，展出江川书画爱好者书画作品45件。各乡镇根据自己的实际也组织了各种活动，为节日中的江川人民献上了一道道精美的文化大餐。

专项文化活动亮点频出。举办了江川首届春节联欢晚会，整台晚会立足于江川本土优秀的文化人才筹划、组织、参演人数近300多人，演出节目达24个，时长为140分钟；举办了庆祝中国共产党成立九十二周年专题文艺演出；组织了102人的合唱团参加第三届中国聂耳音乐合唱比赛，荣获合唱大赛一等奖、优秀指挥奖、优秀伴奏奖三项大奖。

抓好文物工作。完成晋江高速公路、路居张营村村级文物调查工作；路居甘棠箐于5月被玉溪市人民政府核定并公布为第二批市级重点文物保护单位；推荐“江川泥塑”、“彝族《撒弦》”两个项目为玉溪市第三批非物质文化遗产名录；完成了云南省少数民族传统文化抢救保护项目《月琴演奏》相关资料上报工作。

抓好文化市场管理。年初与13家网吧和22家印刷企业签订《消防安全责任书》，与19家歌舞厅签订《消防安全责任书》和《“禁毒”“防艾”责任书》，明确了经营单位的主体责任。积极开展“扫黄打非”专项治理工作，对县内的非法地面卫星接收设施进行清理。一年来，共出动检查人员200余人次，车辆60辆次，开展日常检查活动60次，检查各类文化市场经营户400余户次。

【市滇剧院送戏到江川】 2013年1月1日，星云大药房邀请玉溪市滇剧院到江川演出。演出节目有滇剧小戏、舞蹈、京胡独奏、小号独奏、民歌演唱等，近3000人观看演出。

【文化馆开展书赠春联活动】 1月17日，县文化馆组织玉溪和江川书法家协会会员9人，到江川海门村为当地群众开展书赠春联活动。免费赠送的春联作品内容涉及经济、政治、社会、文化、生态、人文风情及文明礼仪新风尚等各个方面，共赠春联360幅。

【三街魏官村农家书屋建成】 为进一步扩大农家书屋的覆盖面，由行政村向自然村延伸，文化部门选择三街社区魏官村作为自然村建设农家书屋的试点村，1月29日魏官村农家书屋建成并向广大农民群众开放，该书屋面积约40平方米，配购适合农村实际需要的科技文化、市场经济、法律法规等各类图书964余册。

【文化下乡到江城】 1月30日，由县委宣传部牵头举办的科技文化卫生三

下乡活动在江城镇举行。文化部门结合实际，组织春之声协会、星火文艺协会、江城文艺协会为当地老百姓送上了舞蹈《好收成》、《唱灯唱到开秧门》和《走在阳光路上》等精彩的文艺演出，县图书馆免费发放《生活小常识》、《农科信息》资料2000多份，县新华书店为当地群众提供九折优惠售书。

【举办蛇年春节联欢晚会】 2月8日20时“江川县2013年春节联欢晚会”在江川影剧院举行。晚会在欢乐、喜庆的《金蛇狂舞》中拉开帷幕，随后舞蹈、小品、独唱、合唱、歌舞、京剧、滇剧、花灯、杂技等形式多样的节目陆续上演。整台晚会既有欢乐逗趣的小品《回家过年》、《赶街归来》，又有赞美祖国的《我爱中国》、《美丽中国》；既有传统的京剧《智斗》和滇剧《浪广谣》，又有流行的《我的歌声里》、《江南style》等节目。晚会立足于江川本土优秀的文化人才筹划、组织、参演，演职人员近300多人。

【黄峻参观考察博物馆】 2月13日（大年初四），省文化厅党组书记、厅长黄峻陪同来自上海、澳大利亚等地的客人到云南李家山青铜器博物馆参观考察。黄峻一行对造型奇特、风格迥异的古滇青铜文物和别具特色的地方文化赞叹不已；询问了解有关博物馆基础设施建设、免费开放运行、馆藏文物保护工作及其存在的一些困难问题，对博物馆免费开放中的公共服务设施配置、讲解接待服务、展览陈列内容以及文物安全保卫工作给予充分肯定。

【春节文化活动】 大年初一至初三，由大街街道组织三支龙队、一支威风锣鼓队、一支秧歌队、一支民族腰鼓队，在县城主要街道进行3天巡回表演。大年初二还组织驻江部队的2支龙队、1支狮队、1支锣鼓队和江城镇的4座高台、16对毛驴灯和4只彩船沿县城的主要街道巡回表演。组织24支乡镇文艺队在老戏台演出花灯小戏、花灯歌舞、花灯说唱、民族歌舞等节目共107个，观众近1万人次。放映电影24场，影片有《河东狮吼》、《杨善洲》、《抗日先锋》等。在文化馆内举办了“2013年迎春书画作品展”，展出江川书画爱好者书画作品45件，观众700余人。各乡镇根据自己实际组织形式多样的文化活动。江城镇组织部分文艺队分别到龙街、海门、桐关、翠峰、尹旗和白家营进行演出；前卫镇在文化广场舞台举行前卫镇欢庆春节文艺演出；路居镇初一至初三组织全镇8个村委会的31支文艺队在镇政府文化活动广场举行春节文艺汇演；安化乡的24个村民小组均开展自娱自乐的挝乐、跳传统烟盒舞、彝族腰鼓等活动；九溪镇历时三天，组织鸡窝、喜乐庄、矣文等6支文艺队进行文艺汇演。

【三下乡活动到张营】 元宵节，江川县在路居镇张营村举行科技、文化、卫生三下乡活动，此次“三下乡”不仅送科技、卫生和服务，还精心准备了一台文艺演出，独唱、舞蹈、戏曲、小品，14个贴近农村、贴近农民生活的节目。

【文化厅送戏下乡三街村】 2月18日，省文化厅送戏下乡春节慰问演出团到三街社区，省花灯剧院的45名演职人员以花灯剧、歌舞、小戏、小品等形式为当地群众送上一场极具特色的文艺演出，让大家过足“戏瘾”，深受群众欢迎。

【文化系统组织开展庆“三八”活动】 在“三·八”妇女节到来之际，文化系统组织开展庆祝活动：一是邀请江川县医院妇科病专家在江川县文化馆为文化馆、图书馆、博物馆等单位近40名女职工作《妇女保健及常见疾病防治》知识讲座；二是组织女职工在文化馆参观书画展，让广大女职工接受书画作品的熏陶，树立正确的生活观、价值观，激发创作热情。

【江川参加市旅游歌手大赛获好成绩】 为全面展示旅游与文化的有机结合，江川县选派了4名选手于4月14日在聂耳文化广场参加“2013年玉溪市旅游歌手大赛”比赛，《星云，梦开始的地方》，《啊！高原水乡》、《抚仙湖的涟漪》和《千古一爱》等8首江川人原创或反映江川优美自然景观、人文资源的歌曲，经过专家评审：《千古一爱》、《抚仙湖恋歌》获特别奖，《星云，梦开始的地方》获一等奖，《啊！高原水乡》、《抚仙湖的涟漪》、《大头鱼》获二等奖，《我的家乡，高原水乡》获三等奖；选手王邱丽和孔祥伟用自己独特的音色、音质和富有激情的演唱，充分展现参赛作品特有的格调、内涵和地域特色，获得了第二名和第三名的良好成绩。

【李卫红参观博物馆】 4月18日，国家教育部副部长李卫红、教育部语言文字信息管理司副司长田立新、教育部办公厅秘书处调研员蒋琦、云南省教育厅党组书记、厅长何金平等领导一行在玉溪市副市长杨洋、玉溪师院党委书记寸世成、玉溪师院院长王力宾等领导陪同下参观云南李家山青铜器博物馆。县委书记马文龙，县委副书记、县长葛勇等领导到博物馆陪同参观。

【网吧消防安全专项检查】 为认真吸取湖北省襄阳市樊城区城市花园酒店发生火灾事故教训，有效杜绝安全事故的发生，针对网吧经营管理中存在的消防设施滞后和违规超时经营等薄弱环节，4月19日文化部门联合消防部门对全县网吧经营场所进行消防安全专项检查行动。专项检查行动共出动检查人员10人、车辆2辆，检查县城及江城两个片区13户网吧，发放湖北襄阳火灾事故通报13份，检查发现消防安全隐患6条，对存在的问题要求当场或限期整改。

【甘棠箐遗址被公布为第二批市级重点文物保护单位】 5月15日甘棠箐遗址被玉溪市人民政府核定并公布为第二批市级重点文物保护单位。甘棠箐遗址位于路居镇大龙潭水库南端，省、市、县文物工作者曾多次对该遗址进行考古调查及发掘，出土标本有猪、牛、中国犀、剑齿象、猕猴、河狸等10多种动物化石，还有石核、石片、刮削器、砍砸器、尖状器和一些肢骨骨制品。经有关专家对部分出土标本研究鉴定，时代约为旧石器时代，距今约100多万年，所出土的化石、石器，品种丰富，对研究国内旧石器早期文化有较高的价值。

【开展图书馆服务宣传周活动】 县图书馆于5月27日分别到三街、九溪中营进行图书馆服务宣传，编印以“书香中国—阅读引领未来”为主题的读书宣传资料、《农科信息》、“生活小常识”免费发放3000多份。

【县图书馆开展少儿“多读书、读好书”有奖活动】 县图书馆于3月中旬至5月30日开展少儿“多读书、读好书”有奖活动，共有200多名少儿读者参加了此次活动，根据此次活动的规则要求，评比出了一等奖2名，二等奖4名，三等奖5名，鼓励奖40名。

【央视记录频道到江川拍摄】 6月7～10日，CCTV9—中央电视台纪录频道到江川拍摄以牛虎铜案为主线的纪录片《国家宝藏》，拍摄内容主要包括青铜工艺、李家山古墓群、古滇国生活场景复原等。

【文化部市场司到江川检查综合执法大练兵大比武活动】 8月30日，由国家文化部市场司综合执法指导办公室主任李晓勇等5人组成的全国文化市场综合执法大练兵大比武及综合行政执法工作检查组到江川进行检查。检查组一行实地察看前卫镇农村文化市场管理、扫黄打非及农村文化市场“六个一”宣传专栏、文化站“青少年优秀读物”宣传专柜和文化信息资源共享工程电子阅览室等建设情况，查阅前卫镇“六个一”建设完成情况的相关资料；听取市县两级组织开展文化市场综合执法大练兵大比武、文化市场综合行政执法工作的情况，观看PPT演示材料。检查组对江川县的文化市场监管工作、农村文化市场“六个一”建设及扫黄打非工作给予肯定。

【“湖山书韵书法作品展”在市博物馆开展】 9月25日，由玉溪师范学院书法研究中心、江川县文化馆联合举办，市博物馆和云南李家山青铜器博物馆承办的迎国庆“湖山书韵书法作品展”在玉溪市博物馆举行开幕式。此次书法展本着“回归传统、承源续流、崇尚经典、弘扬正气、交流学习、取长补短”的宗旨，共展出19位书法爱好者的书法作品95幅。其中玉溪师范学院教师作者作品53幅，江川县书法爱好者作品52幅。

【江川县举办“庆祝国庆64周年文艺晚会”】 县文化馆于10月1日晚7：30时，在县城老戏台组织了一台“中国梦·水乡情”江川县庆祝国庆64周年文艺晚会。晚会演出了花灯歌舞《欢天喜地迎国庆》、滇剧表演唱《游西湖》、花灯清唱《莫愁女》、器乐合奏《京调》、女声独唱《祝福祖国》等十五个节目，星火文艺队、前卫渔村文艺队、星云文艺队、春之声文艺协会等文艺团队64人参加演出，观众达3000余人次。

【县文化馆组织节目到邢家营演出】 在敬老节来临前夕，县文化馆精心策划，组织了小管乐队、“春之声”文艺协会和两个业余文艺队，编排了滇剧清唱《浪广谣》、男声独唱《人生第一次》、广场舞《山里红》、民族舞《月光下的凤尾竹》等24个节目于10月20日到邢家营村慰问演出。

【兰州大学、云南农业大学联合到江川考察贝丘遗址】 11月1日，兰州大学、云南农业大学考察组一行8人先后到江川县的新石器时代遗址：路居光坟头遗址和后卫螺蛳山遗址进行古环境考察。考察组对遗址的保护作了充分的肯定，随后考察组对光坟头遗址的一个剖面和后卫螺蛳山遗址的一个剖面进行实地测量，并对剖面的每一层作了取样，以作进一步的研究。

【禁毒防艾培训会】 10月30日文化部门对全县13家网吧和19家歌舞娱乐场所的经营户进行为期半天的“禁毒防艾知识”培训。培训会从艾滋病的疫情及对个人的危害和社会的危害，怎样预防艾滋病，宣传与减少艾滋歧视等方面深入、系统、细致地进行讲解；县公安局禁毒大队的杨仕祥警官，在禁毒方面也做了《禁毒不能没有你》为主题的专题讲解，特别从吸毒的危害，什么是毒品，贩毒是违法犯罪，如何拒绝毒品，人人参与，打一场禁毒的人民战争等方面作重点讲解。

【县文化馆举办戏剧小品创作培训班】 11月1～4日，由江川县文化馆和玉溪市文联戏剧家协会、曲艺家协会联合举办的“2013年戏剧小品创作培训班”在江川县文化馆举行。培训班开设了“戏剧、小品创作的基本理论与技巧”、“戏剧、小品主要元素的应用”等课程。培训内容包括：戏剧小品的构成要素、审美的核心、基本框架、与观众的纽带等理论知识和实际操作中的搜集素材、刻画人物的写作技巧、人物语言的特点把握、遵循的生活逻辑和独到的见解。主讲老师分别为：国家一级编剧李钟发、宋佳良，玉溪滇剧院支部书记普文贵。

【柏林大学等专家考察光坟头遗址】

12月9日，南京大学、德国柏林大学和云南省文物考古研究所专家教授一行5人到江川县路居镇光坟头遗址进行古生物环境地质考察。专家组充分肯定了光坟头遗址的地质环境及保存状况，对光坟头山脚下的双龙村席草田水库、张营村以东抚仙湖以南这一片狭长区域的地质状况作了了解。

【博物馆改造完工重新对外开放】

云南李家山青铜器博物馆历经半年的主体建筑修缮改造和《李家山古滇青铜文化展》陈列布展项目工程全部完工，于12月22日正式对外开放。云南李家山青铜器博物馆是一座集收藏、保管、展示江川李家山出土文物为主的专题性博物馆，是宣传、弘扬江川青铜文化的重要窗口基地。5月，博物馆积极争取上级财政支持，对主体建筑和《李家山古滇青铜文化展览》作了全面修缮改造和提升。改造后的博物馆办公区、参观区、库房、停车场等功能区域划分明确，增设防护围栏。李家山青铜文化展示由原来的两个展厅扩展到三个，展品数量增加，展陈手段多样化，增加多媒体、语音导览系统等先进展示手段和观众互动环节，以全新的面貌和风格独特的设计展示呈现在观众面前。

【举办第九届开渔节文艺演出】

12月24日下午，由江川人自办的第九届开渔节大型文艺演出“鱼跃中天”在渔文化广场隆重上演，整台文艺演出由江川人自编、自导、自演，江川味的文艺节目受到上万群众欢迎。歌舞《开渔欢歌》，独唱《海门楼》、《古滇王国》，情景合唱《回家》等具有浓郁江川风情的精彩节目逐一上演。演出分为星湖渔歌、锦绣江川、思乡恋曲、情满两湖四个篇章，展示了江川独具特色的民间、民俗、民族文化和高原水乡渔文化。

（杨绍龙）

旅　游

【概　述】　2013年，江川旅游工作牢牢抓住抚仙湖—星云湖生态建设与旅游发展综合改革试验区建设的历史机遇，围绕把江川建设成“高原湖泊生态县、现代宜居高原湖泊生态城和国际高原湖泊生态休闲度假目的地”的目标，强力实施大项目带动战略，加大旅游产业发展资金投入，进一步完善旅游基础设施建设，进一步优化了旅游环境，促进了全县旅游产业持续健康快速发展。

2013年末，全县共有国家3A级旅游景区1个（江川古滇国文化园）、2A级旅游景区2个（明星鱼洞和明星碧云寺公园）；四星级饭店1个（阳光海岸酒店）、三星级饭店3个（瑞文酒店、玉波苑酒店和景湖酒店）、二星级饭店3个（孤山环玉山庄、江川宾馆和玉带河宾馆）；以抚仙湖西岸为主要区域的农家乐105家（其中玉溪乡村旅游星级接待单位27家）；合并星级饭店旅游接待总床位6300余个、旅游从业人员6000余人。

全县2013年共接待海外旅游者450人次，比上年同期增长6.13%；共接待国内外游客223.36万人次，与上年同期相比，增长了18.01%；实现旅游总收入98142.27万元，与上年同期相比增长了34%。

其中“春节”黄金周接待游客8.103万人次，比上年同期增长5.2%，旅游总收入2790.8万元，比上年同期增长19.9%；“清明节”接待游客1.77万人次，比上年同期增长16.9，旅游总收入715.8万元，比上年同期增长16.1；“五一节”接待游客10.79万人次，比上年同期增长4.2%，旅游总收入3188.5万元，比上年同期增长8.9%；“端午节”接待游客2.73万人次，比上年同期增长10.5%，旅游总收入1121.09万元，比上年同期增长17.3%；“中秋节”接待游客1.45万人次，比上年同期增长11.31%，旅游总收入637.25万元，比上年同期增长17.48%；“国庆节”接待游客59.086万人次，比上年同期增长11.44%，旅游总收入2415.2万元，比上年同期增长23.65%；“开渔节”接待游客29万人次，与上年同期同比负增长22.66%，实现旅游收入8407.5万元，与上年同期相比增长5.18%。

【推进仙湖锦绣项目建设】　在市委、市政府统领下，于2013年1月19日组织1、2号地块全面复工，截至年底分别完成3300亩用地范围场地清表和初步平整工作，完成土石方工程量60万立方，完成沿项目红线的9千米围墙施工。拟定剩余土地分配实施方案及实施细则，完成所有人员的登记工作，初步完成应参加、不参加分配人员识别工作。制定《路居镇下坝社区张营村土地乱围乱建清理工作方案》，明确工作目标和原则、清理范围、实施主体以及相关工作措施和办法。成立帮助就业机构、开展摸底调查，开展培训808人，进行务工意向登记，联系到复烤厂、宏斌食品厂及仙湖锦绣项目就业。于3月5、6、7日召开张营1、2、3组的村民代表大会，对剩余土地分配方案进行投票表决，均顺利通过，公示完成，完成剩余土地的测量工作，进行土地分配。完成1781亩土地地勘，并提交成果。一期修建性详细规划通过市规委会审查。平场临时施工便道2000米完成，300亩的湖滨公园已全面建设，完成工程量90%，栽种景观树木2000余株，绿化灌木及花草开始栽种，游客接待中心（会所）钢结构吊装完成，主体建筑封顶，进入装修阶段，沙滩铺设和景观游泳池建设基本完成。山上一期建设土石方工程根据市委、市政府的指示暂停施工。2013年完成投资3.78亿元，截至2013年12月底累计完成投资8.09亿元。

【金色抚仙湖九龙国际会议中心建设】　2013年以来，金色抚仙湖九龙国际会议中心样板区别墅住宅楼、酒店副楼（B楼）公寓开盘，体验区主体基本完成开始向业主正式交房，住宅B楼交房完成95%，五星级酒店A、B、C区顺利封顶，完成主体验收；酒店样板房室内装饰和室内活动家具安装完成；酒店室外工程（包括化粪池）施工完毕；二区住宅一标段主体施工完成85%，二标段主体施工完成70%；住宅A楼封顶完成竣工验收，广场平整场地完成，铺贴完成75%；三区住宅建筑方案设计完成，进入施工图设计阶段；完成A楼排水沟混凝土浇筑、消防通道挡墙砌筑，一号路挡墙。取水管道及样板房、路边围墙已经拆除，酒店前期广场堆放的建筑周转材料已搬完。800立方地埋式污水处理厂正常运转，处理后中水用于供项目施工、绿化景观用水。2013年完成投资1.3亿元，截至2013年12月底累计完成投资7.2635亿元人民币。

【推进重大旅游项目前期工作】 天湖湾一期项目。项目已完成总体规划编制，并得到市政府的初步审批；完成项目14平方千米的控制性详细规划编制。项目第一组团（江川天湖湾云顶社区）完成原天湖化工531.13亩土地由工业用地变更为商业及城镇住宅用地的变更手续，完成控制性详细规划编制，已通过县规委会审查，通过专家评审，已取得江川县人民政府批复；项目第一阶段林地征占手续已取得省林业厅批复。项目规划环评工作全面启动，资料收集已完成补充；与相关水务部门对接项目区供排水方案事宜；与南方电网对接项目前期用电事宜，明确申报流程，项目用电申请已启动；云顶社区涉及的地灾评估、压覆矿产资源调查、耕地质量评价等一系列工作均已在进行中。《江川天湖湾·云顶社区一期修建性详细规划》报送县政府及县住建局，项目方对照《抚仙湖—星云湖生态建设与旅游改革发展综合实验区总体规划》、《抚仙湖—星云湖生态建设与旅游改革发展综合试验区旅游功能区控制性规划》及7月12日评审意见，对《江川天湖湾·云顶社区一期修建性详细规划》进行修改，并获得县规委会通过。与江川县供排水公司签订《江川天湖湾项目供水意向协议书》，并取得供排水公司的相关批复。全面开展项目一期可研报告的编制工作，可研成果提交县发改局进行初审。取得县住建局出具的《江川县住房和城乡建设局关于同意江川天湖湾云顶社区一期项目开展前期工作的通知》。取得《江川县人民政府关于小马沟垃圾填埋场的封场承诺》。8月19日下午，江川县委县政府召开项目现场调研会，确定项目后续工作方向，明确各职能部门及业主单位的工作任务，并形成会议纪要。江城镇政府启动江城镇集镇规划的调整工作。全面启动项目一期地灾报告的编制工作。

抚仙湖药王谷国际养生度假村。2013年1月17日在玉溪市召开的招商引资大会上与江川县政府签订投资合作协议。开展项目的可行性研究定稿，准备项目立项备案工作；确定项目四至红线以及林地范围；一期项目现场踏勘，初步确定项目详细规划方案意向，与江川县政府进行胡家湾旧村改造动迁的前期准备及旧村改造思路、一期方案讨论，进行旧村规划方案编制；一期林地实地勘察，胡家湾村和沙滩测绘完成，申请县抚管局前置审批报建。项目规划环评与编制单位商谈并准备相关资料；加快一期修详规的编制工作；开始项目一期范围内古树的调查测量。县政府召开项目推进会，明确年度工作计划；到省林业规划院，了解项目种植中药所涉及的林地手续办理，带省农科院专家到项目实地调查种植地块。

奥宸·抚仙湖国际文化旅游小镇。完成项目一期用地范围的林勘林核工作和项目林地指标申报工作相关资料准备及上报；完成市政（给排水、供电等）相关资料的收集和实地调研工作；完成项目可研报告，对接相关单位准备项目立项备案工作。开展前期专项评估合同谈判及相关准备工作，进行项目现场指挥部搭建及建设改造；项目总体规划调整完毕，并组件上报江川县及市相关部门；因项目报批机构调整，对接相关部门准备报批资料进行报批，申请县抚管局项目前置审查报建。开展项目前期环评、水保专项评估委托单位谈判，水保委托单位已确定。完成项目一期启动区现场踏勘，确定启动范围。

远洋国际培训中心。修改后的建筑规划设计通过县政府初审，通过了玉溪市旅游局1月29日组织的专家评审。

【宣传贯彻《旅游法》】 《中华人民共和国旅游法》颁布后，县文旅广体局及时多形式多措施开展《旅游法》宣贯工作。首先于5月13日组织局机关旅游块全体干部职工学习传达《旅游法》；二是5月14日由江川县旅游产业改革发展领导小组办公室和中共江川县委依法治县领导小组办公室联合发文，将《国家旅游局下发关于认真学习〈中华人民共和国旅游法〉的通知》转发至各乡镇、大街街道办事处、县旅游产业改革发展领导小组成员单位，以及各A级旅游景区、星级饭店、旅行社、乡村旅游星级经营户；三是在县司法局的支持下，于5月19日“中国旅游日”，出动法制宣传车和工作人员，沿县城至抚仙湖、隔河至牛摩一线进行巡回播放，同时在江川古滇国文化园设点，采取定点和流动发放的方式，向游客及乡村旅游经营户发放《旅游法》宣传册1000余册；四是借用江川电视台宣传平台，从5月19日开始，开展为期5天的《旅游法》宣传口号播放；五是于“12·4”全国法制宣传日，制作《旅游安全出行100项》宣传展板1块，发放《中华人民共和国旅游法》、《旅游安全出行100项》和《文明旅游理性消费》等宣传材料1000余份，提供旅游服务咨询40多人次。

为配合全市旅游行业系统全面宣贯《旅游法》活动，于9月29日组织全局旅游干部职工，以及全县A级旅游景区、星级饭店、旅行社、主要乡村旅游星级经营户等企业负责人参加市旅游局组织的学习培训班。

【旅游安全生产工作】 县文旅广体局根据省、市、县有关安全生产的文件精神和工作部署，制定了详细具体的工作方案，与各星级饭店、旅行社、A级旅游景区签订《江川县文化旅游广电和体育局消防工作目标管理责任状》。分别配合省假日办、市旅游局开展了“春节”、“五一”、“国庆”旅游安全检查，以及“两会”、“安全月”和汛期地质灾害等安全生产检查。按照职能分工，采取独立检查或联合检查的方式，牵头会同县消防大队、县质量技术监督局和县卫生监督局、县食品药品监督局组成联合检查组对江川旅行社等4家旅行社、阳光海岸酒店等6家星级饭店，江川古滇国文化园3家A级景区和4家水上娱乐公司开展了全面细致的安全检查。检查内容包括旅游包车、消防安全设施设备、安全疏散通道、水上安全以及压力容器等特种设备、食品卫生安全等方面；对可能存在的安全隐患进行了全面排查。针对排查出的各方面隐患和存在问题，责令有关单位限时整改，并出具书面整改意见。

针对“春节”黄金周出现的抚仙湖旅游水上安全问题，县文旅广体局积极配合市、县有关部门开展整治行动，对存在不同程度问题的四家水上游乐公司停业整顿，认真做好调研、管理办法的拟定等工作；县政府组织抚仙湖管理局、安监局、工商局、旅游局、江城镇及四家水上游乐公司成立抚仙湖旅游水上安全工作组，下设四个工作小组，采取划分安全区域、及时通报天气变化情况多项措施确保抚仙湖旅游水上安全，分别于4月29日至5月1日、10月1日至7日现场值班，及时开展督查工作，有效降低了水上安全隐患，确保无水上安全事故发生；实现了游客零投诉，提高了水上游乐公司服务质量；维持了正常的经营秩序和交通秩序。

【旅游行业应急救护培训】 为提升全县旅游行业卫生应急救护技能，于7月10日组织举办了为期一天的江川县旅游行业应急抢救培训会。参加此次培训的有县文旅广体局旅游部门全体干部职工、6家星级宾馆饭店、1家非星级宾馆饭店、3家A级景区、4家旅行社、4家游船公司和8家乡村游的50多名工作人员。此次培训采取理论知识讲授与救护技能实际操作相结合，培训内容包括救护新概念、心肺复苏、创伤救护、常见急症、意外伤害、突发事件的紧急避险以及针对旅游行业特点的救护知识和技能。

【推行旅游行业标准】 按照省、市旅游局关于旅游行业标准宣贯的要求，县文旅广体局配合市旅游局于7月10日、11日对锦湖酒店申报三星级旅游饭店进行检查评定，并于7月29日举行挂牌仪式；及时组织对乡村旅游星级经营户进行检查，及时动员各乡村旅游星级经营户开展旅游餐馆设施与服务、特色民居客栈贯标活动，于8月经市旅游局对申报材料审核和现场评定，旅游餐馆设施与服务评定结果为江川左卫三道菜（金盘级）、江川大头鱼饭店（银盘级）、旧州田庄（银盘级）、沙湾度假屋（铜盘级），特色民居客栈评定结果为绿色水乡，山水人家、江峰四合院、景腾苑全部评为三星级。

按照《旅游饭店星级的划分与评定》，县文旅广体局组织星级饭店检查员按照职权划分，于8月对阳光海岸酒店（四星）、瑞文酒店（三星）、玉波苑酒店（三星）、孤山环玉山庄（二星）、江川宾馆（二星）和玉带河宾馆（二星）进行了年度复核，其中瑞文酒店为评定性复核，经上报市星级饭店评定委员会审核，6家星级饭店顺利通过年度复核。

【举办2013年江川县旅游饭店服务技能大赛】 根据市旅游局举办全市第七届旅游饭店行业服务技能大赛的要求，江川县于2013年11月29日在江川县高级职业中学举办“2013年江川县旅游饭店服务技能大赛”。大赛共设前台问询及服务、客房中式铺床、中餐宴会摆台及服务、西餐宴会摆台及服务四个项目。来自阳光海岸酒店、瑞文酒店、玉波苑酒店、景湖酒店、江川宾馆5家星级饭店和江川县高级职业中学的57名选手参加了比赛；此外，到场评委及观摩嘉宾共计115人，比赛氛围友好热烈。大赛设集体组织奖2名，每个分赛项目分别设一等奖1名、二等奖2名、三等奖3名。

【宣传促销】 县文旅广体局在积极做好新闻媒体宣传报道工作的同时，县文旅广体局积极创新形式，圆满完成了《美丽玉溪—寻找玉溪最美风景专辑》的编辑上报工作，共计筛选上报图片100张、撰写文字材料7篇；积极组织青铜工艺生产企业和个人参加“2013首届云南旅游商品评选暨创新设计大赛”活动，经市旅游局初评，“江川陆培兴铜艺”荣获二等奖，并代表玉溪参加2013年首届云南旅游商品评选暨创新设计大赛，“望子成龙”荣获三等奖；组织参加“2013中国北方旅游交易会”，发放相关材料1000份；购买“2013年中国国际旅游交易会”展位1个，组织三星级以上星级饭店和古滇国文化园等企业参加此届盛会。

（李　平）

广播电视

【概　述】 2013年，江川县广电工作把讲政治、坚持党的路线作为工作的“灵魂”，把坚持正确导向、做好宣传工作作为工作的“根本”，把提高素质、搞好服务作为工作的“基石”，进一步转变工作作风，唱响主旋律，打好主动战，传播正能量，各项工作取得较好的成效，获得新一届省级文明单位殊荣。

宣传工作上，围绕党和国家重大决策及县委、政府的中心工作抓好主题宣传报道；全力做好党的“十八大”和十八届三中全会精神宣传工作；完成县“三会”宣传报道任务；围绕“五大战略”开展主题宣传报道，引导社会舆论，有效服务县委、政府的中心工作。全年广播电视共播出新闻6552条，上市台播出1137条（含新闻直通车）。

事业建设上，精心做好中央3套、省2套和市1套广播电视节目无线覆盖工程的设施设备维护和节目转播发射工作；构建广播电视公共服务体系。完成第一批直播卫星“户户通”工程。

安全播出上，认真搞好隐患排查整治，严格各项安全措施，圆满完成各个重要保证时期的安全播出任务。集中开展地面卫星接收设施专项整治，维护卫星电视的正常传播秩序。

【主题宣传】 围绕中央、省、市重大决策和县委、政府的中心工作，把学习贯彻党的“十八大”和十八届三中全会精神作为重要的政治任务，组织县广播电台、电视台集中精力，精心策划，深入采访，认真制作，为学习贯彻党的“十八大”和十八届三中全会精神营造良好的思想舆论氛围。圆满完成县委十二届三次全会、县人大十五届一次会议、县政协八届一次会议宣传报道任务，做到当天新闻当天播出，全方位向全县人民播报大会盛况，宣传大会精神，营造一心一意谋发展的良好氛围。围绕“生态立县，农业稳县，工业强县，旅游活县，文化兴县”五大战略以及“兴国强工、建设新城、做美江川”的发展思路，开展主题宣传报道，引导社会舆论，有效服务了县委、政府的中心工作。

【重点工作宣传】 始终把“围绕中心，当好喉舌”作为宣传工作的最高原则，紧扣县委、政府要解决的重、难点问题，对抗旱救灾、抚仙湖退田还湖、烤烟生产、重点项目建设、农村环境卫生综合整治，特别是拆临拆违、拆大棚、美丽乡村建设、路域环境整治等重、难点工作开展系列宣传报道，为这些工作的推进积极鸣锣开道。与昆明电视台合作，成功直播第九届开渔节文艺演出。

【县委工作会议专访】 高位推进、精心策划，高质量地推出了《落实县委工作会议精神　全力推动美丽江川建设》专访栏目11期。对各乡镇和部分县属部门领导进行专访，有效推进了全县广大干部群众进一步解放思想、更新观念，攻坚克难，狠抓落实，争创一流，推动美丽江川建设。

【继续开展“走、转、改”】 组织采编人员继续开展“走基层、转作风、改文风”活动，不断改进新闻报道方式，推出了《美丽江川记者行》等栏目，增强新闻舆论引导的亲和力和感染力，强化新闻服务基层的作用。

【开展“美丽江川　服务先锋”宣传报道】 采用全新的采编方式，推出系列报道《美丽江川服务先锋》系列报道28期，对江川县涌现出来的优秀基层党组织和党员干部在美丽江川建设中的好经验、好做法、好典型进行宣传报道，为江川县的科学发展汇聚了更多的正能量。

【推出“看苏南、谋发展”系列报道】 全程跟踪报道江川县党政代表团赴苏南学习考察活动，推出了《今日苏南：现代化的领跑者》、《华西村：社会主义新农村的一面旗》等10篇《看苏南、谋发展》系列报道，在全县上下形成了“看苏南、谋发展”的热潮。

【对内宣传】 2013年，江川电视台共制作播出新闻稿件1187条，其中，制作播出专栏节目《拆临拆违》36期，《美丽乡村记者行》11期，《美丽江川　服务先锋》23期；创新创优栏目编播，推出了更具宣传亲和力的新版《江川警方》栏目，全年制作播出《江川警方》12期；公益广告5000余条（次）。江川人民广播电台播出新闻5365条（含报纸要闻），播出《星云之声》专题时政版50期102条、法制版50期186条（篇）、综合版50期214条、农业版51期323条（篇），播出电台专栏《岁月如歌》、《红绿灯》、《生活在线》各156期。

【外宣工作】 2013年，在中央电视台新闻频道播出新闻1条。全年报送新闻在玉溪电视台用稿300条，玉溪人民广播电台播出509条，省广播电台播出50条。在玉溪电视台《新闻直通车》栏目江川版播出新闻41期328条，外宣工作保持了较好态势。

【市电台用稿排名第一】 2013年，江川县人民广播电台立足于提升江川的对外影响力，促进江川对外开放和经济社会全面发展，打造美丽江川新闻形象，着力打好外宣工作攻坚战，全年被玉溪人民广播电台所采用新闻稿件达509条，在玉溪八县一区中排名第一。

【第一批“户户通”工程完成】 截至年末，江川县全面完成2200户户户通设备的安装开通任务，解决农村偏远地区群众看电视难的问题。路居镇红石岩、小凹，前卫镇柏池古，大街街道吗咱，九溪镇阳山庄，江城镇烂泥箐等26个有线电视未通达自然村已全部实现户户通全覆盖。户户通工程的实施，对全县有线电视难以通达的农村地区由“村村通”向“户户通”延伸和发展，实现全县农村地区广播电视公共服务全覆盖。

【提高安全播出技术保障能力】 2013年，投资7万余元，购置了示波器、音频故障报警器、全固态调频广播发射机、专业数字解调器等设备，有效提高了江川广播电视安全播出的技术保障能力。

【安全播出】 认真学习贯彻上级有关文件精神，修改完善《江川县广播电视安全播出应急预案》和《江川县广播电视安全播出应急协调预案》，进一步强化安全播出的组织保证和制度保证。“春节”、“五一”、“十一”和国家、省重大活动的重保期间，坚持24小时值班制度和“零”报告制度，实现了优质、安全、不间断传输的预定目标，圆满完成各个重要保证时期的安全播出任务。

【非法卫星地面接收设施整治】 3月26日，组织县工商、文化、广电、公安等部门联合开展非法销售卫星地面接收设施专项整治活动。执法部门对县城的相关经营商户进行突击检查，通过检查发现，县城内少数电子商场、小家电和电视维修店存在非法销售卫星地面接收设施行为，执法部门当即依法查扣这些卫星地面接收设施，并对非法销售卫星地面接收设施的商户进行教育。当天的执法活动共查获非法销售卫星地面接收设施经营户12户，查扣卫星接收机18台、接收天线30座、馈线2卷。对宾馆、酒店等公共场所非法安装地面卫星接收设施、超限传输使用等情况进行专项整治，维护卫星电视的正常传播秩序。

【县四套班子领导到广播电视系统调研】 11月11日下午，县委书记马文龙，县委副书记、代理县长钱兴，县人大常委会主任李东林，县政协主席罗跃岗，县委常委、组织部长林清，县委常委、宣传部长龚桂存，县委常委、常务副县长张文彬，副县长李启红等四套班子领导及县财政局、县人力资源和社会保障局、外宣办主要负责人一行深入江川县广播电视系统，实地查看江川人民广播电台、江川电视台编辑部、录音室、制作室、播出机房，对广播电视系统设施、设备和人员编制情况进行了解。并召开座谈会，听取广播电视系统负责人所作的情况汇报，与采编播人员进行交谈，了解江川县广播电视事业发展情况及当前存在的困难问题。马文龙要求广播电视系统全体工作人员要继续发挥吃苦耐劳精神，努力工作，为推动江川经济社会发展营造良好的宣传舆论氛围。要牢牢把住阵地，围绕中心，服务大局，与党委、政府保持高度一致，与党委政府同路、同心、同行动，始终坚持正面宣传，唱响主旋律，传播正能量，发挥好党和政府的喉舌作用；要强化队伍建设，加强政治学习、理论学习和专业技能学习，提高政治素养、文化素养，增强专业技能；要搞活内部机制，敢想、敢做、敢为，创新发展；要全力履职尽责保证优质、安全播出。

钱兴要求江川县广播电视系统要进一步加强软硬件建设，完善设施设备，加强队伍建设，健全管理制度，坚定信心，克服困难，积极工作，充分发挥广播电视宣传舆论作用，为美丽江川建设作出更大的贡献。

【乡镇广播电视站成立】 12月12日，江川县乡镇（街道）广播电视工作站在九溪镇文化站举行，副县长李启红出席仪式并讲话，县文旅广体局、发改局以及各乡镇分管领导和文化站站长参加仪式，标志着江川县乡镇广播电视工作站正式成立，为推动农村广播电视公共服务体系进一步建立完善奠定了组织基础。

（赵红英）

广电网络公司

【概　述】 2013年，江川支公司紧紧围绕集团公司和分公司“转方式、调结构、重经营、建支柱、强管理、促增效”的工作方针，在江川县内已全部完成模转数的情况下，切实转变经营思路，把工作重心转移到拓展市场，大力发展公司增值业务上来，以加大互联网用户、高清互动用户发展，拓宽付费节目销售渠道为重点，大力提升服务质量，着力提高市场占有率、用户回归率、用户订购率、用户续费率，各项经营管理工作有序推进。

【主要财务指标完成情况】 完成经营收入1975.21万元，完成下达指标2227万元的88.7%，完成利润1084.57万元，完成下达指标610万元的177.8%，超额完成474.57万元，产生成本费用890.64万元，为下达指标1617万元的55.08%，节约726.36万元。

【主要经营指标完成情况】 发展新增有线电视用户651户，完成下达任务数1336户的48.73%。

发展新增数字电视用户1990户（含副机用户），完成下达任务数3500户的56.86%。

发展互联网用户2067户，完成下达任务数3350户的61.7%。

完成高清电视1941户、互动电视主机1930户，高清及互动电视共完成3871户，占下达指标3300户的117.3%。

【保障安全播出】 安全播出是广播电视的生命线。江川支公司为充分做好全年安全播出工作，在安播重保期前，公司安全播出领导小组认真按照集团公司、分公司的检查要求，结合自身实际，对中心机房、光缆主干线、乡镇分前端机房及县电供电、发电机、UPS电源、用户分配网、放大器、光节点等设施设备进行全面检查，对检查中发现的不足及时进行整改，排除隐患。在安全播出领导小组的精心指挥下，通过全体员工的共同努力，圆满完成元旦、春节、“全国两会”、“全省两会”、“五一”、“十一”安全播出任务。

【“户户通”工作】 “户户通”工程建设，是贯彻落实党的十七届六中全会精神的重要举措，也是推动实现城乡广播电视公共服务均等化的重大惠民工程，按照分公司关于做好玉溪市广播电视“户户通”工作，确保对各级政府的投资负责，对用户负责的精神，江川支公司周密布署积极有效的推进户户通工程建设，截至2013年7月31日完成开通户数为2208户，并已通过省、市领导小组的验收，圆满完成户户通一期工程建设工作。二期工程江川支公司共有任务数900户，公司于10月15日启动“户户通”二期工程，克服在辖区内难于挖掘用户的困难，总结一期工程建设好的经验和不足，在公司精心组织下，2013年共完成安装903户，占下达任务数900户的100.33%。

（张文聪）

体　育

【概　述】 2013年，体育部门紧紧围绕开展“建群众身边的场地，抓群众身边的组织，搞群众身边的活动”促进工作。一年来，组织和开展县内群众性体育活动、运动会和单项比赛14次；承办和协办省级重大体育活动3次，组团（队）参加市级比赛15次；举办各类体育培训4次；安装全民健身路径十一套，安装篮球架5付；对体育馆周围进行路径迁移增建，对体育馆进行亮光工程建设，对体育馆顶部进行全面清理除锈处理；看望慰问困难党员和群众3次；全面完成温泉村委会的包村工作，年内江川县文化旅游广电和体育局被国家体育总局评为2009～2012年全国群众体育先进单位。

【第三届“开渔节·体彩杯”羽毛球赛】 2013年元月1～2日，江川县文化旅游广电和体育局在体育馆举办第三届“开渔节·体彩杯”羽毛球邀请赛。参加单位有来自全市各羽毛球协会的12个代表队，运动员达200余人。经过两天的比赛，荣获混合团体前八名的代表队分别是：玉溪市羽毛球协会、玉溪羽客一队、江川羽毛球一队、峨山羽协一队、玉溪羽缘一队、江川羽毛球三队、通海诚晟俱乐部队、玉溪羽客二队。荣获优秀组织奖的代表队分别是：玉溪市人民医院代表队、峨山县羽毛球协会二队、通海朝阳队、江川羽毛球二队。荣获个人项目混合双打前六名的运动员分别是：王宏/陈婷（玉溪羽缘）、黄云川/石秀焕（峨山）、王伟/段惠仙（市羽协）、余朝武/常琼（通海）、段洪宾/赵金荣（峨山）、李云/李丽琼（通海）。荣获男子双打前六名的运动分别是：洪树伟/任可（市羽协）、王家雄/赵寿刚（市羽协）、宋勃鹏/扬镒成（玉溪羽客）、张维奇/（陈晟东）（个人报名）、余辉/普春洪（峨山）、王泰斌/张家松（通海）。荣获女子双打前六名的运动员分别是：王琳琳/张君仪（玉溪羽客）、范丽英/何丽萍（市羽协）、李云美/李润（江川）、张圆圆/李月文（江川）、孙玉仙/刘文玉（市羽协）、陈安娜/杨玲（江川）。荣获男子单打前六名的运动员分别是：柏金伟（市羽协）、李全（江川）、贺运祥（通海）、潘旋（通海）、郭锐（峨山）、陈天宝（江川）。荣获女子单打前三名的运动员分别是：靳燕（江川）、施丽（峨山）、李秀华（江川）。

【县公安局第七届警体篮球、拔河赛】 1月14～16日，江川县公安局举办第七届警体篮球、拔河比赛。举办地点在江川体育馆和江川少体校综合馆。举办运动会的目的主要是缓解工作压力，增强公安民警体质，丰富公安民警文化生活。参加单位有：局机关、刑侦、治安、交警、看守武警、消防和各乡镇街道办派出所，参加人员达150余人。经过三天紧张而激烈的角逐，荣获篮球比赛前三名的代表队分别是：前卫派出所、刑侦队、江城派出所。荣获拔河比赛前三名的代表队分别是：刑侦队、局机关、前卫派出所。

【组队参加通海羽毛球邀请赛】 2月2～3日，江川体育部门组队参加2013年通海县春节“工会工人俱乐部杯”羽毛球邀请赛。参加比赛的羽毛球代表队分别来自通海、玉溪、江川共16个队，运动员达403余名，经过两天紧张激烈的角逐，江川代表队荣获团体总分第一名，创历史最好成绩。同时还分别荣获女子单打第一名和第七名；男子单打第三名；女子双打第二名的成绩，展现了江川羽毛球队的竞技实力。这次邀请赛由通海县体育局、通海县总工会、通海县总工会工人俱乐部主办，通海县羽毛球协会承办。

【县人民法院举办“迎新春”体育趣味活动】 2月5日上午，江川县人民法院在江川体育馆举办“迎新春”体育趣味活动。参加趣味活动的有来自法院系统的75位干部职工，按科室分做四个组进行，趣味项目有：三人四足接力、搬运接力、大快人心、拔河。经过激烈而欢乐的比赛，荣获团体总分1～4名的组分别是：三组、一组、四组、二组。整个趣味活动进行了两个小时。

【“体彩杯”春节体育活动】 2013年2月10日，正值大年初一，江川体育部门在县体育馆举办中国象棋、男子乒乓球比赛，参加运动员达30多人，经过一天的比赛，荣获象棋比赛前三名的运动员分别是：张党平、刘雪春、刘宝有，荣获男子乒乓球比赛前三名的运动员分别是：卢正洪、唐忠友、罗培兴。

【“玉溪杯”全国公路自行车冠军赛】 2013年4月6～9日，由国家体育总局自行车击剑运动管理中心主办，云南省体育局、玉溪市人民政府承办

的“2013年‘玉溪杯’全国公路自行车冠军赛暨首届玉溪自行车公开赛”在红塔区、澄江县、江川县、华宁县举行，来自全国22个省市的287名运动员、领队、医生、机械师参加比赛。4月6～7日个人计时赛（男子40千米、女子20千米）；城市绕圈赛（男子80千米、女子60千米）在红塔区举行。4月8～9日，分别在澄江、华宁、江川举行男子180～200千米，女子100～120千米环抚仙湖赛。

江川作为承办下属单位之一，其职责是制定江川县赛段路线及区域安全，赛事的宣传报道，道路维护，环境卫生治理，氛围营造方案并组织实施，加强对赛段管理和赛道周边群众安全教育，协助做好赛事相关工作。赛期内保证江川辖区内沿湖比赛安全、顺利、圆满成功，得到大会组织委员会一致认可。

【组队参加“羽林争霸赛”】 4月20～21日，“羽林争霸”2013红牛城市羽毛球赛云南赛区玉溪站比赛在市体育馆举行。来自八县一区各行业的32支代表队250余名运动员参加比赛。江川文化旅游广电和体育局选拔运动员参加比赛，荣获团体第六名。

【体育部门举办大众健身操】 为认真贯彻落实《全民健身条例》，推动江川全民健身活动的开展，江川文化旅游广电和体育局于5月8～10日在江川体育馆举办广场大众健身操，特邀玉溪少体校教练王惠英担任本次培训班教练，共有来自全县各社会团体、乡镇、街道、部门的学员61人参加培训。

【体育馆实施亮光工程】 为提升江川县城良好形象，打造兴江路美好的环境。按照县政府的要求，江川体育馆实施亮光工程，2013年5月8日，体育馆与招标方签订施工协议，5月19日，对江川县体育馆灯光亮化进行馆顶字体亮化和700余米LED灯围边，大厅正门安装11只射灯，大厅正门两侧LED灯围框，两只斜射灯和两只高杆灯的建设，使体育馆的亮化焕然一新，达到县住建部门的总体规划要求，总投资约10万余元。

【组队参加市羽毛球公开赛】 5月25～28日，玉溪市举办2013年首届“伟士——赛点体育杯”羽毛球公开赛。比赛地点在玉溪市体育馆，比赛设团体赛，包括混合双打、男单、男双，来自昆明市、玉溪市各县区体育部门、行政事业单位、企业、羽毛球协会的66个代表队，共400余人报名参加比赛。江川县文旅广体局、县羽毛球协会组织4个代表队参赛，县文旅广体局一队止步于16强。这次羽毛球公开赛由玉溪市体育局主办，玉溪市羽毛球协会、玉溪市体育馆、伟士（厦门）体育用品有限公司承办。

【全民健身路径投入安装使用】 为进一步贯彻落实《全民健身条例》，加强体育基础设施建设，推动江川全民健身活动的广泛开展。江川县体育部门积极向上级争取资金和体育彩票公益金，按政府采购程序购买一批全民健身路径器材，6月9日上午，90件全民健身器材已全部到位，并分别配给路居下坝、海浒马料庄、江城云岩、路居兰田各一套6件，江川县医院一套13件，江川体育馆一套18件，预留器材19件，江川住建局在三角公园配备一套16件的全民健身路径，整个投入约19万余元。

【承办公开水域游泳邀请赛】 2013年7月13日上午，“七彩云南全民健身运动会”2013年第七届云南·玉溪抚仙湖公开水域邀请赛在江川抚仙湖孤山风景区举行。参加比赛的运动员来自台湾、香港、澳门、四川攀钢和云南昆明、玉溪、曲靖、红河的18支游泳代表队，参赛运动员达620余名，其中男运动员384人，女运动员236名，比赛设大众组A组（18～29岁）、B组（30～44岁）、C组（45～59岁），半专业组、畅游组（只发证书，不取名次）。

本届运动会由云南省体育局、玉溪市人民政府主办，玉溪市体育局、云南省游泳协会、江川县人民政府承办，江川县文化旅游广电和体育局、昆明勋业集团、玉溪市游泳协会、昆明福吉加油站协办。

【组队参加市少儿田径赛】 7月21～23日，2013年玉溪市少年儿童田径比赛在红塔区体育场举行，共有9个代表队参加比赛。江川县文旅广体局、江川县教育局联合委托大庄学校组队参加比赛，荣获团体总分第五名，这是江川少年儿童田径赛近10年来的最好成绩。

【组队参加市少儿游泳比赛】 7月25～26日，2013年玉溪市少年儿童游泳比赛在玉溪市运动学校举行，共有7个代表队参加比赛。江川县文旅广体局、江川县教育局联合要求云南省传统游泳校点温泉小学组队参赛。经过两天四场紧张激烈的水上拼搏，江川代表队分别荣获男子组、女子组团体总分第三名。

【组队参加市少儿篮球比赛】 由市体育局主办，新平县文旅广体局承办的2013年玉溪市少年篮球比赛于8月1～5日在新平县举行，共有7支男、女代表队参加比赛。江川县文旅广体局、江川县教育局联合委托后卫中学组队参加比赛，江川获男子组第六名。

【举办培训班】 在第五个全民健身日来临之际，江川阳光青少年体育俱乐部利用中小学生署假期间，抽调少体校相关教练员免费为中小学生举办体育培训班。培训的体育项目为：7月17～26日举办男、女篮球、柔道项目，培训学员男篮18人、女篮12人、柔道13人，教练员分别由朱金艳、李润、陈云焕承担。7月29～8月7日举办羽毛球、乒乓球培训，培训学员分别有：羽毛球25人、乒乓球20人，教练员分别由李云美、董森承担。整个培训班共培训学员88人。

【组队参加市首届县区乡镇（街道）篮球赛】 8月4～8日，玉溪市首届县区乡镇（街道）篮球大联赛在玉溪师范学院举行，共有来自全市九支男队和六支女队参赛。江川县委托大街街道办事处组队参赛，通过体育部门的精心指导，经过一个星期在体育馆的集训，由县文化旅游广电和体育局副局长陈华带队参赛，经过激烈角逐，江川男队荣获第二名，女队荣获第三名。

【举办“全民健身日”系列活动】 在第五个“全民健身日”来临之际，江川县文化旅游广电和体育局组织开展系列体育活动，主要内容有：8月5～9日，在少体校举行门球、地掷球比赛；在县老年人活动基地举行气排球、象棋、桥牌比赛。8月8日晚7时，在体育馆正大门广场举行体育彩票销售活动；同时，举办广场体育健身项目展演，展演项目包括：太极柔力球、舞蹈《卓玛》、太极剑、泰迪球、烟盒舞、功夫扇等六个项目，吸引了几百名观众观看。举办“全民健身日”系列活动的主要目的是认真贯彻落实《全民健身条例》和《全民健身计划》，进一步激发全县广大干部职工积极参与到全民健身中，增强干部职工的体魄。

【组队参加华宁县篮球赛】 9月6～8日，华宁县文化旅游广电和体育局举办“七彩云南全民健身运动会”柑桔旅游文化节篮球比赛。江川县比亚乔男子篮球队组队参赛，荣获男子篮球第三名。本届男子篮球赛共有6支球队参赛。

【县政协组团参加运动会】 9月23～26日，玉溪市政协系统第十一届职工运动会在新平举行。江川县政协组成22人的代表团，出团参加篮球、乒乓球、中国象棋、双抠比赛，荣获团体总分第七名。其中：中国象棋第二名，女子乒乓球第三名，篮球第六名，羽毛球第七名。本届政协系统运动会共有十个代表团参加。

【县人大组团参加运动会】 9月23～27日，玉溪市人大系统第十届运动会在红塔区举行。江川县人大组成24人的代表团，出团参加篮球、乒乓球、羽毛球、游泳四个项目的比赛，荣获团体总分第七名。其中：羽毛球荣获第二名，游泳第六名。本届职工运动会共有十个代表团参赛。

【组队参加“七彩云南全民健身运动会”】 10月1～2日，“七彩云南全民健身运动会”2013年玉溪市羽毛球公开赛在市体育馆举行。本次比赛有来自昆明、曲靖、文山、普洱、西双版纳、玉溪等州市的38支代表队458名羽毛球爱好者参加比赛。比赛只设混合团体分甲乙两组，甲级组由省内各州市参赛队组成；乙级组由玉溪各企事业单位参赛队组成。江川县体育部门组成代表队参加比赛，获乙级组第八名。本次比赛由市体育局主办，市羽毛球协会承办。

【体育部门承办“两县一馆”运动会交流赛】 10月12日，江川文化旅游广电和体育局、峨山文化旅游广电和体育局、玉溪市体育馆联合举办乒乓球、羽毛球、气排球、双抠四个项目的比赛。江川队荣获羽毛球、乒乓球、双抠比赛第一名；气排球比赛第二名。共有40多名来自两县一馆的体育部门的运动员参加，比赛运动员既是裁判员又是运动员，比赛的目的是加强交流，提高球技，相互认识，提高业务知识。

【第五届云南户外运动联盟大会在江川举行】 2013年10月26日上午，由数十家云南顶尖户外运动俱乐部联合发起的“七彩云南全民健身运动会暨第五届户外运动联盟大会”在江川抚仙湖玉波苑开幕。主体活动项目有：自行车环湖健康骑行；徒步健康行；自行车33千米亲子骑行；沙滩宝贝大赛。整个活动进行了两天。参加各项活动的人群达300余人。这次活动由云南省体育局主办，云南省社会体育指导中心、省登山户外运动协会、玉溪市体育局承办，江川县文化旅游广电和体育局协办。

【组队参加玉溪“红牛杯”三人篮球赛】 10月26日～11月3日，2013年玉溪“红牛杯”三人篮球赛在玉溪聂耳文化广场篮球场举行。江川体育部门组织两支男女球队参加比赛，荣获男子篮球第一名，女子篮球第三名，共有9支男队和4支女队参赛。

【开展国民体质检测】 为认真贯彻执行《中华人民共和国体育法》、《全民健身条例》和《全民健身实施计划（2011～2015年）》，积极推选国民体质测定制度，引导和激励国民经常、持久地参加体育健身活动，不断提高国民体质与健康水平。10月29日～11月12日，江川县体育部门自筹资金5万余元，购补国民体质检测成套器材，按照省市体育局的要求，抽调十多人带着体质检测器材，和抽样表格，深入基层，深入群众，先后到大街街道、雄关乡、路居镇、江城镇、前卫镇、安化乡、九溪镇等七个乡（镇）抽样调查20～69岁人群的体质健身活动与体质状况。每到一地，县人民医院的两位医生对监测对象量血压、测脉搏，体育部门工作人员开展问卷调查，然后依次进行身高、体重、坐位体前屈、握力、纵跳、闭眼单脚站立、俯卧撑或仰卧起坐、选择反应时、台阶实验九个项目的测验。经过两周左右的工作，共检测20～69岁的人群近700人。

【组队参加农业系统篮球赛】 11月19～23日，玉溪市农业系统“民生杯”篮球赛在元江举行。江川县农业局抽调本系统职工18人，邀请体育部门领导陈华担任教练，在体育馆经过两周训练后出队比赛，男子篮球队荣获第二名，女子篮球队未获名次。本次比赛共有十支男队和十支女队参加。

【举办老年人运动会】 11月11～15日，江川县举办县直机关二十一届、乡镇（街道）第十届老年人运动会，共有来自全县7个乡镇220余名老年人、县直机关13个分协的600多名老年人参加。比赛项目有门球、地掷球、乒乓球、羽毛球、气排球、中国象棋、桥牌、泰迪球、文体表演10个项目。

【组队参加市检察院第四届职工运动会】 11月24～29日，玉溪市检察院第四届职工运动会在峨山县举行。江川县检察院抽调十余名干部职工在少体校综合馆进行短期集训后参赛，荣获羽毛球比赛第二名，篮球、乒乓球未获名次。本届运动会共有十个代表队参加。

【第四届“开渔节·体彩杯”羽毛球邀请赛】 12月28～29日，江川县2014年“七彩云南全民健身运动会”第四届“开渔节·体彩杯”羽毛球邀请赛在江川体育馆举行。参加比赛的有来自玉溪市各县区羽毛球协会的十三支代表队，运动员、裁判员达180余人。这次比赛，由江川县文旅广体局主办，江川县羽毛球协会承办，比赛设混合团体项目和个人项目（男子单打、女子单打、男子双打、女子双打、混合双打）。荣获混合团体前八名的代表队分别是：玉溪纯乐队、玉溪羽客一队、玉溪市羽毛球协会、玉溪璞缘羽梦队、江川文旅广体局队、峨山羽毛球协会、玉溪天翊羽毛球队、江川羽毛球一队；荣获男子单打前六名的运动员分别是：孔凡超、安波、马诚、李松泽、马震雄、张俊；荣获女子单打前五名的运动员分别是：靳燕、张圆圆、白玉英、施丽、周娜；荣获男子双打前六名的运动员分别是：胡善云/雷小明、王志敏/赵寿刚、张明华/史东海、李东岳/余晖、宋勃鹏/高陈敏青、廖江红/赵明；荣获女子双打前六名的运动员分别是：龚元月/张君仪、李润/李云美、王艳/韩燕、朱玲超/武月琴、陈安娜/杨玲、刘秀峰/杨翠云；荣获混合双打前六名的运动员分别是:王家雄/朱萍、周建设/朱黎勇、王丹/曹一谦、王欣/石秀焕、普春洪/赵金荣、杨石生/张霞。

（石从江　李丽芬）

卫　生

【概　述】 2013年，江川县辖区内设有各级各类医疗机构166个。整个卫生系统实有工作人员1258人，其中编制内583人，编制外402人，乡村医生264人。一年来，在各级党委、政府及卫生主管部门的关心、指导下，江川县卫生事业稳步发展，服务体系更加健全，医疗卫生改革工作正在有序推进。

【新型农村合作医疗参合及基金筹集】 2013年，全县农业人口数242134人，参合人数236793人，参合率97.79%。2013年筹资标准为每人每年400元，其中：中央财政补助188元，省级财政补助23元，市级财政补助106.5元，县级财政补助22.5元，个人缴纳60元，筹资额为9471.72万元。共筹集新农合基金9490.70万元，其中，中央财政补助4452万元，省级财政补助545万元，市级财政补助2521.85万元，县级财政补助532.78万元，农民个人缴费1420.76万元，利息收入18.31万元。

乡　镇	农村总人数（人）	总户数（户）	参合人数（人）	参合率
江城镇	66333	20194	64718	97.57%
大街镇	57605	17627	56524	98.12%
九溪镇	25208	7947	24717	98.05%
路居镇	27601	8330	26938	97.60%
前卫镇	45590	14279	44640	97.92%
安化乡	9127	2790	8909	97.61%
雄关乡	10670	3120	10347	96.97%
合　计	242134	74287	236793	97.79%

【新型农村合作医疗基金支出】 2013年共减免补偿781229人次，补偿基金8770.47万元，基金使用率为92.41%，受益人数151916人，受益率为329.92%。政策范围内住院费用补偿比达77.52%，住院费用实际补偿比例达63.09%。当年基金结余为720.23万元，结余率7.58%，累计结余为3276.89万元，累计结余率34.52%。

住院补偿25863人次，住院费用11869.32万元，补偿金额7488.83万元。次均住院费用4589.31元，次均补偿2895.58元。

普通门诊补偿753899人次，门诊费用2079.14万元，补偿金额1113.01万元。次均门诊费用27.58元，次均补偿14.76元。

住院分娩1073人次，住院费用152.45万元，补偿金额52.82万元。

门诊慢性病补助394人次，治疗费用158.95万元，补助115.81万元。

【卫生下乡、爱民惠民】 2月24日，县委、县政府组织文化、科技、卫生“三下乡”活动，为路居镇张营村群众送欢乐、送医、送药，送文明、送科技，卫生局按照要求组织县人民医院、县妇幼保健院、县疾控中心3家医疗卫生单位的18名医务工作者为当地群众免费义诊，开展咨询活动。共发放卫生宣传材料50种5000余份，展出展板10块。宣传内容涉及甲型H1N1流感、手足口病的防治、艾滋病防治、健康66条以及高血压、糖尿病防治和妇幼卫生保健知识等。县人民医院安排内科、外科、五官科、B超室骨干医生为群众义诊、量血压、解答群众提出的医疗方面问题，卫生下乡服务人次达577人次，免费发放药品5000余元。

【洪涝灾害后疾病防控】 5月23日，路居镇连降暴雨，导致部分区域受到不同程度的损害。灾情发生后，县卫生局领导高度重视，召开紧急会议部署灾后卫生防疫工作，要求以生活用水安全、食品安全、环境消毒为重点，同时加强传染病预警预报、健康教育宣传和疫情监测，保持信息畅通，严格报告制度。县疾控中心主任周标带队落实灾后卫生防疫工作，为当地群众提供120瓶消毒药品和卫生宣传材料6种200多张，确保灾后无疫情发生，保护群众生命安全。

【完成“光明工程”任务】 2013年全县共为262例患者实施了白内障复明手术治疗，超额完成市政府下达的219例手术任务。

【提升乡村医生素质】 为认真落实《玉溪市人民政府关于进一步加强乡村医生队伍建设全面提升乡村医生素质三年行动计划（2011年—2013年）的实施意见》文件精神，加强乡村医生队伍建设，提高乡村医生职业道德和业务素质，提升村卫生所整体服务水平。江川县建立健全乡村医生退出补助和引进招考机制，2013年县政府按时足额拨付乡村医生退出、退养补助经费共137.93万元，由各乡镇卫生院及时兑现给卫生院退出、退养乡村医生；2013年8月1日通过公平、公正、公开的自愿报名考试，录取25名具有中专以上学历的医学类人才充实到各村卫生所。

【全民健康生活方式在行动】 2013年县疾控中心与县复烤厂合作开展创建“健康食堂”示范餐厅活动。活动中积极向全厂干部职工宣传普及“合理膳食、适量运动、戒烟限酒、心理平衡”与“我行动、我健康”的全民健康生活方式理念，全年共开展食堂员工岗前卫生培训140人；制作展出全民健康生活方式宣传展版7块；发放彩印折页宣传材料6类2000余份。

【“服务百姓健康行动”义诊】 为认真贯彻落实国家卫计委关于开展“服务百姓健康行动”全国大型义诊活动周的精神，推行便民惠民措施，普及医学和健康知识，县人民医院和县中医医院紧扣主题，开展“服务百姓健康行动”大型义诊活动。县人民医院于10月14日上午深入到九溪镇六十亩村进行免费义诊活动，10月17日联合上海普陀区中心医院7位专家在院内开展义诊咨询、病区查房、手术指导等活动；两次活动，义诊总人次为927人次，免费发放药品229人次，价值3000余元，发放宣传资料2058份。县中医医院于10月14日在大街街道办事处门口，结合中医药健康管理服务项目，免费进行义诊活动，共为235名居民进行了健康体检，发放健康教育处方300份。

【召开《江川县医疗机构设置规划（2012年-2015年）》听证会】 5月31日，县卫生局组织召开《江川县医疗机构设置规划（2012年-2015年）》听证会。听证会邀请县人大代表、县政协委员以及法律工作者、乡村医生、民营医院、医保机构、县级综合医院、村委会干部、熟悉听证事项的专家学者、专业技术人员的代表参加。听证会针对《江川县医疗机构设置规划（2012年-2015年）》中的内容作了详细介绍，当场对听证代表提出的问题和建议进行答辩。听证会后，县卫生局及时将意见采纳情况和《江川县医疗机构设置规划（2012年-2015年）》以公告形式向社会公开。

【基本公共卫生服务项目】 2013年，全县共建立电子健康档案246505份，建档率90.9%。完成0-6岁儿童管理17256人、新生儿访视2469人、产后访视2457人；管理65岁以上老年人30477人、管理高血压患者18619人、管理糖尿病患者3758人；为811名精神疾病患者提供相关服务。各乡镇卫生院开展公众健康咨询233次，卫生院、村卫生所开展健康讲座477次，受益群众26009人次，累计发放各种各类卫生宣传材料205551份。

【基本药物制度执行良好】 2013年，江川县基层医疗卫生机构采购基本药物1663.89万元，销售1759.45万元，所有基层医疗机构的药品全部执行网上统一采购，并实行零差率销售。基本药物制度的实施，斩断药品购销过程中的利益链条，减少药品中间加成，降低药品价格，各医疗机构处方计费金额下降，群众医疗负担明

显减轻。

【县政府对医疗卫生改革工作进行调研】 12月4日，县委副书记、县长钱兴，副县长杨军苹一行到江城中心卫生院、县中医医院、县疾病预防控制中心和县人民医院进行工作调研，深入了解基础设施建设、业务工作开展及医疗卫生体制改革推进等情况。调研组对医疗卫生工作取得的成绩给予肯定，针对基层卫生院机构改革情况、县中医医院下一步建设意见、疾病预防控制工作开展情况、公立医院改革推进情况及卫生系统人才引进等问题，表示会与人社、财政等部门沟通，进一步了解情况，逐步解决存在问题，保障医疗卫生事业稳步发展。并提出要求，要加强管理，主管部门要加强对医疗卫生机构的引导、监督、检查与考核，促进医疗卫生工作发展；各医院卫生单位要加强内部管理，加强资金管理、加强人才队伍建设管理、加强单位整体运行的管理，保障群众对医疗卫生服务的需求。要提高医疗卫生机构人员素质，为群众提供热情、周到、高质量的医疗卫生服务。

【医疗卫生服务机构基础设施建设】 为进一步加快农村公共卫生基础设施建设步伐，改善广大人民群众就医条件，全面提升医疗卫生服务能力，至2013年，新（改）建村卫生所66个，占全县村卫生所的91.6%。7家乡镇卫生院均得到不同程度的改造。完成120急救站和卫生监督局业务用房主体工程项目建设。在前卫镇、雄关乡建成100间卫生厕所。

【等级医院创建】 为进一步提升县级公立医院的服务能力和管理水平，更好的满足人民群众对医疗卫生服务的需求，县人民医院、县中医医院分别启动二级甲等综合医院、二级乙等中医医院的等级评审工作。县人民医院于8月27日通过二级甲等综合医院评审，县中医医院于11月18日通过二级乙等中医医院的评审。

【6.26国际禁毒日禁毒防艾宣传活动】 2013年6月26日是第18个国际禁毒日，毒品和艾滋病已被称为当今世界与恐怖活动并列的“三大公害”，对人类生存和发展构成严重威胁。为加大禁毒防艾宣传力度，县疾病预防控制中心联合县禁毒大队、大街街道办事处等单位于6月21日至6月26日深入大街街道所辖的学校、企业和社区开展一系列禁毒防艾宣传培训工作，共发放宣传材料10000余份，展出展板20余块。

【云南省农民工联席会在江川举行“防艾”宣传活动】 为加强农民工预防艾滋病知识宣传教育，提高公众对艾滋病防治的认识，12月3日，云南省农民工联席会议办公室到江川县开展农民工防治艾滋病系列宣传教育活动。省、市、县相关部门领导出席活动并讲话。江川县各行业工作的农民工5000余人参加活动，活动内容主要为文艺演出、播放防艾宣传片、展示宣传展板、发放安全套和宣传册、组织农民工现场承诺签名等。整个活动共展出展板68块，发放安全套12000只，宣传资料16500余份。最后1500余名农民工还参加“关心农民工、共抗艾滋病、从我做起”承诺签名活动。

【乡村医生合理用药知识培训】 为指导乡村医生合理用药，按照市卫生局的统一安排，县卫生局于5月6日至5月10日，组织71名乡村医生进行为期5天的合理用药知识培训。培训结束后对参训的乡村医生进行测试，结果全部合格。

【重性精神疾病患者康复救助工作】 2013年，全县加大重性精神疾病患者治疗康复救助工作力度：主要以国家重性精神疾病“686”项目工作管理为支持，在全县7乡镇、72个村民委员会、334个自然村，开展疑似精神病人症状线索登记筛查，聘请玉溪市二院精神病专家组进村入户排查、复核诊断、知情同意、危险行为评估及药物治疗调整、家属护理培训及随访管理等工作，并按项目管理要求规范建档、网络录入、随访管理等；县卫生局与公安、民政、残联、人社等部门相互协调配合，共同开展重性精神疾病患者治疗康复救助工作；将重性精神疾病纳入公共卫生服务管理，实行季度随访评估，若出现危险行为、肇事肇祸时及时与公安联系，实行紧急住院治疗；将残疾、孤寡的重性精神病患者交由民政局工疗站托管救助。全年共救治康复重性精神疾病患者182人，支付救助经费59.9万元。

【妇幼健康工作】 2013年，全县孕产妇保健覆盖率达100%，孕产妇系统管理率达98.47%，住院分娩率达100%，农村孕产妇住院分娩补助率达96.71%，孕产妇高危率达39.95%，高危管理率达100%，高危住院分娩率100%，孕产妇死亡1例，死亡率35.56/10万；儿童保健管理率达98.17%，3岁以下儿童系统管理率达98.09%，婴儿死亡率和5岁以下儿童死亡率分别为5.69‰和7.11‰；新生儿疾病筛查率达87.70%，新生儿听力筛查率达75.11%；剖宫产率达29.87%；婚前医学检查率达99.13%。

【窝沟封闭工作】 2013年中西部地区儿童口腔疾病综合干预项目工作继续在江川县组织实施，项目从2013年7月1日开始至2014年6月30日结束，适龄对象为2004年8月1日至2005年8月31日出生的学龄儿童，省市下达我县窝沟封闭任务指标为8000颗。截至2013年底，江川县已对61所小学2787名适龄儿童进行筛查，共筛查出符合窝沟封闭牙数8785颗；给1332名儿童进行窝沟封闭，封闭牙数4531颗，项目工作正在有序开展。

【食品安全专项行动】 2013年，全县组织开展一系列食品安全专项行动。

一是组织开展打击食品犯罪保卫餐桌安全等8个专项整治行动。各成员单位加大监督检查力度，县公安局组织清查集贸市场5个，食品加工厂12家，相关食品销售商铺104个，食品交易集散地58处，共清查出不符合食品卫生规定的单位、加工厂等12家次，责令限期整改11家次，停业整顿1家次；县农业局组织出动执法人员708人次，检查农资门店1484个次，查处违法案件8件（畜牧兽医案件3件、种子案件5件），收缴罚没款8357.1元，调解种子案件纠纷3起，并对收缴的劣兽药产品和不合格种子进行集中销毁；县工商局出动执法车辆15台次，执法人员68人次，检查涉及儿童食品生产加工、销售和消费经营户860户；县质监局、旅游局和教育局亦出动执法人员对地方特色食品、进出口食品、食品标签、旅游市场食品和农村学生义务营养改善食品等进行了督查整治。

二是开展婴幼儿配方乳粉质量安全专项整治行动。共出动执法人员51人次，检查集贸市场、批发市场6个次，检查商场、超市8户次，对我县26户婴幼儿配方乳粉经营户检查43户次，未查出违法案件。

三是开展上海锐可公司制造销售假冒进口婴幼儿奶粉案件专项查处行动。县工商局及时对全县市场销售“可尼可”、“善臣”、“澳利乐”、“贝诺贝滋”和“乐士”的奶粉情况开展专项检查和排查。共出动执法人员27人次，执法车辆8台次，重点对经营奶粉和婴幼儿配方乳粉109户经营户进行检查和排查，未发现有经营户销售上海锐可公司制造销售的婴幼儿奶粉，也未接到任何消费者投诉。

四是做好重大节假日期间食品安全保障工作。认真贯彻省、市、县有关会议和文件精神，制定下发了《关于开展2013年元旦春节期间食品安全专项检查工作的通知》、《关于进一步加强春夏季食品安全监管工作的通知》、《关于做好“五一”期间食品安全监管工作的通知》、《关于进一步加强南博会、中高考和端午节期间食品安全监管工作的通知》等文件，对全县重大节假日期间食品安全工作进行统一部署安排，进一步强化监管职责，整合执法力量，有组织、有步骤地深入开展食品安全保障工作，确保节日期间未发生食品安全事故。

【卫生人才建设】 截至2013年底，江川县卫生系统共有职工552人，专业技术人员512人，执业医和执业助理医共计234人，注册护士146人。职称结构：正高2人，副高46人，中职205人，初职228人，未定级31人。

为进一步加强卫生人才队伍建设，改善人才队伍结构，提高服务能力，促进卫生事业的可持续发展，2013年通过报请上级批准通过云南省公务员考试录用4人，其中卫生监督管理2人，新农合管理2人；县人民医院引进紧缺专业人才4名，全县医疗单位招考工作人员25名（其中江城招考紧缺专业人才1名）。

【卫生专业技术资格考试、全国护士资格考试情况】 2013年江川县卫生专业技术资格报名考试人员总计85人，考试合格人员29名。2013年度江川县护士执业资格报名考试人员54人，考试合格18人。

【卫生专业高级技术资格申报评审】 2013江川县申报卫生专业高级技术资格报名人员总计8人，其中，申报正高级资格2人，申报副高级资格6人；最终通过评审取得卫生专业高级技术资格人员正高级资格1人，副高级资格3人。

【队伍培训】 为加强卫生人才队伍建设，提升医疗卫生服务能力，县卫生局以建立卫生人才工作长效机制为抓手，积极推进县、乡、村三级卫生队伍建设，建立稳定的具有一定水平的卫生人才队伍。加强农村卫生人员岗位培训工作。2013年共组织23名卫生院医护技人员参加全科医师岗位、全科医师转岗、护士及其它岗位等培训；组织2名中医医师参加县级中医临床技术骨干培训项目、1名医师参加中医类别全科医师转岗培训；组织71名乡村医生参加村卫生室合理用药知识培训。选派县人民医院、县中医医院6名临床骨干医师到上海普佗区医院和市中医医院进行为期一年的骨干医师培训。加强卫生技术人员的继续医学教育工作。县卫生局将继续医学教育完成情况纳入年终考核项目。各医疗卫生单位每年都按要求组织中级以上职称的卫技人员参加远程教育培训，按时完成远程继续医学教育课程。

【成立中共江川县卫生局党委】 县委高度重视卫生工作，切实加强对卫生工作的领导，结合卫生系统的实际情况，批准成立中共江川县卫生局党委，将原先的党总支升格为党委，属县委下一级党组织，并配备了党委书记1名、副书记2名、党委委员4名，于2013年12月23日召开党委成立大会，为卫生系统党建工作奠定坚实基础。

（卫生局）

县人民医院

【概　述】 江川县人民医院坐落于星云湖畔，始建于1941年，经过70多年的建设和发展，已经成为一所集医疗、教学、预防、保健、科研、急诊急救为一体的县级综合医院，是昆明医学院和大理学院实习医院，是玉溪卫校和思茅卫校教学医院。全院占地面积22858平方米，总建筑面积23000平方米。编制病床300张，实际开放床位350张。设有临床（手术室、外二科、外一科、骨科、内二科、内一科、儿科、妇产科、急诊科、眼耳鼻喉科、中医科、供应室）和医技科室

（检验科、放射科、超声科）24个。附设远程会诊中心及江川县120急救站。2013年底在编236人，非在编183人，总人数419人。2013年在编职工中专技人员218人，工勤17人，管理1人；其中，正高2人，副高28人，中级100人，初级77人。

【人才队伍建设】 为缓解医务人员紧缺的状况，2013年通过人社局招考在编人员8人（医生4人、护士2人、助产士1人、检验1人）。通过现场特殊人才引进招收在编麻醉学专业1人，影像学专业3人。院内自主招考合同制护士27人。

为提高年轻医务人员的综合素质，医院一方面采取请进来走出去的方式，举办理论和操作培训班，进行相关专业知识培训考核，每季度一次，全员参与，考勤与年终评先、评优、职称晋升挂钩；2013年选派年轻技术骨干7人到上海、昆明知名医院对口进修深造，将所学专业知识应用于临床工作，服务病人。另一方面通过自学、远程教育考试学习提高医务人员专业技能，通过老少间传、帮、带实际操作互相学习提高。

【通过“二级甲等”医院评审】 江川县人民医院于1994年被卫生部评为二级乙等医院。经过近十年的发展，医院规模、硬件设施有了明显改善，2011年初省、市、县领导多次到县人民医院调研，二甲医院创建工作开始提上议事日程。2011年4月28日开始申报创建，2013年5月上报材料申请评审。

2013年6月25～28日，江川县人民医院接受由云南省第二人民医院（副院长）主任医师吴永寿为组长的云南省二级医院评审专家，进行为期四天的医院等级评审评价工作。13名专家分成医疗质量一组、医疗质量二组、护理组、社会评价组、行政效能组五个小组，参照等级医院评审标准通过资料查阅、现场查看、考核、个案追踪、系统追踪、人员访谈等方式，对医院各项规章制度的制定、落实和持续改进等方面进行全面的检查和指导。300百余名职工接受检查和考核。6月28日反馈会上，江川县人民医院通过二级甲等综合医院现场评审，成为玉溪市第二家通过二甲现场评审的医院。江川县人民医院全体干部职工通过“五加二，白加黑”的工作，顺利完成“二级甲等综合医院”创建工作。

【响应公立医院改革号召】 2013年，根据国务院办公厅、云南省人民政府办公厅关于县级公立医院综合改革试点文件精神，江川县人民医院着力从改善就医环境、优化服务流程、提高诊疗水平、降低医疗费用、缓解群众看病难、看病贵等问题为出发点和落脚点，推动云南省县级公立医院综合改革试点工作，制定实施方案报县市批准后实施。试点改革工作开展一年，取得成效如下：

一是取消药品加成、惠民百姓：2013年1月1日零时起，药品实行“零加成”管理，即药品平进平出，充分让利于老百姓，同时加强医师合理用药监督管理，使过高的药品比例得到了有效遏制，年末为36.8%。经过测算，前三年年药品利润为390多万元，取消药品加成后，药品平均月损失35万元。1～12月人民群众得到的药品实惠共计320万元。2013年9月1日门诊诊查费由6元下调至2元，门诊病人逐月上升，9至12月门诊诊查费让利患者29万元。

医疗技术水平及服务提升：检验、超声、放射科的设备更新换代，大部分病人的检查在县医院完成，不需到省市三级医院，方便人民群众就医。

二是使用基药、让利患者：落实国家基本药物制度，降低医疗成本。规范药品采购程序，积极参加全省网上药品招标采购，降低采购成本和采购价格。鼓励使用基药，把基药使用纳入绩效考核，更多的让利于患者。加强对药品、耗材的监管，提高基本药品的使用率，降低平均住院费。基本药物使用率由改革前的36.08%上升为50%。

三是推广优质护理服务病区（房）活动：护理工作紧紧围绕优质护理“改善护理服务”和“提高护理质量”两条主线，护理部4次邀请省市护理专家到医院讲课、下病房指导实际工作；2次组织全院性护理技术训练和比赛。在2012年5个示范病区评审达标的基础上，积极推广优质护理服务示范工程，2013年12月又申报剩余的4个病区外二科、外一科、儿科、妇产科参加“玉溪市第二批优质护理服务病区（房）验收达标”，除妇产科外，其余3个病区通过玉溪市卫生局“优质护理服务病（区）房”专家组考核验收。为更好的落实优质护理工作，惠民百姓，2013年又新招在编护士3人（其中助产士1人）、编外护士27人。

四是落实各项惠民举措：江川县人民医院坚持党务、政务、医疗服务、药品价格公开制度。设立意见箱，公布投诉电话，24小时畅通投诉渠道，坚持事事有回声、件件有回应。

新农合、城镇职工及居民医保患者住院，全部实行现场减免，新农合全年住院人次9000余人次，城镇职工、居民住院人次1500余人次，全部报销金额为4000万元左右。急诊病人实行先急救、后交费。检验、放射、超声检查当日内出报告。实行同级及上级医院的检验检查结果互认，减少重复检查，降低人民群众就医负担。门诊咨询台设置免费拨打国内电话、测量血压、体温，配置轮椅、担架、针线包、雨伞等便民惠民举措。

【基础设施建设】 建成门诊医技楼：向上级争取到中央资金1800万元，地方配套资金700万元，新建层高6楼的门诊医技楼，容纳各科门诊及医技科室（检验科、放射科、超声科、针灸科）、急诊科、眼耳鼻喉科门诊及住院科室。2013年3月行政办公最后一批全部搬迁投入使用，改善病人就医环境及工作人员工作条件。

建成“120急救中心”：江川县120急救中心挂靠在县医院，2013年重新改建，2013年5月“急救中心”建成并投入使用。为强化“120急救中心”功能，2013年11月省卫生厅配置给2辆急救车。

医疗设备：随着新门诊医技楼的搬迁，医院投入2千多万元资金购买部分大型医疗仪器，成功引进美国最新先进64排128层螺旋CT及DR、进口彩超等先进医疗设备，逐步向现代化医院建设迈进。

技术方面：先后开展以腹腔镜为代表的多种微创外妇科手术、脊柱前后路、全髋关节置换、输尿管镜及前列腺等离子电切除术等手术，领先于玉溪市县级医院前例。投资近100万元，在全院启用视频语音、监控系统，安装监控点共109余个，遍布医院每个角落，便于医疗安全监控及规范医务人员行为。

【防治艾滋病宣传活动】 2013年12月1日，在医院电子滚动屏上宣传“12.1”世界艾滋病宣传主题：“行动起来，向‘零’艾滋迈进”、关爱艾滋，减少歧视。2013年12月2～5日，组织9名医务人员分成三个小组进行宣传活动。一组2人在咨询台设立防治艾滋病宣传咨询点，负责艾滋病防治知识宣传和咨询；二组3人负责门诊部各诊室就诊病人的宣传资料发放、大众艾滋病防治知识问卷调查；三组4人负责住院部各科室宣传资料发放、大众艾滋病防治知识问卷调查和宣传专栏的制作。

各小组分别在收费处、取药窗口、门诊输液室等人群流动大，人员较为集中的窗口发放宣传资料，为不识字的老年人讲解艾滋病及艾滋病的传播途径及预防措施，以提高知晓率。

宣传活动共发放宣传资料500多份、宣传画80张，进行艾滋病大众知识问卷调查90份，出宣传专刊一期，使艾滋病的宣传教育、防治措施得到全面、深入的普及。

（马萍焕）

县中医医院

【概　述】 2013年，江川县中医医院业务用房4400平方米，职工163人（其中在编63人，编外100人），卫技人员147人（占职工总数的90.18%），其中：副高职称以上的9人，中级职称23人，初级职称125人，高级工5人，职员1人，研究生学历1人，本科学历30人，大学专科学历50人，中专及以下学历82人。开设住院病床120张，设有16个专业科室；拥有先进的医疗设备30余台，全院固定资产1246.45万元。聘请妇产科、外科、骨伤科3名知名专家长期在我院会诊、坐诊，通过招考形式引进卫生专业人才3人。省内外进修学习30人，校内学生到我院实习、见习21人。县中医医院是一所集医疗、教学、科研为一体的二级乙等中医医院，是云南省唯一一家参加全国中医质量检测的县级中医医院。

2013年，通过全院职工的共同努力，县中医医院通过二级乙等中医医院评审；两个病区通过优质护理服务验收，优质护理服务率达到85%；社会问卷调查2次，综合满意率95.8%；医院职工对医院测评2次，综合满意率93.7%；诊疗人次较去年增长4.1%，各项设施均有所改善及提高，能为广大患者提供较好的、廉价的医疗服务。

【医疗质量监测】 2013年总诊疗人次72607人次，其中门诊68171人次，住院4436人次；手术人数1030人；微机录入病历4334人，其中：内科1405人，外科758人，妇产科433人，针灸科715人，骨伤科567人，肛肠科456人，监测率100%。诊断质量入院与出院符合率99.7%。实际占床34400天；住院危重病人抢救人次数216人，抢救成功213人，成功率98.6%；失败3人，失败率1.4%。治愈率40.4%，好转率59.30%，未愈率0.23%，死亡率0.07%。中医治疗率44.74%，病案甲级率99.82%，辨证论治优良率99.96%，急、危、重病人收治率40.30%，中医参治率16.41%，住院总费用9879909.8元，住院平均费用2279.6元，平均住院日7.1天。单病种治愈好转率达到卫生部颁布的病种质量控制标准。各科护理质量指标达到百项指标考核标准，基础护理合格率97%，无菌护理技术操作合格率≥98%，急救物品完好率100%，五种表格书写合格率≥98%，出勤率98.9%，住院患者满意度≥96%，技术操作培训率合格率100%，参与率99%，中医护理操作技术培训率100%，全年护理差错事故发生率为零。

【重点专科建设】 大力发展特色专科，尤其是康复特色专科，已经被确定为医院坚定不移的办院方针。2013年，医院围绕这一主题成立中医骨伤科，出台《江川县中医医院重点专科建设5年规划》，针推科、骨伤科、肛肠科积极开展新项目，推广新技术，其中包括针推科中药熏蒸、浮蒸疗法、脊柱整体手法推广、小针刀疗法、艾灸、天灸；肛肠科PPH肛肠术；骨伤科中药封包、中药涂擦、中药熏洗、红外线照射。选拔针推科叶宏泽、田鑫两名年青医生到玉溪市中医医院进行深造；对2013年肛肠科新招考人员进行业务培训；中医科3名医生轮流到市中医医院进修学习，把工作出色、业务能力强、党性党悟高的黄东同志选拔到重要岗位上来，担任针推科主任，增补为院务会成员，分管中医及重点专科建设工作。

【卫生人才队伍建设】 江川县中医医院坚持科技兴院、人才强院的方略，采取多种方式，实施中医“名

师”培养工程，加大人才培养力度，努力提高医务人员业务素质和医院诊疗技术水平。

2013年3月与科室主任、护士长签订院科两级目标管理责任书；医院对已具备相应学历又积极采取各种方式提高学历层次的给予鼓励和政策支持，江川县中医医院通过自学达到专科学历45人，本科学历22人；卫生技术人员参加“好医生”远程继续医学教育学习55人，医患沟通全员培训63人，专业技术公需科目全员培训55人；组织院内学术讲座8次，急诊急救护理知识考试1次，医护人员三基三严培训12学时，外出短期培训学习30人，新进人员培训3人，选派1名中医技术骨干到云南省中医医院进修学习1年、3名中医骨干到玉溪市中医医院进修学习9个月、1名医技人员到玉溪市人民医院进修B超心电技术1年。引进卫生人才3名。科室内拜师学习2人。

【对口支援】 根据《云南省2008年万名医师支援农村卫生工程项目执行方案》文件精神，县中医医院积极争取政策，并得到云南省卫生厅的大力支持，确定玉溪市中医医院为县中医医院提供对口支援并签订协议，由市中医医院对县中医医院进行长期帮扶，通过长期下派专家，直接到县中医医院进行传、帮、带工作。2013年下派专家12人，开展临床教学和技术培训36期，业务知识讲座12次，传、帮、带医务人员24人，手术指导11次。

【妇幼及预防保健】 全年妇产科门诊共接诊7725人次，住院治疗433人，住院分娩354人，各种大小手术184例，住院分娩率达100%，剖宫产率35.03%；降消项目减免率93.22%；危急孕产妇2例，《危急孕产妇抢救卡》上报率100%；2013年无孕产妇死亡；出生卡报告率100%；就诊0-5岁的儿童死亡率为0；住院分娩访视率达100%；新生儿遗传代谢性疾病筛查334人，可疑阳性4人，筛查率94.35%。2013年出生医学证明首发351张，换发2张，作废4张，共发放出生医学证明357张，废证率1.12%。孕产妇进行初次免费HIV、梅毒和乙肝检测，全年三病检测94人，检测率达100%，检出HIV可疑阳性孕妇1人；乙肝感染产妇所生的儿童5人，及时注射乙肝免疫球蛋白。

2013年传染病报告率100%，新生儿乙肝、卡介苗首针接种率99.71%，及时率98.87%，肺结核病人报告及转诊率均为110%，转诊到位率100%。共报告乙、丙类传染病与其它传染病共有5种48例，其中疑似肺结核26例，痢疾6例，乙肝6例，斑疹伤寒1例，其他感染性腹泻6例，其它传染病3例，报告率100%。进行传染病疫情报告自查自纠督查12次；查阅出院病历4334份，门诊日志68171人次。上报死亡病例3例。新生儿疫苗接种率为99.72%，及时率为98.87%。完成疟疾项目镜检工作556人。

【培训学习】 为了使全体医务人员业务知识水平及业务素质的提高，各职能科室积极组织培训。预防保健科全年开展艾滋病知识培训1期，人感染H7N9禽流感防控知识培训1期，狂犬病、麻疹知识培训1期，手足口病的防控知识、诊疗规范培训1期，健康教育培训1期，慢性病知识培训2期，死亡病例报告、传染病报告卡规范填写培训1期，专项督导5次。医务科于4月11日组织举办感染防控知识全员培训大会4期，中医药知识培训2期。控感办举行医院感染诊断标准及洗手演示、多重耐药菌的监测与控制培训4期。办公室于5月23日下午，邀请江川县消防大队宋伟民教官培训消防安全知识1期，在宋教官的指导下在宏兴酒店外面空地进行实地灭火演练1次，院内灭火演练1次，全年消防安全知识培训共2期；对全院职工进行“西点执行力”培训1期。护理部举行中医辩证施护病历书写1期，二级医院创建培训1期，二级中医医院评审标准细则解读培训1期，八项中医护理技术操作培训1期，优质护理服务内涵培训1期，中医护理知识培训1期。全年共开展控烟知识培训2次、控烟动员大会2次、张贴控烟宣传画200余张、定制控烟知识宣传板15块。

【中医药服务百姓健康推进活动】 为认真贯彻落实群众教育实践活动，实施“中医药服务百姓健康推进活动”，让人民群众感受到教育实践活动带来的变化和成效。县中医医院制定《江川县中医医院“中医药服务百姓健康推进活动”实施方案》，在医院推广“病人说了算”惠民政策；增加收费窗口和取药窗口，在候诊区域增加座椅，方便患者和家属休息；开设绿色通道，对危、急、重症患者和见义勇为人员实行先检查救治、后付费政策；对年龄在70岁以上的老年患者实行优先就诊；中医科李占翔对科室西医人员进行中医药知识培训2次，举办公共卫生中医药服务项目培训班1期，各科室对患者、家属发放中医健康处方120余份，中医药知识宣传单132份，制定中医药知识培训计划1份，组织各乡镇防保科人员进行中医药知识与技能培训1期，并逐级培训，为村卫生室培养能西会中的乡村医生。7月份组织医院相关人员到路居镇、安化乡、雄关乡进行健康体检及中医药知识宣传，共计体检2682人，发放宣传单2000多份，进一步体现基本医疗的均等化服务。

2013年10月14日在明珠路大街街道办事处门口开展了“服务百姓健康行动”大型义诊活动，约250名的居民参与，235位居民进行健康体检，发放健康教育处方300份。

【年终总结表彰大会暨春节团拜会】 1月22日下午，县中医医院在景湖酒店召开2012年度年终总结表彰大会暨春节团拜会。医院全体不在班的职工、离退休老干部代表近150多人欢聚一堂。会议由党支部书记李华兆主持。院长杨绍宽作《抓机遇　强发展　积极探求我院生存之路》工作报告，并回顾2012年主要工作，展望2013年的工作。之后退休张书记代表退休职工讲话，书记李华兆宣读关于2012年度先进科室及先进工作者、优质护理服务先进科室及个人、2012年中医护理技术操作培训成绩优异者、优秀共产党员表彰决定，院长为获奖科室及个人颁发荣誉证书。

【市中医医院护理专家对县中医医院护理工作进行现场指导】　为迎接等级医院评审，更好地理解护理评审标准，并以评审为契机，进一步规范和提高县中医医院护理管理和临床护理水平，3月4日上午，玉溪市中医医院护理专家陈红波，对县中医医院等级医院评审护理工作进行现场指导。专家组检查外科、ICU、骨伤科、针推科的临床护理工作，重点就危重病人护理、基础护理落实情况、特殊感染病人隔离措施、护理文件记录、护理质量持续改进记录、护士业务学习、抢救车的规范管理、专科疾病护理常规的知晓情况及护士人力资源情况等进行检查，并连续查看多位危重病人护理落实情况，抽查一名护士对基础护理操作、专科疾病护理常规的掌握情况，向护士长提问各班职责及时间安排，抽查家属了解护士的健康宣教落实情况。

【知识产权保护宣传活动】　4月20～26日是全国知识产权宣传周，4月24日江川县工信局及江川县公安局经侦大队到县中医医院开展保护知识产权宣传活动，为县中医医院送来介绍知识产权相关知识的宣传册20本，并向大家介绍知识产权的基本常识及相关法律、法规。通过宣传，使大家提高维护医院和社会公众的知识产权意识，营造利于知识产权事业发展的良好氛围。

【人感染H7N9禽流感防控应急演练】

为进一步加强医院人感染H7N9禽流感防控工作，提高医务人员在人感染H7N9禽流感防控应急处置能力，医院制定下发《江川县突发公共卫生事件应急预案》等应急预案。5月28日上午9点，江川县中医医院组织开展人感染H7N9禽流感防控应急演练。此次应急演练模拟一名发热病人到医院就诊，预检分诊护士询问基本情况，给病人量体温，发现患者发热，由专人陪护到发热门诊就诊。发热门诊医师接诊后详细询问病史，进行系统体格检查，疑似为人感染H7N9禽流感患者。当班医师立即向防保科汇报，防保科向院领导及相关部门汇报的同时，启动应急预案。医院各部门协调配合，按照相关规定及流程一丝不苟地完成各项应急工作。演练结束后，县中医医院院长对此次演练过程进行点评。

本次演练极大地锻炼队伍，提升快速反应和协同配合意识，达到预期的演练效果。

【通过等级医院评审及“优质护理服务示范病房”验收】　自2012年7月启动评审工作以来，县中医医院各科室严格按照《二级中医医院评审标准实施细则（2013年版）》进行认真、细致的准备。2013年3月11～13日，由玉溪市卫生局委派的“国家二级甲等”中医医院初评组专家一行6人莅临县中医医院，对县中医医院申报“国家二级甲等”中医医院进行初评检查，并同时对县中医医院申报的市级中医重点专科（专病）项目进行评审验收。7月26～27日，云南省二级中医医院评审专家组对县中医医院创建二级甲等中医医院工作进行正式评审，县中医医院被评为“二级乙等中医医院”，评审结果于11月18日公布于云南省卫生厅网站。

骨伤科、肛肠科创建“优质护理服务示范病房”于12月27日通过玉溪市卫生局“优质护理服务”检查验收组专家的验收。检查组通过亲临现场，实地查看、提问等方式，总结县中医医院创建“优质护理服务示范病房”工作的许多亮点，也指出一些存在的问题并提出建设性的意见。护理部已针对存在的不足制订出改进措施，将不断探索更加适合县中医医院院院情的护理管理模式，稳步推进优质护理服务。

【改善就医环境　提升服务能力】

为了给病人提供良好的就医环境，县中医医院在完善基础设施、购进医疗设备和加强医院环境建设方面做了大量工作。对门诊大厅及住院楼部分区域进行改造、修缮，改善就医环境。根据工作需要购进美国进口彩超1台，日本进口全自动5分类血细胞分析仪1台，日本进口全自动血凝分析仪1台，消毒锅炉1台，负压吸引治疗仪2台，脉动真空灭菌器1台；各科室急需治疗仪、中医治疗设备16台，并投入临床使用；为各科室购置等级医院评审科室必备设备。实行优质护理服务，2013年优质护理服务率达85%。通过改善医院新增病床40张，并申请通过编制核定，由原来的80张，核定为现在的120张；总诊疗人次较去年增加22987人，其中门诊增加21926人，住院病人增加977人。

（朱文燕）

妇幼保健

【概　述】　江川县妇幼保健院成立于1964年，院内设有妇女保健科、儿童保健科、婚姻保健科、妇产科、基层科、检验室、B超室、放射室、护理部、医务科、妇幼卫生信息科等临床保健科室；设有办公室、财务科、后勤科等行政后勤职能科室。全院有业务用房2015平方米，设有床位10张，拥有妇科治疗仪、新生儿暖箱、蓝光箱、胎心监护仪、X光机、彩超、黑白超、全自动生化分析仪等现代化医疗设备，拥有全县最先进的彩色B超、骨密度仪、电子阴道镜、利

普刀等新设备。

2013年年末有在职职工42人，其中执业医师23人，执业助理医师3人，注册护士8人，药剂师1人，检验技师2人，其它卫生技术人员1人，统计师1人，助理会计师2人，高级工1人。在职人员学历机构：本科14人，专科15人，中专12人，初中1人。专业技术职称：副高6人，中职15人，初职20人。

2013年，全县妇幼卫生工作坚持以保健为中心，以保障生殖健康为目标，保健与临床相结合，面向群体，面向基层的妇幼卫生工作方针，以重大公共卫生项目为重点，以妇幼健康计划为契机，认真贯彻实施“一法两纲”，完成诊疗56482人次，住院360人次，实现业务收入424万元，圆满完成省、市、县下达的各项任务指标，新生儿破伤风发生率和死亡率为零，婴幼儿死亡率稳中有降，全面推进全县妇幼保健事业健康持续发展。

【高危管理】 孕产妇死亡率和婴儿死亡率是衡量妇幼卫生工作的关键指标，加强高危孕产妇和高危儿管理是降低孕产妇及儿童死亡率的关键环节。2013年，县妇幼保健院在服务工作中，坚持做到“早、实、快”，即“孕情发现要早、全程管理要实、危急处置要快”。遵循“三个决不放弃”原则，即不能因为孕产妇及家属的不配合而放弃管理、不能因为孕产妇及家属的贫困而放弃救治、不能因为上级医疗机构的协作不畅而放弃转诊。服务措施体现便民、利民、惠民、爱民，在转变孕产妇管理服务模式中，主要是以基本公共卫生项目为平台，进一步做好主动服务、上门服务工作，为每一个孕产妇提供优质服务，包括转诊至上级医院时为服务对象挂号联系好专家、交通工具的免费提供、专人陪送、相关经费暂时垫付、生活上帮助救济等。按照《江川县孕产妇筛查管理实施方案》要求，妇幼保健院对全县孕产妇开展拉网式免费筛查，共计筛查孕产妇1003人，筛查出高危孕产妇244人，孕产妇高危率达39.95%。按照《江川县高危孕产妇及高危儿童管理规范》要求，对筛查的高危妊娠作为降低孕产妇和儿童死亡率的突破口，建立健全高危妊娠登记、报告、随访、催诊和转诊制度；实行高危孕妇及高危儿童信息交流制度，对每例高危孕产妇认真填报《高危孕产妇报告》、《高危妊娠专案管理》和《高危儿童专案管理》，并对筛查出来的高危孕产妇100%进行管理。2013年对危急重症孕产妇进行追踪管理162例，追踪400余人次。追踪管理采取“提高认识，高度重视、强化意识、及时报告、明确流程、分工合作”的管理措施。追踪过程中，深入孕产妇家中，与孕产妇本人及家庭成员详细交流，宣传党的方针政策，确保孕产妇接受并配合管理。对需转诊转院治疗的危急重症孕产妇，积极联系车辆，联系上级医疗单位，联系相关医生，亲自护送，确保危急重症孕产妇在第一时间能得到有效治疗。

【妇女保健】 2013年，全县共有产妇2798人（农业户籍产妇2522人，非农业户籍产妇276人），建孕产妇保健手册2798人，孕产妇建册率达100%，与上年同期持平；产前检查≥5次的产妇有2798人，保健覆盖率达99.50%，比上年同期上升0.18%；孕早期产前检查2769人，孕早期产前检查率达98.47%，比上年同期上升0.04%；筛查出孕产期中重度贫血10人，孕产期中重度贫血率0.36%，比上年同期下降0.07%；产后访视2798人，产后访视率达99.50%，比上年同期上升0.18%；孕产妇系统管理2769人，系统管理率达98.47%，比上年同期上升0.07%。出生活产2812人，新法接生2812人，新法接生率达100%，与上年同期持平；住院分娩2812人，住院分娩率达100%，与上年同期持平；筛查出高危产妇1436人，高危产妇筛查率达51.32%，筛查率比上年上升1.55%；高危产妇管理1436人，管理率达100%，高危产妇住院分娩1436人，高危产妇住院分娩率达100%；孕产妇死亡1人，孕产妇死亡率为35.56/10万，比上年同期下降35.56/10万。

【儿童保健】 2013年，全县共有7岁以下儿童17797人，保健管理17472人，保健管理率达98.17%，比上年同期上升0.04%。3岁以下儿童8230人，系统管理8073人，系统管理率达98.09%，比上年同期下降0.15%。5岁以下儿童13121人，体重检查12883人，检查率达98.18%，比上年同期上升0.01%；筛查出5岁以下儿童中重度营养不良216人，中重度营养不良发生率为1.68%，比上年同期下降0.85%；血红蛋白筛查11170人，筛查率达85.13%，比上年同期上升0.91%；筛查出中重度贫血患病22人，中重度贫血患病率达0.20%，比上年同期上升0.07%。新生儿访视2810人，新生儿访视率达99.93%，比上年同期下降0.03%；5岁以下儿童死亡20人，死亡率为7.11‰，比上年同期上升2.12‰；婴儿死亡16人，死亡率为5.69‰，比上年同期上升2.13‰。新生儿死亡10例，死亡率为3.56‰，比上年同期上升1.07‰；早期新生儿死亡10例，死亡率3.56‰，比上年同期上升1.07‰；围产儿死亡20人，死亡率7.09‰，比上年同期下降0.70‰。6个月母乳喂养调查2851人，母乳喂养2781人，母乳喂养率达97.05%，比上年同期上升0.46%，纯母乳喂养2226人，纯母乳喂养率达78.08%，比上年同期上升1.42%。全年无新生儿破伤风发生和死亡。

【5岁以下儿童死因顺位】 20例5岁以下儿童死亡中，第一位为新生儿出生窒息死亡5例，占死亡总数的25.00%；第二位为肺炎死亡3例，占死亡总数的15.00%；第三位为先天性心脏病、意外窒息各死亡2例，各占死亡总数的10.00%。第四位为新生儿呼吸

窘迫综合征、早产和低出生体重、新生儿颅内出血、肠梗阻、血小板减少性紫癜、脑炎、视网膜细胞瘤、车祸各死亡1例，各占死亡总数的5.00%。

16例婴儿死亡中，第一位为新生儿出生窒息死亡5例，占死亡总数的31.25%；第二位为肺炎死亡3例，占死亡总数的18.75%；第三位为先天性心脏病死亡2例，占死亡总数的12.50%；第四位为新生儿呼吸窘迫综合征、早产和低出生体重、新生儿颅内出血、肠梗阻、血小板减少性紫癜、车祸各死亡1例，各占死亡总数的6.25%。

10例28天内新生儿死亡中，第一位为新生儿出生窒息死亡5例，占死亡总数的50.00%；第二位为新生儿肺炎死亡2例，占死亡总数的20.00%；第三位为新生儿颅内出血、新生儿呼吸窘迫综合征、早产和低出生体重各死亡1例，各占死亡总数的10.00%。

10例7天内早期新生儿死亡中，第一位为新生儿出生窒息死亡5例，占死亡总数的50.00%；第二位为新生儿肺炎死亡2例，占死亡总数的20.00%；第三位为新生儿颅内出血、新生儿呼吸窘迫综合征、早产和低出生体重各死亡1例，各占死亡总数的10.00%。

【出生缺陷监测】 出生缺陷是严重影响人口素质的一个重要因素，出生缺陷往往导致孕早期流产、死胎、死产、新生儿死亡和婴幼儿死亡，给家庭和社会造成严重负担，直接影响民族的兴旺和繁荣。为减少先天畸形的发生，降低残疾儿童，控制人口数量，提高人口素质，县妇幼保健院认真贯彻落实新时期妇幼卫生工作方针，积极开展产前筛查和新生疾病筛查，鼓励孕妇服叶酸预防神经管畸形，怀孕4～7个月时至少做一次B超检查，以此阻断严重神经管畸形的出生。出生缺陷监测工作从2013年分人群监测和医院监测。

人群监测　2013年全县同期围产儿2825例（男1489例，女1336例），监测2825例，监测率100%。监测到出生缺陷儿53例（男32例，女21例），出生缺陷发生率为18.76‰，比上年同期上升5.30‰。53例出生缺陷儿中：产前诊断12例，占22.64%；产后七天内诊断34例，占64.15%；产后七天后诊断7例，占13.21%。畸形诊断依据：临床诊断34例，占64.15%；超声诊断18例，占33.96%；产前诊断1例，占2.22%。筛查出畸形胎儿治疗性引产12例，占22.64%。53例出生缺陷儿中：男性32例，女性21例，男女发生率为1.52：1。出生缺陷顺位：外耳其它畸形、多指（趾）（多指7例，多趾1例）各8例，居首位，各占缺陷总数的15.09%；马蹄内翻足7例，居第二位，占缺陷总数的13.21%；先天性心脏6例，居第三位，占缺陷总数的11.32%；唇裂4例，居第四位，占缺陷总数的7.55%；先天性脑积水3例，居第五位，占缺陷总数的5.66%；肢体短缩、并指、唇裂合并腭裂各2例，居第六位，各占缺陷总数的3.77%；颈部淋巴水囊瘤、马蹄外翻足、尿道下裂、双手指屈曲畸形并双踝关节背伸畸形、右耳先天性耳道闭锁、左脚脚踝关节轻度外翻、18－三体综合征并唇裂合并腭裂、左肾缺失、左上腹中线可见3cm×2cm暗红斑块并左侧胸塌陷并呼吸左右不对称、无耳道、左右手小指缺失并双上肢弯曲各1例，居第六位，各占缺陷总数的1.89%。孕早期情况：孕早期患病服药6例，占缺陷总数的11.32%；接触过农药1例，占缺陷总数的1.89%；得过荨麻诊1例，占缺陷总数的1.89%；接触过电脑1例，占缺陷总数的1.89%，服过避孕药1例，占缺陷总数的1.89%；发烧大于38℃1例，占缺陷总数的1.89%。

医院监测　医院监测从2013年开始，监测点为江川县人民医院和江川县妇幼保健院，2012年10月1日至2013年9月30日共监测围产儿2136例（男1141，女995），共发现缺陷儿45例（男27例，女18例），发生率为21.07‰。出生缺陷顺位：外耳其它畸形9例，居首位，占缺陷总数的20%；马蹄内翻足8例，居第二位，占缺陷总数的17.78%；多指（趾）7例（多指6例，多趾1例），居第三位，占缺陷总数的15.56%；唇裂、先天性脑积水各3例，居第四位，各占缺陷总数的6.67%；肢体短缩、并指各2例，居第五位，各占缺陷总数的4.44%；颈部淋巴水囊瘤、马蹄外翻足、尿道下裂、双手指屈曲畸形并双踝关节背伸畸形、胎儿脉络从囊肿、右耳先天性耳道闭锁、左脚脚踝关节轻度外翻、18－三体综合征并唇裂合并腭裂、左肾缺失、左上腹中线可见3cm×2cm暗红斑块并左侧胸塌陷并呼吸左右不对称、胎儿颅内占位并成骨不全各1例，居第六位，各占缺陷总数的2.22%。出生缺陷诊断情况：产前诊断13例，占28.89%；产后七天内诊断32例，占71.11%。出生缺陷诊断依据：临床诊断32例，占71.11%；超声诊断21例，占39.62%；产前诊断1例，占1.89%。孕早期情况：孕早期患病服药7例，占缺陷总数的15.55%；接触过农药1例，占缺陷总数的2.22%；得过荨麻诊1例，占缺陷总数的2.22%；接触过电脑1例，占缺陷总数的2.22%，服过避孕药1例，占缺陷总数的2.22%；发烧大于38℃1例，占缺陷总数的2.22%。出生缺陷男女比例及转归：45例出生缺陷儿，男27例，女18例，男女发生率为1.5：1。治疗性引产13例。

通过分析，孕早期致畸可能因素是孕妇年龄大于35岁，孕早期接触过农药、电脑、电视、手机、微波炉，孕早期服过药，家庭遗传史，新房的装修和家具含有毒物质，环境污染等原因所致。人群监测出生缺陷发生率18.76‰，比2012年上升5.3‰，但低于全国平均水平。出生缺陷发生率上升的原因是受多种因素影响的，包括环境因素、遗传因素等。同时，也受监测手段的影响，监测手段进步了，发现的就多。

【危急孕产妇抢救】 全县4家接产助产机构共发生危急孕产妇14例，抢

救成功13例，抢救成功率92.86%，其中宫外孕内出血5例，占抢救人数的35.71%；产后子宫收缩乏力4例，占抢救人数的28.57%；胎盘粘连致产后出血2例，占抢救人数的14.29%；不全流产致重度失血性休克、黄体破裂内出血、中央性前置胎盘致失血性休克各1例，各占抢救人数的7.14%。

【孕产妇死亡监测】 2013年，各级领导对孕产妇死亡监测工作高度重视，全县妇幼人员共同努力，采取各种有力措施，避免了因各种原因致产后宫缩乏力引起的产后出血、胎盘粘连致产后出血、宫外孕内出血、不全流产致重度失血性休克、黄体破裂内出血、中央性前置胎盘致失血性休克等高危孕产妇的死亡。2013年，孕产妇死亡1例，死亡率达35.56/10万，比上年同期上升35.56/10万。

【育龄妇女死亡监测】 2013年全县共有育龄妇女77259人，育龄妇女死亡46例，死亡人数比去年减少2例，死亡人数占育龄妇女总数的0.06%，其中孕产妇死亡1例。46例育龄妇女死亡中：脑出血5例，占育龄妇女死亡总数的10.87%；车祸死亡4例，占育龄妇女死亡总数的8.70%；子宫癌、肺癌各3人，各占育龄妇女死亡总数的6.52%；自杀、肝硬化、心梗、尿毒症、糖尿病、脑梗、精神病、白血病各死亡2例，各占育龄妇女死亡总数的4.35%；宫颈癌、乳腺癌、外阴癌、胃癌、溺水、农药中毒、肾病综合征、急性骨髓坏死、产后出血、褥疮、肺炎、肾炎、肺心病、脑瘫、艾滋病各死亡1例，各占育龄妇女死亡总数的2.17%。死因排位：46例育龄妇女死亡中，第一位为各类恶性肿瘤12例，第二位为心脑血管疾病10例，第三位为意外死亡6例，第四位为肾脏疾病4例，第五位为自杀、肝硬化、糖尿病、精神病各2例，第六位为急性骨髓坏死、产后出血、褥疮、肺炎、肺心病、艾滋病各1例。

【产前筛查和新生儿疾病筛查工作】

将产前筛查和新生儿疾病筛查工作纳入重要议事日程，进一步完善工作方案，制定实施计划，加大宣传力度，全力做好产前筛查和新生儿疾病筛查工作，促进全县出生人口素质的进一步提高。同时，重新调整新生儿疾病筛查领导小组，成立新生儿疾病筛查技术指导组，召开新生儿疾病筛查协调会2次，县医院新配备新生儿听力筛查仪，各助产机构均能按规范要求开展新生儿疾病筛查工作。县妇幼院积极组织血片转运，为确保筛查质量，指定专人负责血片收集，并购置2台冰箱储存样本，按照不超过48小时的要求进行血片转运，为顺利开展新筛工作提供最大便利。2013年全县共有产妇2798人，出生活产2812人，孕产妇产前筛查1124人，筛查率40.17%，筛查出高危人数56人，高危筛出率4.98%。孕产妇产前诊断62例，确诊2例，确诊率为3.23%。新生儿疾病筛查2466人，筛查率87.70%，筛出阳性儿童1例，阳性率0.04%。听力筛查2112人，筛查率为75.11%。

【农村孕产妇住院分娩补助项目】

为保障母婴安全，降低孕产妇死亡率，落实国家新医改精神，中央财政设立专项经费对农村孕产妇住院分娩给予补助。凡是农业户籍的孕产妇住院分娩，均可得到人均400元补助。为确保国家项目资金规范管理，合理使用，更好地发挥项目资金的作用，根据《云南省农村孕产妇住院分娩补助资金和“降消”项目工作经费管理实施方案》要求，结合江川县实际，制定《江川县农村孕产妇住院分娩补助资金和降消项目工作经费管理实施方案》及经费管理制度，做到独立核算，专款专用。并严格按照《江川县农村孕产妇住院分娩补助项目实施方案》要求，简化程序，在县域内的定点医疗机构实行现场分娩补助，提高工作效率，及时将资金补助到位。2012年10月至2013年9月，全县共有农村户籍产妇2522人，住院分娩2522人，住院分娩率达100%；农村孕产妇住院分娩补助2439人，补助金额达97.56万元，补助率达96.71%。人均住院分娩费用2221元，比上年下降106元；人均个人付费1154元，比上年下降110元。2013年下拨江川县的农村孕产妇住院分娩补助资金110.24万元，资金使用率达88.50%。正常产补助1608人，占补助人数的65.93%；阴道手术助产6人，占补助人数的0.25%；剖宫产补助825人，占补助人数的33.83%。

【危急孕产妇救助】 为严格规范危急孕产妇的急救和转诊，让危急孕产妇得到及时有效的救治，保障母婴平安，江川县成立危急孕产妇急救转诊领导小组，指定县人民医院为危重孕产妇救治中心，保证辖区内急、重症孕产妇得到全力救治，减少孕产妇死亡的发生。2013年省级配套11.7万元危急孕产妇救助经费，对患有产科严重合并症并实施危急抢救的孕产妇进行救助。全年共救助4例孕产妇，最高救助金额达10000元，最低救助金额达1000元，救助金额共计1.96万元。

【贫困孕产妇救助】 2013年1月16日，在江川县妇幼保健院四楼宣教室召开2012年贫困孕产妇救助基金兑现会，对符合补助标准的114名贫困孕产妇进行补助，根据贫困孕产妇的实际情况，最高的补助1000元，最低的补助200元，补助金额共计6万元。危急孕产妇救助资金和贫困孕产妇救助资金的合理使用，在一定程度上帮贫困产妇解了燃眉之急，同时提高了我县的住院分娩率，降低了孕产妇死亡率和婴幼儿死亡率，控制了新生儿破伤的发生。

【免费婚检工作】 为有效提高婚前医学检查率，江川县妇幼保健院成立婚前医学检查领导小组，建立健全各项规章制度和技术规程，制订切实可行的运作方案，规范服务流程并将婚检流程图上墙，同时，利用有线电视、黑板报、发放宣传资料、举办培训讲座等形式，宣传免费婚检政策和有关婚育知识，倡导文明、卫生、科学的婚育观念，全县婚检率大幅提升。2013年，全县共有新婚人员4720人，婚前医学检查4679人，婚检率达99.13%，居全市第一；检出疾病164人，疾病检出率为3.51%，其中指定传染病40人，占总数的24.39%，指定传染病中性病9人，占指定传染病总数的22.50%；生殖系统疾病115人，占总数的70.12%；内科系统疾病9人，占总数的5.49%；建议暂缓结婚16人，尊重受检者意愿31人；婚前卫生指导、咨询4679人。通过婚前检查工作的开展，提高了江川县出生人口的素质，促进了家庭生活和谐。

【出生医学证明管理】 为做好《出生医学证明》管理，成立《出生医学证明》管理小组，每月检查核实各助产机构有效签发和废证的管理使用情况，并于2013年3月5日举办全县《出生医学证明》管理培训班，进一步规范全县助产机构《出生医学证明》管理工作。同时，各单位进一步完善《出生医学证明》的出入库登记、签发、换发、补发、废证登记、印章管理等各项制度，保证《出生医学证明》的规范发放。2013年（1–10月）全县使用1988套，首次签发数1973份，办证率99.85%；废证数5份，废证率0.25%。

【人员培训】 2013年，为提高县、乡、村三级妇幼保健人员的服务能力和服务水平，县妇幼保健院派出2名医务人员到云南省昆华医院、玉溪市人民医院进修学习，39人参加远程教育学习，58人参加省市的学习培训。年内举办农村孕产妇住院分娩补助项目暨“降消”项目培训班，预防艾滋病、梅毒和乙肝母婴传播项目培训班，妇幼卫生综合项目培训班，出生医学证明管理培训班等，共计培训544人。

【健康教育】 县妇幼保健院始终把健康教育作为妇幼保健工作的基础来抓，定期派工作人员下乡、入村督导检查，做到健康教育工作有计划、有内容，常检查、严考核，使健康教育工作的各项措施落到实处。主要采取“以妇女为核心、家庭为最佳场所”的健康教育宣传模式，采取宣传栏、标语、印发宣传资料、上街设摊宣传、电视宣传等多种形式广泛开展健康教育活动宣传农村孕产妇住院分娩补助政策。县乡两级医疗卫生单位每月出宣传妇幼保健、“降消”项目政策及健康教育知识的宣传专栏一期，并在醒目处贴有宣传妇幼保健和“降消”项目的墙体标语。2013年，全县共印发宣传资料6万多份，出版报24期，制作宣传标语36条，电视、广播宣传28次。同时县妇幼保健院一楼门诊电子显示屏每天将妇幼保健知识，预防艾滋病、梅毒和乙肝母婴传播知识及政策法律法规等相关内容进行滚动宣传。通过宣传教育，群众的保健知识和保健意识进一步提高，群众知晓率达96%以上，对整个妇幼卫生工作实施起到了巨大的推动作用。

【预防艾滋病、梅毒、乙肝母婴阻断项目工作】 为使江川县预防艾滋病、梅毒、乙肝母婴阻断项目工作顺利进行，县妇幼保健院按省、市预防艾滋病、梅毒和乙肝母婴传播工作实施方案的相关要求，制定《江川县预防艾滋病、梅毒和乙肝母婴传播工作实施方案》，紧紧围绕孕妇、产妇及婚前保健等目标人群，规范开展工作；规范艾滋病、梅毒和乙肝检测，将检测信息返回卫生院记录到健康档案中，提高检测效率和避免重复检测；加强县、乡、村三级检测管理，将检测率与劳务补助挂钩，既提高检测率，又提高医疗机构的积极性，为提高艾滋病、梅毒和乙肝母婴阻断率奠定基础；加强阳性孕产妇的随访和管理，并按照相关规定治疗和干预；加强信息管理，遵照艾滋病、梅毒和乙肝防治工作要求，做好各类登记、记录工作，县妇幼院设专人负责，各乡镇指定专人负责，建立严格保密的逐级上报体系。2013年，共有婚前保健人员4714人，接受HIV自愿咨询检测4714人，接受率达100%；检测人员中，HIV确认阳性9人，阳性率0.19%；接受梅毒检测4714人，检测率达100%，检出阳性3人，阳性率0.06%；孕产妇接受初次保健2929人，接受HIV自愿咨询检测2929人，接受率达100%；原阳再孕产妇分娩1人，阻断1人，阻断率达100%；接受梅毒检测2929人，梅毒确认阳性8人，阳性率达0.27%；乙肝两对半检测2929人，检出阳性孕产妇48人，阳性率达1.64%；乙肝表面抗原阳性产妇39人，所生活产39人，及时注射乙肝免疫球蛋白和乙肝疫苗39人，阻断率达100%。自开展预防艾滋病母婴传播工作以来，HIV阳性孕产妇所生满18个月的儿童10例，10例HIV抗体检测均为阴性，母婴阻断成功率达100%；阳性孕产妇及婴儿抗病毒药物服药率达100%，儿童免费抗体筛查和确证检测率达100%，母婴阻断网络直报及时报告率达100%。

【严格控制剖宫产率】 倡导自然分娩，加强宣传引导，严格掌握剖宫产指征，并将剖宫产率列入综合考核指标，切实控制剖宫产率。3月13日，县妇幼保健院邀请市妇幼院马丽红副院长来到江川县就剖宫产率，进行检查指导，针对降低剖宫产率临床措施与在座妇产科医师进行探讨。4月9日，县卫生局专题召开降低剖宫产率、提高产科质量会议，并建立月通报制和季度分析制，要求县妇幼保健院每个月统计分析出县医院、县中医院剖宫产率并进行通报，县卫生局每季度组织召开剖宫产率控制分析会。2013年，全县共有活产2812人，其中剖宫

产840人，剖宫产率达29.87%，比上年同期下降11.76%，达到省级要求。

【在园儿童体检】 江川县妇幼保健院每年秋季组织人员对县幼儿园在园儿童进行健康检查及生长发育评价，2013年共健康检查在园儿童683人，参检率为98.56%；筛查出患龋齿222人，营养不良6人，并及时提出干预措施，确保幼儿身体健康。

（周艳萍）

疾病预防控制

【江川县麻风疗养院生活饮用水改造工程竣工验收】 2013年1月17日，江川县麻风疗养院生活饮用水改造工程竣工验收。来自省民政厅云南省社会组织促进会、香港救世军云南办事处、江川县民政、财政、残联、卫生以及县疾控中心的领导参加了验收。该饮水改造工程预计耗资20余万元，于2012年10月10日开工，至此有效解决疗养院20名休养人员及吗啊咱村55户128人的生活饮用水问题。

【对麻风病致残老人进行慰问】 1月24日，江川县由卫生、民政、疾控等相关部门负责人组成的慰问团来到江川县二尖山麻风病院，对麻风病20多名致残老人进行慰问，并给他们送上慰问金和慰问品。

【文化、科技、卫生“三下乡”活动】 1月30日，县疾控、妇幼以及大街卫生院医务人员到江城镇参与县委组织的科技、文化、卫生“三下乡”活动，为农民群众免费义诊，开展咨询活动，设置居民健康生活方式展板10块，发放卫生宣传单1000余份，内容涉及狂犬病防治、手足口病的防治、居民健康生活方式、健康66条以及高血压和糖尿病防治和妇幼卫生保健等知识。2月24日，县疾控、妇幼以及县医院医务人员到路居镇张营村参与文化、科技、卫生“三下乡”活动，免费义诊554人次，咨询90人次，测血压150人次，实施B超检查60人，免费提供5000元药品，发放卫生宣传单50种5000份，内容涉及甲型H1N1流感、手足口病的防治、艾滋病防治、健康66条以及高血压和糖尿病防治和妇幼卫生保健等知识。

【春季学校传染病防控工作督查】 为加强防控学校传染病暴发流行，保障师生身体健康和正常教学工作，2013年3月4日～8日，江川县疾控中心参与对全县辖区内84所中小学和托幼机构传染病防控措施落实情况的督导检查，重点检查传染病防控措施落实情况，包括宣传教育、学校专兼职校医配备情况、学生健康体检、预防接种证查验、晨检制度等落实情况；学校食堂、营养餐、食品卫生、学校饮用水卫生情况等；学校安保力量、安全设施、校园周边治安交通秩序、安全防范机制、处置警力等。

【口腔疾病和地方病防治综合干预项目知识问卷调查】 为有效预防控制儿童龋齿的发生，促进儿童身体健康，江川县疾病预防控制中心慢病科于2013年3月13～14日分别到江城镇中心小学、前卫镇中心小学、大街镇大庄中心小学进行口腔健康知识宣讲、口腔卫生保健知识问卷调查及碘缺乏病防治知识的健康教育。同时，抽取该3所学校的236名学生进行口腔卫生保健知识问卷调查；90名学生进行小学生碘缺乏病健康教育现况调查问卷，并对抽取班级的每个学生发放口腔卫生保健知识宣传资料200余份，发放缺乏病防治知识宣传资料300余份。根据提问及学生的回答，显示学校进行了口腔知识、碘缺乏病防治知识健康教育，大部分学生基本掌握了口腔知识和碘缺乏病防治知识。抽取3所学校周边的家庭主妇共计45名进行《家庭主妇碘缺乏病健康教育现况调查答卷》，根据她们的答卷，多数家庭主妇能掌握碘缺乏病防治知识。

【重性精神疾病管理治疗复核排查】 2013年3月8～9日，江川县疾病预防控制中心与玉溪市第二人民医院精神科专家对7乡镇（街道）开展重性精神疾病管理治疗危险行为评估复核排查工作。此次复核评估重性精神疾病管理治疗危险行为评估复核排查工作，在玉溪市第二人民医院专家和7乡镇（街道）卫生院防保人员及村卫生所医生的共同努力下，2天时间共复核评估重性精神病人142人。同时，专家耐心回答患者和家属的提出的相关问题，为患者和家属提供了一次细致的心理疏导，稳定了患者康复治疗管理的信心。

【应对H7N9禽流感疫情】 针对当前H7N9禽流感防控工作面临的严峻形式，县卫生局迅速启动应急预案，全面落实H7N9禽流感防控工作。一是于4月7日召开全县医疗机构H7N9禽流感防控工作会议，全面部署落实人感染H7N9禽流感防控工作，切实做到未雨绸缪；二是确定县人民医院为定点诊治医院，相关医疗卫生单位严格按照“加强领导、密切配合、依靠科学、依法防治、群防群控、果断处置”的防控方针，成立人感染H7N9禽流感防控领导小组和医疗救治组，制定防控应急预案及技术方案，储备救治床位、药品、器械、个人防护、应急处置物资等，保证后勤物资到位；三是积极开展业务培训，各医疗卫生单位分别组织各层级的业务培训，确保对全体职工进行防控知识培训和动员，提高应对能力；四是深入开展工作督导，县卫生局卫生监督局、县疾控中心等相关人员深入医疗机构，督检落实各项保障和防控措施，加强对全县疫情监测、跟踪，及时掌握疫情动态，做好疫情的预警分析；五是实行严格的疫情值班制度，全面落实疫情零报告和周报告制度，确保早发现、早布置、早报告、早治疗；六是加强与农业、教育、工商等相关部门沟通协调，结合部门职责，共同做好防控工作；七是加强社会舆论引导，结合公共卫生服务，充分利用广播、电视、宣传栏等媒体面向公众大力开展健康教育宣传，特别是加大对禽畜类养殖户等重点人群的宣教，切实提高群众防病防控意识。

【处置狂犬病感染病例】 2013年4月22日下午16时50分，江川县疾控中心疫情管理人员进行疫情审核时发现玉溪市人民医院报告1例临床诊断狂犬病病例，已死亡。接到报告后，县疾控中心组织相关人员立即赶赴患者家中进行调查、处置。经查，李某，男，66岁，长期居住在江川县大街街道大庄社区小煤窑开荒队的承包山地（果园）内。3月29日，被自家养的狗咬伤，未到医疗机构犬伤门诊进行规范处置，也未注射人用狂犬病疫苗和免疫球蛋白。4月20日出现身体不适，胸闷、气促等症状，于4月21日下午到县人民医院就诊。后转院至市人民医院，于4月22日凌晨6时35分在市人民医院因呼吸衰竭死亡，确诊为狂犬病死亡。

事发后，县人民政府副县长王波紧急召集卫生、农业、公安、大街街道办等部门主要领导召开传染病疫情防治领导小组会议，认真研究后续防治工作。随即组织相关人员到该村进行狂犬病防治知识宣传，正确引导群众，避免群众恐慌；同时，各乡镇以多种形式大力宣传狂犬病的严重危害和预防知识，提高全社会预防狂犬病的保健意识和能力；并对死者家庭进行环境消毒处理，对死者生前衣服、被褥、日常生活用品等进行焚烧、消毒处理。按照县委、县政府和县卫生局的要求，4月25日晚，县卫生局、县疾控中心、大街卫生院联合在大街街道办事处大庄社区下大河村举办狂犬病防治知识讲座。把“什么是狂犬病及其危害”、“狂犬病的传染途径”、“怎样预防”以及“受伤后怎样处理”、“注射狂犬疫苗后应注意那些事项”等知识进行详尽地讲解。并发放《狂犬病可防不可治折页》、《健康教育宣传手册》，与社区居民进行交流，回答居民的提问，消除居民恐慌。

【第十八个世界结核病防治日宣传活动】 2013年3月22日，由县疾控中心、大街卫生院在宁海路联合开展“你我共同参与、消除结核病危害”为主题的世界结核病防治日宣传活动。共出动人员6人，宣传车1辆，发放学生练习本400幅、折页900份，咨询130人；同时在106块新农村气象综合服务电子屏发布主题内容，受众185646人。

【“4.25”儿童预防接种宣传日活动】 4月25日是全国第28个儿童预防接种宣传日，宣传主题是“宝宝健康—从接种疫苗开始”。按照2013年预防接种日宣传活动的通知要求，县疾控中心紧紧围绕宣传主题开展形式多样的宣传活动，在县城明珠路设立宣传及咨询点，设置宣传板8块，发放预防接种知识宣传单、折页12种共计2000余份，并进行现场咨询解答，宣传中主要强调了宝宝出生就要及时接种扩大国家免疫规划疫苗，现在的国家扩大免疫规划疫苗有那些？计划免疫外的二类疫苗有那些？何时接种等。并向群众宣传扩大国家免疫规划政策、疫苗相关疾病及预防接种相关知识，切实提高居民的儿童健康知识。

【“全国碘缺乏病防治日”宣传活动】 5月15日是第20个“全国碘缺乏病防治日”，主题是“科学补碘，保护智力，成就梦想”。县盐务局、县疾病预防控制中心围绕主题在大街明珠路设立宣传点，通过悬挂横幅、发放宣传资料、开展知识咨询等多种形式向群众解答碘缺乏病及科学补碘等知识。工作人员向市民们详细介绍了识别真假食盐的方法以及食盐的存放、科学食用加碘盐等知识，发放宣传画1800张，小册子、宣传单、折页3300份，同时提醒市民不要贪小便宜，购买、食用劣质盐，以免造成不必要的损害。

【“5.31”世界无烟日宣传活动】 5月31日是第26个世界无烟日，主题是“全面禁止烟草广告、促销和赞助”。为推进江川县控烟进程，遏制烟草流行，让更多人特别是青少年远离烟草危害，于5月31日上午县疾控中心联合县人民医院、大街卫生院和江川客运站，组织工作人员在江川客运站开展了宣传咨询活动。活动现场疾控中心工作人员向过往群众面对面宣传吸烟对儿童、孕妇胎儿和家庭的危害，以及对呼吸系统、心血管等的损伤，并对前来咨询的群众宣讲了戒烟的远期和近期好处，共发放宣传画、折页、宣传单8种2000余份，50多人进行咨询，劝阻吸烟80人。

【预防野生菌中毒宣传】 为有效预防误食有毒野生菌中毒事故的发生，切实保障人民群众的身体健康和生命安全，县疾控中心加大预防野生菌中毒宣传工作。通过广播电视宣传，发放警惕野生菌中毒宣传画100余份，重点针对野生毒菌的识别、食用菌加工制作、食用方法，野生毒菌中毒症状以及发生中毒后的自救和治疗等知识，告诫群众不随意采摘野生菌，避免食物中毒的发生。

【把卫生知识送进彝家山寨】 为了进一步提高卫生知识和规范卫生行为，5月21日，县疾控中心和安化卫生院在安化彝族乡董炳村董炳小学为学生、居民开展一场健康教育知识的专题讲座活动。活动中，向参加讲座学生、居民发放《肠道传染病的预防、干旱期间卫生防病知识、食物中毒的预防》的健康教育宣传材料220份。讲座结合日常生活需要注意的卫生习惯，并就如何科学预防肠道传染病和防止食物中毒等内容进行宣传。

【乡镇艾滋病感染者管理下移及麻风调查工作培训】 5月10日，县疾控中心在中心会议室举办2013年乡镇艾滋病感染者管理下移及麻风调查工作培训，各乡镇卫生院防保科负责人和分管皮防及县疾控中心性艾科的工作人员20参加培训。培训会上通报了2013年以来江川县的艾滋病发展情况，讲解了感染者下移工作的要求以及报表的上报要求。

【参与路居镇洪涝灾害后的疾病预防控制】 2013年5月23日，路居镇连降暴雨，导致群众受到不同程度的灾害。灾情发生后，县疾控中心召开紧急会议部署灾后卫生防疫工作，把重点放在生活饮用水安全、食品安全、环境消毒（做到消毒与当地清淤工作同步）、传染病预警预报、加强健康教育宣传和疫情监测，保持信息畅通，严格报告制度等工作上，提供120瓶消毒药品和卫生宣传材料6种200多张，并进行水源监测，确保灾后无疫病发生。

【为高考学生提供健康安全服务】 为有效预防控制高考期间传染病突发公共卫生事件和食物中毒事件发生。根据江川县招考委和江川县卫生局要求，5月28～29日，县疾病预防控制中心派出由流行病学、监测评价等专业技术人员组成的工作组，分别到涉及高考学生食宿、考试的江川宾馆、江川大酒店、世文酒店、锦益宾馆4家宾馆，以及江川一中、江川二中2家高考考生集中的学校进行指导检查。对涉及高考学生住宿的3家宾馆进行了空气微生物采样监测，对高考学生食宿的江川宾馆进行空气微生物、生活饮用水和餐具采样监测，向两所中学发放了高考期间疾病预防控制工作指导意见书，指导学校和宾馆做好环境卫生整治、消毒隔离工作，把好饮水、食品卫生关，保持场所空气流通，发现有考生传染病疫情和聚集性发病情况及时报告，为考生营造一个健康、安全的考试环境。

【重性精神疾病筛查复核诊断】 根据省卫生厅和市卫生局对重性精神疾病管理的要求，县疾控中心与玉溪市第二人民医院专家于8月19～20日对全县7乡镇（街道）72个村（居）委会进行疑似精神病人筛查、复核诊断。按照筛查、复核诊断评估工作的要求，针对全县164例疑似重性精神病人，经玉溪市第二人民医院精神专科医师认真的排查筛查、复核，最后确诊重性精神病人149例。为患者和家属提供耐心细致的心理疏导工作，增加患者和家属对康复治疗管理的信心，并将相关表格进行网络录入。

【举办消除疟疾考核验收试点研究项目暨疟疾诊断治疗及管理培训班】 为了提高江川县医疗卫生机构防保人员及临床医生的疟疾诊断、治疗和报告水平，保证消除疟疾工作顺利开展，根据云南省《消除疟疾考核评估实施细则》要求，9月25～27日在江川县疾控中心举办“消除疟疾考核验收验收试点研究项目暨疟疾诊断治疗及管理培训班”，县人民医院、中医医院、妇幼院以及全县7个乡镇（街道）卫生院、社区卫生服务中心的防保人员及临床医生49多人参加培训。

【适龄儿童免疫规划疫苗接种率调查】 10月11～21日，在全县范围内开展一次国家免疫规划督导评估自查活动。按照以人口数≥1万人的乡镇为单位，人口<1万人的乡镇按照就近原则合并成一个人口≥1万人的调查单位的要求，对2009年9月1日至2011年8月31日出生，且在被调查县区内居住≥3个月的儿童为调查对象，抽调业务技术骨干人员10人，深入各单位，协助督促指导开展调查工作，完成适龄儿童调查252名。

【消除疟疾工作顺利通过省级综合考评达标验收】 2013年11月21～23日，云南省卫生厅组织专家组对江川县进行消除疟疾考核评估验收，并宣布江川县达到消除疟疾标准，实现县级消除疟疾的目标，成为云南省首个实现消除疟疾目标的县份。

【杨军苹检查指导手足口病防控工作】 针对近期江川县手足口病疫情态势，12月3日，县人民政府副县长杨军苹到县机关幼儿园检查指导手足口病防控工作。首先听取情况汇报，实地查看县机关幼儿园手足口病防治措施落实情况，并对如何做好下一步手足口病防控工作提出四点意见：要加强幼儿园、学校防控工作，各有关部门要密切配合，共同防控；加大宣传力度，做到家喻户晓，坚持正面宣传为主，避免引起群众不必要的恐慌；加强医疗救治工作，加大督查力度，使各项防控措施落到实处，通过督查及时发现问题，及时整改，努力实现“少重症、无死亡”病例的目标；继续做好疾病监测和报告制度，畅通信息渠道，卫生部门要及时向县委、县政府报告，以便及时掌握疫情动态，及时解决工作中存在的问题。

【钱兴到县疾病预防控制中心调研】 12月4日下午，县委副书记、县长钱兴，县政府副县长杨军苹一行到县疾病预防控制中心调研。钱兴详细询问江川县疾病预防控制工作开展的情况，并认真听取汇报。钱兴指出，近年来，江川县积极推进医疗卫生改革，挖掘资源潜力，提高医疗服务水平，夯实卫生事业发展基础，使全县人民群众的医疗卫生条件得到不同程度的改善，群众健康水平得以进一步提高。并提出要求，医疗卫生是关系国计民生的重要事业，要加强管理，主管部门要加强对医疗卫生机构的引导、监督、检查与考核，促进医疗卫生工作发展；各医院卫生单位要加强内部管理，加强资金管理、加强人才队伍建设管理、加强单位整体运行的管理，保障群众对医疗卫生服务的需求；要进一步提高医疗卫生机构人员素质，为群众提供热情、周到、高技能、高质量的医疗卫生服务。

（杨　虎）

食品药品监督管理

【概　述】　江川县食品药品监督管理局位于江川县大街街道湖滨路北段14附1号，占地780.58平方米，其中：办公楼建筑面积905.10平方米。2013年年末有正式职工10人，其中公务员9人，工勤人员1人。设办公室、食品安全监管股、药品医疗器械监管股、保健食品化妆品监管股4个股室。

江川县食品药品稽查大队属江川县食品药品监督管理局下属全额拨款事业单位，2013年年末有正式职工5人，5人均为事业人员。

江川县食品药品监督管理局负责对全县药品、医疗器械的研制、生产、流通、使用进行行政监督，负责全县消费环节餐饮服务食品安全、保健食品、化妆品监督管理；负责江川县辖区内开办餐饮服务企业及药品零售企业的审批，核发《餐饮服务许可证》、《药品经营许可证》（零售）；开展食品药品从业人员的培训；承担消费环节食品安全事故的调查处理等职责。

江川县食品药品稽查大队负责组织实施全县药品、医疗器械、餐饮服务环节食品、保健食品、化妆品稽查工作；依法对制售假劣药品、医疗器械、餐饮服务环节食品、保健食品、化妆品等违法行为进行调查取证并对适用简易程序的违法行为进行查处；依法对药品、医疗器械、餐饮服务环节食品、保健食品、化妆品的质量进行监测、抽验、送检和食品药品快速检测；协助餐饮服务环节食品污染和食物中毒等突发事件的调查处理等职责。

2013年共发放《餐饮服务许可证》194户（其中：新办134户，审换证33户，变更27户），办理从业人员健康证1677人。受理保健食品经营备案9户，注销备案登记1户。受理《药品经营许可证》18户，其中：新办5，变更7户，换发6户。受理《医疗器械经营许可证》18户，其中：新办2户，变更1户，换发15户。监督检查餐饮服务单位627户，检查保健食品化妆品经营单位150户，检查药品、医疗器械经营、使用单位381户。开展餐饮服务环节食品抽样70个样品，合格67个，合格率为95.71%。查处餐饮服务环节食品安全违法案件35起，保健食品违法案件7起，药械违法案件12起。

【“两会”期间饮食安全保障】　1月8日至17日，采取提前介入、巡回检查、全程跟踪、突出重点的方式，对江川县“政协、人大”两会期间餐饮服务食品安全进行保障。按照《云南省重大活动食品安全保障工作手册》有关规定，督促接待单位制定供餐方案和应急预案，签订《重大活动接待单位食品安全承诺书》；对食谱、食品原料采购、食品仓库管理、从业人员健康情况、加工环境、餐具清洗消毒、备餐和供餐时间、食品留样等进行严格监督检查，并对食品生产加工制作环节进行动态监督；利用重大活动食品快检设备对食用油脂的酸价、过氧化值，蔬菜中农药残留，餐饮具消毒效果等项目进行检测，及时消除食品安全隐患。共出动执法人员40人次，执法车辆20辆次，审核菜单20份，快速筛查样品8批24个，更换存在安全隐患的菜品2种，有效地保证“两会”期间5000余人次的饮食安全。

【食品药品安全隐患排查】　成立餐饮服务食品、保健食品、化妆品、药品及医疗器械“四品一械”安全隐患排查领导小组，制定实施方案。以大中型餐饮单位、食品摊点、学校食堂（学校学生营养餐）、旅游景区农家乐、药品器械批发企业、药品超市、县直医疗机构和各中心卫生院等为重点单位，以车站、超市、城乡结合部、农村边远地区、旅游景区为重点区域，以许可证持证情况、从业人员健康证持有情况、餐厨废弃物的管理、食品添加剂的备案公示、药械进货渠道、药品贮藏条件等为重点内容进行全面隐患排查。充分利用广播、报纸、电视、网络等媒体，宣传普及食品药品安全知识，增强广大群众的食药械安全意识和法律意识。此次排查共出动执法车辆60车次，执法人员168人次，检查餐饮服务单位300户次，学校食堂4户，药械经营使用单位57户次，开据监督意见书250份，对2户学校食堂作出限期责令改正，对2户餐饮服务单位行政处罚，罚款4000元。

【处方药市场专项检查】　成立处方药专项检查工作领导小组，制定实施方案，开展专项检查工作。下发《关于加强处方药销售管理相关要求的通知》，要求全县药品零售企业严格凭处方销售处方药；严格执行处方药和非处方药分类管理；严格检查药品质量负责人、药师不在岗时是否暂停销售处方药和甲类非处方药并挂牌告知，在岗销售处方药品时是否做好安全用药咨询服务，以及是否按规定对处方进行审核、签字后调配、销售。同时宣传滥用处方药的危害，提高广大人民群众对处方药的认知度，从源头上消除滥用处方药产生的危害。严格要求药品零售企业加强药品销售人员的处方药销售知识培训，加强对药品零售企业的宣传教育，增强企业凭处方销售处方药的意识，促进药品分类管理实施到位。此次专项检查，共检查单位79户次，出动执法车辆18车次，执法人员46人次，下发责令改正通知书41份。

【春季学校食品安全隐患排查】　2月至3月，联合教育、卫生、公安等部门开展春季学校食品安全隐患排查。采取现场检查、查看资料和调查走访等方式，重点对学生营养餐供餐模式、

基础设施、管理体系进行调查，建立完善涵盖文字、图片的基础信息体系。对持证单位进行量化分级测评，根据分值高低确定风险等级和监管频次，完善食品安全风险监测评估体系。对无证经营、基础设施薄弱、管理无序的单位，提出责令限期改正要求，完善责任落实体系。此次食品安全隐患排查共出动执法人员48人次，执法车辆16车次，检查学校及幼儿园103户次，发放宣传资料70余份。

【定制式义齿专项整治】 2月至3月，开展定制式义齿专项整治，整治重点为：采购和使用的定制式义齿产品是否从已取得《医疗器械生产企业许可证》的企业购进，采购和使用的定制式义齿产品是否具有医疗器械产品注册证书，医疗机构对采购的定制式义齿产品是否进行验收登记等。共出动执法人员12人次，对全县13户诊疗科目中包含“口腔科”的医疗机构进行全覆盖式的检查。经检查，未发现使用无产品注册证书定制式义齿的情况。

【集中销毁假劣药械】 3月13日，集中销毁一批假劣药械，销毁的药械是近两年来县食药监局在日常监督检查过程中没收的假劣药械以及部分药品经营企业自查清理的过期失效药械，涉及近80个品种规格，货值3万多元。

【过期药品回收公益活动】 3月27日至29日，开展为期三天的“健康中国、美丽中国”过期药品回收公益活动。此次活动由江川县食品药品监督管理局、广药集团股份有限公司及云南鹏源药业有限公司星云大药房共同举办。自2011年启动家庭过期药品回收活动以来，江川县共回收过期药品2000余个品种，货值约7万元。

【省食药监局到江川督查餐饮业H7N9禽流感防控工作】 4月19日，云南省食药监局稽查专员方海云一行3人在玉溪市食药监局尹义宪副局长等陪同下到江川督查餐饮业H7N9禽流感防控工作。此次督查主要以H7N9禽流感防控、学校食堂专项整治和餐饮服务食品安全量化分级管理工作为重点，采取听汇报、查资料、看现场和总结交流的方式进行，期间重点对以禽类销售为主的土鸡店、酸汤鸡店、肯德基店等大中小不同层次的餐馆和学校进行抽查，并提出要增强忧患意识，推行科学监管，切实做好餐饮环节禽流感防控工作，防止病从口入，同时继续深化学校食品安全专项整治，广泛实施量化分级管理工作，建立健全餐饮食品安全诚信体系建设，确保群众饮食安全。

【构建药品安全责任体系】 强化政府责任，药品安全纳入目标管理。把药品安全工作纳入地方政府年度工作目标责任制，实行责任制考核；年初，县政府与7个乡镇（街道）签订药品安全监管目标责任书，以强化政府负总责的责任意识。部门齐抓共管，建立联合工作机制。县政府成立药品安全委员会，建立联合工作机制，明确县委宣传部、法院、检察院、监察局、食药监局、工商及卫生等15个职能部门的职责，建立完善议事规则、联合执法制度、考核评估、药品安全责任制及责任追究制等，各部门做到各司其职，相互配合，组织开展联合检查、专项整治。落实企业责任，构建企业诚信体系。县食药监局每年与药品生产、经营企业、使用单位签订《质量责任承诺书》；定期对药品从业人员进行教育培训，开展药品经营企业信用体系建设及医疗机构“规范药房”创建，落实企业药品经营质量管理规范，加大对违法违规行为的惩处力度，明确“企业第一责任人”责任。

【开展机关企事业单位食堂检查】 4月至5月，开展机关企事业单位食堂检查，共发放办证通知23份，现场指导培训46人次，对申请办理《餐饮服务许可证》的食堂按照许可申请、现场核查、行政审批、信息公示、办理许可证等手续全部办结。对通知后仍未办理《餐饮服务许可证》、健康证以及使用劣质原材料加工食品和餐饮具消毒不合格行为依法查处。

【药械不良反应监测工作会议】 5月10日，组织召开药械不良反应监测工作会议，县不良反应监测中心、各级医疗机构、疾病预防控制中心和计划生育服务站共33人参加此次会议。会议总结2012年药品不良反应、医疗器械不良事件监测工作情况，全面分析存在的问题，部署2013年药品不良反应、医疗器械不良事件监测工作，并表彰2012年药械不良反应监测先进个人。会议要求各级医疗机构要进一步完善机制，强化考核，切实做好重点品种的监测力度，加大宣传培训力度，提高报告的数量和质量。

【医用氧专项检查】 4月至5月，开展为期两个月的医用氧专项检查。重点检查医疗机构是否从取得《药品生产企业许可证》的医用氧生产企业购进医用氧，所取得的医用氧生产企业的资质、购进票据是否齐全合法，每批医用氧是否有质量检验报告书，医用氧供货方资质档案是否建立；医疗机构医用氧的购进、验收、保管、使用等管理制度是否建全；医疗机构购进医用氧是否有真实完整的购进验收记录，是否有以工业氧代替医用氧的行为。此次专项检查，出动执法车辆12车次，执法人员37人次，共检查医疗机构42户，未发现有工业氧代替医用氧的行为。

【合理膳食安全用药宣传活动】 5月19日至23日，围绕“科技创新，美好生活”主题开展科技活动周活动，积极弘扬“科学饮食，科学用药”的理念，普及食品药品安全科学知识，期间共发放宣传材料1000份，接受群众咨询300人次，受理投诉举报2起，签订餐饮服务食品安全目标责任书590份。

【中高考食品安全保障】 5月25日至28日，针对中高考期间天气炎热、考生集中等特点，按照《重大活动餐饮服务食品安全监督管理规范》的要求，保障中高考期间考生饮食安全。以原料购进、餐厨操作加工、餐饮具清洗消毒、从业人员健康状况以及食品添加剂、食品留样管理等为重点，开展贯穿全环节、全过程的专项检查。并与学校签订《食品安全责任书》，对菜单进行严格审查，杜绝学校销售四季豆、发芽洋芋和老百花等高危食品，同时开通学校食堂食品安全投诉举报热线，及时妥善处置突发事件。

【“食品安全宣传周”宣传活动】 6月17日，联合质监、工商、疾控、电视台等多家单位在江川县城明珠路开展“食品安全周活动”启动仪式，各成员单位领导、分管副职及工作人员28人参加，现场向群众发放涉及生产、流通、消费、鉴别、贮藏等内容宣传资料27个类别，发放3860份，向群众作宣传讲解452人次。

【打击保健食品“四非”专项行动】 6月，开展打击保健食品“四非”专项行动，对保健食品违法生产加工、违法经营销售、违法添加药物、违法夸大宣传等四类非法行为进行重点打击。此次专项行动共出动执法车辆20车次，执法人员68人次，检查保健食品经营单位76户次，查处违法案件2起，责令改正10户，抽检减肥降血糖类保健食品2批。

【餐饮服务环节鲜肉和肉制品专项整治】 5月至7月，开展鲜肉和肉制品专项整治，检查主要针对餐饮服务单位是否明确专人负责鲜肉和肉制品采购验收、是否到证照齐全的食品生产经营单位采购、是否为定点屠宰鲜肉及购货凭证、是否进行入库前验收工作、是否开展采购登记等。此次专项整治共检查223户单位，其中：宾馆、酒店204户，学校食堂8户，托幼食堂5户，企事业机关食堂6户，出动执法人员111人次，执法车辆37车次。各餐饮服务提供单位均能够按照《餐饮服务食品采购索证索票管理规定》购进鲜肉和肉制品，并能认真进行索证索票和记录台账，能够索取检验合格证，设专人负责验收。通过检查，未发现使用来路不明、无检疫证或检疫不合格的肉类及其制品。

【抚仙湖畔餐饮食品安全检查】 7月，开展抚仙湖畔餐饮食品安全拉网式检查。检查重点是餐饮服务单位环保前置审批、餐饮服务许可持证情况、索证索票、餐厨废弃物处理等环节。此次检查共出动执法车辆9车次，执法人员63人次，检查餐饮经营单位81户，检查合格76户，警告2户，责令改正3户。

【野生菌中毒防控工作】 7月，采取签订责任书、发布预警公告、发放宣传材料和进行现场检查等措施开展野生菌中毒防控工作，要求餐馆做到采购要严格、加工要熟透、留样要齐全、提醒要及时、处置要妥当。此次防控工作共发放监督意见书128份，接受咨询512人次，检查餐馆260户次。

【“第三届中国聂耳音乐周”期间食品安全保障工作】 按照《重大活动餐饮服务食品安全监督管理规范》要求，以原料购进、餐厨操作加工、餐饮具清洗消毒、从业人员健康状况以及食品添加剂、食品留样管理等为重点，开展贯穿全环节、全过程的专项检查，期间与供餐单位签订《食品安全责任书》，并对菜单进行严格审查，杜绝销售野生菌、四季豆、发芽洋芋和老百花等高危食品，同时开通餐饮食品安全投诉举报热线，及时妥善处置突发事件。此次保障工作共出动执法人员24人次，执法车辆8辆次，审核菜单8份，保证聂耳音乐（合唱）周期间江川片区的饮食安全。

【药品“两打两建”专项行动】 8月，按照国家食品药品监督管理总局的统一部署，开展严厉打击药品违法生产、严厉打击药品违法经营、加强药品生产经营规范建设和加强药品监管机制建设（简称“两打两建”）专项行动。此次专项行动通过对药品生产经营企业、中药材专业市场、诊所和互联网的排查检查，突出重点，深挖带有区域性、系统性特点和“潜规则”性质的药品安全隐患，查处一批违法违规行为，进一步规范药品生产经营秩序，完善监管长效机制，提升药品监管水平，切实保证药品质量安全有效。专项行动共出动执法人员38人次，出动执法车辆10车次，检查药品生产、经营、使用单位42户次，查处药品违法案件1起。

【药品不良反应监测会议】 8月26日，组织召开2013年上半年药品不良反应监测暨药品不良反应质量评估会议。全县各级医疗机构药品不良反应监测员及县不良反应监测中心工作人员参加会议。会议总结上半年监测工作情况，部署年底前和今后一个时期全县药品不良反应和医疗器械不良事件监测工作。2013上半年，江川县成功上报药品不良反应病例63例，其中新的、严重的药品不良反应病例报告数量40例，占总数的63.49%，上报医疗器械不良事件19例，超额完成半年工作任务。会议同时从报告的真实性、规范性、完整性三个方面对上半年的药品不良反应报表进行质量评估。

【“安全用药月”宣传活动】 9月，开展以“防止滥用成瘾性药物”为主题的药品安全宣传活动，通过发放宣传材料、播放安全用药情景短剧及设立药品安全咨询台等形式进行安全用药、合理用药知识宣传。现场接受群

众咨询125人次，发放饮食用药安全知识宣传资料、“防止滥用成瘾性药物”科普宣传折页1600多份。同时，活动现场还设立过期药品回收箱，以过期药品对换生活用品的形式对过期药品进行回收。

【学校食堂及学生营养餐联合检查】9月3日至6日，联合县教育局、县工商局、县质监局、县疾控中心、县公安局、县交通局七个部门组成联合检查组对全县学校食堂及营养餐监督检查。检查内容除按照《餐饮服务食品安全标准》，对学校食堂、学生营养餐等设施设备、索证索票及登记、餐厨废弃物处理、学校水源检测、治安状况等检查外，县食药监局和各学校签订《食品安全责任书》，并对春季开学检查发现的问题作跟踪复查，对复查未改进和改进不彻底的单位作出相应处理。此次检查共出动人员90人次，车辆20车次，检查中学及中心小学27户，村小学42户，幼儿园5户。经查，未发现使用食品添加剂、不合格调味品、劣质食用油、过期变质食品等违法违规行为。

【中秋节食品药品安全】专题部署，责任落实到位。加强组织领导，及早安排部署，制定方案，落实责任，认真组织实施，做到认识到位、责任到位、措施到位。增强意识，宣传教育到位。以9月全国“药品安全宣传月”活动为契机，充分利用网络、广播、电视等媒体，宣传食品药品安全知识及法律法规，普及群众科学饮食用药习惯，提高消费者自我保护意识。共发放饮食用药安全知识宣传资料、“防止滥用成瘾性药物”科普宣传折页1600份，接受群众咨询125人次，张贴标语7条，在电视台和饮食用药安全科普宣传站播放公益广告及安全用药情景短剧60次。突出整治，安全监管到位。加强对重点场所、重点环节、重点时段的“四品一械”安全监管。加大节日期间监督检查力度，严厉打击各类制售假劣食药械行为，对监督检查中发现的违法违规行为，依法严厉查处。注重预防，应急值守到位。严格执行节日期间值班制度，实行24小时值班和领导带班制度，确保通讯畅通。妥善处理来信来访接待，确保食品药品安全隐患早发现、早报告、早预防、早处置。

【药械从业人员培训】10月21日至25日，举办药械从业人员培训会。全县涉药、涉械共601人参加培训。此次培训，邀请玉溪市食品药品监督管理局同志担任授课老师，培训内容为药品及医疗器械法律法规，药品、医疗器械不良事件及特殊药品监管法律法规，新版药品经营质量管理规范，保健食品监管法律法规等。培训结束后，组织参训人员进行统一考试，为合格者颁发《药品从业人员培训合格证》。

【装饰性彩色平光隐形眼镜检查】12月，开展装饰性彩色平光隐形眼镜医疗器械产品专项整治。检查覆盖全县所有隐形眼镜及护理液医疗器械产品经营企业。重点检查装饰性彩色平光隐形眼镜经营单位是否取得《医疗器械经营企业许可证》、是否从正规渠道购进合格的产品、是否根据有关规定做好产品的购销记录等。此次专项检查共出动执法车辆4车次，出动执法人员16人次，共检查隐形眼镜及护理液医疗器械产品经营企业7户次，未发现销售不合格装饰性彩色平光隐形眼镜及护理液情况。

【餐饮服务食品安全抽检工作】针对江川县旅游景区人员流动较大的餐馆、基础较薄弱的学校食堂和隐患突出的饮食摊点开展食品风险监测抽检采样，抽检重点主要为大米、米线、食醋、非发酵豆制品、熟肉制品等。主要检测成份是食品中铅、镉、汞、无机砷等重金属是否超标，病原微生物是否超标，有无随意添加吊白块、二氧化硫等非食用物质，有无使用工业用乙酸充当食醋等，全年共抽检食品70批次，合格67批次，合格率95.71%。

【餐饮服务食品安全监督量化分级管理】严格执行《食品安全法》等法律法规，按照餐饮服务单位许可审查现场检查表的内容，对辖区内餐饮服务单位实施量化许可、量化监督等工作。全年共对553户餐饮单位实施量化分级管理，其中：优秀52户，良好128户，一般373户。

【药品监督抽验】2013年共抽验药品检品29批次，年底出报告19批次，合格19批次。

【餐饮服务食品安全专项整治】2013年，餐饮服务环节开展“H7N9禽流感防控”、“机关企事业单位食堂”、“餐饮服务环节鲜肉和肉制品”、“野生菌中毒防控”、南博会、中高考及节假日专项整治，全年共出动执法车辆356车次，执法人员1145人次，检查餐饮服务单位627户，查处违法案件35起，罚款4.48万元。

【保健食品、化妆品安全专项整治】全年开展“健康牌减肥胶囊等假冒伪劣保健食品”、“查处医圣天下无斑美白祛斑霜等化妆品”及打击“四非”等14项专项检查，共出动执法车辆64车次，执法人员156人次，检查保健食品、化妆品经营单位150户，下达整改意见25条，查处保健食品违法案件7起，罚没款1.71万元。

【药品安全专项整治】2013年，开展“加强处方药销售管理”、“定制式义齿产品”、“医用氧”、“加强特殊药品管理”、“两打两建”及节假日等11个专项检查，出动执法人员354人次，出动执法车辆121车次，检查单位598户次。查处药械违法案件12起，涉案货值金额3511.20元，没收违法药械5批，罚没款3.40万元。

【药械安全监测】 2013年，完善监测网络和监测机制，加强监测人员培训，督促相关单位建立和执行《药械不良反应报告制度》，出台《药品不良反应和医疗器械不良事件监测报告奖励制度》，药械不良反应监测工作取得明显成效。截至2013年底，共上报药品不良反应144例，医疗器械不良事件39例。

【餐饮服务许可证发放】 2013年，严把餐饮服务食品安全许可关，加强餐饮服务单位现场审核，建立健全行政许可审批程序，全面规范餐饮服务行政许可行为，审核、办理《餐饮服务许可证》194户（其中：新办134户、变更33户、延续27户），注销15户。办理从业人员健康证1677人。

【信息工作】 2013年编发餐饮服务食品、保健食品、化妆品、药品及医疗器械安全监管各类信息109期，云南省食品药品监督管理局采用3篇，云南省食品药品网采用4篇，玉溪日报采用1篇，玉溪新闻网采用1篇，玉溪市食品药品监督管理局采用25篇，江川新闻网采用55篇。

【荣誉表彰】 2013年2月，被云南省食品药品监督管理局表彰为“县级食品药品监督管理工作先进单位”；2月，被中共江川县委、江川县人民政府表彰为“社会管理综合治理先进单位”；3月，被中共江川县委表彰为“党风廉政建设优秀单位”；6月，被中共江川县委、江川县人民政府表彰为“村级组织换届选举工作先进单位”；7月，云南省政府新闻办、省发改委、省食药监局等七部门联合授予江川县为“省级餐饮服务食品安全示范县”；10月，被中共江川县委表彰为“江川县2008—2012年依法治县工作先进集体”；11月，被江川县人民政府表彰为“江川县2012年度行政效能建设工作先进集体”（自2007以来连续6年获此殊荣）；11月，被中共江川县直属机关工作委员会表彰为“先进基层党组织”。

（刘春丽）

卫生监督

【党支部成立】 根据中共江川县卫生局委员会文件《关于同意成立江川县卫生局卫生监督局党支部的批复》，江川县卫生局卫生监督局党支部于2013年12月17日成立，为江川县卫生局党委下设党组织。

【业务用房项目建设】 江川县卫生局卫生监督局业务用房建设项目于2012年7月开工建设，2013年2月5日主体工程通过终验。场地硬（绿）化、围墙新建、大门（门卫室）建设等附属工程于2013年12月开工建设。

【宣传培训】 2013年，卫生监督员共计参加省、市、县举办的各类培训16期，参培人数达34人次；培训卫生从业人员523人，培训率及合格率均为100%；召开个体医会议6次，参会人员达438人次；开展《职业病防治法》宣传1次，发放新修订的《中华人民共和国职业病防治法》读本30余份，发放内容为“防治职业病，爱护劳动者”、“防治职业病，保护劳动者健康”宣传画报材料60余份；开展饮用水宣传周活动，制作发放宣传资料400份；编印卫生监督信息17期。

【许可审核】 2013年共计审发许可证284户（新办64户），其中：理发40户（新办17户），生活美容9户（新办7户），住宿38户（新办21户），歌舞厅及茶室等文化娱乐场所12户（新办7户），生活饮用水卫生许可证8户（新办5户），消毒产品生产企业卫生许可证6户（新办1户），医疗机构执业许可证166户（校验161户、新办5户），母婴保健技术执业许可证4户，放射诊疗许可证1户（新办1户）。发放从业人员培训合格证523个。

【卫生监督】 2013年全县共有各类管理相对户568户，建档568户，建档率100%，其中：医疗机构166户，公共场所290户，学校76所，集中式供水单位9户，二次供水单位10户，医疗放射单位7户，餐饮具集中消毒单位4户，消毒产品生产企业6户。全年监督566户、695户次，监督率122.36%、覆盖率99.65%。其中：医疗机构监督166户、230户次，监督率138.55%、覆盖率100%；公共场所监督288户，监督覆盖率达99.31%；学校卫生监督76所，监督覆盖率达100%；集中式供水单位监督9户、36户次，监督率400%、覆盖率100%；二次供水单位监督10户、40户次，监督率400%、覆盖率100%；医疗放射单位监督7户，监督覆盖率达100%；餐饮具集中消毒单位监督4户、12户次，监督率300%、覆盖率100%；消毒产品生产企业监督6户，监督覆盖率达100%。

【监　测】 2013年共监测水样148个，合格108个，合格率72.97%，开展饮用水现场快速检测20次，为供水单位提供优质服务，确保群众饮水卫生安全；共抽检公共场所88家，合格74家，合格率84.09%，共采集样品202个，合格189个，合格率93.56%；共对36家医疗机构开展消毒效果监测，共抽检样品178个，合格153个，样品合格率为85.96%。

【公共场所量化分级】 2013年共对94家住宿业、157家理发美容场所、1家沐浴场所、1家游泳场所进行量化分级管理，其中：B级单位4家，C级单位249家。

【卫生监督协管服务】 2013年全县成立卫生监督协管机构7家，共有卫生监督协管员16人，卫生监督协管信息员71人。卫生监督协管服务工作主要

是完成全县范围内食品安全、职业卫生咨询指导、饮用水卫生安全、学校卫生、非法行医和非法采供血的信息上报及登记，饮用水卫生、学校卫生、非法行医和非法采供血、公共场所定期巡查及登记。2013年全县共上报卫生监督协管服务信息12次，信息报告率为100%；共上报卫生监督协管服务巡查476户次，巡查率达195.88%。

【行政处罚】 2013年共有违反医疗卫生、公共场所卫生相关卫生法律法规的行政处罚案件21件，罚款金额合计人民币19250元。其中：医疗机构案件13件，非法行医案件5件（其中移送公安机关案件1件），罚款金额合计人民币16850元；公共场所案件3件，罚款金额合计人民币2400元。

【打击非法行医】 2013年江川县卫生监督局加大打击非法行医力度，以社会各界投诉举报、日常监督检查、各乡镇卫生院卫生监督协管上报信息及以往因非法行医受过行政处罚的人员（场所）名单为主要线索，开展监督检查。

2013年共监督检查医疗机构166户，230户次，监督率为138.55%；对照以往非法行医名单，开展回访检查11家次。共查处超范围行医和使用非卫生技术人员行政处罚案件6件（罚款6件），罚款金额合计人民币5700元；无证行医案件5件，其中：行政处罚案件4件（罚款4件），罚款金额合计人民币6400元，移送公安机关案件1件。目前正立案调查案件5件。

【母婴保健技术考核合格证复审培训】 为提高全县母婴保健技术服务医务工作者的卫生法律法规意识、服务意识及服务质量，认真做好每三年一次的母婴保健技术考核合格证复审工作。江川县卫生监督局根据《云南省母婴保健技术服务考核发证管理办法》（试行）第十三条要求，于2013年1月16日至17日，分两批开展《母婴保健技术考核合格证》复审培训考核，江川县人民医院、江川县妇幼保健院、江川县中医医院、江城镇中心卫生院4家医疗机构62名从事母婴保健技术服务工作的医务工作者参加此次培训考核。

培训内容为：《中华人民共和国母婴保健法》、《中华人民共和国母婴保健法实施办法》、《母婴保健专项技术服务基本标准》、《母婴保健法律证件概述》、《玉溪市出生医学证明管理规定》等法律法规。培训结束后，组织全部参训人员进行《母婴保健技术考核合格证复审考核试卷》答卷，并严格评卷，对此次培训考核作出客观公正评价。江川县卫生监督局严把审证关，对未参加此次培训考核以及考核不合格者将暂停其母婴保健技术服务资格；考核合格者，将在《母婴保健考核技术合格证》上盖复审专用章。

【春节卫生专项检查】 为保障春节期间住宿场所、餐饮具卫生安全，保障人民群众健康权益，根据《中华人民共和国传染病防治法》、《公共场所卫生管理条例》、《公共场所卫生管理条例实施细则》等相关法律法规，江川县卫生监督局于2013年1月28日至1月31日以全县住宿场所、餐具集中消毒单位为检查重点，以住宿场所是否持有有效《卫生许可证》，从业人员是否持有有效的健康合格证明，卫生设施设备是否正常运转，供水水质是否符合要求；餐具集中消毒单位运营情况、卫生状况、消毒生产流程是否合理，人员是否持有效健康合格证明等为检查内容，以抽查方式开展春节卫生专项检查，共出动车辆6车次，人员16人次，抽查住宿场所8家，餐具集中消毒单位4家，发放卫生监督意见书12份，对存在问题提出整改意见。

【药店违法违规行为专项整治】 针对部分药店开展免费为顾客测血压、测血糖等违法违规行为，江川县卫生监督局于3月下旬组织开展药店违法违规行为专项整治工作。本次监督检查共出动车辆8车次，人员25人次，监督检查全县6家医药公司，37个店面，对存在的违法行为下发卫生监督意见书，并约谈医药公司（连锁药店）负责人，责令其立即停止测血压，测血糖等违法违规行为。

【春秋两季学校卫生监督】 江川县卫生监督局根据《中华人民共和国传染病防治法》、《学校卫生工作条例》、《托儿所幼儿园卫生保健管理办法》等法律法规，分别于2013年3月13日至4月18日，10月9日至10月29日严格按照《玉溪市学校传染病防控工作检查表》和《玉溪市托幼机构传染病防治经常性卫生监督量化评分表》的要求，组织开展春、秋两季学校卫生监督检查。期间共出动卫生监督员60余人次，执法车辆40余车次，以学校饮用水卫生、环境卫生、传染病防控工作等为重点，对辖区内76所中小学，38所托幼机构开展监督检查。同时协调教育部门重点对学校生活饮用水进行监督监测，共使用快检设备进行监测30余次，下发卫生监督意见书32份；协同县疾控中心对江川县第一中学、第二中学2所学校的教学环境进行卫生监测，开展卫生学评价。

【消毒产品生产企业专项检查】 根据《中华人民共和国传染病防治法》、《消毒管理办法》等相关法律法规，2013年4月10日至4月22日，江川县卫生监督局共出动车辆8车次，人员28人次，对全县5家消毒产品生产企业进行专项检查。对车间工作人员办理健康证明情况，消毒工作、原材料进货索证、出入库台账记录情况，人员工作衣帽等方面进行了监督检查，对存在问题提出整改意见。要求企业请县疾控中心对其产品、操作台面、空气、工作人员手等进行监测，要求各生产企业要按时年审《消毒产品生产企业卫生许可证》。

【公共场所集中空调监测】 为防范空气传播疾病的发生，加强对公共场所集中空调通风系统卫生监督指导，根据《2013年云南省公共场所集中空调通风系统卫生监督专项整治的通知》精神，并结合《玉溪市2013年公共场所重点监督抽检计划的通知》文件要求，玉溪市卫生监督局、玉溪市疾病预防控制中心、江川县卫生监督局于2013年6月24日至25日，深入江川县辖区内的景湖酒店、玉泉酒店和云南江川阳光海岸培训中心3家公共场所进行卫生督导检查，重点对这3家公共场所的大型集中空调通风系统进行免费监测。在为期2天的监督监测工作中，市卫生监督局的卫生监督员与公共场所工作人员进行面对面技术指导，帮助经营单位集中空调操作员提高专业操作技能；市疾控中心监测人员精心操作，确保监测质量。

【中、高考卫生安全保障】 在中、高考考前及考试期间，江川县卫生监督局按照县政府、县教委要求，组织卫生监督骨干深入各考点、各接待点以生活饮用水、学生住宿环境等为监督检查重点开展检查指导。对检查中存在的问题和卫生安全隐患，江川县卫生监督局提出卫生监督意见，要求各学校及接待点及时整改。期间，共出动执法人员10人次，车辆5车次，下达卫生监督意见书10份，保障众考生考期卫生安全。

【中秋、国庆两节卫生安全保障】 为切实做好2013年“中秋、国庆”两节期间公共场所卫生监管工作，保障公众健康权益，江川县卫生监督局按照《公共场所卫生管理条例》等相关法律法规，结合《国家卫生计生委办公厅关于加强2013年中秋和国庆节日期间公共场所卫生监管工作的通知》要求，于2013年9月29日至9月30日，有针对性的开展以大中型住宿、大型超市、影剧院等公共场所为重点的监督检查。

检查内容：住宿单位重点检查消毒间设置情况，顾客用品用具的清洗、消毒、保洁、更换等情况；大型商场检查机械通风设备、顾客卫生间通风排气设施使用运行情况及空气检测报告；影剧院重点检查机械通风设备使用运行情况及空气质量检测报告。

此次监督检查共出动监督员10人次，车辆4车次，监督各类公共场所8家，包括6家住宿单位、1家商场、1家影剧院，共发放卫生监督意见书8份。其中：对6家住宿场所、1家商场进行监督抽检，共抽检7家26个样品，合格7家26个样品，合格率为100%。

【卫生监督信息化建设】 9月初，江川县卫生监督局积极安排卫生监督员参加省卫生监督局举办的卫生监督业务系统暨现场执法手持终端应用培训，并根据《玉溪市卫生监督综合信息系统运行管理规范》及《玉溪市卫生监督业务系统及手持执法终端全面应用实施方案》文件要求，及时完成各专业的流程定制工作，充分做好业务系统及手持机应用前期准备工作。自9月16日起各卫生监督员在测试平台上认真操作练习；10月9日，卫生监督业务系统正式开通，江川县卫生监督局开始使用业务系统办理相关业务（包括行政许可和行政处罚），从此在监督现场能采集录入被监管对象相关信息、能现场制作打印执法文书，卫生监督信息化建设全面推进。

【住宿业法律法规知识培训】 为贯彻落实云南省公共场所卫生监督量化分级管理要求，更好的在江川县推行住宿场所卫生监督量化分级管理，2013年11月27日，江川县卫生监督局举办江川县2013年住宿业法律法规知识培训。培训内容为：《中华人民共和国传染病防治法》、《公共场所卫生管理条例》及其实施细则、《云南省住宿场所卫生监督量化评分表》等。本次培训共开办2班次，分上午、下午两次进行，累计到会住宿业经营单位98个，到会住宿业从业人员98人。

【卫生监督协管知识培训】 为更好的贯彻落实医药卫生“保基本、强基层、建机制”的体制改革，实现基本公共卫生服务逐步均等化的重要目标，2013年12月3日江川县卫生监督局在县疾控中心五楼会议室举行2013年度卫生监督协管培训工作会。参会人员为各乡镇卫生院卫生监督协管站站长及卫生监督协管员共计14人，课时为4课时。

县卫生局副局长龚有颖要求各单位要高度重视，紧紧围绕群众关心、反映强烈的食品安全、职业病危害、饮用水卫生安全等突出问题，借助开展卫生监督协管服务的契机，利用现有卫生资源，充分发挥社区卫生服务中心、乡镇卫生院、村卫生室等基层医疗卫生机构公共卫生职能作用，通过深入推进项目实施，使广大人民群众真正感受到卫生监督协管服务，享受到医药卫生体制改革的成果。

培训主要围绕食品安全信息报告、职业卫生咨询指导、饮用水卫生安全、学校卫生、非法行医和非法采供血五方面的内容进行交流学习。培训主要内容：玉溪市卫生监督协管服务规范与食品安全、职业卫生咨询指导、饮用水卫生安全、学校传染病、非法行医和非法采供血五方面内容。在培训会上对卫生监督协管服务工作开展以来出现的问题进行讨论，对已有的服务对象相关资料进一步完善确认，发放玉溪市卫生监督协管服务规范、《学校卫生监督监测信息系统填报表格》、《学校传染病防控工作检查表》、托幼机构卫生监督量化评分表、各类上报过程中出现的问题汇总等卫生监督协管培训资料。

【"打非"联合执法】 为进一步整顿医疗秩序，打击非法行医行为，净化医疗市场，维护人民群众健康权益，2013年12月11日，江川县卫生监督局按照《江川县打击非法行医专项行动实施方案》，联合县药监部门、县治安部门、县工商部门共计12名执法人员组成联合执法小组，以江川县城两处较大农贸市场涉嫌非法行医的药材经营摊点及"拔牙、补牙"非法行医摊点为监督排查重点，严厉打击坑害群众利益的游医、假医及黑摊点。执法过程中，共下发卫生监督意见书7份，发放"非法行医十大危害"宣传材料50余份，查处"拔牙、补牙"非法行医摊点两个，执法人员以书面及口头形式警戒农贸市场药材经营摊点不得借出售药材之名开展非法行医活动，否则将按照相关法律法规严肃查处。

（李佳秀）

爱国卫生

【县城卫生整治】 为巩固创卫成果，建设美丽江川。加大对薄弱环节的整治力度，对街头巷尾，背街小巷，集贸市场，城郊结合部等卫生死角和街面56万平方米的全日保洁，共收集、清运生活垃圾总量20075吨，收集清运粪便48车，240吨。做到垃圾日产日清，并进行无害化填埋处理；认真落实好《卫生县城标准》的指标任务，加强县城街道的美化绿化亮化管理工作，对县城内8836株乔木、77163平方米灌木、13853平方米草坪及1.5万平方米的广场（园路）保洁等绿化管护面向社会公开竞标，实行有偿管护承包，结合街心整治对怡心园和主要街道进行绿化补植各种乔木30903株、补植地20260平方米、草坪3290平方米，对人行道树、分绿隔离车带、草坪进行修枝造型，修剪行道树3000多株，修剪绿篱2.8万平方米，对城区路灯进行全面检修与建设；加强查处违章占道经营、乱停乱放、乱帖、乱画等的执法处置，共清理违章占道8600起，警告1000起，教育改正600起。暂扣物品300件，清除非法张贴和喷涂的非法小广告10000张和处理乱修剪、移植行道树事件2起，收取绿化补偿费1400元。处置乱扫乱倒垃圾杂物900多起、建筑工地车辆沿路漏洒沙石13起、乱堆乱放及吊挂有碍观瞻物品600多起；严格按照《道路清扫保洁质量考核标准》，对承包地段实行日检月评的办法，保证县城街道环境卫生质量良好；开展对翠大线、兴江路两条街区的整治工作。解决雨污合流、排水不畅、沟盖板直接裸露问题，新建雨水管线463米，增设检查井239个；实现弱电线路全部入地6900米，强电进行规范设置；取消绿化隔离带和非机动车道，统一铺装青石板人行道28510平方米；按照统一风格色调，实施建筑物外立面改造24幢37479.4平方米，实施建筑物亮光工程8幢，拆除低效利用建筑4820平方米，建设景观围墙1585米；实施路面修补，重新设置交通标志，施划交通标线，设置中央隔离栏和公交车港；将环岛改造为圆形，面积由8300平方米缩小到5026平方米，并进行路面修复，重新分流渠化交通组织，改造提升环岛及周边绿化亮化；进行广场公园改造，铺筑游道及广场硬化2613平方米，增设休息石凳44条，安装高杆灯3盏，投射灯70套，健身器材35件；更新设置城市建设大型广告牌一块、增设盆栽66盆；拆除外挑式广告牌84块，办理规范设置门店招牌审批18户。使县城面貌焕然一新。

【春节爱国卫生运动】 2013年新春佳节之际，在爱卫会的倡导和布置下，全县各级各部门、企事业单位，城镇乡村全民动员，人人动手，彻底治理所辖区域的环境卫生脏、乱、差现象，保障人们在清晰舒适的环境中欢度新春佳节。进一步开展《食品安全法》宣传学习，提高执法人员执法水平。认真贯彻《食品安全法》，使食品安全知识进农村、进社区、进学校、出动宣传车10台次，网络宣传4次。加大对乡村旅游接待单位餐饮监管，对检查不合格的60家餐饮店提出整改意见，加强排查重点品种食品，对蔬菜、肉类、乳制品、水产品、饮料、酒等生产经营单位检查200户次，保障食品安全。突出重点，切实做好"三清"。开展"清暴露垃圾、清露天粪坑、清污泥积水"，控制疾病传染源，切断传播途径的爱国卫生运动。在城区各单位组织辖区内机关、企事业单位干部职工清理单位内部及公共场所卫生，清除卫生死角，抓好城郊结合部的环境卫生整治，确保垃圾日产日清；在农村动员村民搞好房前屋后卫生，保证室内卫生，对垃圾、粪便、污水及时清运消毒。并加强饮用水的监管和厕所卫生的管理，确保生活饮用水质符合卫生标准。

据不完全统计，县城共清运垃圾960吨，清除粪渣10吨，清理乱贴乱画小广告10000条，加大对县城8个建筑工地的管理，清理护坡37处，清运废料6吨，对39户占道经营户实施扣物处理。九溪镇在各个村委会中开展防病卫生知识宣传，发放宣传单1300份，并组织71名镇干部对镇主干道、背街小巷、车站及公厕等进行整治，共清扫街道2000余米，清除卫生死角3处。让广大群众感受到温馨舒适卫生环境，欢渡2013年春节。

【四月爱国卫生月活动】 2013年4月，是全国第二十五个爱国卫生月。县爱卫会结合江川县实际，及时下发文件，要求各级各部门根据文件通知精神，要认真部署，紧紧围绕"美丽江川，健康生活—摈弃乱扔、乱吐、乱画陋习"这一主题，开展以"告别陋习，讲究卫生"的宣传教育活动。做到人人动手，个个参与，把爱国卫生工作和卫生防病工作紧密结合，有部署、有行动、有总结、见成效。广泛发动群众，从环境卫生整治入手，深入开展群众性爱国卫生运动。

全县广大群众，尤其是爱卫会的各委员部门和乡镇人民政府（街道）认真履职，在爱国卫生月活动中着重抓了几方面工作：

强化宣传动员，营造良好氛围。各级各部门认识到位，充分认识开展这次爱国卫生月活动的意义，以改善人民群众生活环境，提高人民健康水平为目的，坚持以综合治理脏、乱、差为突破口，改变城乡环境卫生、关注食品安全、确保人人健康。认真组织发动广大群众，从每一个家庭做起，自觉投身于活动。用多种形式，以关注民生、服务民生、广泛宣传，增强广大群众的参与意识，充分利用广播电视、板报宣传栏等形式开展宣传。县爱卫办除发文件外，又在气象电子屏幕上向全县反复宣传，催化活动迈向高潮。团县委、教育、卫生、广电和乡镇人民政府（街道）还结合实际，大力开展健康教育，普及卫生防病知识，广泛宣传《狂犬病》、《禁止毒品预防艾滋病》、《卫生与保健》、《保护环境教育》及H7N9禽流感等传染病的科学知识，引导广大群众和中小学生增强健康意识，提高自我保健能力。如：团县委组织开展健康教育活动12086人次，出黑板报46期，摆放宣传展板58块，发放宣传资料9987份；教育系统上卫生健康教育课1420节，出黑板报142期，发放宣传资料1730份；江城镇广播宣传319次，出板报40期，开专题会议152场次，发放宣传资料4992份；大街街道出黑板报15期，出动30人次上街开展宣传，摆放宣传展板4块，发放宣传资料890份。

突出工作重点，开展综合治理。以环境卫生整治为重点，活动的重心放在县城、集镇和旅游风景区的综合治理。县城各单位开展居住区及工作环境卫生整治，疏通污水沟道，填平坑凹，清除蚊蝇虫媒孳生地，保持卫生清洁，创造良好的工作和生活环境。狠抓小旅馆、小餐饮店、小浴室、小美容美发厅、小歌舞厅的治理。清除街道、巷道、公厕、宿舍等墙面上乱贴广告和乱喷涂的办伪证电话号码，进一步规范市场秩序和交通秩序，完善和落实“门前三包”责任制，特别是城郊结合部的卫生整治。如：大街街道规化建设和环境保护中心为做好56万平方米县城街道的清扫保洁工作，城区垃圾日产日清，不留死角，共运垃圾167吨，并对7座公厕粪池进行保洁抽吸粪水10吨，同时对县城362只垃圾桶、30只垃圾厢和133只果皮箱进行清洗。县市场服务中心结合市场实际，以“讲究卫生、预防疾病、革除陋习、理顺秩序”为目的，清除乱贴乱画小广告300张，清除卫生死角4处，清除垃圾55吨。住建局清理大街小巷非法张帖和喷涂的小广告8300张，对城区临街施工占道、占道经营、乱摆摊设点等有碍观瞻的违章行为212起进行查处。交通运输局重点对客运站、交通沿线及客车箱内加强卫生清扫与保洁，共组织100人次，出动车辆3辆次，清除卫生死角10处，清除垃圾20吨。农业局组织160余人次，出动车辆5辆次，清理污水沟60余米，清除卫生死角6处，清除垃圾1吨。卫生监督局加大对“五小”场所的监督，出动执法监督员30多人次，检查场所71家，督导清理垃圾45家，规范室内卫生物品5家，有力地保障了县城公共场所卫生。农村重点清理村镇入口以及公路、沟渠沿线的生活垃圾。动员群众加强厕所、畜圈卫生保洁，清理房前屋后、庭院内外的生活垃圾，为广大群众营造健康、宜居、和谐的生产生活环境。安化乡组织200人次，出动车辆3辆次，清除垃圾2吨。雄关乡组织500人次，清理污水沟8000米，清扫街道5000多米，清除垃圾40吨，江城镇组织村组13597人次，出动车辆229辆次，清理污水沟61230米，清除违章占道106处，清除乱贴乱画小广告841张，清除卫生死角297处，清除垃圾1153吨。在做好“第九届铜锅美食节”和迎接“五一节”到来之际，加强对旅游景点、“农家乐”周边的环境卫生监督，针对存在的主要卫生问题，采取措施认真解决，为游客创造良好的休闲环境。全县还对“两湖一库”19条主要入湖河道、入湖河口清淤保洁、“两湖”湖滩的清扫保洁和公路沿线道路卫生清理。重点对抚仙湖入湖河口、湖湾、青鱼湾湖滩、大鲫鱼河、玉带河、东大河、牛摩大河等主要入湖河道、入湖沟渠和湖滨带的清淤工作，清淤工程量约35000立方，清运面积约34.44万平方米。路居镇组织300余人次，出动车辆11辆，清理河道约18000多米，环湖公路约8千米，清理湖滩约6.5千米，清扫清运垃圾约10余吨。大街街道党工委、办事处高度重视大街、小街、大庄、旧州、大寨河5条流入星云湖的清淤工作，共投入人员266人次，机械车38辆次，清理河道4380米，清运淤泥杂草1868吨。前卫镇组织1210人次，出动车辆110辆次，对渔村、周官、小街、后卫河4条流入星云湖的主要入湖河道认真清理，清理河道34700米，清除垃圾1000多吨。

加大监督力度，确保卫生安全。严格按照《食品安全法》和《公共卫生管理条例》对县城和各集镇的食品生产经营单位进行全面的监督检查，加大食品安全监管力度。对全县大型星级酒店、乡村星级接待单位、山庄和各类小吃店、小食店加强检查，使其改善生产加工条件，减少风险基数，保证食品安全。开展餐饮服务食品安全监督抽样。监督抽检覆盖各类餐饮单位（特大型餐馆、大型餐馆、中型餐馆、小型餐馆、小吃店、快餐店、食堂、集体用餐配送单位），其中以学校（含托幼机构）食堂、旅游景区（含农家乐旅游点）餐饮单位、集体用餐配送单位、小型餐饮单位为重点，重点场所占被抽检场所总数的50%以上。抽检品种为大米、食醋、米线。加强对H7N9禽流感的防控保障。重点对禽类采购、宰杀、储存、加工等环节和畜禽检验检疫证明等合

法票据的索要记录进行专项检查，要求畜禽生产加工销售餐饮单位严格进行消毒工作和从业人员卫生管理工作。共出动执法人员306人次，检查餐饮经营单位604户次，抽检食品45件，检查保健食品化妆品经营单位18户次。查出不合格单位35个，销毁过期食品45千克。同时，加强对饮用水源水质安全管理，抓好各道关键环节，对自来水和280口供水井及740个二次供水箱进行检查和清扫消毒，保持水质达标，防止水源性疾病的流行，确保人民群众的身体健康。

【第二十六个世界无烟日活动】 2013年5月31日，是世界卫生组织发起的第二十六个世界无烟日。为认真开展好这次活动，结合江川县实际，县爱卫会及时下发文件作出安排，同时发出相关宣传材料“世界卫生组织烟草控制框架公约”和“吸烟危害相关知识”224份，并确定5月31日至6月3日为宣传禁烟日时间。

全县各级各部门紧紧围绕“禁止烟草广告、促销和赞助”的主题，以《世界卫生组织烟草控制框架公约》、《吸烟危害相关知识》为主要内容。以版报、广播、会议、电子屏幕及禁烟标志和发放宣传材料等方式广泛开展“吸烟有害健康”的宣传活动，广泛动员各行政机关、社会团体及企事业单位积极参与控烟工作，以巩固创建无烟医院为基础，拓展争创无烟学校和无烟政府机关为切入点，开展室内公共场所和工作场所禁止吸烟活动。如：5月31日，县疾病预防控制中心联同县人民医院、大街卫生院及江川客运站，充分发挥客运站作为旅客聚散地的辐射作用，组织医务工作人员在客运站内开展禁烟宣传咨询活动。通过向过往群众面对面宣传吸烟对儿童、孕妇胎儿和家庭的危害，以及对人的呼吸系统、心血管等损伤的有害，还对前来咨询群众宣讲戒烟远期和近期的好处，活动中共发放宣传画、折页、宣传单8种200余份，接受咨询100多人，劝阻吸烟80人，受到广大群众的好评。

【健康教育】 各级大力宣传卫生科学知识，发放卫生知识宣传材料30043份；展板68块，出宣传栏板报350期，使广大群众健康意识和自我保健能力得到提高；同时，加强学校卫生常识教育，使学生从小养成讲卫生、爱卫生的良好习惯，促进他们健康成长。

【除“四害”活动】 认真开展以灭鼠为重点的除“四害”活动。县属各单位、各乡镇认真准备，开展以灭鼠为重点的除“四害”活动，同时，对生活环境进行药物喷洒，降低蚊、蝇、蟑螂的密度，消除四害孳生场所，共投放溴敌隆鼠药450千克，有效预防鼠类传染病的发生。

【农村改水改厕工作】 各级加强领导，积极配合，多渠道积极争取资金，改水改厕工作不断推进。农村改水受益人口4000人，改卫生厕100口。

【创建卫生村活动】 根据《玉溪市人民政府办公室关于印发玉溪市卫生村检查考核管理办法（试行）的通知》文件精神，江川县认真组织，精心安排，采取“自愿参与、合格一个、申报一个、验收一个”的办法。连续参与前三批市级卫生村创建活动。

在2013年开展第四批市级卫生村创建活动中，江城镇海门村委会、安化彝族乡早谷田村委会积极参与，在江川县爱卫会申报推荐的基础上，经玉溪市爱卫会于2013年10月中旬，组织检查组进行实地检查考核认为：海门和早谷田两个村委会始终把创建玉溪市卫生村工作作为加快推进社会主义新农村建设，改善村容村貌，促进农村经济社会发展，保护人民身体健康的大事来抓，坚持不懈，持之以恒。在创建卫生村工作中，领导重视，任务目标明确，组织机构健全，创建措施落实，发动群众广泛，建立长效管理机制，创建卫生村成效突出，村容村貌发生了较大变化，基本达到玉溪市卫生村标准。玉溪市爱卫会以玉爱卫发〔2013〕9号文件决定，命名江川县江城镇海门村委会、安化彝族乡早谷田村委会为“玉溪市卫生村”。至此，江川县共有5个市级卫生村。

（李明川）

社 会

编辑　徐凡清

人力资源和社会保障

【概　述】　2013年，江川县人力资源和社会保障局围绕民生为本、人才优先工作主线，深入实施积极就业政策，完善城乡社会保障体系，加强人才队伍建设，全面深化人事制度改革，积极构建和谐劳动关系，推动人力资源和社会保障工作科学发展、和谐发展、跨越发展。

【公务员培训】　完成2012年度公务员和参公人员的人才统计上报工作，组织90名公务员初任培训和任职培训报名。在全县行政机关881名公务员中开展更新知识培训。

【专业技术人员教育培训】　切实抓好专业技术人员教育培训工作，认真开展企事业单位工作人员供需科目培训，3400人参训，在教育系统开展中小学教师技能提升培训，培训考试合格403人。

【职称改革】　严格按照市人力资源和社会保障局有关规定，根据“个人申请，社会评价，单位聘用，政府宏观指导”的方针做好专业技术职务评聘工作。2013年，江川县卫生、农业、水利等系统共申报高、中、初级专业技术职务273人，其中：正高级3人，副高级100人，中级58人，初级112人，全年已评审通过192人（含教育系统），其中：正高2人，副高86人，中级34人、初级70人。在教育系统认真开展深化中小学教师职称制度改革工作，全年已评审通过高级教师73人（小学41人，中学32人），其中正高级1人；一级教师33人（小学9人，中学24人）；二级教师13人（小学9人，中学4人）。

【事业单位岗位设置】　完成事业岗位聘用1057人。其中：正高级2人，副高级154人，中级538人，初级318人，技师2人，高级工36人，中级工5人，普通工2人。

【公务员年度考核】　完成2012年度公务员年度考核，实有人数1053人，实考人数1041人（县处级12人由市考核），优秀196人，称职773人，不定等次72人。

【专业技术人员年度考核】　完成2012年度事业单位工作人员考核工作，事业单位实有3820人，应参加考核人数为3820人，未参加考核22人，实际参加考核人数为3798人，其中：优秀等次554人，合格等次3128人，基本合格等次2人，不合格等次1人，未定等次113人。

【毕业生就业指导】　坚持“人才是第一资源”宗旨，加强“人才服务社会”理念，全年共有883人应届高校毕业生登记报到，其中本科305人，专科426人，中专148人，硕士4人。组织供需见面会2次，发布供求信息4期20条，提供就业岗位215个（其中适合高校毕业生岗位125个），签订就业意向85人，参加求职人员352人次。截至2013年年末，尚未就业的大中专毕业生314人，其中：应届毕业生299人、往届毕业生15人。

【人事代理】　以人才中心为载体，以档案管理为核心，以优质服务为宗旨，以创新为突破口，加强对档案材料的完善管理工作。目前，江川县共有1181人进行人事代理，其中，事业单位聘用1023人，其他158人。

【人员流动管理】　为推动江川县事业单位人才资源的合理配置，按照政策规定，及时办理人员流动工作。全年共办理流动40人，其中：县内流动14人（专业技术人员11人、工人3人），调出江川县13人（专业技术人员12人、工人1人），调入江川县13人（专业技术人员12人、工人1人）。

【人事考录】　进一步健全和完善事业单位公开招聘制度，实现事业单位

公开招聘的制度化、规范化和科学化，确保招聘过程公开、公平、公正。全年共招聘事业单位工作人员131人，其中教育系统60人，卫生系统26人，定向招聘3人，在岗代课教师择优20人，其他事业人员22人。

【军转安置工作】 努力做好全县62名企业军队转业干部的维稳与解困工作，发放企业军转干部的困难生活补贴30万，春节慰问5人，做好8名自主择业军队转业干部的管理工作。

【工资变动审批工作】 工资级别正常晋升3907人，月增资107429元，人均增资27.50元，其中：机关（含参公）单位工作人员晋升工资298人，月增资7051元，人均增资23.66元。事业单位工作人员3609人，月增资100378元，人均增资27.81元。职务（级别）正常晋升701人，月增资54246元；办理特殊岗位津贴变动313人，月增资5494元；138人见习人员办理转正定级手续。办理调动382人，其中：调出23人，调入18人，新参加工作185人，县内调动156人。36名死亡人员办理丧葬费、抚恤费，总计1951000元。完成全县机关事业单位津补贴的调标工作。

【退休审批】 全年机关事业单位按政策办理退休共109人。其中：行政机关（含参公）18人，全额事业单位80人，差额事业单位9人，自收自支事业单位2人。企业及自谋职业者共391人办理退休手续，其中：97人办理正常退休，6人按特殊工种办理提前退休，达龄或超龄代课教师办理退休288人。

【工伤认定和劳动能力鉴定】 全年接到工伤申请170起，受理170起。经认真组织取证后，由市人力资源和社会保障局认定170起，其中：工伤162起，不属于工伤7起，视同工伤1起。收集伤残职工病情资料，经市劳动能力鉴定委员会鉴定12人，其中：因工十级1人，因工八级1人，因工九级8人，因工五级1人，因病完全丧失劳动能力1人。

【就业再就业】 城镇新增就业2058人，下岗失业人员再就业571人，特殊困难群体再就业501人，开发公益性岗位416人，城镇登记失业率为3.39%。“贷免扶补”扶持创业人数为50人，失业人员小额担保贷款扶持创业人数为900户，小额担保贷款扶持劳动密集型小企业户数为3户。

【农村劳动力转移】 农村劳动力转移就业特别行动计划新增转移人数为703人，农村劳动力培训651人，零就业家庭实行动态清零。

【企业养老保险】 企业基本养老保险参保391户，其中：国有110户，集体12户，外资1户，其他企业（含股份制和私营企业）268户。企业参保人数9410人，其中：封存人数1210人，实际缴费人数8200人，应收缴基金4839万元，实际收缴4794万元，收缴率为99%。企业离退休人员3091人，新增351人，死亡65人，发放养老金4891万元。

【机关事业单位养老保险】 机关事业单位参保户数193户，参保职工5274人，应收缴基金6974万元，实际收缴6948万元，基金收缴率为99.9%；机关、事业单位离退休人员1714人，新增109人，死亡48人，支付养老金6584万元，养老金发放率为100%。

【被征地农民养老保险】 2013年度江川县共有1344人参加被征地农民养老保险，收取保费6971000元，发放养老金3286人，全年发放1910737元，退保24人，支出139121元，继承保证金74人，支出361226元。被征地农民养老保险全年支出合计2411084元。

【新型农村和城镇居民养老保险】 全县共有128532人成功缴费，收取保费2064.94万元，缴费率97.1%。截止2013年12月31日，为35445人按时足额发放养老金26788675元，为1254人发放丧葬补助费75.24万元。新农保全年支出合计27541075元。

【城镇职工基本医疗保险】 全县参加城镇职工基本医疗保险的单位434户，参保人数13724人（农民工参保人数1129人）。

【城镇居民基本医疗保险】 参加城镇居民基本医疗保险16521人。

【失业保险】 参保失业保险的人数有7092人，失业保险费收入749.57万元；严格执行《云南省失业保险条例》，认真做好失业人员的接收、登记工作，正在领取失业保险金的有152人；发放失业保险待遇146.48万元。

【工伤保险】 工伤保险参保人数有14080人，其中企业工伤保险参保374户8545人，机关事业单位参保196户5535人，完成市下达指标14070人的100%；应收缴工伤保险基金480万元，实际收缴工伤基金464万元，收缴率为97%，发生工伤事故188起，享受工伤保险待遇271人，工伤保险基金支出466万元。

【生育保险】 参保企业110户，参保职工3488人，参保机关事业单位生育保险199户，参保职工5545人。企业应收生育保险费94万元，实际收缴生育保险基金94万元，收缴率为100%；报销生育保险110人次，共支出生育保险基金108万元；机关应收生育保险费19.7万元，实际收缴19.6万元，征缴率100%，报销生育保险83人次，支付生育保险费23万元。

【劳动合同登记备案】 对242户用人单位6137人的劳动合同进行登记备案，登记备案的劳动合同中，签订“固定期限”劳动合同的有5718人、签订“无固定期限”劳动合同的有419人。江川县劳动合同签订率达到88.5%以上，企业集体合同签订率达75%。集体合同登记备案144户，签订率达到75%。

【劳动人事争议案件处理】 处理劳动人事争议案件51件，涉及当事人60人。其中调解14件，撤诉5件，不予受理12件，裁决20件。争议内容涉及工伤待遇赔付和社会保险缴纳、经济补偿等内容。

【信访工作十项制度】 认真落实信访工作十项制度，做好来信来访工作，及时答复群众咨询的政策问题，共接待涉及工资、工伤、福利等问题来访群众393人次，直接答复率80%以上，结案率100%。

【社会保险登记】 根据《社会保险费征交暂行条例》、《社会保险登记管理暂行办法》的规定，积极督促用人单位办理社会保险登记。2013年，共发放社会保险登记证671份，其中机关56份，事业单位143份，企业326份，其他146份。

【劳动监察】 组织开展劳动保障执法年审，共审查各类用人单位575户；加强投诉举报案件的查处，对恶意拖欠农民工工资、不与劳动者签订劳动合同等违法案件及时调查处理，为333名农民工追回所欠工资231.79万元，有效维护法律的严肃性和劳动者的合法权益。

【日常巡查】 做实日常巡查工作，规范用人单位的用工行为。先后对辖区内各类用人单位进行巡查369户次，达到预期日常巡查的目的。

【专项检查】 开展以“农民工工资支付”、“清理整顿人力资源市场”等为内容的专项检查3次，检查用人单位60户。对检查中存在违法行为的用人单位严格进行整改，及时纠正存在的违法行为，维护社会稳定。

【农民工工作】 全面推进农民工工资保证金制度，保障农民工工资支付。2013年，共57户建筑施工企业上缴农民工工资保证金1145.07万元。

【企业退休人员社会化管理服务】 全县建立自管学习大组8个，以各社区、村（居）委会建立自管学习小组77个，全县企业退休人员3383人，其中：机关事业单位退休工人294人，企业退休人员3089人。全县实现企业退休人员社会化管理率达100%，社区管理率达99.08%，管理制度完善，社会化管理办法规范化。2013年，组织改制企业退休人员积极参加云南省第十期职工医疗互助活动，切实为企业退休人员服务和排忧解难，本期参加活动总人数317人，继续参加人数290人，新参加27人。

【信息公开】 本着依法行政、公开公正、高效便民、监督问责的原则，通过政府信息公开门户网站、江川县人事劳动局网站、玉溪市劳动和社会保障网、江川网、云南省阳光政府政务信息公开网站、单位公告栏、新闻发布等方式，从部门领导、机构职能、政策法规、重大决策、行政执法、便民服务、工作动态、其他信息八个方面在规定时限内主动公开相关的工作信息，2013年，共公示相关信息25条，通报事项45项，公开信息320余条。

（蒋　丽）

机构编制

【概　述】 中共江川县委机构编制办公室（简称“县委编办”），为中共江川县委的工作部门，与江川县事业单位登记管理局合署办公。2013年，县委编办加强增人使用编制计划管理；提请召开县编委会议5次；做好事业单位分类和中文域名注册工作；进一步完善各项规章制度，规范工作流程，完善学习制度，深入学习中央、省、市机构编制管理政策法规，提高政策理论水平和业务水平；事业单位登记管理局完成2013年的事业单位法人登记和年检工作；壮大机构编制队伍，新招考3名工作人员，工作人员由4名增加到7名。

【事业单位法人登记和年检】 事业单位登记管理局全力推进事业单位网上登记管理，切实做好事业单位网上登记管理工作。做好事业单位法人设立（备案）、变更、注销登记的日常工作，截至2013年12月31日，全县共登记（备案）事业单位165户（不含乡镇农业综合服务中心保留法人、印章的农林水事业单位），其中：共办理设立登记4个（江川县老年大学、江川县园林绿化管理站，江川县环境卫生管理站、江川县救助管理站），变更登记30个（其中年检期间变更登记15个）。完成2012年度事业单位法人检验工作，应参加年检的事业单位127个，实际参加年检的109个，占应年检事业单位的85.83%，年检合格的109个，对已参加网上登记培训的教育、卫生41个事业单位进行网上登记和年检。

【增人使用编制计划管理】 严格执行增人使用编制计划管理。下达2013年机关事业单位缺编补充人员使用编制计划211名，其中：县直、乡镇机关使用行政编制计划招考公务员37名（其中乡镇机关15名）、公开选调公务员1名，县法院、县检察院使用政法专项编制计划招考公务员5名；参公单位和事业单位使用事业编制计划招考（招聘）工作人员156名（含参公事业单位公开招考20名，教育系统补充教师60名，择优招聘在岗代课教师22名，其他事业单位补充工作人员54名）；城镇退役士兵“双考”安置12名。

【机构编制管理】　坚持集中统一管理，严格照章办事，严格依照法定的权限和程序履行职责。坚持机构编制“一支笔”审批，提请召开县编委会议5次，经县编委会议研究同意，给县工商业联合会、县关心下一代工作委员会办公室、县信息中心3个单位增加人员编制；成立县保障性住房管理中心，在县房地产管理所加挂县保障性住房管理中心牌子；成立江川县人民政府督查室；成立县社会福利中心，加挂江川县中心敬老院、江川县社会福利院牌子；成立县环境卫生管理站、县园林绿化管理站；调整大街街道规划建设和环境保护中心职能和人员编制；审定县人民防空办公室、县招商合作局、县公安局“三定”规定，由县政府印发执行；调整县委编办、县统计局和县公安局内设机构设置；为16个单位分别核定行政周转编制和事业周转编制。

【贯彻落实上级文件精神】　贯彻落实上级机构编制部门批准成立机构、更名、规范机构设置、明确机构规格、增加人员编制等事项。成立县土地矿业权交易中心；县森林防火指挥部专职副指挥长高配为正科级；县土地储备中心主任按正科级配备，副主任按副科级配备；加强乡镇（街道）财政所编制管理，增加各乡镇（街道）财政所编制数，所长按副科级配备；调整食品药品监督管理体制，县食品药品监督管理局加挂“江川县人民政府食品安全委员会办公室”牌子，县质监局的生产环节食品安全监督管理职责，县工商局的流通环节食品安全监督管理职责整合划入江川县食品药品监督管理局，按行政区域设立4个“食品药品监管所”，加挂“食品药品检验站”牌子，其中：江川县大街食品药品监管所负责大街、九溪片区工作，江川县前卫食品药品监管所负责前卫、安化片区工作，江川县江城食品药品监管所负责江城片区工作，江川县路居食品药品监管所负责路居、雄关片区工作。

【事业单位分类】　2013年9月，江川县调整县分类推进事业单位改革工作领导小组，并结合实际制定江川县事业单位分类工作方案《中共江川县委办公室　江川县人民政府办公室关于印发〈江川县事业单位分类工作方案〉的通知》，县委编办对照分类目录表，把纳入分类范围的199个事业单位划分为行政类、公益一类、公益二类、生产经营类四大类，社会功能是分类的唯一标准，除情况特别复杂、暂时难以界定类别的单位暂放外，江川县事业单位分类情况经县编委讨论通过后报市编办审核。

【中文域名注册】　2013年10月，根据中央编办、省委编办、市委编办关于深入推进中文域名注册管理工作的精神，县委编办在县机关事业单位中开展中文域名注册工作，县委编办结合江川县实际，摸清各单位网站建设情况，梳理出符合申请政务和公益中文域名注册要求的机关事业单位名单，全面部署政务和公益域名注册工作，并印发《中文域名使用说明》，对中文域名的注册、管理、访问等做了详细的说明讲解。2013年完成154个单位的注册工作。

【调研统计】　2013年，县委编办对乡镇国土规划建设环保机构综合设置情况、乡镇机构运行情况、自收自支事业单位运行情况进行调研。并于2013年6月起开展对公立医院机构编制情况、乡镇农业综合服务机构设置及人员编制情况、县级党政群机关机构编制情况的调查统计工作。

【中央编办到江川调研】　2013年9月26日，中央编办副主任何建中、三司司长靳永龙、中央编办监督检查司副处长杨显武、中央编办三司副处长谭景辉、中央编办综合司秘书刘明明一行5人到江川进行工作调研。省委编办副主任郭华、省委编办综合处处长赵代伟、省委编办三处处长丁蓉丽，市委编办常务副主任刘永新，江川县委副书记、县长钱兴陪同调研。钱兴介绍江川县机构编制情况，围绕江川县如何在今后5年内实现财政供养人员只减不增的目标提出具体的措施和办法，并对在实施财政供养人员只减不增目标的过程中可能遇到的困难和问题提出解决的意见和建议。何建中认真听取工作情况汇报，充分肯定江川县的机构编制工作，并提出要增强服务意识及工作主动性，通过努力工作，使机构编制工作逐步走上正轨。

（李建娇）

民　政

【概　述】　2013年，全县共有社区居委会20个，居民小组165个；村民委员会53个，村民小组299个；年末共有优抚对象10021人，全年共对3206位重点优抚对象发放各类补助金1104.1万元；兑现义务兵家属优待金273人123.18万元；安置退役士兵21人；全年对城市低保受益户3769户5670人发放低保金1504.94万元，对农村低保受益户8994户9732人发放定期生活补助1465.06万元，对农村五保户681户721人发放定期生活救助301.77万元；全县共有社团和民办非企业单位70个；全年结婚登记2268对，其中初婚4191人，再婚345人，复婚登记99对，离婚登记661对；全县共有60岁以上老龄人口数41928人，其中60～64岁13929人；65～79岁22594人；80～99岁5395人；100岁以上10人。

【麻风病疗养院饮水工程竣工】　江川县麻风病疗养院和马阿咱村饮用水改造工程于2013年1月16日上午通过竣工验收。省民政厅民间组织处靳建新处长、香港（救世军）港澳军区中国区事务部林显明部长、港澳军云南项目办事处邓顺华主任、县监察局、县卫生局、县民政局、县疾控中心、县残联、大街街道办事处、大营社区和周官建筑工程有限公司等一同参加工程竣工验收。该工程于2012年9月26日开工，2012年12月11日竣工，总投资20.81万元，由省慈善总会协调，省水利厅、香港（救世军）港澳军中国区事务部投资建设。

【县四套班子慰问困难群体】 2013年1月25日上午10：00时，由县四套班组成的7个慰问组，到全县7个乡镇（街道）慰问城市特困户、农村特困户、重点优抚对象和敬老院五保老人，每个乡镇慰问特困户和重点优抚对象3户，残疾人家庭1户，户均发放慰问金300元和价值60元的慰问品一袋；每个乡镇（街道）慰问敬老院一所，给每位在院五保老人发放祝寿钱100元，对敬老院工作人员每人慰问200元。

【市县春节慰问安排】 2013年市县春节慰问安排：春节慰问分三个层次，即市慰问、县慰问、乡镇慰问，其中市、县慰问是选择部分对象进行入户慰问；民政助理员要提前踩好线路，到时能将慰问组顺利带入慰问对象家中；重点优抚对象座谈会可采取以乡镇（街道）或村（居）委会为单位召开，也可直接发放慰问金；五保老人慰问分两块，敬老院五保老人与散居农村的五保老人，必须在春节前将慰问金发放到五保老人手中。春节前夕，中央财政划拨民政对象春节慰问经费494.24万元，其中：对城乡低保户和五保户划拨387.84万元；对重点优抚对象和建国前老党员划拨106.4万元。对城市低保户每人补助春节慰问金300元，对农村低保户每人补助春节慰问金200元，对五保户每人补助春节慰问金200元，对重点优抚对象和建国前老党员每人补助360元。县财政划拨民政对象春节慰问金50.23万元。此次共拨付春节慰问金544.47万元。在春节前夕，划拨城乡特困户临时救助款80万元到各乡镇（街道），解决部份特困户和重点优抚象的医疗难、生活难问题。

【市县慰问团慰问77216部队】 2013年2月4日上午9：00时，由市委副书记谢兴荣率领的市春节慰问团以及由江川县委书记马文龙率领的县春节慰问团，到驻江77216部队进行春节慰问。市慰问团慰问部队香烟5件，慰问品20份，酒10箱；县慰问团慰问现金5万元。

【市慰问团慰问困难群体】 2013年2月4日上午，由市委副书记谢兴荣率领的市春节慰问团，在江川县四套班子领导的陪同下，到江川进行春节慰问，入户慰问特困职工2户、下岗失业职工2户、困难企业退休人员1户、城市特困户2户、农村特困户2户、重点优抚对象2户、工伤人员及遗属1户、百岁老人1户、见义勇为人员2户、农民工2户，其中慰问城乡特困户、百岁老人每户500元，其余每户慰问现金400元，价值60元的慰问品1袋，慰问见义勇为牺牲者家属2户，慰问现金1000元。

【发放离任村组干部补贴】 江川县组织部、民政、财政三家联审，对离任村组（社区）干部分三批进行统计、核实、公示和发放离任补偿。2月初，共核实、审批离任村组（社区）干部2076人，补偿金额949208.5元；2月底，共核实、审批离任村组（社区）干部86人，补偿金额37494元；8月底，共核实、审批离任村组（社区）干部555人，补偿金额630206元。三批共统计、核实、公示和发放离任村组（社区）干部2717人，补偿金额161.7万元。

【2013年民政工作暨殡葬改革工作会议】 5月17日上午9：00～11：00时，江川县在江川宾馆四楼会议室召开2013年民政工作暨殡葬改革工作会议，出席本次会议并在主席台就座的有县委副书记付伟，县人大副主任刘跃宁，县政府副县长、公安局局长牛旺林，县政协副主席李绍华，县级机关相关部门人员参加此次会议。会议对2012年的民政工作进行全面回顾，安排部署2013年民政工作主要任务，对江川县如何推进2013～2015年的殡葬改革工作作安排，县政府副县长、公安局局长牛旺林代表县政府与各乡镇（街道）乡镇长（办事处主任）签订《2013～2015年度殡葬工作目标管理责任书》，与分管民政、老龄工作的领导签订《江川县2013年民政工作目标管理责任书》和《江川县2013年老龄工作目标责任书》。

【成立救助管理站】 2012年11月，县编办批准成立救助管理站，属民政局下设全额拨款事业单位，人员编制3人，2013年5～8月，选聘3名干部到救助站工作。全年接待来站求助91人次，救助金额2851元，救助保护1起，主动救助17人次，接受外省返乡1人，送福利机构安置4人，救助食品折现2300元，救助棉衣3件、被子1床，救助经费支出2.7万元。经巡查，县城街面未发现流浪乞讨未成年人的情况。

【村级换届选举工作】 江川县自2013年2月中旬至6月初，全县7个乡镇（街道）的53个村民委员会和19个社区居委会、299个村民小组和163个社区居民小组完成换届选举工作。整个选举工作完成组织准备、动员培训、选民登记、产生候选人、投票正式选举等工作。全县53个村委会选民总数125211人，参加选举121263人，其中：直接投票111369人、委托投票9894人，参选率96.8%；19个社区居委会选民总数81678人，参加选举75163人，其中：直接投票60211人、委托投票14952人，参选率92%。通过依法选举产生新一届村（居）委员会72个，完成率100%，产生村（居）委会委员272人，其中主任72人，副主任72人，委员128人。其中：村（居）委员

会主任与村（社区）党总支书记“一肩挑”的有24人，占33.3%；村（社区）“两委”交叉任职的有95人，占14.4%。在村（居）民委员会成员中，35岁以下21人，占7.7%；36岁至45岁104人，占38.2%；46岁至55岁119人，占43.8%；56岁以上的28人，占10.3%。具有高中（中专）以上学历的有115人，占42.3%；初中及其以下的157人，占57.7%；女主任2人、女副主任1人、女委员73人，占27.9%。共推选出村（居）民小组长462人，副组长420人，村（居）民代表3457人。

【村（社区）干部岗位补贴得到提高】 从2013年6月起财政岗位补贴标准如下：村（社区）党总支书记、村（居）委会主任在原来基础上每人每月增加150元，即每人每月提高到1050元；村（社区）党总支（支部）副书记、村（居）委会副主任、村（居）民监督委员会主任在原来基础上每人每月增加150元，即每人每月提高到900元；村（社区）“两委”委员、村（居）民监督委员会委员在原来基础上每人每月增加100元；村（居）民小组干部补贴标准在原来基础上每人每月增加100元。对村（社区）党总支书记、村（居）委会主任一肩挑，村（社区）“两委”成员间、村组干部交叉任职的，岗位补贴按所任较高职务的岗位补贴标准加上兼任职务中较低职务的岗位补贴标准的一半发放。

【50名贫困新大学生获福彩资助】 8月23日，江川县举行“福彩助学 爱心圆梦”公益活动资助贫困大学生发放仪式。人大、政府、政协、纪委、民政、教育部门领导，江川一中、江川二中校长和受资助的50名学生或家长，共100余人参加仪式。此次活动是对江川县2013年考取大学但无力支付学费的特困家庭大学生进行适当资助，资金来源为向社会销售的福彩公益金收益。受资助的困难学生50名，资助标准每人3000元，共计资助资金15万元。8月1日启动该活动，在江川电视台、江川网等主流媒体发布通告，由乡镇（街道）承接困难学生申请等材料，并组织人员对申请人的家庭情况进行复核，按照时间节点在政府网站足期公示。重点突出优抚对象、低保对象、单亲家庭和家庭成员重特大疾病等情况的子女。

【八一建军节慰问活动】 7月25日～31日，县委、县政府组织慰问团到玉溪军分区、玉溪市公安消防支队、武警玉溪支队、预备役三团，县人武部、县公安消防支队、武警江川支队、预备役三团二营、77216部队、123团、41师开展八一拥军慰问活动。县民政局开展走访慰问优抚对象活动，走访慰问烈士遗属、因公牺牲军人遗属、病故军人遗属、在乡老复员军人、带病回乡退伍军人、伤残军人、军队退休干部、无军籍退休职工。全县享受国家抚恤补助优抚对象3090人，其中：在乡老复员军人420人、伤残人员111人、烈士遗属20人、因公牺牲军人遗属9人、病故军人遗属19人、带病回乡的退伍军人55人、参战退役人员1836人、农村籍退役士兵591人、烈士子女29人；现役军人975人；军队离退休干部及无军籍职工15人。慰问方式：烈士遗属、因公牺牲军人遗属、病故军人遗属、在乡老复员军人、带病回乡退伍军人、在乡伤残军人以乡镇为单位慰问；军队退休干部、无军籍退休职工、三级以上伤残军人、企业改制伤残军人由县民政局分组入户慰问。慰问活动共慰问优抚对象564人，为每一位优抚对象送去慰问品及慰问金。

【马文龙调研老高坟公墓】 7月下旬，县委书记马文龙对路居老高坟农村公益性公墓建设情况进行调研。在老高坟公墓建设现场，马文龙要求公墓建设规划要有前瞻性，学习和引进发展得好的典型项目经验，兼顾好“两湖”环境治理评价，同时结合江川实际创新特色，扎实推进农村公益性公墓建设，切实解决广大群众的根本需求。要以高起点、高标准、高质量对墓区现有的排水系统、道路硬化、场地绿化等基础设施进一步优化和完善，提升建设档次，把路居老高坟公墓建设成为功能配套齐全、促进和带动江川县农村公益性公墓建设的示范性项目。代理县长钱兴、县委宣传部部长龚桂存等领导和县民政局负责人、路居镇负责人参加调研。据悉，路居老高坟农村公益性公墓于5月15日开工建设，项目总投资350万元。总用地面积34118平方米，其中：墓穴区23452平方米，业务用房105平方米，道路1481平方米，停车场4442平方米，绿化4574平方米。截至7月下旬，完成投资310万元，工程实体完成推筑墓区平台23台9548平方米，支砌挡墙3860米618立方，开挖回填土石方26000方，停车场平整1612平方米，工程量和投资均完成原计划的90%。

【五项措施争创全省双拥模范县】 2013年，江川县采取五项措施争创全省双拥模范县：一是强化工作领导，完善工作制度。及时调整江川县拥军优属、拥政爱民领导小组成员；调整江川县复员退伍军人安置领导小组成员。制定《江川县双拥工作领导小组职责和工作制度》、《江川县双拥工作领导小组成员单位工作职责》、《江川县双拥工作领导小组办公室职责和工作制度》、《江川县落实<云南省全面推进双拥工作创新发展实施计划>实施办法》，进一步明确目标任务，主要领导亲自抓，分管领导具体抓，部门配合共同抓，全县上下形成领导重视、制度健全、责任落实、群众参与、军地双方积极配合的双拥创建新格局。二是拓宽宣传教育范围，深化宣传教育内容。广泛开展以《国防法》、《兵役法》、《军人抚恤优待条例》及双拥政策、法规为主要内容的宣传教育，开办少年军校4期，军训学生3287人。开展国防知识讲座

86次，举办英模报告传统教育67场（次），5922名机关干部、35362名中小学生接受教育和培训，受教育面达100%。举行春节、“八一”联欢会、军民联谊会和歌咏比赛10场（次）、放映国防教育影片344场（次），观众达24万多人（次），群众受教育率达85%以上。利用板报、互联网等媒体宣传双拥工作中涌现出的典型人物、事迹。在公路显要位置制作安装6块双拥宣传牌；在车站、医院等服务行业的服务窗口摆设“军人优先等标记；编写《江川民政信息》85期（涉及双拥内容148条）、张贴标语500多条，广播、电视、江川网、江川新闻网宣传报道双拥工作172次。以爱国主义教育基地为双拥活动重要载体，每年前往瞻仰、参观的机关干部职工、党团员、中小学生、人民群众以及部队官兵达12万人次。三是狠抓优抚安置，提高优抚对象生产生活水平。全面落实优抚政策，发放定期抚恤、生活补助、物价补贴15088人次4472.31万元；发放慰问金3906人次56.244万元；发放义务兵家属优待金1360人次481.44万元，年户均优待由2009年的3300元提高到2013年的4500元；发放现役军人立功奖励金123人2.52万元；为558户军属张挂“军属光荣”匾，发放日历5000张；建立优抚对象一站式结算服务，一站式补助182人13.54万元；为优抚对象缴纳新农合、城镇居民基本医疗保险参合费9889人次41.3万元；全县六级以上伤残人员医疗费用实报实销，报销医药费100余万元；解决优抚对象“三难”问题2480人次，补助资金230.66万元；军队离退休干部和无军籍退休职工的政治生活待遇得到有效落实。妥善做好安置工作，接收军转干部8人，安置在党政机关6人，自主择业2人。接收退役士兵551人，安置岗位30人（岗位全部是财政全额拨款的事业单位）；发放一次性自谋职业补偿金94人479.82万元，发放待分配期间生活补助88人8.13万元，发放自主就业一次性经济补助经费170人187.56万元；推行退役士兵“城乡一体化”职业技能培训，发放一年以上职业教育学费及生活费补贴2人1.2万元。四是加强沟通联系，狠抓部队建设。划拨资金217.9万元支持部队建设；无偿划拨消防大队、77216部队用地31.8亩；为官兵补习文化267人、培训技术人才108人；解决官兵子女入学、入托19人。召开双拥领导小组会议5次、军地联席会6次、议军会5次，参加会议的党、政、军领导达750多人次；广泛开展走访慰问活动，慰问驻江部队慰问金（品）109.6万元。五是情系百姓，拥政爱民谱新篇。驻江部队先后出动官兵12852人次，支援地方重点工程建设8个；援建希望小学2所，开展1+1助学活动10人，投入助学经费4.11万元；清运垃圾160多吨，义务理发350人次，修理家用电器300多件，为群众免费治病435人次4.75万元；采取就近包村包户、定点挂钩、结队帮扶的方式，建成扶贫点8个，投入扶贫资金7.36万元，出动官兵1764人次、车辆机械63台次；参加抢险救灾195次，出动车辆机械1190台次，投入建设资金6.01万元，抢救转移群众310人，抢救财产价值262.7万元，向灾区捐赠现金20.4万元，展现子弟兵“爱人民、为人民”的本色。

【80周岁老年人保健补助发放工作】 领取保健补助的城乡无退休金老人4976人，全年发放保健补助金325万元。

【养老服务体系建设】 配合电信、移动公司，免费发放“爱心通”老年手机。建成村（社区）居家养老服务心中2个，床位19张，在建居家养老服务中心3个；2013年获省级补助预备在建的日间照料中心4家；申报农村幸福院建设项目8家。县“百村建设”计划进行实施，补助基层老年协会“百村建设”10家。

【《政区大典·江川篇》编修工作完成】 2013年10月31日，《政区大典·江川篇》编修工作完成上报工作。此次编修《政区大典·江川篇》是继2012年5月开展编纂工作以来第四次稿件上报。10月中旬，市编办通知各县区召开编修工作紧急会议，省编纂委员会派专家老师进行指导，将县区、街道、镇、乡的样条格式发至各县区，要求严格按此条目格式完成撰写工作。此次属第四次撰稿，会议之后，县编办按县区、街道、镇、乡的样条格式重新进行全面改版，由主笔张兴红按各单位上报的稿件进行整理编写，并于10月31日上报至市民政局。

【社会福利建设】 投资1032.53万元建成109间218个床位的江川县中心敬老院和社会福利院已投入使用，为发挥功能，江川县机构编制委员会根据《关于成立江川县社会福利中心的批复》文件精神，批准成立江川县社会福利中心，加挂江川县中心敬老院、江川县社会福利院牌子，为民政局所属全额拨款事业单位，核定事业编制3名，设主任1名。

【香港乐施会到雄关发放大米】 10月10日由县民政局牵头的香港乐施会带着大米到雄关对因旱灾而致生产、生活严重受损失的三个村（居）委会进行救济。此次旱灾救援大米受益545户650人，发放大米9750公斤，人均受益15公斤。乐施会是独立的国际发展及人道救援机构，致力于消除贫穷及导致贫穷的不公平状况。乐施会在世界各地以多元方法解决贫穷问题，包括推行社区可持续发展项目、人道救援及灾害防治工作、本土及国际政策倡导等。香港乐施会于1976年成立以来，已在全球70多个国家、地区开展工作。香港乐施会是乐施会国际联会的创会成员，乐施会国际联会的17个成员机构在全球94个国家开展工作。

【民房火灾】 1. 6月23日凌晨，江城镇招益村民居发生火灾，3户村民房屋烧毁殆尽，2户村民房屋在救灾中受到局部损坏，直接受灾为3户群众13人，无人员伤亡。灾害发生后，县、镇民政部门及时将垫子15个、被子15床、床单15个、劳保服17套、西服13套和大米300公斤发放到受灾群众手中。2. 10月12日中午12：20分左右，江城社区第一组张回清家突发火灾，未造成人员伤亡，烧毁房屋3间及屋中全部财产，经济损失达5万多元，民政部门已经及时给予救助铺盖5套、衣服10套、大米100公斤。3. 11月30日中午，九溪马家庄河口村宋某家发生一起火灾，所有财产烧毁殆尽，房屋也面目全非，没有造成人员伤亡。灾情发生后，镇政府及村组干部立即为宋某一家安排住房，镇民政办送去150公斤大米进行救助，后向县民政局申请到5床棉被、10套衣服，并赶在天黑前送到宋某家人的手上。

【救灾救济工作】 2013年干旱，造成全县七个乡镇（街道）受灾，农作物受灾面积5608公顷，成灾3402公顷，绝收966.7公顷，饮水困难牲畜1508头，受灾人口25733人、饮水困难人口20812人，直接经济损失4772.83万元。县民政局划拨救灾资金149.4万元，购买大米290吨，发放给受旱灾影响造成生活困难的群众，救助对象4000多户，11600多人。发放被子700床，衣服1000套，合计资金18.4万无，解决2000多灾民的穿衣问题。

【城乡医疗救助】 定点医疗机构结算垫付172.782万元，其中：结算农低保和五保对象3366人次145.08万元；结算城低保对象284人次27.702万元。资助农低保和五保对象参加新农合9114人45.58万元，人均50元；资助城低保对象参保3335人20.61万元。

【社区建设工作】 利用中央、省、市专项补助235万元，自筹资金200多万元对朱家庄等7个社区办公用房和服务设施进行新建、改建和扩建，目前项目完工的有大街街道朱家庄社区和浪广社区、安化乡安化社区、前卫镇前卫社区、路居镇下坝社区5家。同时指导完成大街街道大街、下营两个社区服务站的建设及以上两个社区申报全国和谐社区建设示范社区推荐上报工作。

【敬老院脑瘫儿童敬养有了新家】 江城镇龙街敬老院的敬养，属于肢体一级残疾人，年龄11岁左右，出生后不久被遗弃，出生年月不祥，后经江川县民政局几经周转，于2002年10月30日被送到江城镇龙街敬老院收养，故取名为敬养（意为敬老院收养），出生日期定于收养之日，至今已有11个年头。由于其脑瘫，长期只能坐在轮椅上，大小便要人护理，吃饭需要喂，随着年龄的增长，体重的增加，敬老院老人已无法再继续照顾，急需专人护理，为了敬养能生活的更好，11月7日，由江川县民政局出资，将其送至玉溪市社会福利院收养。

【第一轮乡级边界线联检】 2013年，县政府办下发《关于印发〈江川县平安边界建设四项制度〉的通知》和《关于印发2013年度江川县平安边界创建工作考核评比实施细则的通知》两个文件，从2013年起江川县正式启动乡级边界线联合检查工作，2013年内开展江前线（江城—前卫）、前安线（前卫—安化）、大九线（大街—九溪）、路雄线（路居—雄关）四条边界线联检工作，12月底已全面完成。

【城乡社会救助】 2013年江川县民政局启动农村居民最低生活保障规范管理工作，设立“应保尽保、应退尽退、分类施保”的目标，通过5个月来全体民政局工作人员的共同努力，完成方案制定、学习培训、程序审查、结果验收、公开公示、归档管理等多项任务，顺利建立农村居民最低生活保障标准动态调整机制，完善家庭收入核查制度，取得显著的工作成绩。农村低保规范管理工作以前，江川县有农村低保对象8994户9732人，规范管理工作开展后，农村低保对象有8070户8806人，比规范前减少924户926人，符合农村低保条件的做到应保尽保，不符合农村低保条件的人员做到应退尽退。2013年累计发放农村低保救助金1465.06万元和农村低保对象医疗救助金（新农合参合资金）44.58万元。借鉴农村低保规范管理经验，将全县最困难的城市居民纳入最低生活保障范围，全年城镇居民低保对象共3769户5670人，累计发放城镇低保救助金1504.94元，发放医疗救助金315.712万元，做到应保尽保，使城市最困难的人有生活保障。2013年，县民政局投入部分资金为敬老院改善设施，改善养老院“五保”老人的生活条件；全县“五保”户实行新农合、医疗救助统一解决，2013年全县“五保”对象共有681户721人，全年累计发放生活救助金3001.77万元，五保对象医疗救助金（新农合参合资金）4.32万元，“五保”老人生病住院的开销全部由政府统一报销；加强敬老院内部管理，各敬老院注重发挥院民的主人翁意识，调动院民的劳动积极性，成立由院民参加的院务管理委员会，下设生产、安全、卫生和后勤等机构，具体管理敬老院各项事务，实现民主办院。

【新增百岁老人】 2013年共为2名百岁老寿星挂匾。3月21日，县民政局、老龄委到前卫镇周官村委会小营村为百岁老寿星张建信挂匾，并赠送“盛世乐天年”匾牌、百岁寿星荣誉证书和一床棉被。张建信生于1913年4月13日，生有1个儿子、2个女儿，都在昆明，现已五世同堂。9月29日，三街社区陈所平老人年满百岁，县政府副县长牛旺林、县民政局局长李佳强及老龄、大街街道和三街社区的相关领导到场祝贺，县民政、老龄的领导向其赠送省老龄委颁发的《百岁寿星荣誉证书》和市民政局、市老龄委赠送的“盛世乐天年百岁匾”，县政府副县长牛旺林代表县政府向其家庭发放10000元的百岁寿星家庭奖励金。大街街道、三街社区分别向其家庭赠送1000元慰问金。

江川县人民政府于7月9日印发《关于加强老龄工作的意见》，规定对满百岁的老人，除挂匾外，由县政府一次性向其家庭发放10000元的百岁寿星家庭奖励金，弘扬尊老敬老养老良好社会风尚，鼓励和提倡家庭养老，积极发挥家庭养老的基础性作用，促进社会和谐和稳定。

【清明节祭扫烈士墓活动】 4月3日，江川县在烈士陵园举行祭扫烈士墓活动。仪式由县委常委、宣传部部长龚桂存主持，奏哀乐后，向革命烈士默哀3分钟，参加祭扫烈士墓的相关单位敬献花圈，副县长牛旺林诵读祭文，到场的县委、人大、政府、政协四套班子领导为革命烈士扫墓。县四套班子的主要领导参加仪式，机关干部、武警官兵、中小学生近1500人参加祭扫活动。

【河北沧州八旬老太赴江川为父扫墓】 4月2日，河北沧州84岁的老太太姚增娥到江川县为烈士父亲姚国栋祭扫墓。烈士姚国栋生前系河北省沧县人，为十三军三十四团营党代表，1939年参加革命，1950年5月，江川土匪暴动中，在前卫镇业家山牺牲。他生前有一女一子，女儿姚增娥，儿子已故。4月3日早晨，在县民政局相关人员的陪同下，姚增娥前往江川烈士陵园祭扫墓，县委书记马文龙、县长葛勇等主要领导对姚增娥及家人进行亲切慰问，并与他们合影。

【风雹暴雨洪涝灾害】 1.5月23日凌晨2时至4时，全县普降大雨，局部大暴雨，全县平均降雨量达37.6毫米，最大降雨量出现在路居镇达108.1毫米，为江川县2013年以来最强的一次降水天气过程。强降雨导致江川县路居、九溪、前卫、大街街道受灾，受灾人口1.37万人，农作物受灾面积5839亩，成灾面积3503亩，绝收面积2452亩，减产粮食9.36万吨，经济作物损失1027万元；农房倒塌16户、45间，农房进水479户；牲畜死亡54头，损毁摩托车14辆，微型车4辆，沟渠倒塌1243米。水灾还导致路居镇中学和路居中心小学围墙被冲倒213米，两所学校被迫停课。因洪涝灾害造成的直接经济损失1114.9万元，其中：农业直接经济损失1037万元，水利工程水毁直接经济损失49.27万元。所幸无人员伤亡。2.8月15日14：30时至14：36时，安化乡光山村和新庄村、江城镇陈家湾村、前卫镇石河村、雄关乡雄关社区等5个村（社区）遭遇大风冰雹灾害。此次灾害共造成4座烤房不同程度遭雷击受损，10379亩农作物受灾，其中烤烟6229.2亩，玉米4150亩。3.8月16日7时，江川县降中到大雨，局部暴雨，据气象部门统计，大街街道办事处在6至12时降雨量达72.6毫米，降雨量级达大暴雨。全县农作物受灾面积1644.6公顷，成灾1010公顷，绝收350公顷，直接经济损失3347.49万元；受灾人口14600人；倒塌房屋4间；损坏堤防1处，长60米，堤防掩埋600米；因洪涝灾害造成的直接经济损失1790.613万元。4.9月3日下午2：30时至5：00时左右，江城镇境内普降单点暴雨，短期内降雨量达58毫米，造成该镇白家营村委会白玉寨、蔡家庄、烂泥箐等地质灾害点出现山体松动、滑坡，左卫、云岩、龙街、孤山等村出现房屋倒塌、农田被淹等险情。白家营村5户农户房前山体出现少量滑坡，一农户房后山体滑坡约2立方米；白玉寨村山体滑坡约1立方米；烂泥箐村一农户住房前出现宽约5厘米的裂痕；蔡家庄村2座私人烤房后山体滑坡约2立方米；蔡家庄至烂泥箐村民小组道路路段，出现长50米，宽15米，厚2.5米山体滑坡，塌方量约1900立方米，另有山石滑至路面，堵塞交通；前竹园村民小组与黄营村委会乐太村民小组交界处的河道被冲毁约10米。9月3日下午5：10时左右，因雨水浸泡，上宝塔营村一农户民房的墙体倒塌，一名86岁的老妇人恰经此地，被倒塌的墙体压住腰部及腿脚，由其家人迅速送至江城卫生院，但因老人年龄较大且身体较差，抢救无效后死亡。龙街村委会集体烤房的部分墙体倒塌，砸坏一辆面包车。大地村委会一农户的屋顶倒塌。孤山村委会大马沟村民小组山石滑落至村庄道路上，孤山风景区污水处理站因雨水过量，污水短时间内无法处理，有外溢可能。暴雨灾害造成全镇烤烟、蔬菜、水稻等农作物受灾面积约2560亩。

【公墓建设】 8月29日，副县长牛旺林组织召开由民政、国土、林业、环保、水利、住建和各乡镇（街道）分管领导参加的农村公益性公墓建设推进会。县民政局局长李佳强通报江川县殡葬改革的进展情况，同时传达市委、市政府组织各县区分管领导和民政局局长到昆明参观考察殡葬改革工作专题会议精神；并提出下一步殡葬基础设施建设的建议：借鉴昆明殡葬改革的成功经验，按照“三个百分之百”的要求进行整体规划，分步实施，做好调查摸底，切实加强修建活人墓的专项清理整治工作。牛旺林要求各乡镇（街道）农村公益性公墓和殡仪馆建设的选址要本着节约土地和有利于环境保护的原则进行，加大宣传力度，做到家喻户晓，有效开展“青山白化”整治工作。江川县殡仪馆建设项目于12月28日9：00时，破土动工，举行开工议式。县委副书记石伟、县人大副主任刘跃宁、县人民政府副县长牛旺林、县政协副主席李绍华，县政府法制办、县发改局、县交通局、县国土资源局、县民政局、县环保局、县林业局、县水利局、县住建局等相关部门领导参加开工仪式。

殡仪馆选址确定在大街街道朱家庄社区的福德山大石崖片区。截止2013年底，已完成规划控制区1145亩的地形图测绘，其中殡仪馆建设用地50亩，配套完成1.57公里殡仪馆道路地形图测绘和地类、权属、附着物的统计汇总。其他乡镇（街道）的选址工作已完成，大街街道选址于大石岩（约400亩）；江城镇选址于阿黑山（约35亩）；安化乡选址于李家营小组的七月半脑（约7亩）；雄关乡选址于白石岩村雪积山井家坟（约20亩）；九溪镇选址阳山庄小白龙坡（约5亩）；前卫镇选址于柏池古。其中，九溪镇公墓于12月28日开工建设，墓地总占地面积5亩，投资12万元，按照每年死亡人口6‰测算，总规划25年，建100个墓位，第一期先行建设40个墓位，满足10年需求，配套建设墓区道路、焚烧区、休息区、停车场和绿化工程。为全力推行火葬，规范殡葬工作，根据《江川县人民政府办公室关于开展活人墓调查统计工作的通知》，各乡镇（街道）开展“活人墓”摸底调查，全县共涉及活人墓68处182冢。

（张兴红）

政务服务

【概　况】　江川县政务服务管理局坚持以“服务经济建设、服务社会发展”为宗旨，以转变政府职能、提高行政效能为目标，努力改进工作作风，提升服务形象，提高服务质量和办事效率，抓服务提质，抓流程优化，抓办事提效，抓政务公开，抓标准化建设，为把管理局建设成为“管理一流、服务一流、作风一流、效率一流、业绩一流”的政务超市而积极努力。管理局下设两个中心：江川县人民政府政务服务中心和江川县公共资源交易中心。江川县人民政府政务服务中心人员编制划入江川县政务服务管理局，负责行政审批的组织、协调、监督、管理和服务。人员编制7人，实有5人，内设综合办公室。江川县公共资源中心，为江川县政务服务管理局所属全额拨款的事业单位，机构规格相当于副科级，承担公共资源交易的有形市场职责，主要负责政府采购、药品集中采购、国有产权交易、土地使用权和矿业权交易、工程建设的公共资源交易、司法机关罚没物品拍卖等公共资源交易服务工作，核定事业编制6人，实有5人，设主任1人。管理局进驻窗口由工商、公安、民政、文化、发改、环保、工信、国土等20家部门组成，开设服务窗口36个。

【窗口审批服务事项】　1．县公安局户籍窗口办件104399件。其中：办理迁出、迁入7471件；办理落户、销户1257件；办理户口册1750件；办理项目变更89550件；办理第二代身份证4371件。

2．县计生局窗口办件769件。其中：办理《生育证》703件；办理《独生子女父母光荣证》62件；办理流动人口婚育证明4件。

3．县交警大队窗口办件86855件。其中：办理注册登记4503辆；办理检验车辆24122辆；办理车辆转籍过户、变更572辆；办理补（换）行驶证519本；办理汽车（摩托车）驾驶员审验4974人；汽车驾驶员转籍、变更3850件；办理正式驾驶证核发3395件；办理补（换）驾驶证7090本；办理制证、驾驶证和行车证15301本；办理新世纪汽车、摩托车报名4331人；办理驾驶员体检5182人；办理保险业务3830件；办理地税业务9186件。

4．县民政局窗口办件3052件。其中：办理结婚登记1020件；办理离婚登记277件；办理补领结婚证729件；办理补领离婚证2件；办理结（离）婚档案查阅78件；办理无婚姻记录证明946件。

5．县工商局窗口办件4558件。其中：办理各类企业、个体工商户名称预核1236件；办理个体工商户设立、变更、注销登记1931件；办理各类企业设立、变更、注销、登记631件；办理户外广告登记410件；出具是否有营业执照证明350件。

6．县文化局窗口办件150件。其中：换证42件；办理代码证年检98件；办证3件。

7．县质监局窗口办件593件。其中：申请办理代码证331件；变更业务260件；办理废置2件。

【新业务楼建成】　根据省市要求，县公共资源交易中心业务楼于2012年10月12日正式开工建设，项目总投资450余万元，共建盖四层，建筑面积1865.8平方米，设1间受理区，2间开标厅，3间评标室和专家抽取室、竞价室、档案室、监控室等功能房，并在开评标等功能房中安装监控设备，对开评标过程实行全程监控。2013年5月，1865.8平方米新业务楼建成并投入使用。进驻行政审批、公共服务窗口有车管、驾管、地税、县医院、保险等36个服务窗口组成，窗口工作人员62人，办理项目236项，集行政审批服务、公共服务、中介服务为一体的综合服务平台基本成型。

【推进“两集中、两到位”】　为深化行政审批制度改革，建立规范高效的审批运行机制，提高行政服务效能，推进一个行政机关的审批事项向一个处室集中、行政审批处室向行政审批服务中心集中，保障进驻行政审批服务中心的审批事项到位、审批权限到位。整合具有审批职能的部门，通过在政务服务大厅设窗口统一办公，配备工作队伍，加大对窗口的授权力度，基本建立起以窗口为主导的行政审批运行机制。目前，进驻政务服务中心的部门共20个，进驻事项共236项。全年受理事项247838件，其中接办件228981件，咨询件18857件，办结率100%。

【江川县公共资源交易中心正式运行】　2013年5月22日，江川县公共资源交易中心正式运行。县政府制定并下发《江川县公共资源交易中心实施方案》，明确县公共资源交易中心职责，集中交易事项的种类和交易规则、规程制定等。全年中心累计进场交易项目102个，实际完成交易项目91个，交易额达4.2亿元，节约额达433万元，溢出额达121万元，有效节约财政资金，实现国有资产价值最大化。其中完成建设工程进场交易项目54个，交易额为1.86亿元，节约额达298.9万元；完成政府采购项目27个，交易额为899.5万元，节约额达134.3万元；完成土地交易项目4个，交易额为2.25亿元，溢出额达119万元；完成产权交易项目6个，交易额为69.8万元，溢出额达2万元。公共资源交易中心的建设，是江川县政府进一步规范公共资源交易市场秩序，从源头上预防腐败的重要举措。

【县镇村三级服务体系建设】 全县4镇、2乡、1街道办事处，已全部成立为民服务中心，73个村（社区），已成立72个为民服务站。实施政务服务工作进园区。在江川县龙泉山生态工业园区设立综合服务中心，明确一名工作人员为联系人，负责开展综合协调、办理事项、咨询服务等工作。

【乡镇（街道）公共资源交易中心建设】 乡镇（街道）交易中心建设力求“三个规范”，确保运行顺畅，即建立规范的管理机构，建立规范服务体系，建立规范的监管平台。全县4镇、2乡、1街道办事处已全部设置公共资源交易中心，与乡镇（街道）招标办实行合署办公，承担乡镇（街道）的公共资源交易任务。

【财务管理】 在中心业务楼工程及信息化建设过程中资金使用落实“三重一大”制度，严格专项资金管理，规范设置基建账户并按照新财务管理要求合并单位大账。认真进行投标保证金代收退工作，实行专人专户管理，进行正确核算，全年代收退资金约8065万元，收退1820次。资金出入需出具相关票据、填写收退信息和提供相关证件，确保资金安全。收取综合服务费、交易服务费，按照相关非税收入管理规定实行直缴财政专户，两项非税收入合计8万元。按时上报各类报表，进行地方债务财政清理确认欠款116.48万元，进行财务检查，核实中心没有出现资金违规使用现象，进行单位年度预结算。

【投资项目并联审批】 根据云政办发〔2012〕232号文件及省、市政府会议精神，江川县成立由县委常委、常务副县长石伟任组长，分管副县长杨军苹任副组长，县政府办、监察局、政务服务管理局、发改局、工信局、国土局等部门主要领导为成员的投资项目集中审批工作领导小组。领导小组下设办公室在发改局，由发改局局长任办公室主任，负责做好县级投资项目集中审批日常工作。2013年1月14日，石伟副县长组织相关部门负责人召开专题会议，强调投资项目集中审批工作的重要性、必要性和紧迫性，要求相关部门不折不扣认真贯彻执行上级文件、会议精神，要求各部门整合涉及投资项目审批的权限和事项进驻县政务服务管理局，做到“应进必进，进必授权”，选派责任心强、业务精的人员进驻政务服务管理局投资项目并联审批工作窗口，配合县发改局尽快开展投资项目集中审批工作。按照县政府专题会议要求，1月16日，按照县政府法制办清理出来涉及投资项目审批的县林业局、县气象局、县水利局、县环保局、县工信局、县国土局、县发改局、县交通局、县住建局、县防震减灾局、县安监局等13个部门共64项投资项目审批事项进驻政务服务管理局服务大厅。全年投资并联审批窗口共办理审批事项7件。

【推进电子政务】 推进行政审批服务电子监察系统建设，完善行政审批服务电子化体系。升级原行政审批软件，在原有软件的基础上引入协同平台审批系统，全面提升行政审批网上公开、网上办理功能，加强窗口办件的电子监察功能。强化电子监察，在升级后的行政审批系统中重点加强电子监察功能。

【政务公开】 推进“阳光化”建设，在服务大厅继续悬挂《云南省行政机关问责方式》和《云南省行政机关八项工作承诺》等，转变群众求我办事为主动热情为群众办事。推进政府效能建设。制定《江川县政务服务管理局关于推行效能政府四项制度的实施方案》，在政务大厅设立视频监控系统，对政务大厅工作人员现场行政审批行为实行全程视频监控。对外公布效能投诉举报电话、设置举报信箱，进一步加大群众对窗口工作人员的监督力度。设立云南省信息岛查询电脑一台，方便群众查询最新的政务服务信息。全面推进政务公开。把网站的建设、管理和维护工作作为一项重要工作抓好，紧紧围绕宣传政务服务、公开政务、沟通大众、服务社会的建设理念，对网站进行全面升级改版，不断充实网站内容，完善网站功能，对行政许可及行政事业性收费项目和服务事项名称、办事流程、申报材料、承诺时限、收费标准及收费依据进行全面公开，为公众浏览、查询管理局政府信息提供更多的便利，进一步提高透明度。共撰写并上报56期简报。

（侯彦昆）

人口和计划生育

【概　述】 2013年，江川县人口和计划生育工作以建设“和美家庭”为主线，以创新人口计生工作机制为保障，全面推进人口和计划生育综合改革、婚育新风进万家、流动人口基本公共服务均等化、创建幸福家庭活动，整体提升人口和计划生育工作

水平。2013年年末全县总人口276718人，全年出生人口2605人，死亡1611人，出生率9.43‰，人口自然增长率3.60‰，政策内生育2363人，符合政策生育率90.71%。现有已婚育龄妇女53671人，期末采取各种避孕节育措施46471人，其中采取节扎与放环措施45663人，综合节育率86.58%，优选节育率为85.08%，应落实长效避孕措施1993人，其中八个月内及时采取长效避孕措施1586人，避免已婚育龄妇女意外怀孕率79.58%。

【创建“和美家庭”】　江川县狠抓创建“和美家庭”示范县机遇，切实强化各级党政一把手第一责任人责任。全力整合资源，稳步开展创建活动，切实把创建工作摆上重要议事日程，把创建工作同引导农民群众脱贫致富相结合，同振兴县域经济相结合，同提高全县人口资源环境相结合，坚持与经济工作同研究、同检查、同评比。坚持以宣教开路，利用各种大众传媒和群众喜闻乐见的方式，提高群众知晓率，共制订发放《和美家庭宣传手册》14000本。创建过程中坚持指导与督查相结合，严格标准，在七个乡镇全面实施“和美家庭”工程，其中大街、九溪、雄关被列为市级示范乡镇，每个示范乡镇重点打造三个示范村，其他乡镇确定1个示范村，成功打造雄关乡白石岩市级示范点。

【优生促进】　2013年，江川县将此项工作列入全县“十件惠民实事”之一，进一步扩大公共服务，关注民生，改善民生，深入开展优生促进工程。紧抓国家免费孕前优生健康检查试点县契机，总结经验，强化指导，推进规范实施，坚持开展宣传倡导，健康促进，优生咨询，免费发放叶酸14592瓶（2432人份），2013年计划怀孕目标人群1500对，已参加孕前检查1365对，孕前检查率达91%。

【流动人口均等化管理和服务】　巩固推进“一盘棋”工作机制建设，推行“一站式管理，一证式服务”。做好流动人口公共服务均等化试点工作，统筹解决流动人口就业、就医、子女入托入学、经商、社会保障、计划生育、社会治安等问题，切实维护流动人口合法权益。进一步加强流动人口全员统计和信息化工作，建档及录入率达100%，信息反馈率达99%以上；全年PADIS子系统应反馈信息522条，已反馈519条，反馈核实率达99.42%，省级全员系统县、乡两级应用率均达100%。总结上年江城镇、大街街道、江城社区、大街街道下营社区成功争创“流动人口综合服务先进示范站”经验，2013年继续在前卫镇、大街街道大庄社区开展争创活动。

【建立“诚信计生”长效机制】　全面推进“诚信计生”，深化内涵，实现“诚信计生”长效化、制度化、规范化。推行行政执法责任制、过错责任追究制，认真贯彻“两个工作纪律”和“七个不准”规定，文明执法，坚决制止和纠正在计划生育工作中损害群众利益的行为。创新执法方式方法，严格执法。全面摸排、掌握、查实违法生育情况，建档立案，加大执法力度，从快从严打击违法生育行为。2013年共立案清查处理计划生育案件230件，其中征收社会抚养费案件56件，行政处罚174件，立案率达100%，全年应征收社会抚养费6041770元，实际征收社会抚养费1975540元（含往年案件），申请法院强制执行36件。案件合格率100%，案件评查合格率99%。坚持以人为本，充分了解掌握群众对计划生育生殖健康的需求，尊重和维护群众的避孕方法知情选择权、生殖健康权以及奖励扶助权。坚持依法行政，全面履行法定职责，大力推行计划生育政务公开、村（居）务公开，立信于民，取信于民。

【提升“创国优”成果】　健全以县站为龙头，乡站为依托，村室为基础，服务人员为骨干，流动服务车为纽带的计划生育一体化服务网络。将优质服务送到基层，免费开展健康体检3000余人次、B超检查1445人次、妇检927人次，义诊560多人次，免费医治480多人次，咨询4200多人次，免费发放价值8000多元的药品、安全套20000余只、避孕药800多人份、宣传材料10000余份。全县应二查2854人，已检查2620人，检查率达91.8%；应检查5801人，已检查5434人，检查率达93.67%。争创服务标准化建设，根据县级药具标准化建设要求，进一步规范“云南计划生育药具管理—江川县服务之窗”品牌形象店。创新发放模式，在全县七个乡镇按照优质服务标准进行标准化管理改造，不断强化提供优质服务的硬件设施。2013年新增4个避孕药具免费发放点，免费发放安全套14.8万只，避孕药1640盒，促使流动人口与江川县育龄人群药具免费发放融为一体，真正做到避孕药具免费全覆盖。

【落实计生惠民政策】　落实惠民政策，树立计生工作新形象。把落实农村部分计划生育家庭奖励扶助制度作为帮扶计生户的切入点，认真实施“奖优免补”政策，切实把计生优惠政策落实好，落实到位。按照《云南省计划生育家庭奖励与扶助政策文件汇编》及相关档案管理的要求，严格档案室建设，专人管理，全面规范档案管理。2013年发放计划生育手术并发症人员10人，金额1.32万元；应享受奖励扶助金640人，金额64.836万元；应享受特别扶助金46人，金额6.972万元；城镇居民未享受退休金补助24人，金额2.472万元；一次性奖励金审批31人，金额1.86万元；教育奖学金867人，金额17.602万元；升学奖学金94人，金额10.58万元；升学加分审批89人；新农合补助13641人，金额81.846万元；独生子女保健费16.675万元。

【计划生育协会】 江川县严格要求，加强领导，精心组织，建立健全各项规章制度，扎扎实实开展计划生育村（居）民自治工作。目前，全县72个村（居）委会已成立基层协会，并被市人口和计划生育委员会命名为“计划生育村（居）民自治合格村”。充分发挥基层协会的骨干作用，倾力推进诚信计生工作深入开展。将计划生育村（居）民自治和诚信计生工作有机结合，将生育关怀与创建“和美家庭”有机结合，抓好计划生育“少生快富”帮扶项目，在雄关乡投入帮扶基金10万元，帮助5个家庭发展生产，充分体现“县指导、乡服务、村为主、户落实”的计划生育村（居）民自治原则。做好计划生育家庭意外伤害保险工作，2013年全县参保人员25600人，投保资金64万元，办理保险理赔485人，赔付金额38.2万元。

【信息联动机制】 把2013年确定为“信息化建设推进年”，制定下发《江川县人口基础信息统筹联动工作实施方案》，召开信息联席会议，打破部门界限，联动卫生、民政、教育、公安、人社、统计等部门，构建“大人口”统筹协调工作格局，全面建立以政府为主导，多部门参与的人口信息联动机制，提高人口数据信息收集质量，实现人口数据信息资源共享，坚持指导与督查相结合，大力加强基层台账规范化建设。育龄妇女及家庭成员数据库录入总人口268701人，录入率97.53%，准确率97%。同时，相关职能部门在推进“两非”行动、落实计划生育奖励优惠政策、解决计划生育突出问题等方面尽职履责，促进全县人口计生重难点工作取得新进展。

【人口和计划生育工作会】 4月9日上午，召开江川县2013年计划生育暨流动人口基本公共服务均等化工作会。县人口计生及流动人口公共服务均等化领导小组成员单位主要负责人，各乡镇镇长（街道办主任），计生分管领导，计生办主任，综治维稳专职副书记，综治办负责人，派出所所长共计90余人参加会议。县人口计生局局长罗玉华总结江川县2012年人口和计划生育工作，并对2013年工作安排部署。副县长杨军苹在会上指出，在肯定成绩的同时，要清醒地看到江川县人口和计划生育工作面临的新问题，客服错误的舆论信息等一系列因素给当前计生工作带来的不利影响，坚定信心，深刻研究和把握人口计生工作面临的新形势、新情况、新问题，推动计生工作实现新起色、新突破、新成绩。县委常委、县政法委书记陈琎寿总结过去一年流动人口公共服务均等化工作，安排部署2013年工作，并提出要求：全力推进示范点建设，全力推进一盘棋工作机制，各乡镇（街道）、各部门要切实履行好自己的职责。县政府副县长杨军苹代表县政府与各乡镇、街道及相关单位签订计划生育目标责任书。县委常委、县政法委书记陈琎寿与各乡镇、街道及相关单位签订流动人口公共服务均等化目标责任书。会议还对2012年全县在推进流动人口基本公共服务均等化工作中涌现出的6个先进集体和10先进个人进行了表彰。

【人口和计划生育工作培训会】 为了更好的适应新形势下人口和计划生育工作，进一步提高全县计生干部的整体素质，6月18日至19日，江川县召开全县人口和计划生育工作培训会，全县72个村（社区）宣传员及乡镇（街道）分管领导、计生工作人员共计128人参加培训会。本次培训会内容全面、课时紧凑有序。会上，省人口计生专家熊源发、刘湘源对现阶段“和美家庭”创建工作进行详细的指导；市、县计生业务骨干针对计生政策法规、基层统计台账、惠民政策、办证指南、流动人口管理、计生优质服务等工作进行讲解，并对如何规范业务提出严格要求。会议采用集中宣讲和提问讨论的形式，有问必答，有难必解，内容丰富具体，针对性和实用性强，贴近工作实际。通过培训，切实增强全县计生干部全面做好新时期人口计生工作的责任感和主动性，提高人口计生干部的学习意识、责任意识、服务意识，增强业务技能，达到提高政策水平、业务能力、推进工作的目的。

（刘雪莲）

残疾人工作

【慰问残疾人】 2013年县委、县政府心系残疾人，继续加大对残疾人的慰问力度。春节慰问：为确保贫困残疾人基本生活，让全县特困残疾人家庭过上一个欢乐、祥和的春节，按照县委、县政府的统一安排和部署，县残联认真做好组织和准备工作，在春节来临之际，分组分批开展走访慰问特困残疾人家庭活动，共慰问680户204000元。助残日慰问：在第二十三次“全国助残日”期间，继续开展残疾人慰问活动，全县共走访慰问贫困残疾人230户，慰问金额37000元。

【助残日活动】 2013年5月19日是第二十三个法定“全国助残日”，借此契机，江川县残联充分整合社会资源，积极动员和协调社会力量帮残助残。全县7个乡镇、街道共动员组织450多名青年志愿者成立“助耕帮扶队”，帮助残疾人贫困户130多户，挖田、挖地300多亩，栽烟、栽秧250多亩。在大春栽插期间，对缺肥少粮的贫困残疾户120多户实行临时救济，为他们送肥送粮，合计40000多元。

【残疾人危房改造】 残疾人危房改造，是从根本上解决残疾人住房难的大事，是为残疾人办实事、办好事的阳光工程。为此，江川残联急残疾人所急，解残疾人之所难，2013年县乡残联干部走村入户，摸底拍照，调查核实，完成本部门30户残疾人危房改造工作。

【农村残疾人社会保障工作】　随着江川县城乡残疾人养老保险的全面推行以及最低生活保障、新型农村合作医疗保险的配套实施，江川县残疾人社会保障体系得到不断加强和推进，残疾人初步实现“老有所养，病有所医”。新农保试点工作让残疾人更得实惠。新型农村社会养老保险制度的实施，惠及全县残疾人，如：60岁以上的农村残疾人每月可领取55元的养老金，其中60岁以上的重度残疾人每月可领取105元的养老金；16岁到59岁的残疾人在参保过程中，均得到不同的政府补贴。继续加强残疾人参加新型农村合作医疗保险工作。残疾人参加新农合是让广大残疾人充分受益，生活更加有保障的重要举措。2013年县残联筹集资金337000元，为全县5621名持证残疾人交纳新农合。发放机动车辆燃油补贴，让残疾人切实感受到“特惠”。2013年，江川按照残疾人机动车辆燃油补贴条件和规定程序，认真落实、审核补贴对象，共为全县185名符合条件的残疾人发放机动车燃油补贴每人260元，共计48000元。

【残保金征收工作】　2013年，县残联、县地税局、县财政局相互支持配合，对465个行政事业单位、企业征收残疾人就业保障金，征收金额1475140元。同时县残联对全县所有残疾人用工单位情况进行检查，对残疾人待遇落实不到位的单位提出整改建议，对残疾人用工达到1.5%的38个单位给予免收残保金405000元。

【助学兴教】　2013年县残联开展助学兴教活动。在“国际儿童节”到来之际，在副县长杨军苹的带领下，携手妇联、教育局、共青团等部门协助残联开展一系列助学兴教活动，出资8400元对玉溪市特校28名江川籍残疾学生进行慰问；看望慰问安化小学12名残疾学生和贫困残疾家庭学生，为他们送去2400元的节日慰问金。开展大中专学生资助活动。为切实保障江川县贫困残疾学生和贫困残疾人家庭子女能够顺利就学，2013年县残联筹措资金100000元，资助38名考取大中专院校的贫困残疾学生和贫困残疾人家庭子女步入校园，圆了他们的大学梦。

【残疾人培训】　2013年，县残联在残疾人就业宣传、教育培训、扶持就业等方面都取得明显成效。城镇职业技能培训和农村实用技术培训工作。举办残疾人计算机基础知识培训一期。2013年6月，25名残疾人参加计算机基础知识培训。此次培训为期5天，经过培训部分残疾人能够玩电脑、处理文字、浏览时事新闻、收发电子邮件，开阔眼界，丰富文化生活。举办全县残疾人工作者业务培训。县、乡镇（街道）、村（社区）残疾人工作者110多人参加培训。培训讲解残疾人工作政策法规、如何开展残疾人信访工作等知识等，进一步提高全县残疾人工作者的业务能力和工作水平，提高残疾人工作队伍的综合素质。此外县残联选送6名视力残疾人参加市残联举办的盲人计算机培训，6名盲人参加按摩保健初、中级培训，12名残疾人参加省残联组织的创业培训，农村实用技术培训方面，各乡镇、街道采取自办、搭载等方式举办7期，156人参加农村种养培训班。“城镇百万残疾人就业工程”工作。进一步落实“城镇百万残疾人就业工程”的各项政策措施，2013年新增加残疾人就业40人。残疾人就业服务机构规范化建设工作。按照《关于印发玉溪市残疾人就业服务机构规范化建设实施方案的通知》文件要求，县残联规范建设残疾人服务中心，完成残疾人就业服务机构规范化建设。残疾人职业培训基地建设工作。县残联把职业中学和云南省宏斌绿色食品公司作为残疾人职业培训基地，同时县残联发挥残疾人扶贫示范基地的作用，为残疾人提供就业创收的岗位，打造残疾人“万元户”10人。集中资金重点扶贫，实现部分贫困残疾人脱贫致富。2013年县残联筹资4万元资金，重点帮扶18户商业经营、种养殖等行业的残疾人，扶持他们做脱贫致富的带头人，探索新形势下残疾人扶贫工作新路子，带动更多的残疾人脱贫致富奔小康。同时继续争取县政府的支持，对县城辖区在从事手工缝补、理发、打印复印等行业的7名残疾人进行扶持，返补20%的招租资金。

【康复工作】　推进助行工程，部分重瘫患者“站”起来。2013年，县残联认真做好重度肢体残疾人装配假肢的宣传和补助工作，共为8名残疾人装配假肢，其中大腿4例，小腿4例。同时多方筹措资金50000元，购买106辆轮椅，无偿配备给106名重瘫贫困患者，为他们出行提供方便。实施医疗救助和“阳光家园”康复工程，部分患者重获健康。2013年江川县24名精神残疾人在市精神病院进行托养，35名在江川县精神病工疗站托养，62名精神、智力和重度残疾人实现居家托养。继续开展CBR项目训练工程，部分患者生活实现自立。县残联在做好7名盲人训练的同时，确定5名智残儿童、5名肢体残疾人、4名聋儿作为2013年的康复训练对象，并进行耐心艰苦的训练及指导，增强部分残疾人的生活自理能力，让他们能更好地融入到社会生活中。开展0—6岁残疾儿童康复工程。2013年对3名聋儿、14名智力儿童实施康复训练，2名脑瘫儿童在玉溪市第三人民医院接受康复训练；4名儿童接受唇腭裂康复矫治手术；筛查11名先天性关节畸形、小儿麻痹后遗症以及脑瘫患者到玉溪市第三人民医院进行手术矫治及家庭康复训练。发放七彩梦行动抢救性康复项目用品用具：轮椅9辆，儿童站立架、脑瘫儿童坐姿矫正椅4把，助行器4个，助听器4台。加强辅助工程，部分患者生活更加方便。2013年为残疾人提供辅助用品用具160多件，并开展辅助器具需求调查，建立残疾人辅助器具需求数据库。全年全县共有4900多人次残疾人得到不同形式的康复服务，康复工作的有效开展使患者赢得健康，政府赢得民心，推动社会各界越来越关注和关心残疾人事业。

【光明工程】 “光明工程”是省人民政府确定的“德政工程”、“惠民工程”，圆满完成“光明工程”是一项政治任务。2013年市委下达江川县的任务数为219例。县残联高度重视，急患者所急，解患者所难，便筛查边实施手术，实施手术219例，219名患者重见光明，手术成功率100%。

【“高原阳光”健康助残行动】 2013年7月2日，由云南省残疾人联合基金会与郑州百消丹药业有限公司共同牵手举办的云南省“高原阳光”健康助残行动在江川县举行。此次活动共为全县广大群众免费检测1万余人次，为4213名残疾人进行免费发药，并为10名下肢瘫痪的残疾人配发轮椅，“高原阳光”健康助残行动免费活动折合金额达42万多元。

【打造优质服务平台】 2013年县残联围绕高效服务残疾人，加强残疾人服务中心建设，打造无障碍服务窗口。在中心设立“党员先锋岗”和“党员示范岗”，实行党员服务承诺制，增强支部党员的服务意识和责任意识。中心设立三大服务窗口：办证及康复服务窗口、就业服务窗口、信访维权服务窗口。二个功能室：综合接待室、用品用具展示室。全年共接待残疾人及亲属来信来访2100多人次，90%以上的来信来访在初信初访后得到妥善解决；为残疾人提供辅助用品用具160多件；办理残疾人证500多本。

【云南省首届盲人象棋赛】 2013年5月云南省首届盲人象棋邀请赛在江川举行，来自昆明、玉溪、曲靖等地的14名盲人选手参加比赛，比赛丰富盲人精神文化生活，向社会展示盲人象棋的特色，展示盲人自尊自爱、自强自立、积极乐观的生活风貌，同时也反映社会对残疾人的关心和关爱。

【云南省残保金征收工作培训】 2013年8月，云南省2013年残疾人就业保障金征收及就业等数据管理培训在江川举办，来自昆明、昭通、楚雄等地的130多名残联干部参加培训，该培训举办两期近半个月，系统对残疾人就业保障金征收及培训、就业等数据管理进行讲解。

【云南省创业培训班在江川举行】 2013年8月，云南省2013年残疾人创业培训在江川举办。来自玉溪八县一区的35名残疾人参加了培训。此次培训为期10天，是一个特殊的创业培训实验班，是对残疾人如何创业，如何提高经营管理能力的一次新尝试、新探索。

（张　芬）

人　物

编辑　徐凡清

江川县2013年获市以上表彰的先进集体

单位名称	授予称号	授予单位	授予时间
江川县老龄委办公室	老龄工作先进集体	省政府	2013.1
江川县检察院	省级文明单位	省委、省政府	2013.5
江川县防震减灾局	2012年度氡气全国观测质量评比第二名	中国地震局	2013.5
江川县文化旅游广电和体育局	2009-2012年度全国群众体育先进单位	国家体育总局	2013.8
江川县关工委	先进单位	国家关心下一代工作委员会	2013.8
云南省江磷集团股份有限公司工会	全国“模范职工之家”	中华全国总工会	2013.10
江川县北山寺	第二届全国创建和谐寺观教堂先进集体	中央统战部、国家宗教事务局	2013.12
江川县公安局交警大队交通违法处理办公室	省级文明交通示范岗	省文明办、省公安厅、省交通厅	2013.1
江川县食品药品监督管理局	县级食品药品监督管理工作先进单位	省食品药品监督管理局	2013.2
江川县监察局派出第三监察分局	玉溪市行政监察工作先进集体	市政府	2013.3
江川县公安局交警大队	2012年度丘北经验推广工作三等奖	市政府	2013.4
江川供电有限公司	云南电网公司“五四红旗团支部”	云南电网公司	2013.4
云南省江磷集团股份有限公司“江磷技师工作站”	云南省职工技师工作站	省总工会、省职工技术协会	2013.6
江川县公安局交警大队	道路交通安全目标管理先进集体二等奖	市政府	2013.6
江川县食品药品监督管理局	省级餐饮服务食品安全示范县	省政府新闻办、省发改委、省食药监局	2013.7
江川县发展和改革局	2012年度云南省收费统计工作先进集体	省发展和改革委员会	2013.8
江城镇人民政府	依法治市先进单位	市委、市政府	2013.8

续　表

单位名称	授予称号	授予单位	授予时间
玉溪市烟草公司江川县分公司	烤烟漂湿育苗配套技术研究及应用推广项目二等奖	省烟草公司	2013.10
江城镇孤山村委会	第七届市级文明村	市委	2013.12
江城镇海门常委会	第七届市级文明村	市委	2013.12
江川县纪委	云南省纪检监察机关查办案件工作第一档	省纪委	2013.12
江川县检察院	玉溪市第七届文明单位	市委、市政府	2013.12
中国人寿江川县支公司	玉溪市第七届文明单位	市委、市政府	2013.12
江川县防震减灾局	2013年度氡气全省观测质量评比第二名	省地震局	2013.12
江川县防震减灾局	云南省2013年度强震动台管理先进单位	省地震局	2013.12

江川县2013年获市以上表彰的先进个人

姓　名	所在单位	授予称号	授予单位	授予时间
张春鸿	江川县公安局	被国务院反假货币联席会议表彰“全国反假货币工作先进个人	国务院	2013.1
侯丽梅	江川县老龄委	老龄工作先进个人	省政府	2013.1
梅良芬	江城镇牛摩村	全国农村科技致富女强人	全国妇联	2013.3
杨德华	江川县公安局	首届世界华人文艺先锋奖金奖	世界华人文艺家联合会、中国国际书画艺术家联合会、北京墨韵华艺国际书画院	2013.4
谢吉祥	县委统战部	优秀信息员	省委统战部	2013.1
周　斌	江川县广播电视局	全省广播电视系统先进个人	省人力资源和社会保障厅、省广播电视局	2013.1
胡　莎	江川县纪委监察局	玉溪市行政监察工作先进个人	市政府	2013.3
陶文红	江川县纪委监察局	玉溪市行政监察工作先进个人	市政府	2013.3
周绍华	江川县纪委监察局	玉溪市行政监察工作先进个人	市政府	2013.3
安明喜	江城镇武装部	优秀学员	省军区	2013.3
金德富	前卫镇武装部	优秀学员	省军区	2013.3
普秀英	江川县防震减灾局	云南省2013年度防震减灾工作先进个人	省地震局	2013.11
杨会政	县人武部	玉溪市“三类”基层武装部试点建设先进个人	市委、市政府、玉溪军分区	2013.12
王　强	县人武部	玉溪市“三类”基层武装部试点建设先进个人	市委、市政府、玉溪军分区	2013.12

（徐凡清）

江川县2013年取得副高级以上专业任职资格人员名录

序号	工作单位	姓 名	民族	性别	出生年月	文化程度	取得资格名称	取得资格时间
1	江川县人民医院	杨秀仙	汉族	女	1965.03	本科	主任医师	2013.8
2	江川县前卫镇前卫中学	顾绍林	汉族	男	1968.09	本科	正高级教师	2013.1
3	江川县大街街道农业综合服务中心	赵玲芬	汉族	女	1969.5	本科	高级工程师	2013.8
4	江川县大街街道农业综合服务中心	王书慧	汉族	女	1969.12	本科	高级工程师	2013.9
5	江川县前卫镇农业综合服务中心	杨汉田	汉族	男	1964.03	大专	高级农艺师	2013.9
6	江川县水产技术推广站	张四春	汉族	男	1966.02	中专	高级农艺师	2013.9
7	江川县农村环保能源工作站	侯正能	汉族	男	1963.06	大专	高级农艺师	2013.9
8	江川县大街街道经济管理中心	张海菱	汉族	女	1973.2	本科	高级经济师	2013.8
9	江川县大街街道规划建设和环境保护中心	周保春	汉族	男	1970.12	本科	高级工程师	2013.8
10	江川县审计局	韩秋华	汉族	女	1972.09	本科	高级审计师	2013.9
11	江川县人民医院	吕玉江	汉族	男	1963.09	大专	副主任技师	2013.8
12	江川县人民医院	刘 莹	汉族	女	1969.06	大专	副主任护师	2013.8
13	江川县妇幼保健院	马秋妍	汉族	女	1969.08	大专	副主任医师	2013.8
14	江川人民广播电台	张亚原	汉族	男	1964.11	大专	主任编辑	2012.12
15	玉溪电视台江川记者站	邓维祥	汉族	男	1964.09	大专	主任编辑	2012.12
16	云南江磷集团股份有限公司	杨玉宏	汉族	男	1972.10	大专	高级会计师	2012.12
17	江川县江城镇翠峰中心小学	马荣华	汉族	男	1956.09	大专	中小学高级教师	2013.11
18	江川县路居镇中心小学	李桂香	汉族	女	1965.03	大专	中小学高级教师	2013.11
19	江川县江城镇龙街中心小学	李桂华	汉族	女	1970.07	大专	中小学高级教师	2013.11
20	江川县江城镇江城中心小学	徐天荣	汉族	男	1963.06	本科	中小学高级教师	2013.11
21	江川县江城镇江城中心小学	王 波	汉族	男	1971.12	大专	中小学高级教师	2013.11
22	江川县大街街道大庄中心小学	杨宝英	汉族	女	1971.02	大专	中小学高级教师	2013.11
23	江川县大街街道大庄中心小学	余玉珍	汉族	女	1964.09	大专	中小学高级教师	2013.11
24	江川县大街街道大街小学	汤继芬	汉族	女	1962.11	大专	中小学高级教师	2013.11
25	江川县幼儿园	金 凤	汉族	女	1964.03	大专	中小学高级教师	2013.11
26	江川县路居镇中心小学	申丽华	汉族	女	1964.04	大专	中小学高级教师	2013.11
27	江川县大街街道伏家营中心小学	王玉华	汉族	女	1960.03	大专	中小学高级教师	2013.11

续　表

序号	工作单位	姓　名	民族	性别	出生年月	文化程度	取得资格名称	取得资格时间
28	江川县大街街道伏家营中心小学	徐良香	汉族	女	1960.09	大专	中小学高级教师	2013.11
29	江川县九溪镇九溪中心小学	岳红林	汉族	男	1974.09	本科	中小学高级教师	2013.11
30	江川县九溪镇九溪中心小学	曲兰艳	汉族	女	1973.04	大专	中小学高级教师	2013.11
31	江川县前卫镇前卫中心小学	张丽梅	汉族	女	1970.12	大专	中小学高级教师	2013.11
32	江川县前卫镇后卫中心小学	张　磊	汉族	男	1970.11	大专	中小学高级教师	2013.11
33	江川县大街街道大庄中心小学	李顺香	汉族	女	1960.01	大专	中小学高级教师	2013.11
34	江川县大街街道大街小学	刘　婷	汉族	女	1968.09	大专	中小学高级教师	2013.11
35	江川县雄关乡中心小学	张红江	汉族	男	1973.12	本科	中小学高级教师	2013.11
36	江川县前卫镇后卫中心小学	杨本华	汉族	男	1955.08	大专	中小学高级教师	2013.11
37	江川县江城镇江城中心小学	郭跃华	汉族	男	1963.04	大专	中小学高级教师	2013.11
38	江川县安化彝族乡中心小学	张常森	彝族	男	1955.10	大专	中小学高级教师	2013.11
39	江川县江城镇龙街中心小学	李吉华	汉族	男	1960.01	大专	中小学高级教师	2013.11
40	江川县雄关乡中学	王有文	汉族	男	1959.10	本科	中小学高级教师	2013.11
41	江川县第一中学	金　珂	汉族	女	1972.06	本科	中小学高级教师	2013.11
42	江川县前卫镇前卫中学	张龄尹	汉族	女	1973.10	本科	中小学高级教师	2013.11
43	江川县大街街道大街中学	李海岚	汉族	女	1970.10	本科	中小学高级教师	2013.11
44	江川县第一中学	杨洪荣	汉族	男	1966.12	本科	中小学高级教师	2013.11
45	江川县第一中学	王家文	汉族	男	1971.05	本科	中小学高级教师	2013.11
46	江川县前卫镇前卫中学	邓辉明	汉族	男	1967.12	本科	中小学高级教师	2013.11
47	江川县大街街道伏家营中心小学海浒初中部	张　帆	汉族	男	1969.01	本科	中小学高级教师	2013.11
48	江川县职业中学	杨　刚	汉族	男	1975.07	本科	中小学高级教师	2013.11
49	江川县第二中学	周文有	汉族	男	1975.09	本科	中小学高级教师	2013.11
50	江川县第二中学	徐贵华	汉族	男	1968.05	本科	中小学高级教师	2013.11
51	江川县大街街道大街中学	施云祥	汉族	男	1967.06	本科	中小学高级教师	2013.11
52	江川县第二中学	洪　芬	汉族	女	1973.09	本科	中小学高级教师	2012.12
53	江川县职业中学	陶绍明	汉族	男	1964.01	本科	中小学高级教师	2012.12
54	江川县第二中学	王　云	汉族	男	1967.07	本科	中小学高级教师	2012.12
55	江川县雄关乡中学	杨春明	汉族	男	1963.04	本科	中小学高级教师	2012.12
56	江川县职业中学	赵发春	汉族	男	1975.07	本科	中小学高级教师	2012.12
57	江川县大街中学	刘怀明	汉族	男	1970.02	本科	中小学高级教师	2012.12
58	江川县第二中学	朱文亮	汉族	男	1965.10	本科	中小学高级教师	2012.12

续 表

序号	工作单位	姓 名	民族	性别	出生年月	文化程度	取得资格名称	取得资格时间
59	江川县职业中学	张云贵	汉族	男	1963.09	本科	中小学高级教师	2012.12
60	江川县前卫镇前卫中学	赵四存	汉族	女	1974.06	本科	中小学高级教师	2012.12
61	江川县职业中学	丁绍荣	汉族	男	1970.12	本科	中小学高级教师	2012.12
62	江川县第二中学	彭春华	汉族	男	1965.10	本科	中小学高级教师	2012.12
63	江川县职业中学	杨惠仙	汉族	女	1966.03	本科	中小学高级教师	2012.12
64	江川县前卫镇前卫中学	陈 镛	汉族	男	1965.05	本科	中小学高级教师	2012.12
65	江川县大街街道伏家营中心小学海浒初中部	李忠明	汉族	男	1974.08	本科	中小学高级教师	2012.12
66	江川县大街街道伏家营中心小学海浒初中部	黄 峥	汉族	女	1966.12	本科	中小学高级教师	2012.12
67	江川县江城镇龙街中心小学	张家宝	汉族	男	1964.11	本科	中小学高级教师	2012.12
68	江川县江城镇龙街中心小学	徐金兰	汉族	女	1959.09	大专	中小学高级教师	2012.12
69	江川县雄关乡中心小学	张佩文	汉族	男	1957.04	大专	中小学高级教师	2012.12
70	江川县江城镇翠峰中心小学	陆从高	汉族	男	1985.12	大专	中小学高级教师	2012.12
71	江川县安化彝族乡中心小学	普党救	汉族	男	1974.08	本科	中小学高级教师	2012.12
72	江川县大街街道伏家营中心小学	马 毅	汉族	男	1968.04	大专	中小学高级教师	2012.12
73	江川县幼儿园	龚瑞红	汉族	女	1968.11	大专	中小学高级教师	2012.12
74	江川县大街街道大街小学	杨仕云	汉族	男	1969.12	本科	中小学高级教师	2012.12
75	江川县江城镇江城中心小学	葛茂良	汉族	男	1961.06	本科	中小学高级教师	2012.12
76	江川县前卫镇前卫中心小学	李竹芬	汉族	女	1969.08	大专	中小学高级教师	2012.12
77	江川县前卫镇后卫中心小学	龚绍礼	汉族	男	1958.10	大专	中小学高级教师	2012.12
78	江川县前卫镇后卫中心小学	杨吉寿	汉族	男	1960.02	大专	中小学高级教师	2012.12
79	江川县路居镇中心小学	杨丕雄	汉族	男	1955.09	大专	中小学高级教师	2012.12
80	江川县路居镇中心小学	王秀云	汉族	男	1965.05	大专	中小学高级教师	2012.12
81	江川县九溪镇中心小学	李 娟	汉族	女	1973.07	大专	中小学高级教师	2012.12
82	江川县九溪镇中心小学	杨江丽	汉族	女	1974.03	大专	中小学高级教师	2012.12
83	江川县江城镇江城中心小学	王翠焕	汉族	女	1970.12	大专	中小学高级教师	2012.12
84	江川县大街街道大庄中心小学	顾绍雄	汉族	男	1963.09	大专	中小学高级教师	2012.12
85	江川县大街街道大街小学	卢秀凤	汉族	女	1959.07	大专	中小学高级教师	2012.12
86	江川县前卫镇前卫中心小学	黄 慧	汉族	女	1973.01	本科	中小学高级教师	2012.12
87	江川县大街街道大庄中心小学	李冬仙	汉族	女	1969.06	大专	中小学高级教师	2012.12
88	江川县大街街道伏家营中心小学海浒初中部	廖增云	汉族	男	1969.02	本科	中小学高级教师	2012.12

（县人社局供稿）

统计资料

编辑　徐凡清

2013年江川县土地、森林、气候主要指标

主要指标	单位	2012年	2013年	增减	
				数量	%
一、土地					
土地面积	平方千米	850	850	-	-
二、森林					
森林覆盖率	%	40.66	40.66		-
三、气候					
全年平均气温	摄氏度	17.5	17.0	-0.5	-2.86
全年日照时数	小时	2541.6	2269.6	-272	-10.70
全年降雨量	毫米	608.7	761	152.3	25.02

2013年江川县卫生事业主要指标

	单位	2012年	2013年	增减	
				数量	%
县、乡（镇）医院机构	个	12	12	–	–
诊治疗人数	人次	720698	724464	3766	0.5
健康检查人数	人次	61378	58061	–3317	–5.4
住入院人数	人次	24586	23479	–1107	–4.5
出院人数	人次	24511	23190	–1321	–5.4
治愈好转人数	人次	_	–		
治愈率	%	_	–		
好转率	%	_	–		
死亡率	%	_	–		
住院危重病人抢救成功率	%	_	–		
农村卫生情况					
医疗机构数	个	75	75	0.0	0.0
其中：西医为主	个	62	62	0.0	0.0
中西医结合	个	13	13	–	–
乡村医生和卫生人员	人	273	264	–9.0	–3.3
其中：中专以上学历	人	196	216	20	10.2
在职培训合格	人	242	247	5	2.1
诊疗人次数	人	631770	596710	–35060	–5.5
孕产妇检查人次数	人次	16722	16788	66	0.4
儿童疫苗接种人次数	人次	113278	103360	–9918	–8.8
全年业务总收入	万元	1553	1436.9	–116.1	–7.5
传染病病发率	1/10万	106.2	106.2		–
农村卫生厕所普及率	%	35.21	35.35	0.14	–
卫生防疫人员数	人	36	36		
5岁以下儿童死亡率	%	0.499	0.71	0.211	–
婴儿死亡率	%	0.356	0.57	0.214	–
产妇住院分娩比例	%	100	100	0.44	–

2013年江川县社会消费品零售总额

主要指标	单位	2012年	2013年	增减	
				数量	%
社会消费品零售总额	万元	134095.9	152131.8	18035.9	13.5
一、按销售单位所在地分					
1．城镇	万元	76221.1	84274.1	8053.0	10.6
2．乡村	万元	57874.8	67857.7	9982.9	17.2
二、按行业分组					
1．批发业	万元	8314.4	9471.8	1157.4	13.9
限额以上	万元				
限额以下	万元	8314.4	9471.8	1157.4	13.9
2．零售业	万元	92033.3	105045	13011.7	14.1
限额以上	万元	22967.2	27446.1	4478.9	19.5
限额以下	万元	69066.1	77598.9	8532.8	12.4
3．住宿业	万元	8979.4	9509	529.6	5.9
限额以上	万元	4413.6	4051.5	-362.1	-8.2
限额以下	万元	4565.8	5457.5	891.7	19.5
4．餐饮业	万元	24768.8	28106	3337.2	13.5
限额以上	万元	1775	2094.1	319.1	18.0
限额以下	万元	22993.8	26011.9	3018.1	13.1
三、按经济成份分	万元				
1．公有经济	万元	31044.2	31493.9	449.7	1.4
2．非公有经济	万元	103051.7	120637.9	17586.2	17.1

2013年江川县城居民家庭调查基本情况

指　标	计量单位	2012年	2013年	增减	
				数量	%
一、调查户数	户	50	50	-	-
二、家庭居住人口	人	140	147	7	5.0
三、现住房总建筑面积	平方米	44.37	45.57	1	2.7
四、全年人均可支配收入	元	21098	23967	2869	13.6
五、人均总支出	元	24442	26900	2459	10.1
（一）人消费性支出	元	11683	13048	1365	11.7
食品支出	元	4113	4446	333	8.1
衣着支出	元	1767	1420	-347	-19.6
家庭设备用品及服务支出	元	610	841	231	37.9
医疗保健用品及服务支出	元	1016	1044	28	2.7
交通、通讯用品及服务支出	元	1821	1823	2	0.1
文化娱乐用品及服务支出	元	1441	1995	554	38.4
（二）转移性支出	元	3405	2294	-1111	-32.6
（三）财产性支出	元	188	58	-129	-68.9
（四）社会保障支出	元	3118	2878	-239	-7.7

2013年江川县农民家庭生产调查基本情况

指　标	计量单位	2012年	2013年	增减	
				数量	%
一、调查户数	户	80	100	20.0	25.0
二、年末拥有生活住房面积	平方米	50.2	46.8	-3.4	-6.8
其中：砖木结构	平方米	14.9	14.5	-0.4	-2.7
钢混结构	平方米	32.6	24.1	-8.5	-26.1
三、人均生产性固定资产原值	元/人	4186.8	5750.1	1563.3	37.3
四、全年人均总收入	元/人	11991.6	13539.7	1548.1	12.9
（一）工资性收入	元/人	1570.5	1904.2	333.7	21.2
（二）家庭经营收入	元/人	9815.2	10934.2	1119.0	11.4
（三）财产性收入	元/人	154.0	164.8	10.8	7.0
（四）转移性收入	元/人	451.9	536.5	84.6	18.7
五、全年人均纯收入	元/人	7258.0	8499.0	1241.0	17.1
六、全年人均总支出	元/人	12048.6	13084.0	1035.4	8.6
（一）家庭经营费用支出	元/人	4414.2	4599.7	185.5	4.2
（二）购置生产性固定资产支出	元/人	502.9	235.8	-267.1	-53.1
（三）人均生活消费支出	元/人	6611.0	7638.8	1027.8	15.5
（四）转移性支出	元/人	515.6	557.1	41.5	8.0

2013年江川县邮电通信主要指标

指　标	计量单位	2012年	2013年	增减	
				数量	%
邮政业务总量	万元	673.99	646.3	-27.69	-4.1
函件合计	件	370524	344826	-25698	-6.9
包件合计	件	66922	6996	-59926	-89.5
报刊期发数	万份	10317	5762	-4555	-44.2
报纸累计份数	万份	1404537	1433992	29455	2.1
其中：订阅报纸累计数	万份	1404537	1433992	29455	2.1
杂志累计份数	万份	80544	75249	-5295	-6.6
其中：订阅杂志累计份数	万份	80544	75249	-5295	-6.6
邮路总长度	千米	47	47	-	
农村投递线路总长度（单程）	千米	631	631	-	
电信业务总量	万元	2119	14712	12593	594.3
联通业务总量	万元	1549	1607	58	3.7
移动业务总量	万元	16773	18222	1449	8.6
电话用户总数	部	216191	229325	13134	6.1
电话普及率	部/百人	73.1	80.9	7.8	10.7

2013年江川县经济技术协作主要指标

指　标	计量	2012年	2013年	增减	
				数量	%
一、实施国内项目数	个	28	68	40	142.86
其中：市外	个	22	68	46	209.09
省外	个	15	41	26	173.33
二、新签订项目数	个	20	53	33	165.00
三、实际利用县外国内资金	万元	145700	425748	280048	192.21
其中：实际利用市外国内资金	万元	139060	425748	286688	206.16
实际利用省外国内资金	万元	120510	349558	229048	190.07
四、实施国外项目数	个	2	3	1	50.00
五、实际利用国外资金	万美元	490	458.59	-31.41	-6.41

2013年江川县各乡镇主要指标人均比较

项　目		全县	大街	江城	前卫	九溪	路居	安化	雄关
耕地面积（平方米）	按总人口	309.89	159.23	345.50	302.93	388.46	382.82	659.47	522.53
	按农业人口	392.79	254.43	413.50	357.62	429.41	426.95	914.29	576.34
粮食（千克）	按总人口	150.29	90.87	211.03	147.96	151.20	81.87	446.52	126.20
	按农业人口	190.50	145.20	252.57	174.67	167.14	91.31	619.05	139.20
人均生产烤烟（千克）		52.19	18.40	37.94	42.56	54.76	80.16	220.54	208.23
人均生产油料（千克）		26.94	17.89	27.35	22.04	41.62	5.66	114.96	57.11
人均生产猪肉（千克）		88.31	87.60	100.65	89.74	74.87	61.77	72.66	123.51
农民人均纯收入（元）		8499	8510	8659	8582	8280	7968	7308	7998

2013年江川县普通中学基本情况（一）

	学校数（所）	班数（个）			在校学生数（人）			招生数（人）		
		合计	高中	初中	合计	高中	初中	合计	高中	初中
合计	18	330	72	258	18684	5581	13103	6264	1871	4393
大街街道	8	132	48	84	7839	3697	4142	2534	1250	1284
江城镇	4	84	24	60	5071	1884	3187	1703	621	1082
前卫镇	2	52		52	2859		2859	939		939
九溪镇	1	21		21	1133		1133	433		433
路居镇	2	29		29	1251		1251	482		482
安化乡										
雄关乡	1	12		12	531		531	173		173

2013年江川县普通中学基本情况（二）

	毕业班学生数（人）			毕业生数（人）			专任教师	学校占地面积		计算机（台）
	合计	高中	初中	合计	高中	初中		高中	初中	
合计	5984	1711	4273	5962	1313	4649	1128	186532	242968	1770
大街街道	2544	1140	1404	2227	855	1372	458	129776	85919	840
江城镇	1654	571	1083	1780	458	1322	309	56756	46189	440
前卫镇	916		916	1033		1033	170		51724	241
九溪镇	373		373	382		382	68		14173	72
路居镇	329		329	374		374	83		34193	127
安化乡										
雄关乡	168		168	166		166	40		10770	50

2013年江川县普通中学基本情况（三）

	校舍建筑面积		教学及辅助房面积		校舍危房面积		图书藏量（册）		
	高中	初中	高中	初中	高中	初中	合计	图书（册）	电子图书（册）
合　计	68072	130230	24722	52152	27383	93654	347354	347354	
大街街道	47312	47846	16600	21518	13623	40374	165751	165751	
江城镇	20760	29326	8122	11321	13760	16519	77895	77895	
前卫镇		24149		8118		8552	46883	46883	
九溪镇		12040		3403		12040	13360	13360	
路居镇		11815		6248		11815	28465	28465	
安化乡									
雄关乡		5054		1544		4354	15000	15000	

2013年江川县小学基本情况（一）

	学校数（所）	专任教师（人）	班数（个）	招生数（人）	在校学生（人）	毕业生数（人）	毕业班学生数（人）
合　计	54	1074	574	2501	20088	4440	4128
大街街道	7	287	152	786	6349	1310	1274
江城镇	16	288	141	545	4701	1111	1019
前卫镇	10	189	98	429	3305	699	693
九溪镇	7	109	70	243	2057	460	404
路居镇	7	111	60	271	1998	530	424
安化乡	3	42	24	98	695	148	128
雄关乡	4	48	29	129	983	182	186

2013年江川县小学基本情况（二）

	计算机（台）	图书藏量（册）	学校占地面积（平方米）	校舍建筑面积（平方米）	教学及辅助房面积（平方米）	校舍危房面积（平方米）
合　计	862	279067	301128	142626	71892	104364
大街街道	286	66073	41173	24464	14767	18165
江城镇	193	83084	84820	45097	22270	32794
前卫镇	102	55366	51277	24948	12772	18803
九溪镇	94	25937	41254	14845	8126	13346
路居镇	82	23507	31308	15196	6881	12059
安化乡	59	10475	34143	9224	3676	4706
雄关乡	46	14625	17153	8852	3400	4491

2013年江川县主要指标完成情况（一）

	单位	2012年	2013年	增减	
				数量	%
一、人口					
1、年末户籍总人口	人	275760	276718	958	0.3
年平均人口	人	275348	276239	891	0.3
出生人口	人	2572	2640	68	2.6
出生率	‰	9.34	9.56	0.22	2.4
死亡人口	人	1819	1771	–48	–2.6
死亡率	‰	6.61	6.41	–0.2	–3.0
自然增加人数	人	753	958	205	27.2
自然增长率	‰	2.73	3.15	0.42	15.4
总人口中：农业人口	人	226397	218316	–8081	–3.6
非农业人口	人	49363	58402	9039	18.3
少数民族人口	人	18842	19273	431	2.3
2、年末常住总人口	万人	28.28	28.40	0.12	0.4
年平均人口	万人	28.24	28.34	0.10	0.4
镇区人口	万人	10.3	10.6	0.3	2.9
城镇化率	%	36.5	37.2	0.7	–
二、综合					
1、地方生产总值（现价）	万元	486945	555292	68347	14.0
第一产业	万元	123990	139226	15236	12.3
第二产业	万元	148148	176122	27974	18.9
其中：工业	万元	105778	125447	19669	18.6
（1）规模以上	万元	89044	112485	23441	26.3
第三产业	万元	214807	239944	25137	11.7
2、地方生产总值（可比价）	万元	469190	526038	56848	12.1

2013年江川县主要指标完成情况（二）

	单位	2012年	2013年	增减	
				数量	%
第一产业	万元	123326	132329	9003	7.3
第二产业	万元	144790	174755	29965	20.7
其中：工业	万元	105375	128173	22798	21.6
（1）规模以上	万元	87313	108355	21042	24.1
第三产业	万元	201074	218954	17880	8.9
3、按常住人口计算人均GDP	元	17237	19594	2357	11.8
4、第一产业经济结构比重	%	25.5	25.1	–0.4	–
第二产业经济结构比重	%	30.4	31.7	1.3	–
第三产业经济结构比重	%	44.1	43.2	–0.9	–
5、现价工业农业总产值	万元	660415	819972	159557	24.2
工业总产值	万元	460833	591621	130788	28.4
农业总产值	万元	199582	228351	28769	14.4
其中：农业	万元	120572	135809	15237	12.6
林业	万元	3122	3360	238	7.6
牧业	万元	64184	76370	12186	19.0
渔业	万元	6579	7189	610	9.3
农林牧渔业服务业	万元	5125	5623	498	9.7
三、500万以上固定资产投资完成额	万元	255419	285103	29684	11.6
四、年末常用耕地面积	亩	130102	128563	–1539	–1.18
全年粮食产量	万千克	3958	4159	201	5.1
大春粮食产量	万千克	3094	3223	129	4.2
小春粮食产量	万千克	863	936	73	8.5
烤烟产量	万千克	1552	1444	–108	–7.0
油料产量	万千克	731	745.46	14.46	2.0
水果产量	万千克	336	365	29	8.6

2013年江川县主要指标完成情况（三）

	单位	2012年	2013年	增减	
				数量	%
水产品产量	吨	3806	3998	192	5.0
全年肥猪出栏数	头	271996	286785	14789	5.4
年末生猪存栏数	头	253707	259765	6058	2.4
其中：能繁殖母猪	头	45009	46418	1409	3.1
生产经营仔猪	头	1052581	1062677	10096	1.0
五、社会消费品零售总额	万元	134096	152132	18036	13.5
六、零售物价总指数	%	102.2	101.7	以上年为100%	
居民消费价格总指数	%	102.5	102.4	以上年为100%	
农业生产资料价格总指数	%	108.0	103.3	以上年为100%	
七、城镇居民人均可支配收入	元	21098	23967	2869	13.6
八、农民人均总收入	元	11992	13540	1548	12.9
农民人均纯收入	元	7258	8499	1241	17.1
九、在岗职工人数	人	14192	15351	1159	8.2
其中：事业单位	人	4246	4125	-121	-2.9
机关单位	人	1676	1592	-84	-5.0
在岗职工人均工资	元	32724	35528	2804	8.6
其中：事业单位	元/人	42657	47615	4958	11.6
机关单位	元/人	44315	50389	6074	13.7
十、财政总收入	万元	51133	61378	10245	20.0
其中：地方财政收入	万元	40529	50925	10396	25.7
财政总支出	万元	118773	145873	27100	22.8
十一、金融机构贷款余额	万元	445293	513765	68472	15.4
金融机构存款余额	万元	730340	848176	117836	16.1
城镇居民储蓄存款余额	万元	464601	535968	71367	15.4
人均储蓄存款	元	16848	19369	2521	15.0

（申明民）

附 录

关于进一步完善县委中心组学习工作的意见

江发〔2013〕7号

（2013年3月28日）

为推进县委中心组学习的制度化、规范化和科学化，进一步加强中心组理论学习，不断增强县委领导班子思想政治素质，提高科学应对复杂局面、依法执政以及领导全面建成小康社会、领导全县政治经济社会科学发展的能力和水平，结合我县实际，提出如下意见：

一、指导思想

以邓小平理论、“三个代表”重要思想、科学发展观为指导，进一步解放思想，紧紧围绕主题，以提高经济增长质量和效益为中心，坚持稳中求进的总基调，继续坚定不移地实施以改革开放和科技进步为动力的生态立县、农业稳县、工业强县、旅游活县、文化兴县战略，着力壮大产业实力，着力繁荣和发展文化事业，着力保障和改善民生，着力建设生态文明，着力创新社会管理，确保全县经济持续健康较快发展和社会和谐稳定，为建设生态文明美丽江川奠定坚实基础。

二、切实加强对中心组学习工作的领导

为加强对县委中心组学习工作的领导，成立江川县委中心组学习领导小组。领导小组成员名单如下：

组　长：马文龙　县委书记

副组长：张金翔　县委副书记

　　　　龚桂存　县委常委、宣传部部长

成　员：县委常委、县人大常委会党组书记、县政协党组书记、县政府党员副县长、县委办公室主任、县委政研室主任、县委党校常务副校长，其他县级领导、乡镇（街道）和部门领导根据学习需要确定。

县委中心组每季度集中学习1次，每次2到3天，时间安排在每季度的第3个月。中心组成员应按照全年的学习计划和提供的学习参阅资料，制定自学计划，坚持不懈地抓好自学。

三、进一步明确职责分工

县委中心组学习领导小组下设秘书组和宣传组。秘书组由县委办主任任组长，成员包括县委办、县委组织部、县委宣传部相关领导。

秘书组主要职责是：按照县委主要领导的要求和安排，拟定学习方案、制发学习通知、协助搞好日常服务工作、建立学习档案等工作。

宣传组设在县委宣传部，主要职责是：拟定全年县委中心组学习计划报县委中心组学习领导小组组长审阅后印发县委中心组成员、编发学习资料、掌握信息动态、汇编调研学习成果、编发学习简报、上报学习情况、组织媒体作宣传报道。

四、不断完善中心组学习制度和管理

一是进一步完善学习计划制度。年初制定学习计划，要根据中央、省、市要求和本县实际，制定年度学习计划和阶段性学习安排，明确学习的主要内容和具体实施办法。要建立并严格执行学习考勤制度、档案制度、通报制度、经

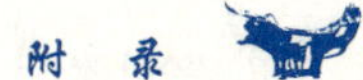

验交流制度和考核制度，确保各项学习任务落到实处；二是抓好个人自学。中心组成员要积极开展读书自学活动，充分利用8小时以外的时间认真看书学习。中心组组长要对中心组成员的自学情况进行定期的督促和检查。宣传部要根据上级有关精神，规定学习的必读书目，及时收集、印制学习材料；三是精心组织集中学习研讨。围绕本县发展的重点、难点和热点问题，认真设计专题，在搞好自学和调研的基础上深入开展集中学习研讨活动。为提高学习质量，要安排好重点发言，也可组织一些专题讲座。县委中心组全年集中学习研讨时间不少于12天。

中共江川县委

2013年3月28日

中共江川县委　江川县人民政府
关于印发《江川县领导干部问责办法（试行）》的通知

江发〔2013〕13号

（2013年5月7日）

各乡镇党委、政府，大街街道党工委、办事处，县委和县级国家机关各部、委、办、局，各人民团体和企事业单位：

《江川县领导干部问责办法（试行）》已经县委、县政府同意，现印发给你们，请认真贯彻执行。

中共江川县委
江川县人民政府
2013年5月7日

江川县领导干部问责办法（试行）

第一章　总　则

第一条　根据中共中央办公厅、国务院办公厅印发的《关于实行党政领导干部问责的暂行规定》、《云南省党政领导干部问责办法（试行）》和《玉溪市党政领导干部问责办法（试行）》，结合我县实际，制定本办法。

第二条　本办法适用于全县各级党的机关、人大机关、行政机关、政协机关、审判机关、检察机关及其所属机构，工青妇等人民团体，企事业单位的县管干部。

第三条　对领导干部实行问责，按干部管理权限进行。

第四条　实施问责，坚持公开公正、权责统一、责罚适当、实事求是、惩教结合、促进工作的原则。

第二章　问责内容

第五条　有令不行、有禁不止，有下列情形之一的：

（一）不认真贯彻执行党和国家的方针、政策和上级的指示、决定、命令；

（二）对上级明令禁止的行为置若罔闻，不遵守、不制止、不纠正、不查处。

第六条　独断专行、决策失误，有下列情形之一的：

（一）涉及本地区、本部门经济社会发展，或人民群众的切身利益，或专业性较强的决策事项，不按照规定程序进行可行性评估和论证、听证、公示、专家咨询、集体决策和报批；

（二）不认真贯彻执行民主集中制原则，在涉及经济社会发展全局的重大事项、干部任免、项目安排和大额资金使用上盲目决策，出现严重失误或造成较大损失；

（三）违规决定采取重大措施，导致群众大规模上访或重复上访，或引发其他严重社会矛盾；

（四）决策失误，造成重复建设、资源浪费、重大人员伤亡、生态环境破坏或环境严重污染，以及其他重大损失。

第七条　滥用职权、违法行政，有下列情形之一的：

（一）制定、发布与法律、法规、规章或上级政策规定相抵触的规范性文件、决定、命令；

（二）违法授权或委托其他组织或个人行使相关职权，或者不依法对受委托者行使职权的行为进行监督，产生严重不良后果；

（三）在法定的条件和标准外附加条件或变更标准，授意下属要求办事人提交与申请办理事项无关的材料；

（四）截留、滞留、挤占、挪用救灾、抢险、防汛、抗旱、防疫、优抚、移民、救济、扶贫、国债、人民防空、社会保险、征地补偿等款物或其他财政专项资金；

（五）超越法定权限、违反法定程序实施限制人身自由或查封、扣押、冻结财产等行政强制措施；

（六）干预、阻挠、对抗司法机关、行政机关、纪检监察机关依法行使审判权、检察权、执法权、执纪权，作伪证或对办案人、检举人、控告人、证明人打击报复；

（七）利用职权向办事人提出不合理要求，获取不正当利益。

第八条 办事拖拉、推诿扯皮，有下列情形之一的：

（一）对职责范围内应当办理的事项，不认真履行职责，拖着不办、顶着不办；

（二）对要求限时办结的事项，未能在规定时限内完成；

（三）对公开承诺的事项不兑现；

（四）在招商引资活动中，故意刁难、拖延，影响招商引资进程；

（五）对应由多个部门或跨地区共同办理的事项，主办部门（地区）不主动牵头协调，协办部门（地区）不积极支持配合，致使工作延误。

第九条 不求进取、平庸无为，有下列情形之一的：

（一）对上级的重大决策、重要部署、重大事项，消极对待，执行不力，影响整体工作推进；

（二）对本地区、本部门存在的突出问题，不调查研究，不认真解决；

（三）对工作瞻前顾后、畏首畏尾、怕负责任、怕担风险，影响整体工作部署和工作进度；

（四）实干精神差，工作无成效、无起色，干部群众意见较大。

第十条 欺上瞒下、弄虚作假，有下列情形之一的：

（一）对职责范围内的事项和群众反映的问题在处置中隐瞒真相，歪曲事实；

（二）编报虚假数据、虚假成绩，欺骗上级机关和社会公众；

（三）瞒报、谎报、迟报、漏报公共突发事件、重大公共安全和安全生产事故、重大疫情或其他重要情况；

（四）隐瞒案件真相，歪曲案件事实，瞒案不报，压案不查。

第十一条 态度冷漠、作风粗暴，有下列情形之一的：

（一）在人民群众生命财产安全受到威胁时，不实施或不组织救助，或组织实施救助不力；

（二）对下属请示汇报或反映要求解决的问题置之不理或者故意刁难；

（三）对群众的检举、控告、申诉、投诉等，未按规定接待和受理。

第十二条 铺张浪费、攀比享受，有下列情形之一的：

（一）不从实际出发，不顾财政承受力，违背群众意愿，搞“政绩工程”、“形象工程”；

（二）违反规定建盖、装修楼堂馆所或购买、更换公务用车；

（三）借招商、考察、学习、培训等名义，变相公款旅游；

（四）用公款进行高消费娱乐活动。

第十三条 暗箱操作、逃避监督，有下列情形之一的：

（一）不执行《中华人民共和国政府信息公开条例》等政务公开规定，或公开不及时、不全面、不真实；

（二）在工程建设、国有土地使用权出让、政府采购、政府投资、产权交易、政府特许经营权出让、城乡规划、矿业权审批等活动中，不按有关规定公开公平公正办理；

（三）不接受党组织、人大、政协、新闻舆论和人民群众监督；

（四）不配合纪检监察、审计等监督部门履行职责。

第十四条 在所管辖范围内监管不力、处置不当，有下列情形之一的：

（一）领导班子严重不团结或长期不团结，或领导班子成员发生重大违法违纪案件；

（二）发生滥用职权、徇私舞弊、失职渎职等严重违法违纪行为，或对严重违法违纪行为不管不问，甚至包庇、袒护、纵容；

（三）发生重特大安全生产事故，或重大建设项目出现严重质量问题；

（四）组织大型群众性活动，未采取有效安全防范措施和补救措施，致使发生重大安全事故及事故发生后处置不当；

（五）对群体性、突发性事件处置失当，激化矛盾；

（六）在发生重大自然灾害、重大疫情和重大突发事件等紧急时刻，不能及时有效地进行处理。

第十五条 其他给党和国家利益、人民生命财产、公共财产造成重大损失或者恶劣影响的，应当问责。

第三章　问责方式

第十六条 问责的方式：

（一）诫勉谈话；

（二）取消当年评优评先资格；

（三）责令作出书面检查；

（四）责令公开道歉；

（五）通报批评；

（六）调整工作岗位；

（七）停职检查；

（八）劝其引咎辞职；

（九）责令辞职；

（十）免职。

以上问责方式可以单独使用或合并使用。

采用本条第（六）项至第（十）项问责方式的，应当按照干部管理权限和规定的程序办理。

第十七条 被问责的情形应当追究纪律责任的，依照有关规定给予党纪政纪处分。涉嫌犯罪的，移送司法机关依法追究其刑事责任。

第十八条 根据被问责情形的情节、损害和影响决定问责方式。

（一）情节轻微，损害和影响较小的，对负责人采用诫勉谈话、取消当年评优评先资格、责令作出书面检查的方式问责；

（二）情节严重，损害和影响较大的，对负责人采用责令公开道歉、通报批评、调整工作岗位、停职检查的方式问责；

（三）情节特别严重，损害和影响重大的，对负责人采用劝其引咎辞职、责令辞职、免职的方式问责。

第十九条 有下列情形之一的，应当从重、加重问责：

（一）一年内出现2次及以上被问责情况的；

（二）干扰、阻碍、不配合问责调查；

（三）打击、报复、威胁、陷害办案人、检举人、控告人、证明人及其他有关人员的；

（四）拉拢、收买问责调查人员，干预调查，影响公正实施问责的。

第二十条 发现并及时主动纠正错误、未造成重大损害和影响的，可从轻、减轻问责。

第二十一条 有下列情形之一的，可免予问责：

（一）因下级机关（单位、部门）以及有关人员弄虚作假，致使难以作出正确判断，造成未能正确履行职责的；

（二）因适用的法律、法规、规章、政策和县委、县政府制定的管理制度未作出具体、详细、明确规定或要求，无法认定责任的；

（三）因不可抗拒因素难以履行职责的。

第二十二条 受到第十六条第一项至第十项问责的领导干部，取消当年评优评先资格和评选各类先进的资格。

一年内受到一次“诫勉谈话、取消评优评先资格、责令作出书面检查、责令公开道歉、通报批评、停职检查”等六种问责方式（以下简称六种问责方式）之一的领导干部，当年内考核不得评为优秀等次，一年内不得提拔；对一年内两次被处以六种问责方式之一的干部，给予改任相应非领导职务或党内降职、行政降级；对一年内被处以一次以上停职检查且整改效果不佳的干部，给予免职处理；对试用期内被处以六种问责方式之一的干部，视情况延长试用期。

第四章 问责程序

第二十三条 通过以下渠道反映有本办法第二章规定情形之一的，由县纪委、县监察局进行初步核实：

（一）市级机关及其领导的指示、批示、建议和通报；

（二）县级机关及其领导提出的意见、建议；

（三）人大代表、政协委员通过议案、提案等形式提出的意见、建议；

（四）行政机关、监督机关和司法机关等提出的意见、建议；

（五）公民、法人和其他组织的检举、控告；

（六）工作检查和考核中的意见、建议；

（七）新闻媒体的报道；

（八）其他渠道反映的问题。

第二十四条 经初步核实，反映情况存在的，由县纪委、县监察局召开纪委常委会或监察局长办公会研究决定，协调县委办公室、县政府办公室、县委组织部、县人力资源和社会保障局、县财政局、县审计局、县政府法制办等有关部门组成调查组进行调查。

被调查人应当配合调查。阻挠或干预调查工作的，调查组可以按照干管权限和程序，提请决定暂停其职务。

调查组应当听取被调查人的陈述和申辩，并进行核实，如其成立，应当采纳。不得因被调查人申辩而从重问责。

第二十五条 调查组一般应在30个工作日内完成调查工作，并提交书面调查报告。情况复杂的，经过批准，可延长15个工作日。

调查报告包括问责情形的具体事实、基本结论和问责建议。

第二十六条 调查终结后，采用本办法第十六条第（一）项至第（五）项问责方式进行问责的，由县纪委常委会或县监察局局长办公会研究作出问责决定；须采用本办法第十六条第（六）项至第（十）项问责方式进行问责的，由县纪委常委会或县监察局局长办公会研究提出意见，报送县委、县政府批准作出问责决定。

第二十七条 问责决定书应当自作出问责决定之日起10个工作日内送达，并告知被问责人享有的权利。

问责情况应及时告知提出问责批示、建议的有关单位或个人。

第二十八条 被问责人对问责决定不服的，可自收到问责决定书之日起15个工作日内向作出问责决定的机关提出申诉。申诉期间，问责决定不停止执行。

第二十九条 作出问责决定的机关收到被问责人的申诉后，应当组织相关部门按照程序进行复查或复核，并根据复查、复核的情况，在30个工作日内作出决定。

（一）问责认定事实清楚、证据确凿、问责方式适当的，维持原决定；

（二）问责认定事实基本清楚，但问责方式不当的，变更原决定；

（三）问责认定事实不清楚、证据不确凿的，撤销原决定，并在一定范围内澄清事实、恢复被问责人的名誉。

第三十条 调查组成员与被调查人有利害关系、可能影响公正处理的，应当依法回避。调查人员滥用职权、徇私舞弊、玩忽职守，导致作出的调查结论与事实出现重大偏差，致使作出错误问责决定的，应当依照有关规定追究其责任。

第五章 附 则

第三十一条 县纪委负责实施本办法的组织协调，县委办公室、县政府办公室、县委组织部、县监察局、县人力资源和社会保障局、县财政局、县审计局、县政府法制办等有关部门依照各自职责协助做好相关工作。

第三十二条 县属各单位实施问责，参照本办法执行。

第三十三条 对本办法第二条规定之外的其他工作人员问责，参照本办法执行。

第三十四条 本办法自发布之日起施行。

中共江川县委　江川县人民政府关于实行2013年重点工作重大项目推进责任制的通知（节选）

江发〔2013〕15号

（2013年5月14日）

各乡镇党委、政府，大街街道党工委、办事处，县委和县级国家机关各部、委、办、局，各人民团体和企事业单位，中央、省、市驻江单位：

为深入实施“生态立县、农业稳县、工业强县、旅游活县、文化兴县”发展战略，全面落实江川县领导干部挂钩联系乡镇（街道）工作责任制，加快推进全县各项重大项目建设和重点工作开展，推动江川经济社会科学发展和谐发展跨越发展，县委、县政府决定实行2013年重点工作重大项目推进责任制，现将成立和调整相关重点工作重大项目协调指挥机构及工作职责、工作目标任务等通知如下：

（一）仙湖锦绣项目

指 挥 长：李东林　县人大主任

副指挥长：陈琎寿　县委常委、政法委书记

龚桂存　县委常委、宣传部部长

石　伟　县委常委、县政府常务副县长

史云德　县人大副主任

李　菊　路居镇党委书记

邓春元　江城镇党委书记

指挥部下设办公室在县人大，由史云德兼任办公室主任，杨兴华、胡正鸿、周瑜、杨学敏、张江瑞为副主任，史伟、李红有、雷启明、赵鹏为成员，负责处理指挥部日常事务。

项目主要建设内容及规模：“仙湖锦绣”项目占地面积33555亩（22.37平方公里），规划建设用地18000亩，计划总投资规模450亿元，投资期限8年。重点开发商务会展、休闲度假、休闲运动、国际保健养生等高端旅游产品，拟建设2座五星级酒店、30万平方米商业街、3个国际度假社区、1个国际级养生医院。

当前项目进展情况：截止2013年4月24日，已完成3500亩场地平整及围墙修建、湖滨公园场地平整、湖滨公园400棵树木种植以及酒店会所主体部份工程。

项目总投资：计划总投资450亿元。

2013年完成投资：年内争取完成投资50亿元。

年度工作目标：

1. 启动建设总投资40亿元的国际生态颐养社区，2013年完成投资23亿元，2015年完工；

2. 启动建设总投资6亿元的高端精品度假酒店，2013年完成投资2亿元，2015年底完工并投入运营；

3. 启动建设总投资5亿元的国际艺术村，2013年完成投资3亿元，2015年建成；

4. 启动建设总投资5亿元的滇国水城商业街，2013年完成投资3亿元，2015年建成；

5. 启动建设总投资2.5亿元的运河人家客栈群，2013年完成投资1亿元，2015年建成；

6. 投资2.5亿元，完成国际化高标准湖滨生态公园及9.5公里景观大道景观升级工程；

7. 完成七五0地块土地征收、挂牌出让工作，投资1.4亿元；

8. 投资11.5亿元，启动实施棋盘山6000亩石漠化治理工程及基础设施建设；

9. 投资4000万元，完成张营村机耕路及环村道路等基础设施建设工程；

10. 今年已完成1781亩土地款支付2.2亿元。

（二）晋江高速公路项目

指 挥 长：普朝鹏　县政府副县长

副指挥长：史云德　县人大副主任

郭开明　县政协副主席

张文红　县公安局政委

胡禄金　县交通运输局局长

指挥部工作职责：负责协助云南玉溪市高等级公路有限责任公司做好晋江高速公路建设过程中的补偿资金兑付、征地拆迁、施工秩序维护等具体工作，确保晋江高速公路建设顺利推进。指挥部下设5个工作组：

1．综合协调组

组　长：胡禄金

工作人员由组长自行确定，从相关单位抽调。

职　责：负责做好与云南玉溪市高等级公路有限责任公司的沟通协调；做好晋江高速公路江川段项目推进情况的收集、汇总、上报工作。

2．征地拆迁组

（1）大街段征地拆迁组

组　长：史云德

工作人员由组长自行确定，从相关单位抽调。

职　责：指导大街街道，做好晋江高速公路大街段所有征地拆迁工作。

（2）江城段征地拆迁组

组　长：张文红

工作人员由组长自行确定，从相关单位抽调。

职　责：指导江城镇，做好晋江高速公路江城段所有征地拆迁工作。

（3）路居段征地拆迁组

组　长：郭开明

工作人员由组长自行确定，从相关单位抽调。

职　责：指导路居镇，做好晋江高速公路路居段所有征地拆迁工作。

3．工程管理组

组　长：李汝林

工作人员由组长自行确定，从相关单位抽调。

职　责：负责配合云南玉溪市高等级公路有限责任公司做好工程施工组织和质量监督等相关工作。

4．财务管理组

组　长：黄太东

工作人员由组长自行确定，从相关单位抽调。

职　责：负责做好项目建设相关资金的管理、兑付工作。

5．突发事件处理及施工秩序维护组

组　长：张文红

工作人员由组长自行确定，从相关单位抽调。

职　责：负责做好工程推进过程中出现的突发事件的处置，维护好施工秩序，确保工程施工顺利进行。

项目主要建设内容及规模：晋江高速公路起于晋宁县晋城镇，止于江川县大寨村，与江通公路相接。全线按照四车道高速公路标准建设，设计车速80公里/小时，路基宽度24.5米，全长约54.933公里，江川县境内长34公里。全线共占用土地6091亩、建筑物102065平方米；土石方数量为642.829万立方米；计划建设沥青混凝土路面64.314万平方米，路基防护排水工程24.99万立方米，特大桥梁2座2606米，大桥28座7279米，中桥8座482米，涵洞67道，特长隧道1座3055米，长隧道4座5927米，中短隧道9座4707米，互通式立交7处，分离式立交10处，通道22处，人行天桥21处。

当前项目进展情况：2013年1月初，由省发改委牵头组织进行了工程可行性研究报告评审，但未批复。2月下旬，招标确定了项目环境影响评价、水土保持方案评估、地震安全性评价、地质灾害危险性评价、压覆重要矿产评估、考古调查、使用林地可行性研究、用地预审报告八个支撑性文件编制单位，各编制单位现正进行报告编制和送审。4月11日进行了初步设计路线方案中间成果汇报，对路线方案进行了优化调整。

项目总投资：工程总投资估算为69.8327亿元，每公里投资额为1.2712亿元。

2013年拟完成投资：4亿元。

项目年度工作目标：完成项目前期工作，开工建设。

2013年项目进度时间点安排：

1．6月30日前：完成初步设计，完成部分征地工作，达到开工条件；

2．9月30日前：完成投资1.5亿元；

3．12月30日前：完成投资4亿元。

（三）抚仙湖天湖湾一期项目

指 挥 长：石　伟　县委常委、县政府常务副县长

副指挥长：普朝鹏　县政府副县长

胡正鸿　江城镇党委副书记、镇长

领导小组下设办公室在江城镇，由胡正鸿兼任办公室主任，负责处理日常事务。

项目主要建设内容及规模：项目位于江城镇东山片区，一期“江川天湖湾·云顶社区”由云天化国际化工股份有限责任公司和云南东方柏丰投资有限责任公司合资成立的云南天湖旅游开发投资有限公司开发。预估投资总额为人民币21.67亿元，计划分为三期进行建设。一期总投资10.84亿，总用地面积为3114亩，主要建设内容为以酒店商务会议中心为开发核心，建设主题运动公园、超五星级酒店、商务会议接待中心、主题城堡公寓、情景度假商业区。

当前项目进展情况：已完成项目一期“江川天湖湾·云顶社区”的规划设计、地灾、节能评估、水保等前期工作，《云南省玉溪市江川县东山旅游区低丘缓坡土地综合开发利用项目实施方案》已报至省国土资源厅评审，项目第一阶段林地征占报批资料通过市、县两级审批，已报至省林

业厅审批。3月29日召开了“江川天湖湾·云顶社区”控制性详细规划专家评审会，目前项目控制性详细规划已经县政府批复同意。

项目总投资：21.67亿元。

2013年拟完成投资：2.6亿元。

年度工作目标：完成云顶社区的用地、水保、环评等前期工作，建设社区的基础设施部分。

（四）抚仙湖药王谷国际养生度假村项目

指 挥 长：石　伟　县委常委、县政府常务副县长

副指挥长：普朝鹏　县政府副县长

胡正鸿　江城镇党委副书记、镇长

领导小组下设办公室在江城镇，由胡正鸿兼任办公室主任，负责处理日常事务。

项目主要建设内容及规模：项目位于江川县江城镇胡家湾村，由江川福泽旅游开发有限公司（隶属昆明福比邻酒店管理有限公司）开发，总投资约30亿元，总用地面积为1724亩，分三期开发。项目一期开发面积约50亩，投资额约8亿元，主要建设内容是甘棠湾度假酒店和高端养生会所，并对相邻胡家湾村进行“修旧如旧”的民俗文化生态打造。

当前项目进展情况：项目方通过招拍挂完成原外运度假村资产交易，土地证、房产证已办理，通过市级项目总体规划评审，与胡家湾村民小组签订合作意向书，完成胡家湾村、沙滩的测绘工作。正在进行项目总体的可行性研究报告、规划环评编制，项目一期修建性详细规划和胡家湾村“修旧如旧”方案设计工作。目前已完成县级审查，报市政府待批。

项目总投资：30亿元。

2013年完成投资：1亿元。

年度工作目标：完成项目前期工作，开工建设原外运度假村改造提档升级，进行周边地块的整合。

（五）烟花爆竹产业整合项目

指 挥 长：王　波　县政府副县长

副指挥长：杨生明　县政协副主席

杨剑伟　县政府党组成员、重点项目督导组组长

李保平　县工信局局长

马常有　县安监局局长

指挥部下设办公室在县工信局，由韩良兼任办公室主任，县政府办张江明为办公室成员，负责开展日常工作。

项目主要建设内容：对江川县原有的烟花爆竹企业实施行业整合，组建集团公司全资生产公司，完成集团总部、博物馆、汇演场、物流公司等项目建设，制定烟花爆竹产业发展规划，做好项目建设的协调服务工作。

当前项目进展情况：引入了香港世纪鑫源集团有限公司、云南亚美给排水设备有限公司，和我县12户烟花爆竹企业鉴定了股权出让合同，并向其注入资金3000多万元。除低丘缓坡山地综合开发利用项目涉及的5户企业外，其余1户企业注资合作事宜正在抓紧商谈。

抓好企业安全整改和达标工作，力求通过整合从根本上解决制约行业安全发展的深层次矛盾和问题。多次邀请专家组对企业进行了现场安全检查，指出了存在问题，明确整改措施，要求集团公司聘请有资质的设计评价机构，对江川县烟花爆竹企业进行设计评价，设计完成后，由集团公司注资并督促企业按《烟花爆竹工程安全设计规范》GB50161-2009进行标准化改造。

项目总投资：项目估算总投资5亿元。

2013年完成投资：1.5亿元左右。

年度工作目标：完成项目所有前期工作，完成烟花爆竹产业发展规划编制工作；指导企业技改、换证等工作。

（六）抚仙湖湖滨缓冲带退田退房退塘还湖一期工程

指挥长：普朝鹏　县政府副县长

副指挥长：史云德　县人大副主任

李绍华　县政协副主席

项目主要建设内容及规模：开展抚仙湖缓冲带规模化生态修复工程、抚仙湖缓冲带环湖低污染水净化工程、抚仙湖缓冲带村落污染控制工程及抚仙湖缓冲带综合管理方案等四大类工程。缓冲带规模化生态修复工程总面积为1561亩，包括绿篱带、多自然乔灌草带建设，灌溉系统配置、缓冲带养护道路等附属设施建设工程。此外，还包括1处生态节点展示区，1处鸟类栖息地和2处土著鱼类栖息地。

当前项目进展情况：完成了退田范围内2799.67亩土地退出工作。抚仙湖湖滨缓冲带建设生态修复工程正在积极推进，共计投入资金2958.34万元（到位资金2100万元），完成10845.8米围网封隔和基地整理工程，栽种乔木53445株，麻竹5200丛，金竹18660株，灌木39264平方米4461株，补偿收购原有地上乔木12000株。

项目总投资：预计投资2.9亿元（含直接工程款1亿元，土地租金1.9亿元），其中生态修复工程估算投资3936.39万元。

2013年完成投资：约1亿元。

年度工作目标：完成生态修复工程中的湖滨清淤工程和补种水生植物工作，完成低污染水净化工程；完成抚仙湖水位下降后裸露滩涂地带挺水植物种植；启动实施生态修复工程中的灌溉工程和村落污染控制工程。

（七）龙泉山生态工业园区（含小白坡产业片区）建设项目

指挥长：石　伟　县委常委、县政府常务副县长

副指挥长：王　波　县政府副县长

李保平　县工信局局长

领导小组下设办公室在工业园区管委会，由李天贵兼任办公室主任，负责处理日常事务。

2013年完成投资：6亿元。

年度工作目标：做好二期28平方公里区域概念性规划工作；完成第一批次、第二批次共1900多亩用地的征地、拆迁等工作；基本完成一期控规范围内水电路等基础设施建设，确保第一批入园项目用电、用水、排污；完成仙水大道（紫红坝至龙泉大道入口）路基工程；完成龙泉大道路面铺筑工程；完成投资4亿元。力争年内有5个以上项目入园（以签订正式合同为准）；完成小白坡片区规划、环评等相关手续，与入园企业签订合同，启动基础设施建设。

（八）城镇上山“山水新城”项目（含增减挂钩建新区项目）

指 挥 长：张文彬　县委常委、县政府副县长

副指挥长：陆富仙　县人大副主任、县总工会主席

王　波　县政府副县长

靳永春　大街街道党工委书记

指挥部下设办公室和征地、拆迁、工程建设工作组，办公室和工作组成员如下：

1. 办公室

主　任：靳永春　大街街道党工委书记

办公室设在大街街道，负责日常工作。

2. 征地组

组　长：靳永春　大街街道党工委书记

副组长：付　纲　大街街道纪工委书记

杨进荣　县土地储备中心主任

3. 拆迁组

组　长：王　波　县政府副县长

副组长：杨进荣　县土地储备中心主任

宋平华　县安监局副局长

坝少林　大街街道武装部部长

4. 工程建设组

组　长：周亚烜　县住建局副局长

副组长：张正鸿　大街街道办事处副主任

项目总投资：10亿元。

2013年完成投资：5亿元。

（九）小马沟—冯家湾片区退房还湖旧村改造项目

指 挥 长：罗跃岗　县政协主席

副指挥长：石　伟　县委常委、县政府常务副县长

牛旺林　县政府副县长、县公安局局长

普朝鹏　县政府副县长

杨生明　县政协副主席

指挥部下设办公室在江城镇人民政府，由胡正鸿兼任办公室主任，负责处理日常事务。

项目主要建设内容及规模：江城镇小马沟-冯家湾片区退房还湖旧村改造项目，分四期建设。

一期项目占地面积232.8亩（其中村民拆迁安置68.3亩，开发建设164.5亩配套设施）。主要对小马沟旧村进行整村搬迁，重新规划新村、完善配套设施，建成AAA级孤山国家风景旅游区内档次较高的生态旅游新村。主要内容是对小马沟旧村实施整村搬迁，在沿江孤大道以北的安置区内，建设每户四层半，占地面积132平方米，建筑面积489平方米的村民集体回迁房129栋；并配套建设集体商铺5400平方米，村委会办公楼500平方米，修建三光寺300平方米；

二期项目主要实施配套开发项目，建设休闲商业步行街、高品质休息度假公寓、四合院及五星级酒店。总建筑面积161778平方米，建筑占地面积31080平方米；

三期项目实施冯家湾旧村改造；

四期项目实施冯家湾旧村改造的配套开发项目，提升孤山风景区的旅游档次，引进高端旅游项目充实本项目；

项目总投资：项目总投资19.9亿元。一期项目投资2.1亿元，二期项目投资8.5亿元，三期项目投资3.5亿元，四期项目投资5.8亿元。

2013年完成投资：2.3亿元。

年度工作目标：

1. 继续推进项目建设涉及的相关行政审批工作，完成投资1600万元；

2. 土地整理项目群众回迁房部分土方回填达70%以上，完成投资840万元；

3. 制定并通过群众拆迁安置补偿方案；

4. 完成群众过渡性安置房建设，总投资预计350万元；

5. 完成群众房产评估认定，群众拆迁协议签订达80%，完成群众民房拆除达60%，完成投资1600万元；

6. 启动群众回迁房主体工程建设，完成投资6600万元；

7. 完成项目区1#、2#地块挂牌出让，并启动三期项目征地工作，完成投资11800万元。

（十）星云湖一级保护区退田还湖及生态建设工程

指 挥 长：杨本忠　县人大副主任

副指挥长：普朝鹏　县政府副县长

李绍华　县政协副主席

指挥部下设办公室在县环保局，由李华同兼任办公室主任，杨花润任办公室副主任，负责处理日常事务。

项目主要建设内容及规模：项目位于江川县星云湖东、西、北三岸一级保护区内，计划退出农田3000多亩，对2006年退塘退田面积区域实施湖滨带恢复和经果林等植木种植，建设巡护道路。

当前项目进展情况：可研报告即将编制完毕送审；江城片区退田已基本完成、前卫片区正在加紧兑付租金即将全面退出农田、大街片区已完成最终面积核实认定即将开始租金兑付；江城区域湖滨带巡护道路已顺利开工建设。

项目总投资：6000万元（含一年土地租金）。

2013年完成投资：3000万元（含一年土地租金）。

年度工作目标：完成一级保护区退田工作和重点区域

生态建设。

（十一）古滇国城、星云铭城、龙旺湖城、景华苑项目

指 挥 长：张文彬　县委常委、县政府副县长

副指挥长：陆富仙　县人大副主任、县总工会主席

靳永春　大街街道党工委书记

普学化　县住建局局长

指挥部下设办公室在县住建局，由普学化兼任办公室主任，负责处理日常工作。

1．古滇国城项目：

项目主要建设内容及规模：项目建设净用地面积161294平方米、总建筑面积258565.72平方米，其中：地上建筑面积239304.5平方米、地下建筑面积19261.22平方米；商业建筑面积53758.6平方米、住宅建筑面积171205.78平方米、配套建筑面积2963平方米、住宅总户数1053套。项目分3期开发，一期为商业，二期为高端住宅，三期为普通住宅。开发周期预计为5年。

当前项目进展情况：已完成的商业步行街建筑面积为38151平方米，计划于2013年8月30日交付使用。广场的施工及绿化工作已完成，正在进行二期工程的土方工程及二期商住楼的放线和打桩。

项目总投资：约10亿元。

2013年完成投资：约1.5亿元。

2．星云铭城项目：

项目主要建设内容及规模：云南中能诚通地产有限公司开发的“星云铭城”商住小区位于抚仙路和文祥街交叉路口，整个楼盘项目为多层住宅，用地面积为233.64亩，155758.44平方米。整个项目分三期开发建设，其中一期为336套住房，二期为348套，三期为223套。开工时间为2012年7月28号，竣工日期为2014年初，交付时间为2014年6月。

当前项目进展情况：星云铭城一期共37幢建筑，主体部分已经全部封顶，现在整体楼号正在进行砌体和抹灰阶段。

星云铭城二期共32幢建筑，已完成55%的项目进度。其中单体面积最大的69#、70#已经封顶。

星云铭城三期共21幢建筑，已经完成桩基基础部分，三期将于今年6月份开始主体部分的建设。

年度工作目标：2013年度，整体项目总投资可达到1.8亿元，完成项目全部主体工程。一期计划再投资5000万元，二期计划再投资8000万元，三期计划投资5000万元。

3．龙旺湖城项目：

项目主要建设内容及规模：项目建筑面积19万平方米。

当前项目进展情况：已完成地勘、试桩，正在进行施工图设计。

项目总投资：7亿元。

2013年完成投资：9200万元。

4．景华苑项目：

项目主要建设内容及规模：项目规划地块位于星云路西段23号（原江川县运政管理所）和大街镇建筑一公司的旧址。项目分为三栋，其中，1栋为19层商住楼，2栋为7层商住楼，3栋为19层纯住宅。用地面积6880平方米，总建筑面积为50923.21平方米（其中地下建筑面积为6334.96平方米）。

当前项目进展情况：现在处于基础开挖阶段。

项目总投资：1亿元。

2013年完成投资：4500万。

（十二）2013年保障性住房建设项目

指 挥 长：石　伟　县委常委、县政府常务副县长

副指挥长：郭　峰　县政府办副主任、两湖保护治理督导组副组长

普学化　县住建局局长

领导小组下设办公室在县住建局，由普学化兼任办公室主任，负责处理日常事务。

项目主要建设内容及规模：规划总用地面积44572平方米，总建筑面积29000平方米、500套，其中廉租房15000平方米、300套，公租房14000平方米、200套。

当前项目进展情况：目前已完成项目立项、初步设计、土地征用等项目前期工作，地质勘察工作即将完成，进入施工图设计阶段。

项目总投资：估算总投资4350万元。

2013年完成投资：2610万元。

（十三）金色抚仙湖九龙国际会议中心

指 挥 长：石　伟　县委常委、县政府常务副县长

副指挥长：普朝鹏　县政府副县长

胡正鸿　江城镇党委副书记、镇长

领导小组下设办公室在江城镇，由胡正鸿兼任办公室主任，负责处理日常事务。

项目主要建设内容及规模：项目位于抚仙湖西岸江城镇牛摩下村与大沙咀村之间，由林大福（国际）集团投资开发。规划总用地面积1582亩，分两期开发建设，其中：一期占地面积582亩；二期占地面积1000亩。项目主要建设九龙国际超五星级海景度假酒店、迪卡假日精装雅居。

当前项目进展情况：项目于2008年6月正式开工建设。目前，项目一期已累计完成投资6.3亿元，酒店主体工程已经完工并通过验收，开始进入装修阶段；样板区所有住宅、海景住宅二区人工挖孔桩和道路、绿化等配套设施建设已基本完工。

项目总投资：估算总投资15.9亿元。

2013年完成投资：7亿元。

年度工作目标：完成海景住宅二区建设。

（十四）奥宸·抚仙湖国际文化旅游小镇

指 挥 长：石 伟 县委常委、县政府常务副县长

副指挥长：普朝鹏 县政府副县长

邓春元 江城镇党委书记

领导小组下设办公室在江城镇，由邓春元兼任办公室主任，负责处理日常事务。

项目主要建设内容及规模：项目位于江川县抚仙湖西岸江城镇凤凰山地块，由云南奥宸房地产开发有限公司开发。项目计划总投资71.14亿元，总占地5364亩，整体开发建设周期9年（2012年—2020年），分三期开发。一期项目规划建设期限为2012年—2015年，建设用地位于总体规划地块南部，规划用地面积约1504亩，主要建设内容为游客接待中心、旅游度假酒店、度假购物中心、康体养生公寓、康体养生会所。

当前项目进展情况：目前项目已通过玉溪市抚仙湖-星云湖生态建设与旅游发展综合改革试验区管理委员会（实验区管委会）组织的专家评审，已完成可行性研究报告、林地使用可行性研究报告及项目范围内公益林调整修编工作，项目总体规划方案已经县政府初审后上报市政府待审批，勘测定界、环评、水保、地灾、矿压等专项评估报告正在编制中，待取得市政府项目准入批复后开展后续工作。

项目总投资：估算总投资71.14亿元。

2013年完成投资：6.8亿元。

年度工作目标：进行土地挂牌和项目开工。

（十五）云南省农业科技园建设项目

指 挥 长：林 清 县委常委、组织部部长

常务副指挥长：张卫东 县政府副调研员

副 指 挥 长：史云德 县人大副主任

李绍华 县政协副主席

领导小组下设办公室在九溪镇，由李志刚兼任办公室主任，负责处理日常事务。

项目主要建设内容及规模：云南农业科技园属于云南省农业科学院与玉溪市人民政府共建项目。核心区1000亩位于九溪镇大坪山区域，涉及鸡窝、喜乐庄、中营3个村委会。项目建设主要目标是引领云南现代农业发展，打造云南农业科技“桥头堡”，促进农业产业结构调整和产业升级、农民增收。采取企业化运作，科技+龙头企业+基地+农户+协会模式，集中展示云南乃至国内外前沿的品种、技术、成果、专利，充分体现科技创新（研发+示范基地）、科普、成果转化、产业孵化、生态农业、休闲旅游观光景区等功能。

项目总投资：估算总投资6.6亿元。

2013年完成投资：5000万。

年度工作目标：完成花卉所基础建设，主要完成3200平方米组培大楼，23000平方米温室建设以及水、电、路、绿化等配套设施建设；花卉组培、科技示范、种苗培育工作开始实施；培育30万苗蓝莓。

（十六）九溪片区污水厂建设及“两污”治理工作

组 长：林 清 县委常委、组织部部长

副组长：史云德 县人大副主任

李绍华 县政协副主席

张卫东 县政府副调研员

领导小组下设办公室及指挥部，由普学化兼任办公室主任，负责处理日常事务，由张卫东兼任指挥长，刘勇兼任副指挥长，杨卫国、陆云坤、王江平、周鹰、李宝文、李帆、罗跃禄（环保局）负责具体事务。

项目主要建设内容及规模：一是垃圾收集转运项目，二是污水处理厂项目。垃圾收集转运项目建设中转站1座（城镇），简易中转站1座（鸡窝），垃圾房37座，配置液压收集车1辆，人力收集车41辆，垃圾箱5个，果皮箱40只。服务范围为九溪镇的大营、马家庄、六十亩、大村、中营、鸡窝、喜乐庄、阳山庄、矣文9个村（居）委会以及云南农业科技园，远期服务人口3.3万人，日收集转运生活垃圾25吨；污水处理厂项目新建污水处理厂1座，设计规模为近期（至2020年）0.2万吨/日，远期（至2030年）0.3万吨/日，采用生物转盘+深度处理工艺，铺设配套管网22.37公里以及其它管网配套设施。

项目总投资：垃圾项目概算投资448.023万元，污水项目概算投资4219.38万元。两项目概算总投资4667.403万元。

2013年完成投资：1020万元。

年度工作目标：年内两个项目开工建设且部分工程完工。

（十七）抚仙湖大鲫鱼河流域环境综合治理工程

指 挥 长：普朝鹏 县政府副县长

副指挥长：刘跃宁 县人大副主任

李华同 县环保局局长

李 菊 路居镇党委书记

项目主要建设内容及规模：一是沿河村落环境综合治理。通过建设集中式、分散式污水处理设施，完善垃圾、人畜粪便处置等措施，改善农村人居环境，截断污染源；二是入河农业面源污染治理。将席草田水库改造为库塘处理系统，在河道两旁建设4座库塘处理系统，减少农业面源污染；三是河道上游水源涵养林建设。封山育林500亩，人工造林1750亩，增强水土保持能力；四是生态河道建设。实施河道清淤、防护与修复1240米，增强河流自净能力；五是河口湿地及湖滨带建设。改建34亩河口湿地，建设309亩湖滨带，构筑湖泊保护屏障；六是“三退三还”及安置地建设。退出一级保护区农田301.2亩、房屋17户5620平方米，退出燃灯寺水库与席草田水库养鱼，建设下坝拆迁安置地10000平方米。

当前项目进展情况：完成了席草田水库清淤、上坝退房、下坝退房安置用地土地平整和湿地、湖滨带用地退田等工作，水源涵养林、畜禽养殖污染控制工程已完工并通过初验，九标段（下坝东西海边村）库塘主体已完工，土建10个

标段完成总工程量的80%。目前，项目已累计完成投资5900万元，占批准总投资9068.47万元的65.1%，下坝退房工作正在稳步实施，湿地、湖滨带和污水处理厂正在抓紧施工。

项目总投资：9068.47万元。

2013年完成投资：4099.18万元。

年度工作目标：工程全面完工，完成审计、验收等工作，确保设施正常运行。

（十八）拆临拆违和街区整治项目

1. 拆临拆违工作

组　长：石　伟　县委常委、县政府常务副县长

副组长：牛旺林　县政府副县长、县公安局局长

项目主要建设内容及规模：对全县范围内的县城和集镇建成区（重点是街道两侧、住宅小区、单位办公区和生活区）、抚仙湖片区（一级保护区范围至环湖公路以内；环湖公路外侧50米以内；玉带河两侧50米以内）、星云湖片区（重点是一级保护区和环湖公路两侧）、澄川公路和江通公路两侧（江城明星至大街大寨）红线控制范围以内及未经县级以上人民政府审批，农村居民私自占用集体土地建盖的临时建筑、违章建筑依法实施拆除。

年度工作目标：完成全部工作。

当前项目进展情况：4月18日前，抚仙湖沿湖及玉带河沿岸的临时违规建筑已全部拆除，截止4月25日已有6个乡镇和街道完成了拆除工作，剩余江城镇和县城的拆除工作正在全力推进。

2. 街区整治工作

组　长：石　伟　县委常委、县政府常务副县长

副组长：郭　峰　县政府办副主任、两湖保护治理督导组副组长

普学化　县住建局局长

靳永春　大街街道党工委书记

领导小组下设办公室在在县住建局，由普学化兼任办公室主任，负责处理日常事务。

当前项目进展情况：一是拆除了五岔路口周围的原供排水公司加压站和烟花监测站一层低效利用建筑物；二是启动了五岔路口环岛改造工程；三是启动了兴江路建筑物外立面改造工程；四是翠大线大修工程正式动工；五是兴江路人行道改造工程开工；六是完成第一阶段景观围墙建设931.46米。

（十九）天湖化工南采区项目

指 挥 长：王　波　县政府副县长

副指挥长：牛旺林　县政府副县长、县公安局局长

郭开明　县政协副主席

邓春元　江城镇党委书记

李保平　县工信局局长

指挥部下设办公室在江城镇，由胡正鸿兼任办公室主任，负责处理日常工作，成员从相关单位抽调。指挥部下设搬迁、科学开采有效保护、综治维稳三个工作小组。工作小组成员单位如下：

1. 搬迁工作小组：由江城镇、县住建局、县民政局、县林业局、县国土资源局组成并组织实施，成员从相关单位抽调；

2. 科学开采有效保护工作小组：由县环保局、县国土资源局、县林业局、江城镇负责，天湖化工有限公司组织实施，成员从相关单位抽调；

3. 综治维稳小组：由县委政法委、县公安局、江城镇组成并组织实施，成员从相关单位抽调。

项目主要建设内容及规模：磷矿石开采，规模为50万吨/年。

当前项目进展情况：已经办理《采矿许可证》、储量核实报告和评审意见书、代开发利用方案《备案登记表》；磷矿矿产资源开发利用方案；环境影响报告书及审批意见（过期）；水土保持方案报告书及批复；地质灾害危险性评估报告书及评审意见书；安全预评价报告；林地采伐林木的批复（过期）；土地复垦方案报告书及评审表；租用旱地及征用其它土地协议；林木、林地补偿及安置补助协议。

项目总投资：2.5亿元。

2013年完成投资：8000万元。

2013年工作目标：正式开采南采区、启动清水沟农场搬迁；实施环境保护、土地复垦、水保、地灾方案，林地补偿安置。

（二十）农业面源污染治理工作

组　长：张文彬　县委常委、县政府副县长

领导小组下设办公室在县农业局，由杨杰兼任办公室主任，县财政局副局长张培龙、县农业局副局长李彦坤、县委群众工作局副局长宋华安任办公室副主任，工作人员从相关部门抽调。

工作进展情况：玉江、澄川路两侧200米范围内和抚仙湖、星云湖法定水位线外延300米范围内，共有3040.146亩塑料大棚，其中核实科研种苗大棚13亩，应拆除大棚3027.146亩，目前已拆除346亩。

（二十一）高等级公路两侧绿化工程

指 挥 长：张文彬　县委常委、县政府副县长

副指挥长：靳永春　大街街道党工委书记

邓春元　江城镇党委书记

刘绍宏　前卫镇党委书记

李志刚　九溪镇党委书记

李德坤　雄关乡党委书记

指挥部下设办公室在县交通运输局，由胡禄金兼任办公室主任，负责日常工作。

建设内容：在玉江、澄川、江通、江华路两侧20米，栽种绿化树木。

（二十二）西南航空护林总站江川直升机场建设项目

指 挥 长：张文彬　县委常委、县政府副县长

副指挥长：邓春元　江城镇党委书记

　　　　　顾绍勇　县国土资源局局长

指挥部下设办公室在县林业局，负责处理日常工作。

项目主要建设内容和规模：项目选址在江川县江城镇牛摩村委会，占地157.56亩。其中，林地108.66亩，农地及农村山区道路等48.9亩。由国家林业局西南航空护林总站投资建设，建设内容包括直升机坪建设、机场场区建设、场区辅助及附属工程建设、航油库建设、森林航空消防训练基地建设等工程。项目建成后将承担滇中地区的森林航空巡护、航空灭火直升机飞行保障，提供森林航空消防专业技术人员的培训、考核和后续教育等功能。

当前项目进展情况：已取得国家林业局的建设批复，同意由中央财政投资2655万元直接用于项目设备设施建设。按照计划我县已开始组织办理建设用地及林地征转用手续，经测算项目建设征地需费用2588.9万元（包括林地征占用费用568.3万元，国土部门征地费用及规费2020.6万元）。

（二十三）江中路建设项目

指 挥 长：普朝鹏　县政府副县长

副指挥长：胡禄金　县交通运输局局长

　　　　　顾绍勇　县国土资源局局长

　　　　　靳永春　大街街道党工委书记

指挥部下设办公室和2个工作组：

1. 指挥部办公室

主　任：胡禄金

2. 征地拆迁组

组　长：顾绍勇、靳永春

3. 工程管理组

组　长：李汝林

项目主要建设内容及规模：道路全长0.916公里，宽40米，断面布置为：人行道8米、非机动车道10米、绿化带6米、机动车道16米。道路等级采用城市次干道标准，设计行车速度为40千米/小时，双向四车道，沥青混凝土路面，路面设计使用年限为15年。工程主要建设内容包括道路工程、给排水工程、绿化工程、亮化工程及电缆沟工程。

当前项目进展情况：项目于2012年10月通过了工程可行性研究报告评审，并经县发改局批准立项建设。环境影响评价、水土保持方案评估已编制完成并获得批复。

项目总投资：6016.91万元。

2013年拟完成投资：6016.91万元。

项目年度工作目标：工程全面完工。

（二十四）早街及雄关输变电工程

指 挥 长：王　波　县政府副县长

副指挥长：刘跃宁　县人大副主任

　　　　　靳永春　大街街道党工委书记

　　　　　代建明　县供电公司经理

指挥部下设办公室在县供电公司，由代建明兼任办公室主任，县政府办张江明为办公室成员，负责处理日常工作。

项目主要建设内容及规模：工程占地3.7284公顷，本期新建2台180兆伏安主变，预留第三台主变场地，设220千伏/110千伏/35千伏三个电压等级，建设地点为大街镇小白坡村委会烂泥箐村南面。

当前项目进展情况：目前变电所征地工作正在有序开展，已取得省国土厅的用地批复。输电线路复测工作已完成。变电所及线路工程所需的设备、物资大部分已完成招标采购，施工单位、监理单位已具备进场条件。

项目总投资：18433.70万元。

2013年拟完成投资：3000万元。

项目年度工作目标：完成土建部分施工。

（二十五）创建先进平安县工作

组　长：陈琎寿　县委常委、政法委书记

副组长：杨本忠　县人大副主任

　　　　牛旺林　县政府副县长、县公安局局长

　　　　杨生明　县政协副主席

　　　　王彦东　县委政法委副书记、县维稳办主任

　　　　祁宝川　县委政法委副书记、县610办主任

领导小组下设办公室在县委政法委，由王彦东兼任办公室主任，办公室成员分别从县委政法委机关和县政法各部门抽调及县社管综治办全体人员组成。

领导小组下设“平安单位”、“平安家庭”、“平安医院”、“平安企业”、“平安文化市场”、“平安市场”、“平安旅游”、“平安校园”、“平安出行”、“平安边界”、“平安林区”、“平安社区”、“平安居民小区”、“军地平安”14个行业系统创建平安工作小组。具体人员名单如下：

1.“平安单位”创建工作小组

组　长：李卫东　县政府办主任

副组长：杨兴景　县政府法制办主任

工作小组下设办公室在县政府办，由杨兴景兼任办公室主任，负责处理日常事务。

2.“平安家庭”创建工作小组

组　长：王学梅　县妇联主席

副组长：张丽梅　县妇联副主席

　　　　谢粉玲　县妇联副主席

工作小组下设办公室在县妇联，由张丽梅兼任办公室主任，负责处理日常事务。

3.“平安医院”创建工作小组

组　长：范江应　县卫生局局长

副组长：郑　霄　县卫生局副局长

工作小组下设办公室在县卫生局，由李中文兼任办公

室主任，负责处理日常事务。

4.“平安企业”创建领导小组

组　长：李保平　县工信局局长

副组长：韩　良　县工信局党委书记

马常有　县安监局局长

工作小组下设办公室在县工信局，由杨宏蕾兼任办公室主任，负责处理日常事务。

5.“平安文化市场”创建工作小组

组　长：周　瑜　县文旅广体局局长

副组长：何　俊　县文旅广体局副局长

工作小组下设办公室在县文旅广体局，由刘洪波兼任办公室主任，负责处理日常事务。

6.“平安市场”创建工作小组

组　长：李红庭　县工商局局长

副组长：张绍林　县工商局副局长

陆　雯　县工商局副局长

张燕琳　县工商局纪检组组长

成员由各工商分局（所）长、机关股、室、队负责人组成。

工作小组下设办公室在县工商局，由李琦任办公室主任，负责处理日常事务。

7.“平安旅游”创建工作小组

组　长：周　瑜　县文旅广体局局长

副组长：徐　惠　县文旅广体局副局长

工作小组下设办公室在县文旅广体局，由徐惠兼任办公室主任，负责处理日常事务。

8.“平安校园”创建工作小组

组　长：郭自壮　县教育局局长

副组长：李文平　县教育局党委副书记、纪委书记

工作小组下设办公室在县教育局，由付糯华兼任办公室主任，负责处理日常事务。

9.“平安出行”创建工作小组

组　长：胡尚辰　县公安局副局长、交警大队大队长

副组长：廖永林　县公安局交警大队副大队长

刘四润　县交通运政管理所所长

工作小组下设办公室在县公安局交警大队，由胡尚辰兼任办公室主任，廖永林、刘四润兼任办公室副主任，负责处理日常事务。

10.“平安边界”创建工作小组

组　长：牛旺林　县政府副县长、县公安局局长

副组长：王奇志　县司法局局长

李佳强　县民政局局长

工作小组下设办公室在县民政局，由张兴红兼任办公室主任，负责处理日常事务。

11.“平安林区”创建工作小组

组　长：张文彬　县委常委、县政府副县长

副组长：白志德　县森林公安局局长

成员由县林业局、县委政法委、县法院、县检察院、县公安局、县人武部、县发改局、县财政局、县文旅广体局、县民政局、县交通运输局、县教育局、县消防大队、县气象局分管领导及七个乡镇（街道）党（工）委书记组成。

工作小组下设办公室在林业局，由白志德兼任办公室主任，抽调森林防火办、林政股、森防站、办公室相关人员组成，具体负责创建活动的组织协调、督促指导、考评及经验推广等日常工作。

12.“平安社区”创建工作小组

组　长：各乡镇（街道）党（工）委分管副书记

副组长：各乡镇（街道）副乡镇长（办事处副主任、派出所所长）

成员由各乡镇（街道）社管综治办、派出所民警组成。工作小组下设办公室在各乡镇（街道）社管综治办，指定一名综治维稳专干兼任办公室主任，负责处理日常事务。

13.“平安居民小区”创建工作小组

组　长：杨　岗　县住建局副局长

副组长：张新荣　大街街道党工委副书记

李正春　县公安局副局长、大街街道办事处副主任、派出所所长

成员由县住建局，大街街道社管综治办、大街街道派出所抽调。工作小组下设办公室在大街街道社管综治办，由张新荣兼任办公室主任，负责处理日常事务。

14.“军地平安”创建工作小组

组　长：曾宪涛　县人武部政委

副组长：张润斌　县委办副主任

王彦东　县委政法委副书记、县维稳办主任

李思源　县民政局副局长

王富利　县人武部政工科科长

成员由县人社局、县民政局、县总工会、县妇联抽调。

工作小组下设办公室在县人武部政工科，由王富利兼任办公室主任，负责处理日常事务。

主要职责：以创建省级先进平安县作为工作主线，强化基层综治维稳工作，建立健全长效工作机制，严格落实各项工作责任，筑牢基层综治维稳工作平台，提升创建层次，丰富创建内容，拓展创建领域，为全面建设平安江川营造良好的治安环境。

年度目标：力争打造成经济协调发展、社会和谐稳定、治安秩序良好、依法治理深入、民族团结进步、群众安居乐业的生态文明美丽江川。确保今年跃入全省先进平安县（区）的行列。

（二十六）江川县公益性公墓、殡仪馆建设项目

组　长：牛旺林　县政府副县长、县公安局局长

副组长：刘跃宁　县人大副主任

李绍华　县政协副主席

领导小组下设办公室在县民政局，由李佳强兼任办公室主任、杨兴景任办公室副主任，负责处理日常事务。

项目主要建设内容及规模：完成江川县殡仪馆建设前期立项报批的办理工作，完成全县10个农村公益性公墓建设工作。其中县城中心公墓1个，乡镇公墓6个，村级公墓3个。

当前项目进展情况：江川县路居镇老高坟农村公益性公墓项目招投标已经完成，现在已进入施工阶段。其他的农村公益性公墓正在选址阶段。

2013年拟完成投资：400万元。

年度工作目标：完成江川县殡仪馆建设前期立项报批的办理工作，完成全县10个农村公益性公墓建设工作。

（二十七）工作推进督查组

组　长：郭永生　县委常委、县纪委书记

副组长：陈树华　县人大保留原职级待遇领导

领导小组下设办公室在县纪委监察局，由张盛国兼任办公室主任，胡莎兼任办公室副主任，王书艳、陈小艳为办公室工作人员，负责处理日常事务。

督查组下设综合组、两湖保护治理督导组、乡镇督导组和明查暗访组。具体名单和分工如下：

综合组：

郭永生　县委常委、县纪委书记

陈树华　县人大保留原职级待遇领导

戴正华　县委副调研员

杨剑伟　县政府党组成员、重大项目督导组组长

李忠海　县委办主任

李卫东　县政府办主任

乐志刚　县两湖保护治理督导组组长

史　伟　县委督查室主任、重大项目督导组副组长

工作职责：根据全县“转作风、促跨越”的工作要求，通过解“三难”（办事难落实、项目难落地、问题难解决），推“四法”（一线工作法、一把手工作法、一抓到底工作法、一日工作法），抓“五办”（对群众亟待解决的问题立即办，对老大难问题主动办，对带普遍性的问题上门办，对条件暂不具备、一时难以解决的问题跟踪办，对涉及面广、政策性强的问题公开办），狠刹“六风”（公款吃喝风、拜年送礼风、滥发钱物风、铺张浪费风、用车攀比风、跑官拉票风），在全县上下营造出风清气正的良好氛围，为推进跨越发展提供保证。重点抓好工作的总体部署、统筹协调、综合考核、材料收集整理、督查通报拟制下发和办公室工作等。

两湖保护治理督导组：

乐志刚　两湖保护治理督导组组长

郭　峰　县政府办副主任、两湖保护治理督导组副组长

周少华　县纪委监察室主任科员

工作职责：负责对市县安排有关两湖保护治理工作任务的督促检查及材料上报工作。重点负责督查的项目为：1.抚仙湖湖滨缓冲带退田退房退塘还湖一期工程；2.抚仙湖大鲫鱼河流域环境综合治理工程；3.农业面源污染治理工作；4.星云湖退田还湖及生态建设工程。

大街督导组：

杨剑伟　县政府党组成员、重大项目督导组组长

龚　钲　县政府办副主任

张竹会　县纪委派出第一纪工委书记

付兴瑞　县纪委派出第二纪工委书记

韩丽华　县纪委信访室主任

郝　彬　县委办科员

周留明　县政府办科员

工作职责：对照《江川县领导干部挂钩联系乡镇（街道）工作实施办法（试行）》（江办发〔2013〕1号）中规定的县级挂钩联系领导工作职责、挂钩联系单位工作职责、党组织常务书记工作职责、新农村建设指导员工作职责，对相关领导干部的工作作风、工作态度、工作方法、工作实效等进行跟踪问效和督促检查，并及时上报相关材料。重点负责督查的项目为：1.龙泉山生态工业园区（含小白坡产业片区）建设项目；2.2013年保障性住房建设项目；3.江中路建设项目；4.城镇上山“山水新城”项目（含增减挂钩建新区项目）；5.古滇国城、星云铭城、龙旺湖城、景华苑项目。

江城、安化督导组：

陈树华　县人大保留原职级待遇领导

戴正华　县委副调研员

张盛国　县纪委副书记、县监察局局长

胡　莎　县监察局副局长

陆春光　县纪委派出第二纪工委副书记、监察局派出第一分局局长

刘　雪　县纪委派出第五纪工委副书记、监察局派出第四分局局长

陈小艳　县纪委副主任科员

范　羽　县委办科员

工作职责：对照《江川县领导干部挂钩联系乡镇（街道）工作实施办法（试行）》（江办发〔2013〕1号）中规定的县级挂钩联系领导工作职责、挂钩联系单位工作职责、党组织常务书记工作职责、新农村建设指导员工作职责，对相关领导干部的工作作风、工作态度、工作方法、工作实效等进行跟踪问效和督促检查，并及时上报相关材料。重点负责督查的项目为：1.抚仙湖天湖湾一期项目；2.抚仙湖药王谷国际养生度假村项目；3.金色抚仙湖九龙国际会议中心；4.奥宸·抚仙湖国际文化旅游小镇；5.西南航空护林总站江川直升机场建设项目；6.天湖化工南采区项目；7.小马沟—冯家湾片区退房还湖旧村改造项目。

前卫、九溪督导组：

史　伟　县委督查室主任、重大项目督导组副组长

郭　华　县纪委派出第四纪工委书记

陶文红　县监察局副局长

王书艳　县纪委宣教室主任

华忠楷　县纪委派出第五纪工委书记

陈继文　县委办行政股股长

朱可欣　县委办科员

工作职责：对照《江川县领导干部挂钩联系乡镇（街道）工作实施办法（试行）》（江办发〔2013〕1号）中规定的县级挂钩联系领导工作职责、挂钩联系单位工作职责、党组织常务书记工作职责、新农村建设指导员工作职责，对相关领导干部的工作作风、工作态度、工作方法、工作实效等进行跟踪问效和督促检查，并及时上报相关材料。重点负责督查的项目为：1.云南省农业科技园项目；2.九溪片区污水厂建设及“两污”治理工作；3.晋江高速公路项目；4.创建先进平安县工作；5.拆临拆违和“两街”整治工作。

路居、雄关督导组：

唐光华　县委组织部副部长

范文慧　县纪委派出第三纪工委书记

周　丽　县纪委派出第一纪工委副书记

向俊臣　县纪委派出第四纪工委副书记、监察局派出第三监察分局局长

杨军奎　县纪委科员

高　超　县委组织部科员

工作职责：对照《江川县领导干部挂钩联系乡镇（街道）工作实施办法（试行）》（江办发〔2013〕1号）中规定的县级挂钩联系领导工作职责、挂钩联系单位工作职责、党组织常务书记工作职责、新农村建设指导员工作职责，对相关领导干部的工作作风、工作态度、工作方法、工作实效等进行跟踪问效和督促检查，并及时上报相关材料。重点负责督查的项目为：1.仙湖锦绣项目；2.高等级公路两侧绿化工程；3.烟花爆竹产业整合项目；4.早街及雄关输变电工程；5.江川县公益性公墓、殡仪馆建设项目。

部门明查暗访组：

张盛国　县纪委副书记、县监察局局长

张竹会　县纪委派出第一纪工委书记

郭　华　县纪委派出第四纪工委书记

华忠楷　县纪委派出第五纪工委书记

周绍华　县纪委监察室主任科员

工作职责：负责在项目推进及工作落实中适时对县属机关部门进行跟踪督查，对工作人员的服务态度、工作方法及工作成效给出客观评价，且每月至少下发一至二期督查通报。通过集中检查、重点抽查、明察暗访等形式，严肃查处和纠正公车私用、公款消费、会风懒散、玩忽职守、弄虚作假、故意刁难和吃拿卡要、参与赌博活动、酗酒闹事和饮酒影响工作、上班时间打牌、下棋、打麻将和玩电脑游戏等不务正业的活动以及有令不行、有禁不止的行为，对顶风违纪者，进行纠正，按党纪政纪严肃处理。

乡镇（街道）明查暗访组：

陆云波　县纪委副书记

付兴瑞　县纪委派出第二纪工委书记

范文慧　县纪委派出第三纪工委书记

陶文红　县监察局副局长

王书艳　县纪委宣教室主任

韩丽华　县纪委信访室主任

工作职责：负责在项目推进及工作落实中适时对各乡镇（街道）进行跟踪督查，对工作人员的服务态度、工作方法及工作成效给出客观评价，且每月至少下发一至二期督查通报。通过集中检查、重点抽查、明察暗访等多种形式，严肃查处和纠正公车私用、公款消费、会风懒散、玩忽职守、弄虚作假、故意刁难和吃拿卡要、参与赌博活动、酗酒闹事和饮酒影响工作、上班时间打牌、下棋、打麻将和玩电脑游戏等不务正业的活动以及有令不行、有禁不止的行为。对顶风违纪者，进行纠正，按党纪政纪严肃处理。

二、其他事项

（一）各项目指挥部、领导小组下设办公室所在单位为项目的牵头责任单位。

（二）县委、县政府将根据各指挥部、领导小组工作进展情况及成效给予奖惩。

（三）自本文件下发之日起，过去下发的有关重点工作重大项目指挥部成员文件同时废止，以此文件为准。

中共江川县委

江川县人民政府

2013年5月14日

中共江川县委
关于县委书记、副书记和县委常委工作分工的通知

江发〔2013〕24号

（2013年8月14日）

各乡镇党委、政府，大街街道党工委、办事处，县委和县级国家机关各部、委、办、局，各人民团体和企事业单位：

因人事变动，经县委常委会议2013年8月14日研究决定，现将县委书记、副书记和县委常委的工作分工通知如下：

县委书记马文龙同志：主持县委全面工作。

县委副书记钱兴同志：主持县政府全面工作。

县委副书记石伟同志：协助县委书记抓好党的建设工作；负责农村基层组织建设工作；分管农业和农村、外事、县委统战部、县工商联工作。

县委副书记、县新农村建设工作队总队长付伟同志：负责新农村建设工作队工作。

县委常委郭永生同志：主持县纪委工作；负责党风廉政建设和纪检、监察工作，负责县委督查工作领导小组工作；联系县政协党组工作。

县委常委陈琎寿同志：主持县委政法委工作；负责政法、社会管理综合治理和维护稳定领导小组工作；分管县委群众工作局、县委防范和处理邪教问题领导小组办公室、县人民法院、县人民检察院工作；联系信访工作；联系驻江川部队、武警中队、消防大队和预备役部队。

县委常委林清同志：主持县委组织部工作；负责组织、人事、老干部、群团、招商引资绩效考核工作；分管县直机关党工委、县委老干部局、县总工会、团县委、县妇联、县关工委工作；联系县人大常委会党组、残联、老体协工作。

县委常委龚桂存同志：主持县委宣传部工作；负责思想宣传、意识形态、文化、对外宣传工作；分管县委外宣办、文明办、文产办、县文联、县科协；联系科、教、文、卫、体工作。

县委常委张文彬同志：负责县政府分工确定的工作。

县委常委曾宪涛同志：主持县人武部工作；负责国防动员和民兵工作。

县委常委邓春元同志：主持县委办公室工作；负责县委机关日常工作；兼任县委办公室党支部书记；分管县委政研室、县史志办、县保密局、县委机要局、县档案局、县委督查室；联系县人大常委会办公室、县政府办公室、县政协办公室、县纪委办公室。

县委常委李志刚同志：负责县政府分工确定的工作。

中共江川县委

2013年8月14日

中共江川县委关于认真学习宣传贯彻党的十八届三中全会精神的通知

江发〔2013〕31号

（2013年12月2日）

各乡镇党委、大街街道党工委，县委和县级国家机关各部委办局、各人民团体和企事业单位党组织，中央、省、市驻江单位党组织：

中国共产党第十八届中央委员会第三次全体会议是在我国改革开放和现代化建设进入关键时期召开的一次重要会议，是新形势下坚定不移贯彻党的基本理论、基本路线、基本纲领、基本经验，坚定不移高举改革开放大旗的重要宣示和重要体现，是全面深化改革的又一次总部署、总动员。根据中央和省、市委的安排部署，为深入学习宣传贯彻党的十八届三中全会精神，把全县干部群众的思想统一到十八届三中全会精神上来，把力量凝聚到实现十八届三中全会确定的各项目标任务上来，现就学习宣传贯彻党的十八届三中全会精神有关要求通知如下：

一、充分认识党的十八届三中全会的重大意义，深刻领会精神实质

党的十八届三中全会审议通过的《中共中央关于全面深化改革若干重大问题的决定》（以下简称《决定》），全面总结了我们党领导改革开放的成功经验，深刻分析了全面深化改革面临的形势任务，明确提出了全面深化改革的指导思想、重要方针、目标任务、政策举措，是站在新的历史起点全面深化改革的宣言书、动员令，是党的十一届三中全会后又一个总揽发展全局、决定中国命运的纲领性文件，实现了政策措施的新突破，开辟了实现中华民族伟大复兴的新境界，开启了改革进程的新阶段，是中国改革发展的又一个新的里程碑。习近平总书记在全会上的重要讲话，回顾总结了一年来中央政治局的工作，深刻阐述了新形势下全面深化改革的重大意义和方针原则，体现了我们党对国内外形势的科学判断，对肩负历史使命的责任担当，对中国特色社会主义建设规律的科学把握。全县各级各部门要切实把思想和行动统一到党的十八届三中全会和习近平总书记重要讲话精神上来，牢固树立进取意识、机遇意识、责任意识，齐心协力贯彻落实好全会作出的各项决策部署。一要深刻领会全面深化改革的指导思想和总目标。全面深化改革必须高举中国特色社会主义伟大旗帜，以马列主义、毛泽东思想、邓小平理论、“三个代表”重要思想、科学发展观为指导，坚持把完善和发展中国特色社会主义制度、推进国家治理体系和治理能力现代化作为总目标。二要准确把握“三个进一步解放”的要求。深刻认识到，解放思想是前提，是解放和发展社会生产力、解放和增强社会活力的总开关；解放和发展社会生产力、解放和增强社会活力，是解放思想的必然结果，也是解放思想的重要基础。三要牢牢抓住全面深化改革的路线图和主轴。认真学习掌握“六个紧紧围绕”的路线图，全面推进经济、政治、文化、社会、生态文明各领域改革和党的建设改革。坚持以深化经济体制改革为主轴，以此牵引和带动其他领域改革，使各方面改革协同推进、形成合力。四要切实遵循社会主义市场经济的改革方向。紧紧围绕使市场在资源配置中发挥决定性作用深化经济体制改革，处理好政府和市场关系这个核心问题。五要时刻牢记全面深化改革的出发点和落脚点。全面深化改革要以促进社会公平正义、增进人民福祉为出发点和落脚点，坚持全心全意为人民服务这个根本宗旨，把握好做大“蛋糕”与分好“蛋糕”的关系，创新制度安排，使改革成果更多更公平惠及全体人民。六要紧紧依靠人民推动改革。从人民利益出发谋划改革思路、制定改革举措，充分调动人民群众推进改革的积极性、主动性，把最广大人民的智慧和力量凝聚到改革上来。

二、迅速掀起学习贯彻党的十八届三中全会精神的热潮

深入学习宣传贯彻党的十八届三中全会精神，是当前和今后一个时期的重要政治任务。全县各级各部门要以高度的政治自觉和强烈的责任意识，超前谋划，迅速行动，真正

把全会精神传达好、学习好、宣传好，把全会提出的改革任务贯彻好、落实好，迅速在全县掀起学习宣传贯彻党的十八届三中全会精神的热潮，推动学习贯彻工作不断向广度和深度发展。

（一）精心组织学习。各级各部门要通过召开党（工）委、党组会、中心组学习会、干部职工大会等方式，把全会精神层层传达到各级各部门和党员干部中。要根据中央和省委、市委对学习贯彻工作的新部署，及时跟进领会新精神，结合实际，研究提出贯彻落实的具体举措。

（二）坚持领导带头。各级各部门要以党员领导干部为重点，把全会精神列入理论中心组学习内容，进行深入学习和研讨交流。重点抓好科级以上党员领导干部的学习，举办县级党政主要领导干部学习十八届三中全会精神辅导报告会，邀请专家学者，举办高层次的理论政策辅导报告会，深入解读精神要义，帮助各级领导干部加深对全会精神和《决定》的理解把握。通过领导干部的示范带头，带动各级干部的学习。全县副科级以上领导干部要撰写学习心得体会文章，并以党（工）委、党组为单位于12月13日前上报5篇优秀学习心得（含纸质版和电子版）到县委宣传部，由县委宣传部组织评选后汇编成册，作为辅导资料下发各单位。

（三）组织巡回宣讲。组织政治素质强、政策水平高的领导干部和理论工作者，组建宣讲团，对宣讲骨干进行培训，结合党的群众路线教育实践活动，深入基层一线，开展巡回宣讲，通过各种喜闻乐见、生动活泼的形式，推进党的十八届三中全会精神进机关、进农村、进社区、进学校、进企业，切实用全会精神统一干部群众的思想认识，凝聚改革发展的合力，增强跨越发展的信心。主动配合中央、省委、市委宣讲团做好党的十八届三中全会精神宣讲报告活动。

（四）强化舆论宣传。县委宣传部要加强宣传策划，发挥主流媒体的政策宣传和舆论引导作用，充分运用报刊、电视、广播、网络等新闻媒体，通过开辟学习专栏、发表评论文章等方式加大宣传力度，及时宣传报道各级各部门贯彻落实的实际行动和进展成效，牢牢把握正确导向，营造深入学习宣传贯彻党的十八届三中全会精神的浓厚氛围。督查部门要加强对学习贯彻工作的督促检查，及时总结推广先进典型，在相互借鉴中不断提高学习的实效。

（五）实施分层施教。县委宣传部要采取落实辅导教材、举办学习辅导报告会、心得交流会等多种形式，抓好广大党员干部职工的学习。县委组织部、县委党校要组织举办党员干部学习培训班，有计划、分批次地对科级以上领导干部和党员干部进行轮训。县委统战部、县民宗局要鼓励引导宗教界人士带头学习宣讲党的十八届三中全会精神。各中学要把党的十八届三中全会精神作为学校思想政治教育和课堂教学的重要内容，融入到学校党团活动中，做到党的十八届三中全会精神进教材、进课堂、进头脑。工会、共青团和妇联等群众团体要充分发挥广泛联系各界群众的优势，积极引导开展各具特色的学习活动。

三、提高学习贯彻党的十八届三中全会精神的实效

学习贯彻党的十八届三中全会精神，重要的是把党的十八届三中全会精神实质落实到建设生态文明美丽江川的全过程，用学习贯彻的实际成效推动全县科学发展和谐发展跨越发展，以发展的实际效果保障改革目标任务的实现。

（一）学习贯彻党的十八届三中全会精神，要落实到贯彻县委总体发展思路的实践中。深入学习宣传贯彻好党的十八届三中全会精神就要以科学发展观为指导，坚定不移地实施以改革开放和科技进步为动力的“生态立县、农业稳县、工业强县、旅游活县、文化兴县”发展战略和“兴园强工、建设新城、做美生态”的经济社会发展思路，全力抓项目、增投资，调结构、上水平，强保护、建生态，惠民生、促和谐，转作风、抓落实，推进新型工业化、城镇化和农业现代化，开创江川经济社会科学发展的新局面，为如期实现与全市、全省、全国同步进入全面小康社会的目标奠定坚实基础。

（二）学习贯彻党的十八届三中全会精神，要落实到年底各项工作任务的完成中。要坚持统筹兼顾，以学习贯彻全会精神为契机，扎实做好各项工作。当前特别是要按照十八届三中全会关于生态文明建设的新要求、新部署，牢固树立保护生态环境就是保护生产力、改善生态环境就是发展生产力的理念，深入贯彻落实好“四退三还”战略措施，切实抓好以“两湖一库”为重点的生态环境保护与治理，还江川碧水蓝天，全力建设美丽江川。要抓住综合试验区和昆玉旅游文化产业经济带建设等重大机遇，加快产业结构调整，重点是围绕“工业向园区集中、城镇向山地发展、高端旅游产业向试验区集中”的产业发展新格局，加快工业园区、仙湖锦绣、天湖湾等重大产业项目建设，全力打造“三大核心区”。同时，要加快庄园经济发展和烟花爆竹、红砖行业整合进度，打造产业发展新亮点。要抓住滇中经济区、撤县设区等难得机遇，统筹城乡发展，加快晋江公路建设，加快以山水新城项目为重点的新城区建设，谋划好重大城市建设项目，继续加大拆临拆违、街区整治和规划建设力度，着力用先进的理念经营管理好城市，努力把江川的城市建好、建美、建出特色，全力建设生态宜居城市。按照年初的工作部署，进一步强化措施、狠抓落实，确保年底全面完成年度目标任务。切实抓好安全生产，高度重视维护社会稳定工作，加大矛盾纠纷的排查调处和化解力度，加强社会治安综合治理，确保社会和谐稳定。

（三）学习贯彻党的十八届三中全会精神，要落实到真抓实干、奋力赶超的行动中。学习宣传贯彻党的十八届三中全会精神就要大力加强党员干部队伍建设，用社会主义核心价值体系引领社会思潮、凝聚社会共识，大力弘扬社会公德、职业道德、家庭美德，在全县上下培育知荣辱、讲正气、做奉献、促和谐的良好社会风尚。特别是要针对党员干

部在“四风”方面的差距，教育引导全县广大党员干部牢固树立说实话办实事求实效、真抓实干、唯实务实的工作理念，大力倡导脚踏实地、坚忍不拔、求真务实、一抓到底的工作作风，强化时间观念、进度观念、效率观念，对各项工作抓早抓紧抓细抓实，雷厉风行，高效推进，务求实效，以真抓实干、奋力赶超的实际行动和良好业绩来检验学习宣传贯彻党的十八届三中全会精神的实效。

四、加强对学习宣传贯彻工作的组织领导

各级各部门要高度重视做好党的十八届三中全会精神的学习宣传贯彻工作，切实加强领导，形成党委统一领导、有关部门分工负责、各单位齐抓共管、社会力量积极参与的工作体制和机制，确保取得实实在在的效果。

（一）强化组织领导，注重精读原文。各级各部门要周密部署，精心安排，切实抓紧抓实，抓出成效。各级党组织“一把手”要负总责亲自抓，结合工作和部门实际，制定具体方案，提出具体要求，分阶段、有步骤地推进学习宣传活动的深入开展。各级领导干部要率先垂范，先学一步，学深学透，带头认真研读习近平总书记的重要讲话和全会通过的《决定》。同时，要及时了解学习宣传贯彻情况，加强对学习宣传的具体指导，把学习宣传贯彻党的十八届三中全会精神工作不断引向深入。

（二）强化统筹协调，注重学用结合。各级各部门要在县委的统一领导下，密切配合，整合资源，调动各方面的积极性，发挥党员、干部、群众的主体作用，切实抓好党的十八届三中全会精神学习宣传贯彻工作。要坚持统筹协调，做到学习宣传贯彻党的十八届三中全会精神同全面落实省市重大会议精神结合起来，同全面落实县委总体发展思路和战略重点结合起来，同江川和单位的工作实际结合起来，做到学用结合，学以致用，做到两不误两促进，把学习的成效体现在完善工作举措、狠抓任务落实、提高谋划工作水平上。

（三）强化调查研究，注重健全机制。学习宣传贯彻党的十八届三中全会精神是一项严肃而紧迫的重大政治任务，各级党组织要及时掌握开展学习宣传贯彻党的十八届三中全会精神活动的进展情况，注重加强指导，注重调查研究，注重成果凝炼，注重督促检查，建立起学习、督查、考核、落实、评价等一系列行之有效的制度和机制，用健全的制度和机制保证学习宣传活动取得实实在在的成效。

（四）强化方法创新，注重抓实见效。要针对学习宣传活动中广大干部群众不同层次的需求和新形势新任务的要求，进一步创新发展思路，创新工作方法，创新体制机制，做到统一思想与解疑释惑相结合，规定动作与自选动作相结合，切实把党的十八届三中全会精神的学习宣传贯彻活动抓紧抓实抓好，抓出成效，把全县广大党员干部群众学习宣传贯彻党的十八届三中全会精神的热情转化为建设生态文明美丽江川的实际行动。

各级各部门要及时将学习贯彻党的十八届三中全会精神的情况报告县委宣传部。

中共江川县委
2013年12月2日

江川县人民政府关于抓好2013年烤烟生产收购工作的通知

江政发〔2013〕1号

各乡、镇人民政府，大街街道办事处，县属各局、办，各事业单位，各村（居）委会：

为切实抓好我县2013年烤烟生产收购工作，提高烟叶生产整体水平和质量，确保财政增长、农民增收，促进“四个翻番、两个倍增”目标任务实现。现将2013年烤烟生产收购工作有关事项通知如下。

一、指导思想

以科学发展观为指导，认真贯彻落实省市、烟叶工作会议精神，以现代烟草农业建设为统领，以优化烟叶结构为中心，以保护烟农利益为核心，以转变烤烟生产方式、提高规定品种种植纯度为主要任务，打造“优质、安全、生态、有机”烟叶品牌，全力支持红塔集团“5211”品牌发展战略目标，实现江川烤烟生产健康、稳定、持续发展。

二、目标任务

全县指导性种植面积10．2万亩，其中：田烟5万亩、地烟5．2万亩。计划收购量1250万千克，其中：指令性收购计划1160万千克、出口备货计划90万千克。上等烟比例71%以上，各乡镇（街道）指标详见附件。

三、工作重点

（一）提高规定品种种植纯度

品种是提高烟叶质量的核心，也是保证江川“云烟之乡”品牌不倒的基础。2013年，我县规定种植品种为K326，种植其它品种一律视为非规定品种，不予签订合同、不予投保、不予收购、不予补助。各乡镇（街道）要把好育苗关，育苗要以集体为单位，严格执行“五统一”，非统育的，一律视为非规定品种，坚决予以铲除。要把好合同签订关，合同签订要突出品种，明确栽种非规定品种必须铲除不予补偿、不予收购。要把好移栽关，要采取经济的、行政的手段，杜绝非规定品种移栽到大田。要把好收购关，县烟草分公司要坚决执行非规定品种不予收购政策，通过预检把非规定品种挡在烟站外，并把握好收购标准，把K326品种的生产特点体现出来。

（二）切实落实各项科技措施

1．加强划片轮作。各乡镇（街道）要认真做好烤烟种植规划，切实抓好面积落实，田烟要求100%轮作，地烟要求30%轮作，连片面积不小于30亩。因水因地做好烤烟种植连片规划，把计划落实到乡镇（街道）、村组、农户、地块。因缺水需改旱作的田块优先规划种植烤烟，确保好田好地用于栽烟。

2．商品化专业化育苗。实行商品化专业化育苗供苗是提高品种纯度、培育高茎壮苗、提质增效的关键措施，以乡镇（街道）、村组为单位成立烤烟育苗专业队，实现100%商品化专业化育苗供苗。

3．适时播种。2月7日至2月15日，根据生产实际，选择适当时间播种。

4．坚持科学合理施肥。全面推广烟田沃土工程，加大测土配方施肥力度，提高肥料利用率，降低种烟成本。K326品种原则上每亩施纯氮7—9千克，氮：磷：钾为1：1：2—3，必须开单到户，指导到田。施肥方法：田烟采用定位定量施肥，基肥占总量的30—40%，追肥占60—70%，追肥在栽后25天内施完；地膜烟采取条塘双层施肥方法，两次施完。

5．地烟揭膜培土。地烟盖膜栽培提倡宜盖则盖，海拔1900米以上地烟不提倡揭膜；海拔1900米以下的地烟，必须100%在移栽后35天左右，视烟株生长、土壤情况及气候特点及时揭膜高培土。

6．机耕预整地。全县计划机耕面积2.5万亩，统一由综合性服务社组织机械实施深耕，并做到边翻犁边预整地，预整地面积达90%以上。

7．移栽规格。田烟统一为1.2米×0.50米；地烟统一为1.1米×0.5米。

8．适时抗旱早栽。全县从4月15日开始大面积移栽，4月30日前栽完田烟，5月10日前栽完地烟。同一片区内2—3天栽完。

9. 大力推广膜下小苗移栽。2月20日至28日育苗，4月15日（剪叶前）开始移栽，5月5日前移栽完，边栽边盖膜。

10. 加强中耕管理。一要边栽边管，及时薅锄，清除杂草。二要适时提沟培土，田烟子沟深40厘米以上，边腰沟深50厘米以上；地烟沟深35厘米以上。三要严禁间作套种。四要加强病虫害测报和防治。五要搞好田间卫生，用清洁池处理病株残体及废弃物，用“田间不适用烟叶处理池”，统一处理不适用烟叶。六要做到“六无”即：田无杂草、病株残体及杂物，沟无积水，墒无缺塘，上无烟花，中无烟杈，下无病叶黄叶。

11. 适时封顶打杈、留足叶片。封顶原则：第一朵中心花开时见花封顶，田烟留叶22片左右，地烟20片左右，使烟株长成桶形。大力推广抑芽剂抑芽，封顶后一星期施药。

12. 适时清除田间不适用烟叶。深入宣传烟叶收购政策，特别是下低等烟叶收购等级和数量，引导烟农将不适用烟叶处理在生产环节。组织烟农或专业化合作组织在封顶后10—15天清除2片脚叶；在烘烤到倒数第二炉时，统一清除顶部2片长度小于35厘米的顶叶，每亩田间清除不适用鲜烟叶数量在150千克左右。

13. 科学烘烤烟叶。一要养好成熟度，坚持栽后70天（或封顶后15天）以上采烤。做到下部烟叶适熟采收，中部烟叶成熟采收，上部烟叶4～6片充分养成熟后一次性采收。二要加强烘烤管理，实行准采证和准烤证制度，彻底杜绝抢青采烤。坚持按鲜烟重量收费，不超重编烟，不超容量装烟，同炉烟不混品种、部位烘烤。三要坚持集体烤房由村组无偿服务烘烤，烘烤人员报酬与烘烤质量挂钩，由烟农一炉一评定。四要以服务烟农为宗旨，加强烤房和烘烤管理，切实降低烟叶烘烤成本。五要坚持干部巡检查夜制度，严禁值班人员酗酒、赌博、脱岗。六要积极推行商品化专业化烘烤，降低烘烤成本，提高烘烤质量。

（三）坚持不懈地抓好基本烟田基础设施和烟草重点水源建设项目，提高基本烟田的综合生产能力和防御自然灾害能力。切实加强在建基本烟田基础设施和重点水源项目的组织和工程质量监督管理工作，确保项目按时按质按量竣工。认真做好基本烟田基础设施和烟草重点水源项目的规划设计、资料整编申报等前期工作，积极争取烟草行业的更多项目和投资，进一步改善农业农村的生产生活条件，为推进烟草产业持续发展打牢坚实基础。

四、烟叶收购

（一）收购原则

坚持“抓质量、促规范、强服务、提水平”的工作要求，完善预检制度，统一预检流程，加强分级技术培训，提高预检到位率，通过预检把非规定品种剔除，确保非规定品种不进入烟站。严格按照合同签订品种和数量组织收购，确保优化烟叶结构目标任务完成；严格合同管理，按合同一一对应收购；严格入户预检，杜绝混青、混杂、混部位；严格执行收购等级标准，充分体现烟叶成熟度；严格杜绝大脖子烟，全面实行自然把收购。

（二）收购程序

指导烟农分级扎把→集中（入户）预检→约时、定点、定量→集中运输→检查预检质量→检查复验→密码定级→过磅入库→结算付款→成包→件烟调运→工商交接。

（三）收购要求

对照样品平稳平衡收购，不压级压价，不抬级抬价，搞好服务，善始善终。

（四）收购结果

一要圆满完成收购数量；二要平稳收购；三要切实做到烟农、集团、公司、政府四满意。

五、专卖管理

一要加强烟草专卖法宣传，严格烟草专卖管理；二要加强田间鲜烟叶消化过程监管，确保不适用烟叶真正消化在生产环节；三要严厉打击擅自收购不适用鲜烟叶烘烤行为，加强源头控制，防止不适用烟叶进入市场；四要严厉打击烟贩子倒买倒卖烟叶活动，严防烟叶非法流动。

六、扶持奖励

（一）市级承担的扶持奖励

1. 烟叶收购价格：今年烟叶收购价格在去年基础上提价10%。

2. 烟叶收购补助：种植规定品种每交售一担合格中上等烟补助烟农50元。

3. 烤烟保险费补助：田烟每亩保费60元，其中烟草公司补助35元／亩、烟农交费25元／亩；地烟每亩保费50元，其中烟草公司补助30元／亩、烟农交费20元／亩。

4. 烤烟救灾补助：为减少烟农损失，鼓励烟农养好烟叶成熟度，烤烟全损赔偿标准为田烟6月20日前1200元／亩，6月21日至7月30日1400元／亩，7月30日以后1600元／亩；地烟6月20日前1000元／亩，6月21日至7月30日1170元／亩，7月30日以后1350元／亩，统一由保险公司全额理赔。

5. 烤烟化肥补助：全县供给烟农烤烟常规专用肥综合售价2500元／吨，玉溪特色优质烟叶专用肥综合售价2000元／吨。进货价与综合售价的差额由烟草公司补助。

6. 生产组织经费：每上调一担合格的中上等烟奖励14元，其中：乡镇（街道）2元、村（居）委会8元（50%用于发展烤烟生产、50%用于奖励）、村民小组4元。生产组织奖励与烤烟种植收购计划完成情况和科技措施考核结果挂钩兑现。

7. 优化烟叶结构补助：今年优化烟叶结构，要求将不适用烟叶清除数量由去年的“下2上1”调整为“下2上2”，烟农补贴每亩从75元提高到170元。每亩补助组织协调经费7元，其中：乡镇（街道）2元、村委会5元，不适用鲜烟叶处置费8元。

（二）烟草分公司承担的扶持补助

由县烟草分公司根据市公司规定另文下达。

（三）县政府对乡镇（街道）奖惩

1．计划内每交售一担上等烟奖给乡镇（街道）3元。

2．完成县下达计划收购任务（含出口备货）的乡镇（街道）按收购规模奖励。任务数在200万千克以上（含200万千克）的江城镇、安化乡、路居镇奖60000元；任务数在150万千克以上200万千克以下的雄关乡、前卫镇奖55000元；任务数在150万千克以下的大街街道、九溪镇奖40000元。完不成收购总量的乡镇（街道）每差10000千克扣奖金5000元。

3．上等烟比例达到60％的乡镇（街道）奖20000元，每超过一个百分点增奖2000元。

4．烤烟生产工作对相关责任人实行风险金抵押制。

5．继续执行“千分制”考核，在考核中有被扣分的乡镇（街道），所扣分值全部由该乡镇（街道）承担。

七、工作要求

烤烟是我县的重要经济支柱产业，在促进县域经济又好又快发展，增加农民收入，建设社会主义新农村及创建和谐社会中起着举足轻重的作用。各乡镇（街道），各部门务必要以求真务实的作风，科学发展的精神，执政为民的理念，切实加强领导，乡镇（街道）要把烤烟作为一把手工程，完善以乡镇长、办事处主任为组长的烤烟生产工作领导小组负责制及相关工作班子，及时开展工作，解决好烤烟生产中的实际问题；要严格与烟农签订和执行生产、收购合同，按照“合同跟着轮作走、依据合同兑补助、依据合同收烟叶”的方法组织烟叶生产，用活用好烟叶收购政策，在平稳收购烟叶的同时，实现合同管理的规范化及合理化；要提高烟叶质量和种烟效益；要加强辅导员管理，实现种、管、收一条龙服务机制；要切实转变作风，突出以人为本，服务基层，全方位做好技术指导和服务，确保2013年烤烟生产收购各项工作目标任务圆满完成。

附件：江川县2013年烤烟生产收购计划分配表

江川县人民政府

2013年1月24日

附件

江川县2013年烤烟生产收购计划分配表

基地单元＼项目	乡镇	计划种植面积（万亩）			种植品种（万亩）		计划生产量（万公斤）	计划收购量（万公斤）			单产（公斤）
		合计	田烟	地烟	合计	K236		总收购量	指令性	出口备货	
合计		10.20	5.00	5.20	10.20	10.20	1456.4	1250	1160	90.0	122.5
江城基地单元	江城	1.74	0.75	0.99	1.74	1.74	244.7	210	195.0	15.0	120.7
前卫基地单元	前卫	1.45	0.80	0.65	1.45	1.45	209.7	180	167.0	13.0	124.1
	安化	1.71	0.65	1.06	1.71	1.71	238.8	205	190.5	14.5	119.9
大街基地单元	大街	1.03	0.65	0.38	1.03	1.03	151.5	130	120.5	9.5	126.2
	九溪	1.03	0.65	0.38	1.03	1.03	151.5	130	120.5	9.5	126.2
雄关基地单元	路居	1.62	0.87	0.75	1.62	1.62	233.0	200	185.5	14.5	123.5
	雄关	1.62	0.63	0.99	1.62	1.62	227.2	195	181.0	14.0	120.4

说明：田烟收购单产按每亩135公斤计算，地烟收购单产按每亩110.58公斤计算。

江川县人民政府关于切实抓好2013年大春生产的意见

江政发〔2013〕2号

各乡、镇人民政府，大街街道办事处，县属各局、办，各事业单位：

为切实抓好2013年大春生产，促进全县农业和农村经济健康发展，确保全年粮食增产和农民增收。结合我县实际，提出以下大春生产意见：

一、指导思想

全面贯彻党的十八大精神，以科学发展观为指导，以确保粮食和主要农产品有效供给、促进农民持续较快增收为核心目标，以加快发展现代农业为主要任务，以推进农业经营体制机制创新为动力，按照"抗大旱、抢节令、抓栽插、强科技、保面积"和"小春损失大春补、大春不足晚秋补"的要求，优化生产区域布局，努力增加农作物（粮食）播种面积，提高耕地利用率；整合各种项目资金，深入推进粮食高产创建活动，大力推广农作物间套种、粮食地膜覆盖栽培、测土配方施肥、集中育秧育苗和有害生物绿色防控等节本增效技术，着力依靠科技提高单产和品质，努力实现农业增产增效。

二、生产目标

2013年，全县大春农作物总播种面积为20.4万亩，减少5925亩，其中：粮食作物4.93万亩，总产3340万公斤，增加6.34万公斤。稻谷种植面积2.8万亩，总产2018万公斤，增加3.42万公斤；玉米种植面积1.98万亩，总产1240万公斤，增加30.1万公斤；薯类（折粮）种植面积1500亩，总产82万公斤，增加6.17万公斤。烤烟种植面积10.2万亩、总产1310万公斤、收购量1250万公斤。蔬菜种植面积4.93万亩；花卉种植面积3400亩。按此计划，2013年大春粮食作物与非粮食作物种植比重为24.2：75.8，非粮食作物种植比重下降了0.9个百分点。

三、工作重点

（一）克服干旱影响，确保完成4.93万亩粮食生产任务。

各乡镇（街道）要按照省政府对粮食生产的新要求，以统计部门2012年的粮食面积、产量为基础，稳定粮食生产。针对当前库、坝、塘蓄水不足的现实，落实好"水改旱"工作，确保粮食面积不减。

（二）认真落实科技措施，抓好粮油作物高产创建、间套种和地膜覆盖栽培技术。全县全年计划实施部、省、市三级粮油作物高产创建6片以上；推广农作物间套种技术15万亩，其中，大春季建立间套种核心区1.2万亩，中心示范片3.6万亩，辐射带动面积9.5万亩以上；全年推广以玉米为主的粮食作物地膜覆盖技术3.2万亩以上，其中，大春季推广地膜玉米2万亩。

（三）落实惠民政策，全力抓好水稻、玉米、油菜三种作物的政策性（种植业）保险工作，投保面积6万亩。

（四）整合项目，推进蔬菜标准园建设。根据省厅"先建后补"的要求，按照"规模化种植、标准化生产、商品化处理、品牌化销售和产业化经营"的组织和运行模式，完成蔬菜标准园建设工作，力争得到农业部或省厅的扶持。

（五）结合实际，做好新品种、新技术引进试验示范工作。引进水稻、玉米、马铃薯新品种20个以上开展品种筛选试验；积极示范蔬菜"陛诱剂"黄（绿）板防虫等技术。

（六）高度重视病虫害预警监测与绿色防控工作，避免病虫害大面积发生。以水稻稻瘟病、稻飞虱、玉米叶斑病、马铃薯晚疫病和十字花科蔬菜根肿病为重点，建立季节性监测点，开展预警预测，为适时防治提供信息服务。全县力争实施绿色防控和专业化统防统治面积15万亩以上。

四、主要措施

（一）认真落实种植面积，确保粮食和主要农产品生产目标实现。水稻、玉米是大春高产稳产的主要粮食作物，也是大春生产的主攻重点，各级要及早做好面积规划，层层分解种植任务，把粮食面积落实到村、落实到户，做到面积不减、产量稳中有增。大力推广玉米间种大豆、水稻埂种大豆和果园套种粮食等模式，并充分利用田边、地角、坡坎和零星土地等种植玉米、大豆等粮食作物，做到"见缝插针"

式种植，千方百计增加粮食总产量。深入调查研究，及时发现和解决生产中出现的具体困难和问题，切实抓好举家外出户、老弱户的耕地转包、租赁、助耕或代耕等工作，力争做到应种尽种、田地不撂荒。及时兑现落实粮食直补、良种补贴、农机具购置补贴、农资综合补贴和政策性农业保险等各项强农惠农富农政策，充分调动农民的种粮积极性。

（二）积极引导农民，调整优化种植结构。在保证面积的基础上，各地要引导群众抓好结构调整，提高产品质量和生产效益。大力推广优质水稻、玉米、高蛋白大豆等优质高产良种，进一步提高粮食的食用品质、饲用品质及加工品质。各地要引导群众搞好作物内部结构的合理调整，因地制宜调减低质低效作物，扩种优质高效作物。大力推广“水稻—烤烟”、“水稻—蔬菜”、“水稻—花卉”等水旱轮作模式，积极示范推广烤烟、蔬菜、蔬菜，水稻、蔬菜、马铃薯，水稻、蔬菜、蔬菜等三熟制种植模式。

（三）抢抓节令，及早做好春耕备耕工作。我县已连续五年发生干旱，目前全县库坝塘蓄水量严重不足，是今年春耕生产尤其是水稻生产的重大制约因素。各地要立足抗旱保春耕、保增收、保供给、保民生，在继续抓好以抗旱救灾为主的小春中后期田间管理的同时及早谋划大春生产。抓紧落实好“水改旱”工作，针对因旱缺水不能按计划种植水稻的，积极动员和指导农户改种玉米、大豆和烤烟等旱生作物，确保耕地满插满种；尽快做好冬春农田水利工程扫尾工作，组织群众全面整治农田排灌系统，确保春耕用水畅通；加强农资调配和技术指导，趋利避害，科学安排大春作物播种时间；及早做好抽水机械、拖拉机、插秧机等农机保养检修，做好技术指导和服务，组织好零配件供应，确保农机能正常使用。

（四）做好优良品种调供，推广高产高效关键栽培技术。广泛开展主推品种宣传，坚决淘汰劣质、退化老品种。水稻品种以楚粳28号、楚粳27号、云粳26号等良种为主。玉米品种以会单4号、兴黄单892、长城799、宣黄单4号、路单8号、云瑞8号等良种为主。生产上，全面实行旱育保姆拌种、双膜覆盖保温育秧，防治烂种、死苗；冬水田、冬闲田等也要全部实行旱育稀植技术；每亩要栽2.5万丛以上，确保基本苗达5苗以上；有条件的地方要认真示范水稻直播，积极推广机插秧和抛秧。在玉米生产上，要抓好以组为单位，或联户、大户集中统一育苗；要因地制宜抓好地膜覆盖膜侧集雨栽培技术的推广，大力推广“一增两改”技术，即：合理增加种植密度、改用耐密型品种和改粗放用肥为配方施肥，每亩种植株数要达5500株以上；要积极示范“单行双株”种植技术。同时，抓好稻飞虱、稻瘟病、稻曲病、玉米叶斑病、玉米螟虫等重大病虫的防控，积极示范推广农业防治、生物防治、物理防治、科学用药等综合防治措施，大力加强专业化统防统治，把病虫害损失减小到最低限度。

（五）加强农情信息收集、分析和统计。各地要在做好日常农情信息收集与报送工作的基础上，安排专人做好旱灾、洪涝冰雹灾、重大病虫害等自然灾害，以及间套种、草本油料种植、粮食地膜覆盖栽培等重点项目的相关数据资料收集与报送。

（六）强化生产保障，确保措施落实。各乡镇（街道）要把抓好大春粮食生产作为全年增产、农民增收的关键环节，主要领导亲自抓，分管领导具体抓。要及时研究解决影响粮食生产稳定发展的突出问题，为大春生产提供有力保障。为保证今年大春计划安排新品种、新技术的引进试验、示范项目落到实处，县级筹措资金7.5万元专项用于项目试验、示范工作。县农业局要加强对上述项目实施的跟踪检查、督促指导。项目实施后，由县农业局和财政局组成人员对各个示范项目逐一进行验收。县农业局、供销社要切实抓好种子（苗）、肥料、农膜、农药等农用物质的购销工作，做到不误农时，保证生产需要。各有关部门要广泛开展农业适用技术培训，深入田间地头指导农户科学化种植、规范化栽培、标准化生产，提高农业生产水平。大力推行农机化作业，统一组织好机耕、机播（插）、机防、机收等工作，切实减少劳力投入，减轻劳动强度，提高生产效率。规模发展优质特色农产品，广泛开拓营销市场，落实订单生产、保护价收购，防止产品积压、烂市。要抓好产品精深加工，延长产业链条，提高产品附加值。要积极创建品牌，搞好包装，加强宣传推广，扩大影响，增强市场竞争力。各乡镇（街道）要把大春生产纳入年度目标管理，严格目标考核。在大春生产的关键季节，要派出督查组到生产一线检查督促，及时通报情况、总结经验，确保保质、保量、高效完成大春生产任务。

附件：江川县2013年大春试验示范项目分解计划表

附件：

江川县2013年大春试验示范项目分解计划表

单位　项目	序号	试验、示范项目	补助经费（元）	合计（元）	备注
种子站	1	水稻新品种引种试验1组、8个品种	4500	9000	
	2	玉米新品种引种试验1组、8个品种	4500		
农技站	3	无公害西兰花示范样板200亩	5000	10000	
	4	花椰菜新品种展示1组，10个品种	5000		
经作站	5	优质梨基地建设	5000	5000	
土肥站	6	玉米测土配方施肥氮肥分期调控肥效试验	4000	8000	
	7	蔬菜肥力监测点试验	4000		
植保站	8	基地农产品抽检200个样品	4000	9000	
	9	黄蓝板示范3000亩	5000		
农经站	10	大春各种农作物产量、产值调查	10000	10000	
农业局	11	农业科技培训	20000	24000	
	12	无公害农产品产地及产品备检和证书年检	4000		
合　计			75000	75000	

江川县人民政府关于做好第三次全国经济普查工作的通知

江政发〔2013〕29号

各乡、镇人民政府，大街街道办事处，县属各单位，中央、省、市驻江有关单位：

国务院决定于2013年开展第三次全国经济普查。根据《云南省人民政府关于做好第三次全国经济普查工作的通知》（云政发〔2012〕175号）和《玉溪市人民政府关于做好第三次全国经济普查工作的通知》（玉政发〔2013〕42号）精神，为切实做好我县第三次全国经济普查工作，结合实际，现将有关事项通知如下：

一、普查的主要目的

通过普查，全面了解我县第二产业和第三产业的发展规模及布局，了解我县产业组织、产业结构、产业技术的现状以及各生产要素的构成，进一步查实服务业、战略性新兴产业和小微企业的发展状况，摸清我县各类单位的基本情况，全面更新覆盖国民经济各行业的基本单位名录库、基础信息数据库和统计电子地理信息系统，进一步夯实统计基础，健全统计工作部门协调机制和信息共享机制，为加强和改善宏观调控，加快经济结构战略性调整，科学制定中长期发展规划，提供科学准确的统计信息支持。各乡镇、街道、各部门要充分认识第三次全国经济普查的重要意义，坚持实事求是，坚持科学普查，精心组织实施。

二、普查的对象和范围

（一）普查的对象。第三次全国经济普查的对象是从事第二、三产业的全部法人单位、产业活动单位和个体经营户。

（二）普查的范围。采矿业、制造业、电力、燃气及水的生产和供应业、建筑业、批发和零售业、交通运输、仓储和邮政业、住宿和餐营业、信息传输、软件和信息技术服务业、金融业、房地产业、租赁和商务服务业、科学研究和技术服务业、水利、环境和公共设施管理业、居民服务、修理和其他服务业、教育，卫生和社会工作、文化、体育和娱乐业、以及公共管理、社会保障和社会组织等。

三、普查的内容和时间

（一）普查内容。单位基本属性、从业人员、财务状况、生产经营情况、生产能力、原材料和能源消耗及主要资源消耗、科技活动情况等。

（二）普查时间。标准时点是2013年12月31日，时期资料为2013年度资料。

四、普查的组织和实施

第三次全国经济普查是一项重大的国情国力调查，涉及范围广、参与部门多、技术要求高、工作难度大。各乡镇人民政府、大街街道、县级各部门要按照“全县统一领导、部门分工协作、县乡镇（街道）分级负责、各方共同参与”的原则，组织实施。为切实加强对第三次全国经济普查的组织领导，经县人民政府研究，决定成立江川县第三次全国经济普查领导小组，组成人员名单如下：

组　长：石　伟　县委常委、常务副县长
副组长：郭　峰　县政府办副主任
　　　　胡宇翔　县统计局局长
成　员：刘　鸿　县委宣传部副部长
　　　　史冬华　县委编办副主任
　　　　张盛国　县监察局局长
　　　　曲绍庭　县发改局局长
　　　　李保平　县工信局局长
　　　　胡禄金　县交通运输局局长
　　　　普学化　县住建局局长
　　　　周　瑜　县文旅广体局局长
　　　　李佳强　县民政局局长
　　　　康海波　县国税局局长
　　　　李　鸿　县地税局局长
　　　　李红庭　县工商局局长
　　　　蔡小明　县质监局局长
　　　　郭自壮　县教育局局长
　　　　陈留仙　县统计局副局长

蒋　文　大街街道办事处主任
胡正鸿　江城镇镇长
莽嘉慧　前卫镇镇长
杨兴华　路居镇镇长
何　眉　九溪镇镇长
岳东芬　雄关乡乡长
李永华　安化乡乡长

县普查领导小组办公室设在县统计局，由陈留仙兼任办公室主任，负责普查工作的具体组织实施和协调。其中，涉及普查宣传动员方面的事项，由县委宣传部负责和协调；涉及固定资产投资保障方面的事项，由县发改局负责和协调；涉及工业企业数据质量方面的事项，由县工信局负责和协调；涉及社团、基金会、民办非企业单位及基层自治组织名录方面的事项，由县民政局负责和协调；涉及普查经费方面的事项，由县财政局负责和协调；涉及建筑业、第三产业企业数据质量方面的事项由县住建局、交通运输局、工信局、文旅广体局负责和协调；涉及工商企业税务调查方面的事项，由县国税局和县地税局负责和协调；涉及企业和个体工商户名录方面的事项，由县工商局负责和协调；涉及组织机构代码方面的事项，由县质监局负责和协调；涉及各银行、证券、期货、保险、信托等金融机构及行业自律组织的资料报送事项，由县政府办负责和协调；涉及机关和事业单位名录方面的事项，由县委编办负责和协调；涉及各级普查机构及普查工作人员在普查工作中违法违纪行为的事项，由县监察局负责处理。县政府其他各有关部门，也要按照各自的职能，各负其责、通力协作、密切配合。

各乡镇、街道要设立相应的普查领导小组及其办公室，认真做好辖区内的普查工作，对普查工作中遇到的困难和问题，及时采取措施，切实予以解决。要充分发挥街道办事处和居民委员会、乡镇人民政府和村民委员会的作用，广泛动员和组织社会力量积极参与并认真配合做好普查工作。县、乡镇（街道）的普查机构要根据工作需要，聘用或者从有关单位商调符合条件的普查指导员和普查员，及时支付聘用人员的劳动报酬，保证商调人员在原单位的工资、福利及其他待遇不变，稳定经济普查工作队伍，确保普查工作顺利进行。

五、普查的经费保障

第三次全国经济普查所需经费，按照分级负责的原则，县、乡镇财政要把所负担的普查经费列入相应年度预算，按时拨付、确保到位。各级普查机构要厉行节约，专款专用，提高资金使用效率，杜绝浪费和违规使用。

六、普查的工作要求

（一）坚持依法普查。所有普查对象必须严格按照《中华人民共和国统计法》和《全国经济普查条例》和经济普查的具体要求，按时、如实地填报普查表。任何单位和个人不得虚报、瞒报、拒报、迟报、不得伪造、篡改普查数据。县人民政府统计执法机构和监察机关要加大对普查工作中违法违纪行为的查处力度，坚决杜绝人为干扰普查工作的现象，确保普查工作顺利进行和普查数据质量。经济普查取得的单位和个人资料，严格限定用于普查目的，不作为任何单位对普查对象实施处罚的依据。各级普查机构及其工作人员，对在普查中所知悉的国家秘密和普查对象的商业秘密，履行保密义务。

（二）充分运用现代信息技术。要利用统计电子地理信息系统，全面建立普查区电子地图；巩固和拓展统计联网直报系统成果；积极推广使用手持电子数据采集设备，努力提高普查工作的信息化水平和效率，减轻基层普查人员的工作负担。

（三）严格控制质量。质量是普查的生命。各级普查机构要建立健全普查质量控制体系，明确人员分工，落实职责任务，对普查试点、人员培训、清查摸底、普查登记、数据处理、抽查验收等各个环节实行全过程质量控制，确保普查质量。

（四）加强宣传动员。各级普查机构应主动向新闻单位提供情况。各级普查机构和宣传部门、新闻单位要充分利用报刊、广播、电视和互联网等媒体，广泛深入宣传经济普查的重要意义和要求，宣传普查工作中涌现出的典型事迹，报道违法违纪案件查处情况，引导广大普查对象依法配合普查，教育广大普查人员依法开展工作，为普查工作顺利实施创造良好舆论环境。

江川县人民政府
2013年3月29日

江川县人民政府关于2013年农村危房改造的实施意见

江政发〔2013〕36号

为贯彻落实中央、国务院和省、市关于加快农村危房改造的政策及要求，根据市发展和改革委员会、市住房和城乡建设局、市财政局《关于下达玉溪市2013年农村危房改造工程任务计划的通知》（玉发改农经〔2013〕8号）精神，切实做好我县2013年农村危房改造工作，特制定本实施意见。

一、实施范围与建设任务

实施范围：全县7个乡镇、街道所属村、组，优先集中连片拆除重建、新农村建设、扶贫安居、易地搬迁、地质灾害搬迁、旧村改造等项目中的农村危房改造，重点扶持农村分散供养五保户、低保户、贫困残疾人家庭。

建设任务：2013年市下达我县农村危房改造任务1950户，其中拆除重建1750户，修缮加固200户；五保户、低保户建房比例不低于拆除重建总任务数的30%。

二、补助对象与补助标准

补助对象：农村危房改造补助对象必须是经济最困难、住房最危险（或无房）的农户。重点是居住在危房中的农村分散供养五保户、低保户、贫困残疾人家庭、其它贫困户、因各种原因需要整体搬迁建房的农户。

补助标准：2013年继续实行分类分级补助，拆除重建中的五保户、低保户按1．3万元／户的标准进行补助，其他贫困户按1．02万元的标准进行补助。修缮加固按2000元／户的标准进行补助（按市县6：4的比例承担）。

三、基本政策要求

（一）严格执行“三最”政策

全县农村危房改造要认真贯彻落实中央和省的“三最”政策及要求，充分体现国家和各级政府对农村困难群众的扶持帮困政策。即：纳入农村危房改造补助对象重点是住房最危险、经济最贫困的农户，通过政府引导改造，使其拥有最基本的安全住房。住房最危险是指：居住在国家《农村危险房屋鉴定技术导则（试行）》规定的C级局部危险住房和D级整体危房。经济最贫困是指：分散供养的五保户、低保户、贫困残疾人家庭、连片特困户、少数民族困难家庭。最基本的住房是指：改造资金大部分由政府补助的分散供养五保户建筑面积控制在25平方米以内；其他贫困户建筑面积按有关规定和省、市要求控制，可根据家庭人口规模适当调整。禁止用农村危房改造资金补助经济条件较好家庭建盖超标准“小康住房”。

（二）坚持公平原则和信息公开

严格执行补助对象的审核、审批、公示制度。严格落实农户自愿申请，入户核查、危房鉴定、村委会评议、乡镇审核、县级审批制度和对补助对象、补助资金公示制度。同时做好与危房改造农户签订合同或协议，明确补助标准、建筑面积、安全质量和建设工期等要求。

（三）创新机制

按“农民进城”的要求，允许补助对象将补助资金用于购买本集体经济组织进城农户遗留农房或购买其他农户搬迁腾出的安全住房。此类型农户纸质档案中需增加交易合同，农户信息系统中填写房屋置换。

（四）有效整合资源和资金

有条件的乡镇、村组在认真制订规划的基础上和充分尊重危房改造农户意见的情况下，鼓励并推行集中连片建设。要结合新农村建设、旧村改造、扶贫安居、易地搬迁、移民搬迁、地质灾害搬迁、特色小镇建设、村庄整治及风貌提升改造等，有效利用资源，整合资金。

四、资金筹集与使用管理

资金筹集：2013年安排我县拆除重建1750户（含2012年结转），中央补助资金1932万元；安排修缮加固200户，补助资金40万元（其中：市补助资金24万元，县配套资金16万元）。结合实际，可采取多渠道筹集建设资金。

项目管理及工作经费：按有关文件要求，县初步计划按农户信息录入、纸质档案资料费以及改造标志牌工本费50元／户进行配套；项目管理工作经费按1．5万元／100户进行配套。

资金管理：严格按照《中央农村危房改造补助资金管理暂行办法》、《云南省农村危房改造及地震安居工程补助资金管理暂行办法》等规定和要求，规范和加强农村危房改造工程资金管理。补助资金由县财政部门实行专项管理、专帐核算、专款专用，不得截留、挤占和挪用。县财政部门汇同县发改、住建部门做好资金使用的监督管理，及时下拨资金，并配合做好审计、监察等工作。

五、制定实施方案与分解任务

各乡镇、街道要强化组织实施，深入基层开展调查，围绕目标和任务，细化农村危房改造的改造方式、安全质量和保障措施等。各乡镇、街道务必将县安排的任务（另行下达）按有关要求于5月底前分解落实到户，其中安排五保户、低保户所占比例不少于拆除重建总任务数的30%。6月10日前将任务分解、农村危房改造项目农户基本信息表（电子版）上报县住建局，县住建局汇总后上报市住建局。

六、改造方式与进度控制

结合江川实际，2013年农村危房改造采取原址上拆除重建与集中统建相结合的方式进行，原则上以农户自建为主。分散供养的五保户自建房确有困难且有统建意愿的，可以以村、组为单位组织集中统建。修缮加固原则上由乡镇政府组织统一修缮。

工期要求：全县农村危房改造工程必须6月底前完成农户档案信息录入，8月底前全部开工，12月底前竣工并完成所有工程竣工验收。

七、工程质量与安全监管

各乡镇、街道和各有关部门要进一步强化农村危房改造工程质量与安全监管，严格按照《云南省人民政府关于加强农村住房建设管理的若干意见》（云政发〔2010〕182号）、《云南省农村住房建设管理办法》（云府登774号）、《玉溪市城镇保障性住房工程质量安全管理要点（试行）》（玉市建通〔2011〕240号）、《玉溪市农村危房改造工程项目管理要点（试行）》要求，加强从规划、选址、备料、施工到竣工各个环节的全过程监管与服务，确保农村危房改造质量符合省技术导则要求。进一步推广应用已免费下发提供使用的《玉溪市农村民居地震安全工程通用图集》，拆除重建农房必须做到按图纸施工，确保工程达到有关抗震设防标准要求。加强对农村建筑工匠的培训、使用及管理，把好施工关键环节和重点。要建立并落实相关责任制度和措施，加强施工技术指导和安全监督检查，确保安全施工。定期或不定期组织县技术专家组人员按分片负责方式深入建房户进行现场指导及督查，督促指导户数不少于总任务数的20%，发现问题及时纠正。

八、档案管理与信息录入

全县农村危房改造项目严格按照《玉溪市住建局关于进一步规范农村危房改造工程档案资料及农户信息录入管理的通知》（玉市建通〔2012〕81号）要求办理，建立和完善有关管理制度，认真做好农户纸质档案收集、整理、归档，及时做好农户信息录入、更新。纸质档案和信息系统数据要全面、真实、完整、准确，符合规范要求。

九、竣工验收

全县农村危房改造工程竣工验收工作按照《江川县2013年农村危房改造工程竣工验收及补助资金兑付办法》要求，由乡镇、街道组织初验，按要求整理完善相关验收资料上报县住建局，县住建局分组分片组织验收，全县竣工验收工作年底前完成。农村危房改造房屋竣工后，在建筑醒目处设置由县住建局统一制作的“农村危房改造工程”标志牌。

十、信息报送与监督管理

严格实行月报制度。各乡镇、街道每月25日前将上月农村危房改造进度情况报县住建局，同时每月上报工作信息不少于1篇。

各乡镇、街道要加强对工程进度、质量安全、资金使用及兑付情况的监督管理，发现问题及时纠正。县住建局及有关部门要加强指导和督促，共同做好2013年我县农村危房改造各项工作，迎接省市的监督检查。

十一、加强组织领导

农村危房改造工作涉及面广、政策性强、工作量大，各乡镇、街道和各部门要高度重视，加强领导，明确责任，密切配合，形成相互联动、分工合作、齐抓共管的良好工作机制，共同推进我县农村危房改造工作。为认真做好我县农村危房改造工作，圆满完成2013年度农村危房改造任务，县政府决定调整江川县农村危房改造工作领导小组，调整后成员名单如下：

组　长：石　伟　县委常委员、县政府常务副县长
副组长：郭　峰　县政府办副主任
　　　　普学化　县住建局局长
　　　　曲绍庭　县发改局局长
成　员：张盛国　县监察局局长
　　　　顾绍勇　县国土资源局局长
　　　　张　宁　县审计局局长
　　　　李佳强　县民政局局长
　　　　杨　杰　县农业局局长
　　　　马宇飞　县残联理事长
　　　　孙国华　县扶贫办主任
　　　　普秀英　县防震减灾局局长
　　　　杨　岗　县住建局副局长

领导小组下设办公室在县住建局，由杨岗同志兼任办公室主任，办公室成员从相关部门抽调组成，主要负责全县农村危房改造工作的统筹协调，处理相关日常事务。

江川县人民政府
2013年3月29日

江川县人民政府关于印发江川县农村住房建设规划许可实施方案的通知

江政发〔2013〕44号

各乡镇人民政府、大街街道办事处、县属各有关单位：

《江川县农村住房建设规划许可实施方案》经县人民政府2013年3月30日第二次常务会研究同意，现印发给你们，请认真遵照执行。

江川县人民政府

2013年4月12日

江川县农村住房建设规划许可实施方案

为认真贯彻执行《云南省农村住房建设管理办法》，进一步规范我县农村住房建设管理，提高农村住房建设水平，改善村民居住条件，特制定本实施方案。

一、农村住房建设规划许可的目的意义

住房是农村群众的第一需求，居住条件是衡量社会主义新农村建设的重要指标。加强农村住房建设规划管理，规范农民建房行为，有效改变农村住房规划滞后、建设无序的状况，对改善农村居住条件、统筹城乡发展，促进农村产业结构优化升级、加快推进社会主义新农村建设具有十分重要的意义。

二、农村住房建设规划许可的原则

（一）实施农村住房建设规划许可应当遵循公开、公平、公正原则。符合法定条件、标准的申请人，有依法取得行政许可的平等权利。

（二）实施农村住房建设规划许可，应当遵循便民原则，提高办事效率，提供优质服务。

三、农村住房建设规划许可的主体、对象和依据

（一）乡（镇）人民政府负责本行政区域内农村住房建设的规划许可工作。街道办事处辖区内农村住房建设的规划许可工作，由县规划建设行政主管部门委托街道办事处办理。县城规划区范围内集体土地上进行住房建设的，由街道办事处审核，报县规划建设行政主管部门审查后，核发乡村建设规划许可证。

（二）在江川县行政区域内集体土地上进行农村住房新建、改建、扩建等活动的，均实行规划许可制度，核发乡村建设规划许可证。

（三）农村住房建设规划许可主要依据江川县城市总体规划、乡镇总体规划、村庄规划和抚仙湖、星云湖保护有关规定等，确认建房申请人是否符合建房条件，及其住房建设的性质、规模、位置和范围，审查建筑层数、建筑限高、主体色调、建筑风格等是否符合村庄规划和有关规定，建设活动是否符合交通、环保、水利、防灾、文物保护等方面的要求。

四、申请农村住房规划许可的程序和需提交材料

（一）申请农村住房建设规划许可，由村（居）民小组、村（居）民委员会提出意见，村（居）民委员会统一上报乡镇（街道）国土部门、规划建设部门审核，再由乡镇人民政府、街道办事处审批并核发乡村建设规划许可证。在抚仙湖、星云湖沿湖村庄进行住房建设的，乡镇人民政府、街道办事处审批前还需经抚仙湖、星云湖管理局审核。

（二）申请农村住房建设规划许可，应按照《江川县农村住房建设规划许可申请表》（附后）的要求，提交书面申请、户口簿身份证原件和复印件、宅基地合法证明材料、占地平面图和建筑效果图等材料。

五、农村住房建设规划许可的审查和规划验收

（一）乡镇人民政府、街道办事处在作出农村住房建

设规划许可前，应当进行认真审查，必要时进行现场勘验并作出书面记录。办理乡村建设规划许可证后，应当到场监督宗地定位放线，并在住房建设过程中加强巡查管理，及时查处或上报违规建设行为。

（二）农村住房建设竣工后，建房人应当向乡（镇）人民政府、街道办事处提出规划验收申请，乡（镇）人民政府、街道办事处应当按照规划许可内容及相关规定，对农村住房进行规划验收。验收合格的出具规划验收合格证明。验收不合格的，限期进行整改，不能整改的，依据有关规定进行处理。

（三）农村住房建设未经规划许可并取得乡村建设规划许可证，不得进行农村住房建设活动，未按规划许可内容建设、规划验收不合格的，房屋权属登记管理机构不得发放房屋所有权证书。

六、农村住房建设规划许可的工作要求

（一）加强组织领导。要进一步统一思想，提高认识，从建设社会主义新农村、维护人民群众切身利益的实际需要出发，高度重视并切实做好农村住房建设的规划许可工作。

（二）加强宣传引导。要充分发挥规划的龙头作用，采取多种形式，广泛宣传村庄规划，争取人民群众理解和支持，引导村民依法建房、科学建房。

（三）加强督促检查。各乡镇（街道）要细化职责分工、明确工作任务，围绕规划要求，采取定期和不定期、全面和专项检查相结合的方式，加强对农村住房规划的检查和指导，确保农村住房按规划执行。

（四）严格行政问责。各乡镇（街道）、县属相关部门要把农村住房规划许可工作作为一项长期工作部署落实，做到组织到位、职责清晰、措施落实。对疏于管理、工作不力、执法不严的，将按照有关规定进行行政问责。

七、本实施方案自2013年5月1日起执行

附件：1. 江川县农村住房建设规划许可申请表（略）

2. 江川县农村住房建设规划许可现场勘验记录（略）

3. 江川县农村住房建设规划验收表（略）

中共江川县委办公室　江川县人民政府办公室关于印发《江川县村组干部离任补偿发放办法（试行）》的通知

江办发〔2013〕8号

（2013年1月18日）

各乡镇党委、政府，大街街道党工委、办事处：

《江川县村组干部离任补偿发放办法（试行）》已经县委、县政府同意，现印发给你们，请认真贯彻执行。

中共江川县委办公室

江川县人民政府办公室

2013年1月18日

江川县村组干部离任补偿发放办法（试行）

为切实加强农村基层组织建设，建立健全村组干部激励、关怀、帮扶机制，进一步激发村组干部干事创业的积极性和主动性，促进农村经济社会又好又快发展，根据县委《关于进一步加强农村（社区）基层组织建设的意见》，经县委常委会议研究，实行村组干部离任补偿制度，特制定本发放办法。

一、补助对象

我县自1999年撤村建委以来正常离任的村组干部，包括村（社区）党总支（支部）书记、副书记，村（居）民委员会主任、副主任，村（居）民监督委员会主任；在核定职数内的其他村（社区）党总支（支部）委员，村（居）民委员会委员，村（居）民监督委员会委员，村（居）民小组党支部书记、组长、副组长；在核定职数内的，领取财政发放的村组干部岗位补贴的村、组聘用工作人员。

对有下列情况之一的不得享受离任补偿：

1．因任职期间的违法违纪行为被处以撤销党内职务及以上党内处分的，或被依法罢免的，该届任期不得享受离任补偿；被处以警告、严重警告的党内处分或行政拘留等行政处罚的，当年不得享受离任补偿；已经发放的，要及时收回；

2．因任职期间的违法违纪行为受到刑事处罚的，不得享受离任补偿；已经发放的，要及时收回；

3．任职期间，不履行职责或自动离职的，当年不得享受离任补偿；

4．党员民主评议或村组干部述职评议中，评议为“不合格”等次的，当年不得享受离任补偿；连续两年被评为“不合格”等次的，该届任期不得享受离任补偿；

5．离任时未按规定及时办理离任交接手续的，该届任期不得享受离任补偿；

6．国家公职人员担任村组干部离任的；

7．通过公开选拔、选调等方式进入国家机关、事业单位的；

8．有违反国家计划生育、土地政策等其他违法、违纪行为的，该届任期不得享受离任补偿；

9．按相关规定已享受离任补偿的。

二、补助办法

1．补助标准。按任职一年补助相应岗位当年一个月岗位补贴的标准执行。离任前均在同一级别岗位任职的，按任职当时相应岗位补贴标准执行；离任前在两个级别岗位任职的，按不同级别岗位任职年限及当时该岗位补贴标准分段计算。在任时兼任职务的，按照较高职务计算补助标准；在任职期间调整提高过村组干部岗位补贴标准的，调整年度内按就高不就低原则按照较高岗位补贴标准计算。

2. 时间计算。补助年限按实际任职年限计算，从撤村建委以来担任村组干部当月开始计算，截至完全离任村组干部当月止。连续任职的连续计算；任职时间间断过的，只能分段计算。任职年限计算中，连续任职不足一年的，不发放离任补偿；任职满一年及以上的，按足年计算，不足年的任职月数不计入补助年限。

三、审批程序

1. 由村（社区）党总支（支部）对照条件对离任村组干部进行统计、核实，确定补助对象名单报乡镇（街道）党（工）委。

2. 由乡镇（街道）党（工）委指定专人对上报的离任村组干部补助对象逐一进行核查、认定。对符合补助条件的，根据补助标准计算补助金额，签署党（工）委意见，加盖印章后报县委组织部审查。

3. 由县纪委、县委组织部、县民政局、县财政局联合审查后，将补助对象和发放金额反馈各乡镇（街道）进行公示。公示期为5天，公示期间如有群众举报的应进行复核。

4. 经公示无异议的，由乡镇（街道）党（工）委填报正式名册，并由补偿对象本人或其亲属签字后，送县委组织部，由县委组织部、县民政局、县财政局认定并批复。审批表一式四份，县委组织部、县民政局、县财政局、乡镇（街道）各存档一份。

四、资金来源

村组干部离任补偿所需经费列入县财政预算。

五、发放办法

采取集中发放的办法，对离任的村（社区）“三委”成员及小组干部在每届村级组织届满后一次性发放离任补偿。对1999年撤村建委后至2010年村级组织换届期间离任的村组干部，在今年年初一次性发放离任补偿；对2010年村级组织换届后离任的村组干部，在每届村级组织换届结束后发放离任补偿。

本试行办法由江川县村组干部离任补偿协调领导小组负责解释。

本办法自印发之日起试行。

中共江川县委办公室　江川县人民政府办公室
关于县级领导干部挂钩联系乡镇（街道）工作的通知

江办发〔2013〕1号

（2013年3月19日）

各乡镇党委、政府，大街街道党工委、办事处，县委和县级国家机关各部、委、办、局，各人民团体和企事业单位：

为进一步转变作风，加强对乡镇（街道）工作的指导，经县委、县政府研究，决定实行县级领导干部挂钩联系乡镇（街道）工作制度。现将有关事项通知如下：

一、乡镇（街道）联系领导

（一）大街街道联系领导

县委常委、县政府副县长张文彬

县人大副主任、县总工会主席陆富仙

（二）江城镇联系领导

县委常委、县政府常务副县长石伟

县政府副县长普朝鹏

（三）前卫镇联系领导

县委副书记张金翔

县政府副县长王波

县政协副主席杨生明

（四）路居镇联系领导

县委常委、政法委书记陈琎寿

县政府副县长、县公安局局长牛旺林

县政协副主席郭开明

（五）九溪镇联系领导

县委常委、组织部部长林清

县人大副主任史云德

县政协副主席李绍华

（六）安化乡联系领导

县委副书记、县新农村建设工作队总队长付伟

县人大副主任刘跃宁

县政协副主席杨吉英

（七）雄关乡联系领导

县委常委、宣传部部长龚桂存

县人大副主任杨本忠

县政府副县长杨军苹

二、工作要求

（一）坚持突出重点，全面联系指导。挂钩联系领导负责全面联系和指导所挂钩联系乡镇（街道）的经济建设、政治建设、文化建设、社会建设、生态文明建设以及党的建设等各项工作。要突出工作重点，指导和督促乡镇（街道）抓好经济社会发展，尤其是招商引资、重点工作和重大项目推进、城乡统筹发展、烤烟生产、社管综治等重点工作，按照属地管理原则，完成各项工作指标和任务。要围绕县委、县政府中心工作，通过挂钩联系，帮助基层协调解决发展过程中面临的实际困难和问题，激发和调动基层干部干事创业的主动性和创造性，推动基层工作扎实开展。对于县委、县政府交办的各项阶段性、专项性的重点工作，要和乡镇（街道）的同志一起，面对面抓好落实，确保如期完成任务。

（二）坚持改进作风，密切联系群众。挂钩联系领导要率先垂范，带头改进工作作风，以优良的党风凝聚党心民心，带动政风民风，密切党群干群关系。要深入开展“四群”教育活动，扎实抓好以为民务实清廉为主要内容的党的群众路线教育实践活动，增强贯彻群众路线、维护群众利益、做好群众工作的自觉性和坚定性。要认真落实干部直接联系群众制度，到基层工作时间每年累计不少于3个月。要带头深入实际、深入基层、深入群众，倾听群众呼声、体察群众意愿、关心群众疾苦，认真检查各项政策和工作部署的落实情况，切实解决基层和群众的实际困难。

（三）坚持求真务实，改进调查研究。县级挂钩联系领导到乡镇（街道）调研要有目的、有主题、有重点，多深入困难多、问题多、矛盾多的地方，认真倾听群众心声，了解群众所想所急所盼，认真听取基层和群众的意见，研究指导好基层工作，防止调研走形式、走过场。重大调研结束

后要形成有情况、有分析、有针对性建议的报告，重要意见建议应向县委、县政府报告。调研活动要轻车简从、减少陪同、简化接待，减轻基层负担。

（四）加强督查考核，严格贯彻落实。县级领导挂钩联系乡镇（街道）工作在县委领导下进行，县委常委会每季度听取一次县级领导挂钩联系工作情况汇报。挂钩联系工作情况作为相关县级领导年终述职述廉报告和考核奖励的一项重要内容。考核奖励与联系乡镇（街道）的绩效捆绑进行，挂钩联系领导对县委、县政府涉及所联系乡镇（街道）的考核评比有建议权。为确保工作落实，由县委常委、纪委书记郭永生牵头组成县委督查组，加强对此项工作的督查。挂钩联系领导要经常到所联系乡镇（街道）进行指导，做到重点工作随时联系，中心工作经常联系，日常工作定期联系，紧急工作实地联系，切实督促各乡镇（街道）按照县委、县政府的部署要求，全面完成各项工作目标任务。各乡镇（街道）要主动汇报，争取支持，密切配合，推动各项工作深入健康发展。

中共江川县委办公室　江川县人民政府办公室
关于印发《江川县2013年度争取上级资金工作考核办法（试行）》的通知

江办发〔2013〕27号

（2013年3月25日）

各乡镇党委、政府，大街街道党工委、办事处，县委和县级国家机关各部、委、办、局，各人民团体和企事业单位：

《江川县2013年度争取上级资金工作考核办法（试行）》已经县委、县政府同意，现印发给你们，请认真遵照执行。

中共江川县委办公室

江川县人民政府办公室

2013年3月25日

江川县2013年度争取上级资金工作
考核办法（试行）

"一争取、二引进、三盘活、四节约"是我县经济工作中一贯坚持的工作思路。目前，我县经济结构单一、财政增收后劲不足、生态建设和环境保护任务繁重、各项建设资金短缺，为有效解决全县经济发展中的困难和问题，根据《玉溪市2013年度争取上级资金工作考核办法（试行）》（玉办发〔2013〕11号）要求，为鼓励全县各级各部门认真分析形势，准确把握政策导向，加大协调力度，积极上报项目，多渠道争取上级支持，全面完成市下达我县的目标任务，特制定本办法。

第一条　争取上级资金工作由县考核办（设在县委组织部）负责考核。

第二条　责任单位：各乡镇人民政府、大街街道办事处、县属各部门和单位。

第三条　考核内容：年度内争取到中央、省、市下达和调拨我县的各类预算内资金。

第四条　争取项目资金由一个责任单位独立争取完成的，计入该责任单位完成的目标任务；由几个责任单位共同争取完成的，由牵头部门会同协助部门共同划定分配比例。

第五条　责任单位的考核基数以2012年争取中央、省、市级资金总额确定下达。其中：争取中央、省级资金按同比增长21%下达；争取市级资金按不低于上年总额下达。若遇国家或省级重大政策调整，根据实际情况进行指标调整。

第六条　对超额完成考核基数的给予奖励，奖励经费由县财政统一安排落实。

第七条　争取上级资金认定依据与审核：

（一）认定时间：2013年1月1日至2013年12月31日。

（二）责任单位于次年1月15日前向县考核办提供考核年度争取资金的依据，包括资金申报文件、上级部门下达的资金文件和资金到位证明等。

（三）县考核办以下达资金的指标文件为依据审核责任单位向上争取的资金数额。

第八条　根据考核基数完成情况对考核单位进行奖惩：

（一）在确保完成基数的前提下，对完成下达基数的责任单位，根据争取资金量的大小，视情况给予一定的工作经费补助。对超基数完成的责任单位分三个档次给予奖励，其中：超基数5%以内（含5%）的，按超基数部分给予1%的奖励；超基数5—10%（含10%）的，按超基数部分给予1.5%的奖励；超基数10%以上的，按超基数部分给予2%的奖励。奖励资金的50%用于弥补单位公用经费，50%用于奖励单位争取资金有贡献的相关人员。

（二）对未完成目标任务的责任单位和个人予以问责：

1．对未完成全年目标任务的责任单位，视情况给予责任单位主要领导、分管领导及责任人诫勉谈话、取消当年评优评先资格、责令作出书面检查、通报批评的问责处理。

2．连续两年均未完成目标的责任单位，给予单位主要负责人劝其引咎辞职、责令辞职、免职的问责处理。

第九条 所争取的资金必须保证专款专用，对擅自改变资金用途的，不予奖励。奖励资金已兑现的，全额收回奖励资金，并按相关规定追究责任人责任。

第十条 本办法由县考核办负责解释。

附件：2013年度责任单位争取上级资金基础任务表（略）

中共江川县委办公室 江川县人民政府办公室关于调整江川县主要入湖河道河（段）长的通知

江办发〔2013〕30号

（2013年4月2日）

各乡镇党委、政府，大街街道党工委、办事处，县委和县级国家机关各部、委、办、局，各人民团体和企事业单位：

因人事变动，经县委、县政府研究，决定对江川县主要入湖河道河（段）长进行调整，现将调整后的河（段）长名单印发给你们，请结合主要入湖河道综合环境控制目标及河（段）长责任制考核细则，认真落实河道管护保洁责任。

附件：江川县主要入湖入库河道河（段）长名单

附件：

江川县主要入湖入库河道河（段）长名单

范围	河名	河长		段长	分段长
		河长主要责任人	河长责任人		
大街街道	大街河	马文龙	刘跃宁普学化	靳永春	陈云、杨龙贵、业存英、王乔信、王学跃、周泉、杨绍宽、李富强、邓仕平、杨正昌、普学化、朱运聪、普凤华
	大庄河	张金翔	戴正华	靳永春	李春明、李中云、卢翔、王乔信
	大寨河	杨军苹		蒋 文	秦国贵
	旧州河	郭永生	李绍华	蒋 文	白庆华、李中云、张群、王乔信
	小街河（上段）	张文彬	杨生明	莽嘉慧	陈棋森
前卫镇	小街河（下段）	张文彬	杨生明	莽嘉慧	张云柱
	周官河	陈树华	乐志刚	莽嘉慧	靳松福、李万雄
	渔村河	李东林	杨本忠	刘绍宏	坝有德、沈家文、李长贵、杨林华、叶树枝
	后卫河	陈琎寿	杨汉金	刘绍宏	叶树枝、靳松福、张文柱
江城镇	学河	牛旺林	李天德	邓春元	韩会德、李刚、潘仲仁、杨俊
	东西大河	葛 勇	史云德	邓春元	宁党国、付云恩、陈树春、潘仲仁、杨俊、梅老四、靳富生、赵平
	周德营河	王 波	杨剑伟	胡正鸿	韩会德、李毅
	大龙潭河	龚桂存	杨吉英	胡正鸿	李 毅
	牛摩河	石 伟	杨金满	胡正鸿	秦文鹏
路居镇	螺蛳铺河	罗跃岗	张卫东	李 菊	杭聪华、赵家荣、杨昆华、韩长根
	大鲫鱼河	普朝鹏	郭开明	李 菊	杨昆华、杨仕聪、杨开庆
	鲭鱼湾河	何 麟	陆富仙	杨兴华	杨昆华、杨开庆
九溪镇	九溪大河	林 清		李志刚	宋荣华、李金学、蒋培洋、代贵生
安化乡	安化河	付 伟		赵 琦	张四荣、普朝林、施中有
星管局	玉带河	普朝鹏	郭开明	业东华	罗锁德

中共江川县委办公室　江川县人民政府办公室关于印发《领导干部挂钩联系乡镇（街道）工作实施办法（试行）》的通知

江办发〔2013〕31号

（2013年4月10日）

各乡镇党委、政府，大街街道党工委、办事处，县委和县级国家机关各部、委、办、局，各人民团体和企事业单位：

《领导干部挂钩联系乡镇（街道）工作实施办法（试行）》已经县委、县政府同意，现印发给你们，请按照任务分工，结合各自实际，认真抓好贯彻落实。

中共江川县委办公室
江川县人民政府办公室
2013年4月10日

领导干部挂钩联系乡镇（街道）工作实施办法（试行）

为进一步加强党的执政能力建设，不断完善党的领导方式和执政方式，切实转变工作作风，加强对乡镇（街道）、村（社区）工作的指导，密切党群、干群关系，着力解决实际问题，确保党的各项方针政策和县委、县政府决策部署的贯彻落实，推进江川经济社会科学发展和谐发展跨越发展，制定本实施办法。

第一章　总　则

第一条　充分发挥县委总揽全局、协调各方的领导核心作用，按照"属地管理、条块结合"的原则，建立由县级挂钩联系领导牵头负责，挂钩联系单位及负责人、党组织常务书记、新农村建设指导员齐抓共管，乡镇（街道）、村（社区）具体实施的挂钩联系乡镇（街道）工作运行长效机制，进一步明确各层级领导干部工作职责，形成工作合力，一抓到底，确保党的各项方针政策和县委、县政府决策部署得到全面贯彻落实。

第二条　以"密切联系群众、改进工作作风、解决实际问题、推进工作落实"为目标，进一步规范各级领导干部挂钩联系乡镇（街道）、村（社区）工作，不断丰富、拓展"一线工作法"的内涵和外延，确保干部工作在一线、问题解决在一线、业绩考核在一线、政策落实在一线、成效体现在一线。

第三条　以"知民情、暖民心、听民意、解民忧、保民生"为工作要求，进一步改进新形势下群众工作，深入开展"四群"教育和以"为民、务实、清廉"为主要内容的党的群众路线教育实践活动，带着感情深入群众，真心实意为群众办好事、做实事；带着思考走进实践，在实践中转变作风、改进工作、提高能力，把党的期望、人民的要求转化为干部的自觉行动。

第四条　坚持一级对一级负责、层层抓落实的工作原则，建立责任追究倒查机制，严格责任追究；坚持"一把手"工作法，领导干部要做到亲自安排、亲自动手、亲自落实；坚持"一抓到底"工作法，紧紧抓住、死死咬住，一包

到底、一管到底、一抓到底；坚持“一日”工作法，做到每天都有安排，每天都有任务，每天都有进度，每天都有收获。

第二章　工作职责

第五条　县级挂钩联系领导工作职责：对乡镇（街道）经济、政治、文化、社会、生态文明及党的建设等工作进行全面联系指导；指导和督促乡镇（街道）按照属地管理原则，抓好经济社会发展、重点工作重大项目推进、生态建设和环境保护、烤烟生产、社管综治等工作及县委、县政府交办的阶段性、专项性工作，督促检查各项政策和工作部署的落实情况，确保完成工作目标任务；帮助基层协调解决发展过程中的实际困难和问题；深入开展“四群”教育活动，密切联系群众，改进和加强调查研究，切实帮助群众解决实际困难。

第六条　挂钩联系单位工作职责：对村（社区）经济、政治、文化、社会、生态文明及党的建设等工作进行全面联系指导；按照属地管理原则，全县性重点、阶段和专项工作一包到底，确保目标任务完成；理清发展思路，发展集体经济；建设基础设施，改善农村生产生活条件；扶持培育产业，引导群众增收致富；加强教育培训，提高群众综合素质；强化基层党建，推进民主管理；抓好综治维稳，构建和谐社会。

第七条　党组织常务书记工作职责：抓好基层组织建设；建立完善规章制度；研究谋划发展思路；帮助建好用好活动阵地；做好联系服务群众工作。

第八条　新农村建设指导员工作职责：访民情、抓落实、办实事、强组织、谋发展、促和谐。

第三章　群众工作内容

第九条　联系群众、体察民情：1.深入了解社情民意，了解重大决策实施过程中的群众反应，倾听群众呼声，掌握思想动向，疏导群众情绪；2.加强与农村带头人和群众骨干的联系，广泛了解各方面群众利益和需求，发掘社会资源；3.加强与基层党组织和干部的联系沟通，把握思想动态，推进基层干部队伍建设；4.加强调查研究，为县委、县政府科学决策提供意见建议。

第十条　宣传群众、凝聚民心：1.多途径、多形式广泛宣传党的路线、方针、政策和形势任务等；2.宣传县委、县政府重大决策、区域发展规划和全县发展形势，教育引导群众理解支持并积极参与江川发展进程；3.帮助群众解疑释惑，提供有关政策咨询和知识服务。

第十一条　服务群众、解决民忧：1.深入开展扶贫帮困活动，努力帮助群众解决实际困难和问题；2.采用现场办公、实地踏勘等办法，主动协调、积极研究，解决群众提出的热点或难点问题；3.指导基层组织因地制宜开展工作，提高解决问题的能力和工作水平。

第四章　责任划分

第十二条　联系指导的责任单位和责任人为各乡镇（街道）、村（社区）辖区内各项工作落实的共同责任人，必须做到统筹兼顾，既要按照单位、部门工作职能和岗位职责抓好本单位、本部门及本人负责的各项日常工作，同时又按县委、县政府要求切实加强对所挂钩联系乡镇（街道）、村（社区）工作的联系指导，确保工作两不误、两促进。

第十三条　各乡镇（街道）、村（社区）为辖区内各项工作落实的第一责任人，必须按照属地管理原则，认真履职、不等不靠、积极主动开展工作，切实抓好工作落实。

第十四条　挂钩联系工作中各乡镇（街道）、村（社区）反映的需由挂钩联系责任单位和责任人指导、帮助解决的问题，由乡镇（街道）负责整理后，于每月5日前报县委督查组（县委督查室）进行登记汇总、分类梳理、督促落实，相关落实情况作为挂钩联系工作日常考核的重要内容。

第五章　督查考核

第十五条　领导干部挂钩联系乡镇（街道）工作在县委领导下进行，县委常委会每季度听取一次县级领导挂钩联系工作情况汇报。为确保工作落实，成立由县委常委、纪委书记任组长的工作督查组，成员从相关部门抽调，加强对此项工作的督查。

第十六条　领导干部挂钩联系乡镇工作考核由县委组织部牵头、县纪委配合进行，实行日常和年度相结合的考核机制。

第十七条　挂钩联系工作情况作为相关县级领导年终述职述廉报告和考核奖励的一项重要内容，作为挂钩联系责任单位、部门年度综合目标考核和行政效能考评的一项重要内容，作为挂钩联系责任人年度评先评优的重要依据，考核奖励与联系乡镇（街道）的绩效捆绑进行。县级挂钩联系领导对县委、县政府涉及所联系乡镇（街道）的考核评比有建议权。

第十八条　考核内容：1.半年测评。由县委组织部牵头，以问卷的形式，每半年一次对挂钩联系责任单位、部门和责任人工作开展情况进行测评，测评结果作为挂钩联系工作日常考核的重要内容；2.年度考核。挂钩联系工作考核与年度综合目标考核和行政效能考评一并进行。

第十九条　对挂钩联系工作中成绩突出的单位、部门和领导干部，县委、县政府将适时进行表彰；同时，对工作不力、联系指导不到位的单位和个人严格追究责任。

第六章　要求和附则

第二十条　各级各部门要进一步统一思想、提高认识，主动深入基层一线，加强联系指导，指导督促各乡镇（街道）、村（社区）按照县委、县政府的部署要求，狠抓工作落实，全面完成各项工作目标任务，全力推动江川科学发展和谐发展跨越发展。

第二十一条　要坚持突出重点，全面联系指导，做到重点工作随时联系，中心工作经常联系，日常工作定期联系，紧急工作实地联系，务求挂钩联系工作取得实效；要坚持改进作风，密切联系群众，以优良的党风带动政风民风，密切党群、干群关系；要厉行勤俭节约，反对铺张浪费，下基层联系指导要轻车简从、注重节约、不给基层添负担。

第二十二条　本办法自发文之日起施行。

附件：（略）

中共江川县委办公室　江川县人民政府办公室 关于认真做好全县村级组织换届选举工作的意见

江办发〔2013〕36号

（2013年4月27日）

根据省委办公厅、省人民政府办公厅《关于开展全省村级党组织和第五届村民委员会换届选举工作的通知》（云办发〔2013〕5号）、《关于认真做好全省社区党组织和第四届社区居民委员会换届选举工作的通知》（云办发〔2012〕3号）和市委办公室、市人民政府办公室《关于认真做好全市村级组织换届选举工作的通知》（玉办发〔2013〕24号）精神，我县将于今年上半年集中进行村（社区）党组织、村（居）民委员会和村（居）民监督委员会（以下简称村级组织）换届选举。为切实做好我县村级组织换届选举工作，结合我县实际，经县委、县政府领导同意，提出如下意见：

一、充分认识换届选举工作的重要意义

村级组织换届选举，是基层政治生活中的一件大事，是加快城乡建设步伐，全面建成小康社会的必然要求；是增强党同人民群众的血肉联系，巩固党的执政基础的迫切需要；是保障基层党员群众民主选举权利，推进基层民主政治建设的重要途径。做好村级组织换届选举工作，对于实施农村基层“八大工程”、建设美丽乡村、开创城乡共同繁荣新局面具有重要而深远的意义。各乡镇（街道）党（工）委、政府（办事处）要站在维护全县改革、发展、稳定大局的高度，深化认识，落实责任，精心组织，周密部署，确保村级组织换届选举工作顺利进行、圆满成功。

二、明确换届选举工作的总体要求

（一）换届范围

本次换届范围是全县2013年任期届满的村（社区）党组织和村（居）民委员会，2011年村改社区、新成立的社区党组织和社区居民委员会，以及村（居）民监督委员会。

（二）时间安排

全县村级组织换届选举工作，从2013年2月开始，到2013年6月底结束。分3个阶段进行：准备阶段（2013年2月至4月中旬），组建机构、摸底调查、集中整顿、财务公开、制定方案、落实经费、开展宣传等；选举阶段（2013年4月中旬至5月底），先进行村（社区）党组织换届选举，再进行村（居）民委员会换届选举，村（社区）共青团组织、妇代会换届选举与村（居）民委员会换届选举“压茬”进行，接着进行村（居）民监督委员会换届；培训和总结阶段（2013年6月），开展任前培训、工作交接、制定规划、工作总结、立卷归档等。

（三）具体要求

1．提倡村（社区）党组织书记通过选举担任村（居）民委员会主任，实现“一肩挑”，但要从实际出发，不搞“一刀切”。倡导村（社区）党组织和村（居）民委员会班子成员“交叉任职”，“交叉任职”的比例原则上不低于三分之一，有条件的地方力争达到50%。

2．村（社区）“两委”委员中，至少要有1名35岁以下年轻干部和1名女性委员，根据实际情况兼任团组织书记和妇代会主任。力争三分之一以上的村（社区）有女性担任村（社区）党组织书记、副书记或村（居）民委员会主任、副主任（兼文书），力争村（居）民委员会成员中妇女比例达到30%以上，力争村（居）民委员会主任中妇女比例达到10%以上。多民族村（居）民居住的村（社区）“两委”应当有少数民族的成员。

3．提倡符合条件的优秀大学生村官按照有关规定和程序参加村（社区）“两委”换届选举。采取不占村（社区）党组织职数、另设专门副书记职位的方式，组织和动员符合条件的党员大学生村官通过专职专选担任村（社区）党组织副书记。

三、严格规范职数设置和人选条件

（一）职数设置

1．村（社区）党组织的职数设置。设立党支部的，原则上设委员3至5名；设立党总支的，原则上设委员5至7名。

基层党组织设书记1名。村（社区）党组织书记与村（居）民委员会主任“一肩挑”或党员人数在100人以上的，设1名专职副书记。充分考虑把驻地主要公共单位党组织负责人吸纳为社区党组织兼职委员，兼职委员数量由各乡镇（街道）视具体情况确定，不占委员职数。

2．村（居）民委员会的职数设置。村民委员会由主任、副主任和委员3至7人的单数组成，社区居民委员会由主任、副主任和委员5至9人的单数组成。

3．村（居）民监督委员会的职数设置。村（居）民监督委员会成员由3至5人组成，其中主任1名。

（二）人选条件

1．把思想政治素质好、带头致富能力和带领群众致富能力强、统筹协调能力强，密切联系群众，热心为群众服务，善于做群众工作，办事公道、遵纪守法、廉洁奉公、作风民主、群众公认等作为村（社区）“两委”成员，特别是主要负责人候选人资格和任职条件的重要内容，社区“两委”成员候选人还要具备社区管理经验。村（居）民监督委员会成员应当具备一定文化和财会、管理知识，奉公守法、品行良好、公道正派，在群众中具有较高的威望。在职的村（社区）“两委”班子成员、村（居）民小组组成人员及其近亲属、村（社区）会计（报账员）、村（社区）文书不得担任村（居）民监督委员会成员。

2．注重从农村致富带头人、回乡大中专毕业生、外出务工返乡人员、退伍军人中选拔村（社区）干部。鼓励优秀民营企业经营管理人员，县乡机关和企事业单位退居二线、提前离岗或退休干部职工回原籍参加换届选举。新进村（社区）党组织成员，一般应具有高中（中专）以上学历（其中新成立社区一般应具有大专以上学历），年龄一般为男55周岁、女50周岁以下。对原村（社区）党组织成员，以及优秀民营企业经营管理人员、县乡机关和企事业单位退居二线、提前离岗或退休干部职工中的党员按选民登记有关规定登记参加选举的，可适当放宽年龄限制。村（居）民监督委员会组成人员的条件，按照《中共玉溪市委办公室、玉溪市人民政府办公室关于在全市建立村民监督委员会的意见》（玉办发〔2011〕18号)执行。本村（社区）暂时没有合适人选，以及需要加强领导力量的，可从乡镇机关党员干部中选派党组织书记。

3．有下列情况的不宜推选为村（社区）“两委”和村（居）民监督委员会成员候选人：被处以管制以上刑罚，解除劳动教养或刑满释放不满3年的；正被纪检、司法机关立案查处的；受撤销党内职务、留党察看、开除党籍处分不满3年的；违反计划生育政策，未经处理或处理未完结的；担任村组干部期间，长期不公开村（居）务、侵占集体土地和资金，造成群众集体上访的；以非法手段煽动、组织群众集体上访造成群体性事件的；长期外出、不履行职责的；法律法规规定的其他情形；其他不宜推选为村（社区）党组织、村（居）民委员会和村（居）民监督委员会成员候选人的。

四、依法依规做好换届选举有关工作

把“坚持党的领导、充分发扬民主、严格依法办事”有机结合起来，依法依规做好村级组织换届选举工作。

（一）村（社区）党组织的换届选举

按照《中国共产党章程》、《中国共产党农村基层组织工作条例》、《中国共产党基层组织选举工作暂行条例》的相关规定，结合我县实际，村级党组织的换届选举采取“两推一选”程序，社区党组织的换届选举具备条件的，原则上采取“三推二评一选”程序。

1．村党组织的换届选举

村党组织换届选举按照“两推一选”程序进行，具体做法是：

（1）准备工作。在村级党组织任期届满之前召开班子成员会议，研究选举有关事宜，制定工作计划，确定召开党员大会的指导思想、主要议程、时间及委员职数，向乡镇（街道）党（工）委呈报换届选举的请示。

（2）“两推”工作。按照先党内、后党外的思路，做好候选人初步人选的推荐工作。①党员推荐（“一推”）。召开党员大会，以无记名投票方式推荐新一届村党组织委员会成员候选人初步人选。②群众推荐（“二推”）。结合推选村民选举委员会工作，在村民会议或户代表会议或村民小组会议上，群众以无记名投票方式推荐新一届村党组织委员会成员候选人初步人选。推荐结束后，村党组织汇总公布“两推”情况，经过充分酝酿，按多于应选名额20%的比例，向乡镇（街道）党（工）委上报候选人初步人选名单。

（3）组织考察。乡镇（街道）党（工）委根据“两推”情况和领导班子配备要求，召开党（工）委会审核村党组织成员候选人初步人选，确定考察对象，派出考察组进行考察，公示考察结果，批复新一届村党组织成员候选人预备人选并公示三天。公示期间如有群众举报，乡镇（街道）党（工）委应及时进行调查核实，并按有关规定及时处理。

（4）党内选举。按照有关规定和程序召开党员大会，讨论乡镇（街道）党（工）委批复的候选人预备人选，根据多数党员的意见，酝酿确定正式候选人。党员大会由上届村党总支（支部）委员会主持，组织党员进行无记名投票，选举产生新一届村党组织委员会。并及时召开新一届村党组织委员会选举产生书记、副书记。党内选举可采取竞职演讲方式，让党员在充分听取候选人陈述的基础上作出选择。选举结果报乡镇（街道）党（工）委审批。

2．社区党组织的换届选举

社区党组织换届可以参照“两推一选”程序进行，具备条件的、特别是新成立的社区积极推行“三推两评一选”程序，具体做法是：

（1）准备工作。在社区党组织任期届满之前召开班子成员会议，研究选举有关事宜，制定工作计划，确定召开党

员大会的指导思想、主要议程、时间及委员职数，向乡镇（街道）党（工）委呈报换届选举的请示。

（2）“三推”工作。“三推”，即组织提名推荐、党员群众联名推荐和个人自我推荐。社区党组织面向社会公布社区党组织委员职位、任职条件及报名地点。结合推荐居民选举委员会，开展组织提名推荐、党员群众联名推荐、个人自我推荐，均需向社区党组织提出书面推荐意见；党员群众联名推荐的须10人以上联名，并征得被推荐人本人同意。推荐结束后，社区党组织汇总公布“三推”结果并上报乡镇（街道）党（工）委。乡镇（街道）党（工）委对推荐人选进行资格审查后，经集体研究，从推荐人选中按多于应选名额30%的比例确定候选人初步人选。

（3）民主测评。社区总支委员会组织乡镇（街道）党（工）委确定的候选人初步人选与党员、群众代表见面，并在党员和群众代表中对候选人初步人选分别进行民主测评。参加民主测评的党员人数一般不少于本社区党员人数的三分之二。参加民主测评的群众代表一般包括：本社区工作人员、居民代表、居民委员会成员、居民小组正副组长，驻社区主要单位党组织代表，本社区人大代表、政协委员，共青团干部、妇女干部代表等，具体人数由社区根据实际确定。民主测评情况上报乡镇（街道）党（工）委。

（4）确定候选人预备人选。乡镇（街道）党（工）委根据民主测评情况，派出考察组进行考察，在考察的基础上，按照委员候选人差额不少于应选人数20%的比例确定候选人预备人选，并在一定范围内公示三天，接受党员群众监督。

（5）党内选举。按照有关规定和程序召开党员大会，讨论乡镇（街道）党（工）委批复的候选人预备人选，根据多数党员的意见，酝酿确定正式候选人。党员大会由上届社区党总支委员会主持，组织党员进行无记名投票，直接差额选举产生新一届社区党组织委员会委员，然后召开新一届社区党组织委员会选举产生书记、副书记。选举大会可邀请居民代表列席。选举结果报乡镇（街道）党（工）委审批。

各乡镇（街道）可积极稳妥探索村（社区）党组织负责人直接选举，但需报经县级以上党委批准。党组织的换届选举，必须于提名村（居）民委员会成员候选人环节开始前结束。

（二）村（居）民委员会的换届选举

村（居）民委员会换届选举按照《中华人民共和国村民委员会组织法》和《中华人民共和国城市居民委员会组织法》等相关法律法规进行。对于村民委员会已更名为社区居民委员会，但尚未进行集体经济产权制度改革的，参照村民委员会的相关法律法规进行选民登记并组织换届。

1．推选产生村（居）民选举委员会。村民选举委员会由村民会议或村民代表会议或村民小组会议推选产生，居民选举委员会由居民代表会议或居民小组会议推选产生。以无记名投票方式推选产生村（居）民选举委员会成员的，按得票多少为序确定当选。提倡依法将村（社区）党组织负责人推选为村（居）民选举委员会主任，将村（社区）党组织常务书记推选为村（居）民选举委员会成员。选举委员会成员被提名为村（居）民委员会成员候选人的，要申请退出选举委员会，所缺名额按原推选得票多少依次递补，也可另行推选。村（居）民选举委员会要依法确定新一届村（居）民委员会成员职数和村（居）民代表名额，确定选举日，制定选举办法，经村民会议或村（居）民代表会议审议通过后公布，报乡镇（街道）村级组织换届选举工作领导小组备案。

2．做好选民登记工作。村（居）民选举委员会公告新一届村（居）民委员会选举的选民登记日和选举日，确定和培训选民登记员，全面、准确地做好选民登记工作。选民登记范围严格按照《云南省村民委员会选举办法》、《云南省社区居民委员会选举暂行规定》等执行。结合社区实际，户口不在本社区的原社区居民委员会成员可以直接登记为参加选举的居民，其他非本社区户口常住人口不列入登记参加选举的居民名单。印制选民登记名册，做到不错登、不重登、不漏登。选民名单于选举日的20日前在村（居）民委员会所在地张榜公布，并在村（居）民小组张榜公布该组选民名单。村（居）民选举委员会根据选民名单填写选民证，以村（居）民小组为单位发放。各乡镇（街道）可在遵守法律法规的前提下，积极探索大学生村官参加村（社区）“两委”换届选举的方法途径。

3．推选村（居）民代表。人口较多或者居住分散的村（社区），应设立村（居）民代表会议。村（居）民代表会议由村（居）民委员会成员和村（居）民代表组成，村（居）民代表应当占村（居）民代表会议组成人员的4/5以上，妇女村（居）民代表应当占村（居）民代表会议组成人员的1/3以上。村民代表由村民按每5户至15户推选一人，或者由各村民小组推选若干人，每个村民委员会的村民代表名额基数不低于20人；社区居民小组一般由50至150户居民组成，每个居民小组推选3至8名居民代表。根据村（居）民选举委员会分配的代表名额召开村（居）小组全体会议，推选新一届村（居）民代表并报村（居）民选举委员会及乡镇（街道）村级组织换届选举工作领导小组办公室备案。村（居）民代表产生后，要明确村（居）民代表的联系户，并向全体村（居）民公布。村（社区）居民代表任期与村（居）民委员会任期相同。村（居）民代表的推选工作，由村（居）民选举委员会组织和主持，新一届居民代表推选在居民委员会换届选举前进行，新一届村民代表在村民委员会换届选举完成之后进行，并与推选村民小组长有机衔接。村民委员会成员不得兼任村民代表，提倡党员通过法定程序当选村（居）民代表。

4．提名和确定候选人。（1）村民选举委员会提出村民委员会候选人的具体条件并予以公布，提名候选人时，必须注明其参选职务。村民委员会成员的候选人由选民直接提名，召开村民小组会议或村民会议提名村民委员会成员的候选人，提名可以采取单独、联名或者自我提名的方式进行，提名的人数不得超过应选人数。村民选举委员会对被提名的候选人进行资格审查后，按照主任、副主任正式候选人人数分别比应选人数多1人，委员正式候选人人数比应选人数多1至2人的数额，以提名得票多少为序确定正式候选人。（2）社区居民委员会成员候选人的提出，可由乡镇（街道）向社会公开招选后向社区居民选举委员会推荐，也可由居民直接投票或由选民10人以上联合提名，户代表5人以上提名、社区居民小组代表3人以上联合提名等方式产生。提名时，对候选人只有1次提名权，且提名人数不得超过应选人数。社区选举委员会根据较多数居民的意见确定正式候选人名单。社区居民委员会成员实行差额选举，社区居民委员会主任、副主任和委员候选人人数应当分别多于应选人人数。

村（居）民委员会正式候选人产生后，选举委员会应当在选举日7日以前，分别按照正式候选人得票数由高到低顺序张榜公布，票数相同的按姓名笔画顺序张榜公布。

5．做好正式选举工作。（1）村民委员会投票选举的时间、地点和投票方式、方法、选举工作人员名单应在选举日7日前予以公告，保证村民群众的投票权。在村民委员会选举中单设妇女委员岗位，实行专职专选。候选人要进行书面公开竞职承诺，竞职承诺要存档备案，并在村务公开栏公布，接受党员群众监督。选举村民委员会应当召开选举大会进行。为了便于居住分散的村民投票，可以增设投票站投票。可采取一次性投票和分次投票的方式选举主任、副主任和委员。实行无记名投票时，选举大会会场和投票站应当设立秘密写票处和公共代笔人。选民外出或者因其他特殊原因不能参加投票的，经村民选举委员会同意，可以在选举日15日前以信函、邮件、短信等方式委托本村有选举权的近亲属或者其他村民代为投票。选举大会会场的监票人、唱票人、计票人应当在当日内核对选举大会会场和投票站的选票，公开唱票和计票。选举村民委员会，选民过半数参加投票的，选举有效。候选人或者其他选民获得的赞成票超过参加投票选民半数的，始得当选。（2）社区居民委员会选举由本居住地全体有选举权的居民或者由每户派代表选举产生。根据居民意见，也可由社区居民小组选举的代表选举产生。社区居民委员会主任、副主任和委员候选人产生后，社区居民选举委员会应当在选举日7日前，按照候选人得票多少的顺序张榜公布。选举社区居民委员会，应当召开选举大会，设立中心投票会场，对不便到会投票的，可以设若干投票站和流动票箱，采取无记名投票、公开计票的方式进行。由本社区有选举权的过半数的选民、户的代表或者居民小组选举的代表参加投票，选举有效。获得参加选举的选民、户的代表或者居民代表半数以上选票者当选。

6．推选村（居）民小组长。新一届村（居）民委员会产生后30日内，开展村（居）民小组党支部书记和村（居）民小组长、副组长的推选工作。村（居）民小组组长和副组长由本组全体登记参加选举的村（居）民或者每户的代表以无记名投票的方式推选产生。村（居）民小组长的推选方式可以采取乡镇（街道）、村（社区）推荐和村（居）民小组先推荐候选人后进行选举等方式进行。在选举日3日前，将推选的时间、地点等通知到各户村（居）民。在通过法定程序的前提下，提倡村（居）民小组党支部书记兼任村（居）民小组组长；提倡村、组干部之间和组干部之间“交叉任职”；提倡村（社区）党总支委员担任村（居）民小组党支部书记。

村（社区）共青团组织和妇代会的换届选举，由团县委、县妇联制定统一方案，各乡镇（街道）团委、妇联具体负责落实，在做好候选人推荐、考察等前期工作的基础上，充分利用召开村（居）民大会的有利时机，待村（居）民委员会换届选举有关任务和议程结束后，分别召集共青团员和妇女（妇女代表）开展村（社区）共青团组织和妇代会的换届选举工作。

（三）村（居）民监督委员会换届选举

村（居）民监督委员会委员候选人由村（社区）党组织在本村（社区）登记参加选举的村（居）民中按照不低于20%的差额比例提名，报乡镇（街道）党（工）委审查同意后在本村（社区）张榜公示5天。由村（居）民选举委员会主持召开村（居）民代表会议选举产生新一届村（居）民监督委员会。选举时，全体村（居）民代表2/3以上参加投票，选举有效。候选人获得参加投票村（居）民代表的过半数选票，始得当选。获得半数以上选票的候选人人数多于应选名额时，以得票多的当选；如果票数相同，不能确定当选人时，应当就票数相同的候选人再次投票，以得票多者当选。获得过半数选票的候选人人数少于应选名额时，不足的名额在没有当选的候选人中另行选举。村（居）民监督委员会主任候选人由村（社区）党组织在当选的村（居）民监督委员会委员中提名，由村（居）民监督委员会等额选举产生。村（居）民监督委员会委员名单要及时上报乡镇（街道）纪（工）委和县纪委、县委组织部、县民政局备案。

五、切实加强组织领导

村级组织换届选举工作，政治性、政策性、法规性强，面广量大，情况复杂。各乡镇（街道）党（工）委、政府（办事处）要在县委、县政府的统一领导下，把做好村级组织换届选举工作列入重要议事日程，加强组织领导和工作指导，周密安排部署，精心组织实施，切实抓紧抓好。

（一）落实领导责任

县委成立由县委书记任组长的领导小组及其办公室，并抽调相关人员组成指导组、督查组和工作组驻村（社区）开展工作。各乡镇（街道）要成立村级组织换届工作领导小组及其办公室，组建换届选举工作指导组，做到分工明确，

责任到人，具体组织、指导本乡镇（街道）的换届选举工作。联系乡镇（街道）的县级领导、县级包村单位领导、新农村建设指导员以及常务书记要深入乡镇（街道）、村（社区），加强对换届工作的具体指导。乡镇（街道）党（工）委书记要认真履行“直接责任人”职责，乡镇（街道）党（工）委要向每个村（社区）至少选派1名干部担任换届工作指导员，具体指导该村（社区）换届选举工作；选情复杂的重点村（社区），要指定1名乡镇（街道）领导班子成员负责，成立应急处理工作小组，加强对突发事件的防范、掌控和处理。村（社区）党组织要在村（居）民委员会换届选举中充分发挥领导核心作用，切实加强领导。各乡镇（街道）党（工）委、政府（办事处）要建立换届选举重大问题报告、重要信息报送和情况通报等制度，及时掌握动态，切实加强指导；建立网络舆情应对机制，有效防止和妥善处置换届选举中的负面新闻、不实炒作和突发事件；建立工作责任追究制度，对换届工作消极应付、领导指导不力、处置不当引发较大群体性事件的，要追究相关领导和有关人员的责任。

（二）强化部门协作

县委组织部要统筹协调村级组织换届选举工作，按照县委的统一部署，发挥牵头、协调作用，切实加强对村级组织换届工作的指导；县纪委、县民政局要充分发挥职能作用，认真抓好村（居）民委员会、村（居）民监督委员会换届选举指导和监督检查。县人大、县政协及人大代表、政协委员要切实加强指导和监督工作，及时制止和纠正不符合法律法规的做法；县财政局要保障换届选举工作经费，按每个村（社区）选民数5元/人、村（社区）党总支（支部）5000元/个的标准划拨选举经费。县委宣传部、县文旅广体局要认真做好换届选举的新闻宣传工作，形成正确舆论导向；县司法局要大力开展法制宣传教育活动；县农业局要指导做好财务清理和财务审计工作；县纪检监察、法院、检察院、公安、信访等部门要加强村级组织换届选举工作全过程的监督，依法查处违法违纪行为；综治维稳、共青团、妇联等部门要积极参与、配合村级组织换届选举工作。各部门要主动加强协调，密切配合，形成工作合力。因工作不到位、措施不落实，处置不当引发群体性事件的，要追究有关领导和相关人员的责任。

（三）认真做好换届准备工作

换届选举前，要认真研究在城镇化、户籍制度改革和人口流动中出现的新情况、新问题，保证广大选民都能依法行使自己的选举权利。各乡镇（街道）要结合实际，制定切实可行的实施方案，开展调查摸底，加大对软弱涣散村级班子的整顿转化力度，对问题严重、矛盾复杂的村（社区），要提前派驻工作组，解决问题、化解矛盾。按照省委组织部、省民政厅、省农业厅《关于认真做好村干部任期和离任经济责任审计工作的通知》（云组通〔2013〕8号）要求，认真做好村级财务清理和村干部任期和离任经济责任审计工作，审计结果在村级组织换届选举前公布。未经离任审计的，不能参加选举。各乡镇（街道）要加强对选举工作人员特别是换届选举会议主持人、村（社区）党组织负责人的业务培训，帮助他们熟悉掌握有关政策法规和操作规程。

（四）做好换届后续工作

换届后，各乡镇（街道）要督促上一届村（居）民委员会在新一届村（居）民委员会产生之日起10日内移交工作；要督促上一届村（居）监督委员会在新一届村（居）民监督委员会产生之日起10日内移交有关档案资料。抓好村（社区）“两委”班子成员、村（居）民监督委员会成员，特别是村（社区）党组织书记、村（居）民委员会主任、村（居）民监督委员会主任的培训，重点学习宣传党的十八大精神，增强他们的责任感和使命感。要关心爱护退职村（社区）干部，认真做好村组干部离任补偿发放工作，认真做好落选人员的思想工作，引导他们积极支持新班子的工作。要制定完善新一届村（社区）“两委”议事规则，大力推行“四议两公开”工作法和“三重一大”集体决策制度，进一步提高民主管理和民主监督的制度化水平。要指导新一届村（社区）“两委”领导班子及其成员做好任期规划，研究制定村级组织建设和发展3年规划，努力做到“新班子、新机制、新气象”。

（五）严肃换届工作纪律

大力宣传和严格执行中央“5个严禁、17个不准、5个一律”和省委“10严禁、5不准”换届纪律要求。各乡镇（街道）要制定操作性强的工作措施和方法，严肃换届纪律。要根据省纪委、省委组织部、省民政厅《关于进一步严肃村“两委”换届纪律保证换届风清气正的通知》（云组通〔2013〕12号）精神，组织换届工作人员及党员干部认真学习我省村“两委”换届选举“六不准、六严禁”的纪律要求，引导党员群众正确行使民主权利，自觉抵制拉票贿选等违纪违法行为。乡镇（街道）、村（社区）要向社会公布举报电话及其他举报渠道，建立换届选举违纪违法问题专办制度，坚持有访必接，有报必查，凡线索清楚、内容具体的要限时办结。对严重违反换届纪律的案件，发现一起、查处一起、通报一起。对换届选举中查处的典型案例，要在一定范围内通报，充分利用反面典型开展警示教育，营造风清气正的换届选举环境。

各乡镇（街道）村级组织换届选举工作领导小组办公室要在规定时间内，认真、及时、准确地向县村级组织换届选举工作领导小组办公室上报换届选举工作进展情况和填报有关统计资料。换届选举工作结束后，各乡镇（街道）要对村级组织换届选举工作情况进行总结，总结报告于2013年6月20日前报送县村级组织换届选举工作领导小组办公室。县村级组织换届选举工作领导小组办公室将组织人员对村级组织换届选举程序、组织机构设置、责任目标规划、日常工作运转等情况进行检查验收，各乡镇（街道）要做好换届选举普查工作、村（社区）要做好换届选举自查工作。

中共江川县委办公室　江川县人民政府办公室关于部门挂钩联系村（社区）工作的通知

江办发〔2013〕40号

（2013年5月6日）

各乡镇党委、政府，大街街道党工委、办事处，县委和县级国家机关各部、委、办、局，各人民团体和企事业单位：

为进一步转变作风，加强对村（社区）工作的指导，确保党的各项方针政策和县委、县政府决策部署得到全面贯彻落实，推进全县农业和农村经济社会持续健康发展，经县委、县政府研究，决定实行部门挂钩联系村（社区）工作制度。现将有关事项通知如下：

一、各村（社区）挂钩联系部门

（一）大街街道办事处

大街社区：县住建局

上营社区：县城管执法局

下营社区：县医院

土官田村：团县委

三街社区：县安监局

早街社区：县委统战部

大庄社区：县委组织部

朱家庄社区：县食药监局

海浒社区：县卫生局、县红十字会

大营社区：县文旅广体局

伏家营社区：县国税局

小白坡村：县直机关工委、县财保公司

河咀社区：县政协办

上头营社区：县质监局

（二）江城镇

江城社区：县政府办、县人防办

左卫村：县招商合作局

黄营村：县教育局

白家营村：县国土局

大地村：县审计局

孤山村：县抚管局

翠峰村：县发改局

尹旗村：县委宣传部、县文联

牛摩村：县供电公司、联通公司

明星村：县纪委（监察局）

桐关村：县交警大队

祁家营村：县民政局

龙街村：工行、商业银行

西河村：县总工会

云岩村：县文旅广体局、省公路管理段

侯家沟村：县教育局

海门村：县人社局

陈家湾村：县交通运输局、县消防大队、武警中队

温泉村：县文旅广体局

三百亩村：县林业局

（三）前卫镇

杨家咀村：信用联社、邮储银行

业家山村：县地税局

石河村：县政务服务管理局

前卫社区：县工信局、电信公司

庄子村：县残联

渔村：县星管局

赵官村：工业园区管委会

周官村：县农业局

后卫村：县人大办

小街村：县供销社

柏池古村：农行、农发行

（四）路居镇

石岩哨村：县文旅广体局

螺蛳铺村：人行

兰田村：县司法局

上坝村：县环保局
中坝社区：县法院
下坝社区：县委政法委、县公安局、县国土局
小凹村：县财政局、县城投公司
红石岩村：县财政局、县城投公司

（五）九溪镇

鸡窝村：县统计局
喜乐庄村：县防震减灾局、县人保公司
矣文村：县妇联
中营村：县委老干局
大村：县气象局、移动公司
大营社区：县检察院
六十亩村：县关工委
马家庄村：县工商联
阳山庄村：县粮食局

（六）安化乡

安化社区：县扶贫办
光山村：县烟草公司
旱谷田村：县人武部
董炳村：县水利局
新庄村：县委党校、县邮政局

（七）雄关乡

雄关社区：县委办
窑房村：县科协、县中医院
上营村：县工商局
下营村：县计生局
白石岩村：建行、中国银行

二、相关要求

（一）请各单位、部门严格按照本文件确定的挂钩联系村（社区）对应开展挂钩联系工作，过去下发的部门包村等同类文件同时废止。

（二）挂钩联系责任单位要严格按照《中共江川县委办公室关于印发〈领导干部挂钩联系乡镇（街道）工作实施办法（试行）的通知》（江办发〔2013〕31号）要求，做到统筹兼顾抓好工作，既要确保抓好本单位、部门的各项日常工作，又要切实加强对所挂钩联系村（社区）工作的联系指导，确保工作取得实实在在的成效。

中共江川县委办公室　江川县人民政府办公室关于进一步加强村（社区）组干部问责工作的实施意见

江办发〔2013〕41号

（2013年5月7日）

为深入贯彻党的十八大、省第九次党代会、市委四届三次全会和县委十二届三次全会精神，把全县上下的思想和行动统一到推进江川跨越发展、建设生态文明美丽江川上来，进一步强化农村基层组织建设，切实加强农村基层干部的履职能力，督促村（社区）组干部转变作风、提升工作效能，做到令行禁止，政令畅通，确保县委、县政府重大决策部署（含重要工作、重要事项、重大项目）的贯彻落实、稳步推进农村各项工作，从重从快查处不作为和推诿扯皮的人和事。经县委、县政府研究同意，现就进一步加强村（社区）组干部问责工作提出如下意见：

一、正确把握问责工作方向

坚持围绕夯实基层工作，把惠农和扶贫等系列政策全面落实到基层，保证我县各项重点项目的顺利进行，促进村（社区）组干部恪尽职守、勤政为民、干净干事开展问责工作。要把推动尽职尽责作为问责工作的出发点，坚持注重制度建设，加快形成确责、履责、问责相互衔接、有机统一的制度体系。要把解决不作为、乱作为、慢作为、假作为等问题作为首要任务，坚持问责跟着问题走，发现什么问题，就及时解决什么问题。对事关发展环境、百姓民生、政令畅通的突出问题，要加大问责力度，监督整改落实。

二、问责工作的任务和重点

（一）主要任务

村（社区）组干部问责工作的主要任务是：围绕县委、县政府重大决策部署，组织开展督促检查，确保推动工作落实；对县委、县政府主要领导在工作报告、重要讲话、会议调研等安排部署的工作和任务进行专项督查和立项督查，严肃查处不落实的人和事，确保政令畅通；对群众反映强烈的突出问题、严重影响和谐稳定的热点问题进行严肃查处，有效避免和妥善处置突发事件；对督查中发现的问题进行调查并作出（或提出）处理意见。

（二）工作重点

县委、政府确定的年度目标任务和其他年度重点工作、阶段重点工作、招商引资项目、重大建设项目和重大民生问题，县委、县政府及其办公室文件中明确要求报告贯彻落实情况的事项，县委、县政府重要会议决定中需要落实的事项。乡镇（街道）纪（工）委、监察室要及时拟定督促检查方案，适时组织督促检查和问责，按时向县纪委、县监察局报告督促检查情况，确保工作任务落到实处、取得实效。

三、实行严格的责任追究，推动工作落实

（一）基本原则

问责遵循权责统一、赏罚分明、责罚适当、实事求是、公开公正的原则，按照干部管理权限，分级负责、归口管理，坚持教育与惩戒相结合，追究责任与改进工作相结合，加强对干部的监督与发挥主观能动性相结合，确保问责工作顺利推进。

（二）问责对象

全县村（社区）组干部。含全县辖区内村（社区）党总支（支部）书记、副书记、主任、副主任、监委会主任、“三委”委员，村（居）民小组支部书记、小组长、副组长。

（三）问责的主要依据

问责的主要依据是《中国共产党章程》、《中国共产党行政监察法》、《中国共产党农村基层组织工作条例》、《中华人民共和国村民委员会组织法》、《云南省党政领导干部问责办法（试行）》、《玉溪市党政领导干部问责办法（试行）》。

（四）问责结果运用

1．在一年内受到一次“诫勉谈话、取消评优评先资格、责令作出书面检查、责令公开道歉、通报批评、责令整改”等六种问责方式（以下简称六种问责方式）之一的村（组）干部，当年内考核不得评为优秀；对一年内两次被处以六种问责方式之一的干部、一年内受到一次停职、劝辞、罢免问责或被追究纪律责任、受刑事处分的，同时执行停职停薪检查或取消考核奖励问责。

2．对被问责干部实行跟踪考察制度。被问责干部能够正确面对问责并积极改进，在重要工作任务、重点工程项目、突发事件等工作中勇挑重担、攻坚克难、锐意进取、实绩突出的，符合评优评先、干部选拔任用条件的，纪检监察机关可以向组织、民政部门提出具备评优评先、重新担任职务资格的建议。被问责干部在问责期间消极抱怨、敷衍塞责、效能低下，纪检监察机关、组织、民政部门指定专人对其进行提醒谈话，限期2个月整改。期满后再次进行跟踪考察，表现不好、业绩较差的，根据跟踪考察认定的事实从重问责。对问责干部不能胜任现工作的，按干部管理权限，对其岗位进行调整或建议罢免。

四、各乡镇（街道）要依据本意见制定具体的问责办法，并于7个工作日内报县纪委、县委组织部、县民政局。

中共江川县委办公室
江川县人民政府办公室
关于印发江川县开展特色民居建设第一阶段实施方案的通知（节选）

江办发〔2013〕45号

（2013年5月23日）

各乡镇党委、政府，大街街道党工委、办事处，县委和县级国家机关各部、委、办、局，各人民团体和企事业单位：

《江川县开展特色民居建设第一阶段实施方案》已经县委、县政府同意，现印发给你们，请认真遵照执行。

中共江川县委办公室

江川县人民政府办公室

2013年5月23日

江川县开展特色民居建设第一阶段实施方案

为落实全市特色民居建设工作会议精神，进一步统筹城乡发展，加快美丽村庄建设，着力改善村容村貌，提升农村生活环境质量，推进我县特色民居建设，县委、县政府决定在全县开展特色民居建设第一阶段暨农村民居整治工作，结合江川实际，制定本实施方案。

一、重要性和必要性

开展特色民居建设，进行农村民居整治是统筹城乡协调发展的必然要求，是建设社会主义新农村的重要内容，是打造生态文明美丽江川的重要保障，是改善农村人居环境的迫切需要。

二、整治范围

江川县行政辖区内，玉江高速公路、澄川二级公路、江通二级公路、江华一级公路、北前公路（北城—前卫）、气象站—螺蛳铺、螺蛳铺—海门、螺蛳铺—路居下坝、抚仙湖及星云湖环湖公路可视范围内的农村民居。

三、整治内容

按照结合实际、方便操作、节约投资、兼顾长远的原则，对整治范围内的农村房屋外立面色彩进行统一，原则上一个自然村统一为一个色彩。房屋外墙主体色调备选方案为白色、青灰色、浅蓝色。玉江高速公路、澄川二级公路、北前公路（北城—前卫）沿线村庄选用白色为主体色调；江通二级公路、江华一级公路、气象站—螺蛳铺沿线村庄选用青灰色为主体色调；螺蛳铺—海门、螺蛳铺—路居下坝、两湖环湖路周边村庄选用浅蓝色为主体色调。

四、时间要求

今年6月25日前完成以上范围内的农村民居整治工作。

五、措施办法

对不同材质、不同色彩墙面采取不同的处理方式。具体可分以下几种情况：

（一）现状色彩与拟选主体色调一致的瓷砖墙面、涂料墙面，原则上不再进行改造，只对外墙进行清洁美化；

（二）现状色彩与拟选主体色调不一致的瓷砖墙面，剥除瓷砖，墙面抹灰，再上涂料统一色彩；

（三）现状色彩与拟选主体色调不一致的涂料墙面，直接用涂料统一色彩；

（四）抹灰墙面，直接用涂料统一色彩；

（五）裸砖墙面。先进行墙面抹灰，再用涂料统一色彩；

（六）老旧土木结构房屋，用石灰或涂料进行外墙喷涂，统一色彩。

六、职责分工

各乡镇（街道）负责本行政辖区内农村民居整治的具体组织实施；县住建局负责制定民居整治效果方案，指导乡镇开展具体整治工作；各相关部门按各自职能做好协调、配合、指导工作。

七、组织领导

为确保此项工作顺利开展，县委、县政府决定成立特色民居建设工作领导小组，负责工作的具体组织实施。领导小组成员名单如下：

组　长：石　伟　县委常委、县政府常务副县长

副组长：龚桂存　县委常委、宣传部部长

　　　　张文彬　县委常委、县政府副县长

　　　　普朝鹏　县政府副县长

领导小组下设办公室在县住建局，由普学化兼任办公室主任，李继明兼任办公室副主任。

八、工作要求

（一）统一思想，提高认识

各级各部门要充分认识特色民居建设工作的重要性、艰巨性，把思想迅速统一到县委、县政府的决策部署上来，进一步增强责任感和紧迫感，切实履行好各自职责，认真抓好工作落实，确保工作顺利开展。

（二）广泛宣传，加强引导

强化宣传教育，充分利用广播、电视、报刊、网络等载体，多形式、全方位宣传开展特色民居建设工作的重要意义，充分调动广大人民群众参与特色民居建设的积极性、主动性。同时，要总结推广经验，树立典型，全面提升农村生活环境质量。

（三）多方联动，形成合力

领导小组成员单位、县属各包村单位要积极配合，确实履行好本单位职责，提供必要的政策优惠和工作便利，指导帮助乡镇（街道）、村（社区）开展工作。

（四）精心组织，有序推进

特色民居建设第一阶段工作时间紧、任务重，实施起来有一定的难度，工作开展中遇到的困难问题，各乡镇（街道）要在超常规不违规的前提下及时研究解决，提高工作的科学性和有效性，确保工作按期圆满完成。

（五）严明纪律、确保效果

县纪检监察部门要加强对特色民居建设工作的监督检查，加大跟踪问效力度，严格落实问责制度办法，对工作落实不力的单位和责任人，要依照有关规定实施问责。

附件：湖泊、公路沿线村庄改造责任分解表（略）

中共江川县委办公室　江川县人民政府办公室关于印发《江川县新农村建设工作队及指导员管理办法》的通知

江办发〔2013〕47号

（2013年5月23日）

各乡镇党委、政府，大街街道党工委、办事处，县委和县级国家机关各部、委、办、局，各人民团体和企事业单位，中央、省、市驻江单位：

《江川县新农村建设工作队及指导员管理办法》已经县委、县政府领导同意，现印发给你们，请认真贯彻落实。

中共江川县委办公室
江川县人民政府办公室
2013年5月23日

江川县新农村建设工作队及指导员管理办法

第一章　总　则

第一条　为进一步加强和完善社会主义新农村建设工作队及指导员管理工作，更好地发挥他们在新农村建设中的积极作用，根据《云南省新农村建设工作队及指导员管理办法》和《玉溪市社会主义新农村建设工作队管理办法》，结合我县实际，制定本办法。

第二条　本办法所称新农村建设工作队及指导员，是指省、市、县委从省、市、县三级党政机关和所属企事业单位中抽调干部担任新农村建设指导员，以乡镇（街道）为单位设立的工作队、以县为单位设立的总队。

第三条　新农村建设工作队的主要任务，是密切联系群众、推动新农村建设、协助完成当地中心工作和其他工作，着重抓好访民情、抓落实、办实事、强组织、谋发展、促和谐六项工作。

第四条　县新农村建设工作队领导小组统筹县新农村建设工作队各项工作，县新农村建设工作队领导小组办公室（以下简称新农队办）负责工作队和指导员的日常管理工作。

第五条　各乡镇（街道）新农村建设工作队及指导员，在乡镇（街道）党（工）委、政府（办事处）的领导下开展工作。

第二章　选派工作

第六条　每年按照省级5%、市级25%、县级70%的比例选派，原则上每村1名指导员。县属各单位每年选派指导员数量按选派单位在职在编干部总数约1/5确定，单位干部人数少于5人的，至少选派1名。

第七条　重点选派中共党员、预备党员和入党积极分子干部，优先选派50岁以下的领导干部（含非领导职务）、后备干部、年轻干部、无基层工作经历和未担任过新农村建设指导员的干部、新录用公务员。不得选派机关工勤人员、借调人员、临时聘用人员等担任新农村建设指导员。

第八条 坚持选派新农村建设指导员与部门挂钩联系村（社区）和干部挂职锻炼等工作相结合，采取组织动员、个人报名、单位推荐、县委组织部审定、报市委组织部备案的程序选派。选定后的新农村建设指导员原则上中途不作调整，如遇特殊情况，须报同级组织部门批准。

第九条 总队长挂任县委副书记，任县新农村建设工作队领导小组常务副组长。队长挂任乡镇（街道）党（工）委副书记，不是党员的、挂任乡镇政府副乡镇长、街道办副主任。总队长、队长原则上任期2年，指导员一年一轮换，鼓励连任。

第十条 从驻村指导员中确定一名党性强、作风正、素质高、熟悉党务工作的正式党员担任村党组织常务书记。每名指导员全年住村时间不少于200天，走访群众不少于100户、结对联系贫困农户不少于3户。

第十一条 指导员驻村期间，享受原单位的工资、奖金、福利、事业单位绩效工资等待遇，并给予每人每天15元的生活补贴。

第三章　职责任务

第十二条 总队长履行综合协调职能，主要负责新农村建设工作队及指导员的指导、教育、管理，建立健全并督促落实各项管理制度；负责与省、市有关部门和派出单位的沟通，协调建设资金和项目，统筹协调全县新农村建设；组织新农村建设工作队深入开展“四群”教育实行干部直接联系群众制度，推进学习型党组织建设工作，抓好农村基层组织建设；总结新农村建设工作的典型经验，反映存在的困难和问题。

第十三条 队长在乡镇（街道）党（工）委领导下负责新农村建设工作队的管理，按照省、市、县委关于开展“四群”教育实行干部直接联系群众制度的要求，组织指导员广泛联系群众，建立指导员直接联系群众制度；围绕乡镇（街道）中心工作，帮助指导员制定工作计划，协助做好新农村建设工作；落实各项管理制度，定期组织学习培训活动，提高指导员工作能力；掌握各指导员工作和生活情况，及时帮助指导员解决困难和问题，为指导员开展工作创造有利条件。对需要县级以上部门协调解决的困难和问题，及时向总队长和县新农队办汇报。

第十四条 指导员在乡镇（街道）党（工）委的领导下，紧紧依靠基层党组织和基层干部，深入实际、深入基层、深入群众，充分发挥村情民意调研员、政策法规宣传员、富民强村服务员、矛盾纠纷调解员、制度建设督导员、组织建设指导员“六大员”作用，重点抓好访民情、抓落实、办实事、强组织、谋发展、促和谐六项工作，全力推进“四群”教育和新农村建设。

第十五条 指导员派出单位按照“指导员驻村、派出单位包村”的要求，制定驻村联系群众工作计划、驻村帮扶五年规划（2012—2016）和年度实施计划。单位主要领导每年到驻村调查工作不能少于两次。有项目管理权限和资金扶持条件的派出单位，每年从项目经费中安排一定的帮扶资金，为指导员驻村工作创造条件。指导员下派期间，必须与原单位工作脱钩，坚持住村工作。因工作需要或特殊原因需要调整人员的单位，应向同级党委组织部申请，并向各级新农队办逐级备案。

第四章　管理制度

第十六条 教育培训制度。县新农队办通过专题会议、学习交流、现场观摩、发放学习资料等形式对指导员进行教育培训。乡镇（街道）党（工）委主要通过工作例会、以会代训、集中学习等形式进行教育培训。

第十七条 挂牌上岗制度。指导员要建立《民情联系卡》，注明姓名、工作单位、住址、联系电话、邮箱及承诺事项，送达所联系的群众。建立《民情登记卡》，记录群众家庭基本信息、生产生活状况、反映的事项、需要解决的问题、落实情况以及基层组织和群众评价。

第十八条 工作例会制度。县新农队办每季度召开1次工作分析会，通报和查找工作队和指导员日常管理、发挥作用中存在的问题，并向县委组织部、“四群”教育领导小组办公室（以下简称“四群”办）通报有关情况。乡镇（街道）每月召开1次指导员工作会议，听取队长和指导员工作情况汇报。队长出（列）席乡镇（街道）党（工）委会议，指导员参加乡镇（街道）党（工）委、政府（办事处）召开的有关重要工作会议。

第十九条 工作布置制度。县新农村建设工作队总队根据省、市指导员工作部署和县委、县政府中心工作制定年度工作计划，乡镇工作队根据总队年度工作计划和乡镇（街道）党委、政府（办事处）中心工作制定实施方案，确定阶段性工作目标和任务，明确工作重点和内容，细化工作措施，提高工作的计划性、针对性和实效性。

第二十条 工作报告制度。乡镇（街道）工作队每年向县总队书面报告工作2次，分别于6月下旬和12月下旬完成。队长每月向县总队和乡镇（街道）党（工）委汇报新农村建设工作队工作情况1次。指导员每半年向派出单位报告工作1次。

第二十一条 考勤制度。指导员驻村期间，由村党组织负责，实行逐日登记考勤制度，实时公示住村情况，住村情况由乡镇（街道）汇总后，报县新农队办备案，住村情况应有村“两委”负责人、队长和乡镇分管领导的签字。

第二十二条 请销假制度。指导员请假应写出书面报告，并根据审批权限办理，不准擅自离岗，不准逾期不归，凡无正当理由且派出单位不知去向或无重要、紧急事务需要其回原单位办理而擅自离岗的，视为旷工；请假3天以内的由工作队队长审批、4至7天的须经所在乡镇（街道）党（工）委批准、7天以上的由县总队长批准、工作队长离开所在乡镇（街道）3天以上必须按干管权限报组织部门批准，假满回村后应及时销假。若发生重大灾情、疫情时，当地指导员必须坚守岗位，不得请假。

第二十三条 巡视督查制度。县新农队办定期和不定期地对指导员工作、乡镇（街道）管理工作、派出单位帮扶责任落实等情况进行督促检查。每年至少进行4次全面督促检查。

第二十四条 安全管理制度。各工作队要高度重视指导员安全工作，加强安全教育和安全管理，注重解决指导员在交通、居住、人身、饮食等方面存在的隐患。指导员离开驻村，要向队长和乡镇（街道）党（工）委报告去向，并保证通信畅通。

第二十五条 工作队工作经费管理。工作经费按照省、市、县关于指导员工作经费的有关规定和县、乡镇（街道）财务制度进行管理，使用范围主要是：为当地困难群众办实事好事的补助费、办公费、培训费以及经总队长、队长同意的其他开支。工作队报销工作经费应有队长和驻地乡镇（街道）乡镇长（办事处主任）的签字。

第二十六条 指导员工作经费管理。指导员工作经费使用范围与工作队工作经费相同，但指导员驻村生活补贴、往返家庭居住地和单位的差旅费，个人使用电脑、生活用品及设施等费用不在工作经费中开支。指导员报销工作经费应有工作队队长的签字。指导员凭合法票据到派出单位报销，派出单位根据所拨工作经费的性质进行管理。对无票据的，须有驻村或乡镇的经费开支证明，并加盖公章。

第五章　纪律要求

第二十七条 工作队及指导员要严格遵守政治纪律、组织纪律、工作纪律和群众纪律，做到“五不准”：不准在所驻乡村报销应由个人负担的各种费用；不准用所驻乡村的公款吃请；不准收受乡村发放的各种补贴；不准私自使用机关和企业的车辆；不准参与有损党员干部形象的各种活动。

第二十八条 新农村建设工作队总队长、队长和指导员驻村期间，必须与原单位工作脱钩，不得“兼职”或“走读”。

第二十九条 对违反组织纪律，造成一定影响的，经乡镇（街道）党（工）委、县委研究，按干部管理权限，交派出单位给予必要的党纪、政纪处分。

第六章　考核表彰

第三十条 指导员一年考核2次，为半年考核和年度考核，年度考核以半年考核为基础，半年考核不合格的，由派出单位重新选派；派出单位一年考核1次，为年终考核。年度考核工作于每年12月开始，由县委组织部和县新农村队办具体安排，乡镇（街道）负责实施。

第三十一条 考核坚持工作过程和工作成果相结合、定性与定量相结合、组织考核与群众评议相结合的考核原则，客观公正地考核指导员驻村工作实绩。

第三十二条 指导员考核按照个人总结、述职、民主测评、群众评议、组织评定、结果公示的程序进行，重点考核住村情况、民情日记、驻村工作成效、执行纪律等内容；单位领导到下派指导员驻村调查指导工作、单位工作计划和帮扶情况、指导员管理、工作经费兑现等内容。

第三十三条 指导员全年驻村时间低于200天的，一律取消派出单位和指导员本人评优评先资格；旷工或无正当理由离岗连续超过20天或一年内累计超过30天的，当年考核为不称职，取消派出单位评优评先资格。

第三十四条 指导员年度考核为优秀的，列为本单位考核优秀档次，不占本单位年度评优名额。年度考核表存入个人档案，作为干部选拔任用的重要依据。

第三十五条 指导员考核结果按干部管理权限分别报省、市、县组织部门和新农队办，并向派出单位反馈。派出单位考核结果报派出指导员的同级组织部门。县委、县政府对成绩突出的指导员和派出单位给予表彰奖励。

第七章　组织领导

第三十六条 县委书记是新农村建设工作队及指导员工作的第一责任人，县委、县政府主要领导和班子成员要带头深入基层调研，县委常委会定期专题研究新农村建设工作队及指导员工作。各乡镇（街道）党（工）委书记是新农村建设工作队及指导员工作的直接责任人，各乡镇要结合实际，确定新农村建设工作队及指导员工作目标和任务，妥善安排好新农村建设工作队及指导员的工作、学习和生活。要坚持落实好省委关于新农村建设工作有一名分管领导、一个专门管理机构、一批专门管理服务人员、一套健全的管理制度、一笔专项工作经费的“五个一”要求。

第三十七条 派出单位主要领导是本单位新农村建设工作队及指导员工作第一责任人，负责确定指导员人选、安排部署本单位帮扶工作的内容及建设项目，落实领导蹲点联户要求，带头深入乡村调查指导，看望指导员。分管领导是本单位新农村建设挂钩帮扶直接责任人，主要负责督促检查本单位帮扶责任的落实情况，定期听取指导员驻村工作汇报，研究部署帮扶工作。

第三十八条 县委组织部负责指导员的选派、考核推优、评比表彰和总队长、队长的任免等工作。县新农队办负责统筹协调指导员的日常管理、信息交流、督查指导等工作，与县委组织部、“四群”办定期沟通新农村建设工作队及指导员的日常管理工作。

第三十九条 各级各部门要加强调查研究，及时总结经验，深入挖掘典型，充分利用报纸、广播、电视、网络等媒体，广泛宣传下派指导员的重要意义、先进典型事迹、工作成绩和经验，积极营造良好工作氛围。工作队及指导员应充分利用微博等新型传播渠道，传递驻村入户感受，交流工作体会，分享基层工作收获，获取相互交流的成果。

第八章 附 则

第四十条 本办法由县委组织部、县新农队办负责解释。

第四十一条 本办法自下发之日起执行，《江川县新农村建设工作队及指导员管理办法》（江办发〔2011〕26号）同时废止。

第四十二条 各乡镇（街道）可参照本《办法》，结合实际制定管理细则。

中共江川县委办公室
关于进一步推进全县随机调研工作的通知

江办发〔2013〕74号

（2013年8月30日）

各乡镇党委、政府，大街街道党工委、办事处，县委和县级国家机关各部、委、办、局，各人民团体和企事业单位：

为进一步贯彻落实省委“全面开展随机调研工作”、市委《关于在全市推行随机调研制度的通知》和县委关于开展随机调研工作相关要求，切实转变工作作风，密切联系群众，提高决策部署的科学化水平，推动重点工作落实，现将进一步推进全县随机调研工作有关事项通知如下：

一、制定随机调研工作方案

各乡镇（街道）、县属各部门要围绕县委、县政府中心工作和全县重点工作、重大项目，结合工作实际制定本单位随机调研工作方案，明确调研主题和时间安排，编制随机调研“步骤图”，并严格按照“确定调研主题→深入一线调研→及时反馈情况→分析研究问题→综合运用成果”的步骤进行实地调研，保证规定动作不走样。做到调研目的明确、主题突出、方式方法灵活多样、时间安排合理、线路选择恰当。

二、开展随机调研工作要求

一要坚持领导带头。县委主要领导于9月5日前牵头开展以“转变作风接地气、抓好落实促发展”为主题的“四个一”活动（即开展一次随机调研、驻村入户一天、举行一次民情恳谈、办一件实事好事），为全县开展随机调研做好引领示范。各级领导干部要与开展群众路线教育实践活动和“四群”教育、实行干部直接联系群众工作相结合，带头转变作风，带头开展随机调研，为机关干部做出表率。县处级领导干部每年深入基层调研不少于3个月、住村不少于10天。要尽量扩大调研点的覆盖面，每名县处级领导随机调研至少覆盖5个以上乡镇（街道）、10个以上村（社区），并撰写调研报告。科级及以下干部要根据工作实际和职能职责灵活安排和开展随机调研，调研时间和住村时间由各单位统筹，一般每季度确定2—3个主题开展调研，调研后要形成有质量的调研报告、调研随想、调研手记。

二要加强统筹协调。县委办、人大办、政府办、政协办要统筹安排好全县各单位各部门随机调研主题、路线和时间，避免主题雷同单一、线路重复交叉、时间与工作冲突，防止扎堆调研、无人调研现象发生。随机调研要融入日常工作，要建立健全常态化机制，避免形式主义。

三要严格纪律要求。调研选点要结合单位工作实际，覆盖一定的村（社区）组、机关企事业基层单位、项目一线，多到困难大、矛盾多、情况复杂、贫困偏僻的地方，既要进村入户，更要深入田间地头、厂矿车间。要防止为调研而调研，形成较真碰硬抓落实的工作习惯和“问题在一线解决、工作在一线落实、作风在一线转变、干部在一线培养”的工作机制。随机调研要轻车简从，调研组一般由2—3人组成，不给基层增加负担，不打招呼不扰民；调研期间，不得接受基层宴请、赠送土特产，特殊情况在基层就餐的，提倡吃住在乡镇（街道）、村（社区）食堂，食宿自理或据实交纳食宿费，并严格遵守廉洁自律有关规定和中央八项规定。

三、相关材料报送

（一）请各乡镇（街道）、县属各部门将本单位随机调研工作方案和《四季度随机调研主题及调研计划安排表》于9月9日前上报县委组织部。

（二）调研后形成的调研报告、调研随想、调研手记请于每月25日前与《江川县单位（部门）挂钩联系与随机调研工作进展情况表》一并上报县委组织部。

（三）县委组织部牵头对全县随机调研工作开展情况进行督促检查、跟踪问效，对随机调研没有为基层“减负”而是给基层“添麻烦”的假调研，给予通报并限期整改，并于年底由县委办对全县随机调研工作开展情况进行通报。

中共江川县委办公室　江川县人民政府办公室
关于印发《江川县文化事业发展
扶持奖励办法》的通知

江办发〔2013〕71号

（2013年8月30日）

各乡镇党委、政府，大街街道党工委、办事处，县委和县级国家机关各部、委、办、局，各人民团体和企事业单位，中央、省、市驻江单位：

《江川县文化事业发展扶持奖励办法》已经县委、县政府讨论通过，现印发你们，请认真贯彻执行。

中共江川县委办公室

江川县人民政府办公室

2013年8月30日

江川县文化事业发展扶持奖励办法

为贯彻落实党的十七届六中全会和十八大精神，深入实施“文化兴县”战略，激发广大文艺工作者的创作热情，鼓励多出精品，多出人才，推动江川文化事业大发展、大繁荣。根据《中共江川县委江川县人民政府关于加强文化建设的意见》（江发〔2012〕23号）文件精神，制定本奖励办法。

一、扶持奖励的范围

（一）江川县文联下设的各文艺家协会。

（二）江川县范围内的各类文艺团体。

（三）江川作者创作或反映江川题材的优秀文艺作品。

二、扶持奖励经费

（一）县级财政每年按照人均0.5元的标准安排文化惠民活动补助经费。

（二）设立100万元的文化事业发展扶持奖励资金。

三、扶持奖励考核办法及标准

（一）对江川县文联下设的各文艺家协会的扶持

1．扶持条件

（1）组织机构健全，制度建设完善，工作有计划，活动有总结；

（2）能够带领本文艺家协会会员开展培训、创作活动，且每年举办培训、创作等活动不少于4次；

（3）每年向市、省乃至国家级文艺家协会发展、输送一定数量的会员；

（4）每年度有会员作品在县级以上文艺家协会主办或参与主办的比赛、展览等活动中入选或获奖；

（5）服从上级主管部门安排，积极参加县级组织的文艺活动，按时上报有关材料。

2．考核办法

以上各项每完成一项记2分，每分对应扶持经费500元。具体量化考核标准和考核工作由县文联制定和组织实施。

（二）对江川县范围内的各类文艺团体的奖励扶持

1．申报条件

（1）申请扶持的文艺团体必须是经相关部门批准注

册，具备独立的社会团体法人资格的文艺团队；申请补助的农村文艺团体必须是经乡镇（街道）文化事务中心正式登记在册，同时报经县文化馆备案，有一定规模的文艺团队，乡镇（街道）以及县文化馆必须建立较为完备的档案；

（2）申请对象必须建有完整的、科学的、可操作的团队管理运行发展制度，注册会员不少于30人，能够按照章程定期召开会议，讨论研究文艺队运营、管理、发展的相关事项；

（3）申请对象须自行配备一定数量的演出服装、道具和演出人员，能够服从、服务于县宣传和文化部门的工作需要及安排。

2．考核标准

（1）申报补助的文艺团体必须建有相应的文艺队管理制度、文艺队队员发展制度、文艺队排练制度和文艺队财务管理制度等相关工作制度，设有专门的财务人员，且能够按照制度进行运营管理；

（2）申报补助的文艺团体必须每年能够自主编排不少于3个团队节目（非个人表演类）参加县以上所组织的相关文艺演出或活动，以县文化馆确认为准；

（3）申报补助的文艺团体必须服从县宣传和文化部门的安排和调度，积极参加相关活动或演出，每年组织开展各类演出不低于5场（次）。同时，所编排演出的节目内容必须健康向上。

3．补助标准

对主动申报且达到上述申报条件和考核标准的文艺团体按实际工作开展情况给予1000—10000元/年的资金补助。

（三）对优秀文艺作品的奖励

1．文学著作

（1）在国家级出版社公开出版发行的，视其影响，每部奖励10000—60000元；

（2）在省级出版社公开出版发行的，视其影响，每部奖励3000—10000元。

2．电影、电视剧

（1）拍摄江川题材的电影，公映后，视其影响每部一次性奖励30－50万元；

（2）拍摄江川题材的电视剧，在中央电视台播出，每集一次性奖励30000—50000元；在省级电视台播出，每集一次性奖励10000—30000元。

3．其他文艺作品

（1）在国家级文艺家协会主办或参与主办的比赛、展演中入选或获奖、在国家级报刊发表的文艺作品，每项奖励1000—10000元；

（2）在省级文艺家协会主办或参与主办的比赛、展演中入选或获奖、在省级报刊发表的文艺作品，每项奖励500—8000元；

（3）在市级文艺家协会主办或参与主办的比赛、展演中入选或获奖、在市级报刊发表的文艺作品，每项奖励300—3000元；

（4）在县级主办的比赛、展演中获奖、在县级报刊发表的文艺作品，每项奖励100—1000元。

4．同一主题的比赛、展演按最高级别给予奖励。

四、由县委宣传部牵头，成立评审委员会，每年申报、评选一次，作品性质、内容、受表彰的级别由评审委员会进行认定。

五、本办法由县委宣传部负责解释并组织实施，自发文之日起执行。

中共江川县委办公室 江川县人民政府办公室
关于开展县级领导联系规模以上企业工作的通知

江办发〔2013〕92号

（2013年10月25日）

各乡镇党委、政府，大街街道党工委、办事处，县委和县级国家机关各部、委、办、局，各人民团体和企事业单位：

为积极帮助企业解决好发展中遇到的困难和问题，扭转当前全县工业经济增速放缓、增长乏力的不利局面，经县委、政府研究，决定建立县级领导联系规模以上企业制度，将联系帮扶责任分解到县级领导和具体部门，实行面对面、点对点的帮扶支持，努力推动全县工业经济健康快速发展。

一、联系帮扶企业工作重点

（一）确保工业企业生产要素有效保障。深入企业，协调做好水、电、油、运等生产要素的供给保障工作，确保32户规模以上企业生产正常。

（二）指导、帮助企业开展技改扩建，促进企业提升技术水平、提高生产能力，降低生产成本，增强市场竞争力。

（三）指导企业建立现代企业管理制度，积极推进企业信息化，帮助企业提高管理水平，促进企业做大做强。

（四）推动相关工业产业、企业结成产业联盟和生产共同体，积极促进工业产业、企业优势互补，增强抵御市场风险的能力。

（五）鼓励和引导企业积极挖掘内部潜力，加大营销力度，消化库存，加速资金周转，改善企业生产经营效益。

（六）积极帮助企业减轻生产经营压力。千方百计帮助企业排忧解难，对重点企业在能源保障、资金融通、用工需求等方面给予帮助支持。认真落实国家结构性减税政策，完善贷款定价机制，着力减轻企业负担。对困难较多的骨干企业，采取“一企一策”的办法，实行有针对性的扶持政策。

二、具体办法

（一）县级领导联系的企业，由县工信局联系领导对应联系；（二）县工信局联系领导每月至少一次到所联系的企业帮助指导工作；

（三）落实联系制度共分为5个工作小组，每个工作小组确定一名联络员（县工信局领导），做好上情下达、下情上报等有关工作。

县级领导联系规模以上企业工作即日起执行。

附件：江川县2013年县级领导联系规模以上企业名单（略）

江川县人民政府办公室关于印发江川县清理拆除临时违规建筑工作实施方案的通知（节选）

江政办发〔2013〕16号

各乡、镇人民政府，大街街道办事处，县属各有关单位：

《江川县清理拆除临时违规建筑工作实施方案》经县人民政府同意，现印发给你们，请认真遵照执行。

江川县人民政府办公室
2013年2月22日

江川县清理拆除临时违规建筑工作实施方案

为规范城市规划建设管理，及时清理拆除临时违规建筑，建设美丽江川，根据《玉溪市清理和拆除违规建筑工作实施方案》（玉政办发〔2013〕16号）、《玉溪市人民政府关于限期拆除抚仙湖沿岸及玉带河岸违规建筑物的通知》（玉政发〔2013〕34号）要求，特制定本实施方案。

一、指导思想

依据《城乡规划法》、《土地管理法》、《公路法》、《城市市容和环境卫生管理条例》、《高等级公路管理条例》、《云南省城市市容和环境卫生管理条例》、《云南省抚仙湖保护条例》、《云南省星云湖保护条例》、《云南省玉溪城市管理条例》等法律法规，按照经依法批准的相关规划，本着尊重历史、消除存量、杜绝增量的原则，采取有力措施，全面开展拆临拆违工作，促进城乡土地科学合理利用，优化城乡空间布局，配套完善城乡功能，推进城乡一体化建设，提高城镇建设质量。

二、工作目标、实施范围和实施主体

（一）工作目标

抚仙湖一级保护区和环湖公路两侧的拆临拆违工作于2013年4月18日前完成，2013年7月31日前完成全县范围内拆临拆违工作。

（二）实施范围

对全县范围内的县城和集镇建成区（重点是街道两侧、住宅小区、单位办公区和生活区）、抚仙湖片区（一级保护区范围至环湖公路以内；环湖公路外侧50米以内；玉带河两侧50米以内）、星云湖片区（重点是一级保护区和环湖公路两侧）、澄川公路和江通公路两侧（江城明星至大街大寨）红线控制范围以内及未经县级以上人民政府审批，农村居民私自占用集体土地建盖的临时建筑、违章建筑依法实施拆除。

（三）实施主体

1. 县城建成区街道两侧、住宅小区范围内的拆临拆违工作由县城市管理综合行政执法局和县住建局负责；

2. 县城各单位办公区和生活区范围内的拆临拆违工作由县城市管理综合行政执法局督促各单位自行负责；

3. 县城建成区除上述两块区域外属三个社区管理范围内的拆临拆违工作由大街街道办事处负责；

4. 各乡镇集镇建成区范围内的拆临拆违工作由各乡镇人民政府负责；

5. 抚仙湖和星云湖一级保护区以及环湖公路两侧的拆临拆违工作由沿湖乡镇人民政府、抚管局、星管局负责；

6. 澄川公路和江通公路两侧（江城明星至大街大寨）控制红线范围内的拆临拆违工作由沿线乡镇人民政府、交通局负责。

7. 未经县级以上人民政府审批，农村居民私自占用集体土地建房或建盖其他建筑物的拆临拆违工作由各乡镇人民政府、大街街道办事处和涉及的村（居）民委员会、村（居）民小组负责，县国土资源局配合。

三、工作原则

（一）公开公正的原则

拆临拆违工作坚持公开、公正原则，拆除情况及时公布，并自觉接受广大人民群众的监督。

（二）依法行政的原则

拆临拆违工作要严格依据相关法律法规的规定组织实施。

（三）稳步推进的原则

拆临拆违工作中，各级各部门要协调配合好，确保拆除改造工作圆满完成。

（四）注重长效的原则

违法违规及临时建（构）筑物拆除后，要高水平规划、高标准建设，从严管理，确保拆得了、建得好、管得住、零申报。

四、工作步骤

抚仙湖片区拆临拆违工作由沿湖乡镇制定专项工作方案并组织实施，其他范围内拆临拆违工作分三个阶段进行。

（一）动员、普查、建档立卷阶段（2013年2月24日前）

县政府召开拆临拆违工作动员会议，统一思想、提高认识、明确任务，对拆临拆违工作进行安排部署。各乡镇、街道和相关部门对负责范围内的临时违规建（构）筑物进行详细调查，准确记载位置、面积、结构、建设时间、建设依据等主要数据，填写普查登记表，并对其进行拍照。按照临时违规建（构）筑物一户一档的原则，将普查登记表、每户现状房屋照片进行统一归档。

（二）拆除阶段（2月25日–6月30日）

自行拆除阶段（2月25日–3月10日）。对调查确定的临时违规建（构）筑物，根据相关法律法规和政策要求，由各责任单位发出书面通知限期自行拆除。

依法拆除阶段（3月11日–6月30日）。各乡镇、街道和相关部门依照有关法律法规的规定，对限期未拆除的临时违规建（构）筑依法组织拆除。

（三）整改验收阶段（2013年7月1日至7月31日）

由领导小组牵头，各乡镇、街道和相关部门参加，对规定范围内的拆临拆违工作进行验收，验收不合格的务必于7月31日前完成整改工作。

五、组织领导和工作职责

各乡镇、街道和县属相关部门要充分认识拆临拆违工作的重要意义，把拆临拆违工作作为当前一项重要任务，摆上议事日程，要组织专门班子，集中精力抓。各乡镇、街道和相关部门主要负责人要亲自参与，亲自督查，遇到重点难点问题要亲自上阵；分管负责人要全力以赴，深入一线，靠前指挥。要建立严格的目标管理责任制，将任务层层分解，将责任逐级明确，倒逼目标，倒排计划，做到分工负责，分片包干，不留空白，不留尾巴，不留死角，确保拆临拆违的各项措施落到实处。为做好拆临拆违工作，县政府成立江川县拆临拆违工作领导小组，成员名单如下：

组　长：葛　勇　县委副书记、县政府县长

副组长：石　伟　县委常委、县政府常务副县长

　　　　牛旺林　县政府副县长、县公安局局长

领导小组下设一个办公室和拆除工作组、法律法规工作指导组、宣传报道工作组、规划建设组及督促检查组五个工作组，办公室和各工作组职责如下：

办公室：领导小组办公室设在县住房和城乡建设局，由普学化兼任办公室主任，负责信息收集报送等领导小组日常工作。

拆除工作组：由各乡镇（街道）抽调人员组成，乡镇（街道）是开展本辖区内拆临拆违工作的主体，党政主要领导为第一责任人，分管领导为直接责任人。各乡镇（街道）要结合工作实际成立相应的领导机构，认真贯彻落实市、县两级党委、政府关于拆临拆违工作的部署和要求，分析研究本辖区拆除工作的具体措施，负责对辖区内临时违规建筑物情况进行逐村逐户拉网式彻查，摸清底数，登记造册，并用影像资料把现状固定下来，组织实施本辖区内的拆除工作，杜绝新增违规建筑。

法律法规工作指导组：由县政府法制办、县公安局、县法院、县检察院、县司法局、县国土局、县住建局、县抚管局、县林业局、县信访局、县工商局、县地税局各抽调一名副职和一名工作人员组成，负责帮助、指导、配合各乡镇（街道）开展拆除工作，对拆除范围内的建（构）筑物进行法律界定。

宣传报道工作组：由县文旅广体局抽调人员组成，负责对拆临拆违工作的报道，加强对相关法律法规和政策的宣传，对典型案例及时进行公开曝光，形成强大的舆论宣传氛围，最大限度减少拆除难度和阻力。

规划建设组：由住建局、规划局、国土局、林业局、抚管局抽调人员组成，负责对拆临拆违的区域进行绿化、美化，对涉及搬迁所需土地及时办理相关审批手续及规划控制等工作。

督促检查组：由县监察局抽调人员组成，负责在参与中对拆除工作进行督促检查，对工作不力，甚至包庇纵容、失职渎职的行为进行严肃查处，追究责任。

六、相关要求

（一）统一思想，提高认识

各级各部门要充分认识拆临拆违工作的重要性、艰巨

性，要把思想统一到县委、县政府的决策部署上来，进一步增强责任感和紧迫感，切实履行好各自职责，认真抓好拆除工作，确保取得实效。

（二）广泛宣传，加强引导

强化宣传教育，多形式、多层次、多角度地宣传相关法律法规和政策，要深入细致地做好群众思想工作，讲清说透法律法规政策以及违规建筑的严重性、危害性，大力宣传拆除违规建筑的重要性和必要性，争取广大群众的理解、支持，努力消除对立情绪，最大限度地减少执法的难度和阻力。

（三）建立制度，及时报告

建立拆临拆违日申报制度，各乡镇、街道和相关部门要确定专门信息员，自2013年2月25日起，每日上午9时前以表格形式向县政府办（联系人：晏春，联系电话：8019131，邮箱：jcxdcs201@163.com）、县住建局（联系人：李伟宏，联系电话：8033615，邮箱:jczjjbgs@163.com）报送规定范围内拆临拆违进度，由县政府办、县住建局汇总后向市政府办、市住建局和市规划局报送情况。各乡镇、街道和相关部门信息员名单于2013年2月25日9时前反馈至县政府办和县住建局。2013年7月1日至2013年12月31日，实行零申报制度，不允许出现新建临时违规建筑。

（四）严格管理，加强监督

抚仙湖一级保护区范围至环湖公路外侧50米，及玉带河两侧50米，要依法严格监管，自2013年2月22日起，严禁在该区域审批任何临时性或永久性建筑项目（保护、治理项目除外），自2013年4月18日起，江城、路居两镇人民政府对该区域实行临时违规建（构）筑物零申报。

（五）强化责任，狠抓落实

各级各部门必须严格依法行政，认真核实临时违法违规建（构）筑物，决不允许补办手续，将违法违规建（构）筑物合法化。制定切实可行的工作方案，明确目标任务和工作职责，深入细致做好群众工作和社会维稳工作，加快组织实施，确保抚仙湖一级保护区和环湖公路两侧的拆临拆违工作于2013年4月18日前完成，2013年7月31日前完成全县范围内拆临拆违工作。

（六）完善配套办法，建立长效机制

为加强对农村住房建设行为的管理，根据有关法律法规的相关规定，制定出台《江川县农村住房建设审批管理办法》、《江川县抚仙湖一级保护区违规建设行为查处办法》等相关配套办法，进一步明确和规范农村住房建设的审批程序和建设行为。各乡镇、各相关部门要结合各自实际，制定完善相应的配套办法，进一步规范本地区、本部门在农村住房建设审批、监管中应当履行的职能职责，确保各项规定落到实处。

（七）严明纪律、确保效果

加强对拆临拆违工作的监督检查，坚持严格的问责制度，对工作落实不力、推诿扯皮的，县政府将启动行政问责机制，追究主要领导的责任。

附件：（略）

江川县人民政府办公室关于印发江川县进一步加强抚仙湖水生态环境保护和水资源管理实施方案的通知

江政办发〔2013〕22号

江城、路居镇人民政府，县属各有关单位：

《江川县进一步加强抚仙湖水生态环境保护和水资源管理实施方案》经县人民政府同意，现印发给你们，请认真遵照执行。

江川县人民政府办公室

2013年3月6日

江川县进一步加强抚仙湖水生态环境保护和水资源管理实施方案

由于多年连续干旱，抚仙湖水位已下降至最低法定水位以下，且还在继续下降，抚仙湖生态环境保护形势十分严峻。为切实加强抚仙湖保护管理，有效防范水生态风险，确保抚仙湖生态环境安全，结合江川实际，特制定本方案。

一、加强领导，提高认识，充分研判抚仙湖生态环境保护面临的严峻形势

（一）为确保抚仙湖水生态环境保护和水资源管理工作扎实高效展开，县政府决定成立以县政府副县长普朝鹏任组长，县政府办副主任龚钲、县抚管局局长李佳强任副组长，县监察局、发改局、抚管局、环保局、住建局、农业局、水利局、财政局、国土局、文旅广体局、工商局、公安局、交运局、卫生局、食药监局、新农办、江城镇、路居镇分管领导为成员的江川县抚仙湖水生态环境保护和水资源管理工作领导小组，负责组织协调各项工作开展。领导小组下设办公室在县抚管局，由李佳强兼任办公室主任，成员从相关部门抽调，负责处理领导小组办公室的日常工作及联席会议的协调、通知，相关资料的收集、整理、上报等工作。

（二）江城、路居镇人民政府和县属各有关单位，要认真贯彻落实省市领导关于抚仙湖水位下降的重要批示精神，切实增强对抚仙湖水位降至法定水位以下可能引发的生态环境风险的重要性、紧迫性认识，进一步统一思想，以高度的政治责任感和紧迫感，以对岗位职责负责、对子孙后代负责的态度，充分研判水位下降导致蓄水量减少、自净能力下降，湖滩裸露，湖滨带生态结构和功能改变，降解和削减入湖污染负荷的能力降低，生态环境风险增大所面临的严峻形势，明确目标、落实责任、加强协作、密切配合，强化日常监管、检查，对发现的问题要及时通报并督促落实整改。开展相关专家咨询，广泛听取专家意见，完善保护措施办法，杜绝和防止抚仙湖水生态风险的发生。

责任单位：江城、路居镇政府，县发改局、财政局、国土局、林业局、水利局、农业局、住建局、交运局、环保局、抚管局、文旅广体局、工商局

责任人：责任单位主要领导

二、加强抚仙湖水资源管理，依法严格执行取用水许可制度

（三）严格贯彻落实《关于执行最严格水资源管理制度意见》（国发〔2012〕3号）精神，按照总体计划、高效利用、全面节约和先生活后生产，先节水后供水的原则，

优先保障群众生活用水，兼顾农业用水，限制工业和景观用水，加强对取用抚仙湖水的单位和个人的检查，严格执行用水审批制度。

责任单位：江城、路居镇政府、县抚管局、水利局

责任人：胡正鸿、杨兴华、李佳强、杨涛

（四）2月底前要对取水用户、取水量再次进行排查，督促各取水单位和个人于3月15日前制定用水计划、节水措施报县抚管局审定，县政府备案。落实各项节水措施，坚决查处擅自取用抚仙湖水的违法行为。在抚仙湖水位恢复法定最低运行水位以上前，新增取水点必须上报县政府审核，由县政府报市政府审批，并报省级水利行政主管部门备案。暂停审批取用抚仙湖水的开发经营性项目，直至抚仙湖恢复至法定水位以上。

责任单位：江城、路居镇政府，县抚管局、文旅广体局

责任人：胡正鸿、杨兴华、李佳强、乐志刚

协助单位：县水利局

责任人：协助单位分管领导

（五）认真做好取水量调查，每半月开展一次取水户检查，严格执行计量和水资源费累计加价制度，取用水超计划或者超定额10%以下的部分，按照水资源费征收标准的1.5倍收取；超过10%至30%的部分，按照征收标准的2倍收取；超过30%至50%的部分，按征收标准的2.5倍收取；超过50%以上的部分，按征收标准的3倍收取。加强督促各取水单位和个人提高中水回用比例，并根据水位运行情况，适时对取水户取水量采取紧急限制措施，确保实现节水10%的目标。

责任单位：县抚管局、水利局

责任人：李佳强、杨涛

（六）加大节水惜水爱水的宣传教育力度，充分利用广播电台、电视台、网站、报纸等媒介宣传抚仙湖保护及节约用水的重要意义，大力倡导科学用水，引导全民自觉节约用水，增强全民节水意识。

责任单位：江城、路居镇政府，县抚管局、文旅广体局

责任人：胡正鸿、杨兴华、李佳强、乐志刚

协助单位：县水利局

责任人：协助单位分管领导

三、深入开展抚仙湖沿湖污染隐患排查整治

（七）加大抚仙湖径流区污染隐患排查力度。2013年2月底以前，要对抚仙湖径流区内原化工企业遗留的废弃物、工矿企业、污水处理厂、垃圾填埋场和一级保护区内的企业、个体工商户、危险废物和危险化学品运输等进行一次全面彻底的排查和整治。

责任单位：县环保局

责任人：李华同

协助单位：江城、路居镇政府，县抚管局、交运局

责任人：协助单位分管领导

（八）坚决整治违法排污行为。督促沿湖餐饮业、宾馆酒店、景区景点经营户、畜禽养殖户等完善污水收集、处理设施，禁止废水直接外排。

责任单位：江城、路居镇政府，县环保局

责任人：胡正鸿、杨兴华、李华同

协助单位：县抚管局、卫生局、工商局、农业局、文旅广体局

责任人：协助单位分管领导

（九）加强水上安全教育管理。对无证入湖、超载营运、未穿着救生衣或佩带救生设备入湖等行为坚决查处，4月底以前要对所有景区、景点进行一次全面的清理整顿，进一步规范经营行为，切实履行水上安全监管职责。

责任单位：县抚管局、文旅广体局

责任人：李佳强、乐志刚

协助单位：江城、路居镇政府，交运局

责任人：协助单位分管领导

（十）加强在建项目监管。加大对重大旅游开发项目的执法检查力度，严格执行环境影响评价报告和“三同时”制度，对在检查过程中发现存在污染隐患的，要责令限期整改。加大对污染案件的查处力度，提高案件查办能力和效率，杜绝污染事故发生。

责任单位：县环保局、抚管局

责任人：李华同、李佳强

协助单位：江城、路居镇政府，县文旅广体局

责任人：协助单位分管领导

四、强化抚仙湖沿湖环境卫生管理

（十一）督促落实抚仙湖环境卫生管理制度，建立健全沿湖环境卫生、垃圾收集清运管理长效机制。两镇政府要加大沿湖环境卫生管理、监督检查力度。充分调动卫生监督员和保洁员的工作积极性，实行分片包干，分段定员、定岗及时清运沿湖垃圾，消除环境卫生死角，有效消减入湖污染负荷。进一步健全完善“组保洁、村收集、镇运转、县处置”的垃圾处置体系。

责任单位：江城、路居镇政府

责任人：胡正鸿、杨兴华

协助单位：县抚管局、新农办

责任人：协助单位分管领导

（十二）加强对入湖河道（段）的检查。认真落实主要入湖河道（段）长负责制。两镇要每月开展清洁河道、清洁村庄、清洁湖滩、清洁田园“四清”活动，确保村庄整洁有序、河道清水长流、湖滩清洁干净、垃圾规范清运。5月底以前要认真组织对抚仙湖所有入湖河道和湖滩每月进行一次全面清理，避免雨季来临大量垃圾流入抚仙湖。

责任单位：江城、路居镇政府，县环保局

责任人：胡正鸿、杨兴华、李华同

协助单位：抚管局、新农办

责任人：协助单位分管领导

（十三）加强沿湖公路的管理。对在沿湖道路乱堆乱放建筑材料、建筑垃圾、随意停放车辆等行为进行集中清理、整治，确保沿湖交通环境良好。

责任单位：交运局、县公安局交警大队

责任人：胡尚辰、胡禄金

配合单位：江城、路居镇政府

责任人：胡正鸿、杨兴华

五、加强渔政管理，加大渔政执法力度

（十四）深入开展渔政执法专项检查，加大对违法违规捕捞行为的打击力度。严禁携带蓄电池入湖进行灯光诱捕，严禁电力拖捕，严禁使用电瓶推进器改装机动船入湖，对违反规定的违法违规捕捞行为，要坚决严厉打击。

责任单位：县抚管局

责任人：李佳强

协助单位：江城、路居镇政府，县公安局

责任人：协助单位分管领导

（十五）积极开展宣传教育活动，深入沿湖镇、村、组，采取召开渔民群众会、入户宣传等多种宣传方式，广泛宣传灯光诱捕和电力拖捕、非法使用电瓶改装机动船入湖行为的危害。做好沿湖群众工作，确保4月1日全面禁渔，杜绝电力拖捕、灯光诱捕和非法使用电瓶改装机动船入湖等违法违规现象发生。

责任单位：江城、路居镇政府，县抚管局

责任人：胡正鸿、杨兴华、李佳强

六、严格执法，严肃查处私搭乱建违法行为

（十六）加大沿湖私搭乱建、侵占湖滩水体等违法案件的查处力度。两镇政府要按照“简政放权、属地管理、书记镇长负责、加大执法力度”的管理体制，切实加强对抚仙湖一级保护区内及环湖公路上下的临时或违章建筑的巡查，对在抚仙湖一级保护区范围内擅自新、改、扩建的违规行为，发现一起，查处一起，已建临时或违章建筑在4月底前必须全部拆除。

责任单位：江城、路居镇政府

责任人：胡正鸿、杨兴华

协助单位：县国土局、住建局、公安局、抚管局

责任人：协助单位分管领导

（十七）深入实施“一退够、二调优、三保护”战略，两镇政府要把“退房还湖”与迁村并点相结合，与新农村建设相结合，与特色集镇建设相结合，与村镇规划、重大旅游项目建设统筹考虑，切实推进退房还湖工作，确保沿湖群众“退得出来、住得下来、富得起来”。

责任单位：江城、路居镇政府

责任人：胡正鸿、杨兴华

协助单位：县国土局、住建局、抚管局

责任人：协助单位分管领导

（十八）按照“堵疏结合、利民规范”的原则，制定沿湖乡镇城乡建设总体规划、农村住宅建设管理办法和抚仙湖沿湖农村住宅单立面参考效果图，规范沿湖群众住房建设行为。

责任单位：县住建局

责任人：普学化

协助单位：江城、路居镇政府，县国土局

责任人：协助单位分管领导

（十九）对未批新占土地建房（含未经审批建房、超过审批规定多占土地建房）和未经批准在原合法宅基地上超过原用地面积建房行为进行巡查、清理整治。

责任单位：江城、路居镇政府

责任人：胡正鸿、杨兴华

配合单位：县住建局、国土局

责任人：协助单位分管领导

七、加快推进抚仙湖保护试点工程建设进度

（二十）抓紧研究解决在建工程项目存在的困难和问题，加快工程实施进度，有效控制和削减入湖污染负荷。大鲫鱼河工程要加快建设进度，尽快组织验收。缓冲带生态建设工程要抓紧启动低污染水处理、村落污染控制工程，对抚仙湖水位下降后裸露的滩涂地带，5月底前要完成适宜生长的挺水植物种植。加快2013年新建项目前期工作进度，2月底前要完成抚仙湖西岸（江川段）生活污水收集工程项目前期工作，5月1日前启动工程项目建设。

责任单位：江城、路居镇政府，县环保局、抚管局、住建局

责任人：胡正鸿、杨兴华、李华同、李佳强、普学化

协助单位：县国土局、林业局、水利局、农业局

责任人：协助单位分管领导

八、大力推进抚仙湖径流区农业种植结构调整

（二十一）加强对抚仙湖径流区发展生态农业的指导，沿湖两镇人民政府要积极推进种植业结构调整，推广测土配方施肥、旱作技术和生物防控技术，减少大水大肥农作物的种植，提倡发展节水型作物，引导和鼓励农民栽种用水量较少的旱作作物，指导农民种植施用化肥和农药较少的经济作物。

责任单位：江城、路居镇政府

责任人：胡正鸿、杨兴华

协助单位：县农业局

责任人：协助单位分管领导

九、配合做好水质监测工作

（二十二）要加大抚仙湖水质监测密度，增设监测点，每半月开展一次水质监测。对重点区域、重点时段、主要河流入湖口，要做好抚仙湖水质舆情监测和水质变化预警。加大对重大旅游开发项目附近水域水质的监测密度。搞好监测结果分析运用，科学制定水质变化应急预案，及时将

监测结果等报县政府和有关单位。

责任单位：县环保局

责任人：李华同

十、加强督促检查和确保各项措施的落实

（二十三）沿湖两镇人民政府要按照"属地管理"原则，明确目标任务，层层分解细化狠抓落实。县属相关部门，要认真履行部门职能职责，加强协作，密切配合，强化日常指导和检查。县监察局牵头组织相关成员单位，定期不定期对沿湖两镇政府及相关责任部门工作情况进行监督检查，发现问题及时通报并督促落实整改，对行动迟缓、措施不力的要给予通报批评，拒不整改或造成严重后果的要严肃追究相关单位主要领导和相关人员的责任。新闻媒体要加大舆论监督力度，对抚仙湖周边的环境违法行为、游客及沿湖群众的不文明行为进行曝光。

责任单位：江城、路居镇人民政府，县发改局、公安局、财政局、国土局、林业局、水利局、农业局、住建局、交通运输局、环保局、抚管局、工商局、监察局、文旅广体局

（二十四）要加强工作经费保障，确保抚仙湖水生态环境保护和水资源管理工作高效、顺利开展。

责任单位：县财政局

十一、工作要求

（二十五）要统一思想，提高认识。沿湖两镇、各责任部门要切实把思想统一到"保护治理抚仙湖，就是落实科学发展观"的高度上来，积极工作，认真履职，按照各自的工作职能、职责，认真完成好各项工作任务，确保工作取得实效。

（二十六）要结合实际，研究制定方案。沿湖两镇、各责任部门要按照本方案的要求，认真研究制定切实可行的具体实施方案，于2月25日以前将工作方案报领导小组办公室并组织开展工作。

（二十七）要及时上报工作情况及信息。沿湖两镇、各责任部门要确定1名信息联络员，及时反馈工作信息和工作进展情况，及时总结好的经验、措施、做法，并于每周五下午5：00时前上报至领导小组办公室。在今年2月至5月期间，县领导小组办公室要于每月23日前将加强抚仙湖水生态环境保护和水资源管理的落实情况上报市有关部门。

江川县人民政府办公室关于印发江川县治理农业面源污染提高耕地持续生产能力工作方案的通知

江政办发〔2013〕31号

各乡、镇人民政府，大街街道办事处，县属各局、办：

《江川县治理农业面源污染提高耕地持续生产能力工作方案》，已经县人民政府研究同意，现印发给你们，请抓好落实。

江川县人民政府办公室

2013年3月22日

江川县治理农业面源污染提高耕地持续生产能力工作方案

为贯彻落实好《玉溪市人民政府关于治理农业面源污染提高耕地持续生产能力的意见》（玉政发〔2013〕52号）文件精神，根据《中华人民共和国环境保护法》、《基本农田保护条例》、《云南省抚仙湖保护条例》、《云南省星云湖保护条例》等法律法规和市委、市政府治理农业农村面源污染有关要求，结合江川实际，特制定本工作方案。

一、指导思想、基本原则

（一）指导思想

以科学发展观和十八大精神为指导，坚持生态立县战略不动摇，围绕“保耕地、调结构、建生态、美家园”和一年初见成效，二年大见成效，三年基本拆除的要求，通过治理以塑料薄膜大棚为主的农业面源污染，提高耕地可持续生产能力，进一步调整优化农业产业结构，大力发展生态环保农业，着力改善自然生态环境，维护生态平衡，实现生态农业、观光农业、可持续发展农业科学发展的目标，促进人与自然和谐发展，建设生态、美丽江川。

（二）基本原则

1. 杜绝增量原则

城镇建设规划区、城郊结合部、各乡镇（街道）主要公路干道沿线、“两湖”沿岸等主要区域，禁止新建塑料薄膜大棚。

2. 消化存量原则

重点区域内现有的塑料薄膜大棚要突出重点、循序渐进、逐步拆除。

3. 属地管理原则

乡镇（街道）党委、政府是整治工作的责任主体，必须确保辖区内整治工作顺利推进。

4. 合理补偿原则

整治拆除的大棚，要在认真估价的基础上，按照统一标准，给予合理补偿。

5. 稳步推进原则

拆除大棚工作中，各级各部门要协调配合好，确保拆除工作圆满完成。

6. 优化调整原则

必须围绕生态农业发展要求，完善产业规划布局，加大作物结构调整力度，引导产业转移发展，大力发展绿化苗木、观光休闲、农业庄园等生态、环保型农业，完善循环农业经济体系。

7. 治理与园区建设相结合原则

通过新兴产业园区建设，创造就业机会和条件，促进劳动力转移；利用大户、联户方式进行土地流转，实现种植业结构调整、土地规模经营目标。

二、重点范围、目标任务

（一）重点范围

在“两湖”法定水位线外延500米和高速公路、县内高等级公路、坝区城镇主干道沿线两侧各500米范围内的塑料大棚（用于科研、育苗的除外）。

（二）目标任务

2013年底前拆除“两湖”法定水位线外延300米和玉江高速公路、县内高等级公路、坝区城镇主干道沿线两侧各200米范围内的塑料大棚。其余的在2015年全部拆除，进行生态修复，恢复自然生态景观。

三、实施步骤

（一）摸底调查，制定方案。各乡镇（街道）要组织人员，深入企业、农户和田间地头，详细调查塑料薄膜大棚现状，摸清家底，掌握业主姓名、建设时间、建设规模、结构类用途、种植品种、附属设施设备、土地流转期限和租金、投资、收入等情况，为整治工作提供详实可靠资料。各乡镇（街道）要根据摸底调查情况，结合实际，制定切实可行的治理工作方案，落实组织、工作措施，确保拆除工作有序开展。

（二）宣传发动，营造氛围。要围绕“保耕地、调结构、建生态、美家园”的要求，大力进行宣传发动，通过召开村民大会、业主会议、发放告知书等多种形式，对治理工作进行广泛宣传。宣传发动工作要深入细致、到户到人，做到家喻户晓，使广大干部群众充分理解治理工作的重要性和紧迫性，支持、配合、参与治理工作。要及时总结治理工作中好的经验和做法，通过典型引路，推动工作。要注意对媒体的正面引导，为整治工作创造好的舆论环境。

（三）组织估价，签订协议。对治理工作中需拆除的塑料薄膜大棚，要逐户逐块认真组织估价，签订补偿协议。

（四）合理补偿，组织拆除。按照补偿协议确定补偿后，在广泛宣传发动的基础上，动员大棚业主按期自行拆除。对未能按期拆除的，要组织力量拆除。

（五）及时转变生产方式，实施生态修复。塑料薄膜大棚拆除后，要督促和指导农户、业主通过客土、施用有机肥等措施，进行耕地生态修复，恢复耕地地力，发展生态农业。

四、加强领导

为加强对塑料大棚拆除工作的领导，确保整个拆除工作按期完成，县委，县政府已成立了治理农业面源污染提高耕地持续生产能力工作领导小组（另文下发），组织开展治理以塑料薄膜大棚为主的农业面源污染工作。

领导小组下设办公室和拆除组、宣传报道组、信访接待组、督查组、验收组，办公室和工作组工作职责如下：

办公室：领导小组办公室设在县农业局，由杨杰兼任办公室主任，工作人员从相关部门抽调，负责信息收集报送等日常工作。

拆除工作组：各乡镇（街道）要结合工作实际成立相应的领导机构，认真贯彻落实市、县两级党委、政府关于拆除大棚工作的部署和要求，分析研究本辖区拆除工作的具体措施，负责对辖区内大棚情况进行逐村逐户拉网式调查，摸清底数，登记造册，并用影像资料把现状固定下来，组织实施本辖区内的拆除工作，杜绝新增大棚。

信访接待组：各乡镇（街道）要安排人员组成信访接待小组，负责对群众反映情况的解释、说明和核实，确保社会稳定。

宣传报道工作组：由县文旅广体局抽调人员组成，负责对拆除大棚工作的报道，加强对相关法律法规和政策的宣传，对典型案例及时进行宣传，形成强大的舆论宣传氛围，最大限度减少拆除难度和阻力。

督促检查组：由县监察局抽调人员组成，负责在参与中对拆除工作进行督促检查，对工作不实，措施不力的乡镇（街道）和部门领导进行严肃批评，直至追究领导责任。

验收工作组：由县农业局牵头，县监察、财政、审计抽调人员组成验收组，根据乡镇（街道）申请，深入田间地头，对拆除情况进行验收，确定补偿费用。

五、工作要求

（一）统一思想，提高认识

各级各部门要充分认识开展以塑料薄膜大棚为主的农业面源污染治理工作的重要性和紧迫性，树立全局意识、保护意识和可持续发展意识，把治理以塑料薄膜大棚为主的农业面源污染，作为保护耕地质量、实现农业可持续发展，调优产业结构、推进生态环保农业建设和生态立县战略实施，改善生态景观、建设美丽乡村的一项重要任务来抓，加强组织领导，强化措施落实，确保治理工作取得实效。

（二）广泛宣传，加强引导

强化宣传教育，多形式、多层次、多角度地宣传相关法律法规和政策，要深入细致地做好群众思想工作，讲清说透法律法规政策以及塑料大棚的危害性，大力宣传拆除塑料大棚的重要性和必要性，争取广大群众的理解、支持，努力消除对立情绪，最大限度地减少拆除的难度和阻力。

（三）建立制度，及时报告

建立拆除塑料大棚周申报制度，各乡镇、街道和相关部门要确定专门信息员，每周五上午9时前以表格形式向县农业局（联系人：吴绍良、金永康，联系电话：8011139，邮箱：jcshchg@163.com）报送规定范围内塑料大棚拆除进度，由县农业局汇总后向市农业局报送情况。各乡镇、街道和相关部门信息员名单于2013年3月19日下午5时前反馈至县农业局。

（四）严格管理，杜绝新增

从2013年2月25日起，在“两湖”法定水位线外延500米和高速公路、县内高等级公路、坝区城镇主干道沿线两侧各500米范围内，严禁新增塑料大棚。

（五）强化责任，狠抓落实

各级各部门必须制定切实可行的工作方案，明确目标任务和工作职责，深入细致做好群众工作和社会维稳工作，加快组织实施，确保2013年底前拆除“两湖”法定水位线外延300米和玉江高速公路、县内高等级公路、坝区城镇主干道沿线两侧各200米范围内的塑料大棚。其余的在2015年全部拆除。

（六）严明纪律、确保效果

加强对拆除大棚工作的监督检查，坚持严格的问责制度，对工作落实不力、推诿扯皮的，县政府将启动行政问责机制，追究主要领导的责任。

江川县人民政府办公室关于印发
江川县行政事业单位国有资产管理办法的通知

江政办发〔2013〕57号

各乡（镇）人民政府，大街街道办事处，县属各有关单位：

《江川县行政事业单位国有资产管理办法》，经县人民政府同意，现印发给你们，请认真遵照执行。

江川县人民政府办公室

2013年5月17日

江川县行政事业单位国有资产管理办法

第一章 总 则

第一条 为了规范和加强行政事业单位国有资产管理，维护国有资产的安全和完整，合理配置国有资产，提高国有资产使用效益，保障行政事业单位履行职能，促进各项事业发展，根据《行政单位国有资产管理暂行办法》（财政部令第35号）、《事业单位国有资产管理暂行办法》（财政部令第36号）、《玉溪市行政事业单位国有资产管理办法》（玉政发〔2012〕229号），结合本县实际，制定本办法。

第二条 本办法适用于本县各级党政机关、人大机关、政协机关、审判机关、检察机关和各民主党派机关（以下统称行政单位）和各级各类事业单位（以下简称事业单位）的国有资产管理活动。

第三条 本办法所称的行政事业单位国有资产，是指由各级行政事业单位占有、使用的，依法确认为国家所有，能以货币计量的各种经济资源的总称，即行政事业单位国有财产。

行政事业单位国有资产包括用国家财政性资金形成的资产、国家调拨给行政事业单位的资产、行政事业单位按照国家规定运用国有资产组织收入形成的资产，以及接受捐赠和其他经法律确认为国家所有的资产。其表现形式为固定资产、流动资产、无形资产和对外投资等。

第四条 行政事业单位国有资产是行政事业单位履行职能、提供公共产品和服务的重要物质保障；行政事业单位国有资产从其形成、使用到处置，均与政府公共管理职能密切相关，是政府公共财政运行和公共财政资金分配管理职能的重要组成部分；财政部门为保障政府公共管理职能的实现，代表国家行使所有者权利，承担对行政事业单位国有资产的管理职能。

第五条 行政事业单位国有资产实行国家统一所有，政府分级监管，单位占有、使用的管理体制。管理活动应当遵循以下原则：

（一）资产管理与预算管理相结合；

（二）资产管理与财务管理相结合；

（三）实物管理与价值管理相结合。

第六条 行政事业单位国有资产管理的目标是：

（一）维护行政事业单位国有资产的安全完整；

（二）优化行政事业单位国有资产的合理配置；

（三）保障行政事业单位国有资产的保值与增值。

第七条 行政事业单位国有资产管理的主要任务是：

（一）建立事前、事中、事后管理相结合，日常监督和专项监督相结合，配置、使用、处置相互协调和良性循环的行政事业单位国有资产监管机制；

（二）建立财政部门、主管部门、行政事业单位全方位、多层次的行政事业单位国有资产监管体系；

（三）建立产权清晰、配置合理、处置规范、管理有序，确保国有资产安全完整、充分发挥效能的行政事业单位国有资产监管模式。

第八条 行政事业单位国有资产管理的内容包括：资产配置、资产使用、资产处置、资产评估、资产清查、产权登记、产权界定、产权纠纷调处、资产统计报告、资产信息化管理和监督检查等。

第二章 管理机构及职责

第九条 财政部门、主管部门和行政事业单位是负责行政事业单位国有资产管理的机构，实行“财政部门—主管部门—行政事业单位”三个层次的管理。

第十条 县财政局是县人民政府负责行政事业单位国有资产管理的职能部门，对行政事业单位国有资产实行综合管理。主要职责是：

（一）贯彻执行国家有关国有资产管理的法律、法规、规章和政策，并对执行情况进行监督检查；

（二）根据国家有关规定，研究制定本级行政事业单位国有资产管理的制度、办法和措施，并组织实施和监督管理；

（三）组织实施本级行政事业单位产权登记、产权界定、产权纠纷调处、资产统计报告、资产评估、资产清查等基础性管理工作；

（四）建立、维护和管理行政事业单位国有资产管理信息系统，对本级行政事业单位国有资产实行动态管理；

（五）研究提出行政事业单位优化国有资产的资源配置政策，牵头制定本级行政事业单位国有资产配置标准，推行实物费用定额制度；

（六）对行政事业单位国有资产配置、使用、处置工作进行管理，按规定权限审核或者审批行政事业单位国有资产配置事项、对外有偿使用事项、处置和产权变动事项等；

（七）负责本级行政事业单位长期闲置、低效运转和超标准配置资产的调剂处置工作，建立行政事业单位国有资产整合与共享、共用机制；

（八）监督管理与本级行政事业单位尚未脱钩的经济实体的国有资产，加强事业单位转企改制工作中国有资产的监督管理；

（九）负责本级行政事业单位国有资产收益的监督管理；

（十）参与本级行政事业罚没资产的处置管理工作，对以政府名义承办的各类大型活动、会议的资产购置、使用和处置实施监管；

（十一）对本级行政事业单位及其主管部门和下级财政部门的行政事业单位国有资产管理工作进行监督和指导；

（十二）向本级人民政府和上级财政部门报告有关国有资产管理工作。

第十一条 行政事业单位的主管部门负责对本部门所属行政事业单位的国有资产实施监督管理。其主要职责是：

（一）依据本办法制定本部门所属行政事业单位国有资产管理的具体办法并组织实施和监督检查；

（二）负责审核本部门所属行政事业单位国有资产对外有偿使用事项，负责审核或者按照规定权限审批有关资产购置、处置事项；

（三）负责组织本部门所属行政事业单位国有资产的清查、登记、统计汇总及日常监督管理工作；

（四）组织和落实本部门所属行政事业单位长期闲置、低效运转和超标准配置资产的调剂和处置工作，优化行政事业单位国有资产配置，推动行政事业单位国有资产共享、共用；

（五）对尚未与本部门及所属行政事业单位脱钩的经济实体的国有资产实施监督管理；

（六）督促本部门所属行政事业单位按照规定缴纳国有资产收益；

（七）接受同级财政部门的监督、指导，并向其报告本部门及所属行政事业单位国有资产管理情况；

（八）完成本办法规定和财政部门要求的有关行政事业单位国有资产管理的其他工作。

第十二条 行政事业单位负责对本单位占有、使用的国有资产实施具体管理。其主要职责是：

（一）依据本办法制定本单位国有资产管理的具体办法并组织实施；

（二）负责本单位国有资产的购置、验收、登记入账、维护和保管等日常管理工作，保障国有资产的安全完整；

（三）负责本单位国有资产的账卡管理、清查登记、统计报告及日常监督检查工作，按照规定提供、录入和维护本单位资产管理动态信息；

（四）负责本单位存量资产的有效利用，办理本单位国有资产的配置、对外有偿使用、处置等事项的报批手续；

（五）负责对尚未与本单位脱钩的经济实体的国有资产的具体监督管理工作并承担保值增值的责任；

（六）负责本单位用于对外有偿使用国有资产的保值增值，按照规定及时、足额缴纳国有资产收益；

（七）接受主管部门和同级财政部门监督、指导，并向其报告本单位国有资产管理工作；

（八）完成本办法规定和财政部门要求的有关行政事业单位国有资产管理的其他工作。

第十三条 财政部门、主管部门和行政事业单位应当明确国有资产管理的机构和人员，共同做好本级、本部门、本单位行政事业单位国有资产管理工作。

第三章 资产配置

第十四条 行政事业单位国有资产配置的主体是财政部门，配置方式包括购置或者调剂等。

行政事业单位国有资产配置应当符合以下条件：

（一）现有资产无法满足行政事业单位履行职能的需要；

（二）难于与其他单位共享、共用相关资产；

（三）难于通过市场购买服务的方式代替资产配置，或者采取市场购买服务方式的成本过高。

第十五条 行政事业单位国有资产配置应当遵循以下原则：

（一）严格执行法律法规和有关规章制度；

（二）与单位履行职能、完成任务的需要相适应；

（三）科学合理、优化资产结构；

（四）勤俭节约，从严控制。

行政事业单位资产配置标准由同级财政部门会同主管部门，根据国家有关规定和行政事业单位履行职能需要、地方经济发展水平及财力状况等制定。

第十六条 行政事业单位国有资产配置应符合配置标准；没有规定配置标准的，应从严控制，合理配置。资产配置由财政部门审批，除国家另有规定外，按以下程序报批：

（一）年度部门预算编制前，行政事业单位资产管理部门会同财务部门全面分析存量资产的质量、结构和分布情况，研究单位完成或履行其管理职能需占用资产的合理额度，根据分析结果，提出本单位下一年度拟购置资产的品目、数量，测算经费额度，报主管部门审核并提出初步意见后，与部门预算一并报同级财政部门审核；

（二）财政部门根据资产配置标准、使用及存量状况，对单位资产配置计划进行审核，提出调剂解决、增加购置或更新等意见，与部门预算一并批复下达；

（三）行政事业单位在年度执行中因工作需要确需临时增加资产配置的，由单位书面上报购置申请，按经费审批程序报批同意后办理购置。

第十七条 经县人民政府批准，由财政部门安排专项资金召开重大会议、举办大型活动等需要购置资产的，由会议或者活动主办单位提出申请，财政部门按照本办法规定程序和先调剂、后租赁、再购置的原则进行审批。

第十八条 对上级部门直接配置、调拨、奖励的资产和接受捐赠的资产以及其他依法确认为国家所有的资产，行政事业单位应当及时入账，并通过行政事业资产管理信息系统上报财政。

第十九条 行政事业单位购置纳入政府采购范围的资产，应当依法实施政府采购。

行政事业单位资产管理机构应当对购置的资产进行验收、登记、录入资产管理信息系统并及时进行账务处理。

第二十条 财政部门应当按照所有权与使用权相分离的原则，组织开展行政事业单位国有资产调剂使用工作，促进资产整合与共享、共用。对行政事业单位超标配置、低效运转或者长期闲置的国有资产，由主管部门根据工作需要组织和落实在系统内调剂使用，并报同级财政部门审批；跨部门、跨级次调剂的，由财政部门负责审批，主管部门组织实施。

第四章 资产使用

第二十一条 行政事业单位国有资产的使用包括单位自用和对外有偿使用。对外有偿使用方式包括行政单位国有资产出租、出借以及事业单位利用国有资产对外投资、出租、出借和担保等。

行政事业单位应当建立健全国有资产使用管理制度，规范国有资产使用行为，认真做好国有资产的使用管理工作，充分发挥国有资产的使用效益，防止国有资产使用中的不当损失和浪费，保障国有资产的安全完整。

第二十二条 行政事业单位对所占有、使用的国有资产应当定期清查盘点，做到家底清楚，账、卡、物相符，加强对本单位专利权、商标权、著作权、土地使用权、非专利技术、商誉等无形资产的管理，防止无形资产流失。

第二十三条 行政单位将占有、使用的国有资产对外出租或出借的，应当经主管部门审核同意后报同级财政部门审批。财政部门应当根据实际情况对行政单位国有资产对外出租、出借事项严格控制，从严审批。

事业单位利用国有资产对外投资、出租、长期出借和担保等，应当进行必要的可行性论证，加强风险控制，经主管部门审核同意后，报财政部门审批。法律、法规另有规定的，从其规定。

行政事业单位应当对本单位对外有偿使用的资产实行专项管理，并在单位财务会计报告中对相关信息进行充分披露。

财政部门对行政事业单位国有资产有偿使用行为要逐步实行集中统一管理。

第二十四条 行政单位不得用国有资产对外担保。法律、法规另有规定的除外。

行政单位不得以任何形式用本单位占有、使用的国有资产举办经济实体。在本办法发布前已经用本单位国有资产举办经济实体的，应当按照国家关于党政机关与所办经济实体脱钩的规定进行脱钩。脱钩之前，行政单位应当按照国家有关规定对其经济实体的经济效益、收益分配及使用情况等进行监管。

第二十五条 行政事业单位国有资产对外有偿使用取得的收入，其所有权性质不变，仍归国家所有。

行政事业单位利用国有资产出租、出借、对外投资所

形成的收入应当纳入单位预算，严格实行“收支两条线”管理，收入缴入国库，支出按照非税收入相关管理规定执行。

第二十六条 财政部门应当加强行政事业单位国有资产使用管理，研究建立行政事业单位国有资产管理使用目标考核责任制，对行政事业单位国有资产实行绩效管理。

第五章 资产处置

第二十七条 行政事业单位国有资产处置是指行政事业单位对其占有、使用的国有资产进行产权转移及核销的行为。行政单位国有资产处置方式包括无偿转让、出售、置换、报损、报废等；事业单位国有资产处置方式包括出售、出让、转让、对外捐赠、报废、报损以及货币性资产损失核销等。

第二十八条 行政事业单位国有资产处置范围包括：

（一）闲置资产；

（二）因技术原因并经过科学论证，确需报废淘汰的资产；

（三）因单位分立、撤销、合并等原因发生隶属关系改变的产权或者使用权转移的资产。

（四）盘亏、呆账及非正常损失的资产；

（五）已超过使用年限无法使用的资产；

（六）依照国家有关规定需要进行资产处置的其他情形。

行政事业单位国有资产处置应严格履行审批手续，未经批准不得自行处置。

第二十九条 县级行政事业单位国有资产处置审批权限按照以下规定执行：

（一）由县财政局审核，报县人民政府审批的县级行政事业单位国有资产处置事项：处置土地的；置换资产的；事业单位改制整体处置资产的；行政事业单位处置单位价值在5万元（含5万元）以上或一次性处置总值在50万元（含50万元）以上资产的；

（二）由主管部门审核，报县财政局审批的县级行政事业单位国有资产处置事项：对外捐赠的；核销货币性资产损失和处置车辆、仪器和设备的；行政事业单位处置单位价值在3万元（含3万元）以上或一次性处置总值在30万元（含30万元）以上资产的；

上述第（二）项规定范围以外或规定限额以下的行政事业单位国有资产处置由主管部门审批，审批结果每半年和年度终了30日内报县财政局备案。

本条规定涉及土地处置的，应当按照土地管理的有关规定办理相关手续。

第三十条 行政事业单位国有资产处置应当遵循公开、公正、公平的原则。

行政事业单位出售、转让、出让及置换土地、房屋、车辆和大型（贵重）仪器、设备等，应当由财政部门和资产使用单位协商，聘请或招标选择具有相应资质的评估机构进行资产评估后，通过依法设立的产权交易机构，采取拍卖、招投标、协议转让等方式公开处置。在交易过程中，当交易价格低于评估价值的90%时，应当暂停交易，在获得财政部门同意后方可继续进行。

第三十一条 行政事业单位分立、撤销、合并、改制及隶属关系发生改变时，其资产应当进行全面的清查和登记，经同级财政部门审核后方可办理移交、调拨、封存、拍卖等手续。任何单位和个人无权随意处置。

第三十二条 经批准召开重大会议、举办大型活动等临时购置的国有资产，由主办单位在会议、活动结束后按照本办法规定报批后处置。主办单位对资产的安全和完整性负责，不得擅自占有或处置。

第三十三条 财政部门或主管部门对行政事业单位国有资产处置事项的批复，是行政事业单位调整相关会计账目的凭证，也是财政部门重新安排行政事业单位有关资产配置项目的重要参考依据。

第三十四条 行政事业单位国有资产处置收入属国家所有，按照政府非税收入管理规定实行“收支两条线”管理，收入上缴财政专户或国库，支出按照履行职能需要由财政统筹安排。

第六章 资产评估与资产清查

第三十五条 行政事业单位有下列情形之一的，应当委托具有评估资质的资产评估机构对相关资产进行评估：

（一）取得没有原始价格凭证的资产；

（二）实行拍卖、有偿转让、置换的国有资产；

（三）整体或者部分改制为企业的资产；

（四）合并、分立、清算的资产；

（五）整体或者部分资产租赁给非国有单位；

（六）已确定的涉讼国有资产；

（七）事业单位以非货币性资产对外投资；

（八）按照国家有关规定需要进行资产评估的其他情形。

第三十六条 行政事业单位有下列情形之一的，可以不进行资产评估：

（一）经批准整体或部分资产无偿划转；

（二）下属单位之间合并，以及资产划转、置换和转让；

（三）发生其他不影响国有资产权益的特殊产权变动行为，报经同级财政部门确认可以不进行资产评估。

第三十七条 行政事业单位应当如实向资产评估机构提供有关情况和资料，并对所提供的情况和资料的客观性、真实性、合法性负责，不得以任何形式干预资产评估机构独立执业。

第三十八条　行政事业单位资产评估项目实行核准制和备案制。实行核准制和备案制的项目、范围、权限按照财政部有关规定执行。

第三十九条　行政事业单位有下列情形之一的，应当进行资产清查：

（一）国家专项工作要求或同级人民政府组织资产清查的；

（二）进行重大改革或整体、部分改制为企业的；

（三）遭受重大自然灾害等不可抗力因素造成资产严重损失的；

（四）会计信息严重失真或国有资产出现重大流失的；

（五）会计政策发生重大更改，涉及资产核算方法发生重要变化的；

（六）同级财政部门认为应当进行资产清查的其他情形。

第四十条　资产清查工作的内容主要包括基本情况清理、账务清理、财产清查、损溢认定、资产核实和完善制度等。资产清查的具体办法按照国家和财政部门的规定执行。

第七章　产权登记与产权纠纷调处

第四十一条　产权登记是国家对行政事业单位占有、使用的国有资产进行登记，依法确认国家对国有资产的所有权和行政事业单位对国有资产的占有、使用权的行为。

第四十二条　产权登记按照统一政策、分级管理的原则，由县级以上财政部门按照资产产权关系组织实施。

第四十三条　《产权登记证》是行政事业单位依法占有、使用国有资产的法律凭证，行政事业单位应当办理国有资产产权登记。

行政事业单位申请产权登记，应当经主管部门审核同意，报同级财政部门核发《产权登记证》。

第四十四条　产权登记的内容主要包括：

（一）单位名称、住所、负责人及成立时间；

（二）单位性质、主管部门；

（三）单位资产总额、国有资产总额、主要实物资产额及其使用状况；

（四）行政事业单位对外出租、长期出借资产情况，事业单位对外投资、担保情况；

（五）其他需要登记的事项。

第四十五条　行政事业单位发生分立、合并、部分改制，以及隶属关系、单位名称、住所和单位负责人等产权登记内容发生变化的，应当办理产权变更登记；因依法撤销或者整体改制等原因被清算、注销的，应当办理产权注销登记。

第四十六条　行政事业单位由于财产所有权、经营权、使用权等产权归属不清等产生产权纠纷时，按照以下原则进行调处：

行政事业单位之间、行政事业单位与其他国有单位之间发生产权纠纷的，由当事人协商解决。协商不能解决的，由县财政部门或者县人民政府调解、裁定。

行政事业单位与非国有单位、组织或个人之间发生产权纠纷，由行政事业单位与发生纠纷的当事人协商提出处理意见，经主管部门审核并报经县财政部门审查后，报县人民政府批准界定产权。若协商不能达成一致意见，依照司法程序处理。

第八章　资产统计报告和信息管理

第四十七条　资产信息化管理是指利用计算机网络技术，对行政事业单位资产的现状以及配置、使用、处置等环节进行动态管理的一种手段，是实现行政事业单位国有资产管理的制度化、规范化、科学化的重要保证。

第四十八条　财政部门、行政事业单位应当建立和完善资产管理信息系统，借助现代信息技术手段，建立财政部门与主管部门和行政事业单位之间的国有资产管理信息平台，全面、及时掌握行政事业单位国有资产管理信息，实现对国有资产从入口、使用到出口等各个环节的动态管理。为管好、用好行政事业单位国有资产奠定基础。

第四十九条　行政事业单位应当建立国有资产登记档案，严格按照财政部门的要求做好国有资产统计和信息报告工作，并对本单位国有资产统计（信息）报告的真实性、准确性和完整性负责。

第五十条　财政部门应当定期对行政事业单位报送的资产统计（信息）报告进行审核，必要时可以委托有资质的中介机构进行专项审计。经财政部门审核的统计报告，应当作为预算管理和资产管理的重要依据和基础。

财政部门应当研究建立相应的约束机制，确保行政事业单位国有资产统计信息的真实、准确、及时、完整。

第九章　监督检查和法律责任

第五十一条　财政部门、主管部门、行政事业单位及其工作人员，应当认真履行国有资产管理职责，依法维护国有资产的安全、完整，提高国有资产使用效益。

第五十二条　财政部门、审计部门、主管部门、行政事业单位应当加强对国有资产的监督，定期或不定期地对行政事业单位国有资产管理使用情况进行监督检查，及时纠正和查处国有资产管理使用中的违法违规行为。

第五十三条　行政事业单位及其工作人员违反本办法的规定，以虚报、冒领等手段骗取财政资金，擅自占有、使用、处置国有资产，或不按照规定上缴国有资产收益的，依据《财政违法行为处罚处分条例》进行处罚、处理、处分，并由财政部门责令其改正，限期退还违法所得和被侵占的国有资产；对单位给予警告或通报批评；对单位负责人和直接责任人由主管部门或监察机关根据《财政违法行为处分处罚条例》进行处理；构成犯罪的，依法追究刑事责任。

第五十四条 财政部门、主管部门及其工作人员在配置、使用、处置国有资产，上缴、管理国有资产收益时违反本办法规定的，依据《财政违法行为处罚处分条例》进行处罚、处理、处分；构成犯罪的，依法追究刑事责任。

主管部门在履行行政事业单位国有资产管理职责工作中违反本办法规定的，财政部门可以责令其限期改正，逾期不改的予以警告。

第五十五条 财政部门及其工作人员违反本办法规定，有下列行为之一的，对主要负责人和直接责任人依法给予行政处分；构成犯罪的，依法追究刑事责任：

（一）不按照规定的权限、程序办理审批事项的；

（二）利用职务便利索取、收取贿赂的；

（三）不依法履行监督管理职责的。

第五十六条 违反国家国有资产管理规定的其他行为，按照国家有关法律、法规处理。

第十章 附 则

第五十七条 社会团体和民办非企业单位占有、使用国有资产的，参照本办法执行。参照公务员制度管理的事业单位，按照行政单位国有资产管理的有关规定执行。

实行企业化管理并执行企业财务会计制度的事业单位以及事业单位创办的具有法人资格的企业，由财政部门按照企业国有资产管理的有关规定实施监督管理。

第五十八条 本办法自发布之日起施行。此前发布的有关本县行政事业单位国有资产管理的规定与本办法相抵触的，以本办法为准。

江川县人民政府办公室关于印发江川县开展公路清门户除垃圾保畅通还路权美家园路域环境专项整治工作方案的通知（节选）

江政办发〔2013〕105号

各乡、镇人民政府，大街街道办事处，县属各有关单位：

《江川县开展公路“清门户，除垃圾，保畅通，还路权，美家园”路域环境专项整治工作方案》已经县人民政府同意，现印发给你们，请认真贯彻落实。

江川县人民政府办公室

2013年8月9日

江川县开展公路“清门户，除垃圾，保畅通，还路权，美家园”路域环境专项整治工作方案

为全面提升江川公路的通行服务水平，改善公路路域环境，保障公路安全畅通，建设美丽新江川，根据《玉溪市人民政府办公室关于印发玉溪市开展公路“清门户，除垃圾，保畅通，还路权，美家园”路域环境专项整治工作方案的通知》（玉政办发〔2013〕179号）精神，结合我县实际，制定本专项整治工作方案。

一、指导思想和工作目标

（一）指导思想

以邓小平理论、“三个代表”重要思想和科学发展观为指导，以人为本，深入贯彻党的十八大精神，认真落实市委四届三次全会及市委工作会精神，全力推进公路及公路两侧路域环境整治工作，建设绿色生态走廊，提高公路的通行和保障服务水平，切实提升江川县品位，改善全县人居环境和投资环境。

（二）工作目标

1. 拆除公路两侧建筑控制区内的临时建筑、违章建筑；

2. 做好公路破损路面的修复；

3. 清除公路两侧垃圾等堆积物，做好公路沿线绿化工作；

4. 打击污染公路、非法占用、破坏公路的行为；

5. 清理整治公路指示标识含糊不清、中英文标识混乱；

6. 加强规范治超工作，规划、布局、建设治超站点；

7. 实现县内主要干线公路路容路貌良好、路域环境整洁、美观、舒适，具有良好景观和视觉效果，达到更加优良的公路通行环境。

二、组织领导

在县委、县政府的领导下，成立江川县公路“清门户，除垃圾，保畅通，还路权，美家园”路域环境专项整治工作领导小组，由县政府副县长普朝鹏任组长，县政府办公室副主任龚钲、县交通运输局局长胡禄金、县公安局副局长、交警大队大队长胡尚辰任副组长，成员由县监察局、县财政局、县国土资源局、县环保局、县住房和城乡建设局、县林业局、县文旅广体局、县工商局、县抚管局、公路管理段、路政、运政等部门主要领导及各乡镇（街道）领导组成。领导小组下设办公室在县交通运输局，由胡禄金兼任办公室主任，各有关单位领导及乡镇（街道）分管领导担任副主任。具体组成人员名单附后。

三、实施范围及责任主体

（一）整治范围

江川县境内的省道、县道、乡道，专项整治期间重点为上述道路中的高速公路、一级公路、二级公路（包括玉江路、江通路、江华路、澄川路）和抚仙湖环湖东路、环湖西路。专项整治工作结束后进行总结经验，各乡镇（街道）拟定辖区内所有公路路域环境整治的长效治理工作方案。

（二）整治内容

1. 做好公路两侧建筑控制区的拆临拆违工作，确保无新增临时违法建筑，并根据实际进行植树绿化，具体内容如下：

（1）公路建筑控制区的范围按照《中华人民共和国公路法》、《公路安全保护条例》的规定确定，国道不少于20米、省道不少于15米、县道不少于10米、乡道不少于5米。其中玉江高速公路两侧的建筑控制区为不少于30米。

（2）公路建筑控制区内的临时建筑、违法建筑按照《中华人民共和国公路法》、《公路安全保护条例》和《玉溪市清理和拆除违规建筑工作实施方案》（玉政办发〔2013〕16号）规定，对违法违章建（构）筑物、临时建（构）筑物和不适应经济社会发展的建（构）筑物进行拆除。

2. 加强公路养护管理，开展公路植树绿化工作，建设绿色生态走廊。

（1）对破损路面进行修复，做好路面清扫、水沟清理，边坡维护，保持公路平整通畅。

（2）做好公路及公路两侧绿化物的养护管理，及时修剪枯枝、清除杂草、清除公路及公路两侧的堆积物，保持公路整洁美观。

（3）在拆临拆违的基础上，对公路两侧土地进行植树绿化。绿化的土地由乡镇政府、街道办事处提供，植物栽种及后期管护责任人由各乡镇（街道）明确。树种选择经济适用、易成活、易生长的树木。在公路两侧一定范围之内（高速公路两侧20米，一级、二级公路两侧10米，县乡道路两侧6米），适宜种树绿化的，原则上因地制宜种树绿化。

3. 彻底清除公路和公路两侧建筑控制区内垃圾及各种堆积物。各乡镇（街道）要统一规划、建设垃圾倾倒地点，并设置明显标识，宣传、引导村民倾倒垃圾，防止垃圾乱堆乱倒在公路及公路两侧。各乡镇（街道）拆临拆违的建筑垃圾严禁倾倒堆放在公路及其建筑控制区内。

4. 加强对非交通标志、标牌，平交道口的清理整治。对未经批准设置的非交通标志、标牌，擅自搭建的平交道口一律予以拆除或封闭。确需设置的，按规定程序申报审批。

5. 清理整治公路各主要路口的指示标识，避免出现指向含糊不清、中英文标识混乱的情况。如：公路沿线的乡镇、街道、社区、村委会、自然村需要交通标识指示的，应写明“江川县xx乡（镇、街道）”或者“江川县xx村（社区）”，指示标识需要标注字母的，一律标注英文。县交通运输局要明确专人，对辖区主要公路上的交通指示标识进行清理更改。

6. 依法治理“违法搭建”、“违法采挖”、“违法加水”、“违法占道经营”等影响公路完好、安全、畅通的行为。依法打击收费公路偷逃费行为，治理摩托车上高速公路行驶。

7. 对公路基础设施被盗、被破坏的重点区段开展经常性的排查整治。加强重要公路桥隧的保护工作，加大巡查密度，确保重要交通基础设施的安全。

8. 对散体物料（砂石、渣土、矿料等）运输车辆掉落、遗洒、飘散等污染公路的行为进行整治。加强公路两侧建筑工地、砂石（矿）料场的管理。住建和国土部门按照职责要求监督生产经营单位加强场地管理，杜绝污染公路的行为。

9. 整治车辆非法超限超载

（1）全县治超工作由县委、政府统一领导，各个具体执法管理单位，必须服从指挥，服从大局，不得推诿扯皮。

（2）按照市政府要求，为加强治超工作力度，整合执法力量和资源，全县仅统一设一支路面治超联合执法队伍。由交通运输局牵头，公安（交警）、交通（路政、运政，养护）等共同参与、联合执法，做到治超政策统一、治超资金集中收缴、统一使用，严厉打击超限超载车辆对我县公路的破坏。

（3）为了筹集和用好治超资金，在我县辖区内开展治超工作收取的罚没款按照收支两条线的要求，一律缴入地方财政，作为治超专项资金。资金的使用范围为：一是用于治超执法成本支出；二是用于县治超办工作经费（宣传、责任考核奖励、日常管理）；三是用于辖区治超站点建设、破损路面修复、安保资金。治超专项资金不得截留、不得挪作它用。具体收缴及使用办法由专项治理领导小组办公室研究确定。

（4）专项治理期间要发挥现有治超检查站点的作用，采取相对固定和流动稽查堵漏的方式开展治超工作。同时，要在主要干线公路上规划设置建设1—2个治超检查站点（含卸货场），站点选择上按照“能覆盖，能管控，不重复、相配合”的要求选点。治超站点的规划布局和建设由县交通运输局负责，按程序报批。治超站点建设标准可参照交通部规划研究院《公路超限超载检查站设计指南（试点工程版）》组织实施。

四、工作步骤及时间要求

高速公路、一级公路、二级公路等主要干线公路的专项治理工作从2013年8月1日到2013年9月31日止，全部公路的路域环境整治及绿色生态走廊建设到2014年7月31日前完成，具体分四个步骤进行。

（一）制定方案并开展宣传、动员、调查统计工作阶段（2013年8月15日前）

1. 制定工作方案，召开整治工作动员会议，统一思想、提高认识、明确任务，开展宣传，对整治工作进行安排部署。

2. 在拆临拆违工作的基础上，对重点公路两侧建筑控制区内尚未拆除的临时、违章建（构）筑物进行详细核查登记，并提出拆除期限。

3. 对重点公路破损路面的修复进行调查统计，包括修复的项目、面积、预计投入修复资金，修复的时间计划等。

4. 制定在公路两侧计划绿化的面积、栽种树木的数目，及完成计划时间表。

5. 发动宣传。充分利用各种媒介发动宣传，印制宣传单（册）、张贴标语或者发布公告。

各乡镇（街道）和涉及相关部门的工作方案，请于8月14日前报送县专项整治工作领导小组办公室。附件2—附件4，由江川公路路政管理大队和县路政管理大队牵头，各乡镇（街道）、国土、住建等部门配合，于2013年8月14日前统计完毕，报送县专项整治工作领导小组办公室。附件5，由江川公路路政管理大队和县路政管理大队负责于2013年8月14日前统计完毕，报送县专项整治工作领导小组办公室。附件6，由各乡镇（街道）负责于2013年8月14日前统计完毕，报送县专项整治工作领导小组办公室（电话：8011102）。县专项整治工作领导小组办公室负责统计汇总，经县政府分管领导审核后，于8月15日前报送市专项整治工作领导小组办公室。

（二）集中整治阶段（2013年8月16日—2013年9月31日）

各乡镇（街道）和有关部门按照方案对我县境内的高速公路、一级公路、二级公路和抚仙湖环湖东路、环湖西路进行全面集中专项整治。

（三）扩大治理阶段（2013年10月1日—2014年7月31日）

专项整治工作结束后，参照本方案的要求，将治理工作扩展到其他省、县、乡道路，在明年7月底以前取得良好效果，全面完成绿色生态走廊建设任务。

（四）考核整改阶段

经过整治，全县主要干线公路路域环境在国庆节前初见成效，年底前取得明显成效。国庆节前由县政府组织相关部门对专项整治工作进行考核检查。全县路域环境专项整治及绿色生态走廊建设在明年7月底前完成，由县政府组织相关部门对工作情况进行考核检查。

五、建立长效治理机制

为了确保我县境内公路沿线路域环境得到依法整治，在专项治理的基础上，各乡镇（街道）、各有关部门要建立长效机制，常态化管理，继续保持、巩固和扩大专项整治的成果。一是进一步细化任务，明确责任，建立管护责任制。无论是省管，还是地方管，要明确各条路（段）“清门户，除垃圾，保畅通，还路权，美家园”整治工作责任人、责任单位，在重点路段实行插牌公示，接受社会监督；二是落实路域环境整治和治超工作资金；三是建立目标责任督查考核制度。

六、工作要求

（一）提高认识，加强领导

各乡镇（街道）和各有关部门要充分认识公路路域环境整治对保障道路畅通，提升城乡人居环境，建设美丽江川的重要意义，进一步解放思想、转变观念，以只争朝夕、真抓实干的精神，打破常规，敢于担当，建立健全工作机制，做到主要领导亲自抓，分管领导具体抓，一级抓一级，层层抓落实。确保专项整治工作顺利完成。

（二）加强宣传，明确职责

各乡镇（街道）和相关部门要充分利用广播、电视、报刊、网络等媒体，多形式、广泛宣传开展路域环境专项整治的目的、意义和要求，营造良好的舆论气氛。要明确责任人，细化工作措施，倒逼目标，倒排计划，确保专项整治工作按期完成，取得成效。

（三）注重实效、形成合力

各乡镇（街道）和部门要围绕目标任务，细化工作方案，突出重点，快速推进，确保短期内见到实效，并建立长效管理制度，实施常态管理。要增强大局意识，加强配合，紧密联系沟通，形成合力。省、市驻江的养护、路政部门要充分发挥专业队伍的作用，按照辖县政府的要求，增强服务意识和服务水平，与其他部门一道，心往一处想，劲往一处使，确保县委、县政府的决定和工作任务圆满完成。

（四）强化监督，严格问责

县监察局要切实加强对专项整治工作的指导和监督检查。涉及抽调人员的单位，必须全力支持、配合，安排有责任心、工作能力强的人员参加此次专项整治，并妥善安排好抽调人员的工作，确保专项整治工作顺利推进。对整治工作落实不力、推诿扯皮、拒不配合、干扰阻挠的单位和责任人，严格依照有关规定实施问责。

附件：（略）

江川县人民政府办公室关于切实做好江川县农村义务教育阶段学生营养改善计划工作的通知

江政办发〔2013〕106号

各乡、镇人民政府，大街街道办事处，县属各局、办，各事业单位：

为切实做好我县农村义务教育阶段学生营养改善计划工作，确保全县农村义务教育阶段学生能够吃上安全、放心的营养餐，现将有关事项通知如下：

一、总体要求

认真落实省、市关于学生营养改善计划的有关要求，以促进农村义务教育阶段学生的健康成长为宗旨，把实施义务教育阶段学生营养改善计划作为党和政府为群众办实事、办好事的重大民心工程来抓，切实改善全县农村义务教育中小学生营养状况，增强学生体质，促进学生健康成长。

二、实施范围

全县农村义务教育阶段学校

三、实施时间

从2013年秋季学期开始执行

四、供餐方式

采取学校食堂和企业供应早餐的方式，从实际出发，积极探索营养食谱、原料供应、食品安全等方面机制，科学合理配餐，杜绝浪费现象发生。

五、供餐食品

从兼顾营养和饮食习惯的实际出发，建议提供牛奶、面包、包子、鸡蛋、米线、卷粉等营养食品，各学校每周不少于2天供应不同口味的牛奶。

六、采购方式

每学年，以中学、中心校为单位，采取邀请不少于三家竞争性谈判方式确定供货商。学校成立由学校领导、教师代表、学生家长代表、当地党委政府分管领导或纪委书记为成员的谈判小组，按照食品采购的条件，本着食品安全、营养、性价比高的原则，邀请供货商进行竞争性谈判，确定供货商，并签订供货合同及质量安全承诺书。

七、供货要求

食品原材料及辅料采购采取定点索证索票采购方式进行，牛奶、鸡蛋、面包、米线、卷粉、其他食品原料及调料等由学校根据需求，按照以下条件进行采购。

（一）牛奶

1. 产品要求：蛋白质含量（g/100g）≥2.3%，包装为砖，200ml≤数量≤250ml，保质期≥30天，同一品牌牛奶供应商提供的牛奶口味不少于3种（其中必须有纯牛奶），符合食品卫生安全的相关要求。

2. 资格条件（需提供审验证件）

（1）厂家授权委托（合同）书（原件、复印件）

（2）授权代理人身份证明（身份证原件、复印件）

（3）生产企业—法人营业执照（复印件）

（4）生产企业—中华人民共和国组织机构代码证（复印件）

（5）生产企业—全国工业生产许可证（复印件）

（6）生产企业—提供近三年质量技术监督局监督检查抽检报告（复印件）

（7）代理商—营业执照副本（原件、复印件）

（8）代理商—税务登记证副本（原件、复印件）

（9）代理商—食品流通许可证（复印件）

（10）代理商—法人身份证（原件、复印件）

以上资格证明为必备条件，所提供的材料必须在有效期内，须年检的证件，年检章应清晰可辨，如有一项未提供或所提供的证件不在有效期内，不得作为供应商。

（二）鸡蛋

1. 产品要求

（1）供应的鸡蛋重量每枚不低于50克，大小均匀，无破损蛋、砂皮蛋、软壳蛋；

（2）供应的鸡蛋为本鸡场5日内所产鸡蛋；

（3）符合食品卫生安全的相关要求，提供供应的养殖场应做好动物防疫工作，定期进行病原和抗体监测（每季度一次），应按《兽药管理条例》、《饲料和饲料添加剂管理条例》的规定使用兽药和饲料，禁止使用苏丹红、激素等国家规定禁止使用的兽药和添加剂；产蛋期使用治疗药物时，在弃蛋期内所产鸡蛋不供学生食用，整个产蛋期鸡饲料中不得添加药物饲料添加剂和增色剂，不使用霉变饲料及原料；定期进行药物残留检测（每季度抽检1—2次）。

2．资格条件（需提供审验证件）

（1）取得畜牧兽医部门发放的《动物防疫条件合格证》

（2）营业执照副本（原件、复印件）

（3）税务登记证副本（原件、复印件）

（4）畜牧兽医部门关于存栏产蛋鸡规模和管理情况的证明

（5）法定代表人身份证（原件、复印件）

（6）法定代表人授权委托书

（7）授权代理人身份证（原件、复印件）

以上资格证明为必备条件，所提供的材料必须在有效期内，须年检的证件，年检章应清晰可辨，如有一项未提供或所提供的证件不在有效期内，不得作为供应商。

（三）面包

1．采购要求：证照齐全，具备较强的经济实力和较好的商业信誉，所供应面包不得非法添加食品添加剂，符合食品卫生安全的相关要求。

2．资格条件（需提供审验证件）

（1）生产企业—《法人营业执照》、《食品流通许可证》、《全国工业产品生产许可证》（即QS认证）（复印件）

（2）生产企业—近三年国家有关质量检测部门检测合格证（复印件）

（3）厂家授权委托（合同）书或总经销商授权委托（合同）书（原件、复印件）

（4）代理商—营业执照副本（原件、复印件）、税务登记证副本（原件、复印件）、食品流通许可证（原件、复印件）

（5）代理商—法定代表人身份证（原件、复印件）

（6）代理商—法定代表人授权委托书

（7）代理商—授权代理人身份证（原件、复印件）

以上资格证明为必备条件，所提供的材料必须在有效期内，须年检的证件，年检章应清晰可辨，如有一项未提供或所提供的证件不在有效期内，不得作为供应商。

（四）包子（馒头、花卷）

1．采购要求：证照齐全，加工场所卫生、干净，无污染，不得非法添加食品添加剂和非食用物质。严禁用回收原料制作食品，当天制作当天供货，不得用隔天食品供货，符合食品卫生安全的相关要求。

2．资格条件（需提供审验证件）

（1）营业执照副本（原件、复印件）

（2）从业人员《健康证》（复印件）

（3）季度检测报告

（4）法定代表人身份证（原件、复印件）

（5）法定代表人授权委托书

（6）授权代理人身份证（原件、复印件）

（五）米线、卷粉

1．采购要求：证照齐全，加工场所卫生、干净，无污染，加工用水符合国家饮用水标准，不得非法添加食品添加剂和非食用物质，当天制作食品当天供货，不得用隔天食品供货，符合食品卫生安全的相关要求。

2．资格条件（需提供审验证件）

（1）营业执照副本（原件、复印件）

（2）从业人员《健康证》（复印件）

（3）季度检测报告

（4）法定代表人身份证（原件、复印件）

（5）法定代表人授权委托书

（6）授权代理人身份证（原件、复印件）

（六）其他食品原料及调料（含鲜肉）

采购要求：符合食品卫生安全的相关要求，定点采购，并索要营业执照复印件、法定代表人身份证复印件及相应的资质证明，做到索证索票并登记。

（七）其他供应食品参照以上食品采购要求，符合食品卫生安全相关规定。

八、结算方式

（一）供货商需提供银行对公账户（米线、卷粉、包子、鲜肉和调料除外）。

（二）付款方式：每月可划款二次，时间为每月的5号、20号。供货商与学校对账后，开具正规票据，由学校统一到县教育局报账后，将款项划入供货商账户。

九、有关要求

（一）各乡镇（街道）要把学生营养改善计划列为“民生工程”，切实加强组织领导，细化工作职责，确保农村义务教育阶段学生吃上安全的营养餐，确保食品安全，努力把营养改善计划作为惠民的大事办实办好。每学年举行一次竞争性谈判，确定供货商，不允许次学年跟标。

（二）各乡镇（街道）、各相关部门要按照职责分工，认真履行食品安全监管职责，加强食品安全监督检查、指导，组织开展食品安全知识培训，做好食品安全事件应急处理工作等。

（三）各乡镇（街道）、各有关部门要把食品安全放在首要位置，做好食品卫生安全的管理工作，不断健全完善各种制度、应急预案和实施方案，确保食品安全零事故。

（四）各乡镇（街道），各中、小学校要积极改善食堂条件，添置必要的冷藏、保鲜、清洗、消毒、加工、加热等设备，加强学校食堂建设。认真做好食品采购、索证、登记、储藏、加工、留样等工作，严把货源质量关、食品验收关、储藏关、食用关，确保营养餐安全。要认真研究解决食品单一、部分学生厌食或特殊体质等问题，注意营养搭配，推广科学合理的营养餐，杜绝浪费。

（五）各学校、各有关单位要严格做好财务管理工作，做到专款专用，严禁虚报、冒领、挪用、挤占营养餐专项资金。

（六）要严格合同管理，供货商不按合同提供规定的食品或达不到要求的，要按合同严肃处理，并列为黑名单，取消下一学年的竞标资格。

江川县人民政府办公室

2013年8月9日

江川县人民政府办公室关于进一步深化殡葬改革的意见

江政办发〔2013〕137号

各乡、镇人民政府，大街街道办事处，县属各有关单位：

为进一步深化殡葬改革，促进殡葬事业科学发展，根据《玉溪市人民政府办公室关于进一步深化殡葬改革的意见》（玉政办发〔2013〕198号）精神，结合我县实际，提出如下意见：

一、充分认识深化殡葬改革的重要意义

以节约土地、保护环境、移风易俗、减轻群众负担为宗旨的殡葬改革，符合江川县“山区多、坝区少，山地多、耕地少”的基本县情，符合我县生态建设的要求，符合人与自然和谐发展的客观自然规律。县委、县政府历来高度重视殡葬改革工作，采取有力措施推动工作开展。经过努力，全县殡葬基础设施建设不断完善，惠民殡葬政策顺利实施，殡葬改革宣传效果明显，殡葬改革工作稳步推进。

各乡镇（街道）和有关单位要从战略和全局的高度充分认识推进殡葬改革是贯彻落实科学发展观的具体体现，是促进江川经济社会发展的客观需要，是提升政府社会事务管理和公共服务水平的必然要求，是促进社会和谐、提升社会文明程度的现实需要，进一步统一思想、坚定信心、锐意进取，采取切实有效措施，真正把殡葬改革作为民生工程、德政工程扎实推进，促进殡葬事业科学发展。

二、指导思想

以邓小平理论、“三个代表”重要思想和科学发展观为指导，认真学习贯彻党的十八大精神，牢固树立“以民为本、为民解困、为民服务”宗旨，把深化殡葬改革、加强殡葬服务与维护人民群众权益结合起来，建立健全殡葬管理服务体系，逐步满足人民群众的丧葬服务需求，充分发挥殡葬改革在促进经济社会发展中的积极作用。

三、基本原则

（一）统筹协调，齐抓共管。各乡镇（街道）和有关单位要高度重视，形成政府主导，有关部门各司其职、合力推进的工作格局，为全面提高殡葬公共服务水平提供组织保障。

（二）标本兼治，综合推进。加大监督管理力度，加强宣传倡导，强化殡葬公共服务政策与经济社会发展政策的衔接，标本兼治，综合推进。

（三）因地制宜，分类指导。充分考虑不同区域殡葬改革工作的发展态势，加强分类指导，因地制宜做好殡葬基本公共服务工作，加快推进殡葬改革。

（四）政府主导，市场参与。充分发挥政府主导作用，进一步加大对殡葬基础设施的投入力度。同时，注重发挥市场调节作用，满足人民群众不同层次需求。

四、主要目标

强化政府责任和投入，加快殡葬基础设施建设步伐，科学合理划定火化区和土葬改革区，积极推行火葬、改革规范土葬，加大执法和宣传引导力度，提高公墓安葬率和火化区的火化率。全面落实惠民殡葬政策，规范和简化殡葬流程和服务，提升殡葬服务水平。力争到2015年末，全县火化率达到20%，农村公益性公墓覆盖所有乡镇（街道）和50%的村委会（社区）；到2020年末，基本实现农村公益性公墓覆盖所有村委会（社区）的目标。

五、主要措施

（一）开展公益殡葬。理顺殡葬管理体制以及运行机制，按照政事分开、事企分开、管办分离的要求，理清基本殡葬服务和选择性殡葬服务的关系；建立政府对殡葬事业的投入机制，稳步推进以殡仪馆、农村公益性公墓为重点的殡葬基础设施建设。每新建一个乡镇级农村公益性公墓市财政补助40万元，村级农村公益性公墓市财政补助20万元。各乡镇（街道）要引入市场竞争机制，引导社会力量投资兴建经营性公墓；严格执行基本殡葬服务价格规定，切实减轻群众负担。对选择性殡葬服务，实行市场定价、自愿选择、政府监督；积极探索政府购买服务，向经营性公墓购买公益性墓穴，为低收入人群提供安葬服务。

（二）实现阳光殡葬。牢固树立“以人为本、丧属至上”的理念，始终把维护群众殡葬权益、满足群众丧葬需求放在突出位置，创新服务方式、丰富服务内容、提高服务质量，为群众提供多层次、个性化殡葬服务。认真落实殡葬服务项目、收费标准、服务内容、服务程序、服务承诺、服务监督“六公开”制度，提升殡葬服务诚信度。财政供养人员死亡后的丧葬、抚恤等费用须凭火化证、墓穴证（或骨灰寄存证）领取。加强殡葬服务标准化建设，开展行风建设和创先争优等活动，加强规章制度建设和干部职工队伍建设，强

化殡葬从业人员的职业技能培训和技能鉴定工作，到2015年末，全县殡仪馆和公墓从业人员持证上岗率达到90%，逐步实现殡葬服务的优质化、标准化、规范化。

（三）推行绿色殡葬。提倡文明治丧、低碳祭扫，把推进绿色殡葬放在更加突出的位置，加大政府投资、奖励、补助力度，提高群众参与建设生态绿色殡葬的积极性。鼓励广大干部群众采取树葬、花葬、草坪葬、壁葬、塔葬、骨灰寄存或土葬区深埋不留坟头等生态节地葬法，实现骨灰安葬多样化，降低占地安葬比例。对采取生态节地葬法的给予奖励，有效减少乱埋、乱葬和不文明殡葬行为。

（四）实施惠民殡葬。在市、县实施惠民殡葬政策的基础上，各乡镇（街道）要结合实际，制定基本殡葬服务由政府供给的惠民殡葬政策，将惠民殡葬资金纳入财政预算，逐步增加惠民殡葬项目，提高补助标准，扩大补助范围。《江川县人民政府办公室关于印发江川县加强殡葬改革实施方案的通知》（江政办发〔2009〕99号）中所确定的惠民殡葬政策继续执行。

（五）落实法治殡葬。各乡镇（街道）要配备与工作任务相适应的工作人员，有效提升执法能力，切实做到依法行政；加强公墓监管，严格殡葬执法，坚决取缔非法公墓，纠正违规建设公墓，治理乱埋乱葬，打击破坏林地资源行为，坚决查处公墓超面积墓穴和公益性公墓非法经营行为；充分发挥共产党员在殡葬改革中的模范带头作用，严格执行《云南省国家公职人员违反殡葬管理法律法规行为行政处分暂行规定》；加强丧事管理，国家公职人员遗体处置实行备案制，即国家公职人员亡故后，丧属应及时将遗体处置情况报丧者所在单位备案。违反遗体处置规定的，除按相关规定处理外，将适时在媒体上通报。

（六）弘扬人文殡葬。各乡镇（街道）要深刻理解殡葬文化的发展历史及人文内涵，弘扬与当代社会相适应、与时代精神相结合、与现代文明相协调的优秀殡葬文化，大力提倡厚养薄葬、文明节俭办丧事，积极倡导文明祭祀，形成科学健康、文明节俭的丧葬新风尚。积极借鉴国内外先进的殡葬文化和殡葬理念，更加注重人文关怀，在殡葬服务中体现对逝者的尊重，对生者的慰藉，将群众满意作为殡葬服务的最终目标。加大殡葬行业人才培养力度，努力建设一支思想作风过硬、文化素质高、业务能力强的工作队伍，为殡葬事业科学发展奠定坚实的人才基础。

六、工作要求

（一）加强组织领导。各乡镇（街道）要把殡葬改革工作摆上重要议事日程，纳入当地经济社会发展总体规划和目标管理，建立“政府主导、民政牵头、部门配合、社会协同、公众参与”的殡葬改革工作新格局。县殡葬改革领导小组要定期或不定期地研究解决工作中的热点、难点问题。做到主要领导亲自抓、分管领导具体抓、部门联动共同抓，推动殡葬改革工作积极有序开展。

（二）明确工作职责。各乡镇（街道）要认真落实属地管理原则，做好本行政区域内殡葬改革工作。民政部门要认真履行推进殡葬改革、加强殡葬管理、监督殡葬服务等方面的工作职责，组织协调有关部门制止乱埋乱葬，落实好有关监管措施。机构编制部门要积极支持各级殡葬管理机构建设。人力资源和社会保障部门要大力支持殡葬职业技能鉴定培训工作。对违反殡葬管理规定的国家公职人员，监察部门要依法依规予以严肃处理。工商部门要加强对殡葬服务市场的监管，坚决取缔无照生产、销售丧葬用品的经营活动。国土、住建、林业、综合行政执法部门要加强殡葬用地规划和管理，对符合条件的，应优先满足殡葬用地需求，对办理丧事影响县容环境卫生的，按照有关规定予以处罚。财政、审计、物价、人力资源和社会保障部门要严格按照殡葬法律法规和相关文件加强对殡葬服务收费、社保工资、抚恤金、丧葬费等费用发放的监督和管理。公安部门对办理丧事扰乱社会治安的，应及时制止；情节严重的，要依法给予治安处罚；涉嫌犯罪的，要依法立案侦查。卫生部门要加强医院太平间的管理，配合殡葬管理部门做好尸体管理和接运，杜绝乱埋乱葬。民族、宗教部门要认真落实好民族、宗教人士死亡后遗体处理的有关规定。其他有关部门要按照各自职责，各司其职、密切配合，努力形成推进殡葬改革工作的合力。

（三）加大投入力度。各乡镇（街道）要建立完善殡葬事业公共投入和稳定增长机制，将殡葬事业经费纳入地方财政预算，将农村公益性公墓纳入新农村建设规划。同时，要建立健全殡葬改革保障资金管理制度，加大监督检查力度，确保专款专用。

（四）突出宣传示范。各乡镇（街道）、有关部门要把殡葬改革纳入“四群”教育和新农村建设的内容，加大宣传力度，创新宣传模式，强化宣传效果，引导群众转变观念、移风易俗、自觉参与殡葬改革。推进和鼓励少占土地、不占土地的绿色殡葬，倡导厚养薄葬、环保祭祀，树立文明殡葬新风尚。充分发挥村（居）委会、红白理事会等基层组织的作用，采取群众喜闻乐见、易于接受和行之有效的方式引导广大群众关心支持殡葬改革。要认真总结经验，树立典型，大力开展殡葬改革示范活动，以点带面，努力形成各具特色的地方殡葬改革和发展模式。

（五）严格督促检查。各乡镇（街道）、县殡葬改革领导小组要建立健全相应的督促检查机制，及时组织开展对殡葬改革工作的督促检查和跟踪问效。对殡葬改革工作成效突出、火化率明显上升、殡葬管理目标任务完成较好的，予以表彰奖励；对殡葬改革工作推进不力、问题突出、火化率徘徊不前、没有完成殡葬管理目标任务的，要予以通报批评或作出相应惩处。

江川县人民政府办公室

2013年9月30日

图书在版编目（CIP）数据

江川年鉴·2014 / 江川县史志办公室编. —芒市：德宏民族出版社，2014.10
ISBN 978-7-5558-0088-0

Ⅰ.①江… Ⅱ.①江… Ⅲ.①江川县— 2014 —年鉴 Ⅳ.① Z527.44

中国版本图书馆 CIP 数据核字（2014）第 216288 号

书　　名　江川年鉴·2014
作　　者　江川县史志办公室

出版·发行	德宏民族出版社	责任编辑	方　萍
社　　址	云南省德宏州芒市勇罕街1号	责任校对	刀继维　余胜连
邮　　编	678400	装帧设计	余立言　徐凡清
总编室电话	0692-2124877	排　　版	杨仕玉　朱晓虹
汉文编室	0692-2111881	发行部电话	0692-2112886
电子邮件	dmpress@163.com	民文编室	0692-2113131
印 刷 厂	昆明鹰达印刷有限公司	网　　址	www.dmpress.cn
开　　本	大16开	版　　次	2014年10月第1版
印　　张	28	印　　次	2014年10月第1次
字　　数	760千字	印　　数	1-1000
书　　号	ISBN 978-7-5558-0088-0/Z·305	定　　价	150.00元

如出现印刷、装订错误，请与承印厂联系调换事宜。印刷厂联系电话：0871-63646096